Christine Zöllner

Interne Corporate Governance

D1639888

GABLER EDITION WISSENSCHAFT

Christine Zöllner

Interne
Corporate Governance

Entwicklung einer Typologie

Mit einem Geleitwort von Prof. Dr. Alexander Bassen

Deutscher Universitäts-Verlag

Bibliografische Information Der Deutschen Nationalbibliothek
Die Deutsche Nationalbibliothek verzeichnet diese Publikation in der
Deutschen Nationalbibliografie; detaillierte bibliografische Daten sind im Internet über
<http://dnb.d-nb.de> abrufbar.

Dissertation Universität Hamburg, 2007

1. Auflage September 2007

Alle Rechte vorbehalten
© Deutscher Universitäts-Verlag | GWV Fachverlage GmbH, Wiesbaden 2007

Lektorat: Frauke Schindler / Stefanie Brich

Der Deutsche Universitäts-Verlag ist ein Unternehmen von Springer Science+Business Media.
www.duv.de

Umschlaggestaltung: Regine Zimmer, Dipl.-Designerin, Frankfurt/Main
Gedruckt auf säurefreiem und chlorfrei gebleichtem Papier
Printed in Germany

ISBN 978-3-8350-0884-7

Geleitwort

In den letzten fünf Jahren ist eine Vielzahl von wissenschaftlichen und praxisorientierten Publikationen erschienen, die sich aus unterschiedlicher Perspektive dem Thema Corporate Governance widmet. Die Schwerpunkte in diesen Analysen sind sehr unterschiedlich gesetzt. Zudem ist das Gebiet Corporate Governance dadurch geprägt, das eine Reihe unterschiedlicher Disziplinen (Betriebswirtschaftslehre, Volkswirtschaftslehre, Soziologie, Recht und andere) zu diesem Thema forschen. Dies führt ebenfalls dazu, dass das Begriffsverständnis von Corporate Governance weithin uneinheitlich ist. Zudem liegt kein einheitlicher Erkenntnisstand vor, welche Determinanten die Qualität der Corporate Governance von Unternehmen bestimmen.

Vorliegende theoretische und empirische Arbeiten, die sich mit der Wirksamkeit guter Corporate Governance beschäftigen, zeigen sehr heterogene Aussagen. Dieses kann an einer Reihe von Gründen liegen, die sowohl methodischer als auch inhaltlicher Natur sind. Hier liegt die zentrale Fragestellung, der sich Frau Zöllner in der vorliegenden Arbeit widmet.

Die Zusammenhänge zwischen Corporate Governance und Unternehmenserfolg strukturiert darzustellen, um hieraus Handlungsempfehlungen abzuleiten, stellt somit einen wesentlichen Erkenntnisfortschritt für die Wissenschaft und für die Praxis dar.

Dass bereits eine Reihe internationaler Forscher sich diesem Problem angenommen haben und zu keiner zufriedenstellenden Lösung gekommen sind, unterstreicht die Komplexität der Aufgabenstellung von Frau Zöllner.

Im Zentrum ihrer Arbeit steht daher eine detaillierte Analyse der internen Corporate-Governance-Mechanismen als zentraler Lösungsansätze. Hierunter fasst Frau Zöllner die Eigentümerstruktur, die Kapitalstruktur, die Aufsichtsgremien, die Anreizsysteme sowie die Transparenz zusammen. Dabei wird zuerst der jeweilige Lösungsmechanismus theoretisch untersucht. Darauf aufbauend werden dann die relevanten empirischen Studien herangezogen. Im Vordergrund steht die Analyse, inwieweit diese einzelnen Mechanismen einen Zusammenhang zum Unternehmenswert entweder theoretisch und/oder empirisch belegt aufweisen. Die Ergebnisse von Frau Zöllner machen es dabei erforderlich, dass von möglichen generellen Aussagen Abstand genommen und zu einer Typologie übergegangen wird. Es gelingt ihr damit im Ergebnis, für die abgeleiteten Unternehmenstypen Handlungsempfehlungen zur Gestaltung der internen Corporate Governance zu geben und diese abschließend mit dem deutschen Corporate-Governance-Kodex abzugleichen.

Insgesamt wird dabei die tiefe Problemdurchdringung von Frau Zöllner deutlich, die sich in ihrer sehr präzisen Analyse mit den theoretischen Argumentationen und empirischen Untersuchungen auseinandersetzt. Der innovative Ansatz der Typenbildung erlaubt es ihr, erstmalig fundierte Handlungsempfehlungen zu formulieren.

Zusammenfassend handelt es sich um eine weit überdurchschnittliche Arbeit. Die aufgegriffene Problemstellung ist sehr anspruchsvoll. Frau Zöllner hat nie Probleme, diese Komplexität adäquat zu verarbeiten. Mit der Typologie und der Bewertung des Corporate-Governance-Kodex am Ende wird ein sehr wesentlicher Beitrag für die Corporate-Governance-Forschung und die Praxis geleistet. Die Arbeit sollte somit sowohl in der wissenschaftlichen Debatte als auch in der interessierten Öffentlichkeit auf großes Interesse stoßen. Ich hoffe und erwarte, dass diese Arbeit auf eine hohe Resonanz treffen und eine große Verbreitung erfahren wird.

Alexander Bassen

Vorwort

Die vorliegende Arbeit entstand während meiner Tätigkeit als wissenschaftliche Mitarbeiterin von Prof. Dr. Alexander Bassen an der Universität Hamburg, Fakultät Wirtschafts- und Sozialwissenschaften, Department Wirtschaft und Politik. Sie wurde im Wintersemester 2003/2004 als Dissertation angenommen.

Zu dem Gelingen dieser Arbeit hat eine Vielzahl von Personen beigetragen, bei denen ich mich sehr herzlich bedanken möchte. Zuallererst ist hier mein akademischer Lehrer und Betreuer, Herr Prof. Dr. Alexander Bassen, zu nennen. Insbesondere durch seine stets hervorragende fachliche Betreuung, seine ständige Bereitschaft zu engagierten Diskussionen und durch seine menschliche Unterstützung war es mir möglich, die Arbeit erfolgreich abzuschließen. Das kollegiale Arbeitsumfeld, die intellektuellen Herausforderungen verbunden mit den Freiräumen, die mir von ihm gewährt wurden, haben diese Arbeit entscheidend beeinflusst. Danken möchte ich auch meinem Zweitgutachter Herrn Prof. Dr. Dr. h. c. Dietrich Budäus – nicht nur für die zügige Erstellung seines Gutachtens, sondern insbesondere für die mir stets gewährte Zeit, den fachlichen Rat und die kritischen Anmerkungen.

Ganz persönlich danke ich meiner Familie und meinen Freunden – für ihre Unterstützung, ihre Geduld und ihr Verständnis.

Christine Zöllner

Inhaltsverzeichnis

XI

Abbildungsverzeichnis

Tabellenverzeichnis

Abkürzungsverzeichnis

AktG	Aktiengesetz
AMEX	American Stock Exchange
BCF	Corporate-Governance-Index von Bebchuk et al. (2004)
BGH	Bundesgerichtshof
BRC	Blue Ribbon Commitee
CalPERS	California Public Employees´Retirement System
CEO	Chief Executive Officer
CFO	Chief Financial Officer
CGO	Chief Governance Officer
CICA	Canadian Institute of Chartered Accountants
CLSA	Credit Lyonnais Securities Asia
COB	Chairman of Board
DAI	Deutsches Aktieninstitut
DCGK	Deutscher Corporate Governance Kodex
DSW	Deutsche Schutzvereinigung für Wertpapierbesitz e. V.
DTI	Department for Trade and Industries
DVFA	Deutsche Vereinigung für Finanzanalyse & Asset Management
EBIT	Earnings before interests and tax
EPS	Earnings per Share
FTSE	Financial Times Stock Exchange Index
GG	Grundgesetz
GIM	Corporate-Governance-Score von Gompers et al. (2003)
GmbHG	GmbH-Gesetz
HGB	Handelsgesetzbuch
IAS	International Accounting Standards
IFRS	International Financial Reporting Standards
IRRC	Investor Responsibility Research Center
ISS	Institutional Shareholder Service

KonTrag	Gesetz zur Kontrolle und Transparenz im Unternehmensbereich
MitbestG	Mitbestimmungsgesetz
NED	Non-Executive-Director
NPV	Net Present Value
REMM	Resourceful Evaluative Maximizing Man
ROA	Return on Assets
ROE	Return on Equity
ROE	Return on Investments
ROS	Return on Shares
SEC	Securities and Exchange Commission
S&P	Standard & Poors
TIAA-CREF	Teachers Insurance and Annuity Association-College Retirement Equities Fund
UMAG	Gesetz zur Unternehmensintegrität und Modernisierung des Anfechtungsrechts
US-Gaap	US General Accepted Accounting Principles
VorstOG	Vorstandsvergütungsoffenlegungsgesetz
WpHG	Wertpapierhandelsgesetz
WpÜG	Wertpapiererwerbs- und Übernahmegesetz

1   Einführung

Die Problemstellungen des Corporate-Governance-Diskurses haben international und in Deutschland in den letzten Jahren sehr hohe Aufmerksamkeit erfahren. Die Thematik findet sich sowohl auf der Agenda von Politik, Wirtschaft, Medien und der allgemeinen Öffentlichkeit[1] als auch als Gegenstand wissenschaftlicher Forschung.

Dort hat sich Corporate Governance von einem Spezialgebiet der akademischen Forschung zu einer eigenständigen Disziplin entwickelt.[2] Im Zentrum der ökonomischen Corporate-Governance-Forschung steht dabei die Trennung von Eigentum und Kontrolle bei börsennotierten Kapitalgesellschaften. Die aufgrund dieser Trennung entstehenden Informationsasymmetrien begründen bei vorliegenden Interessenkonflikten der Akteure und unvollständigen Verträgen Agency-Kosten.[3]

Auslöser und Treiber dieser intensiven Entwicklung ist eine Vielzahl von Einflussfaktoren. Genannt werden bspw. die international fortschreitende Privatisierungswelle, zunehmende Fusionen und Übernahmen bzw. Umstrukturierungen der Unternehmen, internationale Deregulierungen und Integration der Kapitalmärkte, Finanzkrisen in Transformationsländern und der Zerfall sozialistischer Ökonomien sowie das Auftreten von Pensionsfonds und anderen aktiven Investoren.[4]

Häufig jedoch wird die Entwicklung fokussiert als Reaktion auf beobachtbaren Machtmissbrauch des Managements, auf Unternehmenskrisen bzw. Zusammenbrüche betrachtet[5] und so im Hinblick auf unterstellte fehlende soziale Verantwortung der Untenehmen diskutiert.

Ergebnisse sind neue Regulierungen wie Gesetze, Standards oder Kodizes, welche zur Verbesserung der Corporate Governance initiiert und implementiert wurden.[6] In Deutschland entstand aus der öffentlichen Diskussion der Deutsche Corporate Governance Kodex (DCGK), welcher 2002 veröffentlicht wurde.[7]

Ökonomische Legitimation für das gestiegene Interesse und die Ansätze zur Verbesserung der Corporate Governance liefert die schwerpunktmäßig der Principal-Agent-Theorie folgende Generalthese, dass gute Corporate Governance durch sinkende Agency-Kosten den Unter-

---

[1]   Müller (2005) untersucht die Präsenz von Corporate Governance in der internationalen Presse (Deutsch-Deutschland, Schweiz und USA) in dem Zeitraum von 1994 – 2003 und kann einen Anstieg der Berichterstattung zeigen, der insbesondere für Deutschland ab 1998, für die Schweiz ab 2000 und für die USA seit 2001 eklatant ist. Vgl. zudem OECD (2004a) , S. 3.

[2]   Vgl. Beiner (2005), S. 1.

[3]   Vgl. Jensen/Meckling (1976), S. 5.

[4]   Vgl. Becht et al. (2002) S. 10 ff.; Blair (1995), S. 6 ff.

[5]   Vgl. v. Werder (2003a), S. 5; van den Berghe/Levrau (2003), S. 71. Waering (2005) liefert Darstellungen aktueller Beispiele für Corporate-Governance-Probleme in Unternehmen wie bspw. Enron oder Worldcom.

[6]   Vgl. Keasey et al (2005), S. 5 ff. Für Europa liefert das European Corporate Governance Institut ECGI eine umfassende Auflistung bestehender Standards und Kodizes.

[7]   Vgl. für die Entstehungsgeschichte des DCGK Bassen/Zöllner (2005).

nehmenswert steigert[8] bzw. Unternehmen mit guter Corporate Governance am Kapitalmarkt von Investoren eine bessere Bewertung erfahren.[9]

Damit ergeben sich zum einen für Unternehmen - nicht nur im Kontext von Compliance sondern insbesondere im Rahmen wertorientierter Unternehmensführung – relevante Gestaltungsmöglichkeiten durch die Verbesserung ihrer Corporate Governance. Zum anderen erweitert sich für Investoren die Zahl relevanter Unternehmensmerkmale, welche in ihre Entscheidungsprozesse einbezogen werden können.[10]

1.1 Problemstellung

Dominierende theoretische Grundlage des Corporate-Governance-Diskurses ist die Neue Institutionenökonomik.

Dabei stehen Principal-Agent-Ansätze im Vordergrund, welche Unsicherheit und Informationsasymmetrien berücksichtigen. Agency-Beziehungen entstehen, sobald ein Individuum von Handlungen eines Dritten abhängig ist. Bei unterstellter rationaler Nutzenmaximierung und unterschiedlichen Nutzenvorstellungen können sich aus Informationsasymmetrien in Verbindung mit Zielkonflikten und eigennützigem Verhalten Problemstellungen ergeben.[11] Hier ansetzend soll Corporate Governance Interessenkonflikte und Informationsvorteile des Managements gegenüber Eigentümern, Kontrollorganen und anderen Stakeholdern ausgleichen.

Dieses wird notwendig, da Unsicherheit, Informationsasymmetrien und Interessendivergenzen bestehen. Damit sind Verträge zum Interessenausgleich unvollständig, da sie nicht alle zukünftigen Zustände der Welt kennen und somit regeln können.[12] So wird es erforderlich, einzelne Gruppen durch Corporate Governance vor einem Fehlverhalten anderer zu schützen. Juristische Lösungen können dabei Verantwortlichkeiten regeln, ökonomische Lösungen steuern Verhalten durch Anreizsysteme.

Während im Rahmen der Property-Rights-Theorie der Trennung von Eigentum und Kontrolle auch positive Effekte zugeschrieben werden, da bspw. Spezialisierungsvorteile des Managements genutzt werden können, begründet mögliches opportunistisches Verhalten von Managern aus dem Blickwinkel der Principal-Agent-Theorie Agency-Kosten.[13] Diese können durch die Reduktion von Informationsasymmetrien oder Angleichung der Interessen von Manage-

---

[8]   Vgl. Witt (2003), S. 11; vgl. von Werder/Grundei (2003); S. 676; vgl. Bassen et al. (2006a), S. 379 f.
[9]   Vgl. McKinsey (2002).
[10] Möglichkeiten der Erzielung von Überrenditen setzen voraus, dass Investoren die Corporate Governance bewerten können und dass der jeweilige Markt höchstens eine mittlere Informationseffizienz ausweist, so dass die Informationen zumindest nicht sofort in den Aktienkursen enthalten sind. Vgl. Gompers et al. (2003), S. 121.
[11] Unterschieden werden hidden characteristics, action, information und intention. Vgl. Göbel (2002), S. 100 ff.
[12] Vgl. Rajan/Zingales (2000), S. 204.
[13] Vgl. Jensen/Meckling (1976), S. 308 f.

ment und Stakeholdern minimiert werden. Ein dadurch steigender Unternehmenswert liegt im Interesse aller Share- und Stakeholder.[14]

„Guter" Corporate Governance wird somit ein positiver Einfluss auf den Unternehmenswert zugeschrieben.

Eine wissenschaftliche konsistente Bestätigung dieser Generalthese steht trotz intensiver empirischer Forschung jedoch noch aus.[15] So sprechen Bradley oder Leblanc/Gillies schon metaphorisch von „...*search of the Holy Grail*"[16] oder der Suche nach dem „*missing link*"[17].

Ursachen dieser fehlenden empirischen Evidenz mögen vielfältiger Natur sein. Sie können sich aus den jeweiligen Stichproben oder Untersuchungszeiträumen[18] oder aus den angewandten statistischen bzw. ökonometrischen Methoden ergeben.[19] Weitere Ursachen liegen möglicherweise in der jeweiligen Meßmethode der ökonomischen Performance der Unternehmen. Mögliche Variationen dieser Ansätze der Methodik oder Messung werden in aktuellen Beiträgen daher modifiziert – ohne jedoch die erwünsche Bestätigung liefern zu können.[20] Es kann jedoch auch darin begründet sein, dass es sich um ein relativ neues Feld handelt, oder Konsequenz der Schwierigkeiten sein, qualitativ hochwertiges Datenmaterial zu bekommen. „Not surprisingly, therefore, we cannot yet specify what the best governance system looks like, neither in a normative nor a positive sense".[21]

Gleichzeitig impliziert diese postulierte positive Wirkung „guter" Corporate Governance auf Unternehmenswerte, dass Aussagen darüber getroffen werden können, was „gute" Corporate Governance auszeichnet und welche Elemente in welcher Ausprägung sie beinhaltet. Bis dato ist jedoch keine eindeutige Antwort auf diese Frage gefunden.

So unterscheiden sich sowohl auf der Makroebene international bestehende Corporate-Governance-Systeme der Länder und darin enthaltende Regulierungen oder Empfehlungen als auch die in diesem Rahmen gestalteten Corporate-Governance-Systeme der Mikroebene der einzelnen Unternehmen. Während die OECD Principles[22] Elemente wie Aktionärsrechte, Gleichbehandlung von Aktionären oder die Rolle der Stakeholder enthalten, konzentriert sich bspw. der DCGK auf Aktionäre und Hauptversammlung, Vorstand und Aufsichtsrat sowie

---

[14]   Vgl. Hummler (2002), S. 89.
[15]   Vgl. bspw. Dallas/Patel (2004) oder Dennis/McConnell (2005). Ein umfassender Überblick vorliegender empirischer Ergebnisse wird für Corporate-Governance-Systeme unter 2.2.6.2 und für einzelne interne Mechanismen in den Unterkapiteln von Kapitel 4 geliefert.
[16]   Bradley (2004) betitelt seinen Arktikel mit: „Corporate Governance Scoring and the Link Between Corporate Performance Indicators: in search of the Holy Grail. "
[17]   Leblanc/Gillies (2005), S. 25.
[18]   Es zeigen sich bspw. eher positive Ergebnisse für US-amerikanische Unternehmen in dem Zeitraum der 1990er Jahre, vgl. Gompers et al. (2003).
[19]   Diese mögliche Erklärung testen Larcker et al. (2005).
[20]   Bassen et al. (2006a) berücksichtigen bspw. eine Vielzahl von Kennzahlen zur Messung des Unternehmenserfolges und nutzen mehrer statistische Methoden. Dennoch finden sich nur wenig signifikante Verbindungen.
[21]   Bóren/Ódegaard (2003), S. 2.
[22]   Vgl. OECD (2004a), S. 3 ff.

deren Zusammenwirken, Transparenz und Rechnungswesen.[23] Diese Unterschiede der Makroebene ergeben sich nicht nur als Konsequenz der jeweiligen ökonomischen Entwicklung oder des unterschiedlichen Niveaus der Informationseffizienz der Kapitalmärkte.[24]

„Even in advanced market economies, there is a great deal of disagreement on how good or bad the existing governance mechanisms are."[25]

Diese Uneinigkeit über optimale Corporate-Governance-Systeme wird verstärkt, wenn zudem bestehende Ratingsysteme für unternehmensspezifische Corporate-Governance-Systeme herangezogen werden, welche sich sowohl im Hinblick auf das inhaltliche Verständnis von Corporate Governance als auch in Methodik, Auswahl, Anzahl und Gewichtung der berücksichtigten Governance-Mechanismen unterscheiden.[26]

„Gut" - im Sinne von erfolgreich - sind Maßnahmen, welche ihre Ziele erreichen. Kennzeichen „guter" Corporate Governance sollte damit sein, dass divergierende Interessenansprüche von Management, Share- und anderen Stakeholdern des Unternehmens ausgeglichen und Informationsasymmetrien gesenkt, somit Agency-Kosten vermieden werden und der Unternehmenswert langfristig gesteigert wird.

1.2 Zielsetzung und Vorgehensweise

Vor diesem Hintergrund ist Hauptziel dieser Arbeit die Identifikation derjenigen Merkmale unternehmensspezifischer interner Corporate Governance, deren positive Wirkung auf den Unternehmenswert herausgestellt werden kann.

Aus den identifizierten Mechanismen sollen zum einen Handlungsempfehlungen für Unternehmen entwickelt werden. Unternehmen können somit bei einer Selbstevaluation – der Erfassung des Status Quo und der Ausnutzung von Verbesserungspotentialen – unterstützt werden.

Zum anderen können diese Mechanismen von externen Betrachtern herangezogen werden, um valide die Qualität der unternehmensspezifischen Corporate Governance zu beurteilen und in ihre Entscheidungen mit einzubeziehen. Es ergeben sich somit Verbesserungsvorschläge im Rahmen der externen Evaluation von Corporate Governance wie bspw. durch Rating-Agenturen und der Formulierung von zukünftiger Regulierungen. Eine fundierte Verknüpfung von Regulierungselementen mit einem steigenden Unternehmenswert macht eine tatsächliche Umsetzung wahrscheinlicher, da diese dann nicht nur als Handlungseinschränkungen

---

[23] Vgl. Deutscher Corporate Governance Kodex, Version 12. Juni 2006.

[24] So scheinen positive Auswirkungen hoher Corporate-Governance-Güte auf den Unternehmenserfolg in Schwellenländern wahrscheinlicher. Vgl. van den Berghe/Levrau (2003), S. 82. Empirische Studien nutzen hierbei häufig das Corporate-Governance-Rating der Crédit Lyonnais Securities Asia (CLSA), vgl. bspw. Klapper/Love (2004), die eine hohe Korrelation mit dem Unternehmenswert nachweisen können.

[25] Shleifer/Vishny (1997), S. 737.

[26] Vgl. Bassen et al. (2006b).

verstanden werden sondern Elemente einer marktwertorientierten Unternehmensführung sind.[27] Dabei wird detailliert wie folgt vorgegangen:

Im letzten Teil dieser Einführung wird der Begriff Corporate Governance definiert und abgegrenzt und auf Grundlage vorliegender Ansätze die existierende inhaltliche Bandbreite vorgestellt, strukturiert sowie die weiter verwendete Arbeitsdefinition entwickelt.

Diese unterschiedlichen Verständnisse von Corporate Governance prägen auch die internationalen Corporate-Governance-Systeme, welche im *Kapitel 2* im Vordergrund stehen. Dabei wird zum einen berücksichtigt, dass Corporate Governance national nicht getrennt von dem jeweiligen Finanzsystem zu betrachten ist, und zum anderen, dass trotz der Verschiedenheit diese Systeme gleiche Mechanismen – wenn auch in unterschiedlicher Ausprägung – aufweisen. Bei der Darstellung dieser Mechanismen wird nach internen und externen Mechanismen unterschieden und die Transparenz als Hybridmechanismus eingestuft. Die unterschiedliche Ausprägung dieser Mechanismen spiegelt sich insbesondere in einem Vergleich der Corporate-Governane-Systeme der USA und Deutschlands wieder. Diese werden daher exemplarisch beschrieben. Corporate Governance-Systeme sind nicht statisch. Somit werden mögliche zukünftige Auswirkungen eines Systemwettbewerbs auf eventuelle Richtungen sich ändernder nationale Rahmenbedingungen aufgezeigt, welche Hinweise auf eine mögliche Dominanz durch höhere Effizienz geben. Da mögliche Gründe der fehlenden empirischen Evidenz für die Generalthese der Förderlichkeit guter Corporate Governance in den unterschiedlichen Systemen gesehen werden können, schließt das Kapitel mit einem theoretischen Modell, welches diese Förderlichkeit aus dem Blickwinkel der Agency-Theorie begründet, und einem Überblick über die Ergebnisse empirischer Studien.

Ziel dieses Kapitels ist, dem Leser die Komplexität der Thematik zu verdeutlichen und die Rahmenbedingungen, welche auf die Gestaltung unternehmensindividueller Corporate-Governance-Systeme insbesondere in Deutschland wirken, herauszustellen. Im Ergebnis zeigt sich, dass keine konsistente empirische Evidenz einer möglichen Verknüpfung guter Corporate-Governance-Systeme - unabhängig von verschiedenen Messmethoden - und Unternehmenswerten vorliegt.

Anschließend erfolgt in *Kapitel 3* ein detaillierter Überblick über Corporate Governance als Gegenstand theoretischer Erklärungsansätze. Neben den Theorien der Unternehmung ist dies insbesondere die Neue Institutionenökonomik. Diese wird um den Steward-Ship-Ansatz ergänzt. Corporate-Governance-Systeme sollen Interessenkonflikte ausgleichen. Ursache für die Notwendigkeit, diesen durch Corporate-Governance-Systeme vorzunehmen, ist das Versagen des Marktes. Die Theorien der Unternehmung und der Neuen Institutionenökonomik können Gründe des Marktversagens und deren Konsequenzen mit Transaktionskosten und Agency-Kosten aufzeigen. Damit schließt sich eine Konkretisierung der hier relevanten Agency-

---

[27] Vgl. Middelmann (2004), S. 106.

Kosten und eine Betrachtung der Problematiken zwischen Stakeholdern an. Das Kapitel schließt mit der Vorstellung der theoretischen Lösungskonzepte, die jeweils unterschiedliche Interessensgruppen berücksichtigen: dem Shareholder-Value-Ansatz und dem Stakeholder-Modell. Ziel dieses Abschnittes ist, die Notwendigkeit von Corporate Governance aus theoretischer Sicht aufzuzeigen und gleichzeitig zu verdeutlichen, dass wiederum keine Einigkeit über die Zusammensetzung von guter Corporate Governance besteht.

Im Anschluss an diese Grundlagen steht im Zentrum der Arbeit die detaillierte Analyse vorliegender wissenschaftlicher Forschungsergebnisse über die Wirkungsweisen interner Corporate-Governance-Mechanismen in *Kapitel 4*. Dabei werden die jeweilige Kapitalstruktur, das Aufsichtsgremium, Anreizsysteme und Transparenz berücksichtigt.

Als Bewertungskriterien werden zum einem jeweils die theoretischen Argumentationen über die Wirkungsweise der Mechanismen auf den Unternehmenswert herangezogen. Zum anderen werden vorliegende empirische Studien, welche die jeweiligen Thesen untersuchen, analysiert, um zu klären, ob und inwieweit im Hinblick auf jeden Mechanismus von zumindest teilweise vorliegender empirischer Evidenz ausgegangen werden kann. Diese beiden Elemente bestimmen die Identifikation förderlicher Mechanismen.

Im Hinblick auf die damit verfolgten Zielsetzungen, Handlungsempfehlungen für Unternehmen und Richtlinien für externe Stakeholder zu entwickeln, ergeben sich zwei weitere Analysekriterien. Zum einen sollten die theoretischen und empirischen Empfehlungen der Literatur möglichst generalisierbar und somit auf alle Unternehmen anwendbar sein. Zum anderen ist es für externe Stakeholder notwendig, die Umsetzung und den Umsetzungsgrad des identifizierten Mechanismus von Außen erkennen zu können.

Ziel dieses Kapitels ist es, eine Grundlage für beide Intentionen zu legen. Bei fehlender externer Erkennbarkeit kann jedoch den Anforderungen der externen Zielgruppe nicht entsprochen werden. Einschränkungen im Hinblick auf eine möglichst hohe Allgemeingültigkeit verkleinern die erreichbare Zielgruppe der Unternehmen. Sollten diese Einschränkungen jedoch aufgrund spezifischer Merkmale der Unternehmen erfolgen und diese Merkmale aufgrund mehrfacher Relevanz Muster aufweisen, ist es möglich, eine Typologie von Unternehmen zu entwickeln.

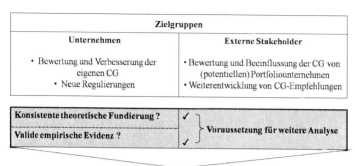

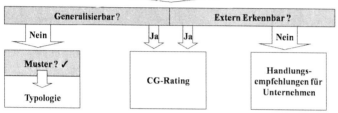

Abbildung 1: Vorgehensweise der Analyse

Die Entwicklung der Typologie erfolgt in *Kapitel 5.* Dabei wird zuerst der aktuelle Forschungsstand, der sich von der Einschätzung distanziert, dass es ein einziges gutes Corporate-Governance-System gibt - „One Size Does Not Fit All"[28] - im Hinblick auf übertragbare Erkenntnisse überprüft. Im Anschluss erfolgt die Darstellung von Typologien als Ansatz in wissenschaftlicher Forschung und damit auch die Einordnung des dieser Arbeit zugrunde liegenden Wissenschaftsverständnisses. Danach werden die in Kapitel 4 erarbeiteten Unternehmensmerkmale, welche die Wirkungsweise interner Corporate-Governance-Mechanismen beeinflussen, herangezogen, um Unternehmenstypen abzubilden. Für diese Typen – Wachstumsunternehmen und etablierten Unternehmen in unterschiedlichen ökonomischen Situationen – können im Anschluss Gestaltungsempfehlungen formuliert werden. Diese werden abschließend mit relevanten Empfehlungen und Anregungen des DCGK verknüpft.

Zentrale Fragestellung ist somit, wie Corporate Governance bewertet werden kann. Damit ist anfangs abzugrenzen, was in dieser Arbeit unter Corporate Governance verstanden wird.

---

[28] Hofstetter (2005).

1.3 Definition und Abgrenzung von Corporate Governance

Unter dem Begriff Corporate Governance wird eine Vielzahl von Themenstellungen diskutiert. Eine allgemein verwendete Übertragung von Corporate Governance in die deutsche Sprache ist bis heute nicht erfolgt, auch in der wissenschaftlichen Literatur hat sich die Verwendung des angelsächsischen Begriffs durchgesetzt.[29] Dabei wird Corporate Governance häufig gleichgesetzt mit den Begriffen Unternehmensleitung und –kontrolle.[30] Andere verweisen auf große Schnittmengen zu dem Begriff der Unternehmensverfassung.[31] Aber wie in der internationalen Literatur existiert keine allgemeingültige Definition. In der interdisziplinären Diskussion finden sich hauptsächlich ökonomische und/oder rechtswissenschaftliche Beiträge. Deren unterschiedliche Zielsetzungen beinhalten jeweils unterschiedliche Begriffsdefinitionen und Abgrenzungen.

Die Zielsetzungen dieser Arbeit bestimmen somit auch hier das zugrunde gelegte Verständnis und die Definition des Begriffs Corporate Governance.

Grundlage ist ein weiter Ansatz, der es ermöglicht, möglichst viele Facetten der Diskussion zu erfassen. Dieser stellt sämtliche maßgebliche Entscheidungsprozesse innerhalb der Unternehmen in den Vordergrund. Demnach beinhaltet Corporate Governance „(..) *die Gesamtheit der Sachverhalte, die bestimmen oder beeinflussen, wie in Unternehmen wichtige Entscheidungen getroffen werden.*"[32]

Diese Entscheidungen betreffen die Allokation von Ressourcen und die Verteilung der Überschüsse. „*Corporate Governance is concerned with the institutions how business corporations allocate resources and returns. Specifically, a system of corporate governance shapes who makes investment decisions in corporations, what types of investments they make, and how returns from investments are distributed.*"[33]

Bei einer Aufteilung der herausgestellten Entscheidungsprozesse in die Phasen Initiierung und Implementierung sowie Ratifizierung und Überwachung[34] zeigt sich, dass Corporate Governance folglich sowohl Elemente der Unternehmensführung als auch der Unternehmenskontrolle umfasst - und dennoch von beiden Begriffen abzugrenzen ist.

Gemeinsam ist allen Definitionen jedoch, dass sie Corporate Governance als Prozess begreifen, dessen Zielsetzung der Interessenausgleich verschiedener am Unternehmen und damit an den Entscheidungsprozessen beteiligter bzw. von diesen betroffenen Gruppen ist.

---

[29]   Auch in dieser Arbeit wird auf eine Übersetzung verzichtet und mit dem Begriff Corporate Governance gearbeitet.

[30]   Vgl. Bassen (2002), S. 20, Theisen (2003), S. 441. Baums spricht von der „...Funktionsweise der Leitungsorgane, ihre Zusammenarbeit und die Kontrolle ihres Verhaltens." Baums (2001), S. 20.

[31]   Vgl. von Werder (2003a), S. 4.

[32]   Schmidt (1997), S. 16.

[33]   O'Sullivan (2000), S. 1.

[34]   Vgl. Fama/Jensen (1983), S. 4.

Die zu klärenden Interessenkonflikte resultieren dabei aus der Trennung von Eigentum, Leitung und Kontrolle.[35]

Damit betrifft Corporate Governance nicht alle Unternehmen, sondern nur diejenigen, bei denen mehrere Stakeholder existieren und gegensätzliche Interessen vertreten bzw. Ansprüche auf die Verteilung der Quasi-Renten[36] anmelden - „(..) *define a governance system as the complex set of constraints that shape the ex post bargaining over the quasi-rents generated in the course of a relationship".*[37]

Im Hauptinteresse der aktuellen Diskussion stehen börsennotierte Unternehmen, da hier die Trennung zwischen Eigentum, Leitung und Kontrolle sehr ausgeprägt erscheint. Dennoch sind durchaus auch kleine und mittlere[38] oder öffentliche Unternehmen[39] von der Problematik betroffen. Gerade für letztere wird eine Anpassung der Regelungen empfohlen.[40]

Hauptunterscheidungsmerkmal der verschiedenen Definitionsansätze ist, welche Gruppen bzw. Ansprüche berücksichtigt werden. Dabei können finanzwirtschaftliche und stakeholderorientierte Definitionen und/oder Paradigma unterschieden werden.

Finanzwirtschaftliche Definitionen können dem Shareholder-Value-Ansatz[41] zugeordnet werden. Sie stellen die Beziehung zwischen Eigentümern und Kapitalgebern in den Vordergrund. „*Corporate Governance deals with the ways in which suppliers of finance to corporations assure themselves of getting return on their investment"*[42] Obwohl diese Definition alle Kapitalgeber anspricht, stehen auch hier im Vordergrund der Betrachtung die Problemstellungen, die aus der Trennung von Eigentum und Kontrolle bzw. aus sich ergebenden Agency-Kosten bei divergierenden Interessen von Eigentümern und Managern resultieren.[43]

---

[35]   Vgl. Witt (2003), S. 1.
[36]   Der Begriff der Quasi-Rente stammt ursprünglich von Williamson. Er definiert als Quasi-Rente die Differenz zwischen dem Ertrag einer Investition und dem Ertrag ihrer nächst besten alternativen Verwendung. Ursache für die Entstehung ist Faktorspezifität. Vgl. Williamson (1985).
[37]   Zingales (1998), S. 4.
[38]   Vgl. Größl, (2003) S. 7, Bodmer (2002) S. 721 ff. Im Jahr 2004 wurde von INTES und der Welt am Sonntag ein Corporate Governance Kodex für Familienunternehmen entwickelt. Dieser ist abzurufen unter www.kodex-fuer-familienunternehmen.de (04.09.2004).
[39]   Vgl. Turnbull (2000), S. 4.
[40]   Vgl. Budäus/Srocke (2003), S. 87.
[41]   Vgl. 3.3.2.1.
[42]   Shleifer/Vishy (1997a), S. 737.
[43]   Vgl. Jensen/Meckling (1976), S. 308 ff., Fama/Jensen (1983), S. 2 ff.

9

Andere Definitionen beziehen die Interessen sämtlicher Stakeholder[44] mit ein. „*Corporate Governance relates to the internal organization and power structure of the firm, the functioning of the board of directors both in the one-tier and the two tier-system, the ownership structure of the firm, and the interrelationships among management, board, shareholders and possibly stakeholders, in particular the workforce of the enterprise and the creditors.*"[45] Ähnlich die OECD: "*Corporate Governance involves a set of relationships between a company's management, its board, its shareholders and other stakeholders.*"[46]

Ressourcenorientierte Definitionsansätze wenden den Blick von der Distribution des Erwirtschafteten zur Produktion und stellen das Unternehmen selbst in den Vordergrund.[47] Es ergeben sich die Fragen, was ein starkes gesundes Unternehmen kennzeichnet und was Management und Unternehmensaufsicht zur Entstehung und Erhaltung eines solchen beitragen können. Damit sind nicht nur die Zusammenarbeit und Kontrolle interner Organe von Interesse, sondern, welche Gestaltung von Corporate Governance gewährleistet, dass Unternehmen auf internationalen Märkten wettbewerbsfähig sind.[48]

„*In essence corporate governance is the structure that is intended to make sure that the right questions get asked and that checks and balances are in place to make sure that the answers reflect what is best for the creation of long-term, sustainable value.*"[49]

Corporate Governance beinhaltet somit die Bedingungen, in deren Rahmen sich Unternehmensführung und Unternehmenskontrolle bewegen, und zielt darauf ab, die Verfügungsrechte der verschiedenen Stakeholder auf Quasi-Renten festzulegen. Eine Funktion liegt folglich in einer gerechten Verteilung. Aus der Ressourcenorientierung ergibt sich eine weitere Funktion. Corporate Governance zielt darauf, eine effiziente Unternehmensführung und -kontrolle zur Maximierung der Überschüsse zu gewährleisten.

Bei existierenden Transaktionskosten und Informationsasymmetrien sind beide Funktionen interdependent. Zum einen beeinflusst die Verteilung von Verfügungsrechten die Effizienz der Ressourcenallokation.[50] Zum anderen erfolgt die Verteilung ex post; nur realisierte Quasi-Renten können den Interessengruppen zur Verfügung gestellt werden.

Sowohl im Hinblick auf die Verteilung als auch auf das Erschaffen ergeben sich Interessenkonflikte aus Informationsvorteilen des Managements gegenüber anderen Share- und Stakeholdern. Dadurch mögliches opportunistisches Verhalten der Manager begründet Agency-Kosten.[51] Corporate Governance soll diese Konflikte ausgleichen, Agency-Kosten senken und

---

44   Vgl. 3.3.2.2.
45   Vgl. Hopt/Wymeersch (1997), Preface.
46   Vgl. OECD (2004a), S. 2.
47   Vgl. Malik (2002), S. 29 f.
48   Vgl. Middelmann (2004), S. 101.
49   Monks/Minow (2004), S. 4.
50   Vgl. Coase (1960), S. 15 ff, vgl. Coase (1998), S. 73.
51   Vgl. Jensen/Meckling (1976), S. 308 f., für eine Differenzierung des möglichen opportunistischen Verhaltens. 3.3.1.1.1.

so den Unternehmenswert erhöhen. Dabei erscheint die Annahme realistisch, dass diese positive Verknüpfung nicht ad hoc eintritt, sondern erst langfristig messbar wird.[52]

Diese Anforderung an Corporate Governance wird in dieser Argumentation herangezogen, um die Qualität der jeweiligen Corporate Governance zu bestimmen. Daher ergibt sich folgende Ausgangsdefinition:

> *Corporate Governance berücksichtigt alle Rahmenbedingungen, welche effiziente Entscheidungsprozesse ermöglichen und so eine Erhöhung des Unternehmenswerts gewährleisten.*

---

[52] Vgl. Monks/Minow (2004), S. 4. Empirische Untersuchungen zeigen im kurzfristigen Bereich keine oder sogar negative Verknüpfungen von „guter" Corporate Governance und Unternehmenswerten, vgl, GMI (2003) oder Bauer et al. (2004).

2 Corporate-Governance-Systeme

2.1 International bestehende Corporate-Governance-Systeme

2.1.1 Corporate Governance als Teil des Finanzsystems

Der Interessenausgleich von Kapitalgebern und Kapitalnehmern innerhalb einer Volkswirtschaft erfolgt durch Finanzsysteme. Corporate Governance ist wichtiges Element des jeweiligen Finanzsystems.[53] Die generelle Unterscheidung in markt- oder bankorientierte Finanzsysteme wird durch die jeweilige Ausprägung der Corporate-Governance-Systeme[54] zusätzlich verstärkt.[55]

International haben sich unterschiedliche Corporate-Governance-Systeme entwickelt. Diese weisen neben erheblichen Unterschieden auch Gemeinsamkeiten aus. Die OECD-Principles betonen beispielsweise Aktionärsrechte, die Gleichbehandlung von Aktionären sowie Offenlegung und Transparenz.[56] Gleichzeitig begründen national unterschiedliche Finanz- und Rechtssysteme eine jeweilige Anpassung der internationalen Standards, da Corporate Governance nicht unabhängig von anderen wirtschaftlichen oder gesellschaftlichen Systemen gesehen werden kann.[57]

Der hier verfolgte Blickwinkel von Corporate Governance berücksichtigt sämtliche Stakeholder, die in Austauschprozesse mit dem Unternehmen einbezogen sind.

Die Gestaltung von Austauschprozessen wird dabei nach Hirschman[58] in die zwei Ansätze „Exit" oder „Voice" unterschieden. Das Konzept des „Exit" beinhaltet die Möglichkeit, ein Austauschverhältnis durch Wechsel des Vertragspartners zu jeder Zeit beenden zu können. Dafür ist eine ausreichende Zahl an potentiellen neuen Vertragspartner, somit liquide Märkte, notwendig. Im Rahmen des „Voice"-Konzepts besteht durch spezifische, in das Unternehmen eingebrachte Investitionen eine engere Verbindung, welche einen Wechsel des Vertragspartners erschwert. Eine Entlohnung für diese Investitionen ist nur über Ansprüche auf Quasi-Renten möglich. Es müssen daher Einflussmöglichkeiten auf deren Verteilung bestehen.

---

[53] Vgl. Allen/Gale (2000), S. 4 f.

[54] Einige Definitionen betrachten Corporate Governance als System, vgl. O´Sullivan (2000) S. 1 oder Zingales (1998), S. 4. Die Begriffe Corporate Governance und Corporate-Governance-System werden daher synonym verwendet. In dieser Argumentation wird der Systembegriff ausdrücklich dann verwendet, wenn nicht einzelne Mechanismen sondern deren Gesamtheit gemeint ist, welche national oder innerhalb der Unternehmen die Zielsetzung verfolgt, Interessenkonflikte auszugleichen.

[55] Vgl. Allen/Gale (2000), S. 4, vgl. Mann (2003), S. 29, vgl. Hackethal (2000), S. 2, vgl. Schmidt et al. (1999), S. 1.

[56] Vgl. OECD (1999), S. 16.

[57] Vgl. Mann (2003), S .28.

[58] Vgl. für Folgendes Hirschman (1970). Er berücksichtigt zusätzlich die Alternative der „loyality", also abwartende Passivität.

Corporate Governance zielt auf den Ausgleich von Interessenkonflikten in Austauschprozessen zwischen Stakeholdergruppen und Unternehmen sowie innerhalb der Gruppen.
Dabei kann unterstellt werden, dass die jeweiligen beteiligten Gruppen, ob Mitarbeiter, Eigen-
oder Fremdkapitalgeber, je nach dem jeweiligen Niveau der spezifischen Investitionen konsistente Voice- oder Exit-Strategien verwenden.[59]

Die Möglichkeit des Einsatzes beider Strategien empfiehlt eine Unterscheidung von Finanz-
und Corporate-Governance-Systemen in Insider- oder Outsider-Systeme.[60]

2.1.2 Elemente von Corporate-Governance-Systemen

Systeme bestehen aus verschiedenen Einzelelementen, die miteinander in Beziehung stehen,
plausibel von der sie umgebenden Umwelt abgegrenzt und somit als eine Gesamtheit
betrachtet werden können. Sie können beschrieben werden, in dem die Einzelelemente und
ihre jeweiligen möglichen Ausprägungen aufgelistet werden.

Corporate-Governance-Systeme verfolgen das Ziel, unterschiedliche Interessen auszugleichen. Relevante Elemente sind daher die jeweiligen zu berücksichtigenden Interessengruppen und deren Verhalten.[61] Dieses wird einerseits von gesetzlichen Rahmenbedingungen
wie beispielsweise dem Rechtssystem und andererseits von den Instrumentarien, die zur Verfolgung der Interessen zu Verfügung stehen, beeinflusst. Dabei können die Interessengruppen
auf die Instrumentarien und indirekt auf die Rahmenbedingungen einwirken. Gleichzeitig
beeinflussen die Rahmenbedingungen die Instrumentarien und damit die Handlungsoptionen
der Interessengruppen.

Eine differenzierte Aufzählung der Elemente von Corporate-Governance-Systemen zeigen
Schmidt/Spindler und berücksichtigen „*the distribution of ownership and residual decision
rights; the distribution of residual claims and shareholdings, the board structure and the
composition of the supervisory board; the objective of the firm to which management is
bound; the general structure of corporate law; the quality of accounting information for
shareholders, the role and function of the stock market; access to capital markets; the takeovers; the dominant career paths in firms and the role of employees in corporate decision
making.*"[62]

Die jeweilige Ausgestaltung dieser Elemente beeinflusst die mögliche Wirkungsweise der
jeweiligen Governance-Mechanismen. Dabei werden aus dem finanzwirtschaftlichen Blickwinkel, der sich auf den möglichen Ausgleich der Interessenkonflikte zwischen Kapitalgebern
und Management konzentriert, den internen Mechanismen Eigentümer- und Kapital-

---

[59] Vgl. Mann (2002), S. 35.
[60] Vgl. Berndt (2000), S. 2 ff. Eine Aufstellung anderer Unterscheidungskriterien zeigt Berglöf (1997).
Holmström/Kaplan (2003) benutzen die Begriffe „market based" und „relationship-orientated".
[61] Vgl. Mann (2003), S. 27.
[62] Schmidt/Spindler (2004). S. 121.

14

strukturen, Board- bzw. Aufsichtsratsstrukturen und Entlohnungssystemen sowie den externen Mechanismen Produktmarktwettbewerb und dem Markt für Unternehmenskontrolle positive Einflusse zugeschrieben.[63]

In die national unterschiedlichen Corporate-Governance-Systeme fließt jedes dieser Elemente ein. Alle diese Elemente können unterschiedliche und entgegengesetzte Ausprägungen annehmen und somit verschiene Governance-Mechanismen betreffen. Jedoch scheinen viele vorstellbare Kombinationen dabei nicht miteinander zu harmonisieren.

Bei einem Vergleich international existierender Systeme hoch entwickelter Länder werden je nach Verfügbarkeit und Ausprägung der obigen Mechanismen Insider- und Outsider-Systeme unterschieden. Ein Insider-System wird dabei durch konzentrierte Eigentümerstrukturen, höhere Verschuldungsgrade, illiquide Kapitalmärkte und einen hohen Anteil gegenseitiger Beteiligungen der Unternehmen untereinander gekennzeichnet. Diese internen Mechanismen der Corporate Governance wie Aufsichtsräte, Kapitalstrukturen oder Großaktionäre setzen innerhalb der Unternehmen an. Externe Mechanismen wie ein Markt für Unternehmenskontrolle sind kaum spürbar. Ein Outsider-System weist dagegen weit gestreute Eigentümerstrukturen auf. Gegenseitige Beteiligungen sind unüblich. Der Kapitalmarkt ist liquide. Die Corporate-Governance-Mechanismen entsprechen hier Marktmechanismen - dem Markt für Unternehmenskontrolle, für Manager und dem Absatzmarkt für Produkte und Dienstleistungen.[64]

Diese beiden aufgezeigten Systemausprägungen, Insider- und Outsider-Systeme, werden als konsistent[65] angesehen, die Interdependenzen der jeweiligen Einzelelemente können als komplementär bezeichnet werden.[66] In der Entscheidungssituation über die Ausgestaltung eines unternehmensindividuellen Corporate-Governance-Systems stehen Unternehmen innerhalb des jeweiligen rechtlichen, gesellschaftlichen und wirtschaftlichen Umfeldes.

Neben gesetzlichen Regelungen[67] existieren weitere Empfehlungen und Anregungen zur Gestaltung der unternehmensindividuellen Corporate-Governance-Systeme. Somit ergeben sich für Unternehmen bei der Gestaltung und Umsetzung Entscheidungsprobleme. Nationale Kodices können zwar als Leitlinien fungieren, ihre tatsächliche Umsetzung erfordert jedoch ein Commitment der Unternehmen. Diese kann durch ein Qualitätssiegel für die jeweiligen Regelungen gesteigert werden. Ein derartiges Siegel in Gestalt eines Beleges für die positive Beeinflusse des Unternehmens-wertes zu entwickeln, ist eine Zielsetzung dieser Arbeit.

Im Folgenden werden die Wirkungsweisen der einzelnen Corporate-Governance-Mechanismen kurz dargestellt. Dabei wird der Einstufung in interne und externe

---

[63] Vgl. Sheifer/Vishny (1997), Köke (2001) S. 2ff.
[64] Vgl. Berndt (2000), S. 4., vgl. Cuervo (2002), S. 84.
[65] Vgl. Schmidt/Spindler (2004), S. 122.
[66] Vgl. Mann (2003), S. 32. Als komplementär können Ausprägungen dann bezeichnet werden, wenn sich die Wirkungen der Elemente innerhalb des Systems gegenseitig verstärken.
[67] Hier sind für die Bundesrepublik Deutschland insbesondere Regelungen des Aktiengesetzes in Verbindung mit dem Gesetz zur Kontrolle und Transparenz im Unternehmensbereich und dem Gesetz zur weiteren Reform des Aktien- und Bilanzrechts, zu Transparenz und Publizität zu nennen.

Mechanismen gefolgt. Die Transparenz nimmt so eine Zwischenstellung ein. Trotz starker Regulierung ergeben sich für Unternehmen zum einen Entscheidungsspielräume über Quantität und Qualität der ver-öffentlichten Unternehmensinformationen. Die verfolgte Zielsetzung dieser Transparenz zielt jedoch zum anderen nicht auf interne Prozesse, sondern auf das Verhalten externer Stake-holder.

2.1.2.1.1 Interne Corporate-Governance-Mechanismen

Im Rahmen der verfolgten Intention, der Formulierung von Handlungsempfehlungen, ist eine Konzentration auf Corporate-Governance-Mechanismen, die durch das Unternehmen gestaltet werden können, sinnvoll. Daher erfolgt in Kapitel 4 eine detaillierte Meta-Analyse vorliegender theoretischer und empirischer Literatur zu internen Corporate-Governance-Mechanismen. Somit werden diese hier nur kurz vorgestellt.

Eigentümerstruktur

Zentrales Element der Corporate Governance sind bestehende Interessenkonflikte zwischen Eigentümern und Management, die sich aus der Trennung von Eigentum und Kontrolle ergeben. Der Ausprägungsgrad der Konsequenzen dieser Trennung wird dabei bestimmt durch die jeweilige Aktionärsstruktur.

Aktionären stehen bei Unzufriedenheit mit dem Management eines Unternehmens Exit- und Voice-Strategien zur Verfügung. Bei Wahl der Exit-Strategie, dem Verkauf der Aktien, wird angenommen, dass diese zu Kursverlusten führen. Diese sinkende Marktbewertung des Unternehmens kann somit die Wahrscheinlichkeit einer feindlichen Übernahme des Unternehmens erhöhen.[68]

Bei einer breit gestreuten Aktionärsstruktur ist diese Konsequenz jedoch nur wahrscheinlich, wenn Kleinaktionäre mehrheitlich Exit-Strategien anwenden. Daher wird diese Förderung des externen Governance Mechanismus, des Marktes für Unternehmenskontrolle, eher bei konzentrierten Aktionärsstrukturen erwartet.[69]

Neben diesen Exit-Strategien wird jedoch der aktiven Kontrolle und damit der Voice-Strategie eine hohe Bedeutung zugeschrieben, insbesondere wenn diese von institutionellen Investoren angewendet werden.[70] Die Motivation, diese Strategien zu ergreifen, wird wiederum von der Aktionärsstruktur beeinflusst.

So werden Aktionäre Voice-Strategien der aktiven Kontrolle wählen und damit deren Kosten tragen, wenn diese erwartungsgemäß durch einen höheren Nutzen kompensiert werden. Während die Kosten der Kontrolle für die einzelnen Aktionäre gleich und individuell zu

---

[68] Vgl. Manne (1965), S. 112 ff.
[69] Vgl. Shleifer/Vishny (1986).
[70] Vgl. Gillan/Starks (2003), S. 4.

16

tragen sind, kommt dagegen der zu erwartende Nutzen allen Aktionären zu Gute. Die direkte Kontrolle wird so bei breitgestreuter Aktionärsstruktur durch hohe externe Effekte ein öffentliches Gut.[71]

Diese Free-Rider-Problematik schwächt sich bei Mehrheitsaktionären ab, da diese eher ein positives Kosten/Nutzen-Verhältnis ausweisen. Die Motivationsargumente erfahren weitere Verstärkungen bzw. Einschränkungen, wenn unterschiedliche Investorentypen berücksichtigt werden.[72] Damit wird die Existenz von Großaktionären bzw. konzentrierter Eigentümerstruktur als förderlicher Governance-Mechanismus eingestuft. Gleichwohl kann sich ein zusätzlicher Interessenkonflikt zwischen Groß- und Kleinaktionären ergeben[73], der wiederum Agency-Kosten verursacht.

Kapitalstruktur

Die jeweilige Kapitalstruktur hat unmittelbaren Einfluss auf zukünftige Cashflows, da Fremdkapital mit festen Verpflichtungen zur Zinszahlung verbunden ist. Damit verringern sich mit steigendem Verschuldungsgrad die freien Cashflows, über die das Management verfügen kann. Somit reduzieren sich die Möglichkeiten opportunistischen Verhaltens.[74]

Gleichzeitig stehen dem Management weniger Mittel der Selbstfinanzierung zur Verfügung. Damit erhöhte sich die Wahrscheinlichkeit der Außenfinanzierung, so dass sich zudem Informations- und Mitspracherechte der Kapitalgeber ergeben. Wenn diese im Rahmen einer aktiven Kontrolle genutzt werden, können Agency-Kosten verringert werden.[75]

Diesen positiven Auswirkungen steigender Verschuldung sind jedoch zusätzliche Agency-Kosten der Fremdfinanzierung entgegenzusetzen, da auch zwischen Gläubigern und Management bzw. Aktionären Informationsasymmetrien und Interessenskonflikte bestehen.[76]

Eine für das Unternehmen optimale Kapitalstruktur im Hinblick auf Agency-Kosten entsteht durch die Abwägung dieser beiden Effekte. Gleichzeitig ist das steigende Insolvenzrisiko von Relevanz. Höhere Verschuldungsgrade senken die Bonität eines Unternehmens, führen so zu steigenden Kapitalkosten oder er-schweren den zukünftigen Zugriff auf den Kapitalmarkt. Dies kann dazuführen, dass wert-steigernde Investitionen unterbleiben müssen.[77]

---

[71] Vgl. Großmann/Hart (1980) S. 42.
[72] Vgl. für dien detaillierte Analyse Kapitel 4.1. Dabei werden insbesondere unterschiedliche Typen institutioneller Investoren berücksichtigt.
[73] So können sich insbesondere für andere Unternehmen mit großen Anteilspaketen Möglichkeiten ergeben, aus diesem Machtpotential Vorteile zu ziehen und damit andere Aktionäre zu schädigen. Dieses können beispielsweise Geschäftsabschlüsse zu nicht marktüblichen Bedingungen sein.
[74] Vgl. Jensen (1986) und (1993).
[75] Vgl. Jensen (1986).
[76] Vgl. Jensen/Meckling (1976).
[77] Vgl. Stulz (1990).

Im Hinblick auf bestehende Informationsasymmetrien kann der Verschuldungsgrad zudem als Signal genutzt werden. Ein hoher Verschuldungsgrad wird dabei als valider Indikator für die Qualität des Unternehmens herangezogen, da er dessen Einschätzungen verdeutlicht, auch in Zukunft den Zinsverpflichtungen nachkommen zu können.[78]

Aufsichtsgremien

Der institutionalisierten internen Kontrolle des Managements durch Aufsichtsgremien wird im Rahmen der Corporate-Governance-Diskussion eine herausragende Bedeutung zugeschrieben.[79] International ist zwischen unterschiedlichen Systemen zu unterscheiden. So wird im One-Tier-System dem Board of Directors eine Doppelrolle zugewiesen.[80] Diese beinhaltet sowohl die Unternehmensleitung als auch die Kontrolle. Das Gremium setzt sich somit aus internen, dem Management zugehörigen, und externen Mitgliedern zusammen.

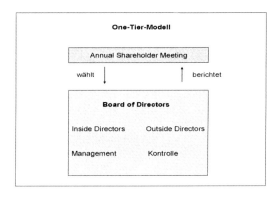

Abbildung 2: One-Tier-Modell [81]

Im Two-Tier-System sind die Kontrollaufgaben einem eigenen Organ, in Deutschland durch das Aktiengesetzes dem Aufsichtsrat, zugewiesen.[82]

---

78   Vgl. Leland/Pyle (1977), Ross (1977).
79   Vgl. John/Senbet (1998). Intensiv widmet sich Kapitel 4.3 dem Mechanismus von Aufsichtsgremien.
80   Dieses dominiert international und ist herrscht bspw. in den USA und Großbritannien vor.
81   Eigene Darstellung.
82   Vgl. § 11 Abs. 1 AktG.

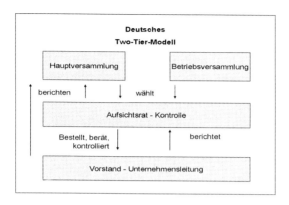

Abbildung 3: Deutsches Two-Tier-Modell [83]

Gewählt werden die Mitglieder der Aufsichtsgremien als Kapitalvertreter von den Anteilseignern; gleichzeitig wirkt die Sondersituation der deutschen Mitbestimmung aus. [84]

Somit ergeben sich für Mitglieder der Aufsichtsgremien zwei Principal-Agent-Beziehungen. Sie sind zum einen Agenten der Stakeholder, deren Interessen sie treuhänderisch vertreten sollen, und zum anderen Principals der Unternehmensleitung.

Stakeholder übertragen die Kontrollfunktion an Mitglieder der Aufsichtsgremien. Aufgrund geringerer Informationsasymmetrien durch direkten Kontakt zu dem Management erscheint diese Delegation sinnvoll. Gleichwohl bestehen Zweifel an der effektiven Wahrnehmung dieser Kontrolle. [85] Dabei wird eine Vielzahl von Argumenten herangezogen. So wird die zur Kontrolle not-wendige Unabhängigkeit der Mitglieder häufig angezweifelt. Diese Diskussion konzentriert sich schwerpunktmäßig auf das One-Tier-System und fordert beispielsweise eine stärkere Besetzung von Boards durch externe Direktoren. [86] Neben Unabhängigkeit werden weitere formale Eigenschaften von Aufsichtsgremien wie die Gremiengröße, die Struktur und Aktivität im Hinblick auf ihre Auswirkungen auf die Effizienz diskutiert. [87] Zudem rücken qualitative Eigenschaften der Gremien und der jeweiligen Mitglieder in den Vordergrund. [88]

---

[83] Eigene Darstellung.
[84] Vgl. § 1 Abs. 1 MitbestG.
[85] So besteht keine Garantie, dass Mitglieder der Aufsichtsgremien den Interessen der Stakeholder folgen und nicht privaten Nutzen maximieren. So sind auch Kooperationen mit dem Management denkbar, insbesondere wenn persönliche oder private Beziehungen bestehen.
[86] Vgl. bspw. Baysinger/Hoskisson (1990); Johnson et al. (1996).
[87] Vgl. für die Argumentationen Kapitel 4.3.2.1.
[88] Vgl. für die Argumentationen Kapitel 4.3.2.2.

19

Entlohnungssysteme

Von der Kontrolle des Managements abstrahierend, werden Anreizsysteme eingesetzt, welche Interessenkonflikte ausgleichen und so opportunistisches Handeln verhindern sollen.[89] Bei der Gestaltung der Entlohnungssysteme steht daher in Vordergrund, die Interessen des Managements an die Interessen der Stakeholder anzugleichen. Damit stehen langfristige, variable Vergütungselemente im Vordergrund, die mit dem Unternehmenswert verknüpft sind. [90]

Bei der Auswahlentscheidung der geeigneten Ergebnisgrößen, an welche die Entgeltelemente gekoppelt werden, sind mehrere Elemente zu berücksichtigen. So wird nur eine Ergebnisgröße, die der Manager durch seinen Arbeitseinsatz auch beeinflussen kann, die gewünschten Anreize geben können.[91]

Zusätzlich ist das Vergütungselement selbst von Bedeutung. Bei einer Vergütung mit Aktien werden Manager zu Shareholder, so dass eine Interessensangleichung wahrscheinlich ist. Gleichzeitig bewirkt diese Art der Entlohnung jedoch auch eine Steigerung des Einkommensrisikos[92], so dass mit Kompensationsforderungen zu rechnen ist. Dieses Risiko vermindert sich, wenn statt Aktien Aktienoptionsprogramme aufgelegt werden. Diese ermöglichen es, das Management an Kurssteigerungen teilhaben zu lassen. Bei Aktienkursrückgang verlieren diese Optionen zwar an Wert, der Manager erleidet aber durch die Möglichkeit der Nichtausübung keinen Vermögensschaden. Gleichzeitig können jedoch Aktien oder Aktienoptionen als Entlohnungselemente möglicherweise Anreize für Manager setzen, sich nur an kurzfristigen Aktienkurssteigerungen auszurichten.[93]

Theoretisch förderliche Konzepte erfahren in Rahmen der praktischen Umsetzung jedoch erhebliche Einschränkungen.[94] So erscheint schon die Verallgemeinerung, welche die Interessen aller einzelnen Manager zu einer gemeinsamen Nutzenfunktion bündelt, unrealistisch. Notwendig – aber in der Praxis kaum durchführbar - wäre es damit, jedem Manager ein individuelles Vertragskonstrukt anzubieten, welches sowohl die jeweiligen monetären und nichtmonetären Nutzenelemente als auch den individuellen Grad der Risikoaversion verbindet.

2.1.2.1.2 Externe Corporate-Governance-Mechanismen

Neben den internen und damit gestaltbaren Mechanismen der Corporate Governance stehen Unternehmen einem komplexen Umfeld gegenüber, welches Entscheidungsprozesse und Agency-Kosten beeinflusst. Neben rechtlichen Rahmenbedingungen, welche beispielsweise den Aktionären Klagemöglichkeiten gegen ein Management einräumt, welches sich betrüge-

---

[89] Vgl. Shleifer/Vishny (1997).
[90] Vgl. Jensen et al. (2004).
[91] Vgl. Vroom (1964).
[92] Vgl. Fama (1980).
[93] Vgl. Jensen et al. (2004).
[94] Vgl. Bebchuk/Fried (2004). Für eine detaillierte Analyse der möglichen Gestaltung von Anreizsystemen und deren Verbindung zum Unternehmenswert vgl. Kapitel 4.4

risch und eigennützig verhält, sind insbesondere die Märkte relevant, auf denen sich das Unternehmen als Anbieter oder Nachfrager bewegt. Deren möglichst hohe Effizienz wird jeweils mit positiven Einflüssen auf Agency-Kosten und damit auf Unternehmenswerte verbunden. Da die sich die Rechtssysteme international stark unterscheiden, wird auf die jeweilige Wirkung der Haftung im Rahmen der Beschreibung der Corporate-Governance-Systeme in Deutschland und den USA eingegangen.[95]

Markt für Unternehmenskontrolle

Unzufriedenen Aktionären als Principale des Managements steht bei Existenz eines effizienten Marktes für Eigenkapital mit ausreichender Sekundärmarktliquidität[96] die Exit-Strategie des Aktienverkaufs offen. Damit werden auch die jeweiligen Kontrollrechte an den neuen Aktionär übertragen. Wenn bei gestreuter Aktionärsstruktur eine Vielzahl von Aktionären oder bei konzentrierter Aktionärsstruktur ein Mehrheitsaktionär diese Verkaufsentscheidung trifft, ist mit deutlichen Kursrückgängen zu rechnen. Diese niedrige Unternehmensbewertung erhöht die Wahrscheinlichkeit, von einem externen Bieter als lohnendes Zielunternehmen einer feindlichen Übernahme eingestuft zu werden, und damit für das Management die Gefahr, ausgetauscht zu werden.[97] Diese marktliche Korrektur von fehlerhaftem Management wird als essentieller Bestandteil eines jeden Corporate-Governance-Systems verstanden.[98]

Dabei können die neuen Eigentümer ex post durch Austausch des opportunistischen Managements Wertsteigerungen erzielen.[99] Bei bestehender Bieter-Konkurrenz wird zudem eine effiziente Ressourcenallokation gewährleistet.[100]

Ex ante kann zudem das Wissen um mögliche drohende feindliche Übernahmen, deren Wahrscheinlichkeit mit sinkenden Aktienkursen steigt, das Management disziplinieren und Anreize setzen, opportunistisches Verhalten zu vermeiden und den Unternehmenswert zu steigern.[101]

Vorraussetzung für beide Wirkungsargumentationen ist, dass die Motivation des übernehmenden Bieters sich aus durch Austausch des Managements erzielbaren Wertsteige-

---

[95] Vgl. Kapitel 2.2.1 und 2.2.2.
[96] Eine ausreichende Sekundärmarktliquidität ist dadurch gekennzeichnet, dass jederzeit Wertpapierpositionen jeglicher Größe gehandelt werden können, ohne dass dadurch wesentliche Kursveränderungen ausgelöst werden. Vgl. Bassen (2002), S. 72.
[97] Im Zentrum der Corporate-Governance-Diskussion stehen feindliche Übernahmen. Dabei wird im Rahmen einer Tender Offer den Altaktionären ohne Zustimmung des Managements von dem Bieter, dem übernehmenden Unternehmen, ein Übernahmeangebot unterbreitet. Die ökonomischen Auswirkungen von Übernahmen generell – Wertschaffung oder Wertzerstörung bzw. eine Umverteilung – werden kontrovers diskutiert. Vgl. Burkart/Panunzi (2006). Im Folgenden stehen die unterstellten Auswirkungen auf Agency-Kosten im Vordergrund.
[98] Vgl. Berglöf et al. (2003). Dennoch werden feindliche Übernahmen auch kritisch gesehen: so fördern bspw. die entstehenden sehr großen Unternehmen die Marktkonzentration und schädige über einen meist sehr hohen Leverage und/oder einem folgenden Verkauf von Vermögensteilen die Stakeholder. Vgl. Burkart/Panunzi (2006).
[99] Vgl. Manne (1965).
[100] Vgl. Jensen/Ruback (1983).
[101] Vgl. Grossmann/Hart (1980a).

rungen ergibt.[102] Diese können sich ergeben, wenn in Zielunternehmen interne Governance-Mechanismen opportunistisches Verhalten nicht vermeiden können.[103] Empirische Studien über Übernahmen können jedoch nur bedingt belegen, dass unter-bewertete Unternehmen Ziele von feindlichen Übernahmen sind. Dagegen scheint die Unternehmensgröße von Bedeutung zu sein, so sind Zielunternehmen kleiner als andere.[104] Gleichzeitig können Übernahmeangebote erfolgen, deren Motivation sich nicht aus möglichen Wertsteigerungen sondern aus einem Nutzenzuwachs des bietenden Managements wie bspw. erhöhte Macht oder Reputation ergibt. Andere sehen Übernahmeangebote als Signal für vorhandene, nicht benötigte Liquidität.[105] Damit können Übernahmen nicht nur als Mechanismus gesehen werden, welcher Agency-Kosten senkt, sondern werden Teil des Interessenkonflikts zwischen Stakeholdern und Management. Im Hinblick auf die ex-post Wirkung ist ein effizienter Markt für Unternehmenskontrolle notwendig, der gewährleistet, das ein unterbewertetes Unternehmen von demjenigen Bieter übernommen wird, der den Unternehmenswert steigern kann. Friktionen in diesem Markt können dabei dazu führen, dass zu wenige effiziente - da wertsteigernde - Übernahmen und zu viele nicht effiziente Übernahmen erfolgen.[106]

Ein Hindernis für effiziente Übernahmen können dabei zu hohe Transaktionskosten sein, die sich u.a. aus Anti-Takeover-Maßnahmen ergeben.[107] Doch selbst bei Abstraktion von Transaktionskosten kann die Verteilung der Zugewinne durch den Austausch des Managements die Kosten/Nutzen-Einschätzung des Bieters beeinflussen. Im Rahmen von Übernahmeangeboten erfolgt diese Verteilung ungleich zu Gunsten der Altaktionäre des Zielunternehmens, so dass zu wenige Übernahmen erfolgen.

So zeigen Grossmann/Hart, dass bei verstreuter Aktionärsstruktur eine Übernahme nur dann erfolgreich sein kann, wenn der gebotene Preis dem erzielbaren späteren Aktienkurs entspricht.[108] Somit profitieren nur die Altaktionäre; bei bestehenden Transaktionskosten erleidet der Bieter einen Verlust. Diese Free-Rider-Problematik begründet damit, dass zu wenige Übernahmen erfolgen. Ansätze, dieses Free-Rider-Problem zu mindern, richten sich dabei auf

---

[102]   Einen Überblick über fünf auffällige Übernahmewellen seit 1900 liefert Martynova (2005). Sie verdeutlicht darin, dass neben Gemeinsamkeiten auch Unterschiede ausweisen, die durch variierende Motivationen der Bieter beschrieben werden können.

[103]   Vgl. Jensen (1986).

[104]   Vgl. bspw. Franks/Mayer (1996).

[105]   Vgl. Jensen (1986).

[106]   Vgl. Burkart/Panunzi (2006).

[107]   Vgl. Holmström/Kaplan (2001).

[108]   Vgl. Grossmann/Hart (1980b). In dem Modell muss der externe Bieter, der vor dem Angebot keine Anteile hält, die Mehrheit der Aktionäre überzeugen. Diese koordinieren ihre Entscheidung nicht und sind somit überzeugt, dass ihre jeweilige individuelle Entscheidung den Ausgang des Übernahmeangebots nicht beeinflusst. Grundlage für die Entscheidung, das Angebot anzunehmen oder abzulehnen, ist jeweils die Kosten/Nutzen-Abwägung, die sich bei Erfolg oder Misserfolg des Übernahmeangebots ergibt. Bei Misserfolg der Übernahme wird das Management nicht ausgetauscht und es ergeben sich keine Wertsteigerungen. Bei Erfolg erhält der Altaktionäre den gebotenen Preis, wenn er das Angebot akzeptiert, und partizipiert an Wertsteigerungen, wenn er das Angebot nicht annimmt. Daher wird er es vorziehen, das Angebot abzulehnen, so lange der gebotene Preis niedriger als der sich nach erfolgreicher Übernahme ergebende Aktienkurs ist.

Möglichkeiten, die Verteilung der Zugewinne zu Gunsten der Bieter-Unternehmen zu verändern. Dabei kann sich dieser zusätzliche Nutzen aus Schlechterstellung von Minderheitsaktionären,[109] aus der Finanzierung der Übernahme durch Fremdkapital[110] oder aus der Einräumung von Squeeze-Out-Rechten[111] ergeben. Andere setzen nicht an den zu verteilenden Zugewinnen an, sondern berücksichtigen die Möglichkeit des Bieters, vor Abgabe des Übernahmeangebots Anteile zu erwerben.[112]

Empirische Studien, welche feindliche Übernahmen und damit verbundene Veränderungen des Wertes von Zielunternehmen untersuchen, können zeigen, dass von Wertsteigerungen hauptsächlich die Altaktionäre profitieren. Bei der Berücksichtigung beider Aktionärsgruppen – Altaktionäre und Aktionäre des Bieterunternehmens – ergeben sich positive Effekte, die jedoch relativ klein sind.[113] Zudem bleibt unklar, welche Ursachen diese Wertsteigerungen haben. Diese können nicht nur aufgrund des Austauschs des Managements erfolgen, sondern sich auch aus Synergieeffekten ergeben oder Ursache einer Umverteilung zu Lasten der Stakeholder sein. Grundlage dieser Argumentation ist, dass Konsequenz der Übernahme nicht nur ein neues Management ist. Auch bestehen Möglichkeiten der Neuverhandlung von bestehenden Verträgen mit Stake-holdern, so dass sich für das Unternehmen günstigere Konditionen ergeben. Dabei können Mitarbeiter, Fremdkapitalgeber, Kunden und über möglich Steuereffekte der Staat geschädigt werden. Diese Nutzenzuwächse werden von den Aktionären des Zielunternehmens antizipiert und erhöhen ihre Preisforderung.[114]

Die ex ante formulierte Disziplinierung des Managements aufgrund drohender Gefahr einer Übernahmen impliziert eine Verhaltensänderung, die Opportunismus und damit Agency-Kosten reduziert. Gleichzeitig ergeben sich jedoch auch zusätzliche Anreize für Verhaltensänderungen, welche mit steigenden Agency-Kosten verbunden werden. Diskutiert werden neben der Einführung von Anti-Takeover-Maßnahmen bspw. sinkende Motivation zu spezifischen Investitionen des Managements.[115] Zudem wird eine Ausrichtung an kurzfristigen Gewinnen, welche möglicherweise nur zu Lasten langfristiger Wertsteigerungen erzielbar sind, wahrscheinlich.[116]

Zusammenfassend wird zum einen deutlich, dass die Möglichkeiten feindlicher Übernahmen sowohl mit positiven als auch mit negativen Auswirkungen auf Agency-Kosten verbunden

[109] Vgl. Grossmann/Hart (1980b).
[110] Vgl. Mueller/Panunzi (2004).
[111] Diese geben dem erfolgreichen Bieter die Möglichkeit, verbleibende Minderheitsaktionäre zum Verkauf ihrer Anteile zu zwingen.
[112] Vgl. Shleifer/Vishny (1986).
[113] Einen aktuellen Überblick über empirische Ergebnisse geben Burkart/Panunzi (2006).
[114] Vgl. Shleifer/Summers (1988).
[115] Vgl. Shleifer/Summers (1988).
[116] Vgl. Stein. (1988).

werden können. Zum anderen werden die Interdependenzen zu anderen Corporate-Governance-Mechanismen wie beispielsweise der Aktionärsstruktur deutlich.[117]

Produktmarkt

Unternehmen sind auf ihren Absatzmärkten international wachsendem Wettbewerb ausgesetzt. Je stärker dieser Wettbewerb ist, umso größer ist der Druck auf Unternehmen, so effizient wie möglich zu produzieren und möglichst Kosten zu minimieren. Je höher dieser Druck wiederum ist, umso kleiner werden gleichzeitig die Möglichkeiten des Managements, sich opportunistisch zu verhalten. Damit wird eine hohe Konkurrenz auf Produktmärkte als ein wirksamer Mechanismus zur Lösung des Agency-Konflikts angesehen.[118] Bei unterstellter vollkommener Konkurrenz sind Agency-Kosten nicht denkbar; in der Realität wird sich dieser Fall jedoch nur sehr selten finden lassen.

Schmidt argumentiert dagegen mit einer erhöhten Gefahr der Insolvenz, die sich aus verstärkter Konkurrenz ergibt.[119] Bei sich ergebenden niedrigeren Produktpreisen ist die Wahrscheinlichkeit höher, dass sich die Eigentümer für eine Liquidation des Unternehmens entscheiden. Der Manager ist risikoneutral und er erfährt eine Schlechterstellung, wenn das Unternehmen insolvent wird. Damit ergeben sich zwei Effekte erhöhter Produktmarktkonkurrenz. Zum einen ergeben sich direkte Anreize für das Management, seinen Einsatz zu steigern. Zum anderen reduzieren sich indirekt die Kosten der Eigentümer für andere Anreize zur Motivationssteigerung. Dieser positive Effekt einer Kostenreduktion kann jedoch durch die sinkenden Produktpreise aufgefangen werden.

Hermalin differenziert die Auswirkungen erhöhten Wettbewerbs auf das Verhalten des Managements.[120] Er unterscheiden dabei einen Einkommenseffekt aufgrund niedrigerer Absatzpreise, einen Risikoeffekt, wenn die Gewinnsituation aufgrund erhöhter Konkurrenz schwankt, einen Effekt auf die Zusammensetzung der Nutzenelemente des Managements und Effekte durch verbesserte Informationen aufgrund steigender Zahlen von Konkurrenzunternehmen. Grundlage ist dabei, dass die Möglichkeiten zu opportunistischem Verhalten – hier Agency-Gütern – von dem Management als normale Güter angesehen werden. Im Rahmen der Verhandlungen des Vertrages wägt der Manager zwischen Einkommenshöhe und Agency-Gütern ab: er ist bereit, für Möglichkeiten zu opportunistischem Verhalten auf Einkommen zu verzichten. Nur die Höhe und das Risiko des monetären Einkommens werden durch die Konkurrenzsituation beeinflusst. Dabei kann keinem dieser Effekte eine eindeutige Wirkung auf Agency-Kosten zugeschrieben werden. Hermalin kann jedoch zeigen, unter welchen Bedin-

---

[117] Zur Erweiterung der Diskussion des Free-Rider-Problems bei unterschiedlichen Aktionärsstrukturen vgl. Burkart/Panunzi (2006).
[118] Vgl. Allen/Gale (2000), S. 108 ff.
[119] Vgl. Schmidt (1997).
[120] Vgl. Hermalin (1992).

gungen eine erhöhte Konkurrenz Agency-Kosten senken kann: dies ist der Fall, wenn der dargestellte Einkommenseffekt positiv ist und die anderen Effekte dominiert.

Hart zeigt dagegen durch einen Vergleich von zwei Modellunternehmen, dass erhöhte Konkurrenz auf Märkten für Inputelemente der Produktion Anreize für das Management gibt, seinen Einsatz zu erhöhen.[121]

Damit ergeben sich aus der theoretischen Argumentation keine klaren Aussagen bezüglich der Wirkung erhöhter Produktmarktkonkurrenz auf Agency-Kosten. Auch empirische Studien variieren in ihren Aussagen.[122] Es kann jedoch davon ausgegangen werden, dass die formulierten Kontrollmechanismen des Produktmarktes international gelten, so dass auf länderspezifische Besonderheiten nicht eingegangen wird.

Markt für Manager

Während ein effizienter Produktmarkt über die Auswirkungen auf das Unternehmen gesamt nur indirekt auf das Verhalten der Manager wirkt, werden einem effizienten Markt für Manager direkte Einflüsse zugeschrieben.[123] Auf diesem Markt treffen die unterschiedlichen Interessen der Manager als Agenten und der einstellenden Eigentümer, den Principalen, aufeinander. Zum Ausgleich werden explizite Verträge ausgehandelt.[124]

Hauptelement dieser Verträge ist die Entlohnung, die der Manager in Zukunft erhalten wird. Diese ergibt sich aufgrund der Einschätzungen der Eigentümer über den Wert des Managers. Um diesen Wert messen zu können, werden Erfolge des Managers aus der Vergangenheit herangezogen. Diese ergeben sich aus den Entwicklungen des Wertes des Unternehmens, welches der Manager freiwillig oder unfreiwillig verlassen hat. Damit ergibt sich für Manager ein direkter Anreiz, den Unternehmenswert und damit seinen eigenen Wert zu erhöhen und opportunistisches Verhalten zu unterlassen.[125] Neben diesen Wirkungen des externen Marktes

---

[121]   Vgl. Hart (1983). Er vergleicht ein Unternehmen, welches dem Unternehmensziel der Shareholder-Value-Maximierung folgt und als „entrepreneurial" bezeichnet wird, mit einem Unternehmen, welches von eigennützigem Management geführt wird. Der Einsatz des Managements und die Input-Preise sind dabei Substitute – je höher der Einsatz, umso niedriger die Kosten und umso höher der Gewinn. Dabei kann nur der Gewinn beobachtet werden, so dass sich für das eigennützige Management die Möglichkeit eröffnet, niedrige Gewinne mit hohen Preisen zu begründen. Diese Spielräume werden jedoch kleiner, wenn die Inputpreise der unterschiedlichen Firmen aufgrund hoher Konkurrenz stark korrelieren. Dabei unterstellt Hart ab einem bestimmten Einkommenslevel eine unendliche Risikoaversion der Manager. Scharfstein (1988) zeigt, dass diese Risikoaversion ursächlich für den Effekt ist. Bei Unterstellung einer rein positiven Nutzenfunktion des Einkommens drehe sich dieser Effekt sogar um.

[122]   Vgl. Januszewski et al. (2002). Sie geben einen Überblick über empirische Ergebnisse. In ihrer eigenen Untersuchung können sie für Deutschland jedoch nachweisen, dass Unternehmen, die in Märkten mit höherer Konkurrenz operieren, höheres Produktivitätswachstum ausweisen, wobei weiterer Einfluss aus der jeweiligen Aktionärsstruktur resultiert.

[123]   Vgl. für den theoretischen Ansatz des Marktes für Manager Fama (1980).

[124]   Für eine detaillierte Darstellung der Interessenkonflikte vgl. Kapitel 3.3.1.1.1, für die Analyse der möglichen Formulierung effizienter Anreizsysteme vgl. Kapitel 4.4.

[125]   Dieses gilt auch, wenn der Manager als Teammitglied nicht persönlich adhoc durch höhere variable Entlohnung an steigenden Unternehmenswerten profitiert. Seine zukünftigen Aussichten am Markt für

für Manager existiert durch die Team- und die Konkurrenzsituation im Unternehmen ein interner Markt, der die Leistungen des jeweiligen einzelnen bewertet. Diese Kontrolle ergibt sich nicht nur im Rahmen der Beurteilung von Untergebenen, da sich bei Identifikation von opportunistischem Verhalten von Vorgesetzten Aufstiegsmöglichkeiten ergeben.[126]

Einschränkungen dieser Anreizfunktion ergeben sich aus dem Grad der Informationseffizienz des Marktes für Manager. Zum einen wird im Rahmen des externen Marktes unterstellt, dass der Kapitalmarkt den Unternehmenswert und damit den Wert des Managements valide bestimmen kann. Gleichzeitig ergibt sich der Unternehmenswert als Konsequenz der Leistungen aller Manager. Eine höhere Transparenz der Beiträge einzelner verbessert somit die Beurteilung der individuellen Qualität. Zudem sind Qualifikation des Managers und seine Neigung zu opportunistischem Verhalten keine statischen Größen, so dass neben vergangenheitsorientierten auch aktuelle Indikatoren herangezogen werden sollten.[127]

Eine weitere Beschränkung kann sich aus der jeweiligen Bedeutung ergeben, die der externe Markt für Manager für den individuellen Manager hat. Wenn dieser nicht davon ausgeht bzw. ausgehen muss, zukünftig neue Verträge aushandeln zu müssen, verändert sich die relative Bedeutung zukünftiger Einkommen.[128] Im Rahmen dieser Argumentation sind zudem Einflüsse der Regulierungen des Arbeitsrechtes, die üblichen Vertragsdauern, mögliche Abfindungsregelungen und die generelle Mobilität des Managers von Relevanz.

Zudem beeinflusst die jeweilige individuelle Nutzenfunktion des Managers die Prioritätsstufen von heutigem und zukünftigem Einkommen und den Vorteilen aufgrund opportunistischen Verhaltens.

Im Rahmen des internen Marktes können aufgrund verbesserter Information und Nähe die individuellen Leistungen zuverlässiger bestimmt werden. Es können sich jedoch Einschränkungen ergeben, wenn die gegenseitige Konkurrenz durch kollektives Handeln des Managements ersetzt wird, welches der Maximierung des gemeinsamen Nutzens und nicht den Interessen der Aktionäre folgt.[129]

International unterscheiden sich die Märkte für Manager stark. Sie sind stark geprägt von den jeweiligen arbeitsrechtlichen Systemen und Usancen. So gilt der US-amerikanische externe Markt für Manager als effizienter als der deutsche, da dort bspw. Arbeitsplatzwechsel üblicher sind. Deutsche Unternehmen besetzen zudem Führungspositionen eher mit eigenen Nachwuchskräften. Gleichzeitig galt der US-amerikanische Markt als transparenter, da durch die detaillierte Veröffentlichung der jeweiligen Managergehälter die Einschätzungen des ei-

---

Manager werden bestimmt durch den Erfolg des Teams, an dem er Anteil hat. Vgl. Fama (1980), S. 292. Dies impliziert jedoch einen effizienten internen Markt für Manager, so dass Teammitglieder untereinander ihre Leistung beurteilen können.
[126] Vgl. Fama (1980), S. 292 ff.
[127] Vgl. Fama (1980), S. 296.
[128] Vgl. Fama (1980), S. 298.
[129] Vgl. Fama (1980), S. 293f. Damit begründet er die Vorteilhaftigkeit von Outsider-Direktoren als Boardmitglieder.

genen Marktwertes vereinfacht werden.[130] Dieser Vorteil relativiert sich jedoch durch Einführung des deutschen Vorstandsvergütungsoffenlegungsgesetzes im Jahre 2005.

Im Hinblick auf die unfreiwillige Fluktuation ist die Zahl der Manager, welche aufgrund unbefriedigender Leistung entlassen wurden, international im Jahre 2004 seit 1995 um 300% gestiegen. Dabei bildet Deutschland die Spitze mit 18,3% der CEO. Der Anteil der deutschen CEO, deren Rücktritt im Jahre 2004 aufgrund schlechter Leistungen erzwungen wurde, ist mit 6.1% fast doppelt so hoch wie der Anteil der US-amerikanischen CEO.[131] Diese Entwicklung scheint anzudauern, so zeigen Zahlen aus dem November 2006 weiter ansteigende Zahlen von wechselnden CEO in den USA. Begründet wird dies mit verschärften Bilanzierungsregeln und dem zunehmenden Einfluss von Hedge-Fonds.[132]

2.1.2.1.3 Transparenz als Hybrid-Mechanismus

Agency-Kosten gründen sich in Informationsasymmetrien. Diese ergeben sich aus Informationsvorteilen des Managements gegenüber den Stakeholdern. Damit kann eine verbesserte Information der Stakeholder über eine erhöhte Transparenz der Unternehmen direkt Informationsasymmetrien und somit Agency-Kosten senken.[133]

Da die jeweilige Transparenz, von gesetzlichen Vorgaben abgesehen, von den Unternehmen gestaltet werden kann, in ihrer Intention jedoch auf die externen Stakeholder gerichtet ist, wird Transparenz hier als Hybrid-Mechanismus eingeordnet.

Die Argumentationsrichtungen, welche Transparenz mit Unternehmenswerten verbinden, zeigen zum einen indirekte und zum anderen direkte Verknüpfungen auf [134] Dabei konzentrieren sich die indirekten Verbindungen auf den Effekt erhöhter Transparenz auf das Verhalten des Managements. Durch eine disziplinierende Wirkung vermeiden diese opportunistisches Verhalten. Zudem verbessert eine erhöhte Transparenz die Informationseffizienz der Märkte, so dass die Wirkung externer Governance-Mechanismen entscheidend verbessert wird. Insbesondere über verbesserte Finanzinformationen erhöht sich die Effizienz der Kapitalmärkte und Markt-versagen wird unwahrscheinlicher.[135]

Direkte Verknüpfungen von Transparenz und Unternehmenswerten ergeben sich drei unterschiedliche Kanäle.[136] So erleichtert die verbesserte Informationslage die Identifikation lohnenswerter Investitionen, verstärkt Governance-Mechanismen und verringert die Informationsnachteile von Investoren. Alle drei Effekte werden mit sinkenden externen Finanzierungskosten und somit verbesserter Performance verbunden.

---

[130]   Vgl. Witt (2003), S. 66 f. und 84 f.
[131]   Die Daten entstammen der Booz Allen Hamilton Studie für 2004, verfügbar unter: http://www.boozallen.de/presse/pressemitteilungen/archiv/archiv-detail/4005496 (21.11.2006).
[132]   Vgl. Eckert (2006).
[133]   Vgl. für eine detaillierte Analyse Kapitel 4.5.
[134]   Vgl. Bushman/Smith (2001) und (2003).
[135]   Vgl. Healy/Palepu (2001).
[136]   Vgl. Bushman/Smith (2003).

Mögliche Einschränkungen dieser Argumentationen ergeben sich durch die implizite Prämisse der Wirkung von Governance-Mechanismen. Auch werden die zu reduzierenden (Schätz)-Risiken als diversifizierbar angesehen, so dass sich keine Risikoreduktion ergibt.[137] Zudem wird erhöhte Transparenz mit steigender Volatilität der Aktien verbunden.[138]

International unterschiedliche Corporate-Governance-Systeme nutzen diese Mechanismen mit verschiedenen Ausprägungen. Es wird darauf verzichtet, die Vielzahl der unterschiedlichen nationalen Systeme gegenüberzustellen.[139] Es folgt jedoch eine nähere Darstellung des US-amerikanischen und des deutschen Systems, welche als klassische Vertreter von Outsider- bzw. Insider-Systemen betrachtet werden.[140]

2.2 US-amerikanisches und deutsches Corporate-Governance-System im Vergleich

Bei der Darstellung der Systeme wird zuerst das zugrunde liegende Rechtssystem kurz skizziert. Danach werden sich deutlich unterscheidende interne und externe Mechanismen differenziert. Grundlage sind dabei die aus finanzwirtschaftlicher Sicht diskutierten Elemente, die jedoch erweitert werden. So werden bei den internen Mechanismen die Informationen zu den vorliegenden Eigentümer- und Kapitalstrukturen unter Kapitalgeber zusammengefasst. Zudem unterscheiden sich die Strukturen von Unternehmensführung und –kontrolle in den USA und der Bundesrepublik Deutschland deutlich. Es wird daher die jeweilige Situation der Unternehmensführung und der Aufsichtsgremien beschrieben.

Bei den externen Elementen zur Darstellung der jeweiligen Markteffizienz werden die Entwicklung der Kapitalmärkte, bestehende Publizitätspflichten und der Markt für Unternehmenskontrolle beschrieben. Hierbei nehmen nur die bestehenden Aktionäre eine Sonderstellung ein, da sie durch ihre Stimmrechte auf der Hauptversammlung und ihre Teilhaberschaft am Kapitalmarkt beiden Teilsystemen zuzuordnen sind. Im Abschluss wird das jeweilige Rechtssystem durch die Haftungsregelungen für Unternehmensorgane wieder einbezogen.[141] Es erfolgt somit eine vergleichende Darstellung anhand der Insider-Elemente Kapitalgeber, Unternehmensführung und Aufsichtsgremien sowie der Outsider-Elemente der

---

[137] Vgl. Clarkson et al. (1996).
[138] Vgl. Botosan/Plumlee (2002).
[139] Für derartige Vergleiche bspw. Hopt/Wymeersch (1997), für Großbritannien, osteuropäische Länder und Deutschland:. Keasey et al. (1997), für Europa und USA Barca/Becht (2001) und für einen Vergleich inklusive einer Verknüpfung mit der Unternehmensperformance Gugler (2001).
[140] Eine Analyse der jeweils unterstellten theoretischen Wirkungszusammenhänge und möglicher empirischer Belege folgt in Kapitel 4. Bei den folgenden Darstellungen kann es sich nur um Momentaufnahmen handeln, die zudem keinen Anspruch auf Vollständigkeit stellen. Die empirischen Daten spiegeln die Informationslage der Jahre 2004/2005 wieder, wurden jedoch – wenn möglich – aktualisiert.
[141] Damit wird die allgemeine Wettbewerbssituation auf dem Produktmärkten ausgeklammert und unterstellt, dass diese für beide Länder in gleichem Maße gilt. Auch auf den Arbeitsmarkt für Manager wird nicht eingegangen, da dieser Mechanismus im Rahmen der finanzwirtschaftlichen Definition des Shareholder-Value-Ansatzes nicht diskutiert wird.

Effizienz der Kapitalmärkte inklusive Publizitätsvorschriften, der Effizienz des Marktes für Unternehmenskontrolle und den gesetzlichen Rahmenbedingungen der Haftung.

2.2.1 US-amerikanisches Corporate-Governance-System

Schon das Finanzsystem in den USA ist stark marktorientiert. Dies ist in der Tradition begründet, in der Banken als Finanzintermediäre eine geringe und der Kapitalmarkt als Transmissionsinstrument eine sehr große Rolle spielen. Dem effizienten Kapitalmarkt wird daher auch die stärkste Rolle im Rahmen von Corporate Governance zugeschrieben.[142]

Entscheidend ist zudem die historische Entwicklung der US-amerikanischen Gesellschaft und des Rechtssystems. In den USA lebt eine Vielzahl verschiedener ethnischer Gruppen, deren jeweilige Traditionen die gemeinsamen Entwicklungen beeinflusst haben. Es finden sich beispielsweise Elemente von englischen und französischen Rechtseinflüssen. Diese multikulturelle Struktur fördert gleichzeitig eine hohe Bedeutung von Individualismus und Chancengleichheit bei verbreiteter Skepsis gegenüber möglicher Machtkonzentration.[143]

Die einzelnen Bundesstaaten der USA haben eigenes Recht.[144] Generell orientiert sich dieses jedoch nicht am römischen kodifizierten Recht sondern am Gewohnheitsrecht (Common Law). Es ist die Rechtssprechung, welche das Common Law und Präzedenzfälle jeweils auslegt und somit weiterentwickelt. Für börsennotierte Gesellschaften sind im Rahmen der Corporate Governance zusätzlich die Offenlegungspflichten[145] und die Zulassungsvorschriften der jeweiligen Börsen von Bedeutung. Die Zahl der Regulierungen international wächst dabei kontinuierlich und beeinflusst zunehmend die Entscheidungsspielräume von Unternehmen.[146] Viel diskutiert wird ins-besondere der Sarbanes-Oxley-Act von 2002.[147]

Die Ausrichtung der Unternehmenspolitik folgt nicht erst seit Formulierung des Shareholder-Value-Konzepts[148] den Interessen der Anteilseigner. Auch die Rechtssprechung hat diese Zielrichtung schon sehr viel früher in den Vordergrund gestellt.[149]

---

[142]   Vgl. Allen/Gale (2000), S. 79 ff.
[143]   Vgl. Witt (2003), S 62.
[144]   Da gleichzeitig für die Unternehmen keinerlei Standortregularien gelten, können die jeweiligen Rechtselemente als Standortvor- oder nachteile gesehen werden. Innerhalb der USA ergibt sich somit schon ein Wettbewerb der Rechts- und somit der Corporate-Governance-Systeme. Vgl. Romano (2001), S. 6 f.
[145]   Hier insbesondere die Offenlegungspflichten der Securities and Exchange Commission (SEC).
[146]   Vgl. bspw. Zimmermann (2004).
[147]   Vgl. Romano (2004).
[148]   Vgl. Rappaport (1981). Das Unternehmensziel der Maximierung des Shareholder-Values ist nicht ohne Kritik geblieben. Eine Darstellung dieser Diskussion erfolgt hier jedoch nicht. Eine kurze Darstellung des Shareholder-Value-Ansatzes erfolgt unter 3.3.2.1.
[149]   Vgl. Baums/Scott (2003), S. 1. Sie zitieren wörtlich Rechtssprechung schon aus dem Jahre 1919.

Ausgestaltung der Insider-Elemente

Kapitalgeber

Kontroll- oder Mitspracherechte von Fremdkapitalgebern sind in den klassischen Schuld-vertragsverhältnissen nicht vorgesehen. Die langfristige Aufnahme von Fremdkapital ameri-kanischer Unternehmen erfolgt üblicherweise am Kapitalmarkt. Commercial Banks versorgen die Unternehmen nur mit kurzfristigen Krediten.[150]

Eigenkapitalgeber, die sich am unternehmerischen Risiko beteiligen, haben Kontroll- und Mitspracherechte im Rahmen ihrer Stimmrechte auf der Hauptversammlung. Die Investition in Aktien stellt in Amerika eine weit verbreitete Vermögensanlage dar. Der Anteil des kapitalisierten Eigenkapitalmarktes am Bruttoinlandsprodukt beträgt 82%.[151] Gehalten werden diese Aktien hauptsächlich von privaten und institutionellen Investoren. Durch das Trennbanksystem[152] spielen Banken als Aktieninvestoren kaum eine Rolle.

Den Aktionären stehen prinzipiell mehrere Instrumente der Einflussnahme offen. Diese können innerhalb des Unternehmens (Voice) ansetzen oder über externe Mechanismen wie Märkte (Exit) wirken.[153] Dabei werden interne und externe Instrumente jedoch nicht scharf getrennt. Der Einfluss auf der Hauptversammlung durch Ausübung der Stimmrechte ist den-noch gering. Allein die Größe des Landes Amerika erschwert eine hohe aktive persönliche Beteiligung der Aktionäre. Es ist jedoch möglich, das Stimmrecht auf eine andere Person übertragen (Proxy Voting). Dabei spielt das in Deutschland übliche Depotstimmrecht der Banken jedoch keine Rolle. Üblicherweise wird das Stimmrecht schriftlich auf das Manage-ment über-tragen.[154] Mit der Einladung zur Hauptversammlung werden vom Management Vorschläge versendet – beispielsweise für zu wählende Board-Mitglieder. Konsequenz dieser Vor-gehensweise ist, dass damit das Management faktisch in der Lage ist, über seine eigenen Vorschläge zu entscheiden. Es existiert für die Investoren zwar eine Möglichkeit, einen eige-nen Vorschlag zu verschicken, diese Shareholder–Proposals sind jedoch nicht bindend und müssen zu ihrer Realisierung eine Stimmenmehrheit bekommen.[155] Dies und die Gering-fügigkeit der einzelnen Anteilspakete führen dazu, dass Privatinvestoren auf Hauptversamm-lungen kaum nennenswerten Einfluss ausüben können.

---

[150] Vgl. Allen/Gale (2000), S. 53.
[151] Vgl. Allen/Gale (2000), S. 47.
[152] Seit dem Glass-Steagall-Act ist es Geschäftsbanken untersagt, mit Wertpapieren zu handeln. Nach Ab-schaffung und Einführung des Financial Service Modernization Act ist das strikte Trennbanksystem gemildert worden, dennoch hat sich das generelle Bild der Bankensituation in den USA kaum verändert.
[153] Vgl. Bassen (2002), S. 119 f. Hier wird ein fließender Übergang von Extern - beginnend mit dem Exit über Aktionärsrechte, Öffentlichkeitsarbeit, die Hauptversammlung, persönliche Gespräche - bis zum Aufsichtsrat (Intern) gespannt.
[154] Vgl. Roe (1994), S. 30.
[155] Für eine ausführliche Analyse von Shareholder Proposals vgl. Bassen (2002), S, 30 ff.

30

50% der amerikanischen Aktien werden breit gestreut von privaten Einzelanlegern gehalten.[156] Die Gruppe der institutionellen Investoren unterliegt im Hinblick auf die Höhe ihrer Anteile an einem einzelnen Unternehmen - dem Gedanken der Vermeidung von Machtkonzentration folgend - starken Einschränkungen.[157] Damit sind die Handlungsoptionen der Kapitalgeber zur Kontrolle des Managements im Hinblick auf interne Instrumente stark eingeschränkt. Es empfehlen sich Exit-Strategien.[158] Die hierfür notwendige Liquidität der Kapitalmärkte wird dabei durch die Regulierung der relativ kleinen Größe der Anteilspakete gefördert, dennoch werden mehr und mehr weitere Einflussmöglichkeiten für institutionelle Anleger gefordert.[159]

In den letzten Jahren erhöhen die institutionellen Anleger intensiv ihre Aktivitäten und fordern Mitspracherechte. Beispiele für die aktivere Rolle sind die veröffentlichten Handlungsempfehlungen und Kodices verschiedener Pensionsfonds, welche sich insbesondere auf die Ausgestaltung der unternehmensspezifischen Corporate Governance richten.[160]

Unternehmensführung

Die Unternehmensführung amerikanischer Aktiengesellschaften ist dem Board of Direktors übertragen. Gewählt werden die Mitglieder des Boards von den Aktionären auf der Hauptversammlung. Es handelt sich um ein One-Tier-System – dem Board obliegt gleichzeitig auch die Unternehmenskontrolle. Diese Aufgaben werden innerhalb des Board of Directors den verschiedenen Mitgliedern zugeordnet. Die Unternehmensführung übernehmen dabei Inside-Directors - Manager, die direkt dem Unternehmen angehören. Innerhalb der Direktoren existiert eine Hierarchie, der Chief Executive Officer (CEO)[161] ist als höchster Direktor allen anderen vorgestellt. Er wird von den Mitgliedern des Boards ernannt – und kann von ihnen bzw. indirekt den Anteilseignern abgerufen werden.

Aufsichtsgremien

Den Outsider-Direktoren des Boards, welche dem Unternehmen nicht direkt angehören und denen somit eine höhere Unabhängigkeit zugeschrieben wird, werden die Kontrollaufgaben zugeteilt. Auch sie werden – meist auf Vorschlag des bestehenden Boards – von den Aktionären gewählt. Um die Unabhängigkeit des Boards zu stärken, ist es den Unternehmen

---

[156]   Vgl. Allen/Gale (2000), S. 92.
[157]   Vgl. Witt (2003), S. 64 f.
[158]   Vgl. Roe (1990), S. 20 ff.
[159]   Vgl. Jensen (1993).
[160]   Als Beispiel ist hier insbesondere der als Vorreiter anerkannte California Public Employees΄ Retirement System (CalPERS) zu nennen. Für eine ausführliche Darstellung dessen und anderer Handlungsempfehlungen amerikanischer institutioneller Anleger vgl. Bassen (2002), S. 30 ff.
[161]   Schon die Verwendung militärischer Bezeichnungen ist ein Indiz für eine sehr auf Einzelpersonen ausgerichtete und eher autoritäre Ausgestaltung der Unternehmensleitung.

an der NYSE vorgeschrieben, ihr Board mehrheitlich mit Outside-Directors zu besetzen.[162] Zudem gilt der Outside-Director erst dann als unabhängig, wenn das Board nach Prüfung[163] erklärt, dass keine wesentlichen wirtschaftlichen Verbindungen und somit mögliche Interessenskonflikte vorliegen.[164] Gleichen Zweck verfolgen die Vorschriften, welche für die Besetzung wichtiger Ausschüsse wie dem Audit, Compensation oder Nomination Comittee nur unabhängige Direktoren zulassen.[165] Diese Ausschussbildung ist üblich. Die Übertragung spezieller Aufgaben, die besondere fachliche Qualifikationen erfordern, an kleinere Gruppen soll die Effizienz der Arbeit erhöhen.[166] Normal sind im Jahr durchschnittlich sechs bis sieben Sitzungen, deren Tagesordnung und Ablauf vom Chairman bestimmt wird. Häufig wurde diese Funktion auch vom CEO übernommen, inzwischen hat es sich jedoch durchgesetzt, den Chairman aus der Gruppe der Outsider-Direktoren zu besetzen.[167]

Die Existenz von Kontrollgremien allein löst die Agency-Problematik nicht. Die Effizienz ihrer Arbeit wird von vielfältigen Faktoren wie dem tatsächlichen Grad an Unabhängigkeit oder finanziellen Anreizen beeinflusst.[168] Im Falle von Pflichtverletzungen der Board-Mitglieder kommt eine weitere amerikanische Besonderheit zum Tragen.[169] Um zusätzlich Interessenkonflikte ex ante durch Angleichung zu vermeiden, haben im amerikanischen System Vergütungssysteme eine hohe Relevanz.[170]

Entlohnungssysteme

Managergehälter in den USA sind im internationalen Vergleich am höchsten. Wie eine Untersuchung von Towers Perrin[171] zeigt, verdienten amerikanische Personaldirektoren im Durchschnitt 513.618,-- $ und damit ca. 30% mehr als ihre deutschen Kollegen.[172] Die absolute Höhe der Entlohnung von CEO eines Standard & Poors 500 Unternehmen im Jahre 2006 betrug durchschnittlich 13,51 Millionen US$ und lag damit 16,14% über den Zahlen von 2004.[173] Im Rahmen des verfolgten Interessenausgleichs ist die absolute Höhe jedoch eher zu vernachlässigen. Von höherem Interesse ist die Aufteilung in fixe und variable Vergütungsbestand-teile und insbesondere, an welche Bedingungen diese variablen Elemente geknüpft sind. Bei amerikanischen Vorsitzenden der Geschäftsführung sind auffällig geringe Anteile der Ent-lohnung (26%) fixe Bestandteile, 63% sind variabel und der Rest verteilt sich auf Versor-

---

[162]   Vgl. NYSE (2003), S. 4.
[163]   Für den genauen Ablauf und die Inhalte der Prüfung vgl. NYSE (2003).
[164]   Vgl. NYSE (2003), S. 4.
[165]   Vgl. NYSE (2002). S. 1. Vgl. Sarbanes-Oxley Act (2002).
[166]   Vgl. Charkham (1994), S. 191 ff., vgl John/Senbet (1998), S. 386 f.
[167]   Vgl. Jensen (1993), S. 864 ff..
[168]   Für eine detaillierte Darstellung der Wirkungsweise vgl. Kapitel 3.
[169]   Vgl. die Ausführung zur Haftung bei den Outsider- Elementen.
[170]   Vgl. Witt (2003) S. 70 f.
[171]   Vgl. Towers Perrin (2004a).
[172]   Vgl. Towers Perrin (2004a), S. 21.
[173]   Vgl. The Corporate Library (2006).

gungsleistungen und Nebenleistungen.[174] Dabei können bei Personaldirektoren die variablen Leistungen zu 30% Bonuszahlungen und zu 73% langfristigen Anreizleistungen zugeschrieben werden.[175] Entscheidend ist, inwieweit diese variablen Vergütungteile mit den Interessen der Eigen-tümer, steigender Unternehmenswert, verknüpft sind. Hier liegen unterschiedliche empirische Ergebnisse über die USA vor. Ergebnisse belegen, dass die Höhe der Entlohnung der CEO unabhängig von der Entwicklung des Unternehmenserfolges ist.[176] oder dass der Einfluss im Vergleich zum Faktor Unternehmensgröße eher klein ist.[177] Andere zeigen deutliche positive Verknüpfungen der Vergütung mit dem Unternehmenserfolg.[178]

Nach neuen Vorschlägen der US-Wertpapieraufsichtsbehörde SEC sind ab 2007 nicht nur die individuellen Entlohnung der Führungskräfte[179], sondern alle gewährten Leistungen wie beispielsweise die Nutzung von Firmenflugzeiten, der Wert von Aktienoptionen und Abfindungen oder Pensionsleistungen zu veröffentlichen.[180]

Ausgestaltung der Outsider-Elemente

Markteffizienz - Kapitalmarkt

Im amerikanischen Corporate-Governance-System dominiert die Exit-Strategie. Die dafür notwendige Liquidität an den Kapitalmärkten bieten die Finanzmärkte: die drei Hauptbörsen NYSE, AMEX und NASDAQ ebenso wie die Märkte für Rentenpapiere oder Derivate.[181] Kapitalgeber sind insbesondere private Haushalte (58%), öffentliche und private Pensionsfonds (17%), Versicherungen (13%) und Kapitalanlagegesellschaften (10%).[182] Der Unternehmen als Kapitalnachfrager finanzieren sich dagegen hauptsächlich (zu 66,9%) durch Gewinnthesaurierung, Darlehen (23,1%), Handelskredite (8,4%) und durch die Ausgabe von Anleihen (9,75%).[183] Die hohe internationale Attraktivität des amerikanischen Kapitalmarkts, mögliches Indiz für ein Vertrauen in gute Corporate Governance, wird durch die Tatsache deutlich, dass es den USA seit langem möglich ist, ihr hohes Leistungsbilanzdefizit durch Kapitalbilanzüberschüsse zu finanzieren. Im Jahre 2003 überstiegen die Netto-Kapitalimporte deutlich die Kapitalexporte.[184] Die Möglichkeiten der Kontrolle durch Märkte, bzw. Preismechanismus, ist von der Informationseffizienz der jeweiligen Märkte abhängig. Um Informati-

---

[174] Vgl. Towers Perrin (2004a), S. 24.
[175] Vgl. Towers Perrin (2004a), S. 27.
[176] Vgl. Jensen/Murphy (1990).
[177] Vgl. Cosh/Hughes (1997).
[178] Vgl. Murphy (1998), S 69 ff., Murphy gibt hier gleichzeitig einen detaillierten Überblick über aktuell vorliegende theoretische und empirische Forschungsergebnisse.
[179] Die genauen Bezüge sind frei im Internet einsehbar: www.aflcio.org/corporatewatch/paywatch/.
[180] Vgl. o. V. (2006a).
[181] Vgl. Allen/Gale (2000), S. 52 ff.
[182] Vgl. Allen/Gale (2000), S. 48. Die Zahlen stammen aus dem Jahr 1996.
[183] Vgl. Allen/Gale (2000), S. 52. Diese Durchschnittszahlen sind den Jahren 1970 – 1985 entnommen.
[184] Vgl. Windt (2004), S. 3.

onsdefizite der Kapitalgeber möglichst gering zu halten, existieren daher Offenlegungs- und Publizitätspflichten.

Publizitätspflichten

Die für amerikanischen Unternehmen geltenden Generally Accepted Accounting Principles werden als der Rechnungslegungsstandard angesehen, der vorrangig den Anlegerschutz von Eigenkapitalgebern verfolgt.[185] Im Rahmen von schuldrechtlichen Kreditverträgen ist es in den USA üblich, in diesen Ausschüttungsbegrenzungen festzulegen, welche an Zahlen der Rechnungslegung geknüpft sind.[186] So erhält die Rechnungslegung hier durch verbesserte Informationsversorgung eine gläubigerschützende Funktion.

Generell sind amerikanische Kapitalgesellschaften verpflichtet, vierteljährlich ihre Geschäftsberichte bzw. Zwischenberichte zu publizieren. Gleichzeitig gelten die Publizitätsvorschriften der SEC bzw. der jeweiligen Börsen.[187] Neben diesen Offenlegungspflichten, welche der breiten Öffentlichkeit zugänglich sind, fungieren Finanzanalysten und institutionelle Investoren als Multiplikatoren. Diese erhalten weitergehende Informationen in Road-Shows und insbesondere in persönlichen Gesprächen.[188] Diese werden dann in ihren Auswertungen bzw. Einschätzungen einem breiten Publikum zugänglich. Bei negativer Einschätzung der Unternehmenszukunft können die Aktionäre mit Exit-Strategien reagieren und ihre Anteile verkaufen. Der dadurch sinkende Unternehmenswert erhöht die Wahrscheinlichkeit einer feindlichen Übernahme.

Markteffizienz - Markt für Unternehmenskontrolle

Übernahmen – ob feindliche oder freundliche - von Unternehmen, die als unterbewertet angesehen wurden, sind in den USA seit langem ein übliches Phänomen.[189] Die übernehmenden (Neu)Eigentümer werden das ineffizient arbeitende Management ersetzen. Damit werden ex post als schlecht eingestufte Manager ausgetauscht, ex ante soll die drohende Möglichkeit opportunistisches Verhalten der Manager verhindern.[190] Einen Höhepunkt, den viele auch kritisch als Überhitzung ansehen[191], erreichte die Übernahmewelle in den 80er Jahren.[192]

---

[185]   Vgl. Deutsche Bundesbank (2002), S. 45.
[186]   Vgl. Anderson et al. (2004).
[187]   Die SEC ist auch zuständig für die neuen Vorschriften des Sarbanes- Oxley Acts, welcher die Corporate Governance verbessern und das Anlegervertrauen stärken soll. So ist vom SEC eine vorgeschlagene Regelung aus 2002 jetzt beschlossen worden, welche die Publizitätsfristen verschärft und verkürzt. So werden die bis dato geltenden Fristen von 90 bzw. 45 Tagen für Geschäfts- bzw. Zwischenberichte über 3 Jahre, beginnend mit 2002, sukzessiv auf 60 bzw. 35 Tage gekürzt. Vgl. SEC Release No. 33-8128.
[188]   Vgl. Bassen (2002), S. 134 ff.
[189]   Vgl. Dufey/Hommel (1997), S 184.
[190]   Vgl. Gugler (2001), S. 33 ff.
[191]   So war der Erfolg der Übernahmen häufig zweifelhaft. Einen detaillierten Überblick mit Beispielen liefern Jensen/Chow (1995).

Danach entwickelten Unternehmen Abwehrmechanismen, der Staat reagierte mit regulieren-
den Gesetzen.[193] Dadurch sind feindliche Übernahmen mit höheren Kosten verbunden und
erfolgen nur, wenn diese durch eine sehr deutliche Unterbewertung, die durch späteren Austausch des Managements erwartungsgemäß geheilt werden kann, vermutlich ausgeglichen
werden können.[194]

Gesetzliche Rahmenbedingungen – Haftung der Boardmitglieder

Durch gesetzliche Regelungen, welche das Management für opportunistisches Verhalten,
welches nicht den Interessen der Aktionäre entspricht, oder sogar Betrug haften lässt, können
ex post Agency-Kosten gesenkt werden. Ex ante kann sich durch eine abschreckende Wirkung ein Anreiz für das Management ergeben, sein Verhalten zu ändern.[195]

Im gesamten amerikanischen System spielen Schadenersatzklagen eine entscheidende Rolle.
Dabei sind Klagen gegen Unternehmen oder Manager bei vermuteter Pflichtverletzung keine
Ausnahme. Diese werden durch niedrige Gebührensätze oder die Möglichkeiten der Sammel-
klage gefördert.[196] Dabei sind jedoch im Staat Delaware, in dessen Gerichtsbarkeit ca. 50%
der an der New Yorker Börse notierten Unternehmen fallen, die Direktoren von der Haftung
befreit, wenn sie unbefangen und unabhängig sind und die zu prüfende Entscheidung das Ergebnis unternehmerischer Beurteilung nach der Sound Business Judgement Rule ist.[197] Insbesondere wenden sich klagende Aktionäre in den USA gegen die Unternehmensleitung von
Unternehmen, bei denen eine Fusion, Übernahme oder Entflechtung stattgefunden hat oder
deren Jahresergebnis in der vorangegangenen fünf Jahre Verluste auswies.[198]

Die Prozesse und Urteile gegen das Management von Enron und Worldcom verdeutlichen
nicht nur die möglichen Sanktionen, sondern auch das hohe internationale Interesse.[199] Die

---

[192]   Vgl. Charkham (1994), S 217. Charkham verbindet seine Erläuterung mit einer deutlichen Kritik am
       Shareholder-Value-Ansatz. Dessen Orientierung an kurzfristigen höheren Börsennotierungen ignoriere
       bspw. langfristige Auszahlungen für Forschung und Entwicklung, die jedoch für eine langfristige und
       nachhaltige Steigerung des Unternehmenswertes notwendig sind.
[193]   Vgl. Charkham (1994), S. 215 ff., vgl. Shleifer/Vishny (1997b).
[194]   Einen ausführlichen Überblick über die Entwicklung, die Abwehrmechanismen und die gesetzlichen
       Regulierungen gibt Blair (2004).
[195]   Vgl. Witt (2003), S. 29 f.
[196]   Vgl. Coffee (1996), S. 167. Coffee belegt die hohe Kostenelastizität von Aktionärsklagen mit Zahlen
       aus Japan.
[197]   Vgl. Coffee (1996) S. 180 f. Die Sound Business Judgement Rule besagt: "the rule is a presumption that
       in making a business decision the directors of corporation acted on an informed basis, in good faith and
       in the honest believe that the action taken was in the best interest of the company." Baums/Scott (2003),
       S. 12.
[198]   Vgl. Coffee (1996) S. 171. Zudem übersteigen die Klageanzahlen bei Großbanken, den Branchen Erdöl,
       Bergbau oder Landwirtschaft und Versorgung den Durchschnitt von 26%.
[199]   Die New York Times (Online) widmet dem Enron-Fall, der Historie, dem Prozess und den Urteilen
       einen Sonderbereich - http://www.nytimes.com/business/businessspecial3/index.html?adxnnl= -
       1&adxnnlx-=1162821246-UkLftEz6BaU1lNaFd+NEhQ (06.11.2006). Ähnliches Interesse richtet sich
       auf den Worldcom-Prozess durch den Guardian http://www.guardian.co.uk/worldcom/ story01438365,-
       00.html- (06.11.2006).

Klagemöglichkeit kann ex post die Situation geschädigter Kapitalgeber durch Entschädigungszahlungen verbessern. Ex ante kann das Wissen um diese Sanktions-möglichkeiten eventuell eine bewusste Pflichtverletzung verhindern. Diese Abschreckungs-wirkung wird jedoch durch die in den USA übliche Directors&Officers (D&O) Versicherung abgeschwächt.[200] Diese weisen zudem selten einen Selbstbehalt aus, so dass das Board-mitglied selbst vollständig von der Haftung befreit ist, sollte es sich nicht um Betrug, Un-redlichkeit oder unrechtmäßige Bereicherung oder einen Verstoß gegen geltendes Kapital-marktrecht handeln.[201]

2.2.2 Deutsches Corporate-Governance-System

2.2.2.1 Ausgestaltung der Elemente

Das deutsche Finanzsystem gilt als bankenorientiert.[202] Schon im 19. Jahrhundert wurden die vier Zentren Frankfurt, Köln, Hamburg und Berlin von privaten familiengeführten Bank-häusern geprägt. Später entstanden Banken als Aktiengesellschaften wie beispielsweise die heutigen Großbanken.[203] Finanzmärkte waren dagegen schon zu der Zeit im Vergleich zu Großbritannien unterentwickelt und dienten hauptsächlich zur Finanzierung von Staats-schulden.[204] Die engen Verbindungen zwischen Banken und Unternehmen sind seit dieser Zeit kontinuierlich gewachsen. Bankenvertreter sitzen in den Aufsichtsräten von Unterneh-men und vice versa. Es entstand das Hausbanksystem, welches durch langfristige Beziehun-gen der Unternehmen zu ihrer Bank gekennzeichnet ist. Durch das Universalbank-Prinzip sind die Banken als Anteilseigner und als Gläubiger mit den Unternehmen verknüpft.

Das deutsche Rechtssystem inklusive dem Gesellschaftsrecht unterscheidet sich deutlich von dem amerikanischen „Common Law". Fußend auf römischem Recht entwickelte sich das ge-genwärtige geltende Gesellschaftsrecht von der frühmittelalterlichen Sozialverfassung im Liberalismus zum heutigen hauptsächlich im HGB, GmbHG und AktG kodifiziertem Recht.[205] Es verfolgt das Ziel, neben dem möglichst freien Markt, Rechtsformen zu schaffen, um Interessen der am Unternehmen beteiligten Gruppen anzugleichen.[206] Dabei werden nicht nur Eigentümer und Unternehmer herausgestellt, sondern insbesondere auch die Gläubiger. Als Gläubiger werden dabei nicht nur Darlehensgeber sondern auch Zulieferer und Arbeit-nehmer verstanden, in deren Interesse es liegt, wenigstens einen zahlungsfähigen Schuldner

---

[200] Vgl. Coffee (1996), S. 175 ff.
[201] Vgl. Coffee (1996) S. 175 f.
[202] Vgl. für Folgendes Allen/Gale (2000), S. 36 ff.
[203] 1870 wurden beispielsweise die heutige Deutsche Bank AG in Berlin und die Commerzbank AG in Hamburg gegründet.
[204] Es gründeten sich zwar schon relativ früh erste Börsen beispielsweise in Berlin und Frankfurt oder Hamburg (1558), in deren Zentrum jedoch der Warenhandel stand. Erst Anfang des 19. Jahrhundert begann der Wertpapierhandel.
[205] Zur Geschichte des Gesellschaftsrecht vgl. Kübler (1999), S 5 ff und die dort zitierten ausführlichen Quellen.
[206] Vgl. Kübler, (1999), S. 8.

zu haben.[207] Nur, wo das Gesellschaftsrecht staatliche Wirtschafts- und Verteilungspolitik umsetzt, handelt es sich jedoch um zwingendes Recht. Allgemein lässt sich das Gesellschaftsrecht als dispositives Recht verstehen, welches die Privatautonomie nicht beschränken, sondern den Einsatz bewährter Organisationsformen fördern soll.[208] Seit den 90er Jahren deutet sich ein Wandel im Gesellschaftsrecht an, der, ausgehend von den USA, auf weitere Deregulierung zielt.[209]

Gleichzeitig mit dieser Rechtsentwicklung setzte sich auch in Deutschland die Orientierung der Unternehmen am Shareholder-Value weiter durch. Während vormals häufig die mangelnde Ausrichtung der Unternehmer an den Aktionärsinteressen beklagt wurde,[210] zeigen mehrere Untersuchungen, dass sich die Kapitalmarktorientierung deutlich verstärkt.[211]

Dennoch bleibt der Vorstand einer Aktiengesellschaft eigenverantwortlich zur Geschäftsführung und Vertretung berechtigt und verpflichtet.[212] Es existiert kein direkter Hinweis auf die Verfolgung der Interessen der Aktionäre. Die vormalige „Gemeinwohlklausel" des § 70 I AktG von 1937, welche den Vorstand zur Leitung verpflichtet „wie das Wohl des Betriebs und seiner Gefolgschaft und der gemeine Nutzen von Volk und Reich es fordern" wurde in das Aktiengesetz von 1965 nicht übernommen, da sich diese Verpflichtung von selbst verstehe.[213] Die Verpflichtung des Vorstands zur Wahrnehmung der Interessen des gesamten Unternehmens[214] sowie der Allgemeinheit entspricht jedoch - der herrschenden Meinung nach - der Sozialpflichtigkeit des Eigentums nach Art. 14 II GG.[215]

Ausgestaltung der Insider-Elemente

Kapitalgeber

Aktienmärkte spielen im deutschen Finanzsystem traditionell eine geringe Rolle, auch wenn sich der Anteil der Aktienmarktkapitalisierung am Bruttoinlandsprodukt von 1996 mit 28%

---

[207]   Vgl. Kübler (1999), S. 9.
[208]   Vgl. Kübler (1999), S. 16 f.
[209]   Ein Beispiel in die Einführung des KonTraG 1998, welches das Verbot des Erwerbs eigener Aktien gelockert hat.
[210]   Vgl. Beelitz (2002), S. 577.
[211]   Vgl. Achleitner/Bassen (2002), S. 619 ff. Sie belegen empirisch, dass 75% der befragten Unternehmer dem Shareholder-Value eine sehr hohe Bedeutung zumessen (die Befragung wurde Anfang 1999 bei den DAX-100 Unternehmen durchgeführt.) Gleichzeitig geben sie einen Überblick über vorherige Untersuchungen zum Entwicklungsstand des Shareholder-Value-Ansatzes in Deutschland.
[212]   §§ 76, 77 AktG.
[213]   Vgl. Kübler (1999), S. 169.
[214]   Hierzu zählen insbesondere die Arbeitnehmer. Verdeutlicht wird dies zudem in den Bestimmungen zur Mitbestimmung durch Betriebsräte oder der Entsendung von Arbeitnehmervertretern in die Aufsichtsrat.
[215]   Vgl. Kübler (1999), S. 169. Er zitiert die relevanten Entscheidungen des Bundesverfassungsgerichts und verbreitete Kommentare.

auf 58% im Jahre 2001 erhöht hat.[216] Dabei unterscheidet sich die Aktionärsstruktur deutscher Aktiengesellschaften deutlich von der Struktur amerikanischer Unternehmen. Die Aktienmehrheiten an den meisten deutschen Unternehmen können einer Familie, einem dominierenden Mehrheitsaktionär oder zumindest einer geringen Anzahl von Großaktionären zugeschrieben werden.[217] Dabei spielen auch institutionelle Anleger eine wichtige Rolle.[218] Diese Konstellation spricht dafür, dass im Rahmen der Kontrolle interne Instrumente von Voice-Strategien vorgezogen werden.

Auch in Deutschland hat jedoch die Präsenz der Aktionäre auf der Hauptversammlung abgenommen. So fiel die durchschnittliche Präsenz 1998 auf unter 60%, was auf den steigenden Anteil ausländischer Investoren und die international unübliche Länge zurückgeführt wird.[219] Während zwischen den Jahren 2000 und 2005 die Präsenz von 52% auf weniger als 45% des Kapitals gesunken ist, zeichnete sich anschließend zumindest bei Dax-30 Unternehmen ein Ansteigen auf 49,53% ab.[220] Gründe für die Entwicklung werden in den Vorgängen bspw. bei der Deutschen Börse AG gesehen, bei der Minderheitsaktionäre einen Austausch des Managements durchsetzen konnten. Dies habe dazu geführt, dass die Unternehmen selbst verstärkt insbesondere institutionelle Investoren zur Teilnahme an der Hauptversammlung auffordern.

Die Möglichkeit der Banken, Anteile an Unternehmen zu halten[221], sowie das Depotstimmrecht[222] und die Anteile bankeigener Investmentgesellschaften begründen es jedoch, dass die Banken auf den Hauptversammlung dominieren.[223] Zudem wenden institutionelle Investoren in Deutschland hauptsächlich interne Methoden der Einflussnahme wie persönliche Gespräche an.[224] Der Einfluss der Banken als Fremdkapitalgeber ist nicht per Vertrag nicht determiniert. Die engen Beziehungen zwischen Unternehmen und „Hausbank" lassen

---

[216] Vgl. Deutsche Bundesbank (2003a), S. 30.
[217] vgl. Becht/Boehmer (2001), vgl. Boehmer (2000), S. 2., vgl. Bott (2002), S. 34 ff., vgl. Becht/Boehmer (2003), vgl. Ruhwedel (2003), S. 204 ff.
[218] Es bestehen zwar keine gesetzlichen Begrenzungen für die Anteile von Investmentgesellschaften, wie in den USA, dennoch übersteigen die Anteile selten 5%. Vgl. Witt (2003), S. 80. Die Anteile, die eine Bank an einem Unternehmen halten darf, sind durch das Gesetz für das Kreditwesen § 12 Abs. 1, Satz 1 auf 15% ihres eigenen haftenden Eigenkapitals beschränkt.
[219] Vgl. von Rosen (1998), S. 1.
[220] Vgl. Diethelm (2006). Um die Präsenz generell zu verbessern, schlagen Aktionärsvertreter wie die Deutsche Schutzvereinigung für Wertpapierbesitz (DSW) vor, Dividendenboni für Anwesende vor. Vgl. o. V. (2005b).
[221] Die hohe Verflechtung innerhalb Deutschlands führte dazu, dass häufig von der „Deutschland AG" gesprochen wird. Erst in letzter Zeit, auch aufgrund veränderter steuerlicher Regelungen, bauen Banken ihre Beteiligungen ab. So hat die Deutsche Bank sich bspw. von ihren Beteiligungen an Buderus, Südzucker und Continental getrennt und einen größeren Verkauf ihres Anteil an DaimlerChrysler bekannt gegeben. Vgl. Maier/Preuß (2004).
[222] Das Depotstimmrecht kann als deutsche Besonderheit gesehen werden. Es resultiert aus der Möglichkeit, dass Kunden ihre Aktionärsstimmrechte auf die depotverwaltende Bank übertragen können. Dabei sind die Banken durchaus an die Weisungen der Kunden gebunden, es sei denn, es wird ihnen in der Vollmacht zugestanden, nach eigenem Ermessen abzustimmen.
[223] Vgl. Witt (2003), S. 81.
[224] Vgl. Bassen (2002), S. 257 ff.

jedoch de facto Rückschlüsse auf Möglichkeiten zur Verbesserung der Information und der Einflussnahme zu.[225]

Unternehmensleitung

Deutsche Aktiengesellschaften werden von einem Vorstand[226]geleitet, der sich meistens aus mehreren Personen zusammensetzt. Er wird durch den Aufsichtsrat gewählt und auf höchstens fünf Jahre bestellt.[227] Alle Vorstandsmitglieder sind gesetzlich verpflichtet, das Unternehmen in gemeinschaftlicher Verantwortung zu führen.[228] Dennoch ist es in großen Aktiengesellschaften üblich, arbeitsteilig zu arbeiten und den Mitgliedern besonderen Verantwortlichkeiten zuzuweisen. Zudem wird häufig ein Vorstandssprecher gewählt, welcher zumindest im Außenauftritt dominiert.

Aufsichtsgremien

Das deutsche Two-Tier-System ist gekennzeichnet durch eine strikte Aufteilung der Unternehmensleitung und der Unternehmenskontrolle. Die formelle und materielle Prüfung der Unternehmensleitung obliegt dem Aufsichtsrat.[229] Damit sind ihm umfassende Kompetenzen übertragen. Aufgabe des Aufsichtsrats ist insbesondere die Bestellung, Wiederbestellung und möglicherweise die Abberufung der Vorstandsmitglieder.[230] Um diese Aufgaben erfüllen zu können, sind mindestens vier Sitzungen im Jahr notwendig. Inhalte sind üblicherweise die Diskussion und Genehmigung des Jahresabschluss, die Diskussion und Genehmigung der strategischen Planung sowie der Plankennzahlen des kommenden Jahres und gegebenenfalls Spezialfragen wie eventuelle Umstrukturierungen.[231] Gewählt wird der Aufsichtsrat von der Hauptversammlung[232] und besteht aus mindestens drei und höchstens 21 Mitgliedern.[233]

Bei der Anzahl und der Besetzung des Aufsichtsrats zeigt sich eine weitere deutsche Besonderheit: die Berücksichtigung der Interessen der Mitarbeiter durch die institutionelle Verankerung von Mitbestimmungsrechten. Für Kapitalgesellschaften, welche in der Regel mehr als 2000 Arbeitnehmer beschäftigen, gilt das Mitbestimmungsgesetz, wonach der Aufsichtsrat

---

[225] Diese wird insbesondere durch vorgeschriebene laufende Kreditwürdigkeitsprüfungen ermöglicht. Grosse Aktiengesellschaften haben zwar schwächere Beziehungen zu ihrer Hausbank bzw. mehrere Bankverbindungen, hier sind die Banken jedoch häufig in den Aufsichtsräten der Unternehmen vertreten. Dabei können sich Interessenskonflikte zwischen der Kontrolle im Interesse der Anteilseigner und der zusätzlichen Rolle als Gläubiger ergeben. Vgl. Witt (2003), S. 83 f.

[226] Vgl. § 76 AktG bezüglich der Leitung durch den Vorstand, der aus mindestens einer Person besteht, und § 77 bezüglich der Vertretung durch den Vorstand.

[227] Vgl. § 84 AktG.

[228] Vgl. § 77 AktG.

[229] Vgl. § 111 Abs. 1 AktG.

[230] Vgl. § 84 AktG.

[231] Vgl. Witt (2003) S. 87 f.

[232] Vgl. § 101 AktG.

[233] Vgl. § 94 AktG.

paritätisch, d.h. je zur Hälfte aus Vertretern der Anteilseigner und der Arbeitnehmer zu besetzen ist.[234] Der Einfluss der Besetzung von Aufsichtsräten nach Mitbestimmungsgesetz auf die Corporate Governance wird durchaus kritisch gesehen. Die eine Seite betont u. a. negative Auswirkungen auf die Effizienz der Aufsichtsratsarbeit[235] oder befürchtet abschreckende Wirkungen auf ausländische Investoren.[236] Von den Befürwortern werden diese Kritikpunkte als unberechtigt abgelehnt.[237]

Entlohnungssysteme

Vorstandsmitglieder erhalten in Deutschland im Allgemeinen mehrere Vergütungsbestandteile; so sind neben einer festen Grundvergütung variable Entlohnungssysteme die Regel.[238] In einer empirischen Untersuchung, welche die Managervergütungen in Europa vergleicht, zeigen Conyon/Schwalbach, dass erfolgsabhängige Vergütungsteile in Deutschland jedoch nur 25% der Gesamtvergütung ausmachen. In Großbritannien sind es dagegen 66,65%.[239] Auffällig ist zudem, dass langfristige Anreizelemente in diesen erfolgsabhängigen Vergütungsteilen in Deutschland nicht enthalten sind. Die Zahlen der Datenbasis stammen hier jedoch aus 1995. Da die Langfristigkeit der Anreizsysteme eine Anregung des DCGK ist[240], hat sich diese Zahl deutlich verändert. Im Jahr 2004 folgten dieser Anregung nur von fünf Dax-Unternehmen, 14 M-Dax-Unternehmen und sechs TecDax- Unternehmen nicht.[241] Im Jahre 2005 erfüllten diese Anregung 33% der H-Dax-Unternehmen.[242] Bezüglich der absoluten Höhe der Vorstandsentlohnung besteht ein deutlicher Unterschied zu den USA. So verdienten die Vorstände von Dax-30-Unternehmen im Jahr 2005 durchschnittlich 1,7 Millionen € und damit 11% mehr als im Jahre 2004.[243]

Conyon/Schwalbach zeigen jedoch für Deutschland, dass die Performance des Unternehmens nur geringen Einfluss auf die Höhe der Gesamtvergütung hat. Diese werde stärker durch die

---

[234] Vgl. § 1 Abs. 1 MitbestG.
[235] Empfehlungen zur Verbesserung der Effizienz der Aufsichtsratstätigkeit richten sich nicht nur gegen die paritätische Besetzung. Eine ausführliche Darstellung von Verbesserungsvorschlägen liefert Witt (2003), S. 88 f. Diese Vorschläge hängen aber - wenn überhaupt - nur indirekt mit der Mitbestimmung zusammen. So wird die hohe Zahl der Mitglieder in Aufsichtsräten diskutiert. Andere Kritikpunkte wie beispielsweise mangelnde Information der Aufsichtsräte oder Interessenkonflikte durch die Besetzung mit Vertretern von Fremdkapitalgebern können auf alle denkbaren Kontrollgremien übertragen werden.
[236] Vgl. von Werder (2004), Er stellt insgesamt 10 Thesen auf, welche die möglichen negativen Auswirkungen der Mitbestimmung auf die Effizienz der Aufsichtsratsebenen bündeln.
[237] Eine ausführliche Entgegnung auf die Thesen von Werders gibt die Hans Böckler Stiftung (2004).
[238] § 87 AktG enthält als Beispiel explizit die Gewinnbeteiligung und schreibt vor, das Gehalt an dem individuellen Aufgaben der Mitglieds und der Lage des Unternehmens auszurichten.
[239] Vgl. Conyon/Schwalbach (2000), S. 106.
[240] Eine genaue Darstellung des DCGK folgt in Kapitel 2.1.2.4.2.
[241] Quelle: empirische Erhebung von Bassen/Kleinschmidt/Zöllner im Rahmen der Corporate Governance Quality Study 2004.
[242] Vgl. Bassen et al. (2006d). Es handelt sich dabei um 57% der Dax-, 26% der M-Dax- und 17% der TecDax-Unternehmen. Bei der Erfassung der Erfüllung wurden jedoch sehr strikte Anforderungen formuliert.
[243] Im europäischen Vergleich liegen die deutschen Vorstände jedoch im oberen Bereich. Aktienoptionen sind in diesen Zahlen nicht enthalten. Vgl. DSW (2006).

jeweilige Aufgabe des Managers und die Unternehmensgröße determiniert.[244] Diese Ergebnisse werden in einer späteren Untersuchung für 2003 bestätigt.[245] Schmid kann dagegen einen signifikante positive Leistungsabhängigkeit der Vergütung des Vorstands und des Aufsichtsrats nachweisen.[246] Optionsprogramme als Teile der Vorstandsvergütung haben sich in Deutschland – wie der gesamte Shareholder-Value-Ansatz – erst in den letzten Jahren durchgesetzt. Bei einer empirischen Untersuchung aus dem Jahre 1998 waren es erst 50 Unternehmen, welche Options-pläne eingeführt bzw. deren Einführung beschlossen hatten.[247]

Im Gegensatz zu den USA war es in Deutschland nicht gesetzlich vorgeschrieben, die Vorstandsbezüge individuell in ihren Bestandteilen zu veröffentlichen. Anzugeben war nach Gesetz nur die Gesamtvergütung.[248] Der DCGK enthält jedoch eine diesbezügliche Empfehlung. Dieser wurde jedoch im Jahre 2004 nur von 28% der deutschen Dax-, MDax- und TecDax-Unternehmen entsprochen.[249] Diese Intransparenz wird häufig als Makel im deutschen Corporate-Governance-System gesehen und stark kritisiert.[250]

Als Reaktion ist seit August 2005 jedoch eine neues Vorstandsvergütungsoffenlegungsgesetz in Kraft, nachdem spätestens im Geschäftsjahr 2006 diese Bezüge von börsennotierten Gesellschaften individualisiert offen zu legen sind.[251]Die Entlohnung der Aufsichtsräte in Deutschland enthält zunehmend auch variable Elemente, wobei jedoch nach dem BGH-Urteil keine Optionsprogramme mehr zu finden sind. Es finden sich jedoch Verknüpfungen mit Dividenden, Gewinn pro Aktie, Gewinn vor Steuern oder den Cashflows. Im Durchschnitt verdienten die deutschen Aufsichtsräte der Dax-Konzerne im Jahre 2005 233.000,-- € und damit 17% mehr als im Vorjahr.[252]

Ausgestaltung der Outsider-Elemente

Markteffizienz - Kapitalmarkt

Der Aktienmarkt spielt in Deutschland nur eine geringe Rolle. Die Aktienakzeptanz der Deutschen, d. h. das Ausmaß des Einsatzes von Aktien als Finanzierungs- und/oder Investitionsin-

---

[244] Vgl. Conyon/Schwalbach (2000), S. 107.
[245] Vgl. Brenner/Schwalbach (2003), S. 287 ff.
[246] Vgl. Schmid (1997), S. 77.
[247] Vgl. Winter (2000), S. 225. Die ersten Stock-Options-Pläne wurden 1996 durch Daimler-Benz und die Deutsche Bank eingeführt Vgl. Achleitner/Wichels (2002), S. 2. Üblich ist diese Art der Vergütung insbesondere bei Wachstumsunternehmen. Vgl. Scherer (2002), S. 60.
[248] Vgl. § 285 Nr. 9 bzw. § 314. Abs. 1 Nr. 6 HGB.
[249] Vgl. Bassen et al. (2004), S. 529.
[250] Vgl. Witt (2002), S. 90, Vgl. Zypries in Fockenbrock/Mortsiefer (2004) , vgl. Döring (2004), Vgl. Bassen in Seibel/Zschäpitz (2004).
[251] Vgl. VorstOG. Dieser ändert den § 285 HGB. Gleichwohl ist eine Opting-Out-Möglichkeit offen geblieben. So kann auf die Veröffentlichung verzichtet werden, wenn 75% der auf der Hauptversammlung vertretenen Stimmen diesem zustimmen.
[252] Vgl. Grass (2006).

strument, ist nicht mit der US-amerikanischen zu vergleichen.[253] Dennoch vertrauen internationale Investoren in die Wettbewerbsfähigkeit des deutschen Kapitalmarkts und damit auch in die deutsche Corporate Governance. So weist Deutschland im Jahre 2003 die höchsten Netto-Kapitalimporte seit zehn Jahren aus, die insbesondere bei den Direktinvestitionen und dem Wertpapierverkehr zu finden sind.[254]

In Deutschland führen nur eine geringe Anzahl der Kapitalgesellschaften die Rechtsform der Aktiengesellschaft und sind an Börsen notiert. Traditionell sind es hauptsächlich die Rechtsformen der GmbH und der GmbH & Co. KG, welche neben Personengesellschaften vertreten sind.[255] Von ca. drei Millionen umsatzsteuerpflichtigen Unternehmen in Deutschland[256] waren Ende Januar 2003 nur 1003 börsennotierte Aktengesellschaften.[257]

Im Rahmen der Außenfinanzierung hat sich zwar der Anteil der Finanzierung durch Aktienemissionen insbesondere seit 1998 deutlich erhöht,[258] es dominiert jedoch immer noch die Kreditfinanzierung bei Banken.[259]

Auch auf der Seite der Kapitalanleger galt die Investition in Aktien in Deutschland lange als sehr risikobehaftet und war damit gering verbreitet. Selbst im Jahr der Börsenhausse von 2001 hielten nur 21% der Bevölkerung Aktien oder Aktienfonds und investierten etwa 14% ihres Geldvermögens.[260] Diese Zahl hat sich im Jahr 2004 stark verkleinert, im ersten Halbjahr 2004 sind es nur noch 16,4% der Bevölkerung.[261] Diese Entwicklung setzt sich 2006 fort, so hielten im der ersten Hälfte des Jahres 2006 nur 15.3% der Bevölkerung Aktien oder Fondsanteile.[262]Diese Einschätzungen werden sich vermutlich jedoch insbesondere im Hinblick auf die problematische Situation der sozialen Sicherungssysteme verändern.

Publizitätsvorschriften

Aktiengesellschaften sind gesetzlich zur Erstellung und Veröffentlichung des Jahresberichts verpflichtet.[263] Für börsennotierte Aktiengesellschaften ist auch ein Halbjahresbericht vorgeschrieben.[264] Gleichzeitig gelten die jeweiligen Publizitätsvorschriften des Börsensegments. Im General Standard für geregelten und amtlichen Handel sind dies die genannten gesetzli-

---

[253] Vgl. von Rosen (2001), S. 25.
[254] Vgl. Deutsche Bundesbank (2004), S. 47.
[255] Vgl. Deutsche Bundesbank (2003), S. 30 ff.
[256] Quelle: Statistisches Bundesamt Deutschland. Dies ist die Anzahl vom Jahresende 2002.
[257] Vgl. Deutsche Bundesbank (2003), S. 30.
[258] So war insbesondere am damaligen Neuen Markt eine deutliche Steigerung der Börsengange zu verzeichnen. In den Jahren 1998 bis 2000 waren es 42,131 bzw. 156 Unternehmen, die dort einen Going Public vornahmen. Vgl. Achleitner/Bassen (2001), S. 5.
[259] Vgl. Deutsche Bundesbank (2003), S. 30.
[260] Vgl. Deutsche Bundesbank (2003), S. 32.
[261] Vgl. Grass (2004).
[262] Vgl. o. V. (2006b).
[263] § 264 HGB.
[264] § 40 4. Finanzmarktförderungsgesetz.

chen Vorschriften und die Ad-hoc-Publizität sowie die Mitteilungspflichten nach §15 bzw. 21 WpHG. Der Prime Standard für die Segmente Dax, M-Dax, TecDax und S-Dax schreibt dagegen zusätzlich eine quartalsweise erfolgende Berichterstattung auch in englischer Sprache und die Veröffentlichung eines Unternehmenskalenders vor.[265]

Dennoch wird deutschen Publizitätsvorschriften eine eher geringe Aussagekraft zugeschrieben. Die Kritik wendet sich hauptsächlich auf den Inhalt der Jahresabschlüsse. Das deutsche Rechnungslegungssystem nach HGB und AktG ist vom Vorsichtsprinzip geprägt und insbesondere auf das Prinzip des Gläubigerschutzes ausgelegt.[266] Während die amerikanischen Rechnungslegungssysteme die Informationsfunktion für die Investoren in den Vordergrund stellen, dominiert in Deutschland die Erhaltung des Eigenkapitals und die Bemessungsgrundlage für Ausschüttung und Besteuerung.[267] Dieser Kritikpunkt verliert jedoch seine Relevanz, da vor dem Hintergrund eines einheitlichen und effizienten Wertpapiermarktes seit 2005 alle börsenorientierten Unternehmungen verpflichtet sind, auf internationale Rechnungslegungsvorschriften (IAS) umzustellen.[268] Zudem schreiben auch die Zulassungsvorschriften des Prime Standards der Deutschen Börse AG die Berichterstattung nach IFRS, IAS oder US-GAAP vor.[269] Der dementsprechenden Empfehlung des DCGK entsprachen im Jahr 2003 alle Dax-Unternehmen. Nur zehn M-Dax und drei TecDax-Unternehmen bilanzierten zu dem Zeitpunkt noch nach deutschen handelsrechtlichen Vorschriften.[270]

Der zunehmenden Bedeutung der institutionellen Investoren wird auch in Deutschland vermehrt durch Analystenkonferenzen[271] und intensiver Investor-Relation-Arbeit Rechnung getragen.[272]

Markteffizienz - Markt für Unternehmenskontrolle

Komplementär zu der im Vergleich zu den USA schwächer entwickelten Aktienkultur sind feindliche Übernahmen in Deutschland sehr rar und waren zudem selten erfolgreich.[273] Ein Grund dafür mag in den bis zur Einführung des KonTraG 1998 möglichen Höchststimmrechten gelegen haben. So konnten Aktiengesellschaften in ihrer Satzung Stimmrechte auf fünf oder zehn Prozent des Grundkapitals beschränken.[274] Seither sind diese Höchststimm-

---

[265] Quelle: deutscheboerse.com (Zugriff Juli 2004)
[266] Vgl. die allgemeinen Bewertungsgrundsätze nach § 252 HGB – insbesondere Abs. 1, Nr. 4.
[267] Vgl. Bruhns (1999), S. 587 f., vgl. Deutsche Bundesbank (2002), S. 45.
[268] Vgl. EU-Kommission (2001).
[269] Quelle: deutscheboerse.com (Zugriff Juli 2004).
[270] Quelle: empirische Erhebung von Bassen et al. im Rahmen der Corporate Governance Quality Study 2004.
[271] Eine jährliche Konferenz ist Bestandteil der Regulierungen für den Prime Standard.
[272] Vgl. Achleitner et al. (2001), S. 24.
[273] Einen Überblick über wichtige Beispiele gibt Witt (2003), S. 82 f.
[274] Vgl. Baums (1990), S. 221.

rechte für börsennotierte Aktiengesellschaften verboten.[275] Auf europäischer Ebene gibt es seit langem Bemühungen, mit einer Richtlinie die Regulierung des Ablaufs und möglicher Hürden für feindliche Übernahmen zu harmonisieren.[276] Mitgliedsstaaten und Unternehmen können nach der jetzt bestehenden Richtlinie selbst entscheiden, ob sie Übernahmehindernisse abbauen. Betont wird dabei u.a. die Sicherung der Interessen von Minderheitsaktionären und der möglichst vollständigen und frühzeitigen Information.[277] In Reaktion auf die europäische Diskussion trat in Deutschland am 1.1.2002 des Wertpapiererwerbs- und Übernahmegesetz (WpÜG) in Kraft. Dieses gibt einen rechtlichen Rahmen für die Übernahme börsennotierter Unternehmen. Ein transparentes Ablaufverfahren soll die Übernahme der Anteile zu einem fairen Preis gewährleisten.[278] Dafür ist der Bieter ver-pflichtet, ein festes Angebot unverzüglich zu veröffentlichen.[279] Die allgemeinen Grundsätze in §3 regeln die Gleichbehandlung sämtlicher Aktionäre sowie deren umfassende Informationsrechte und verpflichten Vorstand und Aufsichtsrat, im Interesse der Zielgesellschaft zu handeln. Defensive Maßnahmen dürfen vom Vorstand nur nach Absprache mit dem Aufsichtsrat getroffen werden, eine außerordentliche Hauptversammlung ist nicht notwendig.[280] Diese gesetzliche Regulierung ist auf uneinheitliche Reaktionen gestoßen. Wie bei der Kritik an amerikanischen Takeover-Hürden wird beispielsweise befürchtet, dass steigende Transaktionskosten wünschenswerte Übernahmen verhindern.[281] Dennoch hat es seit Einführung des Gesetzes bis August 2004 90 Übernahmeangebote gegeben.[282] Es bleibt jedoch die Forderung, die Transparenz des WpÜG auch im Aktiengesetz zu übernehmen, welches bei Squeeze-Outs und Beherrschungsverträgen zum Tragen kommt.[283]

Gesetzliche Regelung - Haftung der Organe

Die Verpflichtungen der Organe deutscher Aktiengesellschaften sind gesetzlich definiert.[284] Bei Verletzung dieser Pflichten sind sowohl Vorstand als auch Aufsichtsrat dem Unternehmen zu Schadenersatz verpflichtet. Erschwert ist jedoch die Geltendmachung der Ansprüche durch die Aktionäre. So ist ein Aktienbesitz von mindestens fünf Prozent bzw. eine nomi-

---

[275] Vgl. § 134 Abs. 1 AktG. Einzige Ausnahme ist die Volkswagen AG, die gültige Stimmrechtsbeschränkung auf 20% bleibt hiervon unberührt.

[276] Die Arbeit an der Richtlinie begann 1974, der erste Vorschlag erfolgte 1989. Die Verabschiedung erfolgte jedoch erst am 30.03.2004. Einen ausführlichen Überblick über die europäische Diskussion liefert Becht (2003).

[277] Vgl. Europäische Union (2004).

[278] Vgl. Schmidt/Prigge (2003), S. 90.

[279] Vgl. § 10 WpÜG.

[280] Vgl. Gordon (2003), S. 4.

[281] Vgl. Gordon (2003), S. 6 ff.; Schmidt/Prigge (2003), S. 8

[282] Vgl. Becker (2004).

[283] Vgl. Becker (2004).

[284] Vgl. für den Vorstand § 93 AktG. Bei Zweifeln, inwieweit die Sorgfalt eines ordentlichen und gewissenhaften Geschäftsleiters angewendet wurde, ist hier zudem eine Beweislastumkehr geregelt. § 116 verweist für den Aufsichtsrat auf § 93. Die Haftung bezieht sich schon auf leichte Fahrlässigkeit.

nellen Höhe von 500.000,-- € nötig, um zur Klage berechtigt zu sein.[285] Daher sind erfolgreiche Klagen in Deutschland trotz der gesetzlichen Schadensersatzpflicht sehr viel seltener als in den USA. Dies mag sich zukünftig ändern. Mit dem am 19. Januar 2004 vorgestelltem Gesetzesentwurf für ein Gesetz zur Unternehmensintegrität und Modernisierung des Anfechtungsrechts (UMAG) werden die Schwellen gesenkt. So soll neben einer Verbesserung des Aktienrechts insbesondere die Durchsetzung von Haftungsansprüchen erleichtert werden. So sieht der §147a Abs. 1 (neu) AktG vor, die Schwelle auf ein Prozent des Grundkapitals bzw. einen Börsenwert von 100.000,-- € zu senken. Gleichzeitig sollen Aktionäre nach §127a (neu) AktG die Möglichkeit bekommen, andere Aktionäre zur Mitklage aufzufordern.[286] Die Reaktionen auf diesen Gesetzesentwurf waren im Grundtenor positiv.[287] Die möglichen Auswirkungen dieser neuen Regelungen werden jedoch durchaus auch kritisch gesehen. So wird beispielsweise befürchtet, dass aufgrund der erhöhten Haftung die Bereitschaft, Aufsichtsratmandate anzunehmen, sinkt. Gleichzeitig würden nur die Versicherungssummen steigen und so eine Spirale in Gang setzen, deren Nutznießer eher spezialisierte Anwälte als die Aktionäre selbst wären.[288]

---

[285] Vgl. § 147 Abs. 3 AktG.
[286] Vgl. Deutsche Bundesregierung (2004). S. 32.
[287] Vgl. z. B. Deutsches Aktieninstitut (2004), Deutsche Schutzvereinigung für Wertpapierbesitz e. V. (2004).
[288] Vgl. Peltzer (2004).

Folgende Abbildung fasst die unterschiedlichen Ausprägungen der Corporate-Governance–Elemente in Deutschland und den USA zusammen:

	USA	Deutschland
Insider-Elemente		
Kapitalgeber	Hoher Streubesitz Geringe Rolle der Banken Proxy-Voting durch das Board	Geringe Eigenkapitalquoten Hoher Einfluss der Banken
Unternehmensführung	One-Tier-Modell: Dominanz des CEO, starke Verbreitung des Shareholder-Value-Ansatzes	Vorstand: gemeinschaftliche Unternehmensführung im Interesse des gesamten Unternehmens, erst zögerliche Durchsetzung des Shareholder Values
Aufsichtsgremien	One-Tier-Modell: Aufsicht durch externe Board-Mitglieder	Aufsichtsrat, paritätische Besetzung nach Mitbestimmung
Entlohnung	Sehr hohe Vergütung der Boardmitglieder mit dominierendem variablen Anteil	Dominierender Anteil die Festvergütung, langsame Institutionalisierung von Optionsprogrammen
Outsider-Elemente		
Markteffizienz: **Kapitalmarkt**	Hochentwickelte und liquide Kapitalmärkte, hohe Aktienkultur	Geringe Rolle der Kapitalmärkte, geringe Aktienkultur
Publizitätsvorschriften	Internationale Rechnungslegungssysteme, welche Informationspflichten für Investoren herausstellen, restriktive Vorschriften der einzelnen Börsen	Nach dem vormals geltenden deutschen Rechnungslegungssystem, Einführung internationaler Systeme, gesetzliche Vorschriften und Zulassungsvoraussetzungen der Deutschen Börse AG
Markteffizienz: Markt für Unternehmenskontrolle	Übernahmen sind gewohntes Phänomen, seit der Welle in den 80er Jahren Entwicklung von Hemmnissen	Sehr selten, EU-Richtlinien und gesetzliche Regulierung von Übernahmen
Gesetzliche **Regelungen:** **Haftung**	Schadensersatzklagen durch günstige Sammelklagen möglich, D&O Versicherungen ohne Selbstbehalt üblich	Pflichten der Organe gesetzliche determiniert, bestehende relativ hohe Hemmnisse für Aktionärsklagen durch UMAG gesenkt

Abbildung 4: Elemente der Corporate-Governance-Systeme in den USA und Deutschland

Neben gesetzlichen Regelungen werden zur Sicherstellung effizienter Corporate Governance international an die jeweiligen Länder angepasste Kodices eingesetzt.[289] Auch in Deutschland hat die sich verstärkende Diskussion über Corporate Governance[290] dazu geführt, dass sich mehrere Initiativen zur Entwicklung eines Kodex gebildet haben.[291] Nach Einführung von zwei Regierungskommissionen erfolgte im Jahr 2002 erstmalig die Veröffentlichung des Deutschen Corporate Governance Kodex (DCGK), der bis dato dreimal angepasst wurde.

Zielsetzung und Hauptinhalte des Kodex werden in Folgendem kurz dargestellt.

---

[289] Einen detaillierten Überblick für Europa liefert der Überblick der ECGI, http://www.ecgi.org.
[290] Vgl. bspw. Baums (2002).
[291] Vgl. zur Entwicklung des DCGK Bassen/Zöllner (2005)

2.2.2.2 Deutscher Corporate Governance Kodex (DCGK)

Traditionell wird in Deutschland Corporate Governance gesetzlich geregelt. Der Inhalt dieser Normen entspricht zudem in hohem Maße den international üblichen Kodices.[292] Damit wird der Sinn eines zusätzlichen Kodex zumindest zweifelhaft. Dieser wird jedoch aus den verfolgten Zielsetzungen abgeleitet. Der DCGK verfolgt die Ziele, einerseits die deutsche Corporate-Governance-Struktur für inländische und ausländische Share- und Stakeholder transparent zu verdeutlichen (Kommunikation), sowie andererseits, Standards für gute und verantwortungsvolle Unternehmensführung und -kontrolle zu formulieren (Qualitätssicherung).[293] Die Kommunikationsfunktion beinhaltet die kompakte Darstellung der bestehenden gesetzlichen Normen, die in mehreren Gesetzen[294] enthalten sind. Insbesondere ist dies geeignet, ausländische Investoren anzusprechen, denen charakteristische Merkmale des deutschen Corporate-Governance-Systems wie das deutsche Two-Tier-System oder die Mitbestimmung wenig vertraut sind.[295] Somit wirkt das deutsche System häufig intransparent.[296]

Gleichzeitig zielt der Kodex im Rahmen der Qualitätssicherung durch die Formulierung der Soll-Empfehlungen bzw. Sollte-Anregungen auf die Gewährleistung eines Mindeststandards und eine weitere Verbesserung der Corporate Governance deutscher Unternehmen.[297] Damit impliziert der Kodex, dass sich seine Befolgung positiv auf die Qualität der jeweiligen Corporate Governance und folglich auf den Unternehmenserfolg auswirkt. Diese unterstelle Ursache-Wirkungs-Beziehung ist aber bis dato rein normativ.[298]

---

[292]   Vgl. Ringleb et al. (2003), S. 28.
[293]   Vgl. Präambel des DCGK, Ringleb et al. (2003) sprechen von Kommunikations- und Ordnungsfunktion.
[294]   Die Hauptrechte sind dabei das Gesellschafts-, das Handels-, das Mitbestimmungs- sowie das Kapitalmarktrecht mit der Vielzahl der damit einbezogenen Gesetze.
[295]   Es verblüfft daher, dass die Mitbestimmungsproblematik ausdrücklich nicht in den Kodex aufgenommen wurde.
[296]   Vgl. von Werder/Talaulicar (2003), S. 18.
[297]   Vgl. von Werder/Talaulicar (2003), S. 18.
[298]   Vgl bspw. Drobetz et al. (2004). Sie weisen in einer empirischen Untersuchung deutscher Publikumsgesellschaften eine positiven Zusammenhang zwischen guter Corporate Governance, ausgedrückt in einem Rating, welches auf der Corporate-Governance-Scorecard des DVFA basiert, und der Unternehmensperformance nach. Diese empirische Studie beruht jedoch bezüglich der Kodexentsprechung auf einer Befragung der Unternehmen, so dass neben Zweifeln an der Repräsentativität Fragen bezüglich der Kongruenz von Antworten und Handeln bestehen. Gleichzeitig bleibt die Frage nach möglicher Endogenität und umgekehrter Kausalität offen.

Der DCGK ist in die Präambel und sechs Themengebiete unterteilt[299]:

- Aktionäre und Hauptversammlung (2.),

- Vorstand (4)

- Aufsichtsrat (5)

- deren Zusammenwirken (3),

- Transparenz (6),

- Rechnungs- und Offenlegung (7)

Die Positionsstellungen und -gewichtungen der einzelnen Themen lassen sich als Hinweis für die jeweilige Bedeutung innerhalb der Corporate Governance verstehen.[300]

Die im DCGK enthaltenden Textziffern teilen sich auf in die Widergabe bestehender gesetzliche Vorschriften, in imperativ formulierte „Soll"-Empfehlungen sowie in Anregungen, die weicher durch „sollte" oder „kann" ausgedrückt werden. Die Anzahl der Soll-Empfehlungen und Sollte-Anregungen wird in der Literatur unterschiedlich angegeben.[301]

Die Einhaltung der Soll-Empfehlungen und Sollte-Anregungen ist optional. Im Hinblick auf die Ausrichtung an den „Soll-Empfehlungen" ist jedoch eine zu veröffentlichende Entsprechenserklärung von Vorstand und Aufsichtsrat gesetzlich vorgeschrieben[302] und folgt dabei dem Prinzip „comply or explain".[303] Die Entsprechenserklärung bezieht sich sowohl auf aktuelle als auch auf geplante zukünftige Abweichungen. Eine Erläuterung etwaiger Gründe eines abweichenden Verhaltens ist nicht vorgeschrieben, aber sinnvoll.[304] Folglich ist der DCGK selbst nicht gesetzlich verankert, sondern ein flexibles Regelwerk, welches zuletzt im Juni 2006 aktualisiert wurde.[305] Dabei folgt der Kodex den Leitgedanken der selbstverantwortlichen Organisation der Wirtschaft, der flexiblen Anwendung und Weiterentwicklung

---

[299] Positionsnummern in Klammern: vgl. Deutscher Corporate Governance Kodex, aktuelle und vorherige Fassungen frei verfügbar unter www.corporate-governance-code.de. Eine inhaltliche Widergabe der einzelnen Ziffern des Kodex erfolgt hier nicht. Für eine sehr ausführliche Erläuterung vgl. Ringleb et al. (2003), für einen komprimierte Einblick vgl. Strieder (2004).

[300] Vgl. v. Werder/ Talaulicar, (2003) S. 18 f., Ringleb et al. (2003), S. 16 f.

[301] Bassen et al. (2004) gehen beispielsweise von 67 Soll-Empfehlungen und 16-Sollte-Anregunen aus, bei v. Werder et al. (2004) werden dagegen 72 Soll-Empfehlungen und 19 Sollte-Anregungen berücksichtigt. Zudem ändert sich die Zahl mit den jeweiligen aktualisierenden Anpassungen des Kodex.

[302] Im Rahmen des Inkrafttretens des Transparenz- und Publizitätsgesetzes nach Art. 1, Ziff. 16 neu eingefügter § 161 AktG. Damit sind Vorstand und Aufsichtsrat als Organe unmittelbar – und nicht das Unternehmen – verpflichtet.

[303] Vgl. Cromme (2002).

[304] Die Erläuterung von Abweichungen von Soll-Empfehlungen ist eine eigene Soll-Empfehlung des DCGK, Ziffer 3.10 Satz 2. Stellungnahmen zu der Einhaltung von Sollte-Anregungen sind Inhalt einer Sollte-Anregung, Ziffer 3.10. Satz 3. Für das Jahr 2003 ergab die empirische Untersuchung zur Corporate Governance Quality Study 2004, dass der Sollempfehlung fast vollständig entsprochen wird (Nicht-Erfüllung nur durch ein Dax- und vier M-Dax-Unternehmen. Der Anregung wurde jedoch auffällig weniger entsprochen. So geben 14 Dax-, 38 M-Dax- und 21 TecDax-Unternehmen keine Stellungnahmen ab. Vgl. Bassen et al. (2004).

[305] Die erste Aktualisierung erfolgte zum 08.11.2002, die zweite zum 21.05.2003. Im Jahre 2004 erfolgte im Hinblick auf europäische Initiativen keine Anpassung.

sowie der transparenten Unternehmensführung und Kontrolle.[306] Dieser mittelbare Normcharakter des Kodex entspricht den politischen Vorstellungen, da er den Unternehmen eine höhere Flexibilität bietet und zügiger an sich ändernder Rahmenbedingungen angepasst werden kann.[307] Dieser Rechtscharakter des Kodex begründet jedoch auch, dass er keine Haftung von Vorstand oder Aufsichtsrat kraft Gesetz begründen kann. Lediglich die Abgabe der Entsprechenserklärung gehört zu den gesetzlichen Pflichten von Vorstand und Aufsichtsrat. Sie können daher bei Nicht-Abgabe als Gesamtschuldner dem Unternehmen für entstandenen möglichen Schaden schadensersatzpflichtig gemacht werden.[308]

Die intendierte Selbstbindung der Unternehmen an den DCGK überlässt eine Sanktionierung der Nicht-Entsprechung folglich dem Kapitalmarkt.[309] Diesem fällt die Aufgabe zu, Unternehmen mit schlechter Corporate Governance niedriger zu bewerten[310] und diese somit zur Verbesserung zu veranlassen.[311]

Insbesondere institutionellen Anlegern und Großaktionären können zudem Forderungen nach Verbesserungen der Corporate Governance gegenüber den Unternehmen nicht nur äußern, sondern haben Möglichkeiten, diese durchzusetzen.[312]

2.2.3 Wettbewerb der Systeme

Corporate-Governance-Systeme sind Teile des jeweiligen Wirtschaftssystems und damit, wie diese, nicht statisch. Zudem sind sie, so unterschiedlich sie erscheinen, interdependent.[313] Da

---

[306] Vgl. Cromme (2003), S. 21.
[307] Vgl. Meitner (2003), S. 765.
[308] Vgl. Ringleb et al. (2003), S. 270.
[309] Vgl. v. Werder/Talaulicar (2003), S. 24 f.
[310] Die theoretische Argumentationskette beinhaltet folgende Elemente. Die niedrigere Marktkapitalisierung erhöht die Volatilität der jeweiligen Aktie und damit die Finanzierungskosten für Eigenkapital des Unternehmens. Zudem erhöhen sich über eine Rating bzw. Bonitätsverschlechterung die Fremdfinanzierungskosten. Damit verschlechtert sich die Wettbewerbssituation des Unternehmens. Vgl. Bassen/Zöllner (2005). Inwieweit der Kapitalmarkt diese Funktion erfüllen kann, ist jedoch fraglich. So zeigen erste empirische Ergebnisse, dass die unterstellte Reaktion auf die Veröffentlichung der Entsprechungserklärungen nicht nachgewiesen werden kann. Vgl. Nowak et al. (2005).
[311] Dieser Anspruch wurde insbesondere durch die Erfahrungen in Großbritannien nach Einführung des Cadbury Code, der danach zu Veränderungen der Corporate-Governance-Strukturen geführt hat. Vgl. Dedman (2000). Sie kann nach Einführung des Cadbury Codes und erfolgter Veränderung der Boardstrukturen eine Verringerung der Abschottung der Manager feststellen. Dahya et al. können 2002 zeigen, dass sich die Fluktuation von Boardmitgliedern nach Cadbury stark erhöht hat und dass diese Fluktuation bei Unternehmen, die den Code akzeptiert haben, eine signifikante negative Korrelation mit dem Unternehmenswert ausweist. Inwieweit diese Ergebnisse jedoch auf Deutschland übertragen werden können, bleibt fraglich. Der Cadbury Code ist Zulassungsvoraussetzung an der London Stock Exchange und daher ist der Anreiz bzw. die Verpflichtung zur Umsetzung weitaus größer als in Deutschland. Dennoch ist die Akzeptanz des Kodex in Deutschland im Durchschnitt als gut zu bewerten. Vgl. v. Werder et al. (2004), vgl. Bassen et al. (2004).
[312] Zur theoretischen Fundierung und empirischen Ergebnissen bzgl. der Kontrollrechten institutioneller Investoren und ihrem Instrumentarium vgl. Bassen (2002). Zur Möglichkeit der Verringerung der damit verbundenen Transaktionskosten vgl. Bassen (2005).
[313] Sie folgen zum einen den übergeordneten OECD-Principles. Zum anderen richten internationale institutionelle Investoren und Rating-Agenturen, insbesondere die führenden amerikanischen, ihre Forderungen auch bezüglich der Implementierung von Corporate Governance an Unternehmen, unabhängig

die Effizienz des herrschenden Corporate-Governance-Systems erfolgsrelevanter Entscheidungsfaktor ist, entsteht Systemwettbewerb[314] zwischen unterschiedlichen Corporate-Governance-Systemen.[315] Grenzen kann dieser Wettbewerb durch mangelnde Mobilität der Produktionsfaktoren und/oder mögliche staatliche Begrenzungen der Entscheidungsfreiheit der Unternehmen erfahren. Abgesehen von diesen exogenen Faktoren kann die Entwicklung von Corporate Governance nicht unabhängig von den historischen Entwicklungen der jeweiligen nationalen Wirtschaftssysteme und ihrer Elemente betrachtet werden. Diese sind ihrer Entwicklung pfadabhängig, so dass die zukünftige Situation abhängig von der heutigen ist.[316] Als ökonomischer Grund für die Pfadabhängigkeit gelten u. a. die Transaktionskosten eines Systemwechsels.[317] Die Pfadabhängigkeit verhindert somit keine Veränderung von Systemen; gleichwohl begründet sie, dass diese bei komplementären Systemen eher abrupt auftreten und dann sehr weitgehend sind.[318] Über die Richtung der zukünftigen Entwicklung von Corporate-Governance-Systemen werden in der Literatur unterschiedliche Meinungen vertreten, welche hier kurz skizziert werden.[319]

Wettbewerb kann begründen, dass sich konkurrierende Systeme annähern oder dass sich ein dominantes System durchsetzt. Ein weiteres mögliches Ergebnis wäre das Fortbestehen der unterschiedlichen Systeme. Die Annäherung oder Konvergenz der Systeme beschreibt die Entwicklung hin zu einem weltweit einheitlichen System. Dieses entsteht, indem sich die jeweils vorteilhafteren Elemente der unterschiedlichen Systeme durchsetzen und übernommen werden. Voraus-setzung hierfür ist, dass es in den jeweiligen Systemen Teilelemente gibt, welche als Stärken angesehen werden können.[320] Gegen diese Hypothese sprechen die Konsistenz und die Komplementarität der beiden dargestellten Corporate-Governance-Systeme. Eine langfristig beständige Modifikation eines der Teilelemente würde daher eine Veränderung des gesamten Systems veranlassen, um die entstandene Inkonsistenz aufzuheben.[321]

Unter diesem Blickwinkel erscheint eher die Möglichkeit wahrscheinlich, dass sich ein dominantes System durchsetzt. Diese Einschätzung impliziert jedoch, dass es ein überlegenes

---

314 von deren nationalen Standorten. Diese sind damit geprägt durch die in den USA geltenden Rahmenbedingungen. Vgl. Witt (2003), S. 119, Vgl. Bassen (2002), S. 27. Für Deutschland bzw. Europa ist ein weiterer Faktor die europäische Integration. Vgl. Schmidt (2004), S. 388.
Der Systemwettbewerb beinhaltet den Wettbewerb von Wirtschaftssystemen um Produktionsfaktoren. Instrumente innerhalb dieses Wettbewerbs sind rechtliche, wirtschaftspolitische und soziale Regelungen oder Anreize, welche die nationalen Rahmenbedingungen und so Kosten und Ertragsmöglichkeiten für Unternehmen gestalten. Voraussetzung für den Systemwettbewerb ist eine zumindest begrenzte Mobilität der Produktionsfaktoren. Vgl. Witt (2003), S. 117.

315 Dem Systemwettbewerb werden Vor- und Nachteile zugeschrieben. Als vorteilhaft gilt beispielsweise die Begrenzung staatlicher Macht, da Anreize gesetzt werden, Gesetzgebung und Rahmenbedingungen ständig zu überprüfen. Vgl. Gerum/Wagner (1998), S. 356. Andere befürchten eine zunehmende Deregulierung, welche zu Lasten schwächerer Stakeholder ginge Vgl. Dufey et al. (1998), S. 60.

316 Vgl. Bebchuk/Roe (2004), Schmidt/Spindler (2004), Schmidt (2004).

317 Vgl. Bebchuk/Roe (2004), S. 79 ff., Schmidt/Spindler (2004), S. 115 ff.

318 Vgl. Schmidt (2004), S. 390.

319 Für eine ausführliche Darstellung vgl. Witt (2004) S. 141 ff. oder Gordon/Roe (2004).

320 Vgl. OECD (1999), S. 15.

321 Vgl. Bebchuk/Roe (2004), Schmidt/Spindler (2004).

System gibt. So wird häufig die These vertreten, dass dieses das kapitalmarktorientierte Outsider-System ist.[322] Diese Einschätzung ist jedoch langfristig gesehen nicht stabil. So galt das amerikanische System lange als investitions- und innovationsfeindlich,[323] während das deutsche Stakeholder-System als stabiler und damit wachstumsförderlicher angesehen wurde.[324] Auch der deutschen Mitbestimmung wird von einigen Autoren ein Agency-Kosten senkender Effekt und damit eine effizienzerhöhende Wirkung zugeschrieben.[325]

Ein Indiz für eine Dominanz eines Systems wäre, wenn sich bspw. US-amerikanische Unternehmen gegenüber deutschen als grundsätzlich wettbewerbsfähiger am Produktmarkt durchsetzen könnten.

Wenn sich Corporate-Governance-Systeme in ihren Teilelementen zwar unterscheiden, aber eine vergleichbare Gesamtwirkung erzielen, ist zudem denkbar, dass unterschiedliche Systeme auf Dauer nebeneinander bestehen bleiben.[326] Diese Entwicklung wird jedoch unter der Berücksichtigung der wachsenden Mobilität der Produktionsfaktoren, insbesondere des Kapitals, und steigendem Einfluss internationaler institutioneller Investoren als eher unwahrscheinlich gesehen.[327]

2.3 Corporate-Governance-Systeme und Unternehmenswert

Der Einfluss von Corporate Governance auf die Performance eines Unternehmens kann unter verschiedenen Zielgrößen untersucht werden.[328] Gleichzeitig können zwei Ebenen unterschieden werden. Zum einen untersuchen Makrobetrachtungen den Einfluss von unterschiedlichen Corporate-Governance-Systemen auf makroökonomische Größen wie bspw. Wettbewerbsvorteile einer Volkswirtschaft. Zum anderen stellen mikroökonomische Betrachtungen den Zusammenhang von länder- oder unternehmensspezifischer Corporate Governance und Unternehmenserfolg in den Vordergrund.[329] Die Makroperspektive untersucht den Wettbewerb unterschiedlicher Corporate-Governance-Systeme. Dabei werden bspw. deren Einflüsse auf Größen wie Wachstum, Stabilität und Beschäftigung[330] herausgestellt oder Corporate Governance als erfolgsrelevanter Bestandteil von Standortentscheidungen herausgestellt.[331] Im Zentrum dieser Arbeit steht die Identifikation effizienter unternehmens-

---

[322] Vgl. Schmidt (2004), S. 388, Bebchuk/Roe (2004). Hansmann/Kraakman (2004) bezeichnen die Konvergenz zu dem Shareholder-Modell sogar als wünschenswert und unvermeidbar, alle anderen Systeme seien gescheitert.
[323] Vgl. Porter (1997).
[324] Vgl. Witt (2003), S. 149.
[325] Vgl. als Beispiel Fauver/Fuerst (2004).
[326] Vgl. Witt (2003), S. 149.
[327] Vgl. Witt (2003), S. 150, Vgl. Schmidt/Spindler (2004).
[328] Vgl. Hawley/Williams (1996), Part III.
[329] Vgl. v. Werder (2003a), S. 19.
[330] Vgl. Gordon (2002), S. 2f. oder die OECD (2004b), S. 11.
[331] Vgl. Witt (2003). Er untersucht die Wettbewerbsfähigkeit dreier nationaler Corporate-Governance-Systeme, Deutschland, USA und Japan.

spezifischer Corporate Governance, wobei Effizienz durch positive Auswirkungen auf den Unternehmenswert verdeutlicht wird.

Damit stehen mikroökonomische Argumentationen und mögliche empirische Belege im Vordergrund, welche Corporate Governance mit dem Unternehmenswert verbinden. Dabei wird von Modellen abstrahiert, welche länderspezifische Corporate Governance mit Unternehmenswerten verknüpfen[332], und diejenigen Forschungsergebnisse herangezogen, welche den Zusammenhang zwischen unternehmensspezifischer Corporate Governance bzw. deren Qualität und Unternehmenserfolg begründen bzw. empirisch überprüfen.[333]

2.3.1 Theoretisches Modell

Im Zentrum der internationalen Corporate-Governance-Diskussion stehen börsennotierte Kapitalgesellschaften. Daher verwundert nicht, dass Grundlage einer theoretischen Verbindung von Corporate Governance mit Unternehmenswerten der jeweilige Börsenwert der Unternehmung ist.[334] Dabei wird jeweils die These formuliert, dass gute Corporate Governance den Unternehmenswert steigert. Neben Beiträgen, welche beispielsweise über die Erwartungen der Investoren deren Bereitschaft zu höheren Prämien ableiten[335], dominieren Argumentationen, die gute Corporate Governance entweder mit höheren zukünftigen Zahlungen an die Aktionäre oder einer sinkenden Risikoprämie verbinden.[336]

So wird die Verhinderung opportunistischen Verhaltens mit dem Risiko der Aktionäre verbunden, so dass verbesserte Corporate Governance dessen erwartete Rendite und somit die Eigenkapitalkosten des Unternehmens senke.[337]Höhere Zahlungen ergeben sich dabei aus sinkenden Agency- und Transaktionskosten,[338] welche häufig verbal hergeleitet werden. Allgemein formuliert ist demnach eine gute Corporate Governance in der Lage, entstehende Agency-Kosten - beispielsweise für Informationsgewinnung, Vertragsgestaltung oder Kontrolle[339] zu reduzieren - und somit den Unternehmenserfolg und den Unternehmenswert zu steigern.[340] Dabei werden als Elemente der Agency-Kosten auch Residualkosten herangezo-

---

[332]   Vgl. hierfür bspw. La Porta et al. (2002), der bessere Corporate Governance mit höherem Tobin's Q verbindet, oder Lombardo/Pagano (2002), die bessere Corporate Governance sowohl mit positiven als auch mit negativen Auswirkungen auf Eigenkapitalkostensätze verbinden.

[333]   Es wird darauf hingewiesen, dass zudem unklar ist, ob die Ergebnisse bezüglich länderspezifischer Corporate Governance auf Unternehmen übertragen werden können. So gehen Doidge et al (2004) von einem Zusammenhang aus.

[334]   In empirischen Studien wird dagegen häufig nicht nur der Börsenwert, sondern weitere Kennzahlen zur Messung des Unternehmenserfolgs herangezogen.

[335]   So zeigt eine viel zitierte Studie von McKinsey 2002, dass institutionelle Anleger generell bereit sind, für deutsche Unternehmen mit guter Corporate Governance eine Prämie von 13% zu zahlen. Inwieweit dieser Bereitschaft ein tatsächliches Handeln folgt, bleibt unklar.

[336]   Damit wird der Unternehmens- bzw. Börsenwert als Barwert der zukünftigen Zahlungen abdiskontiert mit einem risikoadäquaten Zinssatz verstanden.

[337]   Vgl. Black et al. (2006), S. 399 f.

[338]   Zum Definition und Abgrenzung von Agency- und Transaktionskosten vgl. Kapitel 3.2.

[339]   Vgl. Jensen/Meckling (1976), S. 308 f.

[340]   Vgl. Bassen et al. (2006a), S. 375.

gen, die nicht direkt mit steigenden Zahlungen sondern mit verbesserten Bedingungen für eine produktive Wertschöpfung verbunden werden.[341] Auch aus dem Rückgang opportunistischen Verhaltens werden höhere Zahlungs-überschüsse an Aktionäre abgeleitet.[342] Andere verbinden niedrigere Agency- und Trans-aktionskosten aufgrund bestehender Interessenskonflikte mit effizienteren Faktoreinsätzen, die demnach die Überschüsse des Unternehmens erhöhen.[343] Eine modelltheoretische Verknüpfung von guter Corporate Governance und dem Unter-nehmenswert liefert Beiner.[344] Diese basiert auf dem Shareholder-Value und berücksichtigt den direkten Einfluss guter Corporate Governance auf Monitoringkosten und den indirekten Einfluss auf Residualkosten und damit auf den Unternehmenswert. Dabei tragen die Aktionäre die Agency-Kosten als Summe der Monitoring- und Residualkosten. Die Höhe der Monitoringkosten wird durch die Aktivitäten der Eigentümer für Kontrolle und Überwachung bestimmt, welche wiederum die Residualkosten, verursacht durch das Management, verringern. Die Instrumente guter Corporate Governance können dabei Monitoringkosten beeinflussen. Damit wird der Eigentümer, wenn die Corporate-Governance-Instrumente konstant sind, die Kontrollaktivitäten und damit die Monitoringkosten so lange steigern, bis deren Grenzkosten dem Grenznutzen aus der Abnahme der Residualkosten entspricht. Damit ergibt sich ein Optimum der Kostenstruktur, welche eine situative Governance-Effizienz beschreibt.

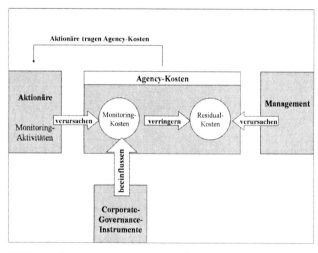

Abbildung 5: Modell der Corporate Governance [345]

[341] Vgl. v. Werder (2003a). S. 11.
[342] Vgl. Drobetz et al. (2004), S. 268 f.
[343] Vgl. Witt (2003), S. 11 f.
[344] Vgl. Beiner (2005) S. 45 ff.. Prämissen des Modells beinhalten u.a., dass die Folge der Interessenskonflikte, Informationsasymmetrien und unvollständiger Verträge Imperfektionen des Kapitalmarktes sind. Der reale Marktwert des Unternehmens ergibt sich aus der Differenz des idealen Marktwertes und den Residualkosten.
[345] Eigene Darstellung.

Bei Erhöhung bzw. Verbesserung der Corporate-Governance-Instrumente ergeben sich reduzierte Agency-Kosten als Summe niedrigerer Monitoring- und Residualkosten. Damit kann Beiner auch einen positiven Einfluss auf den Marktwert des Unternehmens ableiten, der sich als Differenz zwischen dem idealen Marktwert und den Residualkosten ergibt.[346]

Allen diesen Argumentationen ist gemeinsam, dass sie die Qualität der Corporate Governance als unabhängige Variable nutzen. Im Hinblick auf empirische Studien, welche diese unterstellten Zusammenhänge überprüfen, ergibt sich daher neben der Auswahl zwischen unterschiedlichen Messmöglichkeiten des Unternehmenswertes[347] oder -erfolges die Herausforderung, die Qualität von Corporate Governance zu bestimmen.[348] Dabei werden unterschied-liche Methoden angewandt, so werden externe Evaluationen wie Ratings oder Scores der Corporate Governance von privaten Agenturen herangezogen, eigene wissenschaftliche Ratings entwickelt oder die Einhaltung von Codes of Best Practice oder gesetzlicher Regulierung und somit Compliance als Indikator für die Güte der Corporate Governance genutzt. Diese unterschiedlichen Methoden werden im Folgenden herangezogen, um einen strukturierten Überblick über diese empirischen Ergebnisse zu geben.[349]

2.3.2 Empirische Ergebnisse

2.3.2.1 Externe Evaluation

Eine Vielzahl internationaler Studien nutzt externe Daten wie Rankings oder Scores als Evaluationsinstrument für Corporate Governance.[350] Neben Gründen der Verfügbarkeit und aufwendiger eigener Erfassung mag eine Ursache darin liegen, dass eine der ersten Studien, welche den Zusammenhang zwischen Corporate-Governance-Systemen und Unternehmenserfolg analysiert, sich dieser Methode bedient. Die Ergebnisse von Gompers et al.[351] sind auf hohes wissenschaftliches Interesse gestoßen; verdeutlicht wird dies durch die Anzahl von Studien,

---

[346] Zu den hierfür notwendigen Bedingungen der Funktion der Agency-Kosten vgl. Beiner, S. 50 f. Es ergibt sich eine globale Minimalstelle, vgl. Beiner (2005), S. A-4.

[347] Vgl. als Beispiel für unterschiedliche Messung des Unternehmenswertes Bassen et al. (2006a).

[348] Studien, die einzelne interne Governance-Mechanismen heranziehen, werden jeweils in den Abschnitten des Kapitels 4 vorgestellt. Es folgen nur Ergebnisse, die unternehmensspezifische Corporate Governance durch Aggregation oder Kombination unterschiedlicher Einzelaspekte messen.

[349] Der Überblick über empirische Studien beginnt mit Gompers et al. (2003), welche als Auslöser weiterer Studien dienten, und endet mit Untersuchungen des Jahres 2006. Dabei werden nur Ergebnisse dargestellt, die sich auf US-amerikanische oder europäische Unternehmen beziehen. Für Japan vgl. Bauer et al. (2005), für Emerging Markets aktuell Black et al. (Korea 2005a), (Russland 2005b), (Korea 2006), oder Durnev/Han Kim (länderübergreifend 2005). Gleichzeitig werden nur wissenschaftliche Studien herangezogen. Untersuchungen der Ratingagenturen werden ausgespart. So hat bspw. der Institutional Shareholder Service (ISS) selbst Zusammenhänge zwischen seinen Corporate Governance Quotienten und verschiedenen Erfolgsmaßen geprüft. Vgl. ISS (2005) Auch die FTSE als Indexanbieter nutzt ISS-Daten – ohne eine deutliche Verbindung mit Aktienrenditen nachweisen zu können. Vgl. FTSE (2005).

[350] Vgl. Larcker et al. (2005); eine weitere kritische Analyse externer Corporate-Governance-Ratings findet sich in Bassen et al. (2006b),

[351] Vgl. Gompers et al. (2003).

die sich anschließen und direkt auf Gompers et al. beziehen. Auch diese ziehen die Corporate-Governance-Daten des Investor Responsibility Research Center (IRRC)[352] heran.

IRRC

Gompers et al. (2003) nutzen 24 der Corporate-Governance-Merkmale des IRRC und aggregieren diese zu einem Corporate-Governance- Index (GIM). Diese Merkmale sind, dem US-amerikanischen Corporate-Governance-System folgend, stark auf den Markt für Unternehmenskontrolle und damit auf Anti-Takeover-Maßnahmen konzentriert.

So evaluieren sie die Corporate Governance von 1500 US-amerikanischen Unternehmen. Aus diesen bilden sie zwei Portfolios, die jeweils die Unternehmen mit guter bzw. schlechterer Corporate Governance enthalten. Bei der Betrachtung der Unternehmensperformance beziehen sie sich auf die Jahre 1990 bis 1999. Es gelingt ihnen nachzuweisen, dass sich das Portfolio mit den Unternehmen, die sich durch bessere Corporate Governance auszeichnen, signifikant profitabler entwickelt – unabhängig von den jeweiligen Erfolgsmesszahlen.[353]

Ausgehend von diesen Ergebnissen untersuchen Bebchuk et. al. differenzierter, ob alle der 24 Merkmale des IRRC den gezeigten positiven Einfluss auf den Unternehmenswert mit gleicher Intensität aufweisen oder ob einige bedeutsamer sind als andere.[354] Aus einer theoretischen Analyse identifizieren sie sechs dieser Merkmale, denen sie eine höhere Relevanz zuweisen. Diese können möglichen Einschränkungen von Aktionärsrechten und des Marktes für Unternehmenskontrolle zugeordnet werden. Aus diesen sechs Merkmalen bilden sie einen „Entrenchment Index" (BCF). Je höher der jeweilige Index, umso niedriger wird die Qualität des Corporate Governance bewertet. Ihre Stichprobe enthält alle Unternehmen, die in den Jahren von 1990 bis 2002 von IRRC erfasst wurden. Ihre Ergebnisse zeigen, dass diese sechs Merkmale – einzeln und aggregiert – signifikant negativ mit Tobins´Q korreliert sind. Für die restlichen 18 Merkmale ergibt sich keine signifikante negative Korrelation. Eine Wiederholung des Portfolio-Ansatzes von Gompers et al. kann deren Ergebnisse bestätigen.

Cremers/Nair berücksichtigen dagegen, dass weitere Corporate-Governance-Mechanismen die von Gompers et al. gezeigte Verknüpfung beeinflussen können und untersuchen eine mögliche Interaktion interner und externer Mechanismen.[355] Sie differenzieren dabei die Unternehmen anhand ihrer Aktionärsstruktur und berücksichtigen einen möglichen institutionellen Großaktionäre mit mehr als 5% Anteilsbesitz bzw. ein bestehendes Aktienpaket öffentlicher Pensionsfonds, denen eine höhere Bereitschaft zu interner Kontrolle zugeschrieben wird. Sie

---

[352] Das IRRC war bis 2005 Anbieter von Corporate-Governance-Servicen, dieser Teil wurde von ISS übernommen. Es zieht öffentlich verfügbare Informationen heran, ermöglicht den Unternehmen jedoch eine abschließende Prüfung.

[353] Sie berücksichtigen Aktienrendite, Tobin´s Q und den Gewinn pro Aktie.

[354] Vgl. Bebchuk et al. (2004).

[355] Vgl. Cremers/Nair (2005). Dabei ziehen sie die Jahre 1990 – 2001 heran und nutzen ebenfalls einen Portfolioansatz.

zeigen dabei, dass die Corporate-Governance-Qualität (GIM) keinen Einfluss auf Unternehmenswerte hat, wenn diese Unternehmen weder einen Großaktionär haben noch im Portfolio von Pensionsfonds vertreten sind. Es ergibt sich jedoch der unterstellte Einfluss, wenn Unternehmen eines dieser Merkmale aufweisen. Damit erscheint der förderliche Einfluss guter Corporate Governance spezifikationsabhängig. Bhagat/Bolton beziehen sich auf Gompers et al. und Bebchuk et al. und nutzen deren Indizes, um Corporate Governance zu messen.[356] Dabei können sie positive Auswirkungen einer so erfassten Corporate-Governance-Qualität auf den ROA des gleichen und des Folgejahres aufzeigen. Es ergibt sich jedoch kein signifikanter Einfluss auf Tobin's Q. Im Rahmen der Wiederholung des Portfolio-Ansatzes können sie die Ergebnisse von Gompers et al. bestätigen - jedoch nur für die Zeitspanne von 1990 – 1999. Ähnlich begründen auch Core et al. die Ergebnisse von Gompers et al. mit der besonderen Börsenentwicklung der späten 90er Jahre.[357] Sie zeigen – wiederum mit einem Portfolioansatz - dass sich in den Jahren vorher und nachher keine deutlichen Unterschiede in den Aktienrenditen ergeben. Sie finden jedoch signifikante Einflüsse von schlechterer Corporate Governance auf bilanzielle Erfolgmaße.

Chidambaran et al. konzentrieren sich dagegen auf Änderungen in der Qualität der Corporate Governance, welche sie sowohl GIM-Index als auch mit dem BCF-Index messen.[358] Dabei können sie zwar Verknüpfungen zwischen Veränderungen der Corporate Governance – Verbesserungen oder Verschlechterungen – und dem Unternehmenswert nachweisen, sie finden aber keine Hinweise darauf, dass eine Verbesserung zu höheren bzw. eine Verschlechterung zu negativen Aktienrenditen führt. Sie ziehen daraus den Schluss, dass Unternehmen von selbst die jeweils optimale spezifische Governance-Struktur bilden.[359]

Lehn et al. dagegen argumentieren, dass nicht die Güte der Corporate Governance – wiederum gemessen mit den Indizes GIM und BCF – den Unternehmenswert steigert, sondern stellen einen reziproken Zusammenhang fest. So würden Unternehmen mit niedriger Börsenbewertung aufgrund der steigenden Gefahr einer feindlichen Übernahme mit einer Verbesserung der Corporate Governance reagieren.[360]

ISS

Der Institutional Shareholder Service ISS als privater Anbieter erstellt aus 61 Einzelaspekten in sieben Hauptkategorien ein Corporate-Governance-Rating. Dabei werden öffentlich frei

---

[356] Vgl. Bhagat/Bolton (2006). Ergänzend messen sie Corporate Governance mit weiteren Kennziffern wie Merkmale der Aufsichtsgremien, Aktienbesitz des Managements und das ISS-Rating. Den Unternehmenserfolg erfassen sie mit dem ROA und Tobin´s Q und ziehen US-amerikanische Unternehmen von 1990-2002 heran.

[357] Vgl. Core et al. (2006).

[358] Vgl. Chidambaran et al. (2006).

[359] Vgl. Chidambaran et al. (2006), S. 6 f.

[360] Vgl. Lehn et al. (2006)

zugängliche Informationen genutzt. Daneben ist es Unternehmen möglich, ISS per Webportal relevante Informationen zukommen zu lassen.

Brown/Caylor (2005) ziehen die Daten des Corporate-Governance-Rating 2003 von ISS heran und bilden einen Corporate-Governance-Score.[361] Diese beinhaltet jedoch nicht alle 61 sondern nur 51 Einzelelemente. Ihre Untersuchung der Verknüpfung dieses Ratings mit dem Unternehmenswert – gemessen mit Tobin's Q – zeigt signifikante positive Korrelationen. Weiter nutzen sie alle Einzelelemente und zusätzlich einen BCF–Index auf Basis der IRRC-Daten, um detaillierte Informationen zu bekommen, welches mögliche relevante Werttreiber dieses positiven Einflusses sein können. Sie können sieben Elemente identifizieren, wobei zwei den BCF-Kategorien entsprechen.[362]

Im Jahre 2006 verknüpfen Brown/Caylor diesen Corporate-Governance-Score aus den ISS-Daten der Jahre 2003 – 2005 einmal mit dem ROA bzw. dem ROE und ein zweites Mal mit Tobin's Q.[363] Wiederum ergeben sich signifikante positive Korrelationen, dabei wird jedoch nur das Jahr 2002 herangezogen. Auch hier erfolgt eine detailliertere Analyse zur Identifikation spezifischer Werttreiber. Dabei ergeben sich im Hinblick auf Tobin's Q und ROA sieben sowie auf ROE acht Elemente; identisch ist in allen jedoch nur ein Aspekt, der sich auf eine nicht überschrittene Grenze der Optionsprogramme bezieht. Bhagat/Bolten nutzen u. a. auch einen Governance Score auf Basis von 52 Aspekten des ISS-Ratings des Jahres 2002.[364] Im Gegensatz zu Brown/Caylor ergeben sich jedoch keine signifikanten Verbindungen mit unterschiedlichen Erfolgsmaßen für die Jahre von 2001 bis 2003. Aus insgesamt 64 Einzelaspekten des ISS-Ratings der Jahre 2003 und 2004 bilden Aggrarwal/Williams ihren Governance-Index.[365] Dabei steht jedoch im Zentrum ihrer Untersuchung die Veränderungen der Regulierung in den USA wie bspw. durch Einführung des Sarbanes-Oxley-Acts. Sie können eine signifikante positive Beziehung zwischen ihrem aggregiertem Index und Tobin's Q nachweisen, die sich jedoch bei einer Betrachtung der einzelnen Elemente nicht bei allen bestätigt. So ergeben sich nur für sechs von acht Unterkategorien signifikante positive Einflüsse.

Deminor

Deminor[366] erstellt für europäische Unternehmen des FTSE ein Corporate Governance-Rating aus mehr als 300 Einzelaspekten, die in vier Hauptkategorien zusammengefasst werden. Diese

---

[361] Vgl. Brown/Caylor (2005).
[362] Die beiden Übereinstimmungen beinhalten Poison Pills und gestaffelte Wahlen von Boardmitgliedern. Die anderen beziehen sich auf interne Mechanismen wie Anwesenheit der Boardmitglieder, Personal-Komitees mit unabhängigen Direktoren, veröffentlichte Richtlinien des Boards und Entlohnungselemente.
[363] Vgl. Brown/Caylor (2006a), (2006b).
[364] Vgl. Bhagat/Bolton (2006).
[365] Vgl. Aggrarwal/Williamson (2006). Sie untersuchen mehr als 5200 Unternehmen und berücksichtigen die Veränderungen der Corporate Governance in den Jahren 2001 bis 2005.
[366] Seit Ende Mai 2005 ist Deminor Rating Teil von Institutional Shareholder Services (ISS) und firmiert unter ISS Europe.

beinhalten Rechte und Pflichten der Aktonäre, Anti-Takeover-Maßnahmen, Transparenz und Aufsichtsgremien. Dabei wird nur auf öffentlich verfügbare Informationen zurückgegriffen. Dieses Rating der Jahre 2000 und 2001 nutzen Bauer et al. und bilden nach Gompers et al. zwei Portfolios.[367] Ihre Ergebnisse sind jedoch sehr unterschiedlich – je nach Erfolgsmaß und Herkunftsland der Unternehmen. So unterscheiden sich die Ergebnisse von Unternehmen aus Großbritannien und Kontinentaleuropa deutlich. Nur für Kontinentaleuropa ergeben sich bspw. folgende signifikante Zusammenhänge – positive mit Tobin's Q und negative mit dem ROE und der Nettoumsatzrendite. Ein signifikanter positiver Einfluss auf die Aktienrendite findet sich jedoch nicht.

Zusammenfassend können diese Studien zumindest für den US-amerikanischen Markt jedoch durchaus empirische Ergebnisse liefern, welche die Hypothese unterstützen, dass gute Corporate Governance den Unternehmenswert steigern kann. Diese ökonomische Wirkung ist jedoch selten direkte Hauptursache oder Anlass der inter-national unterschiedlichen Regulierungen der Corporate Governance.[368] Dennoch ziehen eine Anzahl von Studien diese Regulierungen heran, um durch deren Entsprechungsgrade die Qualität von Corporate Governance zu messen.

2.3.2.2   Compliance

Der Ansatz, Corporate Governance durch Compliance zu messen, findet sich hauptsächlich in europäischen Studien, welche sich auf beeinflussbare Entsprechungsgrade von Kodizes oder Principles beziehen. Aggarwal/Williamson beziehen sich zwar auf den Sarbanes-Oxley-Act, messen die Corporate-Governance-Güte jedoch anhand der Daten von ISS.[369] Andere beziehen sich auf neue gesetzliche Regulierungen, deren Erfüllung jedoch nicht freiwillig erfolgt.[370] Fernández-Rodríguez et al. ziehen dabei die Ankündigung der jeweiligen Entsprechung des spanischen Codes of Best Practice heran.[371] Im Ergebnis zeigen sie, dass der Kapitalmarkt positiv auf Ankündigungen der Entsprechung reagiert, insbesondere wenn vollständige Entsprechung angegeben wird. Neben dem Grad der Entsprechung ergeben sich zudem höhere Wertsteigerungen für Unternehmen mit geringerem Leverage und niedrigerer Anzahl externer Direktoren im Aufsichtsgremium.

De Jong et al. untersuchen dagegen für die Niederlande, inwieweit die private Initiative der Selbstregulierung, das Peters Committee, Einfluss auf die Gestaltung der Corporate

---

[367] Vgl. Bauer et al (2004). Die Erfolgsmaße entstammen den Jahren 1996-2001.

[368] So ist beispielsweise erklärtes Ziel des DCGK zum einen die Erhöhung der Transparenz des deutschen Corporate-Governance-Systems und zum anderen das Vertrauen der Stakeholder in die Corporate Governance deutscher Unternehmen zu fördern. Vgl. DCGK, Präambel.

[369] Vgl. Aggarwal/Williamson (2006).

[370] Für einen Überblick derartiger US-amerikanischer Studien vgl. Nowak et al. (2006).

[371] Vgl. Fernández-Rodríguez et al. (2004). Nach einen detaillierten Überblick über international bestehende Kodizes erfassen sie die Ankündigungen spanischer Unternehmen der Jahre 1998 – 2000 und untersuchen Auswirkungen der Ankündigungen auf die Marktbewertung der Unternehmen und auf mögliche Überrenditen.

Governance niederländischer Unternehmen selbst und auf deren Wirkung auf den Unternehmenswert hat.[372] Dabei können sie keine positive Veränderung der Aktienbewertung durch die Selbstregulierung feststellen; es ergeben sich im Rahmen von Event-Studien sogar negative Auswirkungen der Veröffentlichung des Reports des Komitees. Sie begründen so ihre Skepsis an der Wirksamkeit der Implementierung über Selbstregulierung. Der Combined Code von Großbritannien bildet die Datenbasis von Padgett/Shabbir.[373] Sie verknüpfen die Entsprechungsgrade des Codes mit dem Unternehmenswert, gemessen mit der Aktienrendite. Dabei können sie zeigen, dass hohe Entsprechungsgrade den Unternehmenswert steigern.

Diesen Ergebnissen widersprechen die Resultate von Arcot/Bruno.[374] Hier ergeben sich keine signifikanten Einflüsse der Entsprechungsgrade des Combined Code auf Aktienrendite und ROA. Die Signifikanz zeigt sich jedoch, wenn neben der reinen Entsprechung die jeweilige Begründung der Abweichung bzw. deren Qualität[375] berücksichtigt wird. Damit ergibt sich für die Autoren der Schluss, dass Unternehmen, welche dem Code nicht entsprechen, nicht generell eine schlechtere Corporate Governance zugewiesen werden kann.

Deutsche Studien nutzen zumeist die Entsprechenserklärungen, die von den Unternehmen über ihre Umsetzung der Empfehlungen des DCGK zu veröffentlichen ist.

So erfassen Zimmermann et al. die Corporate Governance von 61 Dax- und M-Dax- Unternehmen der Jahre 2002 und 2003.[376] Dabei können sie zeigen, dass hohe Entsprechensgrade positiv mit der Aktienrendite verbunden sind. Im Hinblick auf kurzfristige Reaktionen der Aktienmärkte auf eine erstmalige Veröffentlichung der Entsprechenserklärungen des Jahres 2002 können Nowak et al. diese Ergebnisse nicht unterstützen. Im Rahmen ihrer Event-Studie ergibt sich kein Einfluss der jeweiligen Entsprechensgrade mit der Aktienkursentwicklung.[377] Diese kurzfristige Betrachtung erweitern Nowak et al. (2006) und ergänzen um die Berücksichtigung der Börsenentwicklung über drei Jahre.[378] Auch für diese Perspektive zeigen sich jedoch keine positiven Auswirkungen guter oder verbesserter Corporate Governance bzw. negative Auswirkungen niedriger bzw. sinkender Entsprechensgrade.

---

[372]   Vgl. De Jong et al. (2005). Sie messen hierfür den Einfluss der Empfehlungen auf Tobin´s Q niederländischer Unternehmen, die an der Euronext Amsterdam notiert sind. Dafür ziehen sie die fünf Jahre vor und drei Jahre nach Veröffentlichung der Empfehlungen heran. Gleichzeitig nutzen sie Event-Studies, um die Reaktionen der Investoren auf unterschiedliche Ereignisse wie die Veröffentlichung der Empfehlungen, einschätzen zu können.

[373]   Vgl. Padget/Shabbir (2005). Sie ziehen die Jahre 2000-2003 heran. Ihre Stichprobe beinhaltet die Unternehmen des FTSE350.

[374]   Vgl. Arcot/Bruno (2006a).

[375]   In einer weiteren Studie untersuchen Arcot/Bruno (2006b) diese Entsprechensanzeigen und die Abweichungsbegründungen der Jahre 1998-2004. Sie stellen fest, dass die generelle Akzeptanz der Regulierung bzw. die Entsprechensgrade steigt. Jedoch finden sich häufig standardisierte und inhaltslose Abweichungserklärungen. Daher ergibt sich für Arcot(Bruno (2006b), dass die Unternehmen zwar an geben, dem Wortlaut der formulierten Regel zu folgen, aber nicht dem Sinn der Regulierung entsprechen.

[376]   Vgl. Zimmermann et al. (2004).

[377]   Vgl. Nowak et al. (2005). Daraus leiten sie jedoch nicht eine Irrelevanz guter Corporate Governance ab, sondern zweifeln an der Wirksamkeit freiwilliger Kodizes.

[378]   Vgl. Nowak et al. (2006)

Diese Studien ziehen mit den Entsprechenserklärungen nur einen Teil des DCGK, die Empfehlungen, heran. Dagegen berücksichtigen Bassen et al. auch die Entsprechensgrade der Sollte-Anregungen, welche sie anhand öffentlich verfügbarer Informationen der Unternehmen erfassen.[379] Die so gemessene Corporate-Governance-Güte verknüpfen sie mit mehreren Kennzahlen des Unternehmenswertes – dem ROA, Tobin's Q und der Aktienrendite im Untersuchungsjahr 2003. Dabei ergeben sich nur schwache Hinweise auf einen Zusammenhang zwischen guter Corporate Governance und Unternehmenswerten. Sich ergebende Signifikanzen sind zudem meist negativ. Signifikante positive Verknüpfungen ergeben sich nur, wenn in der detaillierten Untersuchung einzelner Kodexelemente Vorstandsvariablen herangezogen werden.

Zusammenfassend ergibt sich ein gemischtes Bild. So ergeben sich häufig keine Signifikanzen. Eine Ursache könnte darin liegen, dass so eher die Güte einer Regulierung als die Qualität der Corporate Governance gemessen wird.[380]

2.3.2.3 Interne Evaluation

In der wissenschaftlichen Literatur finden sich auch Beiträge, welche eigene Corporate-Governance-Maßstäbe entwickeln.

Ashbaugh et al. gehen dabei davon aus, dass gute Corporate Governance die Agency-Konflikte zwischen Aktionären und Managern und damit das Risiko verringert.[381] Dies führt zu sinkenden Risikoprämien und somit zu sinkenden Eigenkapitalkosten. Sie messen dabei die Güte der Corporate Governance von US-amerikanischen Unternehmen und berücksichtigen vier Dimensionen: die Qualität der Finanzinformationen, die Aktionärsstruktur und Aktionärsrechte sowie die Struktur des Boards. Im Ergebnis können sie ihre Hypothese unterstützen, so weisen Unternehmen mit guter Corporate Governance – abgeleitet aus unabhängigeren Boards und Audit Committees, aus Aktienbesitz der Boardmitglieder oder größerem Anteil aktiver institutioneller Großaktionäre - niedrigere Eigenkapitalkosten aus.

Larcker et al dagegen untersuchen ca. 2100 US-amerikanische Unternehmen der Jahre 2002 und 2003.[382] Sie berücksichtigen dabei eine Vielzahl von einzelnen Corporate-Governance-Variablen, aus denen sie 39 Kategorien bilden. Diese beinhalten neben der Aktionärsstruktur den Leverage, Aufsichtsgremien, Anreizsysteme und Anti-Takeover-Maßnahmen. Diese unabhängigen Variablen verknüpfen sie mit einer Vielzahl von Kennziffern für den Unternehmenswert und dem Verhalten des Managements. Dennoch ergeben sich kaum Zusammenhänge, die zudem unterschiedliche Vorzeichen aufweisen. Diese Ergebnisse nutzen sie für

---

[379] Vgl. Bassen et al. (2006a).
[380] Vgl. für jeweils andere Erklärungen die einzelnen Studien. So verdeutlichen Bassen et al: (2006a) bspw., das erklärte Corporate Governance nicht mit der umgesetzten und befolgten Corporate Governance übereinstimmen muss oder dass durch Entsprechenserklärungen der Informationsstand eines informierten Anlegers nicht gesteigert werden kann.
[381] Vgl. Ashbaugh et al. (2004). Die Untersuchung betrachtet die Jahre 1996-2002
[382] Vgl. Larcker et al. (2005).

ihre Kritik an der Messung von guter Corporate Governance durch die in Ratings üblichen strukturierten Indikatoren.

Für deutsche Unternehmen haben Drobetz et al. ein Corporate-Governance-Rating entwickelt und mit Erfolgskennziffern verknüpft.[383] Grundlage der 30 einzelnen Komponenten ihres Ratings ist zum einen der DCGK. Diesen Compliance-Ansatz erweitern sie jedoch und berücksichtigen weitere Kategorien der Scorecard der Deutschen Vereinigung für Finanzanalyse und Asset Management (DVFA). Grundlage ihrer Daten ist dabei eine Befragung. Dabei können sie zeigen, dass die Unternehmen mit guter Corporate Governance eine höhere Aktienrendite auswiesen. Zudem nutzen sie einen Portfolio-Ansatz: hierbei kann ein Portfolio, welches nur Unternehmen mit guter Corporate Governance aufnimmt, eine Überrendite von 12% erzielen.

Auch für die Schweiz kann die Studie von Beiner et al. eine signifikante Verbindung zwischen der Güte der Corporate Governance und dem Unternehmenswert feststellen.[384] Ihr breiter Corporate-Governance-Index beinhaltet 38 Aspekte und berücksichtigt u.a. den Leverage, Größe und Unabhängigkeit des Boards und Aktionärsstrukturen. Es zeigt sich eine signifikante positive Verbindung mit Tobin's Q. Zudem können sie zeigen, dass eine Verbesserung ihres Corporate Governance-Index um einen Prozent durchschnittlich mit einer 8,5%igen Erhöhung der Kapitalmarktbewertung verbunden werden kann.

Zusammenfassend zeigen sich unabhängig von der Methode, die jeweilige Corporate-Governance-Güte zu messen, unterschiedliche Ergebnisse. Nur für US-amerikanische Unternehmen kann eine empirische Evidenz der unterstellten förderlichen Wirkung guter Corporate Governance konstatiert werden – jedoch nur im Zeitraum der 90er Jahre.

---

[383] Vgl. Drobetz et al. (2004).
[384] Vgl. Beiner et al. (2006).

Folgende Tabelle fasst die dargestellten empirischen Ergebnisse zusammen:

Bewertung	Studie	Land	Zeitraum	Ergebnis
Externe Evaluation				
ICCR	Gompers et al. (2003)	USA	1990-1999	signifikant positiv
	Bebchuk et al. (2004)	USA	1990-2002	signifikant positiv bei einigen Merkmalen
	Cremers/Nair (2005)	USA	1990-2001	signifikant positiv aber spezifikations-abhängig
	Bhagat/Bolton (2006)	USA	1990-2002	signifikant positiv aber spezifikations-abhängig
	Core et al. (2006)	USA	1990-2003	signifikant positiv aber zeitraum-abhängig
	Chidambaran et al. (2006)	USA	1992-2002	keine Signifikanz
	Lehn et al. (2006)	USA	1990-2002	signifikant aber reziprok
ISS	Brown/Caylor (2005); (2006a), (2006b)	USA	2002	signifikant positiv
	Bhagat/Bolton (2006)	USA	2001-2003	keine Signifikanz
	Aggarwal/Williamson (2006)	USA	2001-2005	signifikant positiv
Deminor	Bauer et al. (2004)	Europa	1996-2001	unterschiedliche Ergebnisse
Compliance	Fernandez-Rodriguez et al (2004)	Spanien	1998-2000	positiver Zusammenhang
	De Jong et al. (2005)	Niederlande	1992-1999	keine Verbindung
	Padgett/Shabbir (2005)	UK	2000-2003	positiver Zusammenhang

			1998-	
	Arcot/Bruno (2006)	UK	2004	keine Signifikanz
	Zimmermann et al. (2004)	Deutsch-land	2002-2003	positiver Zusammenhang
	Nowak et al. (2005)	Deutsch-land	2002	keine Signifikanz
	Nowak et al. (2006)	Deutsch-land	2002-2005	keine Signifikanz
	Bassen et al. (2006)	Deutsch-land	2003	keine Signifikanz
Interne Evalua-tion	Ashbaugh et al. (2004)	USA	1996-2002	signifikant niedrigere EK-Kosten
	Larcker et al. (2005)	USA	2002-2003	keine Signifikanz
	Drobetz et al. (2004)	Deutsch-land	2002	positiver Zusammenhang, Überrenditen
	Beiner et al. (2006)	Schweiz	2002	signifikant positiv

Tabelle 1: Corporate-Governance-Systeme und Unternehmenswerte: empirische Ergebnisse

3 Corporate Governance als Gegenstand theoretischer Erklärungsansätze

3.1 Theorien der Unternehmung

Die gewählte Definition von Corporate Governance zielt auf Rahmenbedingungen, welche effiziente Entscheidungsprozesse gewährleisten. Als Effizienzkriterium gilt die unterstellte positive Verknüpfung mit Unternehmenswerten. Dabei sind relevante Entscheidungsprozesse diejenigen, welche im Rahmen der Ex-Post-Verhandlungen über Quasi-Renten zu treffen sind.[385] An diesen Entscheidungen unter Unsicherheit und bei bestehenden Informationsasymmetrien sind alle Stakeholder beteiligt. Die Rahmenbedingungen bestehen aus einem vertraglich determinierten Restriktionsgeflecht. Damit begründet sich eine enge Verknüpfung zwischen Corporate Governance und den modernen Theorien der Unternehmung.[386] Diese werden herangezogen, um die Notwendigkeit von Corporate Governance zu verdeutlichen.

Im Folgenden werden daher die theoretischen Ansätze der Erklärung der Existenz von Unternehmen vorgestellt, welche die Wirkungsweise von Unsicherheit und Informationsasymmetrien berücksichtigen.[387] Damit kann die neoklassische Theorie der Unternehmung vernachlässigt werden.[388]

Die grundsätzliche Fragestellung einer modernen Theorie der Unternehmung besteht darin, warum in arbeitsteiligen Volkswirtschaften Unternehmen als Institutionen existieren, in denen die Austauschprozesse nicht auf Märkten über Preismechanismen sondern über Delegation gesteuert werden. Ausgangpunkt ist die Sichtweise von Coase[389], welcher die Existenz von Unternehmen mit dem Einfluss von „marketing cost" auf die Effizienz der Nutzung des Preismechanismus begründet.[390] Innerhalb von Unternehmen können diese Kosten vermieden werden. Jedoch entstehen dort Organisationskosten, welche mit der Zahl der internen Transaktionen steigen. Aus beiden Effekten lässt sich somit eine optimale Unternehmens-

---

[385] Vgl. Zingales (1998), S. 497.
[386] Vgl. Zingales (1998), S. 497.
[387] Für einen Gesamtüberblick über die Theorien der Unternehmung vgl. beispielsweise Schoppe et al. (1995). In der interdisziplinären Literatur zur Corporate Governance wird je nach Fragestellung eine Vielzahl von theoretischen Ansätzen verfolgt. Neben institutionenökonomischen finden sich beispielsweise vertragstheoretische und organisationstheoretisch Ansätze und Methoden. Für einen detaillierten Überblick der Theorien, welche Corporate Governance erklären vgl. Gerum (2004). Eine Verknüpfung der Unternehmenstheorien mit Corporate Governance liefert Valcárcel (2002).
[388] Die Begründung liegt zum einen darin, dass die Neoklassik das Unternehmen als „black box" betrachtet und die Prozesse innerhalb des Unternehmens nicht berücksichtigt, vgl. Hart (1997), S. 17 ff. Zum anderen betont die neoklassische Finanzierungstheorie die Irrelevanz von (Finanzierungs-) Entscheidungen für den Unternehmenswert. Vgl. Modigliani/Miller (1958). Dabei werden grundsätzlich Arbitrage-Argumente herangezogen, welche implizit vollkommene und vollständige Kapitalmärkte, freien Markt zutritt, homogene Erwartungen und Informationssymmetrie voraussetzen, vgl. Fama (1978). Diese Prämissen sind jedoch realitätsfern; Kapitalmärkte zeichnen sich höchstens durch schwache oder halbschwache Informationseffizienz aus, vgl. Fama (1991).
[389] Vgl. Coase (1937).
[390] Ohne die Prämisse vollständigen Wettbewerbs aufzugeben, ergibt sich ein Marktversagen.

größe ermitteln, bei der die Grenzkosten einer zusätzlichen internen Aktivität den Grenz-kosten der Nutzung des Marktes entsprechen. Corporate Governance dient als Instrument des Interessenausgleichs verschiedener Stake-holder. Grundlegend sind damit Theorieansätze, welche Unternehmen als wirtschaftliche Institutionen begreifen, die sich aus einer Verknüp-fung vertraglich geregelter individueller Beziehungen ergeben.[391] Diese Individuen weisen unterschiedliche Charakteristika auf und verfolgen individuellen Ziele, welche nicht mit den Unternehmenszielen übereinstimmen müssen.[392]

Dieser Sichtweise folgend, können die modernen Theorien der Unternehmung der Neuen Institutionenökonomik in vier Ansätze unterschieden werden[393]: die Property-Rights-Theorie, der Transaktionskostenansatz, die Vertragstheorie und die Principal-Agent-Theorie.[394]

3.1.1 Property-Rights-Theorie

Das neoklassische Paradigma wird von der Property-Rights-Theorie nicht negiert sondern modifiziert. Dabei wird das Rechtssystem in die ökonomische Betrachtungsweise integriert. Güter werden als Bündel von Rechten verstanden, welche im Rahmen der Austauschprozesse verteilt werden. Die jeweiligen institutionellen Gegebenheiten des Rechts beeinflussen bzw. bestimmen das individuelle Verhalten. Das Eigentumsrecht der Neoklassik wird damit durch ein komplexeres Rechtsbündel, den Property Rights, ersetzt. Unterschieden wird dabei das Recht auf Nutzung[395] (ius iusus), auf Veränderung (ius abusus), auf Nutzung der Erträge (ius usus fructus) und das Recht auf Übertragung aller an das Gut geknüpfter Rechte auf Dritte (ius successionis).

Jede Transaktion kann somit als Übertragung von Property Rights betrachtet werden, welche der Nutzung von knappen Ressourcen dient. Dabei können die Einzelrechte getrennt von-einander auf unterschiedliche Vertragspartner übertragen werden. Diese Zuordnung be-einflusst jedoch die Allokation und damit das erzielbare Ergebnis: nur bei vollständiger Spezi-fikation und exklusiver Zuordnung ist eine effiziente Allokation möglich.[396] Gleichzeitig än-dert sich der Wert des Gutes, so dass bei Aufteilung der Eigentumsrechte auf verschiedene Individuen oder Institutionen externe Effekte oder - durch Ausübungsproblemstellungen -

---

[391] Vgl. Jensen/Meckling (1976), S. 310.
[392] Vgl. Richter/Furobotn (1996), S. 3.
[393] Vgl. Picot/Reichwald/Wigand (2003), S. 38 – 60. Hier erfolgt nur eine kurze Darstellung der Theorien. Für die Property-Rights-Theorie wird auf Alchian/Demsetz (1972), für den Transaktionskostenansatz auf Coase (1960) oder Williamson (1985), für die Principal-Agent-Theorie auf Jensen/Meckling (1976) und für die Vertragstheorie auf Hart/Moore (1988) verwiesen, welche als grundlegende Beiträge ange-sehen werden können. Überblicke liefern z.B. Picot/Reichwald/Wigand (2003) oder Schoppe et al. (1996).
[394] Dabei wird die Property-Rights-Theorie häufig als die Basis für die anderen betrachtet. Perridon/Steiner fassen jedoch die Agency- und die Property-Rights-Theorie als Anreizzweig zusammen und grenzen vom Transaktionskostenansatz ab. Vgl. Perridon/Steiner (1997) S. 519 ff.
[395] Diese Aufsplittung entspricht der Unterscheidung im spätrömischen Recht. Vgl. Alchian/Demsetz (1972), S. 783.
[396] Vgl. Furubotn/Pejovich (1972), S. 1139.

Ineffizienzen entstehen.[397] Je verwässerter die Property Rights sind, umso stärker sind individuelle Handlungsspielräume beschränkt.[398] Dabei verfolgen die Individuen rational ihre eigenen Ziele der Nutzenmaximierung; so dass nicht mehr von einer Zielkongruenz innerhalb des Unternehmens bzw. zwischen Unternehmen ausgegangen werden kann.[399]

Zudem berücksichtigt die Property-Rights-Theorie, dass die Übertragung von Eigentumsrechten, die Transaktion, mit Kosten verbunden sind. Diese entstehen bei der Spezifikation der Rechte, dem Austausch, der Überwachung und der Durchführung von Property Rights.[400] Die reine Existenz von Transaktionskosten begründet kein Verwerfen des markttheoretischen Ansatzes[401], kann aber zu Marktversagen und Ineffizienzen führen und damit die Allokation beeinflussen. Austauschprozesse werden erst dann lohnend, wenn der erzielbare Grenznutzen die anfallenden Transaktionskosten übersteigt. Sollten diese prohibitiv sein, können somit ansonsten lohnende Transaktionen unterbleiben.[402] Ein Unternehmen wird in diesem Sinne als Netz von Verträgen verstanden. Im Gegensatz zu Coase herrscht jedoch kein grundlegend anderes Prinzip, die Hierarchie, sondern das Unternehmen bildet einen Ersatz-Markt.[403]

Die Individuen schließen sich durch Abschluss vollständiger Verträge zu einem Team zusammen. Der Vorteil der Teamproduktion liegt - bei hier unterstellter Nichtteilbarkeit der Technologien - in einem gemeinsam erzielbaren höheren Output. Problemstellungen ergeben sich jedoch aus der nicht möglichen eindeutigen Zuordnung des Erwirtschafteten[404] zu den einzelnen Teammitgliedern. Damit ist eine leistungsgerechte Entlohnung erschwert.

Da in der Nutzenfunktion zudem aber auch nicht monetäre Elemente, wie beispielsweise Freizeit, enthalten sind, kann der einzelne seinen individuellen Nutzen zu Lasten des Teams durch

---

[397] Vgl. Picot et al. (2003), S. 46.

[398] Vgl Picot et al. (1999), S. 55 f.

[399] Im Gegensatz zum homo oeconomicus erfolgt eine Erweiterung zum REMM-Konzept: resourceful, evaluative, maximizing man. Dieser berücksichtigt in seiner Nutzenfunktion, die auch auf Unternehmen übertragen wird und damit die Produktionsfunktion als Determinante der Gewinnmaximierung ersetzt, auch nicht monetäre Güter. Vgl. für eine detaillierte Beschreibung Kapitel 4.4.1.1. Die Gewinnmaximierung ist damit nur ein Einzelfall einer Nutzenfunktion, die nur monetäre Variable ausweist. Vgl. Jensen/Meckling (1994) oder erstmalig in Meckling (1976), S. 545 f.

[400] Vgl. Schoppe et al. (1995) S. 141. Die Definitionen von Transaktionskosten variiert in der Literatur siehe 3.1.2. Bei Informationsasymmetrien oder Delegation von Property-Rights entstehen auch Agency-Kosten – siehe 3.1.3 und 3.1.5.

[401] Vgl. Arrow (1953), danach weiter entwickelt von Debreu. Ihre State-Preference Theory zeigt, dass bei Existenz von Kontingenzverträgen und –märkten eine Koordination über Einzelmärkte für jeden möglichen zukünftigen „state of the world" möglich ist. Unsicherheit und Transaktionskosten können so in die allgemeine Gleichgewichtstheorie integriert werden, insofern also eindeutige Information für die zukünftigen Umweltzustände, ihre Folgen und ihre Eintrittwahrscheinlichkeiten ex ante vorliegen.

[402] Vgl. Coase (1960). Transaktionskosten begründen, dass die Definition und Durchsetzung von Property-Rights nicht kostenlos erfolgen kann, sowie, dass externe Effekte nicht durch Verhandlungen kostenfrei internalisiert werden können.

[403] Vgl. für Folgendes Alchian/Demsetz (1972), S. 777 ff. - hier als Ersatz für den Arbeitsmarkt.

[404] Es ist nicht möglich, den jeweiligen Faktoren ihre Grenzproduktivitäten zuzuordnen. Zudem kann die Zuordnung auch zu hohe Transaktionskosten ausweisen.

„shirking"[405] erhöhen. Damit folgt aus der Existenz von Transaktionskosten eine geringe Produktivität. Eine Kontrolle des individuellen Arbeitseinsatzes verringert jedoch die Vorteile der Teamproduktion. Es wird daher eine einzuführende, spezialisierte Kontrollinstanz empfohlen, deren Transaktionskosten geringer als die erzielbaren Vorteile aus der Teamproduktion sind.[406] Die Teamproduktion und diese zentrale Kontrollinstanz, mit der die Individuen die Verträge schließen, sind somit konstituierende Merkmale von Unternehmen.

Grundlage der Corporate-Governance-Diskussion ist die Trennung von Eigentum und Verfügungsmacht,[407] damit sind Property Rights, nämlich die Rechte auf Nutzung und Veränderung in die Hände des Managements übertragen, die Rechte am erwirtschafteten Nutzen und das Veräußerungsrecht verbleibt bei den Eigenkapitalgebern. Gleichzeitig kann nicht von einer Zielkongruenz ausgegangen werden.

Diese Verwässerung der Property Rights beeinflusst die Rahmenbedingungen des Entscheidungsprozesses. Die Vorteile der Übertragung der einzelnen Property Rights auf das Management können durch Produktivitätsnachteile beeinträchtigt werden.

Gleichzeitig sind Corporate-Governance-Strukturen mit Transaktionskosten verbunden. Die Property-Rights-Theorie berührt die Corporate-Governance-Diskussion insbesondere bezüglich konzentrierter oder gestreuter Kapitalstrukturen und der mit den jeweiligen Mechanismen verbundenen Transaktionskosten.[408] Eine grundlegende These ist dabei, dass bei Publikumsgesellschaften mit breit gestreuter Aktionärsstruktur die Möglichkeiten zur Kontrolle und zur Durchsetzung der eigenen Interessen für die Eigentümer beschränkt sind. Somit kann das Management eigene Interessen verfolgen. Diese Effizienznachteile würde eine konzentrierte Aktionärsstruktur mindern.[409]

3.1.2 Transaktionskostenansatz

Die Grundaussage von Coase, dass existierende „marketing costs" für Austauschprozesse am Markt die Ursache für die Existenz von Unternehmen sind, ist im Rahmen des Transaktionskostenansatzes aufgegriffen und erweitert worden.[410] Auch dieser Ansatz ersetzt die Prämissen des neoklassischen Modells durch realistische Annahmen. Dabei verbindet der

---

[405] Im Deutschen häufig mit „Drückebergerei" übersetzt. Da der Output dem Team als Ganzen zufällt, die Kosten des jeweiligen Einsatzes dem Individuum jedoch bekannt sich, ergibt sich für ihn dieser Anreiz zur Reduktion seines Arbeitseinsatzes.
[406] Der Anreiz für diese Kontrollinstanz soll sich aus den Rechten am Teamertrag ergeben, die der Kontrollinstanz eingeräumt werden.
[407] Vgl. Berle/Means (1932), Jensen/Meckling (1976).
[408] Vgl. Picot/Schuller (2001), S. 83 ff.
[409] Vgl. Berle/Means (1932). Weitere Argumentationen bezüglich der Wirkung von Aktionärsstrukturen werden in Kapitel 4.1 dargestellt.
[410] Vgl. Williamson (1985).

Transaktionskostenansatz das Konzept der „bounded rationality" von Simon[411] mit dem Konzept relationaler Verträge von Macneil.[412]

Das Modell des resourceful evaluative maximizing man (REMM-Modell) verlassend, wird beschränkt rationales Verhalten unterstellt.[413] Begründet wird dies mit der Erkenntnis, dass kognitive Fähigkeiten nicht unendlich sind. Steigende Komplexität der Umwelt lässt Individuen an ihre Kapazitätsgrenzen stoßen. Zudem setzen die Individuen bei der Verfolgung ihrer Ziele opportunistisches Verhalten ein,[414] so dass zwischen den Vertragspartner Informationsasymmetrien entstehen. Die Existenz von Transaktionskosten begründet die Entstehung und Entwicklung von Institutionen, welche möglichst nach Transaktionseffizienz streben. Es fehlt bei Williamson eine genau Definition von Transaktionskosten, welche er – eher vage - nach Arrow als „costs of running the economic system"[415] klassifiziert.

Einfluss auf die Höhe der Transaktionskosten haben neben der Häufigkeit der Wiederholung einer Transaktion[416] insbesondere der Grad ihrer Unsicherheit.[417] Neben exogenen entstehen endogene Unsicherheiten durch opportunistisches Verhalten.[418] Dieses Verhalten kann bei ex ante bestehenden Preis- und/oder Qualitätsunsicherheiten Marktversagen verursachen.[419]

Im Rahmen des Transaktionskostenansatzes stehen auch ex post Konsequenzen des Opportunismus im Vordergrund.[420] Diese resultieren aus spezifischen Investitionen, welche ein Vertragspartner nach Vertragschluss leistet und für die entweder keine Alternativverwendung möglich ist oder deren Wert außerhalb des Vertrags deutlich sinkt. Diese geleisteten Investi-

---

[411]   Vgl. Simon (1957). Damit ist eine semi-starke Form der Rationalität gemeint, es wird unterstellt, dass die Individuen „*intendedly* rational, but only *limitedly* so" sind. Simon (1961,), zitiert nach Williamson (1985), S. 45.

[412]   Vgl. MacNeil (1974).

[413]   Vgl. Williamson (1990) S. 51 f.

[414]   „By opportunism I mean self-interest seeking with guile. This includes but is scarcely limited to more blatand forms, such as lying, stealing, and cheating." Williamson (1985), S.47. Ex ante kann opportunistisches Verhalten zu adverse selection führen, ex post bezeichnet dies das Risiko von moral hazard.

[415]   Arrow (1969), S. 48. Damit verlässt Arrow die neoklassische Prämisse von friktionslosen Märkten. Williamson spricht 1985 von „transactions costs are the economic equivalent of friction in the physical system" (S. 19).In der weiteren Literatur werden Transaktionskosten in ex post (Kontroll-, Verhandlungskosten und Kosten aufgrund fehlender Koordination) und ex ante (Such-, Informations-, Verhandlungs-, Tausch- und Absicherungskosten) unterschieden. Vgl. Schoppe et al. (1996), S. 150 f, Jost (2001), S. 18. Abzugrenzen sind Transaktionskosten von Produktionskosten der neoklassischen Analyse.

[416]   Durch Fixkostendegression, durch Lerneffekte, durch Spezialisierung und economies of scale sinken die Transaktionskosten mit zunehmender Wiederholung.

[417]   Die Unsicherheit als Tatsache, dass die Individuen nicht alle möglichen zukünftigen Ereignisse kennen und ihnen keine Einzelwahrscheinlichkeiten zuordnen können, ist Ursache dafür, dass bei Vertragsabschluss keine vollkommenen Verträge geschlossen werden können. Ex Post sind diese eventuell Nachverhandlungen notwendig, die möglicherweise nicht zu einer Einigung führen.

[418]   Im Rahmen der Entscheidung ist das mögliche zukünftige Verhalten des Vertragspartners zu antizipieren.

[419]   Vgl. Akerlof (1970) Am Beispiel des Gebrauchtwagenmarktes zeigt Akerlof hier, wie Informationsasymmetrien und Opportunismus eine systematische Qualitätsverschlechterung verursachen.

[420]   Dies ist - nach Richter - ein wichtiges Unterscheidungsmerkmal zur Principal-Agent-Theorie, (siehe 3.1.4) die davon ausgehe, dass alle Probleme, die sich ex post ergeben, ex ante in einem vollständigen Vertrag berücksichtigt werden. Vgl. Richter (2004).

tionen führen zu Abhängigkeitsverhältnissen, opportunistisches Verhalten wird wahrscheinlicher.[421]

Unsicherheit begründet gleichzeitig, dass ein Abschluss vollständiger Verträge unmöglich wird. MacNeil[422] unterscheidet daher den relationalen Vertrag, der sich dadurch auszeichnet, dass er von langer Dauer und hoher Komplexität ist. Der Inhalt der Verträge wird bewusst vage gehalten. Damit kommen ständigen Nachverhandlungen hohe Bedeutungen zu, deren Ergebnis stark von vorher geleisteten spezifischen Investitionen bestimmt werden kann.

Williamson verbindet die Vertragsformen mit unterschiedlichen Transaktionen und effizienten Koordinationen.[423] Der notwendige Koordinationsgrad ergibt sich aus der Höhe der Transaktionskosten und damit aus der Häufigkeit und der Unsicherheit der Transaktion sowie aus der Höhe der jeweiligen spezifischen Investition. Die Vertragsform des relationalen Vertrags fördert dabei opportunistisches Verhalten, gleichzeitig wird die Nutzung der Rechtssprechung zur ex post Durchsetzung erschwert. Daher empfiehlt Williamson die Einrichtung eines Überwachungssystems und unterscheidet dabei die Extremfälle der Koordination durch Märkte oder Hierarchie (Unternehmen).[424] Dabei zeichnen sich Märkte durch niedrige Kosten und geringe Kompetenz - Unternehmen dagegen durch hohe Kosten und hohe Kompetenz aus. Es ergibt sich die These, dass Austauschprozesse, die komplexe Verträge, welche mit hoher Wahrscheinlichkeit Nachverhandlungen sowie spezifische Investitionen beinhalten, transaktionskosteneffizient durch Hier-archie, also durch Unternehmen, koordiniert werden. Williamson erklärt so die Existenz alternativer Koordination, Markt und Unternehmen.

Das Effizienzkriterium der Transaktionskosten kann auch im Rahmen der Beurteilung von Corporate Governance herangezogen werden.[425] Beeinflusst werden die Transaktionskosten dabei von der Verteilung der Property Rights. Einer deutlichen Verwässerung der Property Rights, wie die Publikumsaktiengesellschaften aufweisen, werden dabei hohe Transaktionskosten zugeschrieben.[426] Die Aufteilung der Property Rights auf viele kleine Eigentümer und Management mindert zwar die Transaktionskosten, da nicht immer jeder einzelne Aktionär in eine Entscheidung einzubeziehen ist. Gleichzeitig begründet die Trennung von Eigentum und Kontrolle für die Aktionäre hohe Kosten für Durchsetzung und Überwachung. Da diese Aufgabe jedem Einzelaktionär obliegt und dieser somit die hohen Kosten zu tragen hat, aber nur in kleinem Anteil an den Gewinnen partizipiert, sind diese Transaktionskosten oft prohibitiv.

---

[421] Vgl. Williamson (1985) S. 61 ff. Während ex ante die Wahl des Vertragspartners frei ist, begründen die spezifischen Investitionen ex post eine fundamentale Transformation. Der unabhängige Vertragspartner kann diesen Vorteil nutzen und sich zusätzliche Quasi-Renten sichern.

[422] Vgl. MacNeil (1974).Er unterscheidet drei Vertragsformen: das klassische Vertragsrecht für einfache, eindeutige Geschäftsabwicklungen, das neoklassische Vertragsrecht mit einer Klärung durch Dritte /Sachverständige und das relationale Vertragsrecht, dessen Durchsetzung weder durch den Rechtsweg noch durch Schiedsgerichte geregelt werden kann.

[423] Vgl. Williamson (1985), S. 68 ff.

[424] Vgl. Williamson (1985), S. 72 ff. Zwischen diesen Extremformen werden auch Hybrid-Formen wie beispielsweise Leasing angeordnet.

[425] Vgl. Picot/Schuller (2001).

[426] Vgl. Picot/Schuller (2001), S. 88.

Es eröffnen sich für das Management diskretionäre Handlungsspielräume. Um diese Transaktionskosten zu mindern, werden exogene Institutionen wie der Wettbewerb an Güter- und Kapitalmärkte oder der Markt für Unternehmenskontrolle als zusätzliche Mechanismen der Corporate Governance herangezogen.

3.1.3 Principal-Agent-Theorie

Kognitive Grenzen und ihre Folgen für das Verhalten sind Grundelemente des Transaktionskostenansatzes. Transaktionskosten begründen die Koexistenz von Märkten und Unternehmen. Die Principal-Agent-Theorie stellt dagegen in den Vordergrund, dass kooperierende Vertragspartner über qualitativ und quantitativ unterschiedliche Informationen verfügen. Die Informationen sind asymmetrisch verteilt, der eine Partner ist besser informiert als der andere. Diese betrifft insbesondere Verhaltensmerkmale des jeweiligen Vertragspartner, die dieser selbst kennt, die aber für mögliche Vertragspartner nicht erkennbar sind.[427] Aus dieser Situation können sich ökonomische Nachteile wie Fehlallokationen und Wohlfahrtsverluste, ergeben. [428] Informationsasymmetrien können zu Marktversagen führen; innerhalb der Unternehmen ergeben sich Agency-Kosten der Delegation.[429] Je nach Ausprägung dieser beiden Effekte begründet sich eine jeweilige Vorteilhaftigkeit der Gründung von Unternehmen oder der Nutzung von Märkten.

Diese Informationsasymmetrien zwischen den Beteiligten ergeben Agency-Beziehungen, sobald ein Individuum von Handlungen eines Dritten abhängig ist. Damit entstehen Agency-Kosten. Diese setzen sich aus den Kosten des Monitoring des Prinzipals (monitoring costs), den Kosten des Agenten, der von seiner Vertrauenswürdigkeit überzeugen will (bonding costs) und dem Wohlfahrtsverlust, der durch die Fehlallokation aufgrund der Informationsasymmetrien entsteht, (residual loss) zusammen. [430] Es ist dem delegierenden Principal nicht möglich, das Verhalten seines Agenten perfekt zu beobachten oder zu kontrollieren. Bei unterstellter rationaler Nutzenmaximierung und unterschiedlichen Nutzenvorstellungen können Informationsasymmetrien in Verbindung mit Zielkonflikten und eigennützigem Verhalten Problemstellungen ergeben.[431] Der Agent, der über die betrieblichen Gegebenheiten und seine eigenen intendierten Verhaltensweisen besser als der Principal informiert ist, kann diesen Vorsprung durch Opportunismus zur Maximierung seines Eigennutzes zu Lasten des Prinzi-

---

[427] Diese Verhaltensunsicherheiten können von exogenen Risiken abgegrenzt werden. Vgl. Spremann (1990) S. 564 f. Letztere können in das allgemeine Gleichgewichtsmodell integriert werden. Vgl. Arrow (1953). Unterschiedliche Ergebnisse sind dann nur Ursache unterschiedlicher Risikoeinstellungen der Akteure, vgl. Schoppe et al. (1996) S 187 ff. Für die Bewertung exogener Risiken bei Risikoaversion kann auf das CAPM-Modell verwiesen werden, vgl. Sharpe (1964).
[428] Im Gegensatz zur Neoklassik werden somit Informationsasymmetrien, heterogene Erwartungen, Informations- und Kontrollkosten unterstellt.
[429] Vgl. Spremann (1987).
[430] Vgl. Jensen/Meckling (1976). S. 308 ff.
[431] Unterschieden werden hidden characteristics, action, information und intention. Vgl. Göbel (2002), S. 100 ff.

pals ausnutzen.[432] Auf diese Möglichkeit wird der Principal reagieren, indem er opportunistisches Verhalten antizipiert und seine Forderungen diesbezüglich anpasst. Damit steht nicht mehr im Vordergrund, ob sich der Agent tatsächlich opportunistisch verhält, sondern, ob es dafür Möglichkeiten gibt.[433]

Die Problemstellungen der Agency-Theory können in drei Kategorien eingeordnet werden:[434] moral hazard[435], hold up[436] und adverse selection.[437]

Die Agency-Theorie sucht jeweils nach Gestaltungsmöglichkeiten für Koordinationsbeziehungen, die Interessen der Parteien angleichen, so dass Interessenkonflikte möglichst unterbleiben. Ansätze, Agency-Kosten zu senken, bestehen in der Reduktion von Informationsasymmetrien und in der Implementierung von Mechanismen, welche Anreize für den Agenten setzen, sich im Interesse des Principals zu verhalten. Die meisten modelltheoretischen Ansätze der Agency-Theorie unterstellen eine kurzfristige Perspektive der Gewinnmaximierung. Dynamische Modelle, welche im Rahmen von Corporate Governance interessant sind, berücksichtigen längerfristige Verträge und Lerneffekte der Vertragspartner. Dabei werden im Hinblick auf Entlohnungssysteme Lerneffekte und die durch die Dauer der Beziehung verringerte Informationsasymmetrien positiv gewertet. Es bleibt jedoch die Problemstellung, den Agenten auch längerfristig zu motivieren, da Wohlverhalten in ersten Perioden über Vertrauensvorschüsse auch später zu hoher Entlohnung führt.[438] Andere beziehen sich auf potentielle exogene Sanktionen durch die soziale und kulturelle Umgebung, welche bekannt werdendes opportunistisches Verhalten negativ beurteilt.[439] Im Zentrum der Entwicklung einer Bewertung der Corporate Governance stehen mögliche Auswirkungen von Informationsasymmetrien zwischen verschiedenen Stakeholder und Management, die Agency-Kosten verursachen und so den Unternehmenswert beeinflussen. Zudem sind Verhaltensunsicherheiten entscheidungsrelevant und berühren den Unternehmenswert, da Cashflows durch das Verhal-

---

[432] Vgl. Perridon/Steiner (1997), S. 25.

[433] Vgl. Spremann (1990), S. 562. Die Grundproblematik von Vertreterbeziehungen wird in einer Vielzahl von Problemstellungen des wirtschaftlichen Lebens untersucht. Für einen ausführlichen Überblick vgl. Bamberg/Spremann (1988). Im Interesse stehen die jeweiligen Interessenkonflikte, die sich durch Unsicherheit und Informationsasymmetrien ergeben. Unterschieden wird die normative „Ökonomische Agency Theorie" und die positive „Finanzielle Agency Theorie". Vgl. Schoppe et. al (1996). S. 180 ff.

[434] Vgl. Spremann (1990), S. 565 ff.

[435] Hier sind Situationen beschrieben, in denen der Agent Informationen nutzt, die dem Principal nicht zur Verfügung stehen (hidden information), oder die Handlungen des Agenten nicht zu beobachten sind (hidden action). Der Principal kennt zwar das Ergebnis, kann es aber nicht eindeutig auf das Verhalten des Agenten oder mögliche exogene Einflüsse zurückführen.

[436] Hold Up meint Situationen, in denen der Agent Vertragslücken unvollständiger Verträge ausnutzt. Nach Vertragsschluss offenbart der Agent vorher verdeckte Absichten (hidden intentions) und zwingt den Principal zu Nachverhandlungen zu seinem Vorteil.

[437] Adverse Selection entsteht grundsätzlich, wenn auf Märkten nicht Qualitätsunsicherheiten bestehen (hidden characteristic). Es ist damit nicht unbedingt ein Delegationsproblem, sondern entsteht allgemein durch Informationsasymmetrien. Vgl. Akerlof (1970). Dennoch wird in der Literatur diese Problemstellung unter Agency-Theorie gefasst. Damit wird nicht das Delegationsproblem sondern die Informationsasymmetrie als konstitutiv betrachtet.

[438] Vgl. Rogerson (1985).

[439] Vgl. Erlei et al. (1999), S. 539 ff.

ten des Agenten beeinflusst werden. Die jeweiligen Agency-Konflikte und diskutierte Lösungsansätze bieten die Grundlage für die Auswahl und Gewichtung von Corporate-Governance-Mechanismen, welche ein effizientes Corporate-Governance-System kennzeichnen. Sie werden daher im Abschnitt 3.3 genauer beschrieben.

3.1.4 Vertragstheorie

Die Vertragstheorie – oder genauer: die Theorie der unvollständigen Verträge – verbindet Elemente des Tranksaktionskostenansatzes und der Principal-Agent-Theorie und basiert damit auf dem Property-Rights-Ansatz.[440] Damit berücksichtigt Hart in seinem Blick auf Verträge mehr als der Tranksaktionskostenansatz. Die zentrale Prämisse besteht darin, dass es nicht möglich ist, vollständige Verträge für alle Umweltzustände zu formulieren. Verträge sind dabei immer unvollständig. Begründet wird dies mit der Unmöglichkeit, Unsicherheit und die Komplexität zukünftiger möglicher Situationen verbal formulieren zu können.[441] Bei der Vertragsformulierung unterstellen die jeweiligen Partner Worst-Case-Szenarien und gehen von opportunistischem Verhalten aus. Im Rahmen der Verhandlung entstehen dann unvollständige Verträge, welche beide Seiten in einem gewissen Grad schützen.

Die Konsequenz der unvollständigen Verträge sind Revisionen und Nachverhandlungen.[442] Damit wird die ex-post Verteilung von Macht relevant.[443] Damit erscheint es folgerichtig, die Theorie der unvollständigen Verträge als Agency-Problem anzusehen, welches den kurzfristigen Blickwinkel zugunsten von Mittel- oder Langfristigkeit aufgibt. Aus den beiden Elementen, unvollständige Verträge und die Bedeutung von Macht bzw. Kontrolle, erklärt Hart die Existenz und Entwicklung ökonomischer Institutionen. Diese folgt der möglichst optimalen Verteilung von Macht und damit der Property Rights unter den Agenten.[444] Der Einfluss dieser Argumentation zeigt sich in einer Vielzahl von folgenden Vertiefungen oder

---

[440] Vgl. Hart (1997) S. 5. Er übernimmt seinen Machtbegriff aus den Abhängigkeitsverhältnissen, die sich aus spezifischen Investitionen oder Informationsasymmetrien ergeben. Gleichzeitig betont er den Einfluss der Tranksaktionskosten.

[441] Verwunderlich erscheint diese Prämisse, welche kognitive Restriktionen impliziert, da gleichzeitig von rationaler Nutzenmaximierung ausgegangen wird. Der Ansatz der „bounded rationality" wird nicht herangezogen. Vgl. Erlei/Jost (2001) S. 69.

[442] „In fact, the contract is best seen as providing a suitable backdrop of starting point for such renegotiations rather than specifying the final outcome" Hart (1997), S. 2. Damit sind auch die damit verbundenen Kosten des Monitoring und der Nachverhandlung von Bedeutung.

[443] „(.) .the ex post allocation of power (or control) matters. Here power refers roughly to the position of each party if the other party does not perform (e.g. if the other party behaves opportunistically)" Hart (1997) S. 3 f.

[444] Hart diskutiert diese Fragestellung anhand der Beispiele von Mergern. Ausgangspunkt ist die Klassifizierung von Macht als knappe Ressource. Damit ergibt sich, dass ein Merger von zwei Unternehmen mit komplementären Vermögen wertschaffend ist, da die Eigentümer vorher nicht ohne Rücksichtnahme auf den anderen agieren konnten. Der Merger erhöht also ihre Kontrollrechte bzw. ihre Macht. Ein Merger zweier Unternehmen mit unabhängigen Assets wirkt dagegen wertreduzierend, da der Erwerber keine ihm nützliche zusätzliche Verfügungsmacht erwirbt, während der Verkäufer sogar einen Machtverlust erleidet. Vgl. Hart (1997), S. 7 f.

Anwendungen.[445] In Bezug auf Corporate Governance entwickelt Hart auf Grundlage dieser Argumente ein theoretisches Rahmenkonzept. Dieses berücksichtigt die Problemstellungen aus Interessenkonflikten und Agency-Problemen, denen auf Grund von Transaktionskosten nur mit un-vollständigen Verträgen begegnet werden kann.[446] Corporate Governance wirkt dabei als Mechanismus, Entscheidungen zu treffen, die im Anfangsvertrag nicht spezifiziert wurden. Somit verteilt Corporate Governance die Kontrollrechte an den Assets, also die Entscheidungen, wie diese eingesetzt werden.[447]

Im Hinblick auf große Publikumsgesellschaften berücksichtigt Hart, dass für die Vielzahl der kleinen Eigentümer die Ausübung der Kontrollrechte ein öffentliches Gut darstellt[448] und sie daher ihre Kontrollrechte auf ein Kontrollorgan übertragen, welches die Aufgabe wiederum an das Management delegiert. Damit wird eigennütziges, opportunistisches Verhalten der Manager gefördert; notwendig werden zusätzliche Mechanismen der Corporate Governance, welche die Interessenkonflikte und Informationsasymmetrien ausgleichen.[449]

3.1.5 Stewardship-Ansatz

Herausgestellte Aufgabe von Corporate Governance ist, Interessenkonflikte und die zugrunde liegenden Informationsasymmetrien auszugleichen, um so Agency-Kosten zu mindern. Die Notwendigkeit kann aus den Theorien der Unternehmung abgeleitet werden. Diese Funktion des Risikomanagements wird ergänzt um die Förderung der Wertschöpfung.

Damit ergeben sich klassischen Agency-Dilemmata. Im Hinblick auf das Management beinhalten diese, dass es zur effizienten Unternehmensführung notwendig ist, dass Manager Risiken eingehen, strategische Entscheidungen treffen und sich bietende Chancen ergreifen. Gleichzeitig ergibt sich jedoch die Notwendigkeit des Monitoring und der Kontrolle.[450]

Im Rahmen von Corporate Governance wird so eine Spannung zwischen unterschiedlichen theoretischen Ansätzen herausgestellt: zwischen Kontrolle und kollektiver Zusammenarbeit.[451].Während die Agency-Theorie die Kontrollrolle unterstützt, wird im Rahmen der Kooperation der Stewardship-Ansatz herangezogen. Der Stewardship-Ansatz geht dabei im Unterschied zu der Principal-Agent-Theorie von einer anderen Verhaltensprämisse für das

---

[445] Vgl. Grossmann/Hart (1986), Hart/Moore (1988), Dabei werden insbesondere modelltheoretische Modell zur Entwicklung optimaler Verteilung von Verfügungsrechten bei vertikaler oder horizontaler Integration entwickelt. Da diese im Rahmen der von Corporate Governance wenig Bedeutung haben, wird hier nicht weiter auf die Modell eingegangen. Einen Überblick liefern Erlei/Jost (2001), S. 59 ff.

[446] Vgl. Hart (1995).

[447] Vgl. Hart (1995) S. 680.

[448] Die Kontrolle durch nur einen einzelnen Aktionär verbessert die Performance des Unternehmens. Die Verbesserung kommt aber allen Aktionären zu Gute. Sobald mit der Kontrolle Kosten verbunden sind, wird es daher zu Free-Riding kommen: jeder Einzelaktionär hofft auf den Einsatz des anderen mit dem Resultat, dass keine Kontrolle stattfindet.

[449] Vgl. Hart (1995), S 681. Diskutiert werden folgende Mechanismen: Kontrolle durch ein Board of Directors, durch Großaktionäre, durch den Markt für Unternehmenskontrolle und durch die Finanzstruktur.

[450] Vgl. Blair (1995), S. 32 f.

[451] Vgl. Sundaramurthy/Lewis (2003); vgl. Clarke (2004a).

Management aus. Es steht nicht die Verhinderung opportunistischen Verhaltens im Vordergrund, sondern die Verstärkung der Beziehung zwischen Board und Management und die Verbesserung der Entscheidungen durch erhöhte Entscheidungskompetenzen für das Management.

Aufgrund intrinsischer Motivation verfolgt das Management die gleichen Interessen wie die Stakeholder, so dass keine Kontrolle notwendig ist.[452] Zudem ist es aufgrund spezifischen und professionellen Wissens und besserer Informationen geeigneter als andere, moderne komplexe Unternehmen zu führen.[453] Das Management ist als „steward" nur dem Unternehmensziel verpflichten. Damit seien sie vertrauenswürdig und sollten in ihrer Macht nicht eingeschränkt werden. Ein Interessenskonflikt zwischen Managern und Eigentümern besteht daher nicht.[454]

Es werden daher auch keine Mechanismen empfohlen, die eine Kontrolle des Managements ermöglichen. Damit ergibt sich ein gegensätzlicher Ansatz des Verständnisses von Corporate Governance, der jedoch auch als potentiell komplementär verstanden wird.[455]

3.2 Agency-Kosten – eine Konkretisierung

Bei der Beurteilung von Corporate Governance durch die mögliche positive Verknüpfung mit dem Unternehmenswert sind sowohl Agency- als auch Transaktionskosten relevant. Sowohl zur Herleitung bzw. Formulierungen der Hypothesen, welche Corporate-Governance-Mechanismen bzw. Systeme effizient sind, als auch im Hinblick auf ihre empirische Überprüfung empfiehlt sich somit eine Konkretisierung beider Kostenarten.

Die klassische Definition der Agency-Kosten von Jensen/Meckling beinhaltet die Kosten von Monitoring und Bonding sowie den residual loss. Dabei sollen Monitoring und Bonding Verhaltensunsicherheiten verringern, der residual loss verdeutlicht, dass Marktunvollkommenheiten mögliche lohnenswerte Transaktionen verhindern.[456] Diese Agency-Kosten werden verknüpft mit einem hidden-action-Modell.[457] Doch nicht nur diese Konsequenz von Agency-Beziehungen berührt die Effizienz von Entscheidungen. Bonding-Kosten fallen beispielsweise auch im Falle von hidden characteristics an. Hier wird daher davon ausgegangen, dass alle Folgen von Informationsasymmetrien als Agency-Kosten zu bezeichnen sind. Verdeutlicht werden sie als Differenz zwischen der besten Lösung bei perfekter Information und der zweitbesten Lösung bei Informations-asymmetrie.[458]

---

[452] Vgl. Davis et al. (1997), S. 121. Argumentiert wird, dass Manager eine Vielzahl von Motiven verfolgen – z. B. Karriere und Anerkennung und intrinsische Befriedigung durch guten Leistungen und Erfolg.
[453] Vgl. Muth/Donaldson (1998).
[454] Vgl. Donaldson/Davis (1994) ; vgl. Davis et al. (1997).
[455] Vgl. Sundaramurthy/Lewis (2003), S. 398 ff. Die Argumentation berücksichtigt schwerpunktmäßig die Rolle von Aufsichtsgremien und wird daher in Kapitel 4.3 detaillierter wiedergegeben.
[456] Vgl. Jensen/Meckling (1976) , S. 308 f.
[457] „... there is good reason to believe that the agent will not always act in the best interest of the principal." Jensen/Meckling (1976), S. 307.
[458] Vgl. Spremann (1987) S. 22 ff.

Herangezogen werden Agency-Kosten, um verschiedene Modelle der Delegation vergleichen zu können. Trotz des formulierten theoretischen Ansatzes von Spremann bleibt jedoch die Schwierigkeit, Agency-Kosten, insbesondere den residual loss, konkret zu messen.[459]

Ziel des Transaktionskostenansatzes ist es, die Existenz und die Struktur von Unternehmen zu erklären.[460] Transaktionskosten werden definiert als die Kosten, die mit Austauschprozessen verbunden sind: die Markt-Benutzungskosten. Sie enthalten Such-, Informations-, Verhandlungs-, Tausch- und Absicherungskosten (ex ante) und Kontroll- und Verhandlungskosten sowie Kosten fehlerhafter Koordination (ex post).[461] Sie entstehen theoretisch auch bei symmetrischer Information. Transaktionskosten exakt zu definieren, bleibt jedoch schwierig. Dieses liegt zum einen an der vagen Begriffsdefinition und zum anderen an dem hohen Anteil von Opportunitäts-kosten.[462] Auch hier wird damit mit relativen Kostenvergleichen gearbeitet.[463] Für die Effizienz von Corporate-Governance-Systemen oder Einzelmechanismen sind beide Aspekte relevant. Zwischen den Stakeholdern bestehen Informationsasymmetrien. Aus individueller Nutzenmaximierung ergeben sich Interessenkonflikte. Diese können auch aufgrund zu hoher Transaktionskosten nicht durch vollständige Verträge geregelt werden.

Die Höhe der beiden Kostenarten beeinflusst den Unternehmenswert und ist damit relevant für die Evaluation der jeweiligen Corporate-Governance-Systeme. Wenn es jedoch gelingt, empirisch nachzuweisen, welche Corporate-Governance-Mechanismen kosteneffizienter sind, erscheint jedoch die jeweilige Ursache als sekundär.

Gleichzeitig ergeben sich bei der empirischen Erfassung der Kosten Komplikationen: schon die Aufzählungen der Kostenelemente zeigen Schnittmengen von Agency-Kosten und Transaktionskosten. Ex-post beobachtbare Kosten, welche Grundlage der empirischen Untersuchung sein können, in Agency- und Transaktionskosten trennen zu können, mutet fast unmöglich an. Der Versuch, eine Trennung von Kosten nach dem Ursachenkriterium Informationsasymmetrie vorzunehmen, wirkt zudem in der heutigen Welt realitätsfern.

Aufgrund dieser Überlegungen und der Dominanz der Ansätze in der Corporate-Governance-Literatur, welche die Agency-Problematiken betonen,[464] wird in dieser Arbeit der Begriff Agency-Kosten umfassend verwendet. Er schließt damit Transaktionskosten und Kosten aufgrund Informationsasymmetrien ein.

---

[459] Auch die Praktikabilität des Vorschlags Spremanns, nach der Bereitschaft der Akteure zu fragen, welcher Preis bei Informationssymmetrie zustande gekommen wäre, erscheint eher zweifelhaft. Vgl. Spremann (1987), S. 22 ff.
[460] Vgl. Williamson (1985) S. 35 ff.
[461] Vgl. Williamson (1985), S. 20 ff.
[462] Vgl. Schoppe et al. (1996) S. 150 f.
[463] Vgl. Williamson (1985), S. 21 f.
[464] Vgl. Jensen/Meckling (1976), vgl. Shleifer/Vishy (1997).

3.3 Agency–Problematiken zwischen einzelnen Stakeholdern

Ziel von Corporate Governance ist, die Effizienz von Entscheidungsprozessen zu erhöhen. Damit sind alle an diesen Prozessen beteiligten Individuen und Institutionen und ihre verfolgten Interessen von Relevanz. Bestehende Informationsasymmetrien und Interessenkonflikte zwischen Management und einzelnen Stakeholdern können die Effizienz negativ beeinflussen, da sie Agency-Kosten begründen. Um diese zu verringern, stellen Corporate-Governance-Systeme eine Vielzahl von einzelnen Mechanismen bereit.

Um geeignete Mechanismen bzw. Systeme identifizieren zu können, werden daher die beteiligten Gruppen und ihre Nutzeninteressen genauer untersucht.

Dabei besteht nicht der Anspruch auf einen allgemeingültigen Aufriss sämtlicher möglicher Interessenkonflikte. Beabsichtigt ist vielmehr, in einem detaillierten Bild über die Vielzahl der zu berücksichtigenden Konflikte die hohe Relevanz der Corporate Governance aufzuzeigen.

3.3.1 Relevante Interessengruppen und Interessenkonflikte

3.3.1.1 Aktionäre

Aktionäre[465] stellen dem Unternehmen Eigenkapital zur Verfügung und erhalten damit keine vertraglich festgelegten Ansprüche auf Rückzahlung oder garantierte Verzinsung. Sie erhalten einen entsprechenden Anteil am Gewinn eines Unternehmens[466], im Falle der Liquidation des Unternehmens am Resterlös[467] und können auf der Hauptversammlung Mitspracherechte bei wichtigen Unternehmensentscheidungen wahrnehmen.[468] Grundlage für ihre Investitionsentscheidung ist die erwartete, risikoadäquate Rendite, welche sich aus erwarteten Dividendenzahlungen und Kursgewinnen ergibt. In ihrem Interesse liegt demnach maximale Gewinnerzielung und damit steigende Unternehmenswerte.

---

[465] Da sich die Corporate-Governance-Diskussion traditionell auf börsennotierte Unternehmen konzentriert, wird hier die Gruppe der Eigenkapitalgeber als Aktionäre behandelt. Neuere Übertragungen, beispielsweise der deutsche Corporate Governance Kodex für Familienunternehmen, zeigen, dass sich wichtige Elemente auch auf Unternehmen in anderen Rechtsformen übertragen lassen, bei denen eine Trennung von Eigentümer und Geschäftsführung vorliegt.

[466] Dabei ist es jedoch möglich, dass die Aktionäre im Rahmen der Hauptversammlung beschließen, diesen Gewinnanspruch nicht einzufordern, sondern die Gewinne zu thesaurieren und somit das Eigenkapital zu erhöhen.

[467] Damit wird deutlich, dass Aktionäre nicht identisch mit dem Eigentümer eines Unternehmens sind. Gläubiger und Mitarbeiter haben Ansprüche, die vor Auszahlung des Erlöses an die Aktionäre befriedigt werden.

[468] Dabei ist prinzipiell mit jeder Aktie ein Stimmrecht verbunden. Es existieren jedoch auch Vorzugsaktien, bei denen die Aktionäre als Investoren dieses Stimmrecht zu Gunsten einer Verbesserung eines anderen Anspruchs, meist dem Gewinnanspruch, aufgeben.

3.3.1.1.1 Aktionäre und Management

Auf der Grundlage die Principal-Agent-Theorie[469] ergibt sich für Aktionäre und Management eine klassische Agency-Beziehung. Die Aktionäre schließen Verträge[470] mit dem Management, welches die Unternehmung leiten soll. Dabei stehen die Zielsetzungen der Aktionäre - Gewinne und Unternehmenswertsteigerungen - im Vordergrund. Es ist für den Aktionär jedoch weder möglich, ex ante die Qualifikation und Motivation des Managers eindeutig zu bestimmen,[471] noch kann er ex post die jeweiligen Handlungen des Managers exakt beobachten.[472] Es bleibt nur die Orientierung am Unternehmensergebnis, welches jedoch auch von externen Faktoren beeinflusst werden kann. So ist es unmöglich, eine eindeutige Kausalbeziehung zwischen Managerleistung und Unternehmensergebnis zu knüpfen. Diese Konsequenzen der bestehenden Informationsasymmetrien führen zu Agency-Kosten, da die Interessen der Manager von denen der Aktionäre abweichen und sich Handlungsspielräume eröffnen, in denen diese verfolgt werden können.[473]

Differenziert werden dabei folgende Implikationen[474]:

- *shirking*

Der Manager kann über seinen Arbeitseinsatz selbst bestimmen. Damit ergibt sich für ihn die Möglichkeit, zusätzliche Nutzengewinne durch Drückebergerei zu erzielen, welche den Unternehmenswert mindern.[475]

- *Nebeneinkünfte*

Es eröffnen sich Gelegenheiten für zusätzlichen Konsum am Arbeitsplatz, wie repräsentative Büroräume oder übertriebene Geschäftsreisen.[476]

---

[469]   Vgl. Kapitel 3.1.3.
[470]   Diese können aufgrund von Unsicherheit nur unvollständig sein.
[471]   Damit werden die Probleme der hidden characteristics und intentions relevant. Es ist möglich, dass der Manager die notwendige Qualifikation nicht ausweist oder seine Motivation auf eigene Ziele, welche von den Aktionärszielen abweichen können, ausrichtet.
[472]   Dies entspricht der Problematik von hidden actions.
[473]   Vgl. Jensen/Meckling (1976), Fama (1980). Ein weiteres Beispiel für diese Agency-Kosten ergibt auf Grundlage der Effizienzlohntheorie. Diese zieht die Informationsasymmetrien heran, um Lohnrigiditäten zu erklären. Danach ist es rational, dass Arbeitgeber höhere Löhne als den Gleichgewichtslohn zahlen. Diese Effizienzlöhne setzen Anreize, shirking einzuschränken, erhöhen die Opportunitätskosten eines Arbeitsplatzverlustes im Falle der Entdeckung des Fehlverhaltens und verhindern die Fluktuation guter Manager. Vgl. Berthold/Fehn (1997), S. 112.
[474]   Vgl. für die gesamte Aufzählung Denis (2001), S. 193 ff. Diese Spielräume des Managements mindern den Unternehmenswert. Damit schädigen sie nicht nur Interessen der Aktionäre sondern auch die anderen Stakeholder.
[475]   Vgl. Sesselmeier (1997), S. 165.
[476]   Vgl. Fama, (1980), S 295.

- *Machtstellung bzw. Machterhalt*

Im Interesse des Managements liegt es, ihren persönlichen Arbeitsplatz zu sichern. Dieser wird gefährdet, sollten die Eigentümer den Eindruck bekommen, durch Austausch des Managements könnte der Unternehmenswert gesteigert werden.

- *Risikoaversion*

Aktionäre können durch Diversifikation innerhalb ihres gesamten Portfolios ihr Risiko mindern.[477] Der Manager hat dagegen hohe spezifische Investitionen in das Unternehmen eingebracht und kann dabei nicht diversifizieren. Daraus gründet sich ein hoher Grad an Risikoaversion, so dass möglicherweise Investitionen mit positiven Kapitalwerten unterlassen werden, die im Interesse der Eigentümer sind, aber ein hohes Ausfallrisiko aufweisen.

- *Verwendung freier Cashflows*

Freie Cashflows ergeben sich nach Abzug aller Mittel, die notwendig sind, Investitionen mit positivem Kapitalwert durchzuführen.[478] Diese stehen damit den Eigentümern zu, der über ihre Verwendung beispielsweise der Anlage in anderen Unternehmen entscheiden kann. Aus der Sicht des Managers können jedoch auch Investitionen mit negativen Netto-Cashflows attraktiv erscheinen, welche seine Reputation oder sein variables Gehalt steigern.[479]

Generell erfolgt der Ausgleich von Interessenkonflikten von Arbeitgebern und Arbeitnehmern am Arbeitsmarkt über den Abschluss von Anstellungsverträgen, in denen insbesondere der Preis, das Entgelt, ausgehandelt wird.[480] Bei Führungskräften beinhaltet dieses Entgelt Grund- oder Festbezüge, variable Bezüge sowie Zusatz- oder Sozialleistungen,[481] so dass den Interessen der Manager an regelmäßigen, möglichst hohen Gehaltszahlungen sowie den Sicherheitsbedürfnissen[482] entsprochen wird. Gleichzeitig erwarten Führungskräfte mit ihrem Entgelt der sozialen Umwelt die Wertschätzung dokumentieren zu können, die ihnen das Un-

---

[477] Jensen/Meckling (1976) und Alchian/Demsetz (1972) sehen die Risikoübernahme durch die Entrepreneur sogar als konstitutiv an.

[478] Vgl. Jensen (1986).

[479] Häufig sind Gehaltselemente nicht mit dem Unternehmenswert, sondern mit Größen wie Umsatz oder Firmengröße verbunden.

[480] Der Preis, das Entgelt, beinhaltet damit die Ausgestaltung und Bemessung materieller Leistungen, welche die Unternehmen ihren Mitarbeitern für die Arbeitleistungen bieten.

[481] Vgl. Evers (1995), S. 297. In den Zusatzleistungen sind Elemente enthalten, welche den Mitarbeitern außer den monetären Bezügen hinaus gewährt werden. Jensen (2004) spricht von dem Gesamtnutzen, der mit dem Arbeitsverhältnis verbunden wird, und unterscheidet nach monetären und nicht monetären Nutzenelementen, wie beispielsweise Prestige, vgl. Jensen/Murphy 2004, S. 19 ff. Shleifer/Vishny (1997) benutzen den Begriff der Reputation.

[482] Beispielsweise über Pensions- oder Rentenzusagen oder Absicherung bei Krankheit.

ternehmen entgegenbringt.[483] Bei Vertragsschluss wird das Entgelt von vorherigen Erfolgen oder Misserfolgen der Führungskraft bestimmt. Diese dienen als Indikatoren für seine Qualifikation.[484] Danach wird die Vergütung von der Führungskraft als Maßstab seiner persönlichen Leistung herangezogen und sie erwartet, dass der jeweilige individuelle Beitrag zum Unternehmenserfolg angemessen honoriert wird.[485] Bei hohem Wettbewerb um Manager am Arbeitsmarkt verlassen gute Manager, deren Entgelt nicht an ihre persönliche Leistung gekoppelt ist, das Unternehmen. Damit kann der Preismechanismus am Arbeitsmarkt allein das Kontrollproblem nicht lösen.[486]

3.3.1.1.2 Mehrheits- und Minderheitsaktionäre

Neben dem geschilderten klassischen Interessenkonflikt zwischen Aktionären und Management zeigt sich auch innerhalb der Gruppe der Aktionäre ein mögliches Konfliktpotential. Während auf der einen Seite die Existenz von (institutionellen) Großaktionären als wichtiger Mechanismus von Corporate Governance herausgestellt wird,[487] können sich doch gleichzeitig Nachteile für Minderheitsaktionäre ergeben.

Diese entstehen, wenn die Mehrheitsaktionäre weitere zusätzliche Interessen an dem Unternehmen haben. Beispielsweise können andere Unternehmen, welche große Aktienanteile halten, durch Abschluss von für sie vorteilhaften, nicht den Marktbedingungen entsprechenden Geschäften den Interessen der Kleinaktionäre schaden. Insbesondere, wenn Banken in der Doppelrolle von Großaktionären und Gläubigern auftreten, ergibt sich für sie die Möglichkeit, ihre Interessen als Gläubiger vorrangig von den Aktionärsinteressen durchzusetzen.[488]

3.3.1.2 Stakeholder

3.3.1.2.1 Gläubiger

Für die Bereitstellung von Fremdkapital verpflichtet sich das Unternehmen vertraglich zur Zins- und Rückzahlung. Die fristgerechte Erfüllung dieser Leistungen steht im Interesse jedes Gläubigers. Damit sind sie daran interessiert, dass das Unternehmen als Kreditnehmer

---

[483]   Hier sind es insbesondere nicht monetäre Elemente wie Geschäftswagen oder Reisen, die vom sozialen Umfeld auch beobachtbar sind. Vgl. Evers (1995), S. 297.

[484]   Vgl. Fama (1980) S. 292.

[485]   Dieses Urteil über gerechte Entlohnung beinhaltet subjektive Vergleiche der eigenen Leistung mit der Leistung von passenden Bezugsgruppen. Diese können innerhalb des Unternehmens und extern am Arbeitsmarkt gesucht werden.

[486]   Es können zudem durch Lohnrigiditäten Gleichgewichte bei Unterbeschäftigung entstehen.

[487]   Vgl. beispielsweise Shleifer/Vishny (1997a), Becht et. al (2002). Begründet wird dieser Argumentation u. a. damit, dass sich für diese Gruppe der Wahrnehmung und Ausübung ihrer Kontrollrechte aufgrund ihres hohen Anteils lohnt. Gerade dieser Gedanke lässt sich auf alle Großaktionäre übertragen.

[488]   Vgl. Böhmer (1999). Auf der anderen Seite wird herausgestellt, dass diese Banken aufgrund der Doppelrolle geringere Informationsnachteile gegenüber dem Management haben und so eine effizientere Kontrolle leisten können, was mit Vorteilen für die Minderheitsaktionäre verbunden ist. Mülbert (1998) konnte jedoch für Deutschland keinen Beleg für diese geringere Informationsasymmetrien finden, belegen konnte er allerdings, dass Banken vorrangig in ihrem eigenen Interesse als Gläubiger agieren. Vgl. Mülbert (1998) S. 485.

während der Laufzeit zahlungsfähig bleibt. Gleichzeitig genießen Gläubiger im Gegensatz zu Eigenkapitalgebern zusätzlichen gesetzlichen Schutz.[489] Sie profitieren dafür jedoch nicht von Gewinnen und Unternehmenswertsteigerungen. Damit ergibt sich ein Interessenkonflikt zu den Eigenkapitalgebern. Falls eine in kritischer wirtschaftlicher Situation vorgenommene risikoreiche Investition scheitert, ist es unwahrscheinlich, dass die Ansprüche der Gläubiger erfüllt werden können. Sie erleiden somit einen Vermögensschaden.[490] Die Ansprüche der Eigentümer auf den Restwert sind zwar auch untergegangen, ihre Situation hat sich aber im Vergleich zu vorher nicht verschlechtert.[491] Damit begründet sich eine höhere Risikoaversion der Gläubiger.

Gleichzeitig besteht zwischen Kreditgebern und Kreditnehmern eine klassische Principal-Agent-Beziehungen. Grundlegend hierfür ist, dass die Kreditvergabe unter Unsicherheit erfolgt. Diese betrifft sowohl die Qualität der zu finanzierenden Investition als die des Schuldners und ist durch asymmetrische Informationsverteilung begründen. Der Kreditgeber hat weniger Information über die Investition und über die Kreditwürdigkeit des Kreditnehmers. Damit werden sowohl adverse selection als auch moral hazard wahrscheinlich.[492]

3.3.1.2.2 Mitarbeiter

Als Mitarbeiter werden die Arbeitnehmer eines Unternehmens verstanden.[493] Diese schließen mit dem Unternehmen einen Arbeitsvertrag.[494] Die Austauschbeziehung zwischen Arbeitnehmer und Arbeitgeber umfasst die Fertigkeiten, Zeit und Bereitschaft, den jeweiligen Anforderungen zu entsprechen und die vom Arbeitgeber hierfür gewährte Kompensation. Einfluss auf die Ausgestaltung der Kompensation haben neben der Unternehmenspolitik auch die Arbeitsmarktbedingungen.[495]

Auch Arbeitsverträge werden unter Unsicherheit geschlossen und es bestehen zwischen Arbeitgeber und Arbeitnehmer Informationsasymmetrien, so dass eine Agency-Beziehung entsteht.[496] Dem Arbeitnehmer eröffnen sich Spielräume für opportunistisches Verhalten[497]; er kann privaten Interessen nachgehen. Durch die Gestaltung der jeweiligen Kompensations-

---

[489] Die Ansprüche der Gläubiger werden bei Liquidation vor der Auszahlung des Restwertes an die Eigentümer befriedigt. Neben dem Insolvenzrecht ist in Deutschland insbesondere das gesamte Handelsrecht vom Gläubigerschutzgedanken geprägt.

[490] Gegen dieses Ausfallrisiko werden u. a. Kreditsicherheiten eingesetzt, aus deren Verwertung der Vermögensschaden verringert werden kann.

[491] Das Unternehmen hat auch vorher keine Gewinne ausgewiesen. Vgl. Jensen/Meckling (1976) S. 334 ff.

[492] Vgl. Stiglietz/Weiss (1981), S. 395 ff.

[493] Mitglieder der Geschäftleitung und von Kontrollgremien sind hier ausgenommen.

[494] Neben den privatrechtlichen individuellen Arbeitsverträgen gelten die Regelungen des nationalen individuellen und kollektiven Arbeitsrechts.

[495] Vgl. Ondrack (1995), S. 307 ff.

[496] Vgl. Picot/Neuburger (1995), S. 16 ff.

[497] Es ergeben sich hier vergleichbare Möglichkeiten wie für das Management. Vgl. 3.3.1.1.1.

modelle mit materiellen und immateriellen Komponenten wird versucht, mit Anreizsystemen diesem zu begegnen.[498]

So heterogen die Gruppe der Mitarbeiter eines Unternehmens ist, gemeinsam ist ihnen das Interesse an möglichst hohem, fristgerechtem Lohn, an guten Arbeitsbedingungen und an einem sicheren Arbeitsplatz.[499] Damit hat die langfristige Existenz und somit die Wettbewerbsfähigkeit des Unternehmens für sie besondere Relevanz. Dies und die erfolgten spezifischen Investitionen verbunden mit nicht vorhandenen Diversifikationsmöglichkeiten erhöhen die Risikoaversion der Mitarbeiter. Es besteht damit nicht nur ein Interessenkonflikt zwischen der Unternehmensführung und den Mitarbeitern, sondern auch zwischen Eigentümern und Mitarbeitern.

3.3.1.2.3 Lieferanten und Kunden

Die Beziehung zwischen Lieferanten und Unternehmen ist wie bei Mitarbeitern oder Gläubigern vertraglich geregelt und beinhalten die Verpflichtungen des Unternehmens zur Abnahme und fristgerechten Bezahlung. Zur Durchsetzung dieser Ansprüche stehen den Lieferanten die gesetzlichen Möglichkeiten zur Verfügung.

Bei der Gewährung von Zahlungszielen bzw. schon bei der Lieferung gegen Rechnung trägt der Lieferant ein Kreditrisiko. Damit steht bei ihm – wie bei den anderen Gläubigern – die gesicherte Liquidität seines Abnehmers im Vordergrund. Sollte der Lieferant sich auf einen Markt bewegen, der als Nachfragemonopol oder -oligopol[500] beschrieben werden kann, wird er zudem ein Interesse an einer längerfristigen Beziehung und damit der Weiterexistenz des abnehmenden Unternehmens haben.

Im Interesse der Kunden liegen qualitativ hochwertige Produkte[501] oder Dienstleistungen zu möglichst niedrigen Preisen, die durch Innovationsprozesse ständig verbessert werden. Die ökonomische Theorie unterstellt dabei Indifferenz gegenüber einem besonderen Anbieter.[502] Für die Interessen der Kunden sorgt dabei möglichst vollständiger Wettbewerb, der im langfristigen Gleichgewicht die Preise in Höhe der Grenzkosten festsetzt. Ineffiziente Anbieter scheiden somit aus dem Wettbewerb aus. Die Unternehmen setzen dagegen auf vielfältige Marketingstrategien, die im Rahmen der Absatzpolitik eingesetzt werden, um Bedingungen

---

[498] Vgl. Ondrack (1995) S. 308 ff.
[499] Diese Aufzählung stellt keinen Anspruch auf Vollständigkeit. Motivationstheorien enthalten oft eine Vielzahl von Bedürfnissen, vgl bspw. Herzberg et al. (1959) oder Lawler/Porter (1968). Gleichzeitig unterstellt Maslow eine hierarchische Ordnung von Bedürfnissen. Vgl. Maslow (1954).
[500] Damit werden Marktformen beschrieben, die sich durch viele Anbieter und einen bzw. wenige Nachfrager auszeichnen. Bei vollständiger Konkurrenz, also polypolistischer Marktstruktur, kann der Lieferant ausfallende Abnehmer ersetzen.
[501] Bei schadhaften oder gesundheitsgefährdenden Produkten greift das Produkthaftungsgesetz.
[502] Ein Interesse an der längerfristigen Existenz eines Unternehmens kann nur bei zusätzlichen Garantie- oder Serviceleistungen oder Notwendigkeit von Ersatzleistungen, die nicht durch ein anderes Unternehmen getragen werden können, unterstellt werden.

der vollkommenen Konkurrenz aufzuheben, so den Wettbewerbsdruck zu mindern und Preisspielräume zu gewinnen.

3.3.1.2.4 Staat und Öffentlichkeit

Im Interesse des Staates liegen möglichst hohe Steueraufkommen, welche von Privatpersonen und Unternehmen zu erbringen sind.[503] Dabei ist die Gesamthöhe des Steueraufkommens von Relevanz, die Identität der einzelnen Steuerzahler dagegen zu vernachlässigen. Die Höhe des Aufkommens[504] ist dabei bestimmt von der Höhe des Volkseinkommens. Damit erstreckt sich das Interesse des Staates auf die langfristige Existenz wettbewerbsfähiger Unternehmen, die neben eigenen Steuerzahlungen, über Arbeitsplätze Einkommen schaffen.

Auch die Interessen der Gesellschaft wie Umweltschutz und Ruhe richten sich nicht an ein spezielles, sondern an alle Unternehmen.[505] Damit weist diese Gruppe der Stakeholder das geringste Konfliktpotential für einzelne Unternehmen aus.

3.3.2 Theoretische Lösungskonzepte

Im Hinblick auf die unterschiedlichen Funktionen Corporate Governance und der unterstellten Förderung des Unternehmenswertes unterscheiden sich theoretische Lösungskonzepte dadurch, welche Interessen jeweils zu berücksichtigen sind. In der Literatur werden dabei verschiedene Lösungsmodelle unterschieden.[506]

Im Zentrum dieser Arbeit steht die Möglichkeit der Reduktion von Agency-Kosten, welche eine Erhöhung des Unternehmenswerts ermöglicht. Dabei sollen alle Interessengruppen des Unternehmens berücksichtigt werden. In folgendem werden daher der Shareholder-Value-Ansatz und das Stakeholder -Modell näher untersucht.[507]

3.3.2.1 Shareholder-Value-Ansatz

Nicht erst seit Rappaport[508] den Begriff des Shareholder-Value formuliert hat, wird es aus finanzwirtschaftlicher Sicht als rational begründet, dass sich Unternehmen im Rahmen ihrer

---

[503]   Grundlage ist die jeweilige Steuergesetzgebung.
[504]   Bei direkter Einkommens- und Gewinnbesteuerung ist dieser Zusammenhang eindeutig.
[505]   Eine Ausnahme sind hier direkte Anwohner. Auch Ruhestörungen und Umweltschutz sind in Deutschland gesetzlich geregelt.
[506]   Vgl. Hawley/Williams (1996). Sie unterscheiden zwischen dem Finance Modell, dem Stewardship-Modell, dem Stakeholder-Modell und der Political-Modell. Turnbull (1997) und (2000) differenziert zwischen dem Simple-Finance-Modell, dem Stewardship-Modell, dem Stakeholder-Modell und dem Political-Modell. Letzteres erweitert er um Perspektiven der Kultur, der Macht und der Kybernetik. Vgl. Keasey et al. (1997) differenzieren zwischen dem Finance Modell, dem Myopic-Market-Modell, dem Machtmissbrauch des Managements und dem Stakeholder-Modell. Dabei kann das (simple) Finance Modell jeweils dem Shareholder-Value-Ansatz zugeordnet werden.
[507]   Diese Zweiteilung in gegensätzliche Paradigma ist in der Literatur häufig anzutreffen. Vgl. bspw. O´Sullivan (2000)
[508]   Vgl. Rappaport (1981) und (1986).

Entscheidungsprozesse am Marktwert ihres Eigenkapitals ausrichten.[509] Daran ansetzend ergibt sich im Rahmen des Shareholder-Value-Ansatzes die nachhaltige Erhöhung des Unternehmenswerts als erklärtes Unternehmensziel.[510] Dieser kann auf verschiedene Weise ermittelt werden, ergibt sich im Rahmen dieses Ansatzes jedoch meist nach dynamischen Investitionsmodellen durch Diskontierung der erwarteten zukünftigen freien Cashflows.[511] Bei börsennotierten Unternehmen ergibt er sich durch den Börsenkurs der Aktien.[512]

Der Shareholder-Value-Ansatz ist daher im Grundsatz ein Modell der Unternehmensbewertung. Die freien Cashflows stehen dabei nur den Eigentümern als Risikoträgern zu.[513] Möglichkeiten zu Maximierung des Unternehmenswertes bieten Werttreiber, welche die Höhe der Cashflows und/oder den Kapitalkostensatz bestimmen.

Im Rahmen der Corporate Governance begründet diese Ausrichtung der Unternehmenspolitik die Konzentration auf Interessenkonflikte zwischen Eigentümern und Management und innerhalb der Eigentümer.[514] Mögliche Problemstellungen, die sich aus den unterschiedlichen Interessenkonflikten der anderen Stakeholder ergeben können, bzw. deren Ansprüche an zu verteilenden Cashflows werden nicht berücksichtigt. Damit wird unterstellt, dass diese von den Stakeholdern an den jeweiligen Märkten durch einzelne Vertragsregelungen geklärt werden können und somit nicht als Element in das verfolgte Unternehmensziel eingehen.[515]

Diese deutliche Marktorientierung prägt auch die Lösungsmöglichkeiten, die in Bezug auf die berücksichtigten Konflikte zwischen Eigentümern und Managern bevorzugt werden. Dabei stehen effiziente Märkte,[516] insbesondere der Kapitalmarkt als Exit-Alternative und der Markt für Manager im Vordergrund, deren Effizienz ursächliche durch die Transparenz der Unternehmen beeinflusst wird. Diese Märkte können am effizientesten den notwendigen Druck auf Manager ausüben, sich im Sinne des Shareholder Values zu verhalten, da sie die Kosten des eigenen Fehlverhaltens den Managern selbst zuweisen und somit Anreize zur Selbstkontrolle setzen.[517]

Im Rahmen der Corporate Governance werden damit Mechanismen empfohlen, die Marktrestriktionen abbauen. Die Relevanz des Shareholder-Values als erklärtes Unternehmensziel können die Eigentümer durch Voice-Strategien, z. B. durch Ausübung ihrer Stimmrechte, sichern.[518] Im Hinblick auf die Problemstellungen der Agency-Problematik, welche weder

---

[509] Vgl. Fisher (1930), vgl. Modigliani/Miller (1958).
[510] Ausgehend von den USA hat sich dieser Ansatz auch in Europa oder Deutschland stark durchgesetzt, vgl. bspw. Schredelseker (2002) oder Coenenberg et al. (2003). Zur Kritik des Shareholder-Value-Ansatz vgl. Blair (1995), Turnbull (1997) und (2000) und Remer/Snethlage (2003).
[511] Für weitere Ansätze wie dem Economic Value Added vgl. Copeland et al. (2005), S. 471 ff.
[512] Eine Gleichsetzung unterstellt jedoch zumindest eine mittlere Informationseffizienz der Kapitalmärkte.
[513] Vgl. Fama/Jensen (1983).
[514] Vgl. Jensen/Meckling (1976), Fama (1980), Fama /Jensen (1983), für die Interessenkonflikte zwischen Groß- und Minderheitsaktionären Shleifer/Vishny (1997a), Becht et. al. (2002).
[515] Vgl. Clarke (2004b), S. 5.
[516] Vgl. Shleifer/Vishny (1997), S. 738.
[517] Vgl. Learmount (2002), S. 4.
[518] Vgl. Hart (1995).

durch Märkte noch Verträge perfekt gelöst werden können, wird zusätzlich auf interne Mechanismen wie Monitoring durch die Eigentümer, Bonding des Managements[519] und Anreizsysteme[520], welche die Interessen der Manager an die der Eigentümer angleichen, zurückgegriffen.[521]

3.3.2.2 Stakeholder-Modell

Im Rahmen der Stakeholder-Konzeption wird die Zielkongruenz von Eigenkapitalgeber und Unternehmen hinterfragt. Das Unternehmen selbst ist hier eine quasiöffentliche Institution, in der sich die Interessen unterschiedlichster Anspruchgruppen treffen. Dabei handelt es sich um komplementäre und gegenläufige Interessen von Gruppen oder Individuen, den Stakeholdern, innerhalb und außerhalb des Unternehmens, die im Unternehmensziel abgebildet werden.[522] Als Stakeholder werden dabei alle verstanden, welche in der Unternehmung einen (Ressourcen)-Einsatz, „stake", getätigt haben.[523] Dieser Stake begründet Ansprüche an das Unternehmen und kann durch das Verhalten des Unternehmens gefährdet werden. Damit entstehen gegenseitige Abhängigkeiten: die Stakeholder sind bei der Verfolgung ihrer Ziele auf das Unternehmen, das Unternehmen auf das Einbringen der Stake's angewiesen. Die Unternehmen sind dabei gefordert, als Oberziel die Maximierung der Summe der Überschüsse aller einzelnen Stakeholder anzustreben.

Im Rahmen der Corporate-Governance-Diskussion erweitert das Stakeholder-Modell die Anzahl der möglichen Interessenkonflikte, deren Ausgleich mit Agency-Kosten verbunden ist. Damit sind nicht nur den Eigentümern - sondern allen Stakeholdern - Möglichkeiten einzuräumen, das Verhalten der Manager steuern und kontrollieren zu können.[524] Dabei stehen

---

[519] Vgl Jensen/Meckling (1976), S. 310., vgl. Spremann (1987), S. 22., vgl. Shleifer/Vishny (1997), S. 743.
[520] Hier kann zwischen expliziten Anreizen - wie an den Unternehmenswert geknüpfte variable Entgeltbestandteile - und impliziten Anreizen - wie Karrierestreben der Manager – unterschieden werden. Vgl. Tirole (2001), S. 5f.
[521] Vgl. Williamson (1985), S. 32 f., vgl. Shleifer/Vishny (1997), S. 744.
[522] Vgl. Freeman (1984), S. 25 ff. Damit wird politisch die Legitimität des Unternehmens gestärkt. Gleichzeitig erhöhe sich damit die Effizienz des Unternehmens, die maßgeblich durch den Einsatz der Stakeholder bestimmt werden. Vgl. Kelly et al. (1997).
[523] Der Eigenkapitalgeber ist damit nur einer unter anderen Stakeholdern, neben Mitarbeiter, Kunden, Lieferanten, Gläubiger etc., welche hohe spezifische Investitionen leisten und keine Möglichkeit zur Diversifikation haben oder indirekt als Gemeinde betroffen sind. Diese negativen externen Effekte sollen durch das Oberziel, allen Interessengruppen zu nutzen, internalisiert werden- vgl. Blair (1995).
[524] Vgl. Remer/Snethlage (2003), S. 33. Damit werden den Stakeholdern Kontrollrechte eingeräumt. So werden in Deutschland mit Hilfe der Mitbestimmung, die Aufsichtsräte häufig mit Vertretern der Stakeholder besetzt. Nach Williamson ist hier zu unterscheiden: Stakeholder, die spezifische Investitionen geleistet haben – hier Eigentümer, Manager und Lieferanten- , können in den Vertragsverhandlungen bilaterale Absicherungen aushandeln: incentive realignments, spezielle Strukturen im Falle von Konflikten und Verhaltensregularien, welche das Festhalten im Vertragspartner signalisieren. Erst wenn diese Absicherungen nicht gegeben sind und die Stakeholder Teile des Residualrisikos tragen, empfiehlt er, Kontrollrechte zuzuteilen. Vgl. Williamson (1984), S. 1202 ff. Freeman/Edward (1990) erweitern dieses Modell um exogene Absicherungen durch das allgemeine Rechtssystem.

theoretisch die gleichen Instrumente zur Verfügung, welche im Rahmen des Shareholder-Values diskutiert werden; Monitoring, Bonding und Anreizsysteme.[525]

Im Rahmen des Stakeholder-Modells werden zudem drei Möglichkeiten formuliert, wie das Management zur Berücksichtigung der Interessen aller Stakeholder verpflichtet werden kann.[526] Die schwächste Methode der Implementierung bildet eine freiwillige Selbstverpflichtung des Managements. Neben den Problemstellungen, die sich aus Informationsasymmetrien und möglichen Diskrepanzen zwischen verbaler Verpflichtung und Umsetzung ergeben können, resultieren aus diesem nicht institutionalisierten Ansatz weitere Möglichkeiten für das Management zu opportunistischem Verhalten.[527] Ein schwach institutionalisierter Ansatz empfiehlt die Bildung eines Beirats, in dem alle Stakeholder-Gruppen vertreten sind. Diesem werden jedoch nur Informations- und keine Entscheidungsrechte zugeschrieben. Damit verringern sich zwar die Informationsasymmetrien, es erfolgt jedoch keine Zuweisung eines wirksamen Entscheidungs- oder Kontrollinstrumentariums an die Stakeholder. Diese sind im institutionalisierten Ansatz enthalten, der Vertretern der Stakeholdern Mit-sprache- und Kontrollrechte zuweist.[528]

Die Mechanismen der Corporate Governance, welche nach dem Shareholder-Value-Ansatz diskutiert werden, werden auch im Stakeholder-Modell berücksichtigt. Unterschiedlich sind zum einen jedoch die Empfehlungen, welche Mechanismen vorzuziehen sind. Während der Shareholder-Value-Ansatz stark marktorientiert ist, geht das Stakeholder-Modell dagegen von komplexen Beziehungen innerhalb und außerhalb des Unternehmens aus und verwirft damit die Prämisse möglichst vollkommener Märkte.[529] Zum anderen bezieht das Stakeholder-Modell Vertrauen, langfristige Vertragsbeziehungen und Geschäftsethik mit ein.[530]

Es bleibt jedoch in beiden Ansätzen Ziel und Funktion der Corporate Governance, Interessenkonflikte auszugleichen. Dabei sollen Agency-Kosten verringert und so der Unternehmenswert erhöht werden. Dabei wird unterstellt, dass sich dieser Effekt nicht ad hoc sondern erst mittel- bis langfristig ergibt. Ein langfristig möglichst hoher Unternehmenswert liegt dabei nicht nur im Interesse der Eigentümer als Untergruppe sondern im Interesse aller Stakeholder.[531]

---

[525] Vgl. Tirole (2001), S. 3.

[526] Vgl. für Folgendes Eberhardt (1998), S. 283.

[527] Misserfolge könnten beispielsweise durch notwendige Anspruchsentsprechung unterschiedlicher Stakeholder erklärt werden.

[528] Ein Element eines institutionalisierten Stakeholder Value-Ansatzes ist die Besetzung deutscher Aufsichtsräte, in denen neben Mitarbeitern häufig auch Kreditgeber, Lieferanten oder Vertreter der gesellschaftlichen oder politischen Öffentlichkeit vertreten sind. Dabei ist jedoch nur das Mitsprache- bzw. Kontrollrecht der Mitarbeiter im Rahmen der Mitbestimmung gesetzlich garantiert.

[529] Vgl. Remer/Snethlage (2003), S. 33.

[530] Vgl. Letza et al. (2004), S. 243. Sie geben einen aktuellen Überblick über beide Modelle, ihre Entwicklungen und jeweilige in der Literatur vertretene Kritikpunkte.

[531] Vgl. Hummler (2002), S. 89; vgl. Remer/Snethlage (2003), S. 26 ff.

3.4 Fazit der theoretischen Analyse

Aus den institutionenökonomischen Theorien der Unternehmung konnte die Notwendigkeit von Corporate Governance abgeleitet werden. Bei verwässerter Verteilung von Property Rights, bestehenden Informationsasymmetrien, der Berücksichtigung von Unsicherheit und nicht friktionslosen Märkten ist es weder möglich, Interessenkonflikte verschiedener am Unternehmen beteiligter Interessengruppen über Märkte noch über vollkommene bilaterale Verträge auszugleichen. Es bedarf der Corporate Governance, die Entscheidungsprozesse steuert, die ex ante nicht spezifiziert werden können, und so Kontrollrechte über das Vermögen verteilt. Die hohe praktische Bedeutung dieser theoretischen Aufgabenherleitung verdeutlichen die hohe Anzahl der am Unternehmen beteiligten Stakeholder und ein Überblick über zu berücksichtigende Interessenskonflikte.

Welche Mechanismen der Corporate Governance als effizient eingestuft werden, ist abhängig davon, welche Interessen das Unternehmensziel widerspiegeln soll. Damit wurden insbesondere die beiden opponierenden Paradigma des Shareholder- und des Stakeholder-Ansatzes relevant. Eine genauere Analyse zeigt jedoch, dass ein langfristig und nachhaltig steigender Unternehmenswert im Interesse aller Gruppen steht. Da dieser durch die Minderung jeglicher Agency-Kosten, ob zwischen Shareholder und Unternehmen oder Mitarbeitern und Unternehmen, gefördert wird, sind für diese Arbeit alle Interessenkonflikte relevant.

Die in der Literatur diskutierten Mechanismen der Corporate Governance sowie ihre unterstellte theoretische Verknüpfung mit Agency-Kosten können beiden Ansätzen zugeordnet werden und werden im folgenden Kapitel vorgestellt.

4 Interne Corporate-Governance-Mechanismen als Lösungsansätze – eine Analyse theoretischer und empirischer Forschungsergebnisse

Bestehende theoretische Modelle - sowohl der Share- als auch der Stakeholder-Ansatz - diskutieren eine Reihe von Mechanismen, die eine verbesserte Corporate Governance und damit steigende Unternehmenswerte gewährleisten sollen. Unterschiedlich ist die Auswahl derjenigen Mechanismen, welche jeweils als optimal dargestellt werden. Um den Zielsetzungen zu folgen, Handlungsempfehlungen für Unternehmen und Evaluationskriterien für Externe zu entwickeln, ist es sinnvoll, sich insbesondere auf die internen Mechanismen zu konzentrieren, welche durch das Unternehmen gestaltet werden können. Rein interne Mechanismen richten sich dabei sowohl direkt auf interne Organe und/oder Stakeholder als auch indirekt auf Strukturen des Unternehmens, deren Gestaltung durch diese Organe entschieden wird.

Diese theoretischen Ursache-Wirkungsverknüpfungen werden im Folgenden analysiert. Verfolgtes Ziel ist es, diejenigen Mechanismen zu identifizieren, denen aufgrund vorliegender wissenschaftlicher Erkenntnisse ein sinkender Einfluss auf Agency-Kosten und somit eine positive Verknüpfung mit Unternehmenswerten zugeschrieben werden kann.

Die Analyse dieser internen Mechanismen berücksichtigt dabei die im Folgenden herausgestellten Elemente:

Zum einen werden in der wissenschaftlichen Literatur aufgrund theoretischer Argumentationen positive Auswirkungen auf die Effizienz von Entscheidungsprozessen und damit auf den Unternehmenswert unterstellt. Diese beruhen bei der Mehrzahl der Insider-Mechanismen[532] auf der angenommenen Reduktion von Agency-Kosten durch Monitoring und Kontrolle. Sollte dabei die detaillierte Analyse theoretischer Ursache-Wirkungsbeziehungen der Insider-Elemente diese Ergebnisse ausweisen, werden im Anschluss für vertiefende Belege zusätzlich vorliegende empirische Studien herangezogen. Die Auswirkungen einzelner Mechanismen als Systemelemente können nicht unabhängig und isoliert betrachtet werden. Auf mögliche Interdependenzen wird jeweils im Rahmen der Einzelanalyse eingegangen, um dieser Komplexität Rechnung zu tragen. Um möglichst umfassende Ergebnisse erzielen und breite Gültigkeit der Empfehlungen erreichen zu können, wird zum anderen analysiert, ob und inwieweit die abgeleitete Wertsteigerung für alle Unternehmen unabhängig von weiteren Charakteristika unterstellt werden kann. Diese Generalisierbarkeit beeinflusst stark die jeweilige Zielgruppe für abzuleitende Handlungsempfehlungen bzw. die Aussagekraft und Vergleichbarkeit einer Corporate- Governance-Evaluation.

---

[532] Im Rahmen der Diskussion über die Effizienz von Aufsichtsgremien und über Anreizsysteme werden zusätzliche fördernde Wirkungen auf Entscheidungsprozesse und damit auf Unternehmenswerte diskutiert. Vgl. 4.3. und 4.4.

Sollte sich diese Generalisierbarkeit nicht ergeben, können die Unternehmensmerkmale bzw. unterschiedliche Ausprägungsarten herangezogen werden, um innerhalb der betrachteten Gruppe der börsennotierten Unternehmen zumindest relevante Teilgruppen bzw. Typologien zu identifizieren, für die eine Formulierung von Handlungsempfehlung möglich bleibt. Dabei sind derartige Unternehmensmerkmale relevant, welche als exogen gelten und somit nicht als eigener Corporate-Governance-Mechanismen zu werten sind.

Weitere Zielgruppe einer Analyse der Elemente guter Corporate Governance sind externe Stakeholder, insbesondere Investoren.

Im Rahmen der angestrebten Unterstützung von zu treffenden Investitionsentscheidungen ist demnach von Bedeutung, ob die entscheidenden Elemente des Mechanismus aus dem externen Blickwinkel eines informierten Investors identifiziert werden können.

	Theoretische positive Verknüpfung mit Unternehmenswerten	Vorliegende empirische Evidenz	Generalisierbarkeit	Externe Erkennbarkeit
Eigentümerstruktur				
Kapitalstruktur				
Aufsichtsgremien				
Anreizsysteme				
Transparenz				

Abbildung 6: Kriterien der Analyse

In der Literatur werden Eigentümerstrukturen und deren mögliche Konzentration als Insider-Mechanismus verstanden. Im Hinblick auf hier relevante börsennotierte Kapitalgesellschaften kann jedoch – zumindest kurzfristig – nicht von der somit implizierten direkten Beeinflussbarkeit der eigenen Aktionärsstruktur ausgegangen werden. Im Rahmen der angestrebten Ableitung von Handlungsempfehlungen für Unternehmen erscheint demnach ein Einbezug dieses Mechanismus in die weitere Analyse ungeeignet.

Da sich jedoch insbesondere für externe Investoren und damit bestehende bzw. potentielle Eigentümer durchaus eine Relevanz ergibt, erfolgt - der Tatsache Rechnung tragend, dass gleichzeitig die Entstehung verstreuter Eigentümerstruktur als relevante Ursache für

Governance-Problemstellungen betrachtet werden kann[533], - einführend eine Analyse der Konsequenzen unterschiedlicher Eigentümerstrukturen.

4.1 Eigentümerstruktur

4.1.1 Eigentümerstruktur als theoretischer Lösungsmechanismus

Im Rahmen der Entwicklung der Industrialisierung und des Kapitalismus entstanden erstmalig größere Kapitalgesellschaften, in denen es zur Trennung von Eigentum und Kontrolle kam. Neben ökonomischen Vorteilen, so konnten durch eine Vielzahl kleinerer Eigentümer große Projekte finanziert und durch spezialisierte Manager realisiert werden,[534] ergaben sich neue Problemstellungen. Diese resultieren aus der Konsequenz, dass es unwahrscheinlich ist, dass Manager knappe Ressourcen mit vergleichbarer Sorgfalt und Wachsamkeit wie Eigentümer einsetzen.[535] Berle/Means analysieren die Auswirkung konzentrierter ökonomischer Macht und sich verbreitender Streuung der Kontrollrechte auf die klassische Bedeutung von Eigentum.[536] Jensen/Meckling verknüpfen die Problematik mit der Agency-Theorie.[537]

Die Struktur der Eigentümer als Träger von Kontrollrechten bestimmt den Grad der Trennung von Eigentum und Kontrolle und ist somit zum einen Ursache für das Entstehen von Governance-Problemen.[538] Zum anderen werden bestimmte - und zwar konzentrierte – Eigentümerstrukturen als Lösungsmechanismus diskutiert.[539] Bei unterstelltem rationalem Verhalten ist Ziel eines jeden Investors, eine risikoadäquate Rendite zu erzielen.[540] Wenn diese nicht realisierbar erscheint, stehen generell die Handlungsalternativen „Exit" oder „Voice" ur Verfügung.[541] Dabei werden zusätzlich mehrere Instrumente zwischen diesen Extrema angeordnet.[542] Die unterstellte Kontrollwirkung, die mit Exit-Strategien verbunden wird, berücksichtigt, dass mit Verkäufen der Aktien Kursverluste verbunden sein werden. Diese erhö-

---

[533]   Vgl. Berle/Means (1932).
[534]   Vgl. Chandler (1987), S. 87.
[535]   So schon Smith (1776), S. 700.
[536]   Vgl. Berle/Means (1932) S. 311 f. Sie differenzieren zwischen passiven und aktiven Eigentümern und argumentieren, dass die Trennung von Eigentum und Kontrolle bewirke, dass das Unternehmen nicht mehr nur den Interessen der Eigentümer sondern den Interessen der gesamten Gesellschaft folge.
[537]   Vgl. Jensen/Meckling (1976). Vgl. 3.1.3.
[538]   Extreme Unterschiede finden sich beispielsweise zwischen kleinen Familienunternehmen und großen Aktiengesellschaften. Dabei ist nicht die Rechtsform ausschlaggebend: jede Rechtsform weist den Eigentümern bzw. Anteilseignern Stimmrechte und damit Kontrolle zu. Aufgrund der höheren Relevanz von Corporate Governance bei börsennotierten Aktiengesellschaften erfolgt hier eine Darstellung der Situation der Aktionäre.
[539]   Vgl. Shleifer/Vishny (1997) S. 739 Der positive Einfluss ist jedoch in der Literatur umstritten. Vgl. Bassen (2002) S. 57. Hier erfolgt keine Darstellung der Bedeutung von Mehrheitsanteilen, die von dem Management selbst gehalten werden. Diese Aspekte werden im Rahmen von Anreizsystemen diskutiert.
[540]   Für einen Überblick über die Theorie des nicht-rationalen Handelns und über Verhaltensanomalien einzelner Anleger und Gruppen auf Finanzmärkten vgl. Häcker (2003).
[541]   Vgl. Hirschman (1970). Die dritte Möglichkeit der „Joyality" impliziert, dass kein Einfluss genommen wird und sich die Aktionäre passiv und abwartend verhalten. Mit diesem Verhalten kann keine Erwartung verknüpft werden, welche die Corporate Governance der Unternehmen bessert, also Agency-Kosten verringert.
[542]   Vgl. Bassen (2002), S. 120.

hen wiederum die Wahrscheinlichkeit einer Übernahme des Unternehmens durch neue Eigentümer, welche das Management austauschen.[543] Bei einer breit gestreuten Aktionärsstruktur kann dieser Effekt jedoch nur erreicht werden, wenn die Mehrheit der Kleinaktionäre mit Verkäufen reagiert. Dies ist jedoch nur ex post, in der akuten Krisensituation, wahrscheinlich.[544] Um Voice-Strategien anwenden zu können, bedarf es der (rechtlichen) Möglichkeit und der Motivation.

Die Rechtstellung der Aktionäre sichert diesen Stimm- bzw. Kontrollrechte zu, die sie beispielsweise im Rahmen von Hauptversammlung ausüben können.[545] Gleichzeitig bieten die jeweiligen nationalen Rechtssysteme zusätzlichen Schutz.[546] Die Hauptversammlung gilt als übliche Gelegenheit, Kontrollrechte wahrzunehmen. Sie wird daher häufig als eigenes Corporate-Governance-Instrument diskutiert. Diese Funktion kann die Hauptversammlung jedoch nur erfüllen, wenn inhaltlich die Kontrolle von Managemententscheidungen eine relevante Rolle spielt. Die häufig geäußerte Kritik an Hauptversammlungen erscheint daher nachvollziehbar;[547] die Diskussion wird aber sehr kontrovers geführt.[548] Ein Argument der Kritiker ist die zu konstatierende geringe Präsenz von Aktionären, ergänzt durch das Argument, dass neben institutionellen Investoren[549] hauptsächlich Stimmrechtsvertreter (Proxy Votes) vertreten sind. Im Rahmen des US-amerikanischen Governance-Systems werden jedoch gerade Proxy Votes häufig als Möglichkeit des Managements interpretiert, sich der Kontrolle zu entzie-

---

[543] Vg. Manne (1965), S. 112 ff. Auf diese Wirkung wurde im Rahmen der Outsider-Mechanismen - hier Markt für Unternehmenskontrolle - intensiver eingegangen.

[544] Vgl. Bolton/von Thadden (1998). Bei existierenden Großaktionären sind daher Takeovers leichter durchzuführen. Vgl. Shleifer/Vishny (1986).

[545] In Deutschland sind dies nach § 119 Aktiengesetz folgende Mitbestimmungsrechte: Bestellung der Aufsichtsratsmitglieder, die nicht als Vertreter der Arbeitnehmer zu wählen sind, Verwendung des Bilanzgewinns, Entlastung von Vorstand und Aufsichtsrat, Bestellung des Abschlussprüfers, Satzungsänderungen, Kapitalerhöhungen oder Kapitalherabsetzungen, Bestellung von Prüfern für Gründungs- oder Geschäftsführungsvorgänge sowie die Auflösung der Gesellschaft.

[546] Vgl. Shleifer/Vishny (1997), S. 751 ff. Die Durchsetzung dieser Rechtsansprüche – beispielsweise Schutz vor Eigenhandel des Managements - bleibt jedoch schwierig, so dass allein der rechtliche Schutz den Investoren nicht gewährleisten kann, ihre Ansprüche durchzusetzen. Zur Beschreibung der Haftungsvorschriften der USA und Deutschland vgl. 2.2.3 und 2.2.4.

[547] Diese erfolgt sowohl generell als auch bezüglich des gewöhnlichen Ablaufs, der als ineffizient gilt. So wurde für auf einer Konferenz des Departments for Trade and Industry (DTI), UK, diskutiert, die Wettbewerbsfähigkeit der Aktiengesellschaften zu erhöhen, indem erlaubt würde, keine Hauptversammlungen abzuhalten. Vgl. Beckett (1998). In Deutschland bildete die Podiumsdiskussion zur „Zukunft der Hauptversammlung" einen Schwerpunkt der zweiten Konferenz Deutscher Corporate Governance Ko dex 2003, vgl. Breuer et al. (2003).

[548] Vgl. Strätling (2003).

[549] Für die Gruppe der institutionellen Investoren existieren mehrere Abgrenzungen. Die Deutsche Bundesbank berücksichtigt, dass institutionelle Investoren über große Anlagevermögen verfügen und bei ihrer Anlage professionell vorgehen. Vgl. Deutsche Bundesbank (1998), S. 56. In einer engeren Definition sind Versicherungen, Investmentgesellschaften, Pensionsfonds enthalten. Andere berücksichtigen auch Kreditinstitute, Beteiligungsgesellschaften. Vgl. Bassen (2002), S. 15 f. Die besondere Rolle der institutionellen Investoren in der Corporate-Governance-Diskussion wird später in diesem Kapitel erläutert. Diese nutzen ihre Stimmrechte auf der Hauptversammlung jedoch nur begrenzt. Vgl. Birds et al (2000) S. 361. Um die Reputation und das Image des Portfoliounternehmens möglichst nicht negativ zu berühren, ziehen es danach institutionelle Investoren häufig vor, Vorstands- und Aufsichtsratsmitglieder möglichst direkt zu kontaktieren und sehen von öffentlicher Kritik auf der Hauptversammlung ab.

hen.[550] Auch in Deutschland zeigt sich verstärkt eine sinkende Präsens auf Hauptversammlungen[551], so dass zudem Befürchtungen geäußert werden, dass eine Steuerung von zufälligen Mehrheiten möglich wird.[552]

Die rein rechtliche Voraussetzung ist damit gegeben. Relevant wird damit die vorhandene Motivation, diese Rechte auch aktiv zu nutzen. Aktionäre werden eine aktive Kontrolle - wie beispielsweise Informations- und Stimmrechte auf der Hauptversammlung - dann übernehmen, wenn sie sich davon einen höheren Nutzen versprechen, als ihnen durch die Inanspruchnahme – bspw. den Besuch der Haupt-versammlung und der Vorbereitung einer Entscheidung - Kosten entstehen. Mehrheitsaktionäre, die ein größeres Paket an Aktien halten, haben dabei größere Anreize, ihr Rede- und Stimmrecht auf der Hauptversammlung in Anspruch zu nehmen.

4.1.1.1 Mehrheitsaktionäre

Die Rechtsstellung von Einzel- oder Mehrheitsaktionären unterscheidet sich nicht. Es ergeben sich jedoch Unterschiede in der Motivation. In der Diskussion über Mehrheitsaktionäre wird dabei zwischen gemeinschaftlichem und privatem Nutzen der Kontrolle unterschieden.

Der gemeinschaftliche Nutzen ergibt sich aus der Verbesserung des Managements oder des Monitoring durch einen Mehrheitsaktionär und kommt allen Aktionären zu Gute. Der private Nutzen fällt dagegen nur den Mehrheitsaktionären selbst zu. Er kann dabei monetäre und nicht-monetäre Elemente wie Kooperationsvorteile enthalten. Dabei muss der private Nutzen nicht grundsätzlich eine Schlechterstellung der Minderheitsaktionäre bedeuten, die bspw. auch von möglichen Synergieeffekten profitieren können.[553] Hauptargument im Rahmen des gemeinschaftlichen Nutzens ist, dass die Kosten der aktiven Kontrolle erheblich sein können und von jedem Aktionär selbst zu tragen sind. Von dem Nutzen der ausgeübten Kontrolle profitieren jedoch alle Aktionäre, auch die passiven. So entsteht bei einer breit gestreuten Ak-

---

550   Vgl. Monks/Minow (2004), S 130 f. und 220 f.

551   Vgl. DAI (2001) Für Deutschland ergab sich bspw. im Jahre 2001 nach einer Untersuchung des DAI für die Dax-Unternehmen nur eine durchschnittliche Präsenz von 55 % bei einer auffallenden Zurückhaltung privater und ausländischer institutioneller Investoren. Als Lösungsmöglichkeiten werden dabei Internetübertragungen von Hauptversammlungen und Stimmrechtsabgaben per Internet diskutiert. Beide Lösungsansätze sind Bestandteil des DCGK. Vgl. von Rosen (2002). Für die Möglichkeiten der Übertragung von Stimmrechten an Banken in Deutschland oder Proxy Votes der USA vgl. 2.2.1 und 2.2.2.

552   Vgl. o. V. (2005a). Zusätzlich diskutierter Anreiz, insbesondere auch für institutionelle Investoren, ist ein an die Präsenz gekoppelter zusätzlicher Dividendenbonus. Diese Forderung unterstützt auch die Deutsche Schutzvereinigung für Wertpapierbesitz (DSW), vgl. o. V. (2005b).

553   Vgl. Holderness (2003). Gemessen werden kann dieser private Nutzen durch den Vergleich von (höheren) Preisen, die für Mehrheitsanteile, die nicht über die Börse sondern direkt erworben werden, gezahlt werden mit den aktuell notierten Aktienkursen. Vgl. Barclay/Holderness (1989); vgl. Dyck/Zingales (2004). Ein weiteres Argument liefern Yafeh/Yosha (2003). Sie zeigen, dass sich bei einer konzentrierten Eigentümerstruktur dem Management weniger Spielraum für Ausgaben ihres privaten Nutzens wie für Unterhaltung bietet. Demsetz/Lehn (1985) argumentieren, man müsse die Vorteile der Kontrolle durch Mehrheitsaktionäre mit möglichen Nachteilen wie erhöhtem Risiko oder niedrigerer Liquidität vergleichen.

tionärsstruktur eine Free-Rider-Problematik.[554] Es ist für den Kleinaktionär rational, sich passiv zu verhalten, und so ohne eigene Kosten von der Kontrolle durch Mehrheitsaktionäre zu profitieren. Empirische Ergebnisse über die niedrige Präsenz von Kleinaktionären auf Hauptversammlungen bestätigen die Zunahme dieser Passivität.[555] Mit steigender Größe des Aktienpakets[556] relativiert sich dieses Argument. Die individuellen Kosten der Kontrolle sind unabhängig von der Größe der jeweiligen Beteiligung. Der dem Aktionäre zurechenbare Nutzen durch aktiv ausgeübte Kontrolle steigt jedoch mit der Höhe des Anteilsbesitzes.[557] Damit steigt mit der Höhe der Beteiligung, verbundene Stimmrechte unterstellt, nicht nur die Macht, sondern auch die Motivation des Aktionärs, Managemententscheidungen zu beeinflussen oder sogar das Management auszutauschen. Nach dieser Argumentation wird bei einer konzentrierten Aktionärsstruktur aktive Kontrolle wahrscheinlicher.

Diese weist zudem den Vorteil der Dynamik aus. Während bei weit gestreuter Aktionärsstruktur eine Kontrolle durch Exit-Strategien einmalig und hauptsächlich im Falle einer Unternehmenskrise ex post erfolgt, ergibt sich hier die Möglichkeit der fortwährenden Kontrolle.[558]

Ergänzende wirken auf die Motivation zur aktiven Kontrolle jedoch gleichzeitig weitere endogene und exogene Faktoren.[559] So kann mit der wachsender Höhe der Beteiligung auch eine klassische Trade-Off-Situation entstehen. Den verbesserten Möglichkeiten und der erhöhten Motivation der Mehrheits-aktionäre, aktive Kontrolle auszuüben, steht der Wunsch nach optimaler Risikodiversifikation entgegen. Diese entsteht bei möglichst breit gestreutem Anteilsbesitz im eigenen Portfolio.[560] So zieht es der Großaktionär möglicherweise vor, sein Portfolio höher zu diversifizieren, auch wenn damit Möglichkeiten und persönlicher Nutzen einer aktiven Kontrolle jeweils sinken.[561] Eine gegensätzliche Wirkung dieses Wunsches nach optimaler Diversifikation unterstellen Monks/Minow (1991). Danach verhindert der Wunsch, die Diversifikation des Portfolios zu erhalten, eine ansonsten erfolgende Exit-Strategie. Damit erhöht sich die Wahrscheinlichkeit von Voice-Stratgien.[562]

---

[554]   Vgl. Großmann/Hart (1980) S. 42. Die direkte Kontrolle durch Anteilseigner erweist sich bei breitgestreuter Aktionärsstruktur durch diese hohen externen Effekte als öffentliches Gut. Vgl. Shleifer/Vishny (1986), S. 462; vgl. Allen/Gale (2000), S. 44; vgl. Dyck/Zingales (2004), S. 541.

[555]   Vgl. DAI (2001).

[556]   Für empirische Belege zur Aktionärsstruktur in Deutschland und den USA und die US-amerikanischen Begrenzungen von Beteiligungshöhen vgl. 2.1.2.3. bzw. 2.1.2.4.

[557]   Vgl. Black (1997). Die Nutzenfunktion steigt nicht linear sondern exponential mit steigendem Anteilsbesitz. Je nach Höhe der individuellen Kosten (Entfernung und damit Reisekosten etc.) ergibt sich somit ein kritischer Anteilsbesitz, ab dem die direkte Kontrolle lohnenswert ist.

[558]   Vgl. Bolton/von Thadden (1998). Damit wird ein langfristiger Anlagehorizont der Großaktionär unterstellt. Demgegenüber argumentiert Noe (2002), dass Anteilsgröße nicht ausschlaggebend für die Entscheidung zur aktiven Kontrolle sei. In seiner Untersuchung finden sich sowohl große als auch kleine Investoren, die sich entscheiden, aktiv oder passiv zu kontrollieren.

[559]   Hier werde im Folgenden nur monovariate Modelle vorgestellt. Für multivariate Ansätze vgl. Bassen (2002), S. 80 ff.

[560]   Vgl. Becht et al. (2002), S. 32.

[561]   Vgl. Admati et al. (1994).

[562]   Vgl. Monks/Minow (1991).

Mit der Höhe des Anteilsbesitzes steigt zudem die Gefahr, dass Exit-Strategien als Reaktion auf eine enttäuschende Performance nur mit der Realisation weiterer, hoher Kursverluste verbunden sind. Um diese zu vermeiden, erhöht sich die Motivation, zunehmend Voice-Strategien der aktiven Kontrolle einzusetzen.[563]

Zusätzlich wird die Bereitschaft zur aktiven Kontrolle von der vorhandenen Sekundärmarktliquidität[564] bestimmt. Auch diese Wirkungsrichtung ist dabei umstritten. Während eine hohe Liquidität es zum einen erleichtern kann, eine Mehrheitsbeteiligung überhaupt aufzubauen und so seine Kontrollmöglichkeiten zu erhöhen,[565] wird es durch schwindenden Preisdruck zum anderen leichter, eine Exit-Strategie anzuwenden.[566] Damit erscheint es unwahrscheinlicher, dass der Aktionär die Kosten der direkten Kontrolle im Rahmen von Voice-Strategien übernimmt.[567]

Blacks Vergleich der Instrumente - aktive Kontrolle durch Mehrheitsaktionäre und Liquidität - zeigt, dass sich beide gegenseitig dominieren können.[568] Ausschlaggebend sei dann das Ausmaß, indem die Möglichkeit, Mehrheitsanteile zu halten, reguliert ist. Bei starker Regulierung von Mehrheitsbeteiligungen wäre ein System mit breiter Aktionärsstruktur, welches auf dem Mechanismus Übernahmen aufgebaut ist, vorzuziehen. Gleichwohl können gesetzliche Hemmnisse für Takeovers die Bereitschaft zur aktiven Kontrolle auch erhöhen.[569]

Es ergeben sich demnach zusätzliche Faktoren, welche die theoretisch positive Governance-Wirkung beeinflussen können.

---

[563] Vgl. Gillan/Starks (2000), S. 278.
[564] Eine ausreichende Sekundärmarktliquidität ist dadurch gekennzeichnet, dass jederzeit Wertpapierpositionen jeglicher Größe gehandelt werden können, ohne dass dadurch wesentliche Kursveränderungen ausgelöst werden. Vgl. Bassen (2002), S. 72.
[565] Vgl. Maug (1998).
[566] Vgl. Black (1990).
[567] Vgl. Holmström/Tirole (1993). Sie argumentieren, dass Großanleger ihre Beteiligung bewusst limitieren, um die Sekundärmarktliquidität und damit einen effizienten Kapitalmarkt zu erhalten. Unterstellt wird dabei, dass die Anleger ein internes Portfoliomanagement betreiben. Dabei liefere nur ein liquider Markt durch die Kursbildung wertvolle Informationen über den aktuellen Unternehmenswert. Dieser könnte dann über die Berücksichtigung in Entgeltsystemen bessere Anreize für das Management setzen. Eine Weiterentwicklung dieser Argumentation begründet zudem, dass liquide Sekundärmärkte und damit bessere Preisbildung die Kosten der Kontrolle für Großinvestoren senken können. Gleichzeitig erhöhe sich die Motivation zur Kontrolle, da der zusätzliche Nutzen im Unternehmenswert in den Aktiennotierungen ablesbar und damit realisierbar ist. Es ergibt sich ein optimaler Grad der Liquidität und damit des Unternehmensanteil, für den höchsten Anreiz zur Kontrolle gibt. Diskutiert wird diese Argumentation insbesondere in Bezug auf Start-Up-Unternehmen und Venture Capital-Finanzierung. Vgl. Aghion et al. (2000 und 2004). Ähnlich wie Holmström/Tirole argumentieren auch Del Guercio/Hawkins (1999) im Hinblick auf aktive Kontrolle durch Pensionsfonds mit der Nutzung von Informationsvorsprüngen. Ähnliche Meinung, dass Liquidität und aktive Kontrolle gegensätzlich verknüpft sind, vertreten auch Coffee (1991) und Bhide (1994). Maug (1998) sieht diesen Trade-Off dagegen nicht, sondern argumentiert, dass hohe Liquidität den Aufbau großer Beteiligungen erst ermöglicht. Ähnlich zeigt Noe (2002), dass zwischen konzentriertem (institutionellem) Anteilsbesitz und Liquidität keine monotone Beziehung besteht.
[568] Vgl. Black (1990).
[569] Vgl. Black (1992).

Konzentrierte Eigentümerstruktur	
Theoretische Begründung positiver Corporate Governance-Wirkung	• Geringere Free-Rider Problematik • Größe Durchsetzungsmacht
Zusätzliche Faktoren	• Wunsch nach Diversifikation • Drohende Kursverluste bei Exit • Sekundärmarktliquidität • Regulierung

Abbildung 7: Theoretische Wirkung konzentrierter Eigentümerstruktur

4.1.1.2 Institutionelle Investoren

Einer Gruppe von Aktionären, den institutionellen Investoren, wird eine besondere Bedeutung zur Förderung der Corporate Governance zugewiesen.[570] Neben obigen Argumenten[571] werden hier zusätzliche Motivatoren und Instrumentarien betont, welche gewährleisten können, dass eine aktive Kontrolle ausgeübt werden kann und wird. [572]

Hauptargument für eine vermutete Voice-Strategie liegt wiederum darin, dass dieses Verhalten erwartet werden kann, wenn die erwarteten Kosten der aktiven Kontrolle durch den erwarteten Nutzenzuwachs durch höhere Wertsteigerungen oder sinkendes Risiko zumindest ausgeglichen werden. Dabei erscheint wahrscheinlich, dass sich dieses Verhältnis bei institutionellen Investoren günstiger darstellt.[573] Verbesserte Corporate Governance wird dabei über sinkende Agency-Kosten mit steigenden Unternehmenswerten verknüpft. Eine unterstellte Risikominderung über Corporate Governance kann bei unsystematischem Risiko über größere Portfoliovolumina[574] und bei systematischem Risiko über verbesserte Kontrolle von Managemententscheidungen erfolgen.[575]

---

[570] Vgl. z. B. La Porta et al. (1999).
[571] Diese Zuordnung der Gruppe der institutionellen Investoren ist üblich, auch wenn sie nach nationalem Corporate-Governance-System bzw. bestehender Regulierung in Anteilshöhen institutioneller Investoren variieren.
[572] Vgl. für eine detaillierte Diskussion Bassen (2002), S. 54 ff.; Gillan/Starks (2000) und 2003); Zöllner (2005).
[573] Gleichwohl ergibt sich auch hier im Rahmen des gemeinschaftlichen Nutzens eine Free-Rider- Problematik, da Wertsteigerungen oder sinkende Volatilität auch anderen Investoren zu Gute kommt. Von Befürwortern der aktiven Kontrolle durch institutionelle Investoren wird dieses als positiver externer Effekt betont. Vgl. Gillan/Starks (2003), S. 11.
[574] Es erhöht sich mit der Anzahl der in Portfolios enthaltenen Einzelinvestments die naive Diversifikation. Dabei wird berücksichtigt, dass Einzelinvestments nicht unendlich teilbar sind. Dies begründet den Zusammenhang zwischen der Höhe des Anlagevolumens und der Möglichkeit zur Diversifikation. Vgl. Markowitz (1959), S 89. Schmidt (2003) zeigt in einer empirischen Untersuchung für Deutschland, dass erst bei einer Anzahl von 200 Einzelengagements das diversifizierbare Risiko vollständig eliminiert ist.
[575] Das nicht diversifizierbare Risiko wird dabei durch die Unsicherheit des Returns on Investment bestimmt. Vgl. Porter (2004), S 5 ff. Damit steht die Effizienz von Investitionsentscheidungen im Vordergrund. Im Rahmen der aktiven Kontrolle durch Besetzung von Aufsichtsratsmandaten können so bei

96

Die Implementierung und Verbesserung der Corporate Governance als Mittel zur Senkung von Kapitalkosten und damit zur Wertsteigerung ist ein Hauptanliegen institutioneller Investoren. Die Praxis zeigt, dass institutionelle Investoren zunehmend konkrete Forderungen an unternehmensindividuelle Corporate Governance stellen und Einfluss auf deren Gestaltung nehmen.[576] Gleichzeitig kann durch die aktive Kontrolle selbst der Informationsstand verbessert und so Asymmetrien abgebaut werden. Dieses begründet den privaten Nutzen der Kontrolle. Es betrifft neben öffentlichen auch private Informationen, die durch die häufig bestehenden engen Kontakte institutioneller Investoren zu Portfolio-Unternehmen möglich scheinen.[577] Des Weiteren stehen zusätzliche Instrumente der Einflussnahme auf das Management zur Verfügung. So wird mit bestehenden Möglichkeiten der Öffentlichkeitsarbeit,[578] Nutzung der Hauptversammlung durch Beeinflussung der Tagesordnung, Redebeiträge oder Stimmrechte, persönlichen Gespräche und der Bestellung von Aufsichtsräten argumentiert. Diese Instrumentarien können eingesetzt werden, um das Verhalten und die Entscheidungsprozesse des Managements im Sinne der Shareholder zu beeinflussen.

Insbesondere für institutionelle Investoren ergeben sich Auswirkungen durch Regulierung. Dies betrifft u.a. Regelungen zum Eigenhandel und Ausweispflichten.[579] Diese können die Motivation zur aktiven Kontrolle hemmen, aber auch positiv wirken: so ergeben sich für Fondsmanager weniger Möglichkeiten des Eigenhandels.[580] An dem positiven Einfluss institutioneller Investoren auf Corporate Governance entsteht durch folgende Argumentationen

---

[576] spielsweise Entscheidungen des Managements verhindert werden, die nur eigennützigen Zielen wie Reputationserhöhung dienen, aber vermutlich negative Cashflows ausweisen. Bonds von Emittenten mit einer größeren Präsenz von institutionellen Investoren weisen nach Bhojraj/Sengupta (2003) bessere Ratings und niedrigere Renditen aus. Die Unternehmen haben somit geringere Kapitalkosten und das Rating impliziert ein geringeres Ausfallrisiko.

Vgl. Bassen (2002a) S. 52 ff. und 97 ff. Es werden Anforderungskataloge von CalPERS und deutscher Institutionen wie z. B. der DSW vorgestellt. Eine Umfrage der DSW mit Feri Trust im Jahre 2004 zeigt für deutschen Fonds, dass nur 9% der Corporate Governance in ihrem Management eine geringe Bedeutung zuweisen. 44% weisen eine durchschnittliche, 47% eine hohe Bedeutung zu. Gleichzeitig gehen 25% von einem offensichtlicher Beziehung zwischen Corporate Governance und Performance einer Aktie aus, 64% halten diese Verknüpfung für wahrscheinlich und nur 11% sehen keine Beziehung. 49% geben an, als Aktionäre eine aktive Rolle zu spielen, 46% bezeichnen sich als passiv, wollen aber in Zukunft aktiver werden und nur 5% sehen sich jetzt und in Zukunft als passive Aktionäre. Vgl. DSW (2004).

[577] Um diese privaten Informationen bzw. den Informationsvorsprung ausnutzen zu können, ist eine hohe Sekundärmarktliquidität notwendig. Vgl. Holström/Tirole (1993). In Deutschland ist das Ausnutzen von Insiderinformationen, deren allgemeine Kenntnis mit wahrscheinlichen Kursveränderungen verbunden werden kann, nach § 15 WpHG verboten.

[578] Bspw. die Veröffentlichung von Anforderungskatalogen, was durch CalPERS und andere große Investoren auch für Corporate Governance bekannt wurde; durch Rankings oder Veröffentlichungen in der Fachpresse.

[579] Gerade in den USA bestehen traditionell Regulierungen, welche gestreuten Aktienbesitz und Marktliquidität fördern, aber die aktive Aktionärskontrolle durch institutionelle Investoren erschweren. Vgl. Black (1990); vgl. Coffee (1991). Hierzu gehören neben Grenzen der Höchstbeteiligung Regeln zum Insiderhandel und zu Ausweispflichten. Erst in den Jahren nach 1990 flexibilisierten sich die Regeln. So wurde von der SEC die Möglichkeit gegeben, dass Aktionäre miteinander kommunizieren und gemeinsame Proposals einreichen können. Mit dem Glass-Steagall Act verschwand 1999 das Verbot, dass Banken direkt Aktionäre sein können.

[580] Dieser könnte sich zu Lasten von Minderheitsaktionären auswirken. Vgl. Becht et al. (2002) S. 38. Diese Problematik wird unten intensiver verdeutlicht.

jedoch weitere Skepsis. Diese implizieren zum einen, dass eine große Machtstellung des Investors auch negative Auswirkungen auf die Unternehmensentwicklung haben kann. Wenn der Investor beispielsweise bestimmte Mitarbeiter oder Vertreter des Managements unterstützt, so könnte dieser davon absehen, wichtige unternehmensspezifische Investitionen zu leisten.[581] Gleichzeitig könnte „over-monitoring" das Management in seiner Entscheidungsfreiheit zu sehr einschränken.[582] Zum anderen berücksichtigen weitere kritische Anmerkungen die besondere Rolle des institutionellen Investors, der fiduziarisch das Vermögen anderer verwaltet. So ist nicht er selbst direkt Aktionär des Unternehmens, in welches er investiert und welches er kontrolliert. Es ergibt sich daher eine weitere Principal-Agent-Beziehung: der Investor ist Principal gegenüber dem Portfoliounternehmen und gleichzeitig Agent seiner Kapitalgeber. Diese Doppelrolle kann Konflikte fördern und somit Agency-Kosten begründen.[583]

So wird herausgestellt, dass Fondsmanager – im Gegensatz zu den Kapitalgebern des Fonds – „myopic"[584] seien.[585] Somit seien auch ihre jeweiligen Portfoliounternehmen gezwungen, langfristige Investitionen zu Gunsten kurzfristiger Börsenperformance zu reduzieren, sodass eine langfristige Steigerung des Unternehmenswertes gefährdet sei.[586] Unter der Prämisse, dass sich eine Verbesserung der Corporate Governance erst langfristig im Unternehmenswert abzeichnen wird, erscheint zumindest im Rahmen dieser Argumentation ein tatsächliches Engagement des institutionellen Investors für eine verbesserte Corporate Governance fraglich.[587] Als ein mögliches Instrument, die Interessen von Fondsmanagern und Kapitalanlegern anzugleichen, können übliche Performance-Benchmarks als Anreize für institutionelle Investoren herangezogen werden.[588] Dabei dominieren als externe Benchmarks Börsenindices und Peer-Group-Benchmarks[589] und als interne kundenorientierte individuelle Benchmarks. Diese werden jedoch üblicherweise vierteljährlich erhoben, so dass unwahrscheinlich erscheint, so den Anlagehorizont der Fondsmanager verlängern zu können. Gleichzeitig lässt ein Verpassen

---

[581]   Vgl. Becht et al. (2002), S. 35.
[582]   Vgl. Pagano/Röell (1998). Dies ist hier ein Grund für den Börsengang, der die Möglichkeit bietet, sich von einem dominierenden Gründungseigentümer oder Venture Capitalist zu befreien.
[583]   Vgl. für eine detaillierte Diskussion Ingley/van der Walt (2004).
[584]   Ursprung des in der angloamerikanischen Literatur in dieser Diskussion verwendeten Begriffs „myopic" ist das griechische „Myopia". Hier drückt es aus, dass Fondsmanager kurzfristige Anlageziele verfolgen und auf kurzfristige Kursbewegungen reagieren. Im Deutschen wird die Übersetzung des Begriffs hauptsächlich im Rahmen der Medizin für die Kurzsichtigkeit verwendet. Da durchaus Unterschiede zwischen einer kurzsichtigen und einer kurzfristigen Sichtweise bestehen, wird auf eine Übersetzung verzichtet und weiter der Begriff „myopic" verwendet.
[585]   Vgl. Monks (2002), S. 119. Es wird daher von den Aktionären selbst mehr aktive Kontrolle gefordert.
[586]   Vgl. Parthiban/Kochhar (1996); vgl. Porter (1992). Demgegenüber zeigt Bushee (1998), dass Unternehmen mit hohem Anteil institutioneller Aktionäre höhere Ausgaben für Forschung und Entwicklung haben. Dies wird als Beleg dafür gewertet, dass institutionelle Investoren es dem Management sogar erleichtern, sich langfristig zu orientieren. Diese Verbindung zwischen Forschung- und Entwicklungsausgaben und institutionellen Aktionären können Wahal/McConnell (2000) jedoch nicht bestätigen.
[587]   Internationale Umfragen, die gegenteilige Ergebnisse ausweisen, beruhen auf Umfragen und können so jeweils nur Absichten erfassen, nicht deren tatsächliches Umsetzen.
[588]   Vgl. für UK Blake/Timmermann (2002).
[589]   Dabei werden Vergleiche mit den Ergebnissen anderer Fonds herangezogen.

der Benchmarks informierte Kapitalanleger zu anderen Fonds wechseln.[590] Insbesondere unter Berücksichtigung des zunehmenden Wettbewerbs zwischen Investmentfonds um Anlegerkapital gewinnt dieses Argument an Bedeutung. Ergebnisse für Großbritannien zeigen, dass insbesondere Peer-Group-Benchmarks in Verbindung mit einer Vergütungsstruktur, die nicht an Performance sondern an Jahresendwerte geknüpft ist, Herdenverhalten und passive Kontrolle fördern.[591] Zudem wird an der Eignung von Fondsmanagern zur Kontrolle gezweifelt, welche durch die akzeptierte Anwendung professioneller Anlagestrategien nicht abgedeckt sei.[592]

Neben diesen Argumentationen kann zwischen (Unter-)Gruppen institutioneller Investoren nach Motivationsunterschieden differenziert werden.

Brickley et al.[593] unterscheiden dabei das Verhalten von drucksensiblen (bspw. Versicherungen) und druckunsensiblen Investoren (bspw. Pensions- und Investmentfonds). Für drucksensible Investoren ergeben sich dabei häufig Interessenkonflikte. Diese erhöhen die Wahrscheinlichkeit, dass diese es eher vermeiden, gegen das Management zu agieren, um aktuelle oder zukünftig mögliche Geschäftsbeziehungen nicht zu gefährden.[594]

Zusätzlichen Einfluss auf Beweggründe zur aktiven Kontrolle wird der jeweils verfolgten Anlagestrategie des Fonds zugeschrieben. In den USA starteten beispielsweise Pensionsfonds gleichzeitig mit einer stärkeren Orientierung an der Performance von Portfolios ihre Aktivitäten in Hinblick auf verbesserte Corporate Governance von Zielunternehmen.[595] Der zunehmende Wettbewerb um Anlagekapital und die Evaluation von Investmentfonds auf der Grundlage ihrer Performance verstärkt dabei die Ausrichtung der Fonds am Shareholder-Value,[596] so dass sich die Bereitschaft zur aktiven Rolle auch bei kleinen Anteilshöhen erhöht. Gleichwohl kann nur bei aktivem, internen Portfoliomanagement, welches das Aufbauen von Informationsvorsprüngen gestattet, von der Möglichkeit und der Motivation zur aktiven Kontrolle ausgegangen werden.[597] Ein weiteres Element der Anlagestrategie ist die Ausrichtung an Vergleichsindices und damit das Ziel, diesen möglichst zu folgen bzw. sogar reine Indexfonds zu verwalten.[598] Daraus können sich Zielkonflikte und damit Hindernisse oder sogar Restrik-

---

[590]   Vgl. Gerke et al. (2000).
[591]   Vgl. Blake/Timmermann (2002), S. 117 f.
[592]   Vgl. Prowse (1991). Andere argumentieren gegensätzlich. So ergäben sich auch bei der Kontrolle Größenvorteile, da sich Managementstrategien und Krisenursachen innerhalb der Unternehmen nicht grundsätzlich unterschieden würden. Vgl. Black (1997).
[593]   Vgl. Brickley et al. (1988). Vgl. für ähnliche Ergebnisse im Bezug auf Marktreaktionen auf Ankündigungen von Takeovers Borokhovich et al. (2004). Almazan et al. unterscheiden die gleichen Gruppen als potentiell aktive und passive Investoren. Vgl. Almazan et al. (2003). Andere diskutieren diese Problematik unter dem Stichwort „Verflechtungen". Vgl. Bassen (2002), S. 77 ff.
[594]   Dieses Argument wird für alle Großinvestoren mit zusätzlichen Interessen herangezogen. Vgl. die unten folgende Darstellung der Problematik zur Gleichbehandlung von Aktionären
[595]   Vgl. Gillan/Starks (2000), S. 278.
[596]   Vgl. BVI (2004a) S. 78
[597]   Vgl. Del Guercio/Hawkins (1999), S. 300 ff.
[598]   Diese passive Anlagestrategie verbreitet sich zunehmend. Im Jahr 2002 machen Exchange Traded Funds, welche Indizes exakt abbilden und zudem an der Börse fortlaufend notiert werden, schon 10% des Gesamtvolumens am Fondsmarkt aus. Auch in Europa bzw. in Deutschland wächst der Markt seit

tionen ergeben, Beteiligungen an unterdurchschnittlich performenden Unternehmen abzubau-
en. Es erscheint wahrscheinlich, dass sich die Motivation, durch aktive Kontrolle und verbesserte Corporate Governance die Performance zu verbessern, erhöht.[599]

Erst in letzter Zeit ist ein verbreiteter Einfluss von Hedge Fonds auch am deutschen Kapitalmarkt zu verzeichnen.[600] Diese zeichnen sich u.a. dadurch aus, dass sie zusätzliche Anlagestrategien wie das Shorten in (geliehenen) Aktien einsetzen, um auch in Situationen wahrscheinlich sinkender Kapitalmarktbewertungen durch späteres Zurückkaufen Kursgewinne
realisieren zu können. Die Finanzierung erfolgt zudem häufig über Kredite, um Leverage-
Effekte nutzen zu können.[601] Diese Anlagestrategien selbst und/oder deren Publikation können zum einen den Druck auf die Marktbewertung eines Unternehmens verstärken und/oder
beschleunigen. Gleichzeitig kann die Sekundärmarktliquidität steigen, so dass die kontrollierende Wirkung des Marktes für Unternehmenskontrolle durch eine erhöhte Wahrscheinlichkeit einer Übernahme vermutlich gefördert wird. Eine Veränderung im Rahmen von möglichen Voice-Strategien erscheint dagegen eher unwahrscheinlich[602], zudem sich für Hedge
Fonds bei Unternehmen, in denen sie Short-Positionen führen, keine rechtliche Legitimation
ergibt.[603] Durch die fehlende Indexorientierung der verfolgten Anlagestrategie[604] entfallen
auch deren Anreize, Voice-Strategien zu verfolgen.Unter der Gruppe institutioneller Investoren ergibt sich wiederum ein besonderes Bild, wenn diese gleichzeitig Gläubiger des Unternehmens sind. Im Hinblick auf ihre dominante Rolle im deutschen Finanzsystem empfiehlt es
sich daher, die Rolle von Banken gesondert zu betrachten.Für Banken als Kreditgeber können
sich Informationsasymmetrien verringern, wenn sie verbesserten Zugang zu Informationen
des finanzierten Unternehmens haben.[605] Dadurch sinken für das Unternehmen zum einen die
Agency-Kosten der Fremdfinanzierung,[606] zum anderen ermöglichen diese Informationen

---

[599]   dem beträchtlich. Vgl. o. V. (2002). Im Jahre 2003 gab es allein in Deutschland 164 Indexfonds. Vgl.
BVI (2004b), S. 112.

Vgl. Del Guercio/Hawkins (1999), S. 300 f., Carleton et al. (1998) zeigen, dass TIAA-CREF (Teachers
Insurance and Annuity Association - College Retirement Equities Fund, New York) 80% des Inlands-
portfolios indizieren.

[600]   Diese Expansion ist weltweit zu verzeichnen und bezieht sich sowohl auf die Anzahl der Fonds als auch
auf die verwalteten Asset-Volumina. Vgl. Schuster (2005), S. 12.

[601]   Vgl. Schuster (2005), S. 1.

[602]   Bei Portfoliounternehmen, in denen Longpositionen gehalten werden, ist dabei international zu erkennen, dass sie Corporate Governance nachhaltig vertreten. Dieses Verhalten entspricht jedoch dem Verhalten institutioneller Investoren generell und kann daher nicht spezifisch Hedge-Fonds zugeschrieben
werden.

[603]   Die Intervention von Hedge-Fonds im Rahmen der Ablösung des Vorstandes der Deutschen Börse AG
im Jahre 2005 kann hier als Gegenbeispiel herangezogen werden, wird jedoch eher als Einzelfall angesehen. Zudem handelte es sich hier um ein gemeinschaftliches Vorgehen von Hedgefonds mit klassischen institutionellen Investoren. Vgl. Becker (2005).

[604]   Sie richten sich nach Peer-Group-Indizes, so dass eine Angleichung der Strategien wahrscheinlich wird.
Vgl. Schuster (2005), S. 1 f.

[605]   Die Motivation, diese Informationen zur Kontrolle zu nutzen, ist jedoch abhängig von der Vertragsgestaltung der Kreditverträge. Rajan/Diamond zeigen, dass es für die Bank als Kontrollbeauftragte nur
Anreize zur aktiven Kontrolle gibt, wenn es u. a. keine Kreditversicherungen gibt. Vgl. Rajan/Diamond
(2000). Eine weitere Diskussion dieses Instruments zur Verbesserung der Corporate Governance erfolgt
unter dem Mechanismus der Kapitalstruktur. Vgl. 4.1.2.

[606]   Vgl. Fama (1985).

theoretisch eine effizientere direkte Kontrolle durch Banken in der Doppelrolle des Aktionärs und Gläubigers.[607] Des Weiteren können Banken als Treuhänder - in Deutschland über Depot- stimmrechte - über zusätzliche Stimmrechte verfügen. Boehmer zeigt jedoch, dass fraglich ist, ob Banken, deren Forderungen nominell meist höher als ihre Beteiligungen sind, ihre Stimm- rechte im Sinne der Aktionäre einsetzen.[608] Die gleiche Skepsis äußern Franks/Meyer, welche die Rolle deutscher Banken bei feindlichen Übernahmen untersuchen.[609] Weitere Interessen- konflikte zwischen Banken als Aktionäre und Gläubigern und anderen Aktionärsgruppen sind damit wahrscheinlich.[610]

Bei der Analyse institutioneller Investoren inklusiver der Situation der Banken in Deutschland ergibt sich demnach ein zu Mehrheitsaktionären vergleichbares Bild. Zusätzliche Faktoren, Merkmale der jeweiligen Investoren und der Kapitalmarktsituation, können die unterstellten positiven Auswirkungen auf den Unternehmenswert einschränken.

Konzentrierte Eigenkapitalstruktur:		
Sonderrolle der institutionellen Investoren – theoretische Argumentation		
Erhöhte Möglichkeit der aktiven Kontrolle	Positiv	• Geringere Informationsasymmetrien • Zusätzliche Instrumente der Einflussnahme
	Negativ	• Opportunistischer Machtmissbrauch • Over-Monitoring • Mangelnde Eignung als Kontrolleur
Zusätzliche Einflussfaktoren auf Motivation	• Regulierung • Benchmarks • Drucksensibilität • Orientierung am Shareholder-Value • Aktives/passives Portfoliomanagement • Indizierung • Doppelrolle als Aktionär und Gläubiger • Myopische Ausrichtung • Zusätzliche Principal/Agent-Problematik	

Abbildung 8: Sonderrolle institutioneller Investoren

Allen Mehrheitsaktionären steht neben der aktiven Kontrolle die Exit-Strategie offen, die jedoch einen liquiden Sekundärmarkt erfordert. Potentielle Konsequenzen dieser Exit-

---

[607]   Vgl. Gillan/Stark (2003).
[608]   Vgl. Boehmer (1999). Er zeigt, dass die Kontrolle durch Banken nur eine geringe Bedeutung für die Aktienkursentwicklung hat. Vorteilhaft sind Banken als institutionelle Investoren erst dann, wenn sie nicht der größte Investor sind. Es erscheint daher wahrscheinlich, dass Banken die Verantwortung akti- ver Kontrolle wenn möglich abgegen. Für Japan zeigt dagegen Prowse, dass Banken ein wichtiges Element im japanischen Corporate-Governance-System sind. Vgl. Prowse (1990).
[609]   Vgl. Franks/Meyer (1998).
[610]   Vgl. Mülbert (1998).

Stategien[611] sind zum einen drohende weitere Kursverluste der Aktien. Zum anderen haben diese Verkäufe möglicherweise eine Signalwirkung, so dass andere Aktionäre zu weiteren Verkäufen – damit verbundener verschärfter Kursentwicklung – veranlasst werden.

Gleichzeitig kann sich die Aktionärsstruktur der Unternehmen verändern, wobei unterstellt wird, dass institutionelle Investoren - mit hier eher langfristigem Anlagehorizont - durch eher kurzfristig ausgerichtete Investoren ersetzt werden. Dies kann Auswirkungen auf das Management ergeben. Parrino et. al. zeigen, dass sich bei Unternehmen, die ihren CEO entlassen haben, im dieser Entscheidung vorangegangenen Jahr ein deutlicher Rückgang der Anteile von institutionellen Investoren nachweisen lässt. Diese Unternehmen neigen gleichzeitig dazu, als neuen CEO einen Externen zu berufen. Diese Ergebnisse werden dahingehend interpretiert, dass es eher die externe Kontrolle durch den Kapitalmarkt sei, welche einen Wechsel des Managements fördere.

Dieser theoretischen Diskussion folgend, ergeben sich durchaus Vorteile aus konzentrierter Aktionärsstruktur. Es ergeben sich weitere Anreize, direkte Kontrolle auszuüben. Gleichzeitig erleichtern die Konsequenzen eventueller Exit-Strategien mögliche (feindliche) Übernahmen, so dass diese Gefahr für das Management evidenter wird.

Parallel kann jedoch ein zusätzlicher Interessenkonflikt zwischen Groß- und Minderheitsaktionären entstehen.[612] So wird diskutiert, ob und inwieweit es zu einer Schlechterstellung von Minderheits-aktionären kommen kann. Dieser Konflikt berücksichtigt, dass große Anteilseigner mit ihrer Beteiligung möglicherweise vorrangig andere Eigeninteressen – den privaten Nutzen der Kontrolle – verfolgen und zu Lasten der Kleinaktionäre durchsetzen können. Neben dem geschilderten Interessenkonflikt bei Banken sind es insbesondere Beteiligungen anderer Unternehmen, die genutzt werden können, um bestehende und zukünftige Geschäftsbeziehungen zu günstigen, nicht marktgerechten Konditionen zu festigen. Um eine derartige Schlechter-stellung von Minderheitsaktionären zu verhindern, existieren nationale Regulierungsvorschriften. Zudem enthalten internationale Corporate-Governance-Principles detaillierte Empfehlungen zur Gleichbehandlung aller Aktionäre.[613]

Zusammenfassung

Als Ergebnis der Analyse ergeben sich damit nahezu unabhängig von spezifischen Charakteristika der Unternehmen überwiegend positive Argumente für förderliche Effekte einer eher konzentrierten Eigentümerstruktur, insbesondere bei einem Engagement institutioneller Investoren. So kann sich insbesondere in einer wirtschaftlich problematischen Unternehmenssituation, die sich in unterdurchschnittlicher Aktienkursbewertung widerspiegelt, ein Anreiz für Mehrheitsaktionäre ergeben, aufgrund drohender weiterer Kursverluste statt Exit- Voice-

---

[611] Vgl. für diesen Absatz Parrino et al. (2003).
[612] Vgl. Shleifer/Vishny (1997a); vgl. La Porta et al. (2002) und (2000).
[613] Vgl. OECD (1999), S. 21; OECD (2004a), S. 20; EU-Kommission (2004), S. 4; vgl. DCGK (2006).

Strategien mit aktiver Kontrolle zu ergreifen. Einschränkende oder verstärkende Argumentationsstränge ergeben sich aus unterschiedlichen Merkmalen der Mehrheitsaktionäre oder der jeweiligen Kapitalmarktsituation. Wenn diese durch den Streubesitz der Aktien des Unternehmens dargestellt wird[614], kann ein niedriger Streubesitz bestehende Mehrheitsaktionäre bewegen, Voice-Strategien anzuwenden. Gleichzeitig erleichtert es jedoch ein hoher Streubesitz, potentiellen Investoren einen Mehrheitsanteil zu erwerben. Die zunehmende Relevanz, welche einer guten Investor-Relation und somit guten Beziehungen zu dieser Investorengruppe zugeschrieben wird, kann zwar als Indiz herangezogen werden, dass Unternehmen ihre Möglichkeiten nutzen, zumindest indirekt ihre Eigentümerstruktur zu gestalten. Dabei liegen jedoch keine eindeutigen Belege für den Erfolg dieser Strategien vor.

Für externe Investoren kann die jeweilige Eigentümerstruktur im Rahmen ihrer Entscheidungsprozesse durch bestehende Meldepflichten ermittelt werden. Daher werden zur Verifizierung dieser Hypothese im Anschluss vorliegende empirische Studien herangezogen.

4.1.2 Eigentümerstruktur und Unternehmenswert – Ergebnisse empirischer Forschung

Die intensive theoretische Analyse von konzentrierten Aktionärsstrukturen und unterstellten positiven Wirkungen auf Unternehmenswerte hat eine Vielzahl empirischer Studien induziert. Deren Ergebnisse werden im Folgenden dargestellt, um abzuleitende Empfehlungen im Rahmen der Entscheidungsprozesse externer Stakeholder zu unterstützen.

4.1.2.1 Mehrheitsaktionäre

Eine frühe Analyse von Mikkelson/Ruback belegt 1985 eine Verbindung zwischen dem Aufbau von größeren Anteilspaketen und ungewöhnlichen Anstiegen der Aktienkurse.[615] Dabei messen sie die Aktienkursentwicklung zwischen der ersten Veröffentlichung des Erwerbs eines Anteils von über fünf Prozent und dem Ergebnis dieser Investition.[616] Sie gehen davon aus, dass der erste Erwerb häufig Vorläufer einer Übernahme ist. Somit erklärt sich die Differenzierung ihrer Untersuchung. Sie können die höchsten Überrenditen ausweisen, wenn im Anschluss eine Übernahme erfolgte, an zweiter Stelle stehen Unternehmen, bei denen es

---

[614] Dies ist in empirischen Studien häufig der Fall, vgl. bspw. Grant/Kirchmaier (2004).

[615] Vgl. Mikkelson/Ruback (1985). Die untersuchte Stichprobe besteht aus 473 Schedule 13D Meldungen zwischen 1978 und 1980 von Unternehmen, die entweder an der New Yorker (NYSE) oder an der American Stock Exchange (AMEX) gehandelt werden. 136 davon können mit offenen Übernahmen verbunden werden.

[616] Nach Morck et al. (1988) ist die 5 %-Höhe eines Anteil entscheidend, so ist in seiner Untersuchung die Rentabilität der Unternehmen mit Anteilseigner, die bis 5%-Anteile halten, höher als bei Unternehmen mit größeren Blockholdern. Bei letzteren könnten Großaktionäre den privaten Nutzen der Kontrolle zu Lasten der Minderheitsaktionäre abschöpfen.

im Anschluss zu ausgehandelten Transaktionen kam. Die geringsten Steigerungen ergaben sich bei Beteiligungen, die rein investiven Charakter hatten.[617]

Ähnliche positive Ergebnisse erzielen auch Barclay/Holderness.[618] Diese verbinden den Handel größerer Anteilsblöcke mit ungewöhnlichen Aktienkursanstiegen. Sie untersuchen 106 verhandelte Übertragungen von Anteilen über fünf Prozent an Unternehmen der NYSE oder AMEX zwischen 1978 und 1982. Im Zeitfenster von 240 Tagen nach Veröffentlichung des Anteilserwerbs wiesen diese eine Überrendite von durchschnittlich 5,6% aus. Gleichzeitig wurde bei 33% das höchste Management innerhalb eines Jahres ausgetauscht. Der Handel größerer Anteile beinhaltet hier jedoch keine Veränderung der Aktionärsstruktur. Es wird nur ein Mehrheitsaktionär gegen den anderen ausgetauscht. Daher sei nicht die Existenz eines größeren Aktionärs förderlich, sondern seine jeweiligen individuellen Merkmale. So weisen sie unterschiedliche Management- und Kontrollkompetenzen aus, welche Synergien fördern, und können unterschiedliche Prioritäten in Bezug auf die Shareholder-Value-Maximierung ausweisen.[619]

Beide Analysen messen jeweils mit Aktienkursentwicklungen und stellen damit den gemeinschaftlichen Nutzen in den Vordergrund, für den sie unterstützende Ergebnisse präsentieren.

Mehran (1995) verknüpft dagegen die Eigentümerstruktur mit Tobin´s Q und ROA.[620] Es zeigt sich ein anderes Bild, denn er findet keine signifikante Beziehung zwischen der so gemessenen Performance und Blockanteilen - unabhängig von der Art des jeweiligen Investors – weder für Aktienanteile unabhängiger Boardmitglieder, noch für Anteile individueller oder institutioneller Investoren oder von Unternehmen. Bethel et al.[621] stellen 1998 aktive Investoren[622] mit größerem Anteilsbesitzen in den Vordergrund ihrer Untersuchung, berücksichtigen jedoch auch Finanz- und strategische Investoren. Von Interesse ist hierbei, welche Veränderungen in den betroffenen Unternehmen verzeichnet werden können und inwieweit diese mit steigenden Unternehmenswerten verbunden sind. Sie untersuchen 240 Paketkäufe ab fünf Prozent in den Jahren zwischen 1980 und 1989 aus einer Gruppe von 425 Unternehmen der *Fortune* 500 Liste. Die Performance messen sie mit dem ROA, der Market-to-Book-Ratio und der Aktienkursentwicklung, berücksichtigen demnach beide Nutzenelemente. Als gemeinschaftliche Effekte der jeweiligen Beteiligung weisen die Unternehmen einen höheren Abbau von Vermögen und häufigere Aktienrückkäufe auf, gleichzeitig gingen Mergers und Acquisitions zurück. Bei aktiven Investoren ergaben sich vermehrte Wechsel des CEO. In dieser Gruppe ist auch der Anstieg der Rentabilität und der Aktienkurse am deutlich-

---

617   Vgl. Mikkelson/Ruback (1985), S. 538.
618   Vgl. Barclay/Holderness (1991).
619   Vgl. Barclay/Holderness (1991), S. 870.
620   Vgl. Mehran (1995).
621   Vgl. Bethel et al. (1998).
622   Als aktive Investoren gelten solche, die ankündigen, die Firmenpolitik beeinflussen zu wollen, oder dafür bekannt sind. Namentlich werden bekannte Investoren wie George Soros genannt.

sten. In einer Metaanalyse prüfen Dalton et al[623], ob Mehrheitsaktionäre positiv mit der Unternehmensbewertung, gemessen mit einer Vielzahl von Variablen wie Tobin´s Q, ROA, ROE und EPS, verknüpft werden können. Mit Ausnahme der EPS finden sie keine Hinweise auf eine systematische Verknüpfung.

An die Ergebnisse von Bethel et al. knüpfen Borokhovich et al. an.[624] Sie differenzieren dabei in externe, nahe stehende (Banken, Versicherungen und Belegschaftsaktionärspläne) und nicht nahe stehende Halter von Aktienpaketen, die aufgrund möglicher Verflechtungen jeweils unterschiedliche Anreize und Motivation zur Kontrolle haben. Dabei untersuchen sie die jeweiligen Aktienkursreaktionen auf Ankündigungen von Anti-Takeover-Veränderungen.[625]

Die Stichprobe umfasst 294 beobachtete Unternehmensjahre, in denen zumindest eine Anti-Takeover-Maßnahme von dem Unternehmen zwischen 1979 und 2001 angekündigt wurde. Die Unternehmen wurden entweder an der NYSE, der AMEX oder im NASDAQ notiert.[626]

Sie finden eine allgemeine positive, aber nicht signifikante Verknüpfung zwischen ungewöhnlichen höheren Aktien-Returns und einem hohen Anteil externer Blockholder. Diese Verknüpfung kehrt sich bei nahe stehenden Blockholdern jedoch signifikant in das Negative – insbesondere bei Banken. Damit unterstützen sie ihre These, dass nahe stehende Pakethalter eher ineffiziente Kontrolleure sind und mit dem Management kooperieren.[627] Während sich diese Studien alle auf amerikanische Unternehmen konzentrieren, richten folgende Analysen den Blick auf Europa. Januszewski et al.[628] betrachten deutsche Unternehmen, die sehr häufig hohe Eigentümerkonzentrationen ausweisen. Sie untersuchen eine Stichprobe von 1.057 Unternehmen zwischen den Jahre 1986 und 1984 daraufhin, inwieweit Produktmarktwettbewerb und ein dominierender Großaktionär[629] Einfluss auf die Produktivität haben. Ihre Ergebnisse weisen darauf hin, dass Unternehmen mit einem dominierenden Eigentümer höheres Produktivitätswachstum ausweisen. Diese generelle Verknüpfung wird weiter nach Art des Großaktionärs differenziert. Das höchste Wachstum weisen dabei Unternehmen aus, die von einem weiteren Unternehmen kontrolliert werden, welches nicht der Finanzbranche zugerechnet werden kann. Bei individuellen oder staatlichen Großaktionären ergeben sich keine signifikanten erhöhten Produktivitätszuwächse. Bei Finanzinstitutionen als kontrollierendem Eigentümer ergibt sich sogar ein signifikantes schwächeres Wachstum.[630]

---

[623]   Vgl. Dalton et al. (2003).
[624]   Vgl. Borokhovich et al. (2004).
[625]   Diese werden mit zwei simultanen Effekten verknüpft. So erhöht sich zum einen die zu erwartende Prämie für Altaktionäre im Falle eines Takeovers, gleichzeitig wird dieser aber unwahrscheinlicher. Vgl. Stulz (1988).
[626]   Vgl. Borokhovich et al. (2004), S. 8 f.
[627]   Vgl. Borokhovich et al. (2004), S. 24 ff.
[628]   Vgl. Januszewski et al. (2002).
[629]   Dieser liegt dann vor, wenn ein Anteilseigner ≥ 50 % der Anteile hält und der zweite weniger – oder wenn der Anteil ≥ 25 % ist und der zweitgrößte weniger hält. Vgl. Januszewski et al. (2002), S. 10.
[630]   Vgl. Januszewsky et al. (2001), S. 17.

Grant/Kirchmaier[631] untersuchen jeweils die 110 größten Unternehmen der fünf wichtigsten europäischen Länder, welche unterschiedlichste Eigentümerstrukturen ausweisen.[632]

Dabei wird unterschieden in Legal Control (ein einzelner oder eine Aktionärsgruppe kontrolliert mehr als 50% der Stimmrechte), De Facto- Control, die sich nach den jeweilige nationalen meldepflichtigen Anteilshöhen ausrichtet, und breit gestreuten Unternehmen. Um innerhalb der europäischen Unternehmen vergleichen zu können, wird die Performance marktorientiert an Aktienkursen gemessen. Auffällig sind hier national unterschiedliche Ergebnisse. In Frankreich ergibt sich eine signifikante Überperformance bei Unternehmen mit De Facto-Control, jedoch verbunden mit einem höheren Risiko. Der Unterscheid zwischen Legal Control und breit gestreuten Unternehmen ist marginal. Diese Ergebnisse unterstützen die These, dass in einem nationalen Rechtssystem des Civil Law mit geringerem Schutz von Minderheitsaktionären die Vorteile einer Kontrolle durch Mehrheitsaktionäre im privaten Nutzen liegen.[633] Für Frankreich erweisen sich danach Eigentümerstrukturen, welche die Kontrolle zwar größere Anteilseignern überlassen aber dennoch Mitsprache der anderen Aktionäre gewährleisten, als am effizientesten.[634]

Dieses Ergebnis bestätigt sich jedoch nicht für Deutschland und Spanien Hier sind es breit gestreute Unternehmen, welche die beste Performance ausweisen; Legal Control führt zu der schlechtesten.[635] Dies ist jedoch jeweils die dominante Eigentümerstruktur, so dass argumentiert wird, dieses Element der nationalen Corporate-Governance-Systeme sei ineffizient.

Gegensätzliche Ergebnisse zeigt Italien.[636] Hier dominiert zwar auch die Legal Control, nur ist sie hier auch die erfolgreichste Gruppe. Unternehmen mit breit gestreuter Aktionärsstruktur weisen dagegen die schlechtesten Werte auf. Diese Gruppe ist jedoch eher klein (16%) und wird zudem von Banken kontrolliert.

In Großbritannien mit einen Common Law-System sind dagegen breit gestreute Aktionärsstrukturen mit 93% dominant. Für die beiden anderen Gruppen ergaben sich daher so kleine Fallzahlen, dass keine Aussage über die relativen Performanceunterschiede möglich ist.

Auch Thomson[637] berücksichtigt in seiner Analyse die Effekte, die sich aus den unterschiedlichen Rechts- und Regulierungssystemen zwischen den USA und Großbritannien auf

---

[631] Vgl. Grant/Kirchmaier (2004).
[632] Ausgeschlossen werden einige Sonderbranchen wie Versicherungsgesellschaften und Unternehmen mit weniger als 10% Free Float. Bei den Ländern handelt es sich um Deutschland (97 Unternehmen), Großbritannien (100), Frankreich (93), Italien (97)und Spanien (94). Die Eigentümerstruktur bezieht sich auf das Jahr 2002. Damit wird deren Beständigkeit impliziert. Die Performance wird über zehn Jahre bis 2002 herangezogen
[633] Vgl. La Porta et al. (1999) und (2000).
[634] Vgl. Grant/Kirchmaier (2004), S. 13 f.
[635] Vgl. Grant/Kirchmaier (2004), für Deutschland S. 14 f., für Spanien S. 16 f.
[636] Vgl. Grant/Kirchmaier (2004), S. 17 f.
[637] Vgl. Thomson (2004). Er untersucht 990 Unternehmen aus der EU und aus den USA über zehn Jahre. Dabei ist seine Grenze für kontrollierende Blockholder bei ≥ 5 %. Den Unternehmenswert misst er mit einem „simple Q": dem Verhältnis aus der Summe des Marktwertes des Eigenkapitals und des Buchwertes des Fremdkapitals zum Gesamtbuchwert. Vgl. Thomson (2004), S. 8 f.

der einen Seite und Kontinentaleuropa auf der anderen Seite ergeben können. Dabei ergeben sich unterschiedliche Richtungen der Verknüpfung von kontrollierenden Großaktionären und Unternehmenswert. Während sich für Unternehmen aus den USA und Großbritannien eine – nicht signifikante - positive Verknüpfung ergibt, ist die Wirkungsrichtung für Kontinentaleuropa signifikant und negativ. Diese negative Verknüpfung ist dabei nicht linear: bis zu 60% Aktienanteil wird der Unternehmenswert gesenkt, danach erhöht.[638] Diese Ergebnisse unterstützen seine Argumentation, dass in Europa die negativen Effekte des privaten Nutzens überwiegen. Erst ab einer sehr hohen Beteiligung scheinen diese internalisiert zu werden.

Ähnliche Ergebnisse zeigen Gutiérrez/Tribó, die spanische Unternehmen untersuchen.[639]

Sie konzentrieren sich auf Unternehmen, die mehrere größere Aktionäre haben, die zusammen bis 50%, zwischen 50 und 60% und über 60% der Stimmrechte kontrollieren. Ihre Stichprobe enthält 5.288 Unternehmen und 20.313 beobachtete Unternehmensjahre zwischen 1996 und 2000.[640] Davon weisen 37,5% der Unternehmen diese Aktionärsstrukturen aus. Die Performance wird hier mit dem ROA gemessen,[641] bei börsennotierten Unternehmen auch mit Tobin´s Q. Hier steigt die Performance generell, wenn sich der Anteil der kontrollierenden Gruppe erhöht oder – bei gleich bleibendem Anteil – die Anzahl der Gruppenmitglieder.[642]

Unternehmen mit mehreren Blockholdern, aber unter 50% Stimmrechte, zeigen jedoch eine schlechtere Performance als die Gruppe mit über 60%.[643] Damit wird im Rahmen der Möglichkeiten, privaten Nutzen zu Lasten anderer Aktionäre abzuschöpfen, die Größe und Struktur der kontrollierenden Gruppe interessant.

Die Analyse von Manjón-Antolín über den Nutzen aktiver Kontrolle durch Großaktionäre von Spanien zeigt dagegen, dass sich keine Auswirkungen auf die Unternehmens-Performance ergeben.[644] Im Rahmen der Tests der untersuchten Regression ergeben sich bei einer Veränderung des Schätzverfahrens zwar positive Auswirkungen, diese werden jedoch als Indiz für bestehende Endogenität interpretiert.

Damit spiegeln auch diese empirischen Belege die Bedeutung zusätzlicher Faktoren wieder.

---

[638] Vgl. Thomson (2004), S. 13.
[639] Vgl. Gutiérrez/Tribó (2004).
[640] Vgl. Gutiérrez/Tribó (2004), S. 7 ff.
[641] Da sich der private Nutzen der Kontrolle eher aus direkten Geschäfte des Shareholders mit dem Unternehmen ergibt, spiegelt er sich vermutlich in niedrigeren Erlösen, erhöhten Produktionskosten oder ineffizienter Ausnutzung von Vermögen wieder. Vgl. Gilson/Gordon (2003). Diese führen wiederum zu geringerem Vermögensumschlag und/oder zu einer Reduktion der Margen – und somit zu einem niedrigeren ROA.
[642] Vgl. Gutiérrez/Tribó (2004), S. 4.
[643] Vgl. Gutiérrez/Tribó (2004, S. 16.
[644] Vgl. Manjón-Antolín (2004). Er untersucht gelistete spanische Unternehmen in dem Zeitraum von 1991-1995.

Studie	Nachgewiesener Einfluss auf Unternehmenswert bzw. Performance		
	Positiv	Negativ	Keiner
Mikkelseon/Ruback (1985)	+		
Barclay/Holderness (1991)	+		
Mehran (1995)			•
Bethel et al. (1998)	bei aktiven		
Januszewski et al (2002)	bei Unternehmen	bei Finanzinstitutionen	bei individuellen und staatlichen
Dalton et al (2003)			•
Borokhovich et al. (2004)		bei nahe stehenden	
Grant/Kirchmaier (2004)	unterschiedlich: abhängig von land/Anteilshöhe	unterschiedlich: abhängig von Land/ Anteilshöhe	
Thomson (2004)	USA/UK	Kontinentaleuropa	
Gutiérrez/Tribó (2004)	+		
Manjón-Antolín (2004)			•

Tabelle 2: Empirische Belege für die Wirkung von Mehrheitsaktionären

Es zeigt sich, dass empirischen Ergebnisse aktiver Kontrolle durch Mehrheitsaktionäre nicht eindeutig mit steigenden Unternehmenswerten verknüpfen können.

Insbesondere die jeweilige Anteilshöhe und die Zusammensetzung kontrollierender Gruppen spielt eine zusätzliche Rolle. Dieses diffuse Bild kann möglicherweise mit den unterschiedlichen Kennzahlen, die zur Messung des Unternehmenswerts herangezogen werden, begründet werden. Zudem sind die jeweiligen Untersuchungszeiträume, Stichproben und einbezogene Länder sehr unterschiedlich, so dass exogene Faktoren nicht ausgeschlossen werden können.

4.1.2.2 Institutionelle Investoren

Äquivalent zu der besonderen Betonung der Rolle institutioneller Investoren in der theoretischen Analyse ist auch die Anzahl vorhandener empirischer Ergebnisse auffällig höher. Gleichzeitig existieren hier Überblicke über die Resultate vorliegender Studien.[645] Die Ergebnisse dieser Überblicke werden kurz dargestellt und mit aktuellen empirischen Analysen ergänzt. Die empirischen Ergebnisse bezüglich möglicher Verknüpfungen von aktiver Kontrolle und Unternehmenswerten variieren auch hier. Als mögliche Ursachen für die unterschiedlichen Resultate gilt mangelnde Vergleichbarkeit, da jeweils unterschiedliche Methoden angewendet werden. So wird zum einen nach Instrumenten der aktiven Kontrolle wie beispielsweise Shareholder Proposals (Anträge oder Forderungen auf Hauptversammlungen),

---

[645] Überblicke über bis dato vorliegende Studien und ihre Ergebnisse geben Bassen (2002), S. 204 ff. und Karpoff (2001).

Veröffentlichung von Zielunternehmen oder Verhandlungen differenziert. Gleichzeitig variieren die untersuchten Zeitfenster, so dass sich Erkenntnisse über jeweils kurzfristige oder langfristige Veränderungen der Zielgröße Unternehmenswert ergeben. Zudem wird der Unternehmenswert unter-schiedlich abgebildet.[646]

Aus den vorliegenden Darstellungen von Studien ergeben sich jedoch trotz der jeweils unterschiedlichen Ergebnisse der Einzelanalysen auch Häufungen von Gemeinsamkeiten, so dass einige Hypothesen zumindest unterstützt werden. So zeigt sich, dass Untersuchungen, die aktive Kontrolle nicht durch Shareholder Proposals sondern durch Vertragsverhandlungen abbilden, eher positive Auswirkungen auf den Unternehmenswert aufweisen.[647] Verstärkt zeigt sich dieser Effekt bei Untersuchungen, welche sich auf die frühen 90er Jahre konzentrieren.[648] Sowohl Untersuchungen mit den Zielgrößen der Aktienkursentwicklung als auch mit aus dem Rechnungswesen abgeleiteten Renditekennzahlen zeigen zumindest kurzfristig wenig Einflüsse durch Proposals[649] – bei anderen Instrumente wie Verhandlungen kann jedoch eher von positiven Einflüssen ausgegangen werden.[650]

Damit wird wahrscheinlich, dass die Wirkungsweise aktiver Kontrolle entscheidend von den verwendeten Instrumentarien der institutionellen Investoren abhängt und eher von langfristig positiven Effekten ausgegangen werden kann. Neuere Untersuchungen können dieses Bild jedoch nicht vollständig unterstützen.

So wird von English et al. aktive Kontrolle institutioneller Investoren durch Veröffentlichung der Namen von Zielunternehmen abgebildet.[651] Die Wirkungsweise wird marktorientiert durch ungewöhnliche Überrenditen der Aktien dargestellt. Dabei werden die Kurse von elf der Veröffentlichung folgenden Tagen herangezogen. Es können somit nur kurzfristige Effekte deutlich werden. Es ergeben sich signifikante positive durchschnittliche Überrenditen von bis zu 2,1%, für CalPERS sind es sogar 3,3%.[652]

Um genauer die Ursachen dieses Wertzuwachses zu analysieren, werden im Anschluss zwei Hypothesen überprüft. Zum einen wäre es möglich, dass es kein realer Wertzuwachs sondern nur eine Umverteilung zu Lasten der Gläubiger ist. Ursache hierfür wäre eine Beeinflussung

---

[646]   Karpoff (2001) differenziert in seiner Darstellung zwischen verschiedenen Instrumenten, Perioden, der Art der institutionellen Investoren und der Vorschläge, der Messung des Unternehmenserfolgs und dem jeweiligen Zeitfenster.

[647]   Vgl. Bassen (2002), S. 205, vgl. Karpoff (2001), S. 8. Für Proposals vgl. z.B. Del Guercio/Hawkins (1999), für Vertragsverhandlungen z.B. Smith (1996), Strickland et al. (1996), Opler/Sobokin (1997) und Maher/Anderson (2000). Negative Verknüpfung zeigen English et al. (2000); Safieddine et al. (2001/2003).

[648]   Vgl. Gillan/Starks (2000).

[649]   Vgl. Carleton et al. (1998); Karpoff et al. (1996), Smith (1996), Wahal (1996). Langfristige positive Verknüpfungen zeigen Opler/Sobokin (1997) und Smith (1996).

[650]   Vgl. Strickland et al. (1996), Wahal (1996).

[651]   Vgl. English et al. (2003). Dabei konzentrieren sie sich auf 285 Zielveröffentlichungen von CalPERS-imd CII (Council of Institutional Investors) in den Jahren zwischen 1987 und 1998. Diesen Ansatz haben auch Smith (1996), Wahal (1996), Opler/Sobokin (1997) und Safieddine et al. (2001/2003) mit unterschiedlichen Ergebnissen.

[652]   Vgl. English et al. (2003), S. 11.

der Manager zu Einführung oder Erhöhung von Optionsprogrammen. Diese wären damit eher zu risikoreicheren Investitionen bereit, die das Unternehmensrisiko erhöhen. Auf diese Möglichkeit würden Halter von Bonds des Unternehmens negativ reagieren.

Zum anderen könnte es sich um einen realen Wertzuwachs durch verbesserte Arbeitsweisen oder Geschäftspolitik handeln. Diese käme allen Stakeholdern, auch den Gläubigern als Bondhaltern, zu Gute.[653] Über Vergleich mit der Entwicklung der Bondpreise im gleichen Zeitfenster finden sich Belege für die zweite Hypothese. Es ergeben sich auch hier im Durchschnitt Überrenditen als Indiz, dass auch Bondhalter eine aktive Kontrolle durch institutionelle Investoren begrüßen. Der Wertzuwachs gründe sich daher aus der Anregung zur Verbesserung der Arbeitsweise bzw. der Geschäftspolitik.[654]

Mögliche Auswirkungen aktiver Kontrolle institutioneller Investoren auf Bond-Ratings und Renditen untersuchen auch Bhojraj/Sengupta und zeigen ein abweichendes Ergebnis.[655] Sie finden positive Verbindungen zwischen dem Engagement institutioneller Investoren und Bond-Ratings und damit niedrigeren Bond-Renditen. So ergeben sich für die Unternehmen inkende Fremdkapitalkosten. Diese positive Wirkung kehrt sich jedoch in das Negative, wenn ich die Anteile der institutionellen Investoren konzentrieren, d.h. 5% übersteigen. Dann ergeben sich negative Verknüpfungen zum Rating und höhere Bond-Renditen. Dieses wird als Beleg für höheren privaten Nutzen herangezogen.

Wahrscheinliche Unterschiede, die sich durch die Charakteristika der institutionellen Investoren – drucksensibel und druckunsensibel – ergeben können, berücksichtigen Dalton et al[656] in einer Metaanalyse. Dabei können ihre Hypothesen, dass sich drucksensible Investoren negativ und unsensible positiv auf die Unternehmensbewertung auswirken, jedoch nicht bestätigen. Es ergeben sich zwar unterschiedliche positive Verknüpfungen, diese sind jedoch statistisch nicht signifikant. Sie finden jedoch auch keine negative Verknüpfung. In einer weiteren Studie werden von English et al. auch mögliche langfristige Auswirkungen auf Aktienrenditen untersucht.[657] Basis ist die jeweilige Veröffentlichung der Listen von Zielunternehmen von CalPERS zwischen 1992 und 1997. Im Hinblick auf kurzfristige Effekte ergeben sich positive, statistisch signifikante Überrenditen. Diese Signifikanz verschwindet bei Unternehmen, die mehrfach Zielunternehmen waren.[658]

Die Ergebnisse bei langfristigen Effekten sind dagegen weniger deutlich. Nach sechs Monaten sind keine Überrenditen mehr zu verzeichnen. Für die Zeitfenster von vier bis fünf

---

[653] Vgl. English et al. (2003), S. 3.
[654] Vgl. English et al. (2003) S. 19 f.
[655] Vg. Bhojraj/Sengupta (2003).
[656] Vgl. Dalton et al. (2003). Diese Ergebnisse sind jedoch schwer zu verallgemeinern, da die Stichprobe mit sieben Studien sehr klein ist.
[657] Vgl. English et al. (2004). Sie nutzen an Marktmodell mit drei Unterschiedlichen Kennzahlen. Vgl. English et al. (2004), S. 164.
[658] Vgl. English et al. (2004), S. 167. Die Ergebnisse variieren für unterschiedliche Zeitfenster und verwendete Messinstrumente.

Jahren ergeben sich je nach Methode unterschiedliche Ergebnisse. Bei marktangepassten Ansatz ergeben sich Hinweise auf negative Effekte. Das Marktmodell weist dagegen in allen Zeitfenstern positive Überrenditen aus.[659] Sie schließen daraus, dass Aussagen über die langfristigen Effekte nur begrenzt möglich sind.

Zusammenfassend ergibt sich wiederum kein eindeutiges Bild. Jedoch findet sich nur ein Beleg für eine negative Verknüpfung.

Studie	Nachgewiesener Einfluss auf Unternehmenswert bzw. Performance		
	positiv	negativ	keinen
Nesbitt (1994)	+		
Dailey et al. (1996)			•
Karpoff et al. (1996)			•
Smith (1996)	+ (Tobin´s Q)		• (ROA, ROS)
Strickland et al (1996)	+ (Tobin´s Q)		• (ROA, ROE,ROS)
Wagster/Prevost (1996)			•
Wahal (1996)			•
Opler/Sobokin (1997)	+		
Carleton et al. (1998)			•
Del Guercio/Hawkins (1999)			•
English et al (2000)			•
Gillian /Stark (2000)			•
Maher/Anderson (2000)	+		
Prevost/Rao (2000)		- (ROA)	• (Tobin´s Q)
Safieddine et al. (2001/2003)			•
Dalton et al. (2003)	+		
English et al. (2003)	+		
English et al (2004)	+ (kurzfristig)		• (langfristig)

Tabelle 3: Empirische Belege für die Wirkung institutioneller Investoren[660]

Banken

In einem bankorientierten Finanzsystem sind es Kreditinstitute, welche Unternehmen als Fremdkapital- und häufig gleichzeitig als Eigenkapitalgeber zur Verfügung stehen.

In der theoretischen Argumentation ergibt sich damit sowohl zusätzlicher Anreiz, eine aktive Kontrolle zu übernehmen. Gleichzeitig können sich auch weitere Interessenkonflikte ergeben.

---

[659] Vgl. English et al. (2004), S. 170 f.
[660] In Anlehnung an Karpoff (2001) Tabelle 3 und 5 und Bassen (2002) mit eigenen Ergänzungen.

Die Ergebnisse empirische Studien, welche eine Verknüpfung der Kontrolle durch Banken in der Doppelrolle mit Unternehmenswerten vornehmen, lassen wiederum keine eindeutige Aussage über eine positive Wirkung zu.[661] Cable[662] kann positive Verknüpfungen zwischen der durchschnittlichen Performance[663] von Unternehmen mit konzentrierten Stimmrechten bei Banken, der Repräsentanz von Banken im Aufsichtsrat und mit dem Anteil von Bankkrediten an der Gesamtverschuldungen feststellen. Er untersucht dabei 48 deutsche Unternehmen in dem Zeitraum von 1968 – 1972, so dass es sich eher um eine explorative Untersuchung handelt. Ihm folgten mehrere Studien, die sich durch größere Stichproben, differenziertere Messung der Performance und unterschiedliche Messinstrumente für die Bankkontrolle auszeichnen. Seger[664] trennt dabei die Elemente der Kreditfinanzierung bei der Bank, gehaltener Eigen-tümerkontrollrechte durch die Bank und die Repräsentanz der Bank im Aufsichtsrat. Bei seiner Untersuchung von 144 Unternehmen zwischen 1990 und 1992 ergeben sich positive Verknüpfungen mit ROA und ROE bei Unternehmen, bei denen Banken Eigentümerkontrollrechte halten. Für die beiden anderen ergibt sich dagegen ein negativer Einfluss.

Elston untersucht 139 Unternehmen der verarbeitenden Industrie zwischen 1973 und 1984.[665] Sie findet eine negative Verknüpfung zwischen direktem Aktienbesitz von Banken und der Cash-Flow-Elastizität der Investitionen. Gorton/Schmid[666] können wiederum eine positive Wirkung konzentrierter Eigentumskontrollrechte bei Banken auf die Performance nachweisen. Sie untersuchen insgesamt 283 (1975) und 290 (1986) börsennotierte Unternehmen. Als unabhängige Variable werden sowohl der Aktienanteil der Banken als auch Depotstimmrechte herangezogen, die unabhängige Variable des Unternehmenswerts messen sie sowohl mit der Market-to-book-Ratio, dem Wert des Eigenkapitals und dem ROE.

Agrarwal/Elston[667] zeigen, dass Bankeinfluss[668] den jeweiligen Unternehmen einen verbesserten Zugriff auf Kapital ermöglicht. Dabei werden 100 große deutsche Unternehmen zwischen 1970 und 1986 untersucht. Es zeigt sich hier jedoch kein Hinweis auf einen positiven Effekt auf Rentabilität oder Wachstums des Unternehmens. Es wird dagegen argumentiert, dass die im Vergleich höheren Zinszahlungen, welche hier Unternehmen unter Bankeneinfluss zahlen, als Indiz für einen möglichen Schaden durch den Interessenkonflikt der Bank als Aktionär und Gläubiger interpretiert werden können.

---

[661] Jeweils aktuelle Überblicke über Studien liefern Boehmer (1999) und auf deutsche Banken konzentriert Elsas/Krahnen (2003).
[662] Vgl. Cable (1985).
[663] Diese wird durch das Verhältnis von Eigenkapitalrendite und Gesamtvermögen gemessen.
[664] Vgl. Seger (1997).
[665] Vgl. Elston (1998).
[666] Vgl. Gorton/Schmid (2000).
[667] Vgl. Agrarwal/Elston (2000).
[668] Ein Unternehmen gilt als unter Bankeinfluss, wenn eine Finanzinstitution mehr als 50% der Aktien hält, wenn eine Finanzinstitution mehr als 25% hält und es keinen weiteren größeren Aktionär gibt oder wenn der Aufsichtsratsvorsitzende ein Banker ist. Vgl. Agrarwal/Elston (2000), S. 4.

Lehmann/Weigand[669] können wiederum einen positiven Zusammenhang zwischen dem Eigenkapitalanteil der Banken und dem ROA aufweisen, aber nur dann, wenn sie als unabhängige Variable direkte Eigentümerkontrolle einsetzen.[670] Eine positive Auswirkung von Aufsichtsratsmandaten ist dagegen nicht signifikant. Dabei ziehen sie Informationen über 361 Unternehmen der verarbeitenden Industrie in den Jahren 1992 bis 1996 heran.

Boehmer[671] untersucht den möglichen positiven Einfluss von Mehrheitsaktionären und Bankkontrolle auf Performance anhand von 715 deutschen Übernahmen.[672] Dabei erhöhen Takeovers den Wert der bietenden Unternehmen, aber diese Erhöhung kommt nicht unbedingt Mehrheitsaktionären zu Gute. Mehrheitsaktionäre wirken sich nur positiv aus, wenn mehrere zusammen Anteile zwischen 20 und 50% halten.[673] Die Kontrolle durch Banken wirkt sich dabei nur förderlich aus, wenn zusätzlich anderer Großaktionäre existiert. Unternehmen, die mehrheitlich von einer Bank kontrolliert werden, haben die Übernahmen vorgenommen, die sich am wenigsten auszahlten.

Chirinko/Elston[674] untersuchen die Fragestellungen, ob von Banken beeinflusste Unternehmen von niedrigeren Finanzierungskosten profitieren, ob der Bankeinfluss eine mögliche Lösung der Kontrollproblems sein kann und ob die Unternehmen eine höhere Rentabilität ausweisen. Sie ziehen dafür Daten von 91 deutschen Unternehmen zwischen 1965 und 1990 heran. Bankeinfluss wird dann unterstellt, wenn eine Finanzinstitution mehr als 25% der Aktien hält und es keinen weiteren größeren Aktionär gibt oder wenn diese Institution mehr als 50% der Aktien hält.[675] Es ergeben sich weder Belege für niedrigere Finanzierungskosten noch für eine höhere Rentabilität.[676] Informationen über 719 in Deutschland notierten Unternehmen aus den Jahren 1970 – 1986 nutzt Elston, um mögliche Zusammenhänge zwischen Bankeinfluss und Wachstum sowie der Überlebensrate von Unternehmen zu untersuchen.[677] Wiederum findet sie keine Belege für eine förderliche Wirkung von Bankeinfluss auf Wachstum – jedoch eine höhere Überlebensrate.[678]

Diese dargestellten empirischen Studien, welche den Einfluss von Banken thematisieren, konzentrieren sich auf Deutschland. Zur Ergänzung werden zwei exemplarische Analysen aus Japan und Spanien herangezogen.

---

[669] Vgl. Lehmann/Weigand (2000).
[670] Bemerkenswert ist dabei, dass sie ansonsten negative Verknüpfungen konzentrierter Eigentümerstrukturen und Unternehmenswert feststellen. Nur bei Finanzinstitutionen kehrt sich die Beziehung um.
[671] Vgl. Boehmer (2000).
[672] Diese kommen aus einer Stichprobe von 300 im Frankfurter amtlichen Handel notierten Unternehmen zwischen 1980 und 1995. Vgl. Boehmer (2000), S. 9.
[673] Vgl. Boehmer (2000), S. 18 f.
[674] Vgl. Chirinko/Elston (2003).
[675] Vgl. Chirinko/Elston (2003), S. 7.
[676] Vgl. Chirinko/Elston (2003), S. 27.
[677] Vgl. Elston (2003)
[678] Vgl. Elston (2003), S. 7 f.

Kang/Stulz[679] untersuchen eine mögliche Verknüpfung einer Hausbankbeziehung und verbesserter Performance für Japan in den Jahre 1990–1993.[680] Bei einer Stichprobe von 1.380 Unternehmen ergibt sich, dass sich die Aktienkurse derjenigen Unternehmen, die durch Bankkredite finanziert waren, deutlich schlechter entwickelten.[681] Diese Entwicklung wird damit begründet, dass sich in diesen Jahren insbesondere die Situation der japanischen Banken deutlich verschlechtert hat. Eine Abhängigkeit von der Bank lässt damit eine Finanzkrise auch auf andere Unternehmen wirken.[682]

Martínez/Giné analysieren die Auswirkungen von Banken als Hauptblockholder auf die Erträge spanischer Unternehmen und den Konzentrationsgrad der Eigentümerstruktur.[683] Dabei steht ihre Hypothese im Vordergrund, dass Banken als Hauptanteilseigner dazu neigen, Minderheiten auszunutzen. Als Messinstrumente ziehen sie den ROA und Tobin´s Q heran.

Es ergibt sich nur dann ein Einfluss, wenn die kombinierten Anteile eher niedrig sind. Je nach Struktur und Konzentrationsgrad der Anteile zeigen sich unterschiedliche Ergebnisse: wenn eine Bank Hauptaktionär wird, wirkt sich dies negativ aus. Dieser Effekt ist besonders stark, wenn der zweitgrößte Aktionär auch eine Bank ist oder gleichzeitig zwei Banken neue Blockholder werden. Wenn eine Bank nur zweiter Hauptaktionär wird, ergeben sich keine negativen Effekte.[684]

---

[679]   Vgl. Kang/Stulz (1997.
[680]   Sie ziehen dafür die in Anspruch genommenen Bankkredite heran, da Banken in Japan nur begrenzt (5%) direkt Aktien von Unternehmen halten dürfen.
[681]   In diesen Jahren verloren die Aktienkurse eines durchschnittlichen Unternehmens 57%. Unternehmen, die nicht durch Bankkredite finanziert waren, weisen einen um 26% höheren Return aus. Vgl. Kang/Stulz (1997), S. 7.
[682]   Vgl. Kang/Stulz (1997), S. 22.
[683]   Vgl. Martinez/Giné (2004). Sie untersuchen Paneldaten von 4.435 Unternehmen in dem Zeitraum von 1996-2000. Davon haben 25,94% nur einen Blockholder, bei 64,65% hat der Hauptanteilseigner die Kontrolle durch einen Anteil über 50%. Vgl. Martinez/Giné (2004), S. 9. Bei 2,76% der Unternehmen sind Finanzinstitutionen einer von zwei Hauptaktionären, bei 182 Beobachtungen sind sie Hauptaktionäre, bei 167 zweiter Hauptaktionär.
[684]   Vgl. Martinez/Giné (2004), S. 26.

Studie	Nachgewiesener Einfluss auf Unternehmenswert		
	positiv	negativ	keinen
Deutschland:			
Cable (1985)	+		
Seger (1997)	+ (Aktien)	- (Aufsichtsrat, Bankkredite)	
Elster (1998)		-	
Gorton/Schmid (2000)	+		
Agrarwal/Elston (2000)			•
Lehmann/Weigand (2000)	+ (Aktien)		• (Aufsichtsrat)
Boehmer (2000)	+ bei weiterem Haupt- aktionär	- wenn allein Hauptaktionär	
Chirinko/Elston (2003)			•
Elston (2003)			•
International			
Kang/Stulz (1997)		-	
Martínez/Giné (2004)		- wenn allein oder mit zweiter Bank Hauptaktionär	• wenn nur zweitg- rößter Aktionär

Tabelle 4: Empirische Belege für die Wirkung von Banken

Abschließend ergibt sich für den Governance-Mechanismus der Eigentümerstruktur folgendes Fazit.

Die Analyse der empirischen Studien ermöglicht keine eindeutige Aussage über die Wirkung einer konzentrierten Eigentümerstruktur. Die Berücksichtigung einer Differenzierung nach der Art des jeweiligen dominanten Investors zeigt ebenfalls ein widersprüchliches Bild.

Dennoch wird die in der theoretischen Argumentation vertretene Hypothese der förderlichen Wirkung auf die Corporate Governance und auf Unternehmenswerte auch nicht widerlegt. Die Heterogenität der Studien lässt zudem Zweifel an der Vergleichbarkeit der Ergebnisse und damit an der möglichen Verallgemeinerung der Aussagen zu. Bei der Betrachtung der institutionellen Investoren sind die jeweilige Motivation und die Wahl des Instrumentariums von Bedeutung. Im Hinblick auf die Generalisierbarkeit der förderlichen Auswirkungen zeigen die dargestellten Einflussfaktoren, dass spezifische Merkmale der jeweiligen Investoren sehr wohl eine Bedeutung haben. Aktuell zu beobachtendes verstärktes offenes Auftreten institutioneller Investoren lässt jedoch vermuten, dass die Motivation zur stärkeren Kontrolle im

Rahmen von Voice-Strategien zunimmt. Dabei kann die Berücksichtigung einer jeweiligen Unternehmenssituation als wahrscheinlich unterstellt werden.

Die Aktionärsstruktur ist extern erkennbar. So können für deutsche Unternehmen mit Hilfe von vorhandenen Datenbanken wie bspw. der Deutschen Börse AG oder des Bundesaufsichtsamt für den Wertpapierhandel existierende Mehrheitsaktionäre und institutionelle Investoren identifiziert werden.

Die Gestaltung der Eigentümerstruktur durch die Unternehmen selbst kann jedoch nur indirekt und langfristig erfolgen. Einflüsse durch externe Stakeholder erscheinen eher zweifelhaft. Daher erfolgte diese Analyse einführend und ihre Ergebnisse werden nicht weiter herangezogen. Die Berücksichtigung von Banken in der Doppelrolle von Aktionär und Gläubiger empfiehlt, mögliche Wirkungen auf Agency-Kosten und Unternehmenswerte der Kapitalstruktur selbst im Anschluss zu diskutieren.

4.2 Kapitalstruktur

Bei Finanzierungsentscheidungen stehen Unternehmen grundsätzlich vor den Alternativen der Eigen- oder Fremdfinanzierung und bestimmen so ihre Kapitalstruktur. Für Corporate Governance steht im Rahmen der Eigenfinanzierung zum einen die unter 4.1. diskutierte Struktur der Kontrollrechte im Vordergrund. Gleichzeitig wird einem höheren relativen Anteil des Fremdkapitals am Gesamtkapital und damit der jeweiligen Kapitalstruktur bzw. dem Verschuldungsgrad als Corporate-Governance-Mechanismus eine positive Wirkung auf Agency-Kosten und damit auf die Performance zugeschrieben.

Die Vielzahl aktueller theoretischer Diskussionen über mögliche Existenz und Determinanten optimaler Kapitalstrukturen fußt auf dem Irrelevanz-Theorem von Modigliani/Miller.[685] Dieses beinhaltet, dass die jeweilige Kapitalstruktur weder Auswirkung auf den Firmenwert noch auf Zugriffsmöglichkeiten oder Kosten von Kapital hat; die Kapitalstruktur ist demnach irrelevant. Dabei wird jedoch von einem perfekten und friktionslosen Kapitalmarkt ausgegangen, der keine Agency-Kosten berücksichtigt.[686] An diesen Prämissen haben sich anschließende theoretische Betrachtungen über mögliche Determinanten von beobachtbaren unterschiedlichen Kapitalstrukturen orientiert und das Modell durch deren Modifikation weiterentwickelt.[687] Im Folgenden werden chronologisch diejenigen Ansätze vorgestellt, die

---

[685] Vgl. Modigliani/Miller (1958).
[686] Für eine genaue Beschreibung des perfekten Kapitalmarkts im Modigliani/Miller-Modell vgl. Fama (1978), Annahme 1, S. 273.
[687] Für einen Überblick der theoretischen Kapitalstrukturdiskussion vgl. Harris/Raviv (1991). Er stellt Theorien vor, welche Agency-Kosten, Informationsasymmetrien, Interaktion auf Produkt- oder Faktormärkte und Kontrollbetrachtungen heranziehen. Ähnlich Myers (2001) – er konzentriert sich auf die Trade-Off-Theorie aufgrund von Steuereffekten, die Pecking-Order-Theorie aufgrund von Informationsasymmetrien und die Free Cashflow-Theorie aufgrund von Agency-Problematiken.

mögliche Auswirkungen der Kapitalstruktur auf bestehende Principal-Agent-Beziehungen, Informations-asymmetrien und damit auf Agency-Kosten analysieren.[688]

Als Determinanten einer Agency-Kosten senkenden und somit Unternehmenswert steigernden Kapitalstruktur werden mögliche Veränderungen der Risikostruktur wie Asset-Substitution[689] oder Over-Investment sowie Under-Investment diskutiert.[690] So ergeben sich durch höhere Verschuldungsgrade zum einen zusätzliche Agency-Kosten der Fremdfinanzierung und zum anderen Kosten minimierende Auswirkungen. Die jeweils optimale Kapitalstruktur ergibt sich jeweils aus einem Trade-Off zwischen der disziplinierenden Wirkung und den Agency-Kosten des Fremdkapitals.[691]

Jensen/Meckling[692] beginnen damit, Agency-Kosten als Determinanten der Kapitalstruktur herauszustellen. Basis der Argumentation sind zwei relevante Interessenskonflikte: zwischen Aktionären und Managern und zwischen Aktionären und Gläubigern. Ausschlaggebend sind die Möglichkeiten der Manager, ihren Eigeninteressen zu Lasten der Eigentümer zu folgen. Im Rahmen dieses Konflikts schreiben Jensen/Meckling der Verschuldung sowohl positive als auch negative Effekte zu. Als Nutzen der Verschuldung zeigen sie die Möglichkeiten des Managers auf, mit fremdfinanzierten Mitteln Aktien des Unternehmens aufzukaufen. Je höher so der Manager-Anteil am Eigenkapital des Unternehmens ist, umso kleiner wird ein möglicher Interessenskonflikt mit den Eigentümern und damit sinken Agency-Kosten.[693] Damit ergibt sich der Nutzen des Fremdkapitals indirekt durch die Veränderung der Eigentümer-

---

[688]   Damit entfallen Pecking-Order-Modelle. Ausgehend von Informationsasymmetrien zwischen externen Investoren und internem Management können sich nach diesem Ansatz Situationen ergeben, in denen der Wert des Eigenkapitals am Markt unterbewertet ist. Für diese Unternehmen kann sich im Rahmen der Beteiligungsfinanzierung neuer Investitionen die Situation ergeben, dass die neuen Aktionäre zu Lasten der Altaktionäre mehr als ihren fairen Anteil am positiven Kapitalwert der Neuinvestition verlangen. So kann es sein, dass Investitionsprojekte unterbleiben, obwohl sie positive Kapitalwerte aus weisen. Es kommt zu Under-Investment, welches verhindert werden kann, wenn diese Projekte durch Selbstfinanzierung oder durch Verschuldungstitel, welche nicht unterbewertet, finanziert werden können. Somit erklären zwar Informationsasymmetrien die Kapitalstruktur, die Wirkung der Struktur selbst auf Agency-Kosten wird jedoch nicht diskutiert. Vgl. für die Pecking-Order-Theorie z. B. Myers/Majluf (1984) oder Myers (1977) und (2001).

[689]   Damit wird die Anreizsituation beschrieben, die sich aus der Möglichkeit der Fremdfinanzierung ergibt. Da im Falle eines Scheiterns einer risikoreichen Investition bei beschränkter Haftung dieser Ausfall von den Gläubigern zu tragen ist, während mögliche Gewinne den Eigentümer zustehen, erhöht sich die Risikobereitschaft. Die Eigentümer können ihren möglichen Wertverlust zu Lasten der Gläubiger ausgleichen.

[690]   Beide Problemstellungen ergeben sich aus den Zugriffsmöglichkeiten des Managements auf freie Cashflows. Bei vorhandenen positiven Cashflows ergibt sich bei eigennützigem Verhalten der Manager die Gefahr, dass diese suboptimal investiert und nicht den Eigentümern zur Verfügung gestellt werden – Over-Investment. Bei Finanzierungsrestriktionen aufgrund eines hohen Verschuldungsgrad können auf der anderen Seite positive Investitionen unterbleiben, da ohne Wert des Fremdkapitals stärker als den des Eigenkapitals erhöhen – Under-Investment. Vgl. Myers (1977).

[691]   Die hier vorgestellten Modelle sind zumeist statisch. Für dynamische Modelle einer optimalen Kapitalstruktur bzw. eins optimalen Verschuldungsgrads vgl. bspw. Hovakimian et al. (2001) oder Ju et al. (2002).

[692]   Vgl. Jensen/Meckling (1976).

[693]   Vgl. Jensen/Meckling (1976), S. 333 f.

117

struktur und der damit verbundenen Anreize zur Beeinflussung des Verhaltens des Managements.

Negative Effekte, die Agency-Kosten des Fremdkapitals, entstehen hauptsächlich aufgrund des Interessenskonflikts zwischen Gläubigern und Aktionären.[694] So kann die Möglichkeit zur Verschuldung Anreize zu suboptimalen Investitionsentscheidungen setzen, welche die Risikostruktur verändern: mögliche Gewinne aus einer positiven Differenz aus Investitionsrendite und Fremdkapitalkosten stehen Aktionären zu; im Falle des Scheiterns trägt bei beschränkter Haftung nur der Fremdkapitalgeber die Kosten. Damit kann es für einen Managereigentümer rational sein, in risikoreichere Projekte zu investieren, selbst wenn damit ein Wertverlust verbunden ist – Asset-Substitution. Ein möglicher Wertverlust des Eigenkapitals kann zu Lasten des Wertes des Fremdkapitals mehr als ausgeglichen werden. Zusätzlichen Einfluss hat damit, welche Investitionsmöglichkeiten mit welchem Risikocharakter dem Unternehmen offen stehen.

Leland/Pyle[695] und Ross[696] stellen dagegen Informationsasymmetrien in den Vordergrund. Ausschlaggebend bei Leland/Pyle ist die Risikoaversion der Manager. Dabei gehen sie wie Jensen/Meckling davon aus, dass eine erhöhte Verschuldung es dem Management erlaubt, einen erhöhten Anteil am Eigenkapital zu halten. Dieser wird jedoch nicht auf mögliche Verringerung des Interessenkonflikts bezogen. Dieser Anteil erhält hier die Relevanz aufgrund seines Risikocharakters: je nach Grad der individuellen Risikoaversion erleidet das Management dadurch einen Verlust. Dieser ist jedoch kleiner, wenn es sich um Unternehmen höherer Qualität handelt. Diese kann von den Managern aufgrund ihrer Informationsvorsprünge besser eingeschätzt werden. Daher kann der Verschuldungsgrad von erfolgreichen Unternehmen als valides Signal an Investoren über die Qualität der Unternehmen genutzt werden, so dass sich eine positive Verknüpfung zwischen Verschuldungsgrad und Unternehmenswert ergibt.

Auch Ross[697] nutzt den Verschuldungsgrad als Indikator für externe Investoren über die Qualität der Unternehmen und argumentiert mit der dem Management drohenden Konkursgefahr. Deren Grenzkosten steigen unabhängig von Verschuldungsgrad bei schlechter Qualität des Unternehmens. Daher kann die Existenz höherer Verschuldungsgrade als Qualitätsindikator gewertet werden und Informationsasymmetrien verringern.

In einer Weiterentwicklung des gemeinsamen Modells mit Meckling weist Jensen[698] einem höheren Verschuldungsgrad einen weiteren Vorteil zu. Dabei argumentiert er mit den Agency-Kosten der freien Cashflows. Diese können zum einen von dem Management als Dividende oder über Aktienrückkäufe an die Aktionäre verteilt werden. Gleichzeitig bestehen

---

[694] Vgl. für diesen Abschnitt Jensen/Meckling (1976), Kapitel 4. Zusätzlich werden Kosten der Insolvenz und - wie zwischen Eigentümer und Manager - Kosten für Monitoring und Bonding herangezogen.
[695] Vgl. Leland/Pyle (1977).
[696] Vgl. Ross (1977).
[697] Vgl. Ross (1977).
[698] Vgl. Jensen (1986) und (1993).

jedoch die Gefahren des Over-Investments oder der Verschwendung.[699] Damit reduzieren Auszahlungsverpflichtungen bei Unternehmen mit positiven freien Cashflows die Ressourcen, über die Manager verfügen können, und erhöhen gleichzeitig die Wahrscheinlichkeit, dass sie sich für die Finanzierung zukünftiger Investitionen des Kapitalmarkts mit dessen Kontrollfunktion bedienen.[700]

Da Zinszahlungen im Gegensatz zu Dividenden eine feste Zahlungsverpflichtung sind, reduzieren sie die freien Cashflows und verringern die Entscheidungsspielräume der Manager.[701] Eine besondere Veränderung der Agency-Kosten der Verschuldung erfolgt bei Jensen nicht. Auch hier ergibt sich die ex ante Entscheidung für eine optimale Kapitalstruktur aus dem Trade-Off zwischen Nutzen und den Agency-Kosten des Fremdkapitals.[702]

Eine weitere Kombination von Verschuldungsgrad und dessen mögliche positive Auswirkungen auf die Gefahr des Over-Investments zeigt Diamond.[703] Dabei stellt er die Wirkung der Reputation des Unternehmens in den Vordergrund.[704]

Deren positive Wirkung setzt Anreize für das Management, sich eher für sichere als für sehr risikoreiche Investitionen zu entscheiden. Entscheidend für den Reputationsaufbau ist dabei sowohl die Dauer als auch die Häufigkeit der Geschäftsbeziehung zwischen Unternehmen und Gläubigern. Je länger und häufiger das Unternehmen seinen Zins- und Tilgungsverpflichtungen nachkommen kann, umso stärker wächst das Vertrauen des Gläubigers und damit sinken Fremdkapitalkosten. Reputation selbst bekommt einen Wert, der jedoch schon

---

[699] Diese Gefahr ist besonders bei Unternehmen in Ländern mit hoch entwickelten Corporate-Governance-Systemen gegeben. Hier ziehen es Unternehmen vor, Investitionen mit niedrigen Rückflüssen selbst zu finanzieren. In Ländern mit weniger entwickelten Corporate Governance Systemen sind Unternehmen freier, auch derartige Investitionen von außen am Kapitalmarkt zu finanzieren. Vgl. Gugler et al. (2003), S. 512.

[700] Vgl. Jensen (1986), S. 324.

[701] Diese positive Wirkung wird von einigen nur in Verbindung mit breit gestreuter Eigentumsstruktur gesehen. In Ländern wie bspw. Japan, die durch konzentrierte Eigentümerstrukturen gekennzeichnet sind, könnte eine Verschuldung bei einer vom Großaktionär des Unternehmens nicht unabhängigen Bank jedoch die Wahrscheinlichkeit erhöhen, dass dadurch Minderheitsaktionäre belastet werden. Zusätzlichen Einfluss hat dabei die Kapitalmarkteffizienz und der Regulierungsgrad, welche Transparenz und Schutz der Minderheitsaktionäre bestimmen. Vgl. Faccio et al. (2001). Für Mexiko zeigen La Porta et al (2003), dass Verschuldung bei verbundenen Institutionen einen hohen Stellenwert einnimmt.

[702] Eine Erweiterung um indirekte Effekte der ex-post Perspektive liefert Zwiebel (1996). Hier nutzt das Management den Verschuldungsgrad als Signal der freiwilligen Selbstbeschränkung. Die jeweilige Höhe ergibt sich als Abwägung des Managements zwischen diesen Beschränkungen und dem Nutzen, so eine mögliche Übernahme verhindern zu können. Die mit dem Verschuldungsgrad steigende Konkursgefahr dient als Signal für das Commitment des Managements. Diese Signalfunktion kann der Verschuldungsgrad jedoch nur ausüben, wenn er von der Ausfallwahrscheinlichkeit des zu finanzierenden Investments bestimmt wird. Sobald die Konkursgefahr derartig imminent ist, dass der Erfolg einer zukünftigen Investition keine Auswirkung mehr haben kann, gibt es keinen Anreiz mehr, unrentable Investitionen zu unterlassen.

[703] Vgl. Diamond (1989).

[704] Hirshleifer/Thakor (1989) argumentieren auch mit Reputation, jedoch mit der persönlichen Reputation der Manager. Da am Arbeitsmarkt nur zwischen Scheitern und Erfolg unterschieden werden kann, richtet sich der Manager in seinen Entscheidungen an Projekten mit der höchsten Erfolgswahrscheinlichkeit aus. So werden risikoreichere Investitionen, Asset-Substitution, unwahrscheinlicher. Damit sinken die Agency-Kosten der Verschuldung. Dies sei insbesondere bei Firmen zu beobachten, die vermutlich Ziele von Übernahmen werden.

bei einem einzigen Ausfall stark abnimmt. Es wird jedoch nur erfolgreichen Unternehmen gelingen, diese Reputation aufzubauen.

Ähnlich argumentiert Stulz.[705] Die durch Fremdkapital mögliche Verhinderung von Over-Investments resultiert wiederum aus der Reduzierung der freien Cashflows. In Zeiten hoher Cashflows würden diese von dem Management aufgrund eines persönlichen Nutzen-zuwachses in Projekte mit negativem Cashflow investiert, anstatt an die Eigentümer ausge-zahlt zu werden. Damit kann eine Fremdfinanzierungsentscheidung die Kosten der Aktionäre senken. Agency-Kosten des Fremdkapitals ergeben sich aus der Gefahr des Under-Investments. So kann ein zu hoher Verschuldungsgrad auch verhindern, dass alle den Unter-nehmenswert steigernden Investitionen realisiert werden können.

Einfluss auf die jeweils optimale Kapitalstruktur haben somit die Verteilung der erwarteten Cashflows und die Investitionsmöglichkeiten des Unternehmens. Bei erwartungsgemäß hohen Cashflows und nur wenigen guten Investitionsmöglichkeiten werden Aktionäre eine zusätz-liche Verschuldung vorziehen.

Harris/Raviv[706] konzentrieren sich auf Situationen, in denen die Interessen von Management und Aktionären bezüglich operativer Entscheidungen nicht übereinstimmen.

Der Verschuldungsgrad hat dabei zwei positive Effekte. So wirkt er disziplinierend durch die Möglichkeiten der Gläubiger, das Unternehmen bei Ausfall zur Auflösung zu zwingen. Gleichzeitig kann er den Informationsgrad der externen Investoren erhöhen. Dieses ist zum einen in der beobachtbaren Rückzahlungsfähigkeit der Vergangenheit begründet. Zum anderen ergeben sich bei Ausfall weitere Informationen, die zur Abwendung des drohenden Konkurses zur Verfügung gestellt werden.[707] Investoren können bei Informationsasymmetrien also (zusätzlich bereitgestelltes) Fremdkapital und die daraus resultierenden Rechte nutzen, um Informationsasymmetrien abzubauen und so Agency-Kosten zu reduzieren.

Dabei ergibt sich der optimale Verschuldungsgrad aus diesen beiden positiven Effekten im Vergleich zu der Wahrscheinlichkeit von notwendigen Recherchekosten. Bis zu diesem Grad sind steigende Verschuldungsraten und Unternehmenswerte als endogene Variable mit niedri-gerer Ausfallwahrscheinlichkeit und höheren Liquidationswerten als exogenen Variablen verknüpft. Auch hier sind es demnach besondere Charakteristika der Unternehmen, welche den Nutzen der Fremdfinanzierung steuern.

Die disziplinierende Rolle von Fremdkapital betonen auch Hart/Moore.[708] Dabei ergänzen sie Jensen mit einer detaillierten Untersuchung der Agency-Kosten und differenzieren zwischen kurz- und langfristigem Fremdkapital. Kurzfristiges, nicht prolongierbares Fremdkapital

---

[705]   Vgl. Stulz (1990). Grundlage sind Principal-Agent-Konflikte sowie Informationsasymmetrien.
[706]   Vgl. Harris/Raviv (1990). Grundlage sind Principal-Agent-Konflikte sowie Informationsasymmetrien.
[707]   Das Gewinnen dieser Informationen ist jedoch mit Kosten für die Gläubiger verbunden. Dies sind hier die Agency-Kosten der Verschuldung. Vgl. Harris/Raviv (1990), S. 323.
[708]   Vgl. Hart/Moore (1995).

zwingt dabei das Management laufend zur Auszahlung freier Cashflows und kann damit ein Over-Investment verhindert. Die Aufnahme von langfristigem Fremdkapital erschwert über die damit verbundenen Restriktionen des zukünftigen Zugriffs auf Außenfinanzierung sowohl die Realisation unrentabler als auch rentabler Investitionen (Under-Investment).

Zusätzliche Einflussfaktoren ergeben sich, wenn man nach Art der Gläubiger bzw. der Finanzierungsquelle differenziert. Dabei wird nach Kapitalmärkten und Banken unterschieden. In Bezug auf Kapitalmärkte sind die jeweiligen Regulierungen der Publizitätsverpflichtungen ausschlaggebend. Damit begründet die Ausgabe von Bonds an (internationalen) Kapital-märkten eine zusätzliche Verpflichtung zu Transparenz und wirkt gleichzeitig als Signal für die Qualität des Managements.[709] Transparenz und Information alleine gewährleisten jedoch keine aktive Rolle eines Gläubigers, welche für diesen mit zusätzlichen Kontrollkosten verbunden ist. Bei Berück-sichtigung der Existenz dieser Kontrollkosten werden jedoch Intermediären wie Banken relative Kostenvorteile zugeschrieben, die in der Diversifikation begründet liegen.[710]

Gleichzeitig erlangen Banken zusätzliche private Informationen über den Gläubiger im Rahmen der Kreditvergabeverhandlungen. Der Anreiz für Banken, aktive Kontrolle zu übernehmen, liegt in der Möglichkeit, so Moral Hazard zu vermeiden. In Fällen großer Informationsasymmetrien und hohen Agency-Kosten sind daher die Vorteile der Kreditaufnahme bei Intermediären höher als die damit verbundenen potentiellen Kosten.[711]

Dabei kann Reputation wiederum Kontrollkosten beeinflussen. So zeigt Diamond, dass sich Unternehmen mit mittlerem Rating hauptsächlich mit Bankkrediten finanzieren.[712] Hier ist die Reputation alleine zu niedrig, um moral hazard auszuschließen - aber hoch genug, um Anreize zur aktiven Kontrolle zu setzen. Zudem wird aktive Gläubiger-Kontrolle durch Banken mit der Gefahr des Under-Investments verknüpft. So ermögliche es die Bankenkontrolle den Unternehmen, die positive Investitions-möglichkeiten aber niedrige Cashflows ausweisen, weiter zu produzieren und zu investieren. Investoren am Kapitalmarkt könnten hier weitaus eher auf Liquidation oder Umstrukturierung bestehen.[713]

Weitere positive Effekte der Fremdfinanzierung ergeben sich in Verbindung mit der Reduktion einer möglichen Gefahr des Over-Investments: entweder wird diese über Cashflow-

---

[709] Vgl. Östberg (2003). Diese Argumentation wird insbesondere bei Unternehmen aus Emerging Markets herangezogen, wo durch Familien oder Regierungen kontrollierte Banken kaum Kontrolle ausüben oder nicht in Lage sind, genügend Mittel bereitzustellen. Vgl. Harvey et al. (2003). Die Hauptliteratur dies bezüglich konzentriert sich jedoch auf die Auswirkung von Cross-Listing auf Informationsasymmetrien und Unternehmensbewertung. Vgl. z. B. Lang et al (2003).

[710] Vgl. Diamond (1984).

[711] Vgl. Diamond (1989).

[712] Vgl. Diamond (1989), das Rating gilt dabei als Indikator für Reputation.

[713] Vgl. Diamond (1984). Ausschlaggebend für die Wahl einer Bank als Gläubiger ist die Korrelation zwischen Cashflows und den Kapitalwerten zukünftiger Investitionen. Wenn diese niedrig ist, kann es zu häufigen Ausfällen des Schuldners kommen. Damit ergibt sich ein Kostenvorteil der Bankkontrolle gegenüber der Kontrolle durch Kapitalmärkte. Wenn die Korrelation hoch ist und Ausfälle unwahrscheinlich sind, ergibt sich ein Kostenvorteil für Verschuldung am Kapitalmarkt.

reduzierung direkt gemindert oder der Verschuldungsgrad wird vom Management als Signal für externe Investoren verwendet, dieses aktuell oder zukünftig zu unterlassen. So sind zusätzlich die jeweilige Verteilung der Cashflows und die Investitions- oder Wachstumsmöglichkeiten der Unternehmen relevant. Mit zunehmenden Verschuldungsgrad wachsen jedoch die Agency-Kosten des Fremdkapitals mit der höheren Wahrscheinlichkeit eines Under-Investments.

Ein positiver Zusammenhang zwischen Verschuldungsgrad und Unternehmenswert scheint damit nicht streng monoton zu sein. Gleichzeitig formuliert die Theorie diesen positiven Zusammenhang nicht für alle Unternehmen.[714] Da sich die Corporate-Governance-Diskussion auf börsennotierte Unternehmen konzentriert, kann davon ausgegangen werden kann, dass die als für Verschuldung am Kapitalmarkt förderlich diskutierte Transparenz durch schon einzuhaltende Publizitätsvorschriften gegeben ist. Im Hinblick auf positive Effekte der Bankenfinanzierung spielen zusätzlich viele Elemente des jeweiligen Finanzsystems und der Regulierung eine Rolle. In einem bankorientierten System wie Deutschland scheinen sich Vorteile zu ergeben. Gleichzeitig führt jedoch die Umstrukturierung im deutschen Bankensektor sowie neue internationale Regulierung wie Basel II in den letzten Jahren zu einem Rückzug deutscher Banken aus der klassischen Kreditfinanzierung.[715]

Zudem gelten die unterstellten Vorteile nur für eine Gruppe von Unternehmen, so dass ein auch eine eindeutige, verallgemeinerndes Aussage über den Einfluss von Verschuldungsgraden auf die Qualität von Corporate Governance nicht möglich erscheint. Dennoch können Charakteristika von Unternehmen aufgezeigt werden, welche eine höhere Wahrscheinlichkeit positiver Auswirkung von Verschuldungsgraden begründen.

Dabei stehen zum einen die jeweiligen Investitionsmöglichkeiten im Vordergrund. So kann die Agency-Kosten reduzierende Wirkung insbesondere für Unternehmen formuliert werden, welche Möglichkeiten zu Investitionen mit negativen Kapitalwerten aber positiven Nutzenvorteilen für das Management aufweisen.

---

[714]   Empirische Studien verstärken dieses heterogene Bild. So zeigen Majumdar/Chhibbers (1999) für Indien eine signifikante negative Verknüpfung von Leverage und Performance. Safieddine/Titman (1999). zeigen, dass Zielunternehmen von Takeovers ihren Leverage stark erhöhen. Dieser Leverage begründet hier, dass sich das Management eher im Sinne der Eigentümer verhielten und selbst die Veränderungen vornehmen, die der potentielle Übernehmer vorgenommen hätte. De Jong (2002) findet keinen Beleg für eine disziplinierende Rolle bei der Verhinderung von Over-Investment bei niederländischen Unternehmen. Für die USA finden Berger/Bonaccorsi di Patti (2003) dagegen eine signifikant positive Verknüpfung von Leverage und Performance. Weill (2003) findet bei einer Untersuchung von Unternehmen in sieben europäischen Ländern jeweils national unterschiedliche Beziehungen zwischen Leverage und Performance. Kumar (2004) findet für Indien eine nicht lineare Verknüpfung von Leverage und Corporate Governance, so weisen Unternehmen mit schwacher Corporate Governance einen höheren Verschuldungsgrad aus. Harvey et al. (2004) finden positive Effekte des Leverage nur bei Unternehmen mit vermutlich sehr hohen Agency-Kosten aufgrund von pyramidischen Eigentümerstrukturen.

[715]   Zur Entwicklung der Kreditvergabe vgl. bspw. Finanzmärkte in Deutschland, Deutsche Bundesbank (2003b).

Zum anderen ist hier die Verfügbarkeit von Cashflows relevant. Diese bieten eine Verknüpfung zu einem weiteren Merkmal, dem jeweiligen Unternehmenserfolg. So stehen insbesondere die Argumentationen, welche den Signalcharakter zusätzlicher Verschuldung, ob im Hinblick auf die Qualität des Unternehmens, die Reputation oder die Rückzahlungsfähigkeiten, betonen, nur erfolgreichen Unternehmen offen. Damit ist die jeweilige Unternehmenssituation – erfolgreich oder krisenbedroht - von Bedeutung.

Merkmal	Ausprägung	Quelle
Investitionsmöglichkeiten	Möglichkeiten zu Investitionen mit negativen Kapitalwerten und Nutzenvorteilen	Stulz (1990)
Unternehmenserfolg	Bei gutem Erfolg bzw. Qualität kann Signalwirkung der Verschuldungsgrade genutzt werden.	Leland / Pyle (1977), Ross (1977), Diamond (1984/1989), Harris / Raviv (1990)
Freie Cashflows	Bei hohen frei verfügbaren Cashflows sinken durch höhere Verschuldung die Möglichkeiten opportunistischen Verhaltens	Jensen (1986), Stulz (1990)

Tabelle 5: Unternehmenscharakteristika, die positive Auswirkungen der Kapitalstruktur fördern

Während die Einflüsse der Kapitalstruktur auf Agency-Kosten eher indirekt begründet werden, stehen den Unternehmen mit den Corporate-Governance-Mechanismen der Gestaltung von Aufsichtsgremien und Anreizsysteme Instrumentarien zur Verfügung, welche direkt mit Performance verknüpft werden. Dabei richten sich erstere im Rahmen der Agency-Theorie wiederum explizit auf die Kontrollfunktion.

4.3 Aufsichtsgremien

Eine institutionalisierte interne Kontrolle des Managements erfolgt durch Aufsichtsgremien.[716] Deren Mitglieder werden jeweils durch die Hauptversammlungen der Anteilseigner gewählt.[717]

---

[716] In Deutschland ist dies der Aufsichtsrat, im amerikanischen One-Tier-System das Board of Directors. Dennoch erscheint ein Vergleich der Arbeitsweisen von Aufsichtsrat und Board of Directors möglich: trotz der Trennung in Vorstand und Aufsichtsrat ist in Deutschland eine enge Zusammenarbeit beider Organe vorgeschrieben vgl. DCKG 3.1. Dies unterstreicht die Bedeutung einer Kooperation. Vgl. von Werder (2003b) S. 82 ff. So sind beispielsweise gemeinsame Sitzungen üblich. Der DCKG enthält in Ziffer 3.6 Absatz 2 nur eine Sollte-Anregung, dass der Aufsichtsrat bei Bedarf ohne den Vorstand tagt. Nach Aktiengesetz besteht jedoch faktisch eine strikte Aufgabentrennung, welche dem Aufsichtsrat als Überwachungsorgan die Kontrolle und kritische Begleitung des Vorstands zuweist. So bleibt der Aufsichtsrat gem. § 111, Abs. 4, S. 1 AktG eindeutig von einer aktiven Geschäftsführung ausgeschlossen. Gleichzeitig können jedoch strategisch wichtige Entscheidungen von der Zustimmung des Aufsichtsrats abhängig gemacht werden. In den USA verbreiten sich zudem Sitzungen des Boards, die ohne den CEO stattfinden. Vgl. Hertig (2005), S. 10 f.

[717] In Deutschland werden im Rahmen der Mitbestimmung auch Arbeitnehmervertreter in den Aufsichtsrat gewählt. Die in den USA üblichen Proxy-Votes, in denen Aktionäre schriftlich ihr Stimmrecht auf das

123

Dem Aufsichtsgremium wird somit von den Aktionären die Kontrollfunktion übertragen, um so die Wahrung ihrer Interessen zu gewährleisten.[718] Bei einer weit gestreuten Eigentümerstruktur sind (Klein-)Aktionäre kaum in der Lage, diese Kontrollfunktion selbst auszuüben. Damit wird das Aufsichtsgremium zu einem der relevanteren Insider-Mechanismen.[719]

Dennoch wird aufgrund von Erfahrungen der Vergangenheit häufig Kritik an Aufsichtsgremien und ihrer Eignung zur Lösung der Agency-Problematik geäußert.[720]

Trotz dieser Zweifel existieren international – unabhängig von verfolgten Unternehmenszielen – überall Aufsichtsgremien als fiduziarische Instanz der Interessensvertretung. Dies kann reine Konsequenz jeweiliger gesetzlicher Regulierungen sein – so müssen beispielsweise deutsche Aktiengesellschaften einen Aufsichtsrat wählen. Damit wäre Ursache für die Existenz der Gremien die Einhaltung einer Verpflichtung.

Wenn man dieser Argumentation folgt und somit nur gesetzliche Regulierungen die einzige Existenzbegründung wären, sollte zumindest ein Land zu finden sein, wo diese Art der Kontrolle bzw. Aufsichtsgremien nicht existiert. Diese Argumentation kann eine Plausibilität begründen. So kann die treuhänderische Kontrolle als marktliche Lösung für Agency-Probleme angesehen werden. Damit ist es nicht allein die Umsetzung einer verpflichtenden Regulierung sondern erfolgt freiwillig durch die involvierten Akteure, da diese Gremien als positiv und damit als förderlich für den Unternehmenswert einstufen.[721]

4.3.1 Aufsichtsgremien als theoretischer Lösungsmechanismus

Im Gegensatz zu den bisher analysierten Mechanismen ist die diskutierte Reduktion von Agency-Kosten durch Aufsichtsgremien nur eine von weiteren Möglichkeiten, mögliche positive Auswirkungen auf den Unternehmenswert herauszustellen.

---

[718] Management übertragen, können verursachen, dass das Management die Kontrolle über die Besetzung es Boards ausüben kann. Diese Delegation ist nachvollziehbar, da das Aufsichtsgremium durch den direkten Kontakt mit dem Management eher geeignet scheint, opportunistisches Verhalten oder Fehlentscheidungen zu verhindern.

[719] Vgl. John/Senbet (1998), S. 379. Er diskutiert die Wirkungsweise auf Grundlage der Agency-Theorie und erfasst alle Agency-Kosten: die des Eigen- und Fremdkapitals, soziale und politische Agency-Kosten. Zusätzlich wird die Relevanz, welches den Aufsichtsgremien zugeschrieben wird, durch die Vielzahl von theoretischen und empirischen Analysen verdeutlicht. Überblicke liefern bspw. Daily et al. (1996), John/Senbet (1998), Hermalin/Weisbach (2003) und Daily et al. (2003).

[720] Jensen (1989) und (1993) hält z.B. interne Kontrollmechanismen wie das Board für ineffizient und favorisiert ein höheres Leverage als Kontrollmechanismus. Argumente der Kritiker gründen u.a. auf den Möglichkeiten des Managements, die Besetzung der Gremien mit ihnen wohl gesonnenen Mitgliedern zu steuern, die jeweilige Tagesordnungen bestimmen oder die Informationen zu beeinflussen. Vgl. Davidson et al. (2004). Zunehmende Kritik an der aktuellen Arbeit von Aufsichtsgremien, so wurden schwache Boards mit Skandalfällen wie Worldcom und Enron verknüpft, hat in den letzten Jahren international zunehmend zu Reformvorschlägen geführt Vgl. Europäische Kommission (2004). Einen aktuellen Überblick über internationale Reformen bietet Hertig (2005).

[721] Vgl. Hermalin/Weisbach (2003). S. 5 ff.

124

Denn als Konsequenz aus der kontrollierenden Funktion der Gremien ergibt sich im Rahmen der Entscheidungsprozesse zusätzlich die Aufgabe als Förderer und Antreiber von Veränderungen.[722] Zudem nimmt das Gremium weitere Rollen[723] ein: so wird das Management zum einen durch die Überprüfung von grundlegenden Entscheidungen[724] und durch Ratschläge bei der Strategieentwicklung[725] unterstützt, zum anderen kann durch die Besetzung des Gremiums der Zugriff auf (externe) Ressourcen gefördert werden.[726] Im Hinblick auf die Stakeholder-Theorie steht die Mediation zwischen den unterschiedlichen Stakeholdern des Unternehmens im Vordergrund.[727] Alle diese Rollenzuweisungen der Funktionen im Rahmen der Entscheidungsprozesse folgen unterschiedlichen theoretischen Modellen. Im Rahmen der Kontingenz-Perspektive wird dabei von extrinsischen Einflüssen aus-gegangen, welche die jeweiligen Rollenzuweisungen bestimmen. Dominierend ist wiederum die Principal-Agent-Theorie. Die Stellung als gewählte Interessensvertreter begründet für das Aufsichtsgremium eine zweistufige Principal Agent-Position. Sie nehmen als Agenten die Interessen der Aktionäre, der Principals, wahr und sind gleichzeitig Principals der Unternehmensleitung. In beiden Beziehungen herrschen jeweils Informationsasymmetrien, die bei möglichen Interessenskonflikten Agency-Kosten verur-sachen können.[728]

In der theoretischen Modellbildung wird dem ersten Principal-Agent-Konflikt über die jeweiligen Nutzenfunktionen der Aktionäre und der Mitglieder des Aufsichtsgremiums begegnet. Dabei wird diesen Nutzenfunktionen eine signifikante Entsprechung unterstellt, so dass Interessenkonflikte unwahrscheinlich werden. Diese Übereinstimmung kann zum einen durch die Entlohnung der Mitglieder, welche an den Unternehmenswert zu koppeln ist, oder durch die Wirkung von positiver Reputation am Arbeitsmarkt erreicht werden.[729]

---

722   Vgl. Clarke (1998), S. 61. Es findet sich kein Konsens über die Bezeichnung der verschiedenen Rollen von Aufsichtsgremien. Johnson et al. (1996) sprechen in ihrem Review von der Kontroll-, der Service- und der Ressourcen-Rolle. Hung (1998) verknüpft sechs unterschiedliche theoretische Argumentationsrichtungen mit diesbezüglichen Rollen der Verbindung, der Koordination, der Kontrolle, der Strategie, der Erhaltung und der Unterstützung, diese beziehen sich auf die Rolle des Organs Board gesamt.

723   Die Relevanz dieser weiteren Rollen aus dem Blickwinkel der Agency-Theorie wächst, wenn es starke andere Governance-Mechanismen wie effiziente Produkt- oder Kapitalmärkte gibt und damit eine interne Kontrolle an Bedeutung abnimmt. Vgl. Fama/Jensen (1983).

724   Vgl. Pound (1985).

725   Vgl. Golden/Zajac (2001).

726   Dieses kann beispielsweise Zugang zu Informationen vgl. Baysinger/Zardkoohi (1986), Kapital vgl. Mizruchi/Stearns (1988) oder zu Industriekontakten vgl. Pfeffer/Salancik (1978) sein.

727   Vgl. Blair/Stout (2001).

728   So sind bspw. die Mitglieder des Aufsichtsrats besser informiert als die eigentlichen Aktionäre sowie das Management besser als die Mitglieder des Aufsichtsrats bzw. der CEO besser als externe Direktoren. Vgl. Hermalin/Weisbach (2003), S. 8.

729   Vgl. Hirshleifer/Thakor (1994), Noe/Rebello (1996). Dabei kann die jeweilige Reputation mit der finanziellen Performance des Unternehmens verknüpft werden, so dass sich der Interessenskonflikt verringert. Im Hinblick auf das Reputationsargument ist jedoch zu diskutieren, ob das Kritisieren oder das Kooperieren mit dem Management hier förderlich wirkt. Vgl. Hermalin/Weisbach (2003), S. 9. Im Rahmen der Stewardship-Theorie wird der Interessenkonflikt zwischen Management und Stakeholdern negiert, da die Nutzenfunktionen des Managements ähnliche Elemente wie die beispielsweise der Eigentümer ausweisen. Daher besteht keine Gefahr opportunistischen Verhaltens. Vgl. Davis et al. (1997).

Im Rahmen der zweiten Principal-Agent-Beziehungen begründet die Stellung als Principal die Rechte des Aufsichtsgremiums zur direkten Kontrolle des Managements, verbunden mit der Entscheidung über dessen Bestellung, Entlassung und Entlohnung.[730] Durch die Kontrolle des Managements werden Agency-Kosten verringert und der Unternehmenswert gesteigert.[731]

Der Stakeholder-Ansatz betont dagegen, dass die Interessen sämtlicher Stakeholder im Rahmen der Verfolgung des Unternehmensziels zu berücksichtigen sind. Deren Interessenkonflikte auszugleichen, steht im Zentrum der Koordinationsrolle des Boards.[732]

Im Rahmen der Stewardship-Theorie werden Interessenkonflikte zwischen Management und Stakeholdern zurückgewiesen. Das Management ist durch intrinsische Elemente der Nutzenfunktion an der Maximierung des Unternehmenswertes interessiert.

Im Rahmen der Diskussion über Aufsichtsgremien wird daher nicht die Besetzung mit externen Mitgliedern, bei denen der Stewardship-Gedanke unwahrscheinlich scheint, sondern der Einbezug von internen Mitgliedern unterstützt.[733] Im Zentrum steht damit die Rolle des Gremiums als Partner des Managements in der Entwicklung von Strategien und im Rahmen von Entscheidungsprozessen.

Die vierte Theorie im Bezug auf die Verknüpfung von Aufsichtsgremien und ihrem möglichen Beitrag zu Wertsteigerungen ist der Ressourcenansatz. Die zentrale These dieser Theorie beinhaltet, dass Organisationen Kontrolle über ihre Umgebung ausüben, indem sie Möglichkeiten, auf zusätzliche Ressourcen zuzugreifen, hinzuwählen. Aufsichtsgremien gelten hierbei als Verbindungsglied zwischen dem Unternehmen und dem Umfeld. Bei der Auswahl externer Mitglieder wird daher berücksichtigt, inwieweit diese das Unternehmen unterstützen, sich mit den Problemen befassen und zu deren Lösung beitragen können.[734] Institutionelle Perspektiven stellen dagegen auf intrinsische Einflussfaktoren ab, die gewährleisten sollen, dass die Rolle den jeweiligen Erwartungen der Institutionen entspricht. Diese können dabei aufgrund der Identifikation mit diesen Erwartungshaltungen oder aufgrund internen Drucks

---

[730] Im One-Tier-System entscheidet damit das Board über seine eigene Entlohnung. Diese ist individuell zu veröffentlichen. Im deutschen System entscheidet der Aufsichtsrat über die Vorstandsvergütung und die Hauptversammlung über die Aufsichtsratsvergütung. Die Frage der individualisierten Veröffentlichung war bis Juli 2005 ein Element des DCGK, wurde aber aufgrund relativ geringer Entsprechensgrade im Juli 2005 gesetzlich geregelt.

[731] Diese Verringerung zielt dabei nicht nur auf die Agency-Kosten aufgrund von Interessenkonflikten zwischen Eigentümern und Management. Eine effiziente Kontrolle berücksichtigt die Interessenkonflikte aller Stakeholder und kann so auch alle Agency-Kosten verringern. Vgl. John/Senbet (1998), S. 375. Insbesondere durch die Besetzung des Aufsichtsgremiums mit Vertretern von Banken und Mitarbeitern oder durch Wissenschaftler, Managern anderer Unternehmen oder Politikern kann diesen Konflikten Rechnung getragen werden. Der Stakeholder-Ansatz sieht das Board als Interessenvertretung der Gesellschaft. Vgl. Gay (2002).

[732] Vgl. Hung (1998), S. 106.

[733] Vgl. Muth/Donaldson (1998).Diese Diskussion konzentriert sich auf das One-Tier-Modell des Boards. Eine detaillierte Darlegung erfolgt im Unterpunkt Boardstruktur.

[734] Vgl. Pfeffer/Salancik (1978), S. 163. Eine detaillierte Darlegung erfolgt im Unterpunkt Boardstruktur

eingenommen werden. Durch Analyse der externen Umgebung und die Internalisierung deren Werte können Boards im ersten Fall zur Stabilisierung der Organisation beitragen.[735]

Bei Berücksichtigung existierender Dominanz des Managements verringert sich jedoch eine mögliche Bedeutung der Rolle des Boards. Sie reduziert sich beispielsweise auf die Unterstützung in Krisensituationen.[736]

Aktuelle Untersuchungen, die sich auf die Identifikation qualitativer Merkmale effizienter Gremien[737] konzentrieren, erweitern diese Grundlagen um pluralistische Theorieansätze und stellen damit zum Teil Prämissen des Principal-Agent-Ansatzes in Frage. Sie berücksichtigen u. a. Elemente der Organisations-, Management- und Verhaltenstheorie.[738]

Schon die kurze Darstellung dieser klassischen theoretischen Modellansätze und der daraus abzuleitenden unterschiedlichen Rollen der Aufsichtsgremien verdeutlicht, dass keine Einigkeit über die schwerpunktmäßige Rolle des Aufsichtsgremiums vorherrscht.

Gleichzeitig wird offensichtlich, dass die Effizienz jeglicher Rollenerfüllung, gemessen an positiven Beiträgen zur Steigerung des Unternehmenswertes, von einer Vielzahl von formalen und qualitativen Elementen des Gremiums und der Einzelmitglieder beeinflusst werden kann. Diese werden herangezogen, um die Effizienz von Aufsichtsgremien zu messen.

4.3.2 Merkmale effizienter Aufsichtsgremien

In Folgendem werden in der Literatur diskutierte formale und qualitative Merkmale vorgestellt, welche mit positiver Auswirkung auf die Effizienz von Aufsichtsgremien verbunden werden.[739] Da die Existenz eines Aufsichtsgremiums für Kapitalgesellschaften rechtlich determiniert ist, können sich Handlungsempfehlungen nur auf die Gestaltung der Merkmale konzentrieren, die bei der Besetzung dieser Gremien berücksichtigt werden können.

---

[735]   Vgl. Hung (1998), S. 107.

[736]   Vgl. Mace (1971). Gründe für diese Nichtbeteiligung liegen nach Mace in der Abhängigkeit des Boards vom Management, welches dessen Bestellung vorschlägt, in der einbindenden Kooperation und in dem persönlichen Nutzen der Direktoren aus dem Mandat, welcher Anreize zur Unterstützung setze.

[737]   Hier stehen das One-Tier-System und damit die Boardeffizienz im Vordergrund. In den angloamerikanischen Aufsätzen wird von „effective" Boards gesprochen, welches als „wirksam" übersetzt werden kann. Das deutsche Wort „wirksam" kann jedoch auch durch „efficient" in das Englische übersetzt werden. Während „Effizienz" als Input/Output-Relation ein Prinzip wirtschaftlichen Handelns verdeutlicht, wird „Effektivität" als Zielerreichungsgrad verstanden. Alle angloamerikanischen Beiträge zum Aufsichtsrat beziehen sich auf mögliche positive Auswirkungen auf den Unternehmenswert, die nur bei Effektivität und Effizienz begründbar waren. In der deutschen Literatur wird im Hinblick auf Aufsichtsräte der Begriff der „Effizienz" benutzt, der auch im DCGK im Rahmen der empfohlenen Effizienzprüfung angesprochen wird. Im Hinblick auf diese Effizienzprüfung wird neben der Wirtschaftlichkeit hauptsächlich Effektivität betont. Vgl. Oser/Orth/Wader (2005). Vgl. zum Begriff der Effektivität/Effizienz in Bezug auf Aufsichtsräte Theisen (2005).

[738]   Vgl. z. B. Roberts et al. (2005). Eine Darstellung erfolgt unter dem Abschnitt 4.3.2.2, der sich diesen qualitativen Merkmalen widmet.

[739]   Vgl. Hermalin/Weisbach (2003), S. 8.

4.3.2.1 Formale Merkmale

4.3.2.1.1 Gremiengröße

Theoretische Argumentation

Theoretische Verknüpfungen zwischen Größe und Effizienz der Gremien in der Literatur erfolgen schwerpunktmäßig aus dem Blickwinkel der Agency-Theorie.

Erste Aussagen liefern Lipton/Lorsh.[740] Ausgehend von empirischen Beobachtungen über das Verhalten von Boardmitgliedern konstatieren sie häufig dysfunktionale Verhaltensmuster. Diese würden sich mit steigender Anzahl der Mitglieder verstärken, da diese offene und kritische Diskussionen über Managemententscheidungen erschwerten. Zwar steigen mit der Anzahl der Mitglieder theoretisch die Kontrollkapazitäten des Gremiums, dieser positive Effekt würde jedoch durch negative Auswirkungen zunehmend kompensiert. So ergibt sich ein nichtmonotoner Zusammenhang zwischen Größe und Effizienz des Gremiums und damit dem Unternehmenswert.

Diese Hypothese unterstützt Jensen. Er weist dem Aufsichtsgremium als Spitze der internen Kontrollmechanismen die letzte Verantwortung über das erfolgreiche Agieren des Unternehmens zu.[741] Dabei hat jedoch wiederum die Größe des Aufsichtgremiums Einfluss auf die Effizienz der Kontrolle. Dieser Einfluss beruht auf zwei Effekten: zum einen wachsen mit steigender Anzahl der Mit-glieder die Kommunikations- und Koordinationsprobleme, was die Fähigkeiten des Gremiums zur Kontrolle verringert.[742] Das Ansteigen der Mitgliederzahlen ässt Gruppen weniger effektiv arbeiten und damit den positiven Effekt aufgrund zusätzlicher Kapazitäten verschwinden. Zum anderen erhöht sich mit der Anzahl der Mitglieder die Gefahr einer Free-Rider-Problematik. Dieses kann in letzter Konsequenz dazu führen, dass Kontrollaufgaben unterbleiben und das Board nur noch symbolischen Charakter ausweist.

Jensen leitet so eine optimale Gremiengröße für Boards ab, die sieben bis acht Mitglieder ausweist.[743] Kleinere Boards können dabei durch die Aufnahme zusätzlicher Mitglieder ihre Managementkompetenz erhöhen. Damit ergäbe sich wiederum eine nichtmonotone Verknüpfung von Gremiengröße und Unternehmensperformance. Die dennoch vorherrschende Existenz relativ großer Aufsichtsgremien begründet Jensen damit, dass in diesen die Diskussionen über das Management weniger offen geführt werden und so die Kontrolle des CEO über das gesamte Board wächst. Andere vertreten eine gegensätzliche Argumentation. So kann mit der Anzahl von Mitgliedern die Kontrollkapazität auch wachsen, da der CEO ein größeres Board schwieriger kontrollieren könnte.[744]

---

[740]   Vgl. Lipton/Lorsh (1992).
[741]   Vgl. Jensen (1993), S. 862.
[742]   Vgl. Jensen (1993), vgl. John/Senbet (1998), S. 385 f.
[743]   Vgl. Jensen (1993), S. 865.
[744]   Vgl. Mak/Rouch (2000), S. 149.

Die Beratungsrolle und der Zugriff auf Ressource des Aufsichtsgremiums erfährt dagegen weniger Beachtung. Die Beiträge leiten dabei aus besonderen Merkmalen der Unternehmen einen erhöhten Bedarf des Managements ab. So wird dem CEO von diversifizierten Unternehmen ein höherer Beratungsbedarf zugeschrieben, so dass für diese Unternehmen größere Aufsichtsgremien förderlich sind.[745] Gleiches gilt für Unternehmen, welche verstärkt von externen Ressourcen abhängig sind.[746] Da größere Unternehmen mehr externe Beziehungen ausweisen, wären somit auch größere Gremien vorteilhaft.[747] Insbesondere wenn sich diese Beziehung auf externe Fremdfinanzierung beziehen, die Unternehmen einen hohen Verschuldungsgrad ausweisen, steigt der Bedarf an Beratung. Wenn dieser durch größere Gremien gedeckt werden kann, sind niedrigere Fremdfinanzierungskosten wahrscheinlich.[748]

Ausgehend von den unterschiedlichen Rollen der Gremien ergeben sich damit widersprüchliche Aussagen über die jeweils optimale Gremiengröße. Jedoch kann die theoretische Argumentation der Agency-Theorie überzeugen. So erscheint zumindest eine sehr hohe Anzahl von Mitgliedern als negativ. Dabei ist jedoch eine Obergrenze kaum zu formulieren, da diese gleichzeitig von weiteren Merkmalen wie der Komplexität und der Unternehmensgröße beeinflusst wird. Damit ergibt sich für die Unternehmen ein Trade-Off zwischen positiven Beiträgen aufgrund von Beratung oder Ressourcen und negativen Beiträgen aufgrund ineffizienterer Gruppenarbeit. Um hier mögliche Indikatoren ableiten zu können, erfolgt daher ein Einbezug vorliegender empirischer Überprüfungen dieser Hypothesen.

Empirische Analysen

Die theoretischen Hypothesen bezüglich der Kontrollrolle weisen auf eine nichtmonotone Verknüpfung von Gremiengröße und Performance hin, welche erst positiv verläuft, ein Optimum ausweist und danach negativ wird. Empirische Studien, welche diese Hypothesen überprüfen, zeichnen ein relativ deutliches Bild. Eine erste viel beachtete Studie liefert Yermack.[749] Er untersucht über einen Zeitraum von acht Jahren (1984-1991) eine Stichprobe von 452 amerikanischen Unternehmen.[750] Die Anzahl der Boardmitglieder weist eine Spannbreite von vier bis 34 aus, der Durchschnitt lag bei 12,23. Als Hauptergebnis findet Yermack insbesondere bei Boardgrößen zwischen vier und zehn Mitgliedern einen signifikanten negativen Zusammenhang[751] von Boardgröße und Unternehmensbewertung, gemessen mit Tobin's Q. Für eine mögliche schwächere Position des CEO bei kleineren Boards und damit eine bessere

---

[745] Vgl. Klein (1998), Hermalin/Weisbach (1988), Yermack (1996).
[746] Vgl. Klein (1998).
[747] Vgl. Pfeffer (1972).
[748] Vgl. Anderson et al. (2004).
[749] Vgl. Yermack (1996).
[750] Diese stammen aus der jährlichen Forbes Liste der größten amerikanischen Unternehmen.
[751] Dieses Ergebnis wird durch Kontrollvariablen wie Unternehmensgröße, Eigentümerstruktur und Branche nicht verändert.

Kontrolle ergeben sich zusätzliche Hinweise: so steigt bei kleineren Boards die Entlassungs-gefahr für den CEO; gleichzeitig ist sein Entgelt stärker am Unternehmenswert ausgerichtet.

Diese Ergebnisse können von Bhagat/Black nur beschränkt bestätigt werden, so finden auch sie einen signifikanten negativen Zusammenhang mit Tobin's Q, aber nicht mit anderen Unternehmenswert-Kennzahlen wie Umsatz und Cashflow. [752]

Auch Huther untersucht amerikanische Unternehmen mit Boardgrößen zwischen drei und 16 Mitgliedern (Durchschnittsanzahl neun). Er findet einen signifikanten Zusammenhang mit den variablen Kosten: je größer das Board, umso höher steigen die Kosten. [753] Während diese Analyse sich auf große amerikanische Unternehmen konzentrieren, richten Conyon/Peck ihren Blick auf europäische Unternehmen aus Großbritannien, Frankreich, den Niederlanden, Dänemark und Italien. [754] Sie berücksichtigen damit Boards auf Grundlage von One-Tier- und Two-Tier-Systemen (Dänemark und Niederlande). Je nach Land weisen die Aufsichtsgremien durchschnittlich zwischen 8,5 (Großbritannien) und 11,8 (Italien) Mitglieder aus. Sie können Yermack bestätigen und finden für den Zeitraum von 1990 bis 1995 signifikante negative Beziehungen zwischen Gremiengröße und der Eigenkapitalrendite. Die Verknüpfung mit To-bin's Q ist auch negativ, aber nur für Großbritannien und die Niederlande signifikant.

Eisenberg et al. weisen darauf hin, dass die Resultate von Yermack bei Mitgliedszahlen unter sechs nicht eindeutig seien, so dass möglicherweise doch die Größe der Unternehmung – seine Stichprobe umfasst Unternehmen aus der Forbes Liste der größten amerikanischen Unternehmen - Einfluss auf die Beziehung zwischen Boardgröße und Performance hat. [755] Sie untersuchen daher kleine und mittelständische finnische Unternehmen im Zeitraum 1992–1994 mit durchschnittlichen Mitgliedszahlen der Aufsichtsgremien von 3,7. [756] Damit sind die meisten Gremien unter der optimalen Größe von Jensen. Doch auch sie finden signifikante negative Korrelationen zwischen Boardgröße und ROA. Sie interpretieren dies als Beleg, dass die zusätzlichen Kosten aufgrund von Informations- und Koordinationsproblemen bei größe-ren Boards auch schon für diese Boardgröße relevant sind und mögliche positive Effekte kompensieren. Damit variiert eine möglicherweise abzuleitende optimale Boardgröße mit dem Unternehmensgröße.

Postma et al. können in ihrer Studie über 94 niederländische Unternehmen aufgrund des dort vertretenden Two-Tier-Modells zwischen Management (Raad van Bestuur) und Aufsichts-gremium (Raad van Comissarissen) differenzieren. [757] Dabei weist das Gremium des Mana-gements im Durchschnitt drei und das Aufsichtsgremium im Durchschnitt vier Mitglieder aus. Den Unternehmenswert messen sie mit ROA, ROS und ROE sowie mit der Market-to-Book-

---

[752] Vgl. Bhagat/Balck (1996), S. 45. Im Zentrum dieser Analyse stehen die Besetzung und die Anzahl von externen Direktoren. Daher erfolgt eine detaillierte Darstellung unter 4.3.2.1.2.
[753] Vgl. Huther (1997).
[754] Vgl. Conyon/Peck (1998).
[755] Vgl. Eisenberg et al. (1998). Ihre Stichprobe umfasst 879 Unternehmen.
[756] Die Spannbreite geht von 2 – 9 Mitglieder.
[757] Vgl. Postma et al. (2003)

Ratio. Im Hinblick auf einen Zusammenhang zwischen Managementgröße und Unternehmensbewertung finden sie keine Hinweise – aber eine signifikant negative Verknüpfung zwischen der Größe des Aufsichtsgremiums und der Performance.

Ähnlich wie Eisenberg et al. argumentieren Chin et al.[758] Da sich die Stichproben vorheriger Untersuchungen meist aus amerikanischen Unternehmen mit breit gestreuter Eigentümerstruktur zusammensetzen, untersuchen sie für neuseeländische Unternehmen mit konzentrierter Eigentümerstruktur, inwieweit sich die gefundenen Ergebnisse möglicherweise verändern.

Aus 426 Beobachtungen über die Jahre 1996 bis 2001 mit Gremien zwischen drei und 13 Mitgliedern ergibt sich folgendes Bild. Für Gruppen zwischen drei und acht Mitgliedern ergibt sich kein eindeutiger Trend, bei neun Mitgliedern ergibt sich jedoch ein eindeutiges Optimum der Unternehmenswerte – gemessen mit Tobin′s Q - und danach nur noch negative Auswirkungen. Damit finden sie eine Bestätigung für die optimale Größe von Jensen.

Auf der Basis dieser vorliegenden Ergebnisse untersuchen Beiner et al. 165 gelistete schweizerische Unternehmen.[759] Den Unternehmenswert messen sie mit Tobin's Q. Die Aufsichtsgremien weisen eine durchschnittliche Größe von 6,59 Mitgliedern aus und liegen damit nahe an der von Jensen argumentierten optimalen Größe. Um eine mögliche Endogenität ausschließen zu können, leiten sie zuerst ab, dass die Größe des Aufsichtsgremiums als ein unabhängiger Governance-Mechanismus betrachtet werden kann. Sie ist damit auch unabhängig von der Zusammensetzung des Gremiums. Im Gegensatz zu den vorherigen Studien finden sie jedoch keinen Zusammenhang mit dem Unternehmenswert. Dieses wird als Indiz gewertet werden, dass Jensens Argumentationen zutreffen und die gewählten Größen optimal sind. Eine Veränderung der Größe würde vermutlich zu schlechterer Bewertung führen.

Um mögliche Einflüsse nationaler Systeme ausschließen zu können, untersuchen de Andres et al. Aufsichtsgremien von 450 Unternehmen aus zehn OECD-Ländern im Jahre 1996.[760]

Damit ergeben sich erhebliche Unterschiede in der Unternehmensgröße und der Anzahl der berücksichtigen Unternehmen pro Land. Dennoch weisen die Aufsichtsgremien insgesamt im Durchschnitt 11,6 Mitglieder aus. Die Spannbreite reicht von 6,84 in den Niederlanden bis 15,09 in Deutschland. Die Unterschiede werden dabei stark von der Unternehmensgröße und nationalen Besonderheiten bestimmt. Der Unternehmenswert wird mit der Market-to-Book-Ratio und Tobin's Q gemessen, als Kontrollvariablen gelten u.a. ROA, Leverage, Unternehmensgröße und Branche. Dabei ergibt sich überall ein signifikant negativer Zusammenhang

---

[758] Vgl. Chin et al. (2004).
[759] Vgl. Beiner et al. (2004)
[760] Vgl. de Andres et al. (2005).Es handelt sich um Belgien, Kanada, Frankreich, Deutschland, Holland, Italien, Spanien, die Schweiz, Großbritannien und den USA.

zwischen Gremiengröße und Unternehmensbewertung[761] - sowohl in Ländern mit eher Insi-der- als auch in Ländern mit starken Outsider-Systemen.

Im Gegensatz zu diesen Studien gehen Coles et al. auch auf die Hypothesen ein, welche der Beratungsrolle und dem Zugriff auf externe Ressourcen bei bestimmten Unternehmen eine höhere Relevanz zuschreiben.[762] Somit werden größere Gremien empfohlen. Ihre Ergebnisse zeigen, dass sich generell kein negativer Einfluss der Gremiengröße nachweisen lässt. Da-gegen ergibt sich eine positive Verknüpfung zwischen dem Unternehmenswert und Gremien-größe bei komplexen Unternehmen. Diese sind groß und gekennzeichnet durch eine hohe Diversifikation und einen hohen Verschuldungsgrad.

Studie	Nachgewiesener Einfluss auf Unternehmenswert bzw. Performance		
	positiv	negativ	keinen
Yermack 1996		-	
Huther (1997)		-	
Conyon/Peck (1998)		-	
Eisenberg et al (1998)		-	
Postma et al (2003)		-	
Chin et al. (2004)		- (ab 9)	• (bis 8)
Beiner et al (2004)			• (bei 6,59)
Coles et al.(2004)	Komplexe Unternehmen		
Andres et al. (2005)		-	

Tabelle 6: Größe der Aufsichtsgremien und Unternehmenswert – empirische Ergebnisse

Als Ergebnis der Analyse kann mit hoher Wahrscheinlichkeit zu großen Aufsichtsgremien ein negativer Einfluss zugeschrieben werden. Die unterstellte nicht-monotone Beziehung wird nicht deutlich, da sich in der Mehrzahl negative Einflüsse in den Studien ergeben, welche unterschiedliche durchschnittliche Mitgliedszahlen und damit auch kleine Gremien berück-sichtigen. Im Rahmen der Prüfung der Eignung bleibt jedoch strittig, welche Maximalgröße sich jeweils empfiehlt. Hier sind wiederum Merkmale der jeweiligen Unternehmen von ent-scheidender Bedeutung. Diese begründen zudem mögliche positive Einflüsse der Gremien-größe. Es kann demnach keine allgemeingültige Empfehlung abgeleitet werden. Im Hinblick auf Differenzierungsmerkmale steht damit das jeweilige passende Verhältnis von Unterneh-

---

[761] Die einzige Ausnahme ist die Gesamtkapitalrentabilität. Dabei ergibt sich jedoch, dass die kumulierten negativen Effekte mit wachsender Größe des Gremiums abnehmen. Somit sind hauptsächlich kleine und mittlere Gremien betroffen.

[762] Vgl. Coles et al. (2004). Ihre Stichprobe beinhaltet 8165 beobachtete Unternehmensperioden ameri-kanischer Unternehmen der Jahre 1992 – 2001. Den Unternehmenswert messen sie mit Tobin´s Q.

mensgröße - als verwendeter Indikator für Komplexität und Umfang der Aufgaben - und Gremiengröße im Vordergrund.

Im Hinblick auf die Zielgruppe externer Evaluatoren ist die jeweilige Größe des Aufsichtsgremiums ist dagegen extern erfassbar.Die absolute Größe eines Aufsichtsgremiums hat Einfluss auf die Möglichkeit, dieses zu besetzen, und darum auf die Zusammensetzung.

4.3.2.1.2 Zusammensetzung

Im Zentrum der Diskussion über die bestmögliche Zusammensetzung von Aufsichtsgremien steht die Besetzung mit einer Mehrheit von unabhängigen Mitgliedern.

In dem angloamerikanischen monistischen One-Tier-System konzentriert sich diese Problematik auf die vermuteten Auswirkungen einer Berufung von (unternehmens-) internen und externen Mitgliedern in das Board.[763] Diese Fragestellung scheint für ein Two-Tier-System mit dem als zusätzliches Organ institutionalisierten externen Aufsichtsrat von geringerer Relevanz zu sein.[764]

Maassen/van den Bosch zeigen jedoch bei einer Analyse der Supervisory Boards niederländischer Unternehmen, dass sich auch dort zunehmend Arbeitsweisen des One-Tier-Systems verbreiten, so dass die strikte Trennung der beiden Organe faktisch aufgelöst wird.[765]

Zusätzliche Bedeutung und damit ein Beleg für die Relevanz der Diskussion auch für Two-Tier-Systeme wie in Deutschland ergibt sich, wenn bei der Definition von Unabhängigkeit ein weiterer Blickwinkel eingenommen wird. Schon bei den Untersuchungen von Boards in der Literatur unterscheiden sich die Definitionen von Unabhängigkeit. Es wird jedoch hauptsächlich auf die Unabhängigkeit der Boardmitglieder von dem CEO abgestellt. Deren Grad kann auch bei externen Direktoren variieren, die beispielsweise ehemalige Manager des Unternehmens sind oder persönlich mit dem CEO verbunden sind.[766] Als konsensuales Kennzeichen von Unabhängigkeit kann verstanden werden, dass das je-weilige Gremienmitglied frei von signifikanten Interessenskonflikten ist und so nur im Interesse der Kapitalgeber handeln kann. Andere Abgrenzungen erweitern diesen Aspekt um die Forderung nach fehlenden materiellen und nicht-materielle Beziehungen nicht nur zu dem Management sondern auch zu Anteilseignern mit Kontrollbeteiligungen und dem Unter-nehmen selbst.[767]

---

763   In der amerikanischen Literatur wird hauptsächlich mit den Begriffen „Insider" oder „Outsider" gearbeitet. In Großbritannien dominieren die Begriffe „Executive" und Non-Executive Director".

764   Zur Vergleichbarkeit siehe die Argumentation am Beginn von 4.3.

765   Vgl. Maassen/van den Bosch (1999). So wird die formale Trennung häufig durch informelle oder halb informelle Arrangements umgangen: es ist beispielsweise üblich, dass Supervisory Board und Management Board gemeinsam tagen oder Manager vom Supervisory Board in Ausschüsse bestellt werden.

766   Vgl. Johnson et al. (1996), S. 416 ff; Daily et al. (2003), S. 374 ff.; Hermalin/Weisbach (2003), S. 11 ff.

767   Vgl. EU-Kommission (2005), (18); Die Kommission empfiehlt daher, mit Umschreibungen zu arbeiten, welche Situationen umfassen, in denen Interessenskonflikte wahrscheinlich sind. Die Freiheit von Interessenkonflikten gilt dabei als Independence in mind – Unabhängigkeit im Denken. Da diese als qualitatives Merkmal jedoch schwierig abzugrenzen ist, werden oft formale, beschreibende Kriterien – Independence in Appearance – herangezogen. Auf eine vollständige Aufzählung möglicher Kriterien wird

Im Hinblick auf das deutsche Two-Tier-System wird dabei schwerpunktmäßig über die Arbeitnehmervertreter in mitbestimmten Aufsichtsräten[768], gegenseitige Verflechtungen[769] und die verbreitete Berufung ehemaliger Vorstände in den Aufsichtsrat diskutiert.[770]

Ob und inwieweit die Besetzung von Aufsichtsgremien mit einer Mehrheit unabhängiger Mitgliedern für die jeweilige Effizienz der Organs förderlich ist, wird im Rahmen bestehender Theorien unterschiedlich diskutiert.

Theoretische Argumentationen

Principal-Agent-Theorie

Aufsichtsgremien werden schon auf Grund ihrer gesetzlich zugeschriebenen Rechte als wirksames Corporate-Governance-Element zur Überwachung der Effizienz des investierten Kapitals angesehen. Die Motivation zur effizienten Übernahme dieser Kontrollaufgabe kann aber durch fehlende Unabhängigkeit wie bspw. dem Einfluss des CEO oder bestehenden Beziehungen zu dem Management beeinträchtigt werden. So kann sich die Bereitschaft interner Boardmitglieder, die Arbeit des CEO objektiv einzuschätzen, verringern. Daher wird im Hinblick auf eine möglichst effiziente Kontrolle durch Aufsichtsgremien die Besetzung mit mindestens einer Mehrheit von externen und daher eher unabhängigen Mitgliedern empfohlen, um so Agency-Kosten zu senken und den Unternehmenswert zu steigern.[771]

Eine gegensätzliche Argumentation sieht einen Mangel an Unabhängigkeit bzw. eine Nähe zum Unternehmen als geeignetes Instrument, möglicherweise fehlendes Commitment der Gremienmitglieder zu ersetzen. So neigen abhängigere Gremien eher dazu, weniger strenge Regeln für eine nötige Ablösung des CEO zu implementieren. Während dieses Verhalten ex post ineffizient sei, verbessere es jedoch ex ante die Anreize für den CEO im Interesse der Stakeholder zu arbeiten und so den Unternehmenswert zu steigern.[772] Gleichzeitig wird je-

---

hier verzichtet. Im Cadbury-Code von Großbritannien wird beispielsweise nur die Unabhängigkeit vom Management und das Fehlen von Beziehungen zu dem Unternehmen thematisiert vgl. Higgs (2003) S. 36. Der Sarbanes-Oxley-Act schreibt die Besetzung von Audit-Committes mit unabhängigen Direktoren vor und präzisiert in H.R. 3763-32. 3 (B), dass diese demnach keine Vergütungsleistungen etc. von der Prüfungsgesellschaft bekommen dürfen

[768] Vgl. Schwalbach (2004), S. 4.

[769] Darunter wird z. B. die gegenseitige Berufung von Vorständen oder Aufsichtsräten in Aufsichtsräte verstanden.

[770] Vgl. OECD (2004a), S. 81; vgl. Roth/Wörke (2004), S. 630. Der DCGK beinhaltet in Ziffer 5.4.2 hierzu eine Soll-Empfehlung, welche die Anzahl ehemaliger Vorstände höchstens auf zwei festlegt.

[771] Vgl. z. B. Baysinger/Hoskisson (1990), S. 73; Johnson et al. (1996), S. 416.

[772] Vgl. Laux (2005). Die Entscheidung über eine notwendige Entlassung des CEO kann in seinem Modell nur aufgrund von privaten Informationen des CEO gefällt werden. Diese wird er weitergeben, wenn er bei negativen Meldungen großzügige Abfindungszahlungen erwarten kann. Neben den direkten Kosten aufgrund dieser Abfindungen ergeben sich zusätzlich indirekte Kosten, da sich vermutlich ex ante die Einsatzbereitschaft des CEO verringert. Daher werden mit Abfindungen falsche Anreize gesetzt. So sollte die Bereitschaft zur Information über eine Selbstverpflichtung des Aufsichtsgremiums, diese im

doch auf eine mögliche Endogenität in der unterstellten funktionalen Beziehung zwischen der mehrheitlichen Besetzung mit unabhängigen Mitgliedern und dem Unternehmenswert hingewiesen. So führe eine vorherige schlechte Unternehmensbewertung zu einer Schwächung des CEO und so ex post vermutlich eher zu einer Neubesetzung des Boards mit unabhängigen Mitgliedern.[773] Die Agency-Theorie stellt bei der Diskussion über die Effizienz von Aufsichtsgremien die Kontrollrolle und damit die Reduktion von Agency-Kosten in das Zentrum. Sie berücksichtigt jedoch auch, dass die Rollen des Boards weitere Elemente umfassen, die Faktoren des Unternehmenswerts sein können.

Die Trennung von Eigentum als Risiko- und Management als Entscheidungsträger begründet auch eine Trennung in den Elementen von Entscheidungsprozessen. Dem Management obliegt dabei die Initiierung und Implementierung, dem Aufsichtsgremium die Kontrolle durch Ratifizierung und Monitoring.[774] Somit setzt das Gremium durch seine Rechte den Rahmen für strategische Unternehmensentscheidungen. Abhängige Insider-Mitglieder sind damit herausgefordert, ihre eigenen Entscheidungen als Manager zu evaluieren, so dass zusätzlich externe, unabhängige Mitglieder diese notwendige Trennung von Entscheidung und Kontrolle gewährleisten können und eine prüfende Rolle übernehmen sollen.[775]

Unter dieser Argumentation ist auch im Hinblick auf diese Rolle die Besetzung mit unabhängigen, externen Mitgliedern förderlich. Gleichzeitig spielen aber auch Insider-Mitglieder im Rahmen der Ratifizierung und des Monitoring strategischer Entscheidungsprozesse eine wichtige Rolle.[776] Diese wird beispielsweise im Hinblick auf zur Verfügung stehende Evaluationsinstrumente deutlich. Quelle der Evaluation des Managements können zum einen ex post-Auswirkungen der Entscheidungsprozesse auf finanzielle Wertgrößen und zum anderen Beobachtungen des Entscheidungsprozesses selbst sein.

Hier ist die Möglichkeit umstritten, eine direkte Kausalbeziehung zwischen finanziellen Wertgrößen und den Entscheidungen des Managements zu ziehen, da sich zusätzlich eine Vielzahl von exogenen Größen auswirken kann. Damit ist es möglich, dass sich trotz geringem Einsatz des Managements gute Wertgrößen ergeben und vice versa.[777]

Insider-Mitglieder haben dabei im Gegensatz zu Externen bessere Informationen über die Kompetenzen des Managements und den tatsächlichen Entscheidungsprozess. Diese qualitativen Elemente in der Evaluation zu berücksichtigen, entspricht insoweit den Interessen der Stakeholder, da ansonsten vermutlich Investitionen in förderliche, aber risikoreiche Projekte unterbleiben (Under-Investment).[778] Damit kann auch mit der Besetzung durch Insider die

---

negativen Fall weniger aggressiv gegenüber dem CEO zu verwenden, geschaffen werden. Diese Selbstverpflichtung ist dabei wahrscheinlicher von abhängigen Boards zu erwarten.
[773]   Vgl. Hermalin/Weisbach (1998).
[774]   Vgl. Fama/Jensen (1983).
[775]   Vgl. Fama/Jensen (1983).
[776]   Vgl. Baysinger/Hoskinsson (1990), S. 76 ff.
[777]   Vgl. Eisenhardt (1985), S. 136.
[778]   Vgl. Fama/Jensen (1983), S. 306.

Informationsasymmetrie und damit Agency-Kosten verringert und die Effizienz der Entscheidungsprozess verbessert werden.[779] Dieser Argumentation ist insbesondere von bei Unternehmen in unsicheren Umwelten von Bedeutung, welche einen erhöhten Bedarf an spezifischem Wissen ausweisen.[780] Damit begründen auch die Argumentationen der Agency-Theorie eine eindeutige Empfehlung, sondern lassen erwarten, dass sowohl abhängige Mitglieder durch geringere Informationsasymmetrien als auch unabhängige Mitglieder durch höhere Kontrollmotivation förderlich für den Unternehmenswert sind.

Diesem Schluss entspricht die Argumentation von Raheja.[781] Er entwickelt ein Modell zur optimalen gleichgewichtigen Board-Zusammensetzung und berücksichtigt den Nutzen geringerer Informationsasymmetrien über sich ergebende Kosten von Projektprüfungen, die Motivationsförderung durch Anreizsysteme und die Abhängigkeit über die private Vorteile der Insider, die sich bei der Verwirklichung minderwertiger Projekte ergeben.

Damit sind es Unternehmenseigenschaften – die Informationskomplexität der zu prüfenden Entscheidungen und private Nutzenvorteile für Insider - die letztendlich über eine optimale Zusammensetzung entscheiden. Sehr hohe Kosten der Projektprüfungen, wie sie beispielsweise in innovativen, technologischen Wachstumsbranchen üblich sind, können dabei die Anreize für Outsider-Mitglieder verringern. Gleichzeitig steigt so mit sinkender Anzahl von Outsidern der Anreiz für Insider, ihre Informationen zur Verfügung zu stellen. Damit sinkt die förderliche Anzahl von unabhängigen Mitgliedern bei steigenden Prüfungskosten und ein optimales Board wird von Insidern dominiert. Die privaten Nutzenvorteile von Insidern steuern ihre Bereitschaft zur Weitergabe ihrer Informationen an das Board zusätzlich. Wenn mit der Verwirklichung minderwertiger Projekte hohe persönliche Nutzenvorteile verbunden sind, wird eine Informationsweitergabe und damit der Nutzenvorteile durch Insider unwahrscheinlicher.

Stewardship-Theorie

Die gegenüber der Agency-Theorie konträr aufgestellte Stewardship-Theorie argumentiert auch in der Frage der Bestellung unabhängiger Direktoren gegensätzlich. Da die Interessenkonflikte zwischen Management und Stakeholder hier nicht existieren, wird die (alleinige) Besetzung mit Insider-Mitgliedern favorisiert. Diese verfolgen über intrinsische Motivation die gleichen Interessen, so dass keine Kontrolle notwendig ist, und sind besser als andere geeignet, moderne komplexe Unternehmen zu führen. Damit steht die Rolle als Unterstützer

---

[779] Vg. Baysinger/Hoskinsson (1990), S. 77. Externe Mitglieder, die im Management von Unternehmen der gleichen Branche arbeiten oder ehemalige Mitglieder des Unternehmens sind, können dabei mehr Informationen haben als andere externe Mitglieder. Dennoch erscheint es wahrscheinlich, dass bei einer Evaluation, die über reine Erfassung objektiver Wertgrößen hinausgeht, die notwendigen Informationen von Insider-Mitgliedern kommen. Vgl. Klein (1998): hier können Insider wertvolle Informationen über das Unternehmen selbst einbringen.

[780] Vgl. Coles et al. (2004).

[781] Vgl. Raheja (2003).

oder Verstärker der Managements im Vordergrund. Diese kann besser von Insidern ausgeübte werden, da diese insbesondere über professionelles Wissen verfügen und Zugriff auf relevante Informationen haben.[782]

Gleichzeitig wird argumentiert, dass sie über eine starke Identifikation die Unternehmensziele als eigene, persönliche Ziele akzeptieren, so dass sich ihr Einsatz erhöht. Externe Gremienmitglieder handeln dagegen nur im Interesse der Eigentümer und zielen somit vermutlich weniger auf langfristige Unternehmenswertsteigerungen, damit sinkt auch ihre Bereitschaft, das Management zu unterstützen.[783] Basierend auf zusätzlichen theoretischen Argumenten wird zudem eine personelle Trennung von CEO und Chairman abgelehnt. Diese verhindere eine deutliche Unternehmensführung und sei Ursache von internen Ineffizienzen des Boards, beispielsweise aufgrund von zusätz-lichen Konfliktpotentialen und nicht eindeutiger Sprecherrolle nach Außen.[784]Damit sind es wiederum Informations- und Qualifikationsvorsprünge interner Mitglieder, welche als förderlich für das Unternehmen eingestuft werden. Die Aussage der Stewardship-Theorie ist eindeutig: die zusätzliche Berufung externer Gremienmitglieder ist nicht förderlich für den Unternehmenswert.

Ressourcen-Theorie

An Stelle der Kontroll- und Strategierolle von Aufsichtsgremien konzentriert sich dieser Ansatz auf Verknüpfungen des Unternehmens mit seiner Umwelt, die sich durch die Besetzungen des Gremiums ergeben.[785]

Diese Verbindungen können dabei dem Unternehmen den Zugriff auf Ressourcen ermöglichen, erleichtern oder sichern, wobei externe Ressourcen im Vordergrund stehen.[786] Die Summe dieser Ressourcen kann dabei als Kapital des Gremiums verstanden werden – eine Summe aus Human- und Sozial- bzw. Beziehungskapital.[787] Das Aufsichtsgremium wird somit zu einem Instrument, durch Verknüpfungen erstens bestehenden Abhängigkeiten vom externen Umfeld zu begegnen,[788] zweitens die Unsicherheit des Umfelds zu reduzieren[789] und drittens die Transaktionskosten, die aufgrund von Inter-dependenzen entstehen, zu minimieren.[790] Damit kann je nach Zusammensetzung des Boards insbesondere mit externen Direktoren der jeweiligen Umwelt begegnet werden, so dass sich die Wahrscheinlichkeit des Überle-

---

[782]   Vgl. Muth/Donaldson (1998), S. 6.
[783]   Vgl. Muth/Donaldson (1998), S. 10.
[784]   Vgl. Daily/Dalton (1997).
[785]   Einen aktuellen Überblick über die Ressourcentheorie im Hinblick auf Boards liefern Hillmann/Dalziel (2003).
[786]   Vgl. Hillmann et al. (2000).
[787]   Vgl. Hillmann/Dalziel (2003), S. 383.
[788]   Vgl. Pfeffer/Salancik (1978).
[789]   Vgl. Pfeffer (1972).
[790]   Vgl. Williamson (1984).

bens für das Unternehmen erhöht.[791] Diese positive Wirkung kann geforderte Risikoprämien von Kapitalgebern verringern, so dass ein steigender Unternehmenswert wahrscheinlich wird.

Neben dieser Reduktion von Unsicherheit ermöglichen externe Direktoren den Zugriff auf zusätzliche wichtige Ressourcen wie Informationen oder Kapital. Der Grad dieser förderlichen Effekte wird davon bestimmt, welche internen Ressourcen vorhanden sind und auf welche wertvollen ergänzenden Ressource zugegriffen werden kann. Wenn im Rahmen dieser Auswahl nach der jeweiligen zusätzlichen Ressource zudem Stakeholdergruppen berücksichtigte werden können, können über den Abbau von Informationsasymmetrien im Rahmen der Mitgliedschaft mögliche Interessenskonflikte verringert werden.[792] Andere argumentieren, dass über das Kapital des Gremiums auch die Reputation und das Image des Unternehmens gefördert werden können.[793]

Das soziale Kapital von Insider-Direktoren wird als förderlich für den Unternehmenswert eingestuft, da ihre besseren Informationen und ihre persönlichen Beziehungen zu Mitgliedern des Unternehmens das Kapital des Gremiums erhöhen und Asymmetrien abbauen.[794]

Gleichzeitig argumentieren zeigen Hillmann et al.,[795] dass die Kategorien Insider/Outsider als Darstellung der Unabhängigkeit einzelner Mitglieder dieser ressourcenorientierten Rolle des Aufsichtsgremiums nicht vollständig gerecht werden können. Sie entwickeln auf dieser Grundlage vier notwendige Mitgliederkategorien, die jeweils Zugriff auf unterschiedliche notwendige Ressourcen ermöglichen: die Insider mit aktuellen oder ehemaligen Managern des Unternehmens, die Geschäftsexperten mit aktuellen oder ehemaligen Managern oder Gremienmitglieder anderer profitorientierter Unternehmen, die Unter-stützungsspezialisten, mit Bankern, Rechtsanwälten, Vertretern von Versicherungen oder Public Relations-Experten und wichtige Repräsentanten der Gemeinde wie politische oder wissenschaftliche Vertreter.

Im Rahmen der Ressourcen-Theorie bewirkt damit jeweils der Grad der Unsicherheit oder Abhängigkeit von der Umwelt - sollte dieser steigen, ist eine höhere Anzahl externer, unabhängiger Direktoren förderlich[796] - und das jeweilige vorhandene Kapital des Gremiums, ob eine höhere Anzahl von externen, unabhängigen Direktoren mit positiven Auswirkungen auf den Unternehmenswert verbunden ist.

Damit liefert der Ressourcen-Ansatz wie der Agency-Ansatz keine klaren Aussagen bezüglich einer förderlichen Mehrheitsbesetzung mit unabhängigen Mitgliedern. Gleichwohl beide Ansätze unterschiedliche Blickwinkel einnehmen, lassen sie sich verknüpfen. Die Agency-Theory empfiehlt, die Motivation zur Kontrolle über Anreizsysteme, welche die Interessen der Gremienmitglieder an die Interessen der Eigentümer angleichen, zu steuern. Dabei wird

---

[791] Vgl. Hillmann et al. (2000), S. 238.
[792] Vgl. Hillmann et al. (2001).
[793] Vgl. Certo et al. (2001).
[794] Vgl. Westphal (1999).
[795] Vgl. Hillmann et al. (2000).
[796] Vgl. Hillmann et al. (2000) S. 238 f.

Insidern durch mögliche Abhängigkeiten eine geringere Motivation zur Kontrolle zugeschrieben. Gleichzeitig verringern sie jedoch auch Informationsasymmetrien und geben ex ante effizientere Anreize für das Management. Abstrahiert wird dabei jeweils von den Fähigkeiten zu kontrollieren.[797]

Der Ressourcenansatz stellt mit dem Kapital des Gremiums dagegen dessen Fähigkeiten in den Vordergrund. Dabei können gewisse Fähigkeiten auch die Qualität des Monitorings fördern. Er abstrahiert dabei über die Motivation, diesen Ressourcen einzubringen. Doch auch diese Motivation lässt sich über Anreizsysteme beeinflussen, so dass diese als gemeinsames Element beide theoretischen Wirkungsweisen verbinden können.[798] Dabei bildet das Kapital des Gremiums die Grundlage und Anreizsysteme beeinflussen den jeweiligen Grad des Einsatzes im Rahmen von Monitoring oder Ressourcenbeitrag.[799] So verringern an die Entwicklung des Wertes des Eigenkapitals gekoppelte Anreizsysteme die Interessenskonflikte zwischen Gremiumsmitgliedern und Eigentümern. Gleichzeitig geben sie jedoch auch Anreize, wertsteigernde Ressourcen zu Verfügung zu stellen. Die im Rahmen der Agency-Theorie vermutete negative Auswirkung der Abhängigkeit von Insider-Mitgliedern kann hier positiv wirken und so die Motivation zur Unterstützung des Managements erhöhen. Zusätzliche Relevanz, diese Verknüpfungsmöglichkeiten zu berücksichtigen, ergibt sich aus der Realität: so erfolgt keine strikte Trennung und Zuordnung der Rollen auf einzelne Mitglieder - jedes einzelne Gremiumsmitglied nimmt simultan jede Rolle ein.

Aus der theoretischen Analyse ergeben sich zusammenfassend sowohl positive Argumentationen für eine Mehrheitsbesetzung mit externen, unabhängigen Mitgliedern als auch mit internen Mitgliedern. So können sich möglicherweise individuell unterschiedliche optimale Kombinationen aus externen und internen Mitgliedern empfehlen. Welche Kombination dabei jeweils effizient ist, wird u. a. von Charakteristika der Unternehmen bestimmt.

Zudem kann nicht von anderen Motivationsfaktoren der Anreizsysteme abstrahiert werden. Hier wird jedoch oft mit verallgemeinernden Nutzenfunktionen gearbeitet. Die reale Heterogenität in der Besetzung von Aufsichtsgremien weckt hier zumindest Zweifel.[800]

Gleichzeitig zeigen sich in diesen theoretischen Argumentationen hohe Interdependenzen zu weiteren Governance-Mechanismen. Eine Formulierung von Empfehlungen, welche eine allgemeingültige, auf möglichst viele Unternehmen anwendbare förderliche Zusammensetzung eines Aufsichtsgremiums postuliert, ist nach dieser theoretischen Auswertung damit beschränkt. Aus den Argumentationen der Agency- und der Ressourcentheorie ergeben sich jedoch folgende Unternehmensmerkmale, welche die optimale Zusammensetzung aus Out- bzw. Insidern beeinflussen können.

---

[797]   Jensen/Meckling vermuten nur, dass dieses Monitoring besser von Personen mit komparativen Vorteilen in diesen Aktivitäten ausgeübt werden kann. Vgl. Jensen/Meckling (1976), S. 354.
[798]   Vgl. Hillmann/Dalziel (2003), S. 384.
[799]   Vgl. für folgenden Absatz Hillmann/Dalziel (2003), S. 390 f.
[800]   Vgl. für eine intensivere Diskussion 4.4.3

Merkmal	Ausprägung / Wirkung	Quelle
Investitionsmöglichkeiten	Hohe Komplexität – Insider Hoher privater Nutzen: Outsider	Raheja (2003)
Unsicherheit der Umwelt	Hoher Grad – Outsider förderlich	Fama/Jensen (1983) Klein (1998) Hillmann et al. (2000)
Abhängigkeit von Umwelt	Hoher Grad - Outsider förderlich	Hillmann et al. (2000)
Boardkapital	Niedriger Grad – Outsider förderlich	Hillmann et al. (2000)

Tabelle 7: Unternehmenscharakteristika im Hinblick auf die theoretisch empfehlenswerte Zusammensetzung von Aufsichtsgremien

Gleichzeitig ist die Besetzung durch unabhängige Mitglieder jedoch wichtiges Element der Regulierung, so dass Unternehmen in ihren Auswahlentscheidungen eingeschränkt sind. Zudem betonen auch aktuelle Untersuchungen die Bedeutung von Unabhängigkeit und beziehen sich dabei nicht auf formale Kriterien, sondern auf individuelle Verhaltensweise, die Unabhängigkeit im Denken.[801] Diese im Rahmen von Entscheidungsprozessen extern beurteilen zu können, erscheint kaum realisierbar. Daher erfolgt zur Konkretisierung eine Analyse vorliegender empirischer Studien, welche die Besetzung mit unabhängigen, externen Mitgliedern, deren Abgrenzung jedoch meist mit den bestehenden Regulierungsvorschriften anhand formaler Elemente erfolgt, mit möglichen Auswirkungen auf den Unternehmenswert verbinden.

Empirische Analysen

Es existiert eine Vielzahl von empirischen Studien, die sich mit den Konsequenzen einer (mehrheitlichen) Besetzung von Aufsichtsgremien mit externen, unabhängigen Mitgliedern auseinandersetzen. Diese konzentrieren sich jedoch auf das angloamerikanische One-Tier-System. So können beispielsweise empirische Belege aufgezeigt werden, welche die Unabhängigkeit mit verschiedenen Verhaltensmustern verbinden. So neigen Gremien, die von Externen dominiert werden, eher dazu, bei Unzufriedenheit den CEO zu ersetzen[802] – und dabei mit hoher Wahrscheinlichkeit durch einen externen Kandidaten.[803] Es finden sich jedoch bis dato keine eindeutigen Belege für eine direkte Verknüpfung einer jeweiligen Zusammensetzung von Aufsichtsgremien mit der Unternehmensbewertung.[804] Aus Ursachenanalysen aktueller spektakulärer Unternehmensinsolvenzen wie beispielsweise Enron wird jedoch häufig

---

[801] Vgl. 4.3.2.2.
[802] Vgl. Weisbach (1988).
[803] Vgl. Huson et al. (2001).
[804] Vgl. Shivdasani (2004); Daily et al. (2003); Dalton/Dalton (2005).

auf fehlende Unabhängigkeit und bestehende Interessenskonflikte verwiesen, welche eine unzureichende Managementkontrolle begründet hätten.[805]

In einer Meta-Analyse von 159 Studien über einen Zeitraum von 40 Jahren finden Dalton et al. 1998[806] keinerlei Hinweise für eine mögliche Verknüpfung einer speziellen (Board)-Zusammensetzung und der finanziellen Unternehmensbewertung. Dieses gilt sowohl bei der unabhängigen Variable der Besetzung mit unabhängigen, externen Outsidern als auch der Besetzung mit abhängigen Insidern. Vorliegende Überblicke über Forschungsergebnisse bezüglich Gremienzusammensetzung und Unternehmenswert stellen diese Ergebnisse häufig getrennt nach Methodik vor und differenzieren dabei zwischen den jeweiligen verwendeten Unternehmenswertkennzahlen: entweder auf Grund des Rechnungswesens oder einer marktorientierten Messung.[807] Im Hinblick auf die unterschiedlichen Sichtweisen der theoretischen Modelle erscheint jedoch - in Anlehnung an Daily et al.[808] - eine Vorstellung der empirischer Studien nach dem jeweilig dominierendem theoretischen Grundmodell der Hypothesenbildung als sinnvoller. Ausgehend von Dalton et al.[809] werden im Folgenden die Ergebnisse späterer Analysen vorgestellt, die sich zunehmend (auch) mit der Suche nach möglichen Gründen für schwache empirische Belege auseinandersetzen.

Studien auf Grundlage der Agency-Theorie

In einer Meta-Analyse über 59 Studien testen Rhoades et al.[810], ob es Hinweise auf eine positive Beziehung zwischen dem Anteil von unabhängigen Outsider-Mitgliedern und dem Unternehmenswert gibt. Um gleichzeitig mögliche Gründe für die vorliegenden gemischten empirischen Ergebnisse zu identifizieren, prüfen sie, inwieweit die jeweiligen Abgrenzungen von Unabhängigkeit und/oder die jeweilige Messung der unabhängigen Variablen Unternehmenswert diese möglicherweise erklären können. Auch sie finden nur einen geringen Einfluss der Gremienzusammensetzung auf die Unternehmensbewertung. Dabei ergeben sich schwache Hinweis darauf, dass es generell mehr-heitlich mit einer Gruppe besetzte Gremien sind, welche positiv mit dem Unternehmenswert verbunden werden können. Dabei ist sowohl eine Mehrheit von Insidern förderlich ist, wenn diese Insider aktuelle Beschäftige sind.

Bei einer engeren Definition von Unabhängigkeit ist dagegen eine positive Verknüpfung der mehrheitlichen Besetzung mit Outsidern und dem Unternehmenswert wahrscheinlicher.

[805] Vgl. bspw. Maleki/Schwalbach (2004).

[806] Vgl. Dalton et al. (1998). Sie werden 54 empirische Studien über Boardstruktur und 31 über die Führungsstruktur (personale Trennung von CEO und Chairman) aus und finden keine systematischen Zusammenhang zwischen diesen Corporate-Governance-Mechanismen und Performance.

[807] Vgl. John/Senbet (1998); vgl. Hermalin/Weisbach (2003).

[808] Vgl. Daily et al. (2003). Ziel ist, Erkenntnisse abzuleiten, welche eine Empfehlung optimaler Zusammensetzung erleichtern. Im Vordergrund stehen dabei aktuelle Studien. Ansonsten vgl. die Überblicke bei Daily et al. (2003); Johnson/Daily/Ellstrand (1996); John/Senbet (1998); Hermalin/Weisbach (2003).

[809] Vgl. Dalton et al. (1998).

[810] Vgl. Rhoades et al. (2000).

Gleichzeitig waren nur die Ergebnisse der Studien konsistent, welche als Messgröße den ROE oder den Market-to-book-Value eingesetzt haben. Für eine valide Überprüfung der theoretischen Zusammenhänge scheint damit eine trennscharfe, eher strikte Definition von Unabhängigkeit hilfreich.

Bhagat/Black[811] finden keine Belege dafür, dass Unternehmen mit unabhängigen Aufsichtsgremien eine höhere Bewertung ausweisen, obwohl sie die Kategorie Unabhängigkeit differenzierter berücksichtigen. Sie unterscheiden dabei in Insider-Mitglieder, die aktuell in dem Unternehmen beschäftigt sind, in angehörige Insider, welche beispielsweise in geschäftlicher Beziehung mit dem Unternehmen stehen oder ehemalige Manager sind, und in unabhängige Outsider.

Die Stichprobe besteht aus 934 börsennotierten großen amerikanischen Unternehmen im Zeitraum von 1985–1995, deren Performance durch Tobin´s Q, den ROA, den RSA (Umsatz im Verhältnis zum Gesamtkapital) und marktadjustierte Aktienrendite gemessen wird. Aus dieser Stichprobe werden zwei Zeiträume betrachtet: 1988-90 und 1991-93. Die Ergebnisse zeigen im Gegenteil eine signifikante negative Korrelation zwischen dem Anteil an unabhängigen Direktoren und den Bewertungszahlen der Vergangenheit. Ein Vergleich der Perioden ergibt jedoch, dass negativ bewertete Unternehmen dazu neigen, in Zukunft den Anteil an Outsidern zu erhöhen, wobei diese Taktik nicht die erwünschte Wirkung hat. Als Begründung werden die diskutierten Vorteile von Insider-Direktoren wie Informationsvorsprünge herangezogen. Gleichzeitig diskutieren sie ein mögliches Trade-Off der Wirkungsweisen von Unabhängigkeit und Anreizsystemen. So halten Outsider-Direktoren - wenn überhaupt - nur kleine Anteile am Unternehmen, so dass Anreize zur Kontrolle fehlen. Die theoretisch unterstellte, den Aktionären ähnliche Nutzenfunktion wird damit in Frage gestellt.

Hutchinson[812] sucht gleichfalls nach einer Begründung für die vorliegenden uneinheitlichen empirischen Ergebnisse über Existenz und Richtung einer Verbindung zwischen der Gremienzusammensetzung und der Unternehmensbewertung und berücksichtigt die jeweiligen Investitionsmöglichkeiten. Die Höhe dieser den Unternehmen zur Verfügung stehenden Investitionsmöglichkeiten definiert dabei die Möglichkeiten, Vorteile aus Wachstumsmöglichkeiten zu ziehen. Der Wert dieser Wachstumsmöglichkeiten wird dabei bestimmt durch zukünftiges opportunistisches Verhalten des Managements. Gleichzeitig sinkt aber mit den Wachstumsmöglichkeiten auch die Möglichkeit, das Management zu kontrollieren, so dass die Agency-Kosten wachsen. Die Wahrnehmung dieser Wachstumsmöglichkeiten ist zudem mit hoher Unsicherheit verbunden. So wird argumentiert, dass die Bereitschaft, diese Risiken einzugehen, wächst, wenn das Management selbst stark im Aufsichtsgremium vertreten und so weniger von der Evaluation durch Outsider abhängig ist. Dieses Phänomen bestimmt somit die jeweilig gewählte Zusammensetzung des Gremiums. Daraus ergibt sich

---

[811] Vgl. Bhagat/Black, (2001).
[812] Vgl. Hutchinson, (2002).

die Hypothese, dass Wachstumsmöglichkeiten und der Anteil von Outsider-Mitgliedern negativ korrelieren und so letzterer über steigende Agency-Kosten negativ wirken kann. Gleichzeitig erhöht jedoch die Besetzung mit Insider-Mitgliedern die Ermessensspielräume des Managements, so dass opportunistisches Verhalten wahrscheinlicher wird.

Der Anteil an Outsider-Mitgliedern kann damit zu der moderierenden Variablen der Verbindung zwischen Wachstumsmöglichkeiten und Unternehmensbewertung werden.

Diese Möglichkeit testet die zweite Hypothese, welche die positive Beziehung zwischen Wachstumsmöglichkeiten und Unternehmensbewertung mit dem jeweiligen Anteil von Outsider-Mitgliedern verknüpft. Die Stichprobe beinhaltet 437 der größten börsennotierten australischen Unternehmen aus dem Jahre 1998. Es zeigt sich, dass Unternehmen mit hohen Wachstumsmöglichkeiten eher Insider-Mitglieder in den Gremien ausweisen. Gleichzeitig wird jedoch eine negative Ver-bindung zwischen Wachstumsmöglichkeiten und Unternehmenswert durch eine höhere Anzahl von Outsider-Mitgliedern abgeschwächt. Daraus leitet Hutchinson die Empfehlung für Wachstumsunternehmen ab, sich für einen höheren Anteil an Outsider-Mitgliedern zu entscheiden. Diese scheinen geeignet, die hohen Agency-Kosten dieser Unternehmen entscheidend zu senken und so den Unternehmenswert zu steigern.[813]

Damit wird deutlich, dass es vermutlich je nach Unternehmensart unterschiedliche Zusammensetzungen sind, denen positive Auswirkungen zugeschrieben werden können.

Cotter/Silvester[814] untersuchen 109 große australische Unternehmen des Jahres 1997 und konzentrieren sich auf die Besetzung des gesamten Gremiums und einzelner Ausschüsse (Prüfungs- und Vergütungsausschuss) durch unabhängige Mitglieder. Es ergeben sich bei Unternehmen mit höherem Anteil unabhängiger Mitglieder ein geringerer Besitz von eigenen Aktien durch das Management und seltener ein dominierende Aktionär.

Sie vermuten daher, dass durch die Besetzung mit Outsider-Mitgliedern andere, fehlende Governance-Mechanismen substituiert werden sollen. Dennoch finden sie keine signifikante positive Verknüpfung zwischen dem Anteil von unabhängigen Mitgliedern des gesamten Boards und der Ausschüsse und dem Unternehmenswert als Marktwert des Eigenkapitals. Damit ergeben sich Hinweise auf die Beweggründe von Unternehmen, wie sie ihre Aufsichtsgremien besetzen, aber wiederum kein Beleg, dass diese die unterstellten Wertsteigerungen verursachen können.

Kao/Chen[815] finden dagegen positive Auswirkungen eines hohen Anteils von Outsider-Direktoren auf das Ausmaß von möglichem opportunistischem Verhalten des Managements und leiten daraus mögliche Unternehmenswertsteigerungen ab. Die Stichprobe enthält alle börsennotierten Unternehmen aus Taiwan, wo ein Insider-System vorherrscht. Diese weisen daher konzentrierte Eigentümerstrukturen aus. Das Board wird so meist durch einen dominie-

---

[813] Vgl. Hutchinson (2002).
[814] Vgl. Cotter/Sylvester (2003).
[815] Vgl. Kao/Chen (2004).

renden Aktionär oder die Familie dominiert, so dass die zusätzliche Besetzung mit Outsider-Mitgliedern eine zusätzliche Relevanz erfährt. Gemessen wird das opportunistische Verhalten durch eine Abgrenzung der Ermessensspielräume. Diese Spiel-räume ergeben sich aus der Differenz zwischen Nettoeinkommen und Cashflow, die dann als Maßgröße herangezogen wird, sobald sie aus vom Management beeinflussbaren Elementen besteht. Bei Unternehmen mit unabhängigen Gremienmitgliedern verringert sich die Möglichkeit, Gestaltungsspielräume eigennützig einzusetzen.

Chin et al.[816] finden wiederum keine signifikanten Zusammenhänge zwischen Gremien-zusammensetzung und Unternehmenswert gemessen als Tobin´s Q. Sie untersuchen alle börsennotierten neuseeländische Unternehmen in der Zeit von 1996 bis 2001 und begründen ihre Ergebnisse mit der geringen Anzahl von potentiellen unabhängigen Gremienmitgliedern, die in Neuseeland vorherrsche.

Coles et al. konzentrieren sich dagegen darauf, die Hypothese, welche Unternehmen, die aufgrund hohem Engagement in Forschung und Entwicklung einen höheren Bedarf an spezifischem Wissen im Aufsichtsgremium zuweist und damit eine Insider-Besetzung favorisiert, zu belegen.[817] Ihre Ergebnisse aufgrund einer Untersuchung von 8175 beobachteten Unternehmensperioden amerikanischer Unternehmen bestätigen diese Annahme; so ergibt sich eine positive Verknüpfung des Insider-Anteils dieser Unternehmen mit dem Unternehmenswert.

Andres et al.[818] untersuchen dagegen 450 Unternehmen aus zehn OECD Ländern des Jahres 1996. Während sie signifikante negative Verknüpfungen zwischen der absoluten Größe des Gremiums und dem Unternehmenswert, gemessen mit ROA und dem Markt/Buchwertverhältnis des Eigenkapitals, finden, ergeben sich keine Hinweise auf eine Auswirkung unterschiedlicher Anteile von Outsider-Mitgliedern.

Damit zeigen Studien, die ihre Hypothesen auf Grundlage der Agency-Theorie ableiten, ein eher gemischtes Bild. Eindeutige Belege für eine generelle Verbindung der Zusammensetzung des Gremiums und der Bewertung ergeben sich nicht. Von den theoretisch diskutierten Unternehmensmerkmalen ergeben sich Hinweise auf die Gültigkeit der Einflüsse von bestehenden Investitionsmöglichkeiten, bzw. Wachstum. Zudem zeigt sich ein zusätzlicher Faktor über bestehende Eigen-tümerstrukturen, der in der theoretischen Diskussion, die hauptsächlich den Berle/Means-Blickwinkel einnimmt, kaum thematisiert werden.

---

[816]   Vgl. Chin et al. (2004).
[817]   Vgl. Coles et al. (2004). Der Unternehmenswert wird mit Tobin´s Q gemessen.
[818]   Vgl. Andres et al. (2005). Es handelt sich um die Länder Belgien, Kanada, Frankreich, Deutschland, Niederlande, Italien, Spanien, Schweiz, Großbritannien und den USA.

Studie	Nachgewiesener Einfluss der Besetzung mit Outsidern auf Unternehmenswert bzw. Performance		
	positiv	negativ	keinen
Rhoades et al. (2000)	(+) belanglos	(-) belanglos	
Bhagat/Black (2001)			•
Hutchinson (2002)	(+) (bei Wachstumsunternehmen)		
Cotter/Silverster (2003)			•
Kao/Chen (2004)	(+) (mit stark konzentrierten Eigen- tümerstrukturen)		
Chin et al. (2004)			•
Coles et al: (2004)		Positiver Einfluss von Insidern bei hoher F+E	
Andres et al. (2005)			•

Tabelle 8: Empirische Studien auf Grundlage der Agency-Theorie: Gremienzusammensetzung und Unternehmenwert

Studien unter Berücksichtigung weiterer Theorieansätze

Als Reaktion auf die aufkommende Diskussion insbesondere der Stewardship-Theorie testen Muth/Donaldson[819] die unterschiedlichen Hypothesen über die Auswirkungen einer Mehr-heitsbesetzung der Gremien mit unabhängigen Outsider-Mitgliedern, die jeweils aus der Agency-, der Stewardship- und der Ressourcen-Theorie abgeleitet werden.

Es ergeben sich auf Grundlage der Agency-Theorie demnach u. a. die Hypothesen, dass sich die personelle Trennung von CEO und Chairman, eine hohe Angleichung der Interessen von Gremienmitgliedern und Aktionären und eine höhere Anzahl von Outsider-Mitgliedern positiv auf die Unternehmensbewertung ausweisen. Aus dem Stewardship-Blickwinkel ver-ändert sich jeweils die vermutete Richtung des Zusammenhangs. So wären eine Personaluni-on von CEO und Chairman, eine Angleichung der Interessen der Mitglieder mit dem Mana-gement und eine größere Anzahl von Insider-Mitgliedern förderlich.

Die Ressourcen-Theorie bildet die Grundlage für die Hypothesen, dass Gremien, deren Mit-glieder mehr Kontakte zu externen Organisationen ausweisen, den Unternehmenswert steigern. Ihre Stichprobe umfasst 145 der börsennotierten australischen Unternehmen und bezieht Daten aus der Zeitspanne von 1992–1994 ein. Den Unternehmenswert messen sie mit ROE und ROA und berücksichtigen die Kapitalmarktorientierung durch Dividende und Ak-tienkursanstiege. Die Korrelationsmatrix ergibt, dass Unabhängigkeit der Mitglieder und die jeweilige Netzwerkverknüpfung in ihrer Wirkung deutlich voneinander getrennt werden kön-nen und nicht miteinander korrelieren. Damit ergeben sich – je nach den zwei Ausprägungen

---

[819]   Vgl. Muth/Donaldson (1998).

145

dieser beiden Elemente - vier unterschiedliche mögliche Typen der Board-Zusammensetzung, deren Auswirkung auf die Performance mit einer Faktorenanalyse je nach den verschiedenen theoretischen Hypothesen untersucht wird. In der isolierten Betrachtung ergibt sich für Unabhängigkeit eine negative Auswirkung auf den Unternehmenswert, während sich für die Netzwerkanbindung keine Belege für eine Wirkung zeigen. Unter der Berücksichtigung möglicher Interaktion wendet sich dieses Bild jedoch, so bleibt dieser Hinweis auf die Gültigkeit der Stewardship-Theorie nur erhalten, wenn das Gremium gleichzeitig eine hohe Anbindung an externe Ressourcen ausweist. Inwieweit die Zusammensetzung des Gremiums eine Bedeutung hat, ist danach abhängig von der jeweiligen externen Netzwerkanbindung. Eine hohe Anzahl externer Verbindungen kann den Mitgliedern einen höheren Einfluss geben, gleichzeitig mögliche Interessenskonflikte fördern. Outsider-Direktoren setzen diesen Einfluss wahrscheinlich eher im Interesse der jeweiligen externen Beziehungen als im Interesse des Unternehmens ein, wobei hier die Aktionäre als Element des Unternehmens begriffen werden. Dagegen werden Insider-Mitglieder bestehende externe Beziehungen eher im Interesse des Unternehmens einsetzen, welche sie beschäftigt.

Damit begründen Muth/Donaldson ihre Argumentation, dass im Zentrum der Diskussion eher die Loyalität der Gremienmitglieder zum Unternehmen und den Aktionären steht – und nicht der Agency-Konflikt zwischen Eigentümern und Management. Unter der Berücksichtigung der Netzwerkanbindung ergäbe sich so eine Bestätigung des Stewardship-Modells. Gleichzeitig räumen sie ein, dass die Messung der Unabhängigkeit beispielsweise durch die Anzahl der externen Mitglieder möglicherweise nicht verlässliche Ergebnisse liefert.

Bemerkenswertes Ergebnis dieser Studie ist, dass Unabhängigkeit als alleiniges Charakteristikum nicht ausreicht. Verknüpfungen sind hier nur durch ein zusätzliches qualitatives Merkmal, hier die Loyalität, nachzuweisen. Diese Eigenschaften können jedoch auch getrennt von Unabhängigkeit vorliegen.

Auch Wagner et al.[820] stellen zwei Studien vor, die sich auf die mögliche Verknüpfung von Gremienzusammensetzung und deren Richtung konzentrieren und dabei die Hypothesen der Agency- und des Ressourcen-Ansatz überprüfen. Im Rahmen einer Meta-Analyse über 29 Beiträge, welche 63 Korrelationen zwischen Gremienzusammensetzung und Unternehmenswerten ergab, zeigten eine Gruppe von 33 eine positive Korrelation zwischen mehrheitlich mit Outsidern besetzten Gremien und 30 diese positive Richtung für mehrheitlich mit Insidern besetzten Gremien. Sowohl eine Erhöhung der Anzahl von externen, unabhängigen als auch von internen Mitglieder scheint danach positive Effekte zu haben. Dabei dominieren im Hinblick auf positive Effekte bei Outsidern zwar Studien, welche kapitalmarktorientierte Bewertungen heranziehen. Unterschiede zu den Ergebnissen bei Studien, welche Kennzahlen des Rechnungswesens wie ROA nutzen, sind jedoch nicht statistisch relevant.

---

[820]   Vgl. Wagner et al. (1998).

Diese Ergebnisse bilden die Grundlage ihrer Argumentation, dass eine Kombination aus beiden Mitgliedergruppen, die jedoch eine Mehrheitsgruppe ausweist, jeweils eine empfehlenswerte Lösung ist. Die jeweilige Kopfmehrheit würde es den Gruppen ermöglichen, ihre relativen Vorteile, ob es nun zusätzliche externe Ressourcen oder höhere Unabhängigkeit seien, einzusetzen. Die Besetzung mit beiden Gruppen würde so jeweils andere Notwendigkeiten abdecken, so dass im Zentrum die Entwicklung einer homogenen Gruppe stünde. Die ver.ringere mögliche Intragruppenkonflikte und vergrößere die Kooperation. Damit ergibt sich hier als qualitatives Merkmal die Homogenität.

Diese Hypothese der Relevanz von Homogenität testen Wagner et al. in der zweiten Studie. Dafür werden 301 amerikanische börsennotierte Unternehmen über die Jahre 1990–1994 herangezogen. Der Unternehmenswert wird mit ROA und ROE abgebildet. Im Rahmen einer Regressionsanalyse wird der einfache Anteil mit Outsider-Direktoren herangezogen, um die Stärke einer linearen Verknüpfung zu prüfen. Im Anschluss wird durch zusätzliches Heranziehen des quadrierten Anteils die Möglichkeit einer nicht-linearen, gekrümmten Verknüpfung getestet. Im Ergebnis zeigt sich keine Verbindung zwischen Outsider-Anteil und ROE, aber eine U-förmige Verbindung, wenn der Unternehmenswert mit dem ROA gemessen wird. Dies sehen sie als Bestätigung, dass die Homogenität des jeweiligen Gremiums, die durch Mehrheitsbesetzung entweder durch Insider oder durch Outsider gefördert wird, als die förderliche Ursache identifiziert werden kann. Als diskutierbar erscheint hier die reine Darstellung der Homogenität einer Gruppe durch die Differenzierung in Insider und Outsider. Diese Zuordnung als hinreichendes Merkmal für die Homogenität einer Gruppe, welche sich so durch einfachere Konsensfindung und höhere Prozesseffizienz auszeichne, ist zumindest anzweifelbar.

Westphal[821] leitet eine mögliche positive Auswirkung auf den Unternehmenswert durch die Besetzung von abhängigen Insidern von zusätzlichen weiteren Merkmalen ab. Dabei spielen die ansonsten meist negativ interpretierten sozialen Bindungen eine bedeutende Rolle.

Diese sind nach Westphal für die Funktion des Gremiums als Ratgeber bei strategischen Entscheidungen von besonderer Bedeutung. So können zum einen Mitglieder durch soziale Bindungen stärker dazu motiviert werden, ihren Sachverstand durch Ratschläge zur Verfügung zu stellen. Zum anderen steht die Bereitschaft des CEO im Vordergrund, diese Ratschläge auch anzunehmen und umzusetzen. Ein wichtiger Aspekt im Rahmen der Diskussion, ob Rat überhaupt eingeholt wird, sind die Erwartungen, welche Konsequenzen mit dieser Ratsuche für den jeweiligen Status bzw. Reputation verbunden sind. Diese Ratsuche kann als Indiz für Unsicherheit oder Abhängigkeit gewertet werden. Daher kann ein befürchteter Reputationsverlust verhindern, dass Rat eingeholt bzw. berücksichtigt wird. Diese Befürchtungen können sich jedoch verringern, wenn zu den Ratgebenden persönliche Beziehungen und Vertrauen vorliegen. Westphal testet diese theoretische Argumentation über Hy-

---

[821]   Vgl. Westphal (1999).

pothesen, die nach Rollen differenziert sind. So sollten sich freundschaftliche Beziehungen und der Anteil an vom CEO selbst vorgeschlagen und danach bestellten Outsider-Mitglieder für die Ratgeberrolle als förderlich und für die Kontrollrolle als negativ auswirken. Gleichzeitig berücksichtigt er über die Entlohnungssysteme weitere Anreize auf die Motivation der Gremienmitglieder. So wird geprüft, inwieweit eine hohe Angleichung der Interessen von CEO und Shareholdern die obigen negativen Effekte auf die Kontrollrolle und die positiven Effekte der Strategierolle be-einflusst. Bei der Verknüpfung mit dem Unternehmenswert wird sowohl der Kontroll- als auch der Strategierolle eine förderliche Wirkung unterstellt. Eine hohe Interessenangleichung kann dabei die Wirkung der Kontrollrolle vermutlich verringern und die der Strategierolle stärken. Die Stichprobe besteht aus 600 großen amerikanischen Unternehmen der Forbes-Liste, deren CEO und Direktoren schriftlich befragt wurden.[822] Dabei konnten Hinweise für die Gültigkeit seiner Hypothesen gefunden werden. Es gab zwar keine signifikanten negativen Ver-knüpfungen zwischen sozialen Beziehungen zu dem CEO und Kontrollrolle, diese schwächten sich jedoch weiter ab, wenn der CEO selbst Aktionär war oder das Entlohnungssystem langfristige Anreizelemente vorsah.

Die positive Verknüpfung zur Strategierolle wurde durch diese Anreize verstärkt. Dies nimmt Westphal als Beleg, dass Anreizsysteme die Wirkungsweise von Unabhängigkeit steuern. Bei der Untersuchung der Wirkung auf den Unternehmenswert ergeben sich sowohl für die Kontrollrolle als auch für die Strategierolle positive Auswirkungen auf den ROE und die Market-to-Book-Ratio. Wiederum können Anreizsysteme beeinflussen, welcher Einbezug jeweils am sinnvollsten ist. Dabei hat das Anreizsystem keinen Einfluss auf die Verknüpfung von Kontrollrolle und Unternehmenswert, es erhöht jedoch bei stärkerem Interessensausgleich den positiven Effekt der Strategierolle.

Dulewicz/Herbert[823] bauen in ihrer Analyse auf die Theorien von Muth/Donaldson auf, um die Gültigkeit der gängigen Hypothesen zu prüfen. Sie ergänzen dies jedoch, indem sie Elemente der tatsächlichen Praxis von Aufsichtsgremien hinzuziehen. Neben den Thesen von Muth/Donaldson testen sie, inwieweit Boards, welche im Hinblick auf 16 unterschiedliche Rollen wie Visionen/Missionen, Strategie/Struktur, Überwachung, Verantwortlichkeit gegenüber Share- und Stakeholdern eine bessere aktuelle Praxis und/oder ein größeres Potential ausweisen, den Unternehmenswert steigern. Für die Untersuchung der Boards konnten zur Messung der Boardpraxis 134 befragte Chairmen herangezogen werden.

Im Ergebnis zeigen sich nur wenig statistisch signifikante Ergebnisse. Dabei ist jedoch wiederum der relative Anteil von Insider-Direktoren und die Erfahrung von Outsider-Direktoren – ausgedrückt durch die Dauer ihrer Bestellung - positiv mit dem Unternehmenswert verknüpft – unabhängig von der jeweilig verwendeten Messgröße.

---

[822] Die Rücklaufquote betrug bei den CEO 44%, bei den Direktoren 43%.
[823] Vgl. Dulewicz/Herbert (2004).

Im Hinblick auf die aktuelle Praxis ergeben sich vier signifikante Verbindungen zu dem Unternehmenswert, gleichwohl weisen diese entgegen der Hypothesen ein negatives Vorzeichen aus. Bei den Variablen, welche das zukünftige Potential innerhalb der 16 Rollen verdeutlichen, ergeben sich dagegen sieben signifikante positive Korrelationen. Diese können jedoch weder der Share- noch der Stakeholdertheorie zugeordnet werden. Es ergeben sich hier demnach wenige Belege für die Hypothesen jeglicher Theorie.[824]

Eine mögliche Begründung für die Ergebnisse kann in der gewählten Methodik der Befragung gefunden werden. Es erscheint möglich, dass sich individuelle Einschätzungen, Werte oder Persönlichkeitselemente bei den abgegebenen Urteilen auswirken, insbesondere dann, wenn die positiven Effekte einer möglichen Potentialausschöpfung Gegenstand sind.

Kula[825] untersucht den Einfluss der Rollen, Strukturen und Prozesse in Aufsichtsgremien auf die Bewertung türkischer Unternehmen. Die Türkei kann aufgrund hoch konzentrierter Eigentümerstruktur als Insider-System gewertet werden, so dass die Unabhängigkeit der Gremienmitgliedern eine zusätzliche Bedeutung erfährt. Aufgrund einer Befragung privater Unternehmen im Jahre 2003 konnte 386 Fragebögen[826] ausgewertet werden. Ein Aspekt behandelte die jeweilige Dimension, welche die jeweilige Rolle im Rahmen der Arbeit im Gremium einnimmt. Nach Erfassung der Struktur der Gremien durch Faktoren wie Größe und Outsider-Anteil wurde eine Faktorenanalyse durchgeführt. Auch die Verknüpfung mit dem Unternehmenswert erfolgte durch diese Befragung, so wurde aufgefordert anzugeben, wie hoch der jeweilige Anteil an der Entwicklung unterschiedlicher Maßgrößen eingestuft wird. Im Rahmen der Unabhängigkeitsdiskussion ergab sich nur eine positive Verknüpfung für die Trennung der Rolle von CEO und Chairman mit dem Unternehmenswert. Im Hinblick auf die untersuchten Rollen konnte nur die ressourcenorientierte Hypothese einer positiven Verknüpfung unterstützt werden. Dies wird mit der wirtschaftlichen Situation begründet, die türkische Unternehmen erst aktuell globalem Wettbewerb aussetze, so dass exportnützliches Fachwissen von besonderer Bedeutung sei. Bei allen Variablen, welche die Effizienz der Prozesse des Boards erfassen sollen, wie Häufigkeit der Treffen, Verlässlichkeit zu Aktionären, interne und externe Informationsversorgung finden sich positive Verknüpfungen zum Unternehmenswert. Diese Variablen enthalten dabei sowohl extern ablesbare, formale Kriterien – wie die Frequenz der Sitzungen – als auch nur durch die Methode des Einbezugs auf der Grundlage von Befragungen erfassbare Kriterien.

Auch Wan/Ong[827] berücksichtigen in ihrer Analyse die Prozesse innerhalb der Arbeit von Aufsichtsgremien. Dabei argumentieren sie, dass die Board-Zusammensetzung die Effizienz der Prozesse beeinflusst, welche sich wiederum auf die Boardperformance als effizientes

---

[824] Vgl. Dulewicz/Herbert (2004).
[825] Vgl. Kula (2005).
[826] Dies entspricht einer Rücklaufquote von 84%.
[827] Vgl. Wan/Ong (2005).

Arbeitsergebnis auswirkt. Von einer direkten Ursache/Wirkungs-Beziehung zwischen Zusammensetzung und Unternehmenswert wird somit auch hier Abstand genommen.

Relevante Prozesse sind dabei Entscheidungsprozesse, die durch drei Faktoren schwerpunktmäßig gestört werden können. Sie unterscheiden dabei Leistungsnormen – generell und verdeutlicht durch die Intensität der Gremientreffen, kognitive und affektive Konflikte und die Verfügbarkeit und Anwendung verschiedener Fähigkeiten. Die Zusammensetzung wird durch die Besetzung mit Insider- oder Outsider-Mitgliedern und die personelle Trennung von CEO und Chairman erfasst. Dabei hat die Zusammensetzung einer Gruppe erheblichen Einfluss auf das Ergebnis der gemeinschaftlichen Arbeit. Sie stellen dabei die Hypothese auf, dass sich eine personelle Trennung negativ auf alle Faktoren des Entscheidungsprozess auswirkt. Höhere Anteile von Outsidern sorgen dagegen für einen höheren Objektivitätsgrad der Entscheidung und berücksichtigen eher die verschiedenen Stakeholder-Interessen, so dass hier eine positive Verknüpfung zu den Faktoren des Entscheidungsprozesses argumentiert wird.

Die Verbindung zu der Boardperformance resultiert aus diesen drei Faktoren. Als förderlich gelten dabei folgende Argumentationen: so werden stärkere Leistungsnormen das Gremium anreizen, sich intensiver mit ihrer eigenen Leistung zu befassen und zu Verbesserungen beizutragen. Ein höheres Niveau an aufgabenorientierten kognitiven Konflikten wird zudem die Entscheidungsfindung verbessern. Je höher das Kapitals des Boards aus Fähigkeiten und Wissen, umso besser kann die Strategierolle ausgeübt werden. Störend wirken daher affektive Konflikte und Konflikte über die Prozesse selbst, wie beispielsweise unklare Aufgabenteilung oder Information. Die Stichprobe umfasst alle 424 börsennotierten Unternehmen in Singapur, welche im Rahmen einer Befragung um ihre Einschätzungen der Faktoren der Entscheidungsprozesse und der Arbeitsleistung in ihrem Board gebeten wurden. Als Ergebnis zeigt sich, dass die Zusammensetzung des Boards weder die Prozesse noch die Boardperformance beeinflusst. Es finden sich jedoch Belege für eine positive Verknüpfung zwischen Prozessen und der Boardperformance. Damit sind es wiederum nicht extern erfassbare Variablen, welche als ur-sächlich herausgestellt werden. Es bleiben jedoch Zweifel an der Methodik der Befragung, insbesondere bei der Messung der Boardperformance aufgrund Eigeneinschätzung und Einschätzungen der Ergebnisse von Gremiumskollegen. Dennoch hat die Zusammensetzung bzw. das Merkmal der Unabhängigkeit hier wiederum keine Bedeutung. Die Faktoren, welche die Entscheidungsprozesse verbessern, sind somit vermutlich durch andere qualitative Merkmale bestimmt.

Auch die Berücksichtigung der Theorieansätze von Stakeholder- oder Ressourcenvertretern kann damit keine eindeutige Verknüpfung begründen. Zusätzliche Faktoren, welche die Förderlichkeit von Out- oder Insidern beeinflussen, beziehen sich jedoch nur bei Muth/Donaldson auf Unternehmensmerkmale. Dagegen stehen hier weitere qualitative Eigenschaften des Gremiums oder der einzelnen Mitglieder im Vordergrund.

Studie	Einfluss von Unabhängigkeit auf Unternehmenswert		
	positiv	negativ	Zusätzlicher Einfluss
Muth/Donaldson (1998)		(-) bei hoher Netzwerkanbindung	Loyalität / Grad der Abhängigkeit
Wagner et al. (1998)	(+) bei Mehrheit	(-) bei Minderheit	Mehrheitsbildung/ Homogenität
Westphal (1999)		(-)	soziale Bindungen / Anreize
Dulewicz/Herbert (2004)	(+)		nur bei Potentialen
Kula (2004)	(+) (für Türkei)		
Wan/Ong (2005)	keinen	keinen	

Tabelle 9: Empirische Studien auf Grundlage mehrerer Theorieansätze: Gremienzusammensetzung und Unternehmenswert

Sowohl im Rahmen der von der Agency-Theorie postulierten Kontrollrolle als auch bei der Berücksichtung möglicher Effekte weiterer Rollen der Aufsichtsgremien lässt sich demnach keine eindeutige Aussage über Verknüpfungen von erhöhter Unabhängigkeit der Mitglieder und dem Unternehmenswert treffen. Damit scheint das Merkmal Unabhängigkeit nicht isoliert betrachtet werden zu können. Es erhält seine Relevanz durch die Kombination mit zusätzlichen Eigenschaften des Gremiums bzw. der Mitglieder.

So kann im Rahmen des Ressourceneinsatzes Unabhängigkeit eine geringere Motivation bedingen, diesen Zugriff auf externe Ressourcen einzubringen. Im Rahmen der Kontrollrolle kann Unabhängigkeit dagegen die Motivation zur Kontrolle erhöhen. Diese jeweilige Motivation ist jedoch jeweils zusätzlich über Anreizsysteme steuerbar.

Einschränkungen ergeben sich hier weniger aus speziellen Merkmalen der Unternehmen als aus zusätzlichen Merkmalen der Mitglieder. Letztere begründen das Kapital des Gremiums und können dabei von Unternehmen im Rahmen der Auswahl berücksichtigt werden.

Damit bleibt es vermutlich das Gremienkapital mit seinen vielschichtigen Dimensionen und qualitative Merkmalen wie individuelle Qualifikation, Netzwerkanbindung und Komplementarität dem förderliche Wirkung auf den Unternehmenswert zugeschrieben werden können. Hier bleibt fraglich, inwieweit diese Merkmale extern identifizierbar sind.

4.3.2.1.3 Struktur

Theoretische Argumentationen

Als bedeutendes Element für eine Verbesserung der Arbeit von Aufsichtsgremien ist die Einrichtung von Ausschüssen international unstrittig.[828] Grundlage dieser Argumentation ist die Erkenntnis, dass die wichtigsten Entscheidungen auf Ausschussebene effizienter vorbereitet – wenn nicht getroffen – werden können.[829] Auf Grundlage der Aufgaben des Boards ergeben sich danach üblicherweise vier Ausschüsse, denen hohe Bedeutung für die Unternehmenspolitik zugeschrieben wird: ein Prüfungs-, ein Executive-, ein Vergütungs- und ein Personalausschuss.[830]

Durch die Delegation von (Teil)aufgaben an Ausschüsse wird so auch deren Zusammensetzung diskutiert. Vorherrschende Meinung ist wiederum, dass Unabhängigkeit der Mitglieder von hoher Bedeutung sei.[831] So wird Unabhängigkeit, also eine mehrheitliche Besetzung der Ausschüsse mit Outsidern, dann als förderlich gesehen, wenn diese sich mit Agency-Elementen wie Vergütung und Prüfung befassen. Insider-Mitglieder können dagegen in spezifischen Ausschüssen wie Finanz- oder Investitionsausschuss aufgrund ihrer Informationsvorsprünge positiv wirken.[832] Im Zentrum der Diskussion möglicher Verknüpfungen mit der Unternehmensbewertung stehen jedoch Prüfungskommissionen, deren Hauptaufgaben es sind, die finanzielle Performance, den Prozess, das interne Controlling und die Qualität der Berichterstattung zu prüfen.[833] Diese Berichterstattung wird allgemein als Grundlage für die Unternehmensbewertung und im Rahmen von Vertragsgestaltung herangezogen. Investoren nutzen die Informationen zur Ableitung der erwarteten zukünftigen Cashflows und Gewinne und damit zur Ermittlung des Wertes des Eigenkapitals. Zuverlässige Daten können so die Informationseffizienz der Kapitalmärkte und damit die Qualität der Bewertung fördern.

---

[828] In den USA ist die Einrichtung von Audit Committees für Unternehmen, die an der NYSE oder AMEX gelistet sind, schon seit 1978 bzw. 1980 verpflichtend. Der Sarbanes-Oxley-Act hat 2003 diese Anforderungen auf alle amerikanischen Börsen ausgeweitet. In Deutschland ist die Bildung von Audit Committees eine Empfehlung des DCKG und somit freiwillig. Eine Nichtentsprechung ist jedoch zu veröffentlichen und kann von Investoren oder Stakeholdern als negatives Signal angesehen werden.

[829] Audit Committees in Deutschland sind Untergruppen des Aufsichtsrats. Die kleinere Gruppengröße im Vergleich zum Gesamtgremium reduziert den notwendigen Ressourceneinsatz, erleichtert Entscheidungsprozesse und erhöht den persönlichen Einsatz der einzelnen Mitglieder und wird so mit einer höheren Effizienz des Monitorings verbunden. Vgl. Köhler (2005), S. 235.

[830] Vgl. Vance (1983), diese Aufzählung ist nicht allgemeingültig, oft werden Vergütungs- und Personalausschuss vereint und es wird häufig durch einen Corporate-Governance-Ausschuss ergänzt. Vgl. Schwalbach (2005).

[831] So schreibt die SEC die Unabhängigkeit für Mitglieder in Audit Committes ausdrücklich vor. In Deutschland wird die Unabhängigkeit der Ausschüsse vom Aufsichtsratsvorsitzenden in der Ziffer 5.2 des DCGK gefordert, welche als Anregung formuliert, dass der Aufsichtsratsvorsitzende nicht gleichzeitig Vorsitzender des Prüfungs- oder Bilanzausschuss sein sollte.

[832] Vgl. Xie et al (2003). S. 299.

[833] Vgl. Cotter/Sylverster (2003), S. 213. Die Aufgaben deutscher Audit Committees werden im DCKG unter 5.3.2 konkretisiert. So ist der Ausschuss insbesondere mit der Rechnungslegung, dem Risikomanagement, der Unabhängigkeit des Abschlussprüfers, dem Prüfungsauftrag und Prüfungsschwerpunkten und den Honorarvereinbarungen befasst.

152

Die Relevanz dieser Argumentation kann jedoch von Unternehmenscharakteristika beeinflusst werden. So sind für die Bewertung von Wachstumsunternehmen, die hohe Investitionen in immaterielle Vermögenswerte tätigen, oder für Unternehmen mit Verlustausweisen andere Bewertungsansätze förderlich. Einige argumentieren, dass daher hier die Existenz eines unabhängigen Prüfungskomitees von geringer Bedeutung ist. [834]

Gläubiger und das Management nutzen die Daten der Finanzberichterstattung zur Ableitung von Bonität und geforderten Zahlungsverpflichtungen, Gestaltung von Entlohnungsverträgen und als Messinstrument für Managerleistungen. Je höher die Relevanz zuverlässiger, nicht beeinflusster Daten ist, umso höher kann somit der Nutzen eines unabhängigen Prüfungsausschusses sein. [835] Mit der Bildung von unabhängigen Prüfungsausschüssen, denen eine strengere Prüfung der Daten zugeschrieben wird, sind jedoch auch zusätzliche Kosten verbunden. Diese können sich zum einen aus der Bestellung eines externen Prüfers und aus zusätzlich aufzubringender Zeit der internen Prüfer und des Managements ergeben. Zum anderen kann eine längere Prüfung eine frühzeitige Veröffentlichung der jeweiligen Abschlüsse verzögern, was sich vermutlich zumindest kurzfristig negativ auf die Aktienkurse auswirkt. [836]

Dennoch herrschen auch hier Zweifel an der Effizienz dieser Ausschüsse vor. So formuliert Spira in einer Zusammenfassung vorliegender praktischer und wissenschaftlicher (hauptsächlich empirischer) Literatur die Einschätzung, Prüfungsausschüsse arbeiteten eher zeremoniell und verbesserten die Qualität der Berichterstattung kaum. [837] Vernachlässigt werden in den dargestellten Analysen jedoch wiederum mögliche Einflüsse qualitativer Elemente wie Hintergrund und Erfahrung der Ausschussmitglieder.

Turley/Zaman[838] erweitern um einige dieser Aspekte und liefern einen aktuellen Überblick über bestehende Erkenntnisse über mögliche Governance-Aspekte von Prüfungausschüssen. Sie entwickeln dafür einen Bezugsrahmen der Forschungsergebnisse, der vier Schwerpunkte aufzeigt. Zum einen kann dabei ein Prüfungsausschuss strukturelle Anreize setzen, welche die Beziehungen zwischen Management, Investoren und Prüfern verbessern, die Verlässlichkeit und die Verantwortungsübernahme des Managements erhöhen können. Des Weiteren wird analysiert, inwieweit die Prüfungsfunktion von anderen Faktoren wie der Auswahl und Entlohnung, der Unabhängigkeit, dem Prüfungsprozess selbst oder der Kommunikation beeinflusst wird. Dritter Forschungsschwerpunkt ist die Auswirkung eines Prüfungsausschusses auf die Qualität der Berichterstattung. Der vierte Bereich untersucht die im Rahmen dieser Argumentation besonders relevante Verknüpfung zur Unternehmensbewertung. Dabei wird die Bildung von Ausschüssen als Implementierung empfohlener Management- und Gover-

---

[834] Vgl. z. B. Lev/Zarowin (2003); Amir et al. (1999).
[835] Vgl. Klein (2000), S. 6.
[836] Vgl. Klein (2000), S. 8.
[837] Vgl. Spira (1999).
[838] Vgl. Turley/Zaman (2004).

nance-Strukturen und somit als Instrument zur Förderung der Kontrolle und des Managements verstanden, welches mit positiven Ver-änderungen der Performance verbunden wird.

Turley/Zaman betonen, dass bis dato insbesondere wenig Aufmerksamkeit auf die Prozesse innerhalb der Komitees gelenkt wurde und Einflüsse auf das Verhalten innerhalb der gesamten Organisation vernachlässigt werden. Außerdem fehle eine theoretische Fundierung des Prüfungsprozesses.[839] Die Theorie stellt dabei plausibel die Gründung von Ausschüssen im Rahmen jeder Rolle als förderlich da. Deren Effizienz scheint jedoch wiederum von weiteren qualitativen Elementen beeinflusst zu sein.

Dabei spielen zum einen Unternehmenscharakteristika wie Investitionsmöglichkeiten eine Rolle. Zum anderen werden wiederum weitere Eigenschaften der Mitglieder wie finanzwirtschaftliche Qualifikationen herangezogen. Auch hier treten somit Zweifel an Generalisierbarkeit und an deren externer Identifikation auf. Daher werden vorliegende empirische Untersuchungen herangezogen, um mögliche zusätzliche Einflüsse verdeutlichen zu können.

Empirische Untersuchungen

Es finden sich jedoch nur sehr begrenzte und in der Aussage uneinheitliche Belege für die unterstellten förderlichen Governance-Auswirkungen durch die Einführung von Prüfungskomitees. In der Literatur wird hauptsächlich auf die oben unter Unabhängigkeit aller Mitglieder vorgestellten empirischen Ergebnisse verwiesen. Dabei wird jedoch häufig das Prüfungskomitee nicht isoliert sondern als Teil des Gesamtgremiums untersucht. Im Folgenden werden daher aktuelle Ergebnisse zusammengefasst, die sich spezifisch auf eine Verknüpfung von (unabhängigen) Prüfungskomitee und Agency-Kosten und damit dem Unternehmenswert beziehen.[840]

Klein findet Belege für wirtschaftliche Vorteile von unabhängigen Prüfungsausschüssen.[841] So korreliert die Häufigkeit der Treffen dieses Ausschusses negativ mit der Höhe des Liquiditätsanteils an der Entlohnung des CEO. Gleichzeitig erhöht die Unabhängigkeit der Ausschussmitglieder die Häufigkeit der Treffen. Damit beeinflusst der Unabhängigkeitsgrad des Ausschusses sowohl die Governance-Praxis der Unternehmen als auch deren wirtschaftliche Konsequenzen. In einer späteren Studie konzentriert sich Klein[842] auf die Auswirkungen von

---

[839] Vgl. Turley/Zaman (2004).
[840] Für eine Überblick über vorherige Untersuchungen über den Einfluss von Prüfungskomitees auf die Qualität der Berichterstattung vgl. Klein (2000), S. 5f. Eine aktuelle Darstellung empirischer Ergebnisse zeigt auch Romano (2004). Eine aktuellen Überblick über empirische Studien zur Bildung und Zusammensetzung von Audit Committees und damit verbundene Wirkung auf Agency-Kosten liefert Köhler (2005), S. 245 ff.
[841] Vgl. Klein (2000). Ihre Stichprobe enthält 803 Unternehmen, alle am 31.3.1992 und 1993 im S&P 500 gelistet, außer Banken, Versicherungen oder andere Finanzinstitutionen.
[842] Vgl. Klein (2002). Anstoß hierfür lag in der Ende 1999 vollzogenen Modifikation der Anforderungen der NYSE und des NASDAQ an Audit Committees, die danach mindestens drei unabhängige Mitglieder haben müssen. Die Datengrundlage entspricht der Studie aus 2000. Sie unterscheidet bei Unabhängigkeit zwischen Insidern, Outsidern und dem Unternehmen nahe stehenden Mitgliedern. Management

Unabhängigkeitsgraden von Prüfungsausschüssen auf die Möglichkeiten des Managements, die Gewinne bzw. deren Berichterstattung zu manipulieren und so die Informationen über die finanziellen Ergebnisse zu entstellen (Management-Earnings). Dabei ergibt sich keine lineare Verknüpfung. Signifikante Resultate für eine negative Verknüpfung von Unabhängigkeit ergeben sich nur, wenn die Ausschüsse nicht mehrheitlich unabhängig besetzt sind. Dann sind die Management Earnings ausgeprägter. Überraschenderweise ergeben sich jedoch keine Unterschiede bei Unternehmen mit oder ohne Ausschüssen, die vollständig durch externe, unabhängige Mitglieder besetzt sind.

Cotter/Sylvester[843] differenzieren in ihrer Untersuchung zwischen dem Gesamtgremium und dem Prüfungskomitee. Während sie Auswirkungen einer verstärkten Besetzung mit unabhängigen Mitgliedern auf andere Governance-Mechanismen feststellen können – so schwächt sich die Kontrolle durch Gläubiger bei niedrigem Leverage ab, finden sie jedoch keine Hinweise auf eine positive Verbindung zwischen unabhängigen Komitees und Unternehmenswert.

Xie et al.[844] nehmen wiederum die eher schwachen empirischen Belege für die Förderlichkeit der Unabhängigkeit von Aufsichtsgremien generell zum Anlass, in Bezug auf Prüfungskomitees zu prüfen, inwieweit sich eine spürbare Verbesserung der Kontrolle ergibt, wenn diese durch Outsider-Mitglieder mit einem unternehmerischen und/oder finanzwirtschaftlichem Hintergrund besetzt werden. Sie verknüpfen so die unterstellte Motivationsförderung durch Unabhängigkeit mit der Anforderung des Vorhandenseins notwendiger Qualifikationen. Auch sie messen eine Verbesserung der Kontrolle mit Management Earnings, also durch eine Veränderung der Ermessensspielräume des Managements, Gewinne und Berichterstattung zu Ungunsten anderer Stakeholder zu beeinflussen. Eine Motivation für derartige Beeinflussung kann in der Verknüpfung von Wertzahlen und Entlohnung liegen, die Anreize schaffen kann, diese Wertzahlen positiver als realistisch ausfallen zu lassen. Eine andere kann in einer möglichen positiven Beeinflussung des Kapitalmarktes über gestaltete Informationen liegen. Beide Aspekte werden den Agency-Kosten zugerechnet.[845]

Sie erfassen diese Spielräume über aktuelle beeinflussbare buchhalterische Bewertungen wie Abschreibungen oder Abgrenzungen; diese werden definiert als die Veränderung nicht liquider aktueller Vermögenswerte abzüglich einer Veränderung kurzfristiger Verbindlichkeiten. Die Stichprobe umfasst 110 Unternehmen des S&P-Index in den Jahren 1992, 1994 und 1996. Bei der Untersuchung des gesamten Boards ergeben sich keine Belege für eine

---

Earnings werden angezeigt durch ungewöhnlich hohe oder niedrigere diskretionäre nicht liquiditätswirksame Bewertungsmethoden (accruals) wie Abschreibungen. Sie findet zusätzlich Hinweise darauf, dass Gehälter der CEO höher sind, wenn dieser dem Personalausschuss vorsitzt. Management Earnings verringern sich hier bei Existenz eines externen Großaktionärs und erhöhen sich bei Aktienbesitz des CEO.

[843] Vgl. Cotter/Sylvester (2003).
[844] Vgl. Xie et al (2003).
[845] Vgl. Xie et al (2003), S. 297.

Verbindung zwischen dem Anteil von Outsider-Mitgliedern mit der geforderten finanzwirt-schaftlichen Erfahrung und Management Earnings. Bei unabhängigen Outsider-Mitgliedern und bei Out-sidern mit unternehmerischem Hintergrund ergibt sich dagegen der vermutete negative Zusammenhang.

Bei Prüfungsausschüssen ergibt sich jedoch keine Unterstützung für eine förderliche Wirkung durch die Besetzung mit Outsidern. Dieses Ergebnis bleibt auch bestehen, wenn diese einen finanzwirtschaftlichen oder rechtlichen Hintergrund ausweisen können. Bei Outsidern, die von Banken kommen, ergeben sich die gewünschten einschränkenden Wirkungen nur, wenn es sich um Investmentbanker handelt.

Auch Bédard et al.[846] verbinden Unabhängigkeit mit Kompetenzen und zusätzlich mit Aktivi-täten des Mitglieder von Prüfungsausschüssen. Sie beziehen sich dabei ausdrücklich auf die Studie von Klein aus 2002 und messen wiederum die Auswirkungen dieser Variablen auf Management Earnings.[847] Sie bilden dafür aus den bei Compustat 1996 zu findenden Unte-nehmen drei Gruppen mit jeweils 100 Unternehmen: eine mit sehr ausgeprägter Nutzung ge-winnerhöhender Gestaltungen, eine mit sehr gewinnmindernden Gestaltungen und eine mit sehr geringem Niveau in Management Earnings. Ihre drei getesteten Hypothesen unterstellen, dass Unter-nehmen mit unabhängigen und kompetenten und aktiven Mitgliedern der Prü-fungsausschüsse geringere Management Earnings ausweisen.

Unabhängigkeit wird durch drei Aspekte gemessen: durch den Anteil externer Mitglieder, durch den Anteil von Managern anderer Unternehmen unter diesen Outsidern[848] und durch die Nichtteilnahme der Outsider an Optionsplänen.[849] Die Kompetenz der Mitglieder wird jeweils ausgewiesen durch einen finanzwirtschaftlichen Hintergrund[850], die Erfahrung als Outsider-Direktor als Indikator für Kontrollkompetenz und die Anzahl der Mandate als Direktor in an-deren Unternehmen als Signal für eine positive Bewertung der Arbeit des Mitglieds durch den Markt für Manager. Die Aktivität des jeweiligen Ausschuss wird über die geforderten Auf-gaben, die Frequenz der Sitzungen und die Größe des Ausschusses abgebildet.

Die Ergebnisse bestätigen ihre Hypothesen. So sind aggressive Management Earnings negativ beeinflusst von Unabhängigkeit, wenn diese beschrieben werden kann durch vollständige Besetzung mit Outsidern, einem höheren Anteil von Outsidern, die nicht Manager anderer Unternehmen sind, und einem niedrigen Anteil von gehaltenen Aktienoptionen. Disziplinierenden Einfluss haben auch die Kompetenz und die Aktivität, wobei letztere von

---

846   Vgl. Bédard et al. (2004).
847   Hier definiert als die Übernahme aggressiver Rechnungslegungsmethoden inklusive der Auswahl unan-gemessener Bilanzpolitik.
848   Ihnen wird unterstellt, dass sie tendenziell eher mit dem Management als mit den Prüfern sympathi-sieren.
849   Grundlage dieses Elements ist eine Empfehlung des Cadbury Committees von 1992. Die Teilnahme an Optionsplänen wird als Eingrenzung der Unabhängigkeit eingestuft, da von kurzfristigen Aktienkurs-steigerungen profitiert werden kann.
850   Das Blue Ribbon Committee (BRC) empfiehlt, dass zumindest ein Mitglied Erfahrung im Finanzmana-gement oder in Rechnungslegung ausweisen soll. Vgl. BRC (1999), S. 25.

geringer Bedeutung ist. Damit argumentieren sie, Ergebnisse gefunden zu haben, welche die verschiedenen Best-Practice-Empfehlungen zur Bildung und Zusammensetzung von Prüfungsausschüssen unterstützen.

Einschränkend ist hier anzumerken, dass die Stichprobe(n) jeweils die Extrema erhält. Möglicherweise erklärt dies die unterschiedlichen Ergebnisse zu Klein (2002). Zudem kann nur eine Verknüpfung über die Qualität der Berichterstattung und Management Earnings nachgewiesen werden. Ob und inwieweit sich diese durch die untersuchten Merkmale der Audit Committees ableiten lässt, bleibt ungeklärt.

Auch DeFond et al.[851] nehmen Regulierungselemente zum Anlass, deren gewünschte Wirkungsweise zu untersuchen. Sie konzentrieren sich dabei auf den Sarbanes-Oxley-Act. Dieser beinhaltet in einer kontrovers diskutierten Vorschrift, dass börsennotierte Unternehmen anzeigen müssen, ob sie einen Finanzexperten im Audit Committee haben. Dieser Hintergrund wird dabei notwendig angesehen, um der Verantwortung für die Qualität der Berichterstattung gerecht zu werden, die Governance der Unternehmen zu verbessern und so den Unternehmenswert zu steigern.[852]

Sie nehmen dabei eine marktorientierte Perspektive ein und untersuchen, ob nach der Ankündigung eines neuen Mitglieds, der Finanzexperte ist, eine positive Reaktion auf den Aktienmärkten zu verzeichnen ist. Zwischen der ersten und der endgültigen Version der SEC-Regel gab es unterschiedliche Definitionen für Finanzexperten. So bezog sich die ursprüngliche Fassung auf Experten, die sich hauptsächlich auf die Rechnungslegung konzentrieren wie Rechnungs- oder Wirtschaftsprüfer. Aufgrund von Kritik an der engen Definition ist in der Endfassung diese erweitert worden und berücksichtigt zudem, dass diese Eignung als Finanzexperte auch durch die Leitung von Finanzabteilungen, Bewertung von Unternehmen oder ähnlichen relevanten Erfahrungen ausgewiesen werden kann. Damit ist auch ein CEO eines anderen Unternehmens automatisch ein Finanzexperte und genügt den Anforderungen.

DeFond et al. differenzieren daher in ihrer Studie zwischen Finanzexperten der engen ersten Definition (accounting financial experts) und der weiteren, endgültigen Definition (non-accounting financial experts). Sie untersuchen in ihrer Analyse 702 Ankündigungen über einen neu bestellten Outsider-Direktor für das Audit Committee aus den Jahren 1993 bis 2002. Daraus ergeben sich 105 Bestellungen von Accounting-Financial-Experts, 407 von Non-Accounting-Financial-Experts und 190 von Direktoren, die von keiner der beiden Definitionen erfasst werden. Die Reaktionen werden über dreitägige (-1 bis +1) kumulierte überdurchschnittliche Aktienrenditen gemessen. Dabei ergeben sich signifikante positive Marktreaktionen für Accounting-Financial-Experts. Bei Non-Accounting-Financial-Experts oder anderen Direktoren finden sich dagegen keine Signifikanzen. Sie favorisieren daher die Übernahme der engeren Definition durch die SEC.

---

[851] Vgl. DeFond et al. (2004).
[852] Vgl. DeFond et al. (2004), S. 1 oder SEC (2003).

Auch Chan/Li[853] untersuchen die mögliche Verbindung zwischen Corporate Governance, der Zusammensetzung des Audit Committee und Unternehmenswert. Ihre Stichprobe enthält die ersten 200 börsennotierten Unternehmen der *Fortune* 500 Liste des Jahres 2000. Den Unternehmenswert messen sie mit Tobin's Q.

Als unabhängig gelten dabei nur Outsider-Direktoren, die im Topmanagement einer anderen börsennotierten Unternehmen arbeiten.[854] Als finanzerfahrene Mitglieder gelten Professoren an Business Schools, zertifizierte Rechnungsprüfer, Direktoren oder CEO eines Unternehmen der Finanzbranche, CFO, Partner von Wirtschaftsprüfungsgesellschaften oder Investmentgesellschaften und ehemalige Sekretäre von Finanzministerien. Ihre Hypothesen formulieren positive Einflüsse für beide Merkmale: Unabhängigkeit und Finanzerfahrung. Während sie eine signifikante positive Beziehung zwischen Unabhängigkeit der Mitglieder im Audit Committee und im gesamten Board und dem Unternehmenswert finden – wobei die Ergebnisse für das Committee jedoch einen zehnfach höheren Ko-effizienten ausweisen – ergeben sich keine Hinweise auf die Förderlichkeit der Finanzerfahrung. Mögliche Erklärungen für diese Ergebnisse können in der Erfassungsmethode der Erfahrung liegen. Zudem ist der Anteil von gefundenen Mitgliedern mit dieser Finanzerfahrung sehr klein, so dass Signifikanzen schwierig nachzuweisen sind. Damit ist es wiederum eine sehr enge Definition von Unabhängigkeit, welche förderliche Aspekte auf den Unternehmenswert begründen können.

Studie	Einfluss von Prüfungskommissionen auf Agency-Kosten bzw. Unternehmenswert		
	positiv	keine	Zusätzlicher Einfluss
Klein (2000)	(x) Cash-Anteil CEO-Gehalt		
Klein (2002)	(+) Management Earnings		nicht bei vollständig unabhängigen Ausschüssen
Cotter/Sylvester(2003)		•	
Xie et al (2003)	(+) Management Earnings		Kompetenz : nur bei Investmentbankern
Bédard et al (2004)	(+) Management Earnings		nur Unabhängigkeit (eng) Kompetenz
DeFond et al (2004)	+ Marktreaktion		Kompetenz: nur wenn Accounting-Experte
Chen/Li (2005)	+ Tobin's Q		Kompetenz kein Einfluss

Tabelle 10: Empirische Studien: Unabhängige Prüfungskommissionen und Unternehmenswert

---

[853]   Vgl. Chan/Li (2005).
[854]   Damit sind die anderen 5 von hier unterschiedenen 6 Kategorien nicht vollständig unabhängig. Es handelt sich dabei um Großaktionäre, „decorating" Direktors wie Schauspieler oder Sportler, mit dem Unternehmen verbundene Direktoren, Insider und Venture Capital-Geber.

Die Analyse der empirischen Studien ergibt ein etwas klareres Bild der Förderlichkeit von Unabhängigkeit in Prüfungsausschüssen. Dennoch finden sich die gewünschte Unterstützung zumeist dann, wenn zusätzliche qualitative Merkmale dazu gezogen werden. So finden die theoretischen Überlegungen über zusätzliche Qualifikationen teilweise Bestätigung.

Generell liegen sehr wenige empirische Erkenntnisse über Zusammensetzung und Arbeitsweisen von Audit Committees vor, welche die Effektivität und die Effizienz dieser Ausschüsse in hohem Maße beeinflussen sollten. Vorliegende Aussagen beruhen zudem auf Untersuchungsmethoden, die den externen Blickwinkel aufgeben.[855]

Die Bildung von Prüfungsausschüssen ist in den meisten internationalen Ländern Inhalt der Regulierung der Corporate Governance.[856] Damit bestehen für Unternehmen kaum Handlungsspielräume, über die Implementierung an sich frei zu entscheiden. Folge ist jedoch die unproblematische Erfassung der Existenz des Ausschuss. Beeinflussbar bleibt jedoch die Besetzung dieser Ausschüsse.[857] Damit ergeben sich ähnliche Schwierigkeiten im Hinblick auf die Messbarkeit wie im Rahmen der Diskussion für das gesamte Aufsichtsgremium, da Unabhängigkeit nicht isoliert betrachtet werden kann. Gleich-zeitig erfüllen deutsche Aufsichtsräte per se formale Abgrenzungen der Unabhängigkeit. Eine Unabhängigkeit des Denkens ist dabei wiederum ein qualitatives Merkmal. Eine valide externe Einschätzung dieser persönlichen Eigenschaft erscheint kaum möglich, so dass nur eine Berücksichtigung im Rahmen der Handlungsempfehlungen als sinnvoll angesehen wird.

4.3.2.1.4 Aktivität

Von der persönlichen Fähigkeiten der einzelnen Gremienmitglieder abstrahierend, sind zentrale Elemente einer möglichen Verknüpfung von Aufsichtsgremien und Unternehmenswerten die jeweilige (investierten) Kapazitäten und die Motivation, ihren Aufgaben aktiv nachzukommen. Diesbezüglich liegen hauptsächlich empirische Forschungsergebnisse vor, welche sich mit unterschiedlichen Bestimmungsgrößen für diese Inputfaktoren beschäftigen. Diese nutzen entweder die Aktivität des Gesamtgremiums oder der einzelnen Mitglieder. Als

---

[855]   Köhler (2005) bietet eine erste empirische Studie über die Arbeitsweise von Audit Committees in Deutschland, die sich auf eine schriftliche Befragung von 22 Aufsichtsratsvorsitzende von deutschen, börsennotierten Unternehmen mit Audit Committees (Rücklaufquote 22 %) im Jahre 2004 stützt. Dabei untersucht sie explorativ organisatorische, institutionelle und praktische Aspekte und zeigt die Bildung und Zusammensetzung nach Qualifikation und Unabhängigkeit auf. Gendron et al. (2004) zeigen anhand von drei Feldstudien kanadischer Unternehmen, die von den Mitgliedern als effektiv eingestuft werden, die Bedeutung sorgfältiger Jahresabschlüsse, der Angemessenheit des Vokabulars in diesen Berichten, der internen Kontrolle und der Arbeit der Abschlussprüfer auf. Als Hauptaufgabe ergäbe sich daher das kritische und herausfordernde Hinterfragen und Prüfen der Aussagen von Management und Wirtschaftsprüfer.
[856]   So widmet der DCGK der Bildung von Ausschüssen die Ziffer 5.3 mit mehreren Unterziffern. Die Bildung des Prüfungsausschuss ist dabei eine Soll-Empfehlung, Hinweise zu der Besetzung und die Bildung von anderen Ausschüsse sind als Sollte-Anregungen formuliert.
In den USA ist dabei durch SOX Section 301 die Besetzung des Autit Committes nur durch unabhängige Direktoren Pflicht. Der DCGK beinhaltet als Sollte-Anregung, dass der Vorsitzende des Prüfungsausschusses weder auch Aufsichtsratsvorsitzender (5.2.) noch ein ehemaliges Vorstandsmitglied (5.3.2.) ist.

Indikator für Aktivität des gesamten Gremiums wird dabei meistens die Anzahl der Sitzungen heran-gezogen. Im Hinblick auf das einzelne Mitglied wird über die Anzahl der Mandate und die jeweilige Dauer der Amtszeit diskutiert.

Anzahl der Sitzungen

Theoretische Argumentation

Die vertretenen Positionen bezüglich der Auswirkungen einer höheren bzw. niedrigeren Anzahl der Sitzungen von Aufsichtgremien sind komplex und widersprüchlich.

Ausgehend von der Zeitknappheit als Restriktion für eine effiziente Aufgabenerfüllung wird argumentiert, dass eine höhere Sitzungsfrequenz diese verfügbare Zeit erhöhe und so den Interessen der Stakeholder entspreche, Agency-Kosten senke und damit den Unternehmenswert steigere.[858] Jedoch sind mit jeder Sitzung zusätzliche Kosten verbunden. Bei Unternehmen mit eher geringer Sitzungszahl können diese vermutlich durch den zusätzlichen Nutzen der Zeit überkompensiert werden. Diese Kompensationsmöglichkeit sinkt jedoch mit steigender Sitzungsfrequenz. Bei zu hoher Anzahl von Sitzungen kann sich demnach sogar ein negativer Bewertungseffekt einstellen.[859]

Jensen[860] nimmt dagegen eine andere Sichtweise ein. Aufgrund der Tatsache, dass die Tagesordnung maßgeblich von dem CEO bestimmt werde, ergäbe sich durch weitere Sitzungen keine nützliche zusätzliche Zeit. Diese werde dagegen zunehmend durch Routineaufgaben in Anspruch genommen. Daher seien generell eher inaktive Boards förderlich. Eine höhere Aktivität sei erst ex post im Krisenfall geboten. Diese Argumentation spricht für eine andere Richtung des Zusammenhang zwischen Aktivität und Unternehmenswert: so ist die Aktivität einer Reaktion auf die (negative) Entwicklung des Unternehmenswertes.

Damit ist die theoretische Argumentation nicht eindeutig und von der jeweiligen wirtschaftlichen Situation des Unternehmens bestimmt. Die Anzahl der Sitzungen wäre jedoch von einem informierten Investor relativ un-problematisch zu entwickeln. Ein Einbezug empirischer Ergebnisse erscheint daher sinnvoll.

Empirischer Beleg

Die möglichen Auswirkungen der Sitzungsfrequenz haben im Rahmen empirischer Forschung wenig Interesse gefunden. So können hier nur die Ergebnisse von Vafeas[861] dargestellt

---

[858]   Vgl. Lipton/Lorsh (1992), Conger et al. (1998).
[859]   Vgl. Vafeas (1999), S. 118.
[860]   Vgl. Jensen (1993).
[861]   Vgl. Vafeas (1999)

werden. Seine Stichprobe umfasst 307 große börsennotierte amerikanische Unternehmen in den Jahren 1990 bis 1994. Dabei untersucht Vafeas mögliche Interdependenzen der Board-Aktivität mit anderen Governance-Mechanismen und Auswirkungen der Aktivität auf die Unternehmensbewertung. So kann Aktivität nach Vafeas als Substitut für Aktienbesitz des Managements gesehen werden. Gleichzeitig erfordert ein höherer Anteil an Outsider-Mitgliedern mehr Zeit, diese zu informieren, so dass zwischen diesen Kennzeichen eine positive Verbindung bestehe. Um Jensens Hypothesen überprüfen zu können, werden auch Veränderungen von Sitzungsfrequenzen in die Analyse einbezogen. Seine Ergebnisse stützen die Argumentation von Jensen. So erhöhen diejenigen Unternehmen die Sitzungsfrequenz, welche in vorhergehenden Jahren unterdurchschnittliche Ergebnisse erzielten.

Bei der direkten Verknüpfung von Frequenz und Marktbewertung ergeben sich Hinweise darauf, dass eine Erhöhung der Sitzungen negativ bewertet wird. Diese verschwinden jedoch, wenn die vorherige Bewertung berücksichtigt wird. Weitere Fallanalyse zeigen, dass sich diese erhöhte Sitzungsfrequenz bei Firmen mit deutlich unterdurchschnittlicher vorheriger Bewertung positiv auswirkt. So können diese in den Folgejahren - aber nur dann - überdurchschnittlichen Unternehmenserfolg ausweisen, wenn dieser als ROA gemessen wird.

Es kann keine eindeutige Aussage über die Ursache/Wirkungs-Richtung einer Verbindung zwischen Sitzungshäufigkeit und Bewertung gezogen werden. Diese wird sowohl von der vorherigen Frequenz als auch von der wirtschaftlichen Unternehmenssituation beeinflusst. Beobachtungen zeigen jedoch, dass sich in der Realität – auch aufgrund gesetzlicher Vorschriften - ähnliche Sitzungsfrequenzen über Branchen und Größen hinweg etabliert haben.[862]

Eine mögliche Verbesserung der eigenen Corporate Governance durch eine Erhöhung der Sitzungsfrequenz wäre jedoch ein kostengünstiges und kurzfristig implementierbares Instrument. Dennoch scheint sich dieses eher ex post – bei negativer Unternehmenswertentwicklung – zu empfehlen.

Um als allgemeiner Bewertungsmaßstab für die Qualität der Corporate Governance berücksichtigt zu werden, wäre es notwendig, eine generell gültige optimale Anzahl festlegen zu können. Hierfür liegen keine Forschungsergebnisse vor. Dieses kann darin begründet sein, dass eine derartige Aussage unter Berücksichtigung der Heterogenität von Unternehmen kaum möglich ist; insbesondere, da die Sitzungsanzahl alleine als Indikator für die Aktivität des gesamten Aufsichtsgremiums herangezogen würde. Diese wird jedoch vermutlich durch

---

[862] Eine Analyse von Moravec & Associates über die größten amerikanischen Unternehmen ergab für 2003, dass sich die Zahl der Boardsitzungen seit 1993 stark verringert hat. So hielten 2003 41 % (28%) 4–7 Treffen und 42% (38%) 8–10 Treffen ab, bei 12% (27%) waren es mit 11–14 fast monatliche Treffen, bei nur 3% (5%) waren es weniger. Vgl. http://www.moravecglobal.com/findings/056.asp (21.05.2005). In Deutschland soll der Aufsichtsrat nach § 110 Abs. 3 S. 1 AktG vierteljährlich zusammentreten. Im Rahmen der Datenerfassung für die Corporate Governance Quality Study 2004 wurde auch die Häufigkeit der Aufsichtsratssitzungen der H-Dax-Unternehmen im Geschäftsjahr 2003 erfasst. Für Dax-Unternehmen ergab sich, dass 20% genau diese Sollanzahl von 4 Sitzungen abhalten, die Mehrzahl von 43,3% weisen 5 Sitzungen aus, 30% sogar 6 und nur 6,7% trafen sich häufiger. Die genauen Daten liegen der Autorin vor.

mehrere Faktoren wie durch die Kooperation und die Bereitschaft der einzelnen Mitglieder zum effizienten Arbeiten beeinflusst. Die Tatsache, dass sich die Sitzungsanzahl deutscher Unternehmen jedoch nur geringfügig variiert, lässt vermuten, dass diese für die jeweiligen Belange als optimal eingestuft wird. Es bliebe jedoch zu überprüfen, ob diese Frequenz sich auch in Deutschland aufgrund von Sonderereignissen oder Ergebnisverschlechterungen spürbar erhöht.[863] Dagegen ergeben sich wie bei der Mehrzahl der formalen Elemente keine Schwierigkeiten im Rahmen der externen Erfassbarkeit.

Anzahl der Mandate

Theoretische Argumentation

Die jeweils ausgeübte Anzahl der weiteren Mandate der einzelnen Gremienmitglieder in anderen Unternehmen wird im Hinblick auf ihre Aktivität und Effizienz unterschiedlich bewertet.

Zum einen gilt die Zahl der Mandate als Zeichen für den Wert der Reputation, welche das Mitglied am Markt für Manager genießt. Damit können zusätzliche Berufungen auf Grund der vorherigen guten Unternehmensentwicklung des Unternehmens erfolgen, in dessen Aufsichtsgremium das Mitglied schon arbeitet.[864] Damit gilt eine hohe Anzahl als Qualitätsindikator für das jeweilige Reputationskapital. Ein drohender Verlust dieses Reputationskapitals motiviere im Rahmen der Agency-Theorie Outsider, ihre Kontrollrolle auszuüben und sei somit förderlich für den Unternehmenswert. Dabei wird jedoch argumentiert, dass diese positive Verknüpfung nicht linear sei, da mit steigender Mandatszahl die jeweilige Mitglieder insgesamt zu sehr belastet seien, als dass sie – unabhängig von der Motivation – dem einzelnen Mandat die notwendige Aufmerksamkeit widmen könnten. Damit steigen die Agency-Kosten und negative Auswirkungen auf den Unternehmenswert werden wahrscheinlich.[865] Zusätzlich zu diesem Zeitaspekt wird mit einer wachsenden Mandatszahl auch ein

---

[863]   Als Indiz kann jedoch das Verhalten der Telekom AG im Geschäftsjahr 2003 herangezogen werden. Während im Geschäftsjahr 2002 zu den ordentlichen fünf Sitzungen des Aufsichtsrats nur zwei außerordentliche erfolgen, erhöhte sich die Gesamtzahl im Jahr 2003 auf 11 Sitzungen. Dabei wird das Jahr 2003 von der Telekom als ein Jahr des Turnarounds nach den negativen Ergebnissen im Jahre 2002 herausgestellt. Die Erhöhung um weitere vier außerordentliche Sitzungen weist daraufhin, dass der Aufsichtsrat seinen Einsatz für die im Rahmen der Umstrukturierungsmaßnahmen gestiegenen Aufsichtpflichten deutlich erhöht hat. Vgl. Geschäftsbericht der Deutschen Telekom AG 2003, S. 13 und 2004, S. 16.

[864]   Vgl. Fama/Jensen (1983). Empirische Untersuchungen über den Markt für Manager unterstützen diese vermutete Marktreaktion. So besetzen Boardmitglieder, die ein Unternehmen nach einer Krise verlassen, zu diesem Zeitpunkt ca. 30% weniger andere Mandate als vorher. Vgl. Gilson (1990), einen Überblick über weitere Ergebnisse liefern Ferris et al. (2003).

[865]   Vgl. Shivdasani/Yermack (1999). Dieser Argumentation folgt die verbreitete Kritik an zu hohen Mandatszahlen, die auch zu internationalen Regulierungen geführt hat. So empfiehlt bspw. der DCGK in Ziffer 5.4.3, dass ein aktiver Vorstand einer börsennotierten Gesellschaft nicht mehr als fünf Aufsichtsratmandate in börsennotierten Gesellschaften wahrnehmen soll.

Ansteigen möglicher Interessenkonflikte diskutiert, die sich aus zunehmender Verflechtung ergibt. Diese können entstehen, wenn ein Gremienmitglied auch in Aufsichtsgremien anderer Unternehmen sitzt, welche miteinander im Markt für Manager oder am Produktmarkt in Konkurrenz stehen. Ein derartiger Interessenkonflikt kann die Kontrollrolle beeinträchtigen und damit den Unternehmenswert senken. Gleichzeitig können sich jedoch auch Informationsasymmetrien ver-ringern.[866] Im Rahmen des Ressourcen-Ansatzes werden hohe Mandatszahlen nicht negativ im Hinblick auf Interessenskonflikte, sondern als eher als förderlich diskutiert, da sie zusätzliche Ver-knüpfungen und Verbindungen schaffen.[867]

Die theoretischen Argumentationen bieten so kein eindeutiges Bild. Die Anzahl der Mandate fördert das Reputationskapital und damit die Motivation, erhöht jedoch die Wahrscheinlichkeit von Interessenskonflikten – aber auch das Netzwerk, auf das zugegriffen werden kann. Gleichzeitig sinken durch steigende Belastungen die Möglichkeiten, Kontrollaufgaben wahrzunehmen. Nur im Rahmen der ressourcentheoretischen Argumentation kann möglichen weiteren Unternehmenscharakteristika, nämlich der Bedeutung zusätzlicher Netzwerke je nach Grad des Risikos der Umwelt und bestehender Abhängigkeiten, Einfluss zugewiesen werden.

Zudem erscheint die Erfassung weiterer Mandate von Aufsichtsräten zwar aufwendig – aber durchaus von außen realisierbar.

Empirische Belege

Die theoretisch formulierte Kritik an hohen Mandatszahlen oder starker Verflechtung ist relativ jung. Demnach existieren aktuell nur wenige empirische Untersuchungen, deren Ergebnisse im Folgenden dargestellt werden. Ausgehend von dem Phänomen einer sehr starken Verflechtung schweizerischer Unter-nehmen, welche mit oft hoher Mandatszahl einzelner Mitglieder verbunden ist, untersuchen Loderer/Peyer deren Auswirkunken auf Aktienkurse. [868] Dabei berücksichtigen sie Argumentationen der negativen Auswirkungen im Hinblick auf eine reduzierte Kontrollrolle und höhere Interessenkonflikte und der positiven Auswirkungen im Hinblick auf das Gewinnen eines Mitglieds mit hohem Reputationskapital.

Im Rahmen einer Langfristanalyse enthält ihre Stichprobe die in Zürich börsennotierten Unternehmen in den Jahren 1980, 1985, 1990 und 1995 und variiert damit in der berücksichtigten Anzahl. Im Hinblick auf die Mandatszahl stellen sie zusätzlich den jeweiligen COB (Chairman of Board) heraus. Sie berücksichtigen neben Mandaten in börsennotierten auch welche in nicht börsennotierten Unternehmen, da sie unterstellen, dass diese weniger En-

---

[866]   Vgl. Loderer/Peyer (2002).
[867]   Vgl. Ferris et al (2003), S: 1089 f.
[868]   Vgl. Loderer/Peyer (2002). Das Verflechtungsphänomen tritt nicht nur in der Schweiz sondern auch in Deutschland auf. Eine vergleichbare Studie für Deutschland liegt jedoch bis dato nicht vor.

gagement erfordern.[869] Damit fließen Unternehmensmerkmale der Empfängerunternehmen in die Analyse ein. Im Durchschnitt halten COB zwischen acht und neun Mandate, hauptsächlich in nicht börsennotierten Unternehmen. Sie finden negative signifikante Verknüpfungen, wenn sie die Mandate in nicht börsennotierten Unternehmen mit dem Unternehmenswert (gemessen mit Tobin´s Q) verbinden. Hohe Mandatszahlen haben in börsennotierten Unternehmen dagegen keine Auswirkungen. Bei Konzentration auf den COB hat eine steigende Anzahl von Mandaten in börsennotierten Unternehmen eine positive, signifikante Auswirkung auf den Unternehmenswert.

Dieses interpretieren sie dahingehend, dass mit Mandaten in nicht börsennotierten Unternehmen kein zusätzliches Reputationskapital gewonnen werden kann. Dagegen wirke sich das Gewinnen eines Chairman mit hohem Reputationskapital aus weiteren Mandaten in börsennotierten Unternehmen als förderlich für das Unternehmen aus. Für einen hohen Anteil von Bankdirektoren im Aufsichtsgremium finden sie signifikante negative Verknüpfungen, wobei sie hier eine mögliche Endogenität nicht ausschließen.

Ferris et al. testen die negative theoretische Verknüpfung über eine durch zu starke Belastung leidende Kontrollrolle und untersuchen gleichzeitig, inwieweit zusätzliche Mandate aufgrund der vorherigen Ergebnisse der Unternehmen zu Stande kommen.[870]

Ihre Ergebnisse zeigen, dass Unternehmensergebnisse (Market-to-Book-Ratio und Operating Margin) positiv mit der Mandatszahl korrelieren. Diese interpretieren sie als Beleg für das Entstehen eines Reputationseffekts. Sie finden jedoch keine Hinweise darauf, dass hohe Mandatszahlen mit niedriger Bewertung verbunden sind. Dagegen ergeben sich positive, wenn auch nicht signifikante Koeffizienten.

Ihre Stichprobe enthält 3.190 Firmen aus Compustat mit einer Mindestbilanzsumme von 100 Mio. USD im Jahre 1995. Dabei halten nur 16% der Direktoren zwei oder mehr Sitze, als zu beschäftigt werden diejenigen eingestuft, die drei oder mehr Sitze halten. Dieses sind noch ca. 6% und treten bei den größeren Unternehmen der Stichprobe auf.

Fich/Shivdasani[871] setzen eine vergleichbare Methodik an – finden aber gegensätzliche Ergebnisse.[872] So weisen hier Unternehmen mit einer Mehrheit von beschäftigen Direktoren[873] im Board signifikant niedrigere Market-to-Book-Ratios aus. Diese Ergebnisse ändern sich nicht, wenn der Unternehmenswert mit Variablen wie ROA gemessen wird.

---

869 Damit ergeben sich sehr erstaunliche Ergebnisse: so ist die höchste Anzahl von Mandaten eines einzelnen Chairman 185. Vgl. Loderer/Peyer (2002), S. 180.
870 Vgl. Ferris et al. (2003).
871 Vgl. Fich/Shivdasani (2004).
872 Sie erklären diese deutliche Differenz zu Ferris et al. (2003) mit Kritik an deren methodischen Vorgehen, so fehle beispielsweise die Kontrollvariable Wachstumsmöglichkeiten. Vgl. Fich/Shivdasani (2004), S. 5 f.
873 Diese werden wiederum dadurch definiert, dass sie weitere drei oder mehr Sitze in anderen Unternehmen einnehmen. Im Gegensatz zu Ferris et al: konzentrieren sie sich aber auf Outsider, da sie unterste-

Eine mögliche Endogenität können sie nicht vollständig ausschließen. Sie finden zwar keine Hinweise darauf, dass schlechte Geschäftsergebnisse dazu führen, dass Boardmitglieder ihr Verhalten im Hinblick auf ihr Engagement in anderen Unternehmen ändern. Sie neigen jedoch eher dazu, das Board zu verlassen.

Gleichzeitig zeigen sie, dass diese Unternehmen mit geringerer Wahrscheinlichkeit dazu neigen, den CEO aufgrund schlechter Ergebnisse auszutauschen.

Ihre Stichprobe setzt sich aus Unternehmen zusammen, die 1992 auf der Forbes Liste der größten Unternehmen standen und bezieht die Jahre von 1989–1995 ein.

Auch sie ziehen zusätzlich die Reaktionen auf die Veröffentlichung einer Veränderung des Boards hinzu, konzentrieren sich dabei aber auf Marktreaktionen, die bei der Ankündigung, dass ein beschäftigter Direktor das Board verlässt, zu beobachten sind. Dabei finden sie signifikante Überrenditen, insbesondere dann, wenn die verbleibenden Direktoren nicht als zu beschäftigt gelten.

Ihre Analyse konzentriert sich damit auf die Kosten für ein Unternehmen, die mit der Berufung von beschäftigten Direktoren verbunden sind. Sie können keine Aussage darüber machen, ob und inwieweit möglicherweise auch Vorteile damit verbunden sind, dass eigene Direktoren zusätzliche Mandate übernehmen.

Diesen Aspekt untersuchen Perry/Peyer.[874] Dafür untersuchen sie 349 Fälle, in denen veröffentlicht wurde, dass ein Boardmitglied einer börsennotierten Unternehmung ein zusätzliches Mandat als Outsider in einer börsennotierten Unternehmung übernimmt.[875]

Dabei prüfen sie die Hypothesen, die negative und positive Auswirkungen auf den Unternehmenswert für das Sender-Unternehmen ableiten. Zum einen beschränke die zusätzliche Beanspruchung die Möglichkeiten, in dem neuen Mandat eine aktive Kontrolle zu nehmen. Auf der anderen Seite sind Managerzeit und Einsatz für das Sender-Unternehmen eine knappe Ressource, so dass der Direktor dort möglicherweise weniger produktiv sein kann, was mit erwarteten negativen Auswirkungen für den Unternehmenswert verbunden wird. Gleichzeitig sind aber aufgrund der ressourcentheoretischen Ansätze auch positive Auswirkungen denkbar, da das zusätzliche Mandat das Boardkapital über Lerneffekte oder Netzwerkverbesserung erhöht.

In der Stichprobe handelt es sich bei 20% der Fälle um beschäftigte Direktoren.[876] Dabei ergeben sich für eine 3-Tage-Periode zwar negative kumulierte außerordentliche Renditen, diese Verbindung ist aber nicht signifikant.

---

len, dass Insider oder nahe stehende Direktoren für andere Aufgaben als für die Kontrolle berufen werden. Vgl. Fich/Shivdasani (2004), S. 6.
[874] Vgl. Perry/Peyer (2004)
[875] Die Unternehmen sind 1994, 1995 und 1996 bei Compact Disclosure gelistet.
[876] Hier definiert als Träger von zwei und mehr Mandaten. Vgl. Perry/Peyer (2004), S. 3.

Gegenstand der Untersuchung sind jeweils angenommene zusätzliche Mandate, so dass davon ausgegangen werden kann, dass das Sender-Unternehmen zugestimmt hat. Damit ist wahrscheinlich, dass es erwartet, dass die zusätzlichen Vorteile mögliche zusätzliche Kosten für das Unternehmen ausgleichen. Damit werden die jeweiligen Agency-Kosten relevant. Perry/Peyer bilden daher zwei Untergruppen, die sich durch den Grad potentieller Agency-Probleme unterscheiden. Messkategorien für den Grad an Agency-Kosten sind hier Ausprägungen weiterer Corporate-Governance-Mechanismen, der Aktienbesitz der Manager und die mehrheitliche Besetzung des Boards mit unabhängigen Outsidern. Für beide Gruppen ergeben sich unterschiedliche Ergebnisse. Bei Fällen, bei denen die Agency-Probleme der Sender-Unternehmen hoch sind, finden sie eine negative Reaktion der Investoren. Diese verstärkt sich, wenn das betreffende Mitglied CEO ist und das Sender-Unternehmen relativ hohe Wachstumsmöglichkeiten hat.

Damit wird ein exogenes Unternehmensmerkmal, die jeweiligen Investitionsmöglichkeiten, relevant. Wenn jedoch geringere Agency-Probleme und damit Kosten vorliegen, sind die Reaktionen auf die Veröffentlichung positiv. Diese positive Verknüpfung verstärkt sich zudem, wenn das Empfänger-Unternehmen ein Finanzunternehmen, ein branchengleiches oder ein Unternehmen mit überdurchschnittlichen Wachstumsmöglichkeiten ist. Bei den Empfänger-Unternehmen finden sie höhere Renditen, wenn vorher eine Mehrheitsbesetzung durch Insider oder schlechte Geschäftsergebnisse vorlagen. Damit stellen sie heraus, dass es Merkmale der Unternehmen sind, die über Agency-Kosten und damit darüber entscheiden, ob die Zustimmung zu einer weiteren Mandatsübernahme eines eigenen Direktors mit positiven oder negativen Reaktionen der Investoren verbunden ist. Sie bezweifeln damit den Sinn einer allgemeingültigen Regulierung von Höchstgrenzen für übernommene Mandate.

Studie	Einfluss von Busy Directors auf Agency-Kosten bzw. Unternehmenswert		
	negativ	keine	positiv
Loderer/Peyer (2002)	(-) Mandate in nicht notierten Unternehmen	(•) Mandate in notierten Unternehmen	(+) COB / Mandate in notierten Unternehmen
Ferris et al. (2003)			(+) nicht signifikant
Fich/Shivdasani (2004)	-		
Perry/Peyer (2004)	(-) Senderunternehmen mit hohen Agency-Kosten		(+) Senderunternehmen mit niedrigen Agency-Kosten Empfängerunternehmen mit fehlender Unabhängigkeit oder schlechten Geschäfts-Ergebnissen

Tabelle 11: Empirische Studien: (Über)-beschäftige Gremienmitglieder und Unternehmenswert

Wiederum kann nicht von einem klaren Bild gesprochen werden. Hier wirken sich sowohl Charakteristika der Empfänger-Unternehmen wie Börsennotierung, welche Agency-Kosten und damit die relative Bedeutung der Kontrollrolle beeinflussen, als auch der mit den jeweiligen Mandaten meist aufgrund dieser Charakteristika vermutete Aufwand aus.[877] Dabei ist zudem zu berücksichtigen, ob und inwieweit die Anzahl der Mandate als einziger Indikator valide für den individuellen Aufwand bzw. Einsatz des Gremienmitglieds herangezogen werden kann.

Somit scheint eine generelle Aussage zur Mandatszahl kaum möglich. Neben Interdependenzen mit anderen Corporate-Governance-Mechanismen ergibt sich wiederum das Unternehmensmerkmal von Investitionsmöglichkeiten, welches die Gültigkeit einer Empfehlung beeinflusst. Das in der theoretischen Diskussion berücksichtigte Element des jeweiligen Grad der Umweltunsicherheit bzw. bestehender Abhängigkeiten wird im Rahmen der empirischen Studien nicht differenziert untersucht.

Im Hinblick auf das Analysekriterium der externen Erfassbarkeit ergeben sich dagegen keine Komplikationen, da die weiteren Mandate der Aufsichtsräte üblicherweise in Geschäftsberichten aufgelistet werden.

Dauer der Amtszeit

Theoretische Argumentation

Vafeas sieht die jeweilige Dauer der Amtszeit als weitere Determinante für das Verhalten des jeweiligen Gremienmitglieds und damit für dessen Qualität.[878] Damit nutzt er die Dauer der Amtszeit als Indikator für qualitative Elemente. Gleichwohl bleibt strittig, ob sich eine längere Amtszeit isoliert von Verhaltenselementen positiv oder negativ für das Unternehmen auswirken kann.

So können einerseits einem Mitglied mit längerer Amtszeit positiv größere Erfahrung und Kompetenz[879] sowie Bereitschaft[880] unterstellt werden. Gleichzeitig können Informationsnachteile der Outsider durch die längere Auseinandersetzung mit dem Unternehmen und seinem spezifischen Umfeld verbessert werden.

---

[877]   Der DCGK geht unter 5.4.3 auf die Problematik ein und empfiehlt, dass ein Vorstand einer börsennotierten Gesellschaft zusätzlich nicht mehr als fünf Aufsichtsratsmandate in konzernexternen Gesellschaften wahrnehmen soll. Damit berücksichtigt, dass ein Aufsichtsratsmandat nicht als Hauptberuf angesehen wird. Die Begrenzung von fünf Mandaten wird weiterhin überprüft, obwohl in der Realität eine Inanspruchnahme aller fünf möglichen Mandate als Ausnahme angesehen werden kann. Vgl. Kremer (2005), S. 236 f. Rn. 1047.
[878]   Vgl. Vafeas (2003).
[879]   Vgl. z. B. Vance (1983).
[880]   Vgl. z. B. Salancik (1977).

Auf der anderen Seite wird im Rahmen der Theorien zum Verhalten in und von Organisationen argumentiert, dass die Existenz von Mitgliedern mit sehr langer Amtszeit die Kommunikation innerhalb des Gremiums reduziert, so dass andere Mitglieder häufig nicht alle relevanten Informationen bekommen. Gleichzeitig kann der Erfolg von Gruppenarbeit mit der Dauer der Amtszeit durch eine nicht-lineare Funktion verknüpft werden, da sich erst zunehmende aber später abnehmende Lerneffekte ergeben.[881]

Andere Argumentationen konzentrieren sich auf die Länge der Amtszeit des jeweiligen CEO; und verknüpfen damit aber wiederum sowohl positive als auch negative Effekte.

Bei positiver Geschäftsentwicklung wird das Board den CEO halten. Dieser kann durch so zunehmende Macht zusätzlichen Nutzen wie höhere Entlohnung, Nebeneinkünfte aushandeln und hat bei der Wahl weiterer Boardmitglieder wachsenden Einfluss. Damit kann sich die Unabhängigkeit des Boards verringern und damit vermutlich auch die Effizienz der Kontrollrolle.[882]

Gleichzeitig beeinflussen die Fähigkeiten des CEO jedoch auch den Unternehmenswert. Damit kann die Länge der Amtszeit des CEO zum einen als Signal für geringeres Monitoring durch das Board gesehen werden, welches Agency-Kosten erhöhen würde, und zum anderen aber auch als Qualitätsindikator für die Fähigkeiten des CEO.[883]

Bei der theoretischen Betrachtung einer möglichen Beziehung zwischen der Länge der Amtszeit des CEO und dem Unternehmenswert ergibt sich so ein Trade-Off zwischen möglichen Kosten eines unangreifbareren CEO und der Investition in wertvolles, firmenspezifisches Humankapital.

Wiederum wird ein formales Element als Indikator für qualitative Eigenschaften herangezogen. Um Erkenntnisse über mögliche isolierte Aussagen zu gewinnen, erfolgt eine Betrachtung vorliegender empirischer Untersuchungen.

Empirische Belege

Empirische Untersuchungen über die Verknüpfung von einer langen Amtszeit von Gremienmitgliedern allgemein bzw. des CEO und Unternehmenswerte liegen kaum vor.

Vafeas untersucht dabei zwei Hypothesen.[884] Die erste folgt der Argumentation, dass bewährte Gremienmitglieder mit größerer Wahrscheinlichkeit Beziehungen zum CEO aufgebaut haben und somit ihre Kontrollrolle nicht unabhängig wahrnehmen. Damit wird die Länge von Amtzeiten zum Indikator für die Unabhängigkeit der Gremien.

---

[881] Vgl. Katz (1982).
[882] Vgl. Hermalin/Weisbach (1998).
[883] Vgl. Hermalin/Weisbach (2003). Sie leiten daraus ab, dass die unterschiedlichen zu beobachtenden Boardcharakteristika als ein endogenes Gleichgewicht anzusehen sind, welches dem Nutzen der Aktionäre dient.
[884] Vgl. Vafeas (2003).

Die zweite untersucht die theoretische Vermutung von steigender Qualität der Mitglieder aufgrund der erhöhten Erfahrung.

Seine Stichprobe umfasst 800 börsennotierte Unternehmen der Forbes-Liste von 1994. Seine Ergebnisse zeigen zum einen deutliche Hinweise darauf, dass Direktoren mit sehr langen Amtszeiten von über 20 Jahren weniger unabhängig vom CEO sind als andere. Gleichzeitig halten sie jedoch auch überdurchschnittliche Aktienanteile. Dies kann als Indiz gewertet werden, dass sie die Interessen der Aktionäre vertreten.

Dem widerspricht jedoch das Ergebnis, dass der CEO von Unternehmen, in denen diese Direktoren mehrheitlich im Personalausschüssen zu finden sind, signifikant höhere Gehälter ausweist.

Vafeas leitet daraus ab, dass eine Maximal-Laufzeit der Mandate förderlich sein könnte.

Ryan/Wiggins konzentrieren sich auf die theoretische Diskussion über die Amtszeit des CEO.[885] In ihrer Analyse von 496 amerikanischen Unternehmen in den Jahren 1995–2002 testen sie die beiden Hypothesen, ob das Board eine passivere Kontrolle (gemessen an der Anzahl der Sitzungen) ausübt oder an Unabhängigkeit (gemessen an dem Anteil von Insidern) verliert, wenn der CEO eine längere Amtszeit ausübt; sowie ob die Kontrolle durch das Board an Effektivität verliert, also mit schlechteren Unternehmenswerten verknüpft werden kann.

Ihre Ergebnisse zeigen, dass mit längerer CEO-Amtszeit und mit sinkender Unabhängigkeit die so gemessene Aktivität des Boards abnimmt. Mit steigender Aktivität des Boards ist jedoch nur dann ein positiver Effekt auf den Unternehmenswert verbunden, wenn der CEO eine lange Amtszeit hat. Damit beeinflussen der Einfluss des CEO und die Unabhängigkeit des Boards zwar dessen Aktivität. Mögliche positive Auswirkungen einer steigenden Aktivität werden jedoch von Charakteristika des CEO bestimmt.

Damit sehen sie eine Bestätigung für die Gleichgewichtsargumentation von Hermalin/Weisbach.[886] Die Länge der Amtszeit wird durch die Qualifikation des CEO und damit durch gute Unternehmensentwicklung bestimmt. Diese nutzen zwar ihre Einflussmöglichkeiten, um die Kontrolle durch das Board zu verringern, haben aber gleichzeitig bewiesen, dass sie den Unternehmenswert steigern, so dass sie auch nur geringer Kontrolle bedürfen.[887]

Auch diesem formalen Kriterium an die Zusammensetzung von Aufsichtsgremien kann somit keine eindeutige Wirkungsweise auf den Unternehmenswert zugeschrieben werden, zudem keine isolierte Betrachtung erfolgt, sondern die Amtsdauer als Indikator für qualitative Merkmale herangezogen werden.

---

[885] Vgl. Ryan/Wiggins (2005).
[886] Vgl. Hermalin/Weisbach (2003).
[887] Vgl. Ryan/Wiggins (2005), S. 25 ff.

Es ergaben sich gleichzeitig keine Einflussfaktoren, die auf Unternehmenscharakteristika zurückgeführt werden können. Auch die Messbarkeit der Amtszeitdauer ist über öffentlich zugängliche Informanionen gegeben.

4.3.2.1.5 Fazit der Analyse formaler Merkmale

Es existieren daher keine eindeutigen Belege, welche entweder der Unabhängigkeit der Gremienmitglieder – ob im gesamten Gremium oder im für die Kontrollrolle zentralen Prüfungsausschuss – noch der Aktivität – mit welchem von extern beobachtbaren Kriterium diese beiden Faktoren auch gemessen werden - eine entscheidende Bedeutung für die Qualität der Corporate Governance zuweisen. Nur der zu hohen absoluten Größe der Aufsichtsgremien und der Einrichtung von (Prüfungs)-Ausschüssen konnte eine zumeist eindeutige Auswirkung zugewiesen werden.

Eine Formulierung einer allgemeingültigen optimalen Größe ist jedoch nicht möglich. In Deutschland ist die Größe von Aufsichtsräten zudem gesetzlich reguliert und dabei von der Unternehmensgröße abhängig. Gleiches gilt für die Einrichtung von Ausschüssen. Eine selbständige spürbare Beeinflussung dieser Elemente, die im Hinblick auf die absolute Größe der Aufsichtsräte häufig diskutiert wird, erscheint somit bei gegebener Gesetzeslage kaum möglich.

Die Analyse formaler Elemente konnte somit keine eigenständigen Ergebnisse liefern, die als hinreichende Fundierung zur Formulierung von Empfehlungen eingestuft werden können. So spielen jeweils häufig exogene Unternehmensmerkmale eine relevante Rolle.

Formale Merkmale des Gremiums		Größe (Fit)	Investitions- Möglichkeiten	Verhältnis zur und Risikograd der Umwelt	Wirtschaftliche Lage
Größe		X		X	
Zusammensetzung			X	X	
Struktur			X	X	
Aktivität:					
	Sitzungen				X
	Mandate		X	X	X
	Amtszeit				X

Abbildung 9: Unternehmensmerkmale und formale Merkmale von Aufsichtsgremien

So wird jedoch die hohe Bedeutung deutlich, die insbesondere aufgrund fehlender empirischer Evidenz für formale Kriterien, qualitativen Elementen der Unternehmen und der jeweiligen Gremien bzw. deren Mitgliedern zuzuweisen ist.

Eine stärkere Berücksichtigung dieser Merkmale könnte Hinweise auf die fehlenden Erkenntnisse zur Verknüpfung zwischen Aufsichtsgremien und Unternehmensbewertung liefern.[888]

4.3.2.2 Qualitative Merkmale

4.3.2.2.1 Theoretische Argumentationen

Erst in den letzten Jahren wendet sich die wissenschaftliche Analyse verstärkt qualitativen Merkmalen zu, welche mit möglichen förderlichen Auswirkungen auf die Effizienz der Arbeit von Aufsichtsgremien und damit auf den Unternehmenswert verbunden werden.

Im Zentrum stehen dabei zum einen Ansätze, welche Corporate-Governance-Systeme in institutionelle Kontexte stellen und so Aufsichtsgremien als offene soziale Systeme verstehen,[889] und zum anderen verhaltensorientierte Ansätze, welche die Personen, die Interaktionen und Prozesse innerhalb der Gruppe in den Vordergrund stellen.

Bei einer theoretischen Verknüpfung mit Unternehmenswerten wird die Bedeutung der strategischen Entscheidungsprozesse in den Aufsichtsgremien in das Zentrum gerückt und Faktoren untersucht, welche deren Effizienz vermutlich fördern.[890]

One-Tier-Systeme

Ausgehend von den Funktionen bzw. Rollen des Boards wurden dabei am Anfang enumerativ notwendige Merkmale einzelner Boardmitglieder abgeleitet. Dabei ergaben sich erste Listen mit förderlichen Eigenschaften und Kompetenzen wie Integrität, Eignung zur Führung, Teamfähigkeit und analytischem Verständnis.[891] Weitere Anstöße erhielten diese Forschungs-

---

[888]   Die andere fatalistische Konsequenz einer Negierung eines Zusammenhangs wird kaum diskutiert. Leblanc/Gillies (2005) erwähnen diese Möglichkeit, betonen aber, dass die überwältigende Mehrheit der von ihnen befragten Direktoren und Experten (199 von 200) einen deutlichen Zusammenhang bejaht. Vgl. Leblanc/Gillies (2005), S. 23 und 29.

[889]   Gabrielson/Huse (2004) charakterisieren diese Ansätze als „contingency perspective".

[890]   Damit soll nicht die Bedeutung der Kontrollrolle verringert werden. Betont wird häufig eine Spannung zwischen Kontrolle und Beteiligung. Die Bedeutung strategischer Entscheidungen und damit die Beteiligung an und die Kontrolle der Prozesse für Unternehmenswachstum und Performance hat sich nach Ingley/van der Walt (2001) im Hinblick auf die im Rahmen durch Internationalisierung, technologische Innovationen und Globalisierung veränderten Herausforderungen an die Unternehmensführung stark erhöht. Damit erhält die strategische Rolle von Boardmitgliedern größere Relevanz und neue Kompetenzen der Boardmitglieder sind von Bedeutung. In ihrer empirischen Untersuchung über die Auswahl und Evaluation einzelner Boardmitglieder in Neuseeland ergibt sich, dass strategische Fähigkeiten den vierten Rangplatz bei den Auswahlfaktoren ausmachen, bei der Evaluation jedoch nur Plätze in der unteren Hälfte erreichen. Sie leiten daraus einen klaren Bedarf an strategischer Entscheidungskompetenz ab, der jedoch insbesondere von den Merkmalen des Unternehmens geprägt sei. Die Effektivität eines strategischen Boards wird hier damit u. a. durch die individuellen Mitglieder, die Branche, die Regulierung, die Zusammensetzung von Kompetenzen bestimmt.

[891]   Vgl. bspw. Blake (1999) oder Davies (1999). Diese Auflistungen sind jedoch nicht deckungsgleich. Neben fehlenden empirischen Belegen für die Notwendigkeit der jeweils aufgezählten Merkmale, kann damit kein Anspruch auf Vollständigkeit verbunden sein.

richtungen durch spektakuläre Fälle von Missmanagement wie beispielsweise Enron oder Worldcom. Bei einer Analyse dieser einzelnen Fallbeispiele, welche jeweils insbesondere die Arbeits-weise der Boards kritisierten, ergab sich, dass diese Boards die meisten derjenigen formalen Merkmale auswiesen, die als förderlich für die Corporate Governance eingestuft wurden und daher auch Elemente der Regulierung sind. So waren die Mitglieder der Boards der gescheiterten Unternehmen auf den Sitzungen anwesend, sie waren oft auch selbst Anteilseigner, es existierten Prüfungskomitees und die Gremien waren weder zu klein oder zu groß. Während es teilweise Mängel im Rahmen von Unabhängigkeit gab, traf das jedoch nicht auf alle Unternehmen zu.[892]

Bei der Suche nach effizienz-fördernden Charakteristika traten diese formalen Elemente daher in den Hintergrund. In das Zentrum wurden dagegen das individuelle menschliche einzelne Mitglied, sein Verhalten und das dadurch beeinflusste Verhalten des Gremiums als Gesamtorgan gerückt.

Als ein Kriterium, welches ein den Unternehmenswert förderndes Gremium auszeichnet, wird seine Eigenschaft als robustes soziales System verstanden.[893]

Wiederum aus Fallbespielen – diesmal positiven - werden die Merkmale dieser Systeme abgeleitet, die sich gegenseitig beeinflussen, aber kaum messbar sind: die Mitglieder dieser Boards respektieren sich gegenseitig und entwickeln daher Vertrauen. Dieses Vertrauen begründet das Weitergeben auch kritischer Informationen. Damit ergibt sich eine sinnvolle gemeinsame Informationsbasis, aufgrund derer den Herausforderungen und Problemstellungen auf schlüssige Weise begegnet werden kann.

So entstanden Verhaltensleitlinien, welche sich zum einen auf die Schaffung einer vertrauensfördernden Atmosphäre und einer offenen Streitkultur richten und die einzelnen Mitglieder stärker in die Verantwortung ziehen. Zum anderen werden die Mitglieder aufgefordert, Methoden zu entwickeln, um strategische Entscheidungen, ihre eigenen Beiträge und die Arbeit des Gremiums gesamt zu evaluieren.[894]

Auch Daily/Dalton vertreten in ihrer Kritik an dem Sarbanes-Oxley-Act und seiner starken Ausrichtung auf die Unabhängigkeit der Mitglieder des Boards die Meinung, dass es eben nicht die formal definierte Unabhängigkeit sei, sondern der individuelle Charakter der einzelnen Mitglieder und damit die individuelle Integrität und das Verantwortungsbewusstsein, welcher die Leistung des Gremiums bestimme.[895]

---

[892] Vgl. Sonnenfeld (2002), S. 106. Er zieht als Fazit seiner Analyse der Fallbeispiele, dass bestehendes, konventionelles Wissen über Merkmale effizienter Boards unzulänglich ist. Vgl. Sonnenfeld (2004). Hier begründet er damit u. a. die positiven Corporate-Governance-Ratings von ISS und Deminor, welche einige der bekannten gescheiterten Unternehmen vorher bekamen.

[893] Vgl. Sonnenfeld (2002).

[894] Vgl. Sonnenfeld (2002), S. 110.

[895] Vgl. Daily/Dalton (2003).

Wiederum ausgehend von den fehlenden empirischen Belegen für (auch regulativ) formulierte Merkmale wirksamer Aufsichtsgremien, ergibt sich für Leblanc/Gillies[896], dass es die Prozesse innerhalb des Gremiums sind, welche die Effizienz bestimmen und damit eine kausale Verknüpfung mit dem Unternehmenswert begründen. Diese werden wiederum bestimmt durch die Struktur und Zusammensetzung des Gremiums.

Leblanc/Gillies leiten ein theoretisches Modell der Board- und Direktoreneffizienz ab. Die Effizienz der einzelnen Mitglieder besteht dabei aus Unabhängigkeit, den Kompetenzen und dem Verhalten. Diese drei Faktoren bestimmen wiederum die Struktur, Zusammensetzung und Interaktion und damit die Prozesse der Gremien.

Die optimale Zusammensetzung der Kompetenzen im Board werde von dem jeweiligen strategischen Bedarf der Unternehmung bestimmt. Aus dem individuellen Verhalten können funktionelle Typisierungen von Direktoren vorgenommen werden. So unterscheiden Leblanc/Gillies funktionale und dysfunktionale Typen, deren jeweiliger Effizienzbeitrag wiederum durch ihre Kompetenzen und das jeweilige Mandat, beispielsweise als CEO oder CFO, bestimmt werden.[897]

Um die Effizienz eines Gremiums als Entscheidungsträger ermitteln zu können, sei es daher nach Leblanc notwendig, diese bei ihrer Arbeit zu beobachten, sie intensiv zu interviewen und mit ihnen in Dialog zu treten.[898] Dieses sei aber noch nicht erfolgt, es bleibe damit festzustellen, dass es bis dato nur darüber fundierte Erkenntnisse gibt, welche Corporate-Governance-Elemente die Unternehmensbewertung nicht verbessern.

Dabei ergäben sich folgende drei Hauptfelder für zukünftige Forschung: so sei es erstens die Auswahl der einzelnen Mitglieder für die jeweilige Position im Hinblick auf Kompetenzen, Verhalten und Bereitschaft zu unabhängigen Urteilen, welche jeweils bewusst gestaltet sein sollte. Um dieses für (externe) Stakeholder beobachtbar und einschätzbar zu gestalten, empfehlen sich Qualifikations- und Aufgabenbeschreibungen. An deren späteren Erfüllung sollte auch die Entlohnung gekoppelt werden. Um diese Positionsbeschreibungen zu ermöglichen, müsste sich die Forschung darauf konzentrieren, durch Beobachtung und Inter-

---

[896] Vgl. Leblanc/Gillies (2003). Die Möglichkeit, dass die Qualität und Zusammensetzung des Aufsichtsgremiums und damit Corporate Governance keinerlei Auswirkung auf den Unternehmenswert hat, schließen sie aus. Grundlage hierfür ist eine Befragung von 194 Experten, inklusive Vertreter von Regulierungsbehörden, Aktionären und Unternehmen, die in einer großen Mehrheit von einer Beziehung zwischen der Qualität der Boards und dem Unternehmenserfolg überzeugt waren. Das diese Beziehung bis jetzt empirisch noch nicht verifiziert werden konnte, liege daran, dass der wirklichen Arbeit, der Entscheidungsfindung im Gremium und der Interaktion der Mitglieder zu wenig Interesse entgegengebracht wurde. Die angemessene Forschung sei noch nicht erfolgt - oder wurde schlecht durchgeführt. Diese könnte zum einen an der Vielzahl von weiteren intervenierenden und moderierenden Faktoren liegen, welche Unternehmenserfolge begründen, zum anderen sind viele Faktoren von Corporate Governance kaum messbar. Zudem könnte eine Zeitverschiebung zwischen erkannten Mängeln und Performancewirkungen liegen. Vgl. Leblanc/Gillies (2003), S. 7 f.

[897] Eine detaillierte Darstellung der Ableitung der einzelnen Typisierungen erfolgt bei der Darstellung der empirischen Untersuchung von Leblanc/Gillies (2005).

[898] Vgl. Leblanc (2004), S. 437. Lebland/Gillies gehen in ihrer 2005 veröffentlichen Studie so vor. Deren Ergebnisse werden später vorgestellt.

views möglichst allgemeingültige Schlüsselqualifikationen und Verhaltensmuster zu identifizieren.[899] Zudem steht die jeweilige Ausrichtung des CEO im Vordergrund. Sollte dieser beispielsweise als dysfunktionaler Typ eines Controllers agieren, könnte er ein Board aus eher externen, auf Konsens ausgerichteten Mitgliedern derartig dominieren, so dass seine Autorität nicht in Frage gestellt wird. Damit wird eine effiziente Corporate Governance eher unwahrscheinlich.

So sei Aufgabe der Forschung diejenigen Verhaltensweisen eines CEO aufzuzeigen, welche förderlich seien. Diese könnten u.a die Art, Qualität und der Umfang der Informationsbereitstellung für externe Direktoren, mögliche Beeinflussungsversuche durch den CEO, die Einstellung gegenüber den anderen Boardmitgliedern oder die Bereitschaft, Rat und Kritik anzunehmen, betreffen.[900]

Das dritte Feld betrifft nach Leblanc die Unabhängigkeit, welche nicht durch die üblichen Formulierungen von Regulierungen beschrieben werden könne und nur durch die Beobachtung des Verhaltens des jeweiligen Mitglieds erfassbar sei. So sei eine Unabhängigkeit im Denken wichtig, die auch bei Mitgliedern mit unterstellten Interessenskonflikten gegeben sein kann.[901]

Wie Leblanc und Sonnenfeld betont auch Cascio die Bedeutung des Boards als soziales System mit Restriktionen, Interdependenzen und definierten Rollen.[902] Er betrachtet Boards als Arbeitsgruppen und leitet aus der Gruppenforschung diejenigen Elemente ab, die über effiziente Gruppenarbeit bekannt sind, und solche, die im Hinblick auf die spezifische Corporate Governance-Aufgabe noch unbekannt sind. Dabei konzentriert er sich auf die Gruppenarbeit, auf die Auswahl von Boardmitgliedern und auf Möglichkeiten der Evaluation von Boardmitgliedern.

Während unstrittig sei, dass die Führungsrolle[903] von entscheidender Bedeutung für das Ergebnis von Gruppenarbeit ist, so fehlen Erkenntnisse, wie gewährleistet werden könne, dass vollständige und offene Kommunikation relativ kurzfristig begründet werden könne. Diese sei insbesondere in kritischen Situationen von besonderer Bedeutung. Ein Entwickeln derartiger Kommunikationsprozesse werde in Boards jedoch durch den ständigen Wandel der Zusammensetzung und Aufgaben erschwert.

---

[899] Vgl. Leblanc (2004), S. 438 f.
[900] Vgl. Leblanc (2004), S. 439.
[901] Vgl. Leblanc (2004), S. 439 f. Diese hier vorgeschlagene empirische Methode wenden Leblanc/Gillies 2005 an. Die Ergebnisse folgen unter der Analyse empirischer Ergebnisse.
[902] Vgl. Cascio (2004).
[903] Diese wird durch beispielhafte Verhaltensweisen beschrieben: so suche ein erfolgreicher CEO die Boardmitglieder sorgfältig aus und geben ihnen eine Motivation, an der Gruppe teilzuhaben. Gleichzeitig geben sie durch konkrete Zielvorgaben Rahmenbedingungen der Entscheidungsprozesse und unterstützen die Entwicklung von Gruppennormen. Neben diese Rolle als Kulturvermittler tritt das Monitoring der Gruppenmitglieder verbunden mit regelmäßigem Feedback.

Im Rahmen der Auswahl von Mitgliedern wird auf im Rahmen der Personalforschung bewährte Personalauswahlverfahren zurückgegriffen. So plädiert Cascio für die jeweilige Identifikation notwendiger Kenntnisse, Fähigkeiten und Kompetenzen. Nach einem Abgleich mit der Erfassung des vorhandenen Boardkapitals können so zu schließende Lücken identifiziert werden. Die zukünftige Aufgabe liege jedoch daran, Methoden zu entwickeln, diese notwendigen Charakteristika ex ante erkennen zu können.

Während unbestritten sei, dass es keine Lernprozesse ohne Feedback gäbe, gestalte sich dieser Prozess der Evaluation von Boards und einzelnen Mitgliedern schwierig. So zögern einzelne Mitglieder häufig, andere zu kritisieren. Er empfiehlt daher, eine Selbstevaluation mit einem Feedback durch den CEO oder Chairman zu verbinden. Als zukünftige Problemstellung stellt Cascio heraus, in Boards, welche relativ selten zusammentreffen, Prozesse zu implementieren, die gewährleisten, dass diese Evaluationsergebnisse nicht ignoriert sondern in Verbesserung umgesetzt werden.[904]

Auch Nicholson/Kiel[905] stellen diese Elemente, welche sich auf Eigenschaften und Verhalten der Mitglieder beziehen, in den Kontext eines sozialen Phänomens, welches als dynamisches und offenes System verstanden werden kann.

Sie entwickeln ein theoretisches Bezugssystem, welches ermöglichen soll, die Effizienz eines Boards zu erkennen. Dabei nutzen sie die Theorie sozialer Systeme, um bestehende theoretische und empirische Untersuchungen des Einflusses von Boards auf den Unternehmenserfolg zu vereinen und daraus ein analytisches Instrument zu entwickeln.

Sie gehen dabei von drei Hauptfaktoren aus. So schränken institutionelle und historische Faktoren des Unternehmens die Zusammensetzung, Macht und Handlungsmöglichkeiten des Boards ein. Gleichzeitig verfügt jedes Board über einen Pool von Fähigkeiten, um die notwendigen Rollen ausüben zu können. Dieser Pool wird wiederum von dynamischen Prozessen innerhalb des Boards beeinflusst.

Eine Verknüpfung des Boards mit dem Unternehmenserfolg wird dabei als Menge interdependenter Elemente verstanden, die zudem in ständigem Austausch mit der internen und externen Umwelt stehen.

Auf Grundlage der Theorie sozialer Systeme ergibt sich damit ein Transformationsprozess: Das Board erhält eine Vielzahl von Inputelementen wie Informationen oder rechtliche Vorgaben[906], die sie im Rahmen der Transformation in Output wie Unternehmenserfolg[907] umsetzen.

---

[904]   Vgl. Cascio (2004), S. 99 f.
[905]   Vgl. Nicholson/Kiel (2004)
[906]   Im Modell bestehen diese aus dem Unternehmenszweck, legislativen oder sozialen Regulierungen, der Unternehmensverfassung, der Geschichte und der verfolgten Unternehmensstrategie. Vgl. Nicholson/Kiel (2004), S. 446.

Diese Transformation erfolgt dabei über das intellektuelle Kapital des Boards und die Ausübung der notwendigen Rollen.[908] Damit weist ein Board als System üblicherweise folgende Merkmale aus: interne Interdependenz,[909] Fähigkeit zu Feedback,[910] Gleichgewicht,[911] Äquifinalität[912] und Anpassung an die jeweilige Umwelt.

Der zentrale Transformationsprozess wird bestimmt von dem jeweiligen Pool von Fähigkeiten – dem intellektuellen Kapital – und dessen möglichst hohe Übereinstimmung – Fit – mit den jeweils notwendigen Rollen. Damit verknüpfen sie das intellektuelle Kapital über das Verhalten – den jeweiligen Rollen – mit (positiven) Beiträgen zum Unternehmenserfolg.

Elemente des intellektuellen Kapitals als Ressource sind dabei Wissen, Information, Erfahrungen, Beziehungen, Routinen und Prozesse, welche das jeweilige Board nutzen kann, um Wert zu schaffen.[913] Es enthält damit vier Unterkategorien: das Humankapital[914], das soziale Kapital[915], das strukturelle Kapital[916] und das kulturelle Kapital[917].

Hauptbedeutung hat dabei das Humankapital. Es definiert die Obergrenze, das erreichbare Potential des Boards. Fehlende Elemente können durch keine andere Komponente – weder durch Gruppenarbeit noch durch Prozessoptimierung – ausgeglichen werden. Bei der Bewertung des Humankapitals stehen nach Nicholson/Kiel diejenigen Elemente im Vordergrund, welche für das jeweilige Unternehmen von Bedeutung sind. Eine Analyse bedarf daher einer Beschreibung der jeweils vorhandenen Fähigkeiten oder Kenntnisse wie bspw. über die

---

[907]   Sie weisen dabei daraufhin, dass unabhängig von der Messung des Unternehmenserfolges immer zusätzlich die Qualität des Managements zu berücksichtigen sei. So könne ein dysfunktionales Board positive Leistungen des Managements abschwächen - bzw. ein funktionales Board schwache Managementleistung kompensieren. Sie gehen jedoch davon aus, dass langfristig ein effektives Board dann das Management austausche. Diese notwendigen Interaktionen könnten jedoch das Timelag erklären, welches häufig zwischen Handlungen des Boards und Erfolgsreaktionen liegen. Vgl. Nicholson/Kiel (2004), S. 448.

[908]   Eine frühere Verbindung von Corporate Governance und intellektuellem Kapital liefern Keenan/Aggestam (2001). Hier wird jedoch nicht das intellektuelle Kapital des Boards als Grundlage für effiziente Corporate Governance - sondern die Entwicklung des intellektuellen Kapitals des gesamten Unternehmens als Aufgabe der von Corporate Governance verstanden.

[909]   So bewirkt die Veränderung einer Komponente wie eine veränderte Unternehmenspolitik eine Veränderung anderer Komponenten wie bspw. das Interaktionsverhalten der Mitglieder.

[910]   Das Board wird als selbst korrigierendes System verstanden. Dennoch schränken Nicholson/Kiel ein, dass keine Garantie für die Ausübung dieser Korrektur vorliegen kann. Vgl. Nicholson/Kiel (2004), S. 444.

[911]   Wenn ein Ereignis die Balance des Systems stört, reagiert das System selbst und stellt ein neues Gleichgewicht her.

[912]   Ein System kann einen definierten Endzustand unabhängig von der Ausgangskonfiguration und den Zielerreichungspfaden erreichen. So können verschiedene Boardstrukturen je nach Aufgabe und gewähltem Lösungsweg den gleichen oder ähnlichen Einfluss auf den Unternehmenserfolg haben.

[913]   Vgl. Nicholson/Kiel (2004), S. 449.

[914]   Hier verstanden als angeborene oder erlernte Fähigkeiten, Kenntnisse oder Wissen der individuellen Mitglieder.

[915]   Hier verstanden als implizite, konkrete und verfügbare soziale Beziehungen der einzelnen Mitglieder über externe Netzwerke, Beziehungen zum CEO und untereinander.

[916]   Hier verstanden als explizites und implizites kodifiziertes Wissen des gesamten Boards wie Leitlinien, Boardkultur, Normen und Prozesse.

[917]   Hier verstanden als implizite, konkrete und verfügbare Identifikation der Mitglieder mit den Werten, Normen und sanktionierten Regeln der Gruppe.

Grundfunktionen des Boards und die jeweiligen Spezifika der Branche und des Unternehmens.

Die drei anderen Unterkategorien bestimmen danach, wie und ob vorhandenes Humankapital effizient eingesetzt wird – also die tatsächliche Performance des Boards.

Dabei unterscheiden Nicholson/Kiel drei Typen des sozialen Kapitals. So richtet sich ein Typ auf die Art der Beziehungen innerhalb der Gruppe und beeinflusst über die individuelle Bereitschaft und Motivation die Produktivität. Der zweite Typ beinhaltet die Beziehung zum Management und beeinflusst den Austausch mit dem CEO. Der dritte Typ ist extern und umfasst die jeweiligen Beziehungen, welche den Zugriff auf zusätzliche Ressourcen ermöglichen.[918] Bei der Bewertung des sozialen Kapitals – als dem Wert bestehender Beziehungen – ist damit sowohl notwendig, die persönliche Natur dieser Beziehungen zu erfassen, als auch die Bedeutung der Ressource für das Unternehmen einzuschätzen, auf die durch die Beziehungen zugegriffen werden kann.

Davon abzugrenzen ist das kulturelle Kapital, welches hier beispielsweise Integrität und Ehrlichkeit beinhalte. Dieses wird zum einen über die Identifikation des einzelnen bestimmt, und zum anderen durch den Grad, mit dem diese Identifikationen mit den vertretenen Wertvorstellungen des Gremiums und der Umwelt übereinstimmen.

Bewertungskategorie für das strukturelle Kapital ist dagegen, inwieweit die Prozesse, die verfolge Politik, die Methoden und Routinen dazu beitragen, Prozessverluste zu vermeiden.[919]

Nach der Identifikation der vorgestellten Komponenten, welche den Transformationsprozess und damit die Effizienz eines Boards bestimmen, berücksichtigen Nicholson/Kiel[920] die dynamische Interaktion zwischen diesen Elementen. Diese bestehen aus den Handlungen des Boards, die darauf zielen, den Bestand an intellektuellem Kapital durch einen Austausch einzelner Komponenten zu verändern oder an neue Gegebenheiten anzupassen.[921] Im Zentrum stehe dabei zum einen, auf die Kongruenz der einzelnen Komponenten zu achten. Diese wird definiert als Annäherung oder Balance zwischen den Anforderungen eines Systemelements

---

[918]   Die Bedeutung des sozialen Kapitals unterstreicht auch Pye (2004). Auf Grundlage von 64 persönlichen Interviews in den Jahren von 1987 bis 2000, geführt mit Executive- und Non-Executive-Boardmitgliedern großer Unternehmen in Großbritannien, bewertet sie das vorhandene soziale Kapital und betont intern die Relevanz des sozialen Kapitals des Chaiman und Chief Executives und extern das der Non-Executives insbesondere der institutionellen Investoren. Durch den langfristigen Untersuchungszeitraum ist es möglich, Veränderungen im sozialen Kapital, die bspw. durch Lerneffekte und durch unterschiedliche institutionelle Anforderungen entstanden, zu berücksichtigen. Damit erweitert Pye diesen Aspekt von Nicholson/Kiel von einer statischen um eine dynamischen Betrachtung des sozialen Kapitals.

[919]   Im Hinblick auf eine mögliche empirische Untersuchung dieser unterschiedlichen Komponenten des Boardkapitals erscheint es zumindest schwierig, die einzelnen Elemente trennscharf zu erfassen. Eine empirische Untersuchung von Nicholson/Kiel wäre hier wünschenswert.

[920]   Vgl. Nicholson/Kiel (2004), S. 452 ff.

[921]   Ein Beispiel ist hier der Austausch eines Mitglieds. Dadurch verändert sich das Humankapital des Boards. Möglicherweise stößt das neue Mitglied Veränderungen in der Arbeitsweise an, so dass sich das strukturelle Kapital und das soziale Kapital innerhalb des Boards verändern.

und den anderen. Zum anderen ist die Ausrichtung der verschiedenen Elemente des Board-kapitals an die notwenigen Rollenbündel des Boards von Bedeutung.

Als zu lösende Problemfrage ergibt sich somit nicht, allgemeingültige beste Merkmale effizienter Boards abzuleiten, sondern jeweils zu verstehen, welche Kombinationen der Komponente des intellektuellen Kapitals miteinander und mit den Anforderungen des Unternehmens kongruent sind. Nicholson/Kiel stellen daher ein Zehn-Stufen-Programm vor, mit dem die jeweiligen Governance-Probleme identifiziert werden können und geben Hinweise, wie denen mit Hilfe der Anpassung des intellektuellen Kapitals begegnet werden kann.[922]

Ausgehend von diesen Effizienzfaktoren entwickeln Kiel/Nicholson zudem ein Bezugssystem für eine Evaluation des Boards.[923]

Two-Tier-System

Es liegen nur wenige Beiträge über das duale deutsche System vor, welche sich schwer-punktmäßig mit der Selbstevaluation auseinandersetzen. Diese Konzentration erscheint auf-grund der diesbezüglichen Soll-Empfehlung des DCGK als plausibel. Aufgabe einer Selbst-evaluation kann eine reine deskriptive Bestandsaufnahme sein. Im Hinblick auf die all-gemeine Zielrichtung des DCGK kann jedoch davon ausgegangen werden, dass es die intendierte Aufgabe der Selbstevaluation ist, notwendige Informationen zu liefern, um die Qualität der eigenen Leistung zu steigern.

Im Rahmen dieser Evaluation ist demnach jeweils ein konstatierter Ist-Zustand mit einem zu definierenden Soll-Zustand zu vergleichen.[924]

In vorliegenden Arbeiten zur Effizienz deutscher Aufsichtsräte ergibt sich der Soll-Zustand als Benchmark einer Evaluation hauptsächlich aus dem Compliance-Gedanken und damit als Befolgung von gesetzlichen oder freiwilligen Standards.[925] Dabei ist jedoch kritisch anzu-merken, dass die Effizienzsteigerungen dieser Standards, welche im Hinblick auf Aufsichts-räte im Schwerpunkt die angesprochenen formalen Merkmale enthalten, kaum wissenschaft-lich unterstützt werden kann.[926]

Auf der anderen Seite liegen aktuell Empfehlungen vor, die sich auf die von dem Kodex angeregte Selbstevaluationen konzentrieren und Vorschläge enthalten, wie diese vorzuneh-men sind. Diese arbeiten hauptsächlich mit beigefügten Fragebögen. Durch die Vorgabe formulierter Fragen wird damit ein Soll-Zustand impliziert. Damit ist von Relevanz, woran sich diese Empfehlungen inhaltlich orientieren.

---

[922]   Vgl. Nicholson/Kiel (2004), S. 455 ff.
[923]   Vgl. Kiel/Nicholson (2005).
[924]   Vgl. Heiner (1994), S. 67 f.
[925]   So messen einige empirische Studien die Qualität der Corporate Governance bspw. durch Entspre-chensgrade des DCGK, Vgl. z. B. Bassen et. al. (2006a) und (2006c).
[926]   Vgl. Kapitel 4.3.2.1.

Für das deutsche Two-Tier-System formuliert Schwalbach[927] Kriterien, welche die Arbeits-effizienz des Aufsichtsrats erhöhen können. Dabei werden neben strukturellen Merkmalen insbesondere verhaltensorientierte Kriterien herausgestellt. Struktur und Verhalten bestimmen dabei das Ergebnis. Mögliche Interdependenzen zwischen beiden Kriterien werden nur in so weit herangezogen, als dass die Struktur das Verhalten beeinflusst.Als Maßstab für Effizienz wird die unterstellte positive Wirkung guter Corporate Governance auf den Unternehmens-wert herangezogen.[928]

Schwalbach empfiehlt nach Yermack[929] eine optimale Größe des Aufsichtsrats zwischen acht und zwölf Mitgliedern, wobei die tatsächliche empfehlenswerte Größe von der spezifischen Unternehmenslage bestimmt werde.

Ausgehend von dem Fallbeispiel Enron[930] unterstützt Schwalbach die Besetzung mit unab-hängigen Mitgliedern und lehnt damit sowohl Arbeitnehmervertreter, ehemalige Vorstands-mitglieder oder personelle Verflechtung ab.[931] Diese fehlende Unabhängigkeit herrsche auch in den Ausschüssen vor.

Die Qualifikation der einzelnen Mitglieder behandelt Schwalbach unter den strukturellen Kriterien und fordert, dass Regelungen für Mindestanforderungen insbesondere der finanzwirtschaftlichen Kenntnisse von dem jeweiligen Unternehmen über ihre Besetzungs-ausschüsse formuliert, umgesetzt und transparent gemacht werden.[932]

Im Hinblick auf eine Evaluation der Effizienz kritisiert Schwalbach, dass diese in Deutschland kaum erfolge.[933] Schwalbach verbindet mit einer Effizienzprüfung auch eine

---

[927] Vgl. Schwalbach (2004).

[928] Diese wird mit Studien, welche gesamte Corporate-Governance-Systeme mit Unternehmenswerten verknüpfen, wie McKinsey (2002) oder Gompers et al. (2003) belegt. Mögliche empirische Belege der einzelnen empfohlenen Kriterien werden nicht herangezogen.

[929] Vgl. Yermack (1996). Vgl. zusätzlich die Zusammenstellung anderer empirischer Ergebnisse unter 4.1.3.1.1, die eher Skepsis an einer eindeutigen Aussage zu optimaler Größe hervorrufen. Unstrittig ist nur, dass ein zu großes Gremium ineffizient ist, wobei offen bleibt, wo die Grenzüberschreitung festzu-legen ist. Schwalbach sagt aus, dass die optimale Aufsichtsräte deutlich nach oben von der optimalen Größe nach oben abweichen. Damit scheint er sich nur auf große Unternehmen zu konzentrieren, die mehr als 20.000 Mitarbeiter haben und somit gesetzlich dazu verpflichtet sind, einen Aufsichtsrat mit 20 Mitgliedern (10 Kapital- und 10 Arbeitnehmervertreter) zu besetzen. In einer aktuellen Studie von Jürgen/Lippert (2005), welche Daten von 104 deutschen Unternehmen, die den Mitbestimmungsgesetzen unterliegen, auswertet, ergibt sich jedoch eine durchschnittliche Größe von 12 Mitgliedern, wobei mit 33% der Unterneh-men haben Aufsichtsräte mit höherer Anzahl von Mitgliedern. Vgl. Jürgen/Lippert (2005), S.11 und S. 63.

[930] In dem Working Paper sagt Schwalbach jedoch gleichzeitig aus, dass die Strukturen der Unternehmen mit spektakulären Unternehmenszusammenbrüchen wie Beispiel Enron vorbildlich gewesen wären und 70% der Mitglieder Outsider wären. Die Gleichstellung von Outsider-Mitglieder und Unabhängigkeit ist zwar nicht zwingend, wird aber üblicherweise angewendet. Vgl. 4.3.2.1

[931] Vgl. Schwalbach (2004), S. 4 f. Auf dieser Aussage widersprechenden Ergebnisse aktueller Studien geht Schwalbach nicht ein. Vgl. für diese Studien Abschnitt 4.1.3.1.2.

[932] Vgl. Schwalbach (2004), S. 5 f.

[933] Vgl. Schwalbach (2004), S. 6. Er bezieht sich dabei auf eine Studie von Korn/Ferry (2003), die nur von 1% der deutschen Unternehmen spricht. Im Rahmen der Corporate Governance Quality Study 2004 ergab sich jedoch, dass von allen deutschen H-Dax-Unternehmen die Erfüllung der DCGK-Empfehlung erklärt wurde. Die Daten liegen der Verfasserin vor. In einem ländervergleichenden Corporate-Gover-nance-Rating von Heidrick & Struggles (2005) S. 23 wird zudem betont, dass Deutschlands große

Abänderung der seiner Meinung nach ineffizienten Praxis von getrennten Vorbesprechungen von Vertretern der Anteilseigner und Arbeitnehmer.[934]

Im Rahmen der verhaltensorientierten Kriterien betont Schwalbach, wie wichtig eine vertrauensvolle Atmosphäre innerhalb des Gremiums und zu dem Vorstand sei, um eine effiziente Information zu gewährleisten. Der dafür notwendige Vertrauensschutz werde sowohl durch das Aktiengesetz als auch durch den DCGK geregelt, dennoch käme es insbesondere bei mitbestimmten oder vormals staatlichen Unternehmen zu Brüchen dieses Schutzes.[935] Gleichzeitig würden die Strukturen der großen Aufsichtsräte und der getrennten Vorbesprechungen eher Misstrauen fördern.

Vertraulichkeit ist neben Offenheit für Schwalbach die Grundlage für eine zielführende Diskussionskultur. Diese werde jedoch durch obige Strukturen und die Zusammensetzung der mitbestimmten Aufsichtsräte nicht gefördert.[936]

Zur Einhaltung von gesetzliche Sorgfalts- und Treuepflichten seien insbesondere eine wirtschaftliche Qualifikation und Urteilsvermögen notwendig.

Ausgehend von den zunehmenden Anforderungen an Aufsichtsratsmitglieder fordert Schwalbach, ein Aufsichtsratsmandat als hauptberufliche Tätigkeit anzusehen. Mehrere Mandate eines Mitglieds seien daher ineffizient.[937]

Im Hinblick auf die Vergütung wird von Schwalbach eine ergebnisorientierte Vergütung favorisiert, die zusätzliche Anreize zum Verhalten im Sinne von Beiträgen zu Wertsteigerungen liefere.

Damit erscheinen Schwalbachs Aussagen als durchaus plausibel aber als normativ, da wiederum auf eine umfassende theoretische Überprüfung verzichtet wird, so dass bestehenden Zweifel an der Möglichkeit einer Formulierung derartiger Empfehlungen nicht begegnet wird.

Zur Unterstützung effizienter Aufsichtsratsarbeit in Deutschland hat die Hans Böckler Stiftung 2003 Grundsätze ordnungsgemäßer Aufsichtsratstätigkeit veröffentlicht.[938] Diese enthalten allgemeingültige Empfehlungen, die sich aber schwerpunktmäßig an Arbeitnehmervertreter richten.

---

[934] Unternehmen (DAX 30) in der Praxis hier externe Berater zur Evaluation heranziehen und deren Empfehlungen auch umsetzen.
Vgl. Schwalbach (2004), S. 6. Ein Beleg für diese Einschätzung wird nicht geliefert. Der DCGK formuliert in 3.6 eine Anregung, welche getrennte Vorbereitungssitzungen empfiehlt.

[935] Als Beleg für diese Aussage wird nur ein Beispiel im Rahmen der Fusion von Daimler-Benz und Chrysler herangezogen. Dort wurden die Aufsichtsratsmitglieder von Daimler-Benz weitaus später – nämlich erst bei Zusammenschluss - als die Boardmitglieder von Chrysler informiert. Hauptgrund für dieses Vorgehen wäre mangelndes Vertrauen in die Verschwiegenheit der Aufsichtsratsmitglieder gewesen.

[936] Vgl. Schwalbach (2004), S. 8 f.

[937] Vgl. Schwalbach (2004), S. 9. Die Ergebnisse bestehender empirischer Studien zu Busy Boards werden nicht herangezogen.

[938] Vgl. Hans Böckler Stiftung (2003a).

Neben einer Darstellung der gesetzlichen Aufgaben des Aufsichtsrats folgen formulierte personelle Anforderungen an alle Mitglieder. Diese werden aufgefordert zu prüfen, ob sie die notwendigen Fähigkeiten, Kenntnisse, Erfahrungen und zeitlichen Freiräume aufweisen. Die Eigenverantwortlichkeit der Aufsichtsräte im Rahmen von Überwachung und Kontrolle ist im Unternehmensinteresse einzusetzen, welches hauptsächlich von Kapitalgeber- und Arbeitnehmerinteressen bestimmt werde. Weitere Mandate in konkurrierenden Unternehmen werden abgelehnt, andere Interessenskonflikte sind offen zu legen. Kreditvergabe an Aufsichtsräte soll nur im eingeschränkten Umfang und nur mit Zustimmung des Aufsichtsrats erfolgen. Gleiches gilt für weitere Dienstleistungen einzelner Mitglieder. Eigengeschäfte sind ohne persönliche Beeinflussung und nur zu marktüblichen Bedingungen zu tätigen. Eine Effizienzprüfung soll regelmäßig erfolgen.[939] Bei den Anforderungen an die Arbeitnehmervertreter wird deren Verhältnis zu den Belegschaften, denen Rechenschaft abzulegen ist, betrachtet. Gleichzeitig werden Erfahrungsaustausche mit anderen Arbeitnehmervertretern, und vorbereitende Sitzungen gefordert.

Im Rahmen der Diskussion über effiziente Aufsichtsratsarbeit nach den bekannten Unternehmenskrisen sind diese Grundsätze durch einen Leitfaden zur Evaluation ergänzt worden, dessen inhaltliche Grundlage der DCGK ist.[940] Für diese ist der Aufsichtsrat nach DCGK selbst verantwortlich. Unterstützung soll dabei nur von unternehmensinternen Mitarbeitern wie bspw. Corporate-Governance-Beauftragen oder durch externe Berater erfolgen, denen jedoch keine Entscheidungen übertragen werden können. Der Leitfaden stellt drei Verfahrenskategorien vor. Er beschreibt dabei den Einsatz von standardisierten Instrumenten wie Fragebögen oder Checklisten, die reine Selbsteinschätzung bei individualisierten Fragebögen und die objektivierte Selbsteinschätzung mit zusätzlicher Hilfe externer Berater.

Von Consulting-Seite hat Ernst & Young ein Handbuch zu dem Deutschen Corporate Governance Kodex herausgegeben, welches einen Vorschlag zur Effizienzprüfung enthält.[941] Auch hier wird ein Frageboten empfohlen. Mitglieder werden aufgefordert, sich selbst zu beurteilen oder alternativ durch ein anderes Mitglied eingeschätzt zu werden. Insbesondere wird jedoch empfohlen, die Evaluation durch eine externe Person, möglicherweise den Abschlussprüfer, vornehmen zu lassen. Im Rahmen des Sollkonzeptes wird wiederum auf den DCGK - ergänzt um Satzung und Geschäftsordnung - zurückgegriffen und so einem Compliance-Ansatz gefolgt.

Aus wissenschaftlicher Perspektive geben für Deutschland Bernhardt/Witt Vorschläge ab. Dabei wird jedoch die Methode der Effizienzmessung durch Fragebögen abgelehnt, sondern die Aufstellung eines Ordnungsrahmens empfohlen. Dieser basiert auf vier Bewertungskriterien des Gremiums und der Mitglieder: der Größe des Aufsichtsrats, der Existenz geeigneter Anreiz- und Sanktionsmöglichkeiten, der Diskussion und Entscheidungsfindung

---

[939] Alle diese Elemente finden sich auch als Ziffern im DCGK.
[940] Vgl. Hans Böckler Stiftung (2003b).
[941] Vgl. Pfitzer/Höreth (2005).

und der Beteiligung an der Strategieplanung. Gemessen – entweder durch den Aufsichtsrat oder durch Externe – soll dann die Einhaltung des Ordnungsrahmens. Damit werden bei der Definition des Soll-Zustands nicht nur eine externe Regulierung sondern einzelne ausgewählte Governance-Mechanismen herangezogen. Diese finden sich jedoch auch in den Empfehlungen des DCGK wieder. Zudem kann deren Wirkungsweise jedoch nicht als eindeutig belegt angesehen werden.

Ausführlich beschäftigt sich Lentfer mit den Möglichkeiten der Effizienzprüfung der Aufsichtsratstätigkeit und der Selbstevaluation.[942] Auch er nutzt dabei das Instrument eines Fragebogens, der jedoch durch eine Befragung von Unternehmenskoalitionären ergänzt werden sollten. Bewertet werden die Inputfaktoren Erfüllung der Aufgaben, Organisation und das einzelne Mitglied. Da es keine konkreten Anforderungen für ein Qualitätssicherungssystem gibt, orientiert sich Lentfer an der Grundsätzen der ordnungsmäßigen Überwachung, gesetzlichen Regelungen, dem DCGK und europäischen Vorgaben. Die 12 vorgegebenen Fragebögen enthalten somit in Form von Checklisten hauptsächlich Regulierungselemente. Im Rahmen einer prozesstheoretischen Betrachtung ergibt sich dabei ein idealtypisches Modell, welches in ein Soll-Konzept mündet. Ein nach Lentfer hinzuziehender externer Berater soll nur bei der Durchführung helfen.

Aktuell liegt ein Vorschlag des Arbeitskreises „Externe und Interne Überwachung der Unternehmung" der Schmalenbach-Gesellschaft vor.[943] Auch diese Empfehlung enthält einen Fragebogen, der als Messinstrument für das Gesamtgremium und die Ausschüsse eingesetzt werden soll. Dieser ist jedoch nicht standardisiert einzusetzen, sondern an Unternehmenspezifka anzupassen. Diese werden jedoch nicht weiter beschrieben oder spezifiziert. Auch dieser Fragebogen nimmt inhaltlich Bezug auf Gesetz, Kodex und Satzung, welche die zu erfüllenden Aufgaben definieren.

Zusätzlich soll erfasst werden, inwieweit hierbei wirtschaftlich vorgegangen wird. Zwischen reiner Selbst- und Fremdevaluation wird eine Zwischenstellung eingenommen und ein externer Moderator empfohlen, der jedoch nicht jährlich hinzugezogen werden sollte.

Damit folgen diese Beiträge schwerpunktmäßig einem Compliance-Ansatz und setzen die positiven Auswirkungen der Regulierungsinhalte auf die Performance voraus. Es werden keine empirischen Methoden genutzt, um mögliche qualitative, sich aus der theoretischen Argumentation als effizienzsteigernd ergebende Charakteristika des Aufsichtsratsgremiums, der Ausschüsse, der Mitglieder und/oder der Prozesse abzuleiten. Damit fehlt bis dato ein konkretes theoretisches Konzept zu einer Qualitätssicherung der Aufsichtsratsarbeit in Deutschland.[944]

---

[942]   Vgl. Lentfer (2005).
[943]   Vgl. AKEIÜ der Schmalenbach-Gesellschaft für Betriebswirtschaft e. V. (2006).
[944]   Vgl. Lentfer (2005), Grothe (2006).

Zusammenfassung

In Ergänzung zu dem Compliance-Gedanken deutscher Argumentationen werden für beide Systeme neben der Bedeutung des umgebenden Umfelds verhaltensorientiert besondere Kompetenzen, Eigenschaften und Verhaltensweisen einzelner Mitglieder und teilweise insbesondere der Führung des Gremiums herausgestellt. Dabei beeinflussen die Eigenschaften die Verhaltensweisen, die sich wiederum auf die Prozesse auswirken. Diese werden wiederum in den Kontext der sie umgebenden Strukturen gestellt.

Dabei werden die notwendigen fachlichen Kompetenzen im Allgemeinen durch das jeweilige Unternehmen selbst bestimmt.

Gleichzeitig werden spezifische Kompetenzen mit Management-, Führungs- oder Finanzwissen sowie soziales Kapital hervorgehoben. Die persönlichen Eigenschaften enthalten durchweg charakterliche Elemente wie Integrität, Verantwortungsbewusstsein und Unabhängigkeit im Denken hervorgehoben. Diese begründen zudem funktionale Verhaltensweisen.

Im Hinblick auf das Gesamtgremium finden sich Elemente des kulturellen und strukturellen Kapitals, gegenseitiger Respekt, Vertrauen und die Zusammenarbeit als Team. Im Hinblick auf die Zusammensetzung wird die Bedeutung der Komplementarität der Mitglieder stets bezogen auf die unternehmensindividuellen Anforderungen betont. Zur Sicherung dieser Effizienzfaktoren wird grundsätzlich eine Evaluation empfohlen.

Diese Faktoren liegen maßgeblich in den Verantwortungsbereichen des Chairman bzw. des Aufsichtsratsvorsitzenden. Damit erhalten dessen Eigenschaften eine zusätzliche Relevanz.

Diese theoretisch formulierten förderlich Kompetenzen, Eigenschaften und Verhaltensweisen einzelner Mitglieder oder des Gremiums als soziales System gründen sich jeweils wenig auf fundierte empirische Analysen. Wenn ein empirischer Bezug vorliegt, werden sie hauptsächlich aus der Analyse einzelner Fallstudien abgeleitet, die nur als schwache Evidenz für die theoretischen Aussagen betrachtet werden können. Diese bleiben somit normativ.

Gleichzeitig werden Merkmale der Unternehmen selbst relevant. Dabei fehlen jedoch Identifikationen, welche Unternehmensmerkmale mit welcher qualitative Eigenschaft des Mitglieder bzw. des Gremiums positiv verknüpft werden kann. Jedoch wirkt die vorgenommene Zuweisung der Auswahl an die Unternehmen selbst verständlich und sinnvoll.

Eine Kommunikation dieser Auswahl- und Bewertungskriterien nach außen würde es jedoch externen Stakeholdern ermöglichen, diese Informationen in ihre Bewertung der jeweiligen Corporate Governance einzubeziehen

Eine allgemeingültige theoretische Formulierung einer derartigen Verknüpfung liegt daher nicht vor bzw. weckt begründete Zweifel. Somit erfolgt der Einbezug vorliegender empirischer Studien.

4.3.2.2.2 Empirische Studien

Empirische Studien über Merkmale, Verhaltensweisen oder Charakteristika effizienter Aufsichtsgremien liegen bis dato aus zwei Hauptrichtungen vor. Zum einen finden sich Beiträge, die aus einem praktischen Blickwinkel heraus - aufgrund eigener Erfahrungen oder Beobachtungen - Handlungsempfehlungen formulieren. Zum anderen liegen erste wissenschaftliche Forschungsergebnisse vor. Wiederum dominieren Studien, die sich mit dem monistischen Boardsystem beschäftigen.

Blickwinkel der Praxis

In einem Überblick über die bestehende empirische Evidenz der theoretischen Verknüpfung verschiedener (formaler) Boardkriterien mit Unternehmenswerten gehen Dalton/Dalton auch auf die Bedeutung der Prozesse ein.[945] Dabei greifen sie jedoch nicht auf wissenschaftliche Analysen sondern auf ihre eigenen praktischen Erfahrungen als Boardmitglieder zurück. Sie betonen die Bedeutung einer strukturierten Tagesordnung und der rechtzeitigen Information. Gleichzeitig sei notwendig, genügend Zeit für Diskussionen einzuplanen. Insbesondere sei die Gruppenarbeit entscheidend. Diese Elemente sind jeweils vom Chairman bzw. Aufsichtsratsvorsitzenden steuerbar.

Im Hinblick auf die einzelnen Mitglieder stellen sie die Bedeutung charakterlicher Eigenschaften wie beispielsweise Integrität und Verantwortungsbewusstsein heraus. Damit sind es einzelne Elemente des intellektuellen Kapitals des Boards. Mögliche Interdependenzen der jeweiligen Kapitalkomponenten werden nicht angesprochen.

Des Weiteren finden sich in der internationalen Literatur Artikel, die von Vertretern von Unternehmensberatungen verfasst sind.

Bird et al.[946] formulieren sieben Usancen, an deren Implementierung und Verbesserung ein effizientes Board, welches Wertsteigerungen erzielen will, arbeiten sollte.

So wird empfohlen, Outsider-Mitglieder ausdrücklich an der Strategieentwicklung und den Entscheidungsprozessen zu beteiligen und sie nicht nur zu informieren. Dabei wird die Verdeutlichung der jeweiligen Risiken herausgestellt, so dass eine vernünftige Risiko/Nutzen-Abwägung vollzogen werden könne. Im Vordergrund stehe dabei die Ausrichtung an Interessen von Investoren mit langfristigem Anlagehorizont. Der Chairman ist dafür verantwortlich, die richtige Kombination von Direktoren mit den notwendigen Qualifikationen zusammenzustellen. Das Board sollte sich an der ständigen Entwicklung und Verbesserung des Managementteams beteiligen. Es sollten Entlohnungssysteme implementiert werden, die sich nur an der Leistung orientieren und deren absolute Höhe sich demnach

---

[945]   Vgl. Dalton/Dalton (2005).
[946]   Vgl. Bird et al. (2004). Alle Autoren sind Partner bei Bain Company, London.

auch verringern kann. Die Mitglieder sollen so qualifiziert und informiert sein, dass sie die vorgestellten Finanzzahlen bewerten können.

Auch Nadler[947] entwickelt Vorschläge, welche Besonderheiten bei der Auswahl von Mitgliedern zu beachten seien, wenn die Effizienz des Boards als funktionierendes Team erhöht werden soll.

Dabei stehen die jeweiligen Zielsetzungen, Ressourcen und die Leistungsfähigkeiten im Vordergrund. Basis ist eine Selbsteinschätzung bzw. Evaluation. Anschließend wird empfohlen, das gewollte Engagement und damit die Beziehung zum Management festzustellen.

Nadler unterscheidet in fünf Stufen zwischen passiven und mitwirkenden Boards. Danach können – je nach den jeweiligen Rollen des Boards – Einzelaufgaben abgeleitet und sowohl vom Management als auch vom Board nach Bedeutung eingeschätzt werden.

Mögliche Differenzen in der Einordnung der Relevanz können so Rollenmissverständnisse und Kompetenzlücken verdeutlichen. Danach ist entscheidend, neue Mitglieder mit den notwendigen Kompetenzen auszuwählen.

Im Rahmen der Boardprozesse sind zum einen die Tagesordnung und die Intensität der Diskussion von Bedeutung. Zum anderen ist der Informationsgrad von Relevanz. Zudem sind effiziente Boards von einer offenen und aufrichtigen Kultur geprägt, die sich den Herausforderungen stellt.

Einen vergleichbaren Leitfaden für deutsche Aufsichtsräte liefert Schoppen.[948] Er überträgt Erfahrungen mit internationalen Boards und Chairmen dabei auf das deutsche Two-Tier-System.

Seine zehn Faktoren betreffen sowohl die Strukturen, Regeln und Prozesse als auch die persönlichen Qualifikationen und Eigenschaften der Mitglieder. Er berücksichtigt insbesondere die dominierende Rolle des Aufsichtsratsvorsitzenden. Dieser ist für die Teambildung, die Informationsversorgung und für das Schaffen einer vertrauensvollen Atmosphäre, die auch kritische Diskussionen ermöglicht, verantwortlich. Es besteht zwar eine gesetzliche Verpflichtung des Vorstands, den Aufsichtsrat umfassend zu informieren. Dennoch wird der Aufsichtsrat aufgefordert, detaillierte Absprachen über Inhalt und Umfang der Informationen zu treffen. Bei der Zusammensetzung ist darauf zu achten, dass den Unternehmensanforderungen entsprechende Persönlichkeiten, Fähigkeiten und Qualifikationen mit einer gemeinsamen Werteorientierung vertreten sind. Diese gelte insbesondere bei der Ausschussbesetzung, deren Aufgaben und Befugnisse detailliert zu regeln seien.

---

[947]   Vgl. Nadler (2004). Nadler ist Chairman bei Mercer Delter, einem amerikanischen Consulting-Unternehmen. Grundlage ist - neben seiner Erfahrung - eine Befragung von 300 unabhängigen Direktoren.
[948]   Vgl. Schoppen (2005). Schoppen ist Partner bei Spencer Stuart in Frankfurt.

Alle Mitglieder werden zur aktiven engagierten Mitarbeit aufgefordert. Um diesen Erwartungen zu entsprechen, sollten nach Schoppen, die Anzahl der Mandate auf drei bis maximal fünf begrenzt werden.

Da Unabhängigkeit im Denken als geistige Haltung nicht regeln lasse, ist die Problematik auch für deutsche Aufsichtsräte relevant. Arbeitnehmervertreter werden hier aufgefordert, implizit das langfristige Unternehmenswohl zu verfolgen.

Wichtig sei, den Aufsichtsrat in strategische Entscheidungsprozesse einzubeziehen und so das Gremium nicht nur als Kontrollorgan sondern auch als wertvollen Ratgeber zu betrachten. Die Relevanz der beiden Rollen sei dabei von der aktuellen Unternehmenssituation bestimmt, so dominiere in Krisenzeiten die Kontrolle.

Zudem sei Aufgabe des Aufsichtsrats, eine kontinuierliche Nachfolgeplanung für Vorstände vorzunehmen, die sich an unternehmensspezifischen Anforderungsprofilen orientiert. Bei der Vergütung von Vorständen wird der Aufsichtsrat aufgefordert, klare Modelle mit qualitativen und quantitativen Zielen, deren Intervalle und Beurteilung zu entwickeln. Im Rahmen der Evaluation empfiehlt Schoppen eine selbstkritische Einschätzung, die durch einen externen Moderator zu objektivieren sei.

In diesen Leitlinien werden einzelne Elemente des intellektuellen Kapitals, und der Organisation der Prozesse eines Aufsichtsgremiums herausgegriffen. Es ergeben sich innerhalb dieser Beiträge und im Vergleich zu den theoretisch formulierten Kompetenzen, Eigenschaften und Verhaltensweisen Gemeinsamkeiten wie die Bedeutung der rechtzeitigen und vollständigen Information, die empfohlene Evaluation oder die richtige Mischung der Zusammensetzung. Diese erscheinen durchaus plausibel und eingängig. Gleiches lässt sich jedoch auch für formale Kriterien wie Größe und formal gemessene Unabhängigkeit formulieren, bei denen keine eindeutige empirische Evidenz für eine positive Verknüpfung mit dem Unternehmenswert gefunden wurde.

Zudem können diese Beiträge aus praktischem Blickwinkel nur subjektive Erfahrungen einzelner berücksichtigen, so dass ihnen nur anekdotische Evidenz zugeschrieben werden kann.

Eine mögliche Generalisierung oder Verallgemeinerung, welche fundierte Aussagen zu einer möglichen Ursache/Wirkungsverknüpfung mit Unternehmenswertsteigerungen formuliert, findet somit keine solide Grundlage und wäre als wagemutig einzuschätzen.

Dennoch können diese Aussagen als Signale für weitere wissenschaftliche Analysen genutzt werden. Um eine vergleichbare Situation, die sich durch die Regulierung formaler Merkmale ergeben hat, zu vermeiden,[949] erscheint es umso wichtiger, mit wissenschaftlichen

---

[949] Vgl. bspw. Romano (2004). Sie konzentriert sich auf die Regelungen des Sarbanes-Oxley-Act und zeigt eindrucksvoll die fehlenden wissenschaftlichen Belege für die Förderlichkeit der enthaltenen formalen Regulierungselemente auf.

empirischen Analysen mögliche qualitative Merkmale zu identifizieren, deren vermuteten positiven Auswirkungen auf die Effizienz der Aufsichtsgremien und damit auf den Unternehmenswert einer Prüfung standgehalten haben.

Wissenschaftliche Studien

In einem aktuellen Überblick über Ergebnisse wissenschaftlicher Studien über Effizienz von Aufsichtsgremien als Governance-Mechanismus unterscheiden Gabrielsson/Huse vier Ansätze der jeweiligen theoretischen Fundierung geprüfter Hypothesen.[950] Es dominieren dabei nach Anzahl deutlich die Studien, die diese Gremien als „black box" betrachten. Sie finden wenige andere Beiträge. Diese verfolgen zum einen Kontingenzansätze offener sozialer Systeme und argumentieren, dass es zwar kein allgemeingültiges bestes System der Corporate Governance gibt, die bestehenden Systeme jedoch deshalb nicht de facto gleichwertig sind.[951]

Zum anderen finden sich verhaltensorientierte Ansätze, welche die Mitglieder und ihre Interaktionen in das Zentrum stellen, sowie evolutionäre Blickwinkel, welche zusätzlich dynamische Lernprozesse berücksichtigen. Im Rahmen der Analyse des Corporate-Governance-Mechanismus „Aufsichtsgremien" erweitert sich damit der theoretische Rahmen der Diskussion ständig.

Im Folgenden werden nur Beiträge vorgestellt, die nicht in dem Überblick von Gabriellson/Huse enthalten sind. Da die Vielzahl der theoretisch diskutierten Eigenschaften von Mitgliedern und Prozesselementen durch existierende Studien bis dato noch nicht abgedeckt ist, bleibt ein sich ergebendes Bild über mögliche die Effizienz fördernde Faktoren jedoch unvollständig.

Es dominieren verhaltens- und prozessorientierte Studien. Diese unterscheiden sich jedoch in Art und Qualität der Methodik. Meistens gründen sich die Aussagen auf Befragungen von Direktoren. Sowohl bei dem Einsatz von standardisierten Fragebogen als auch von Interviews werden daher Aussagen aufgrund von subjektiven (Selbst)-Einschätzungen formuliert. Die Studien werden im Folgenden chronologisch, strukturiert nach Methodik zusammengefasst.

Westphal betont als Ergebnis einer standardisierten Befragung, dass es die Fähigkeiten der Mitglieder, kooperativ an strategischen Entscheidungen mitzuwirken, sind, welche die

---

[950] Vgl. Gabrielsson/Huse (2004). Sie haben 127 empirische Studien der Jahre 1990–2002 analysiert. Die Dominanz der Input-Output-Ansätze, welche formale Elemente wie die Anzahl unabhängiger Direktoren untersuchen, begründen sie mit dem hauptsächlich amerikanischen „publish-or-perish-Syndrom" (S. 12). Als evolutionäre Ansätze begreifen sie Studien, die sowohl contingency als auch verhaltensorientierte Ansätze sowie Einflüsse von Zeit, Veränderungen und Lerneffekte berücksichtigen. Der Überblick ist auf Artikel aus sechs Management-Journals begrenzt.

[951] Vgl. für die Contingency-Theorie Lawrence/Lorsch (1967).

Qualität der Gremienarbeit und damit die Corporate Governance nachhaltig bestimmen.[952] Er greift damit einen Aspekt des intellektuellen Kapitals heraus.

Diese Fähigkeiten werden in dieser Studie am deutlichsten von den Management-Erfahrungen des Direktors bestimmt, die dieser in Unternehmen erworben hat, welche ähnlichen Unternehmensstrategien folgen. Gleichzeitig ist es förderlich, zumindest ein Mitglied zu haben, der mit den spezifischen Herausforderungen des Unternehmens vertraut ist; so steigere sich die Effizienz der Gremienarbeit beispielsweise deutlich, wenn zusätzlich - neben Direktoren, die mit den Diversifikationsstrategien am Produktmarkt vertraut sind - ein Direktor mit internationaler Erfahrung im Gremium vertreten ist. Wichtig sei daher, durch die Auswahl und Bestellung neuer Mitglieder Erfahrungslücken zu schließen. Diese Erkenntnis spielt jedoch bei der Auswahl von Direktoren keine wesentliche Rolle.

Westphal leitet hieraus die Forderung ab, die Unternehmen nicht durch Restriktionen der formalen Kriterien in der Auswahl von Boardmitgliedern einzuschränken, sondern sie im Gegenteil durch Aufbau von zugänglichen Datenbanken, welche die jeweiligen Erfahrungen und Kompetenzen potentieller Kandidaten aufzeigen, bei der Suche nach einem für das Unternehmen passenden, weil notwendige Erfahrungslücken ausgleichenden, neuem Mitglied zu unterstützen.

Weitergehend formuliert Westphal Leitlinien, deren Einhaltung die Boardeffizienz steigere: ausgehend von den kritischen Dimensionen der Unternehmensstrategie, welche das Niveau der Produktdiversifikation, die Internationalisierung, zukünftige Märkte etc. beinhalten, sind die aktuellen Mitglieder im Hinblick auf ihre Erfahrungen in Unternehmen mit ähnlicher Strategie zu bewerten. Sollten sich hier Erfahrenslücken herausstellen, sollte auf eine zu entwickelnde Datenbank zugegriffen werden, um professionell nach dem passenden ergänzenden Mitglied suchen zu können.[953] Die Effizienz des gesamten Boards erhöht sich somit durch die Präsenz jeweils notwendiger Fähigkeiten und Erfahrungen.

Lawler et al.[954] konzentrieren dagegen auf Verhaltenweise in und von Boards und identifizieren diejenigen, welche die Interaktion im Gremium mit hoher Wahrscheinlichkeit fördern. Grundlage dieser Schlussfolgerungen ist, dass Unternehmen, deren Boards diese Prinzipien bzw. diese Praktiken befolgten, einen höheren ROI auswiesen.

Diese Verhaltensweisen werden wiederum zum Teil von Fähigkeiten bestimmt. So leiten sie leiten folgende Schlüsselqualifikationen ab: Wissen, Information, Macht, Belohnung und Möglichkeiten – im Hinblick auf Zeitkapazitäten.

---

[952] Vgl. Westphal (2002). Er hat dabei die Ergebnisse einer Befragung von über 500 Outside-Direktoren von Forbes-500-Unternehmen im Jahre 1996 und 1999 herangezogen. Die Boardeffizienz wird dabei nicht nur auf Grundlage der Fragebögen, sondern auch mit Unternehmenswertkennzahlen, dem ROA, den Aktienrenditen und dem Market-to-Book-Value gemessen.

[953] Vgl. Welstphal (2002), S. 10 f.

[954] Vgl. Lawler et al. (2001). Grundlage ist eine Befragung per Frageboten im Jahre 1999 von Direktoren gehandelter Fortune 1000 Unternehmen. Dabei konnten 1016 Fragebogen ausgewertet werden (Rücklaufquote 13%). Zudem wurden 110 CEO, Direktoren, Governance-Experten persönlich interviewt.

Aus diesen ergeben sich Prinzipien und Handlungsvorschläge, die sich insbesondere auf die Dynamik von Boardprozessen beziehen. So sollte die Größe des Gremiums durch die benötigten Qualifikationen und unter Berücksichtigung der Gruppendynamik bestimmt werden. Es sollte genügend Zeitkapazität vorhanden sein, sodass strategische Entscheidungen und Governance ernsthaft diskutiert werden könnten. Zudem sollte eine jährliche Evaluation der Ergebnisse des Boards erfolgen, wobei die Diskussion mit Feedback zu verbinden sei.

Beide Analysen arbeiten mit standardisierten Befragungen – ergänzt um persönliche Interviews. Die gleiche Methode liegt der bis dato einzigen Studie zugrunde, die eine Umfrage unter Mitglieder deutscher Aufsichtsräte auswertet, und sich auf die effiziente Arbeit des Gesamtgremiums bezieht.[955]

Jürgens/Lippert[956] nutzen dieses Instrument, um detaillierte Informationen über den Arbeitsprozess deutscher Aufsichtsräte zu bekommen. Im Zentrum stehen dabei die jeweilige Nutzung von Informationen und Wissen. Aus ihren Ergebnissen leiten sie Voraussetzungen und Kriterien guter Aufsichtsratsarbeit ab.

Dabei prüfen sie u.a. ihre Prämisse, dass Fragen der Kommunikation, der Kooperation und der Nutzung der Potentiale eine Schlüsselrolle spielen.[957]

Grundlage dieser Argumentation ist die Heterogenität der verschiedenen Gruppen in deutschen Aufsichtsräten, welche zwar Interessenkonflikte fördere, aber gleichzeitig ein breites Spektrum an unterschiedlichen Erfahrungen und Wissen biete. Dieses kann sich dann förderlich auswirken, wenn diese für ein gemeinsames Ziel eingesetzt werden. Zur Entwicklung dieser Gemeinsamkeit sind gute Kommunikation, Kooperation und ein sich als Team betrachtendes Selbstverständnis förderlich.[958]

Ihre Studie zeigt Ergebnisse einer Umfrage unter den Vertretern der leitenden Angestellten[959] in Aufsichtsräten.[960] Damit bestehen Zweifel an einer Übertragbarkeit der Einschätzungen, da die leitenden Angestellten in deutschen Aufsichtsräten eine Sonderrolle spielen. Die Ergebnisse werden dennoch herangezogen, da sie zumindest Hinweise auf fördernde

---

[955] Köhler (2005) konzentriert sich in ihrer empirischen Analyse nur auf Audit Committees. Daher wurden ihre Ergebnisse dort vorgestellt.
[956] Vgl. Jürgens/Lippert (2005).
[957] Andere Prämissen, die geprüft werden, sind: Mitbestimmung ist nach wie vor ein wichtiges Element guter Unternehmensführung, aber ihre Institutionen sind aufgefordert, sich an neue Anforderungen der Globalisierung oder Shareholder-Value-Orientierung anzupassen.
[958] Vgl. Jürgens/Lippert (2005), S. 6.
[959] In Unternehmen, die dem Mitbestimmungsgesetz unterliegen, ist mindestens ein Mitglied des Aufsichtsrats leitender Angestellter, der Führungsaufgaben innerhalb des Unternehmens ausübt. Diesem wird häufig eine Vermittlerrolle zwischen Vorstand und Arbeitnehmerseite zugeschrieben. Vgl. Jürgens/Lippert (2005). S, 16.
[960] Im September 2004 wurden 280 Unternehmen, die der Mitbestimmung unterliegen, angeschrieben. Die Rücklaufquote betrug mit 104 Unternehmen 37,1%. Eingesetzt wurde ein standardisierter Fragebogen mit unterschiedlichen Fragetypen. Zusätzlich wurden sieben Interviews mit Vertretern der leitenden Angestellten geführt, um den Frageboten zu testen und weitere Informationen zu erhalten. Vgl. Jürgens/Lippert (2005), S. 8.

Merkmale aufzeigen können, zumal gibt es bis dato keine vergleichbare Untersuchung unter den Kapitalvertretern.

Den großen Bereich der Information und Kommunikation untersuchen sie im Hinblick auf die Informationsversorgung durch den Vorstand, durch die Ausschüsse und auf die Rolle persönlicher Kontakte oder Netzwerke. Dabei sind 84% der leitenden Angestellten mit der Informationsversorgung durch den Vorstand generell eher oder sehr zufrieden. Bei Informationen, die nicht aufgrund gesetzlicher Vorgaben geliefert werden, wie geplante Geschäfte besonderer Bedeutung oder Chancen/Risiken anstehender Entscheidungen wird jedoch von 21% (Geschäfte mit besonderer Bedeutung) und von 40% (Chancen und Risiken) eine zu späte Informationsversorgung kritisiert.

Im Hinblick auf die Qualität der Informationen wird von 72% angegeben, diese enthielten selten oder nie Entscheidungsalternativen.[961]

Gleichzeitig sagen 50% aus, dass es eine Rangordnung der Informationsversorgung durch den Vorstand gäbe, so dass Informationen nur selektiv vorliegen. Diese Informationsasymmetrien beeinflussen nach Jürgens/Lippert das Abstimmungsverhalten, da 69% angeben, sie hätten bei Verfügung über alle Informationen eine andere Entscheidung getroffen.

Die Bildung von Ausschüssen im Hinblick auf Information und Kommunikation wird in mehreren Kategorien erfasst. Als positiv gewertet werden kann, dass von 91,2 % ausgesagt wird, dass die Diskussionen im Ausschuss meistens oder immer offener als im Plenum erfolgen. Als negativ ergibt sich jedoch, dass die im Ausschuss ausgetauschten Informationen den Gesamt-Aufsichtsrat selten voll erreichen. Dieser wird zu 68,3% nur über einen mündlichen Bericht des Ausschussvorsitzenden informiert, ohne das schriftliche Unterlagen oder informelle Kontakte übermittelt werden. Generell sind ca. 40% mit der Informationsversorgung durch Ausschüsse eher oder sehr unzufrieden.

Im Hinblick auf Netzwerke berücksichtigen Jürgens/Lippert sowohl Beziehungen der Mitglieder untereinander als auch zu Stakeholder-Gruppen. Dabei werden persönlichen Kontakten und Netzwerke innerhalb des Unternehmens ab wichtigstes genannt und explizit als wichtiges Kriterium guter Aufsichtsratarbeit betont. Deutlich geringer ist die Bedeutung von sozialen Kontakten innerhalb des Gremiums oder nach außen. Kontakte nach außen, insbesondere zu Kapitalmarktvertretern, finden nur wenig statt.[962]

Unter der Kategorie des Aufsichtsratsprozess berücksichtigen Jürgens/Lippert die Rolle der Vorbesprechungen, Sitzungsroutinen und des Einsatzes von externem Know-how.

Dabei wird den Vorbesprechungen eine hohe Relevanz zugeschrieben, 87% der Aufsichtsräte führen diese durch, wobei strikt nach Gruppen getrennt wird. Als Kritik wird jedoch an-

---

[961] Vgl. Jürgens/Lippert (2005), S. 19 ff.
[962] Es ist immer zu berücksichtigen, dass nur die eine spezielle Gruppe der leitenden Angestellten gefragt wurde. Eine Übertragung gerader dieser Ergebnisse auf die Kapitalvertreter erscheint daher nicht möglich.

geführt, dass der Zeitraum zwischen Vorbereitung und Aufsichtsratssitzung oft zu knapp angesetzt wird. Die Befragten weisen den Vorbereitungen folgende positive Beiträge zu: sie vermitteln Hintergrundwissen, sie erleichtern ausgiebige Diskussionen und sie ermöglichen Abstimmungen oder Einigungen im Vorfeld.[963] Letzteres kann durchaus kritisch gesehen werden - jedoch werden nur zu ca. 30% Entscheidungen oft oder sehr oft ohne weitere Beratung im Aufsichtsrat getroffen.

Die Diskussion von strategischen Fragen wird nach Jürgens/Lippert offen geführt. Doch 61% geben an, dass sie nur ein- bis dreimal jährlich einen offenen Diskurs im Aufsichtsrat führen. Dieses kann in der geringen Zahl von Sitzungen begründet sein. Es können hier jedoch auch weitere Hemmnisse herausgestellt werden. So nennen beispielsweise 49% eine bestehende Loyalität zu der eigenen Gruppe, 32% fehlendes Beurteilungsvermögen und 21,2% die Befürchtung, beim Vorstand an Achtung zu verlieren, als Gründe für eigene Zurückhaltung. Diese Faktoren werden durch bestehende hierarchische Strukturen beeinflusst. In den zusätzlichen Interviews wurde als mögliche Lösung die Förderung von informellen Kontakten, Treffen oder sogar gemeinsame Reisen genannt.[964]

Durch Einbezug externer Berater kann mögliches, im Aufsichtsrat nicht vorhandenes Wissen einbezogen werden. Während 70% angeben, genügend Zeit und Gelegenheit zu haben, sich mit dem Wirtschaftsprüfer auszutauschen, werden andere externe Fachexperten nur selten einbezogen.[965]

Als letztes Element werden die vorhandenen Wissenspotentiale in Aufsichtsräten untersucht. Dabei stehen nicht nur die formalen Qualifikationen der einzelnen Mitglieder, sondern die Repräsentanz von Wissen im Gesamtgremium im Vordergrund.

Ausgehend von einer Veränderung der inhaltlichen Arbeit von Aufsichtsräten, die sich ver- stärkt mit Entscheidungen zu Umstrukturierung, Rentabilität und Geschäftsentwicklung befassen, ergibt sich eine Anpassung der benötigten Kompetenzen.

Jürgens/Lippert berücksichtigen Erkenntnisse aus der Literatur[966] und aus Interviews und erfassen acht Wissensarten: Fachwissen, internes Organisationswissen, Wissen über Human-

---

[963] Vgl. Jürgens/Lippert (2005), S. 40 ff.
[964] Vgl. Jürgens/Lippert (2005); S. 44 f. Gefragt nach Maßnahmen, die durchgeführt wurden, um die Dis-
        kussionskultur zu verbessern, gaben nur 20% an, dass es gemeinsame, gruppenübergreifende Reisen
        oder Klausurtagungen (19%) gab.
[965] Vgl. Jürgens/Lippert (2005), S. 47 ff.
[966] Die vorhandene Literatur ist sehr spärlich. Neben Schwalbach (2003) berücksichtigen sie Vassiliadis
        (2004), der aus Gewerkschaftssicht Kompetenzen von Arbeitnehmervertreter aufzählt: neben Fachkom-
        petenz sind dies Kompetenzen über Berichts- und Kennzahlensysteme, die Unternehmensstruktur, das
        Kerngeschäft, aktuelle Trends im Rahmen der Entwicklung von Unternehmen, Märkten und Konkurren-
        ten und gesetzliche Rahmenbedingungen. Diese sind zu ergänzen mit persönlichen, intellektuellen und
        sozialen Fähigkeiten, strategischem Denken und hoher Kommunikationsfähigkeit. Ein vergleichbares
        Profil für Kapitalvertreter oder aus Kapitalgebersicht kann nicht herangezogen werden. Obwohl der
        DCGK für die Auswahl von Mitgliedern empfiehlt, auf erforderliche Kenntnisse, Fähigkeiten und fach-
        liche Erfahrung zu achten, existiert kein konkretes Qualifikationsprofil.

ressourcen des Unternehmen, Markt- und Kundenwissen, Technologiewissen, Finanzierungswissen und politisches bzw. rechtliches Wissen.

Die Einschätzung der relativen Bedeutung der einzelnen Wissensarten wird in einem Ranking ausgedrückt. Es führt das interne Organisationswissen, danach Markt- und Kundenwissen und Branchen bzw. Konkurrenzwissen. Technologie- und Politikwissen nehmen die unteren Plätze ein.[967] Auffällig ist jedoch die geringe Streuung der Einschätzungen, somit kann allen Wissensarten eine hohe Bedeutung zugeschrieben wird.

Sechs der acht Wissensarten sind dabei von dem jeweiligen Unternehmen und seinem Umfeld bestimmt. Im Hinblick auf Finanzierungswissen und politisches Wissen ergeben sich Kompetenzen, die allgemeingültig als die Effizienz fördernd angesehen werden.

Die leitenden Angestellten wurden aufgefordert, die Wissensarten den vorhandenen Gruppen, interne und externe Anteilseigner, Arbeitnehmer und Gewerkschafter und leitende Angestellte im Aufsichtsrat zuzuordnen.[968]

Damit ergab sich folgendes Bild:

Wissensarten	Int. Anteilseigner	Ext. Anteilseigner	Arbeitnehmer	Gewerkschaft	Ltd. Angestellte
Fachlich					X
Organisation			X		X
Humanressourcen			X		
Markt / Kunden	X				
Branchen / Konkurrenz	X				
Technologie					X
Finanzierung	X	X			
Politik / Recht				X	

Abbildung 10: Wissensarten in deutschen Aufsichtsräten[969]

Deutlich wird, dass das jeweilige Wissen innerhalb der Gruppen im Gremium stark unterschiedlich verteilt ist. Die Zusammensetzung beeinflusst demnach, ob und wieweit das hier als notwendig eingestufte Wissen im Aufsichtsrat vorhanden ist.

Als letztes untersuchen Jürgens/Lippert einige Rahmenbedingungen. So wird die Größe der Aufsichtsräte von 51% als neutral, von 35,6 % als eher förderlich und von 13.5% als eher hinderlich eingestuft.[970]

---

[967] Vgl. Jürgens/Lippert (2005), S. 56 f.
[968] Die Verteilung erfolgte nach den höchsten Prozentwerten, die jeweils in einer Gruppe erreicht wurden bzw. wenn die Prozentwerte im Vergleich zu anderen Gruppen überdurchschnittlich hoch waren.
[969] Jürgens/Lippert (2005), S. 58. Das Kreuz weist jeweils die zugeordnete Wissensart zu.
[970] Vgl. Jürgens/Lippert (2005), S. 64.

Eine variable Vergütung wird von 40,2% als neutral, von 36,3% als eher förderlich und von 23,5% als eher hinderlich betrachtet.[971]

Eine vorgenommene Verschärfung der Haftungsbedingungen werden mehrheitlich (56,7%) als förderlich gesehen, nur 14.4% sehen dies als hinderlich.[972]

Nach der Analyse der gegebenen Strukturen werden diese von Jürgens/Lippert mit den Arbeitsergebnissen der Aufsichtsräte verknüpft. Als Bewertungsmaßstäbe für gute Aufsichtsratsarbeit werden die Qualität der Entscheidungen, das Selbstverständnis als Team, das Gewicht des Aufsichtsrates in strategischen Fragen, der Einfluss bei Innovationen und die Bewertungen der Beratungs- und Mitbestimmungsstrukturen herangezogen.

Sie zeigen, dass sich in Aufsichtsräten, in denen die Kommunikation und Kooperation in den letzten Jahren verbessert wurden, auch die Qualität der Entscheidungen erhöht hat. Gleiches gilt bei einer Verbesserung des Gruppenselbstverständnisses, dieses konnte insbesondere dort verbessert werden, wo sich die Arbeit der Aufsichtsräte eher prospektiv an Beratung orientiert. Diese Aufsichtsräte hatten auch ein höheres Gewicht bei strategischen Entscheidungen und damit auch einen größeren Innovationseinfluss.[973] Dennoch bewerten die Mehrheit (53,5%) die Strukturen im Hinblick auf die Möglichkeiten, den gestiegenen Anforderungen im Rahmen der Beratung begegnen zu können, als „nicht" oder „eher nicht" geeignet. Diese Strukturen werden insbesondere durch die (nicht) vollständige und rechtzeitige Information durch den Vorstand geprägt.

In seiner Untersuchung der Überwachungsaufgaben deutscher Aufsichtsräte konstatiert Grothe eine deutliche Diskrepanz zwischen den Ansichten von Praktikern, hauptsächlich Aufsichtsratsmitgliedern, und wissenschaftlichen Arbeiten.[974] Während erstere sich hauptsächlich mit der (Weiter)-Entwicklung von Standards oder Kodizes auseinandersetzen, formulierten wissenschaftlichen Arbeiten empirisch begründete oder deduktive Handlungsempfehlungen. Dabei fehlt jedoch ein Austausch oder eine Verknüpfung beider Herangehensweisen.

Grothe entwickelt daher auf Grundlage der Agency-Theorie einen theoretischen Bezugsrahmen. Dieser beschreibt die Überwachungsaufgaben des Aufsichtsrats und seine Kooperation mit dem Vorstand. In einem anschließenden empirischen Teil, der qualifizierte Einzelinterviews mit Aufsichtsräten auswertet, wird dieser theoretischen Argumentation das abgefragte Erfahrungswissen gegenüber gestellt.[975] Im Ergebnis ergibt sich ein detailliertes deskriptives Bild der Aufsichtsratsarbeit. Grothe stellt jedoch nicht die Frage der Bewertung bzw. der Selbstevaluation. Dennoch wird ergänzend abgefragt, welche Kriterien im Rahmen eines Board Review als bedeutend eingestuft werden. Dabei ist die Relevanz von 13 vor-

---

971   Vgl. Jürgens/Lippert (2005), S. 67.
972   Vgl. Jürgens/Lippert (2005), S. 69.
973   Vgl. Jürgens/Lippert (2005), S. 73 ff.
974   Vgl. Grothe (2006).
975   Es wurden insgesamt 46 Interviews mit Aufsichtsratsmitglieder deutscher Aktiengesellschaften geführt, davon waren 69,6% Vertreter der Anteilseigner. Vgl. Grothe (2006), S. 118 ff.

gegebener Kriterien in eine Skala zwischen 1 (unwichtig) und 5 (äußerst wichtig) ein-zustufen.[976]

Diese Kategorien beinhalten Inputfaktoren wie zeitlichen Einsatz der Mitglieder außerhalb der Sitzungen, personelle und fachlich Qualität, Internationalität und Unabhängigkeit sowie Informationshaushalt und Zusammenarbeit mit dem Vorstand und Outputfaktoren wie identi-fizierte oder abgewendete Gefahren für die Zukunft des Unternehmens. Die höchsten Priori-täten wurden den personellen bzw. fachlichen Qualitäten (4,34), der Unabhängigkeit (4,27), der Zusammenarbeit und Kommunikation mit dem Vorstand (4,22), der Qualität der Beratung des Vorstands bei wichtigen strategischen Entscheidungen (4,20) und den identifizierten Gefahren (4.02) zugewiesen. Die niedrigsten Werte bekam die Außendarstellung des Aufsichtsrats (2,44) und der zeitliche Einsatz außerhalb der Sitzungen (2,93).

Bemerkenswert ist, dass sich die beschriebenen, die Effizienz fördernden Charakteristika deutscher Aufsichtsräte kaum von den in angloamerikanischen Studien des One-Tier-Boards formulierten Merkmalen unterscheiden. Damit ergibt sich ein weiteres Indiz, diese Erkenntnisse zur Entwicklung von allgemeingültigen Merkmalen heranziehen zu können. Dabei kann denjenigen, die sich auf Outsider-Mitglieder konzentrieren, eine höhere Vergleichbarkeit zugeschrieben werden.

Derartige empirische Studien über die Effizienz britischer Boards begannen als Vorbereitung bzw. im Rahmen der Entwicklung des Higgs-Report,[977] der sich mit Rolle und Effektivität von Non-Executive-Directors (NED) im One-Tier-System beschäftigt.

McNulty et al.[978] haben dafür auf der Grundlage von 40 Tiefeninterviews mit Direktoren, Chief Executives und Chairmen Empfehlungen entwickelt, um innerhalb des Boards Rechen-schaft und Verantwortlichkeit und damit Vertrauenswürdigkeit begründen zu können.[979]

Ziel ihrer qualitativen Analyse ist, Erkenntnisse sowohl über Kompetenzen, Verhaltensweisen und mögliche Beiträge effizienter NED als auch über die Schlüsselbedingungen zu bekommen, die es NED ermöglichen, diese Beiträge zu leisten.

---

[976]   Vgl. Grothe (2006), S. 381.
[977]   Vgl. Higgs (2003).
[978]   Vgl. McNulty et al. (2003). Sie sehen ihre Ergebnisse aber als nicht nur für Großbritannien als bedeut--
      sam an. Die britische Situation des One-Tier-System beinhaltet im Gegensatz zu den USA eine Tren-
      nung von CEO und Chairman und eine gleichgewichtige Besetzung durch Executive und Non-Exe-
      cutive-Directors. Die Konzentration auf Non-Executives lässt eine Übertragbarkeit auf das deutsche
      System des Aufsichtsrats als möglich erscheinen. Dennoch lehnen die Autoren das Two-Tier-System
      aufgrund der schlechteren Informationslage und geringerer Bereitschaft zu eigenen Beiträgen ab. Vgl.
      Roberts et al. (2005), S. 20.
[979]   Sie arbeiten mit dem Begriff der „Accountability". Für diesen existiert eine Vielzahl von Definitionen,
      die synonyme Begriffe wie Responsibility oder Liability verwenden. Umschreibungen beziehen sich
      darauf, dass eine klare Verantwortlichkeit erkennbar und zuzuordnen sein muss und derjenige jeweils
      zur Rechenschaft gezogen werden kann. In ihrem Beitrag von 2005 ziehen die Autoren eine Definition
      von Giddens heran. Danach heißt es: „to be ˙accountable˙for one´s activities is to explicate the reasons
      for them and to supply the normative grounds whereby they may be justified". Roberts et al. (2005),
      S. 10.

Dabei wird das Schaffen von Verantwortlichkeit als Hauptaufgabe der NED verstanden. Die Verantwortlichkeit besteht insbesondere gegenüber dem Management, das sich im Board für Entscheidungen und Planungen zu vertreten haben.

Um dieses zu gewährleisten, werden verschiedene Verhaltensweisen wie Herausfordern, Befragen, Debattieren, Testen und „auf die Probestellen" notwendig sein. Zum Ausgleich möglicher, diese Aufgabe erschwerender Informationsnachteile der NED ist eine fristgerechte und gute Informationsversorgung notwendig. Dies erfordert die Anerkennung möglicher positiver Beiträge von NED durch Executive-Directors, die wiederum über die Erfahrungen von NED in anderen Unternehmen und ihre Kenntnisse über das jeweilige Unternehmen selbst erworben werden kann. Kritisch wird gesehen, wenn NED sich selbst als Manager verstehen könnten und so möglicherweise die Autorität und Verantwortung der Executive-Directors untergraben.

Die Entwicklung einer hierfür förderlichem Atmosphäre von Offenheit, Respekt und Vertrauen ist dabei Aufgabe des Chairman. Sein Verhalten bestimmt, ob und inwieweit NED wirksam sind.

Von Relevanz ist zum einen die gute Beziehung des Chairman zu CEO, die dann positiv beeinflusst wird, wenn unterschiedliche individuelle Qualifikationen und Erfahrungen zusammenkommen und sich ergänzen. Zum anderen ist der Chairman aufgefordert, die notwendigen Qualifikationen und Erfahrungen, die im Board des Unternehmens vertreten sein sollen, zu identifizieren und durch Auswahl die geeigneten Mitglieder zu finden. Gleichzeitig sollten neue NED bei Einführung ausführlich über das Unternehmen informiert werden und wichtige Kontakte in das Unternehmen erhalten. Generell liegt die Sicherung rechtzeitiger und vollständiger Information in den Händen des Chairman, der auch die jeweilige Tagesordnungspunkte und die Intensität der Diskussion steuert.

Beide Rollen des NED, die Strategie- und die Kontrollrolle, sind dabei von Bedeutung, wobei diese jedoch in einem ausgewogenen Verhältnis stehen müssen.[980] Die Wirksamkeit beider Rollen wird nach McNulty et al. bestimmt durch die Stärke und Strenge der Prozesse des Schaffens von Vertrauenswürdigkeit.[981]

Die jeweils förderlichen Beiträge, Einstellungen und Qualifikationen von NED ordnen sie drei verhaltensorientierten Dynamiken oder Kräftespielen zu.

---

[980] Eine Dominanz der Strategierolle kann möglicherweise das Vertrauen der Investoren in die Corporate Governance untergraben; eine Dominanz der Kontrollrolle kann wiederum die Arbeit des Boards als einheitliches Gremium verhindern. Damit verbinden sie die Funktionen von Kontrolle und Zusammenarbeit, die sich ansonsten je nach theoretischer Konzeption diametral gegenüberstehen und ein Spannungsverhältnis erzeugen. So steht im Rahmen der Agency-Theorie eher die Kontrolle im Vordergrund, im Rahmen von Stewardship die Zusammenarbeit. Einen detaillierten Überblick über die gegensätzlichen Positionen liefern Sundaramurthy/Lewis (2003).

[981] Vgl. McNulty et al. (2003), S. 4.

Diese enthalten förderliche Verhaltensweisen, die jedoch nach Ausprägungsgrad auch negativ wirken können, oder scheinbar Gegensätzliches vereinen müssen.[982]

- *Engagiert und Non-Executive:*

Wertvolle Beiträge sind nur möglich, wenn sich der NED starkes Engagement einbringt und sein Wissen über das Unternehmen durch formelle und informelle Kontakte ausweitet, um das jeweilige Unternehmen möglichst vollständig zu verstehen. Kritisch ist dabei, dass nicht die Rolle des Executives, des Management, übernommen wird.

- *Herausforderung und Unterstützung:*

Über intensives Nachfragen über jeweilige Verantwortlichkeiten und deren Ergebnisse kann der NED nicht nur die Executives fördern, sondern mögliche zukünftige Irrtümer verhindern. Damit werden für Executives Standards der Vorbereitung gesetzt, so dass der Rechtfertigungsgedanke alltäglich präsent ist. Diese Herausforderung muss jedoch wohl informiert erfolgen und stets durch den Wunsch nach Verbesserung der Gesamtleistung motiviert sein.

- *Unabhängig und beteiligt*

Unabhängig beinhaltet, sich einen externen Blickwinkel zu bewahren, also unabhängig im Denken zu sein. So kann die Bereitschaft der Executives zu Offenheit und zum intensiveren Nutzen der Kenntnisse der NED gefördert werden. Damit ist es leichter, eine Kultur der offenen und diskursiven Diskussion zu entwickeln.

Im Rahmen des Higgs-Report sind daraus folgende persönliche Eigenschaften effektiver NED abgeleitet worden: Integrität und hohe ethische Standards, gesundes Urteilsvermögen, Fähigkeit und Bereitschaft zur Herausforderung und stark ausgeprägte zwischenmenschliche Kompetenzen.[983]

Auf der Grundlage dieser Eigenschaften entstand der Tyson-Report,[984] der sich der Auswahl und Entwicklung von NED widmet. Dabei werden die Anforderungen an die jeweiligen NED von den unternehmensindividuellen Faktoren wie Größe, Kundenstamm, Strategie oder geplanten zukünftigen Entwicklungen geprägt.[985] Bei der Zusammensetzung ist nach diesem Report insbesondere auf Vielfalt[986] zu achten, welche ein breiteres Spektrum an Perspektiven und Wissen begründet und positive und motivierende Signale an Stakeholder sendet. Um diese zu gewährleisten, schlagen sie einen breiteren, strengeren und transparenteren Such-

---

[982] Vgl. McNulty et al. (2003), S. 4 f.

[983] Vgl. Higgs (2003), 6.12. Letzteres wird in 6.15 konkretisiert. So soll ein NED wie folgt beschrieben werden können: "sufficient strength of character to seek and obtain full and satisfactory answers within the collegiate environment of the board."

[984] Vgl. Tyson (2003).

[985] Sie verzichten daher auf die Entwicklung einer Liste qualifizierter Kandidaten, sondern empfehlen eine Ausweitung des Blickwinkels auch auf Kandidaten von Non-Profit-Organisationen oder aus dem öffentlichen Sektor.

[986] Diese bezieht sich auf Hintergrund, Erfahrung, Geschlecht, Alter, Herkunft und Nationalität. Vgl. Tyson (2003), S. 1.

prozess für NED vor, der auch die Inanspruchnahme von professionellen Personalgesellschaften beinhaltet.

Auf der Grundlage ihrer qualitativen Ergebnisse für den Higgs-Report entwickeln Roberts et al.[987] ein neues theoretisches Konzept der Beurteilung der Effektivität von NED. Während danach formale Elemente wie Struktur, Zusammensetzung und Unabhängigkeit die Bedingung für Effektivität setzen, ist es somit das tatsächliche Verhalten der NED, welches über den Grad der Effektivität entscheidet.

Aus ihren Erfahrungen lehnen sie sowohl die traditionelle theoretische Unterscheidung zwischen Agency- oder Stewardship-Ansatz als auch die damit häufig verbundene Trennung von Kontrolle und Zusammenarbeit ab.

Zentral ist dagegen, Verantwortlichkeit[988] und Rechenschaft des Boards aufzubauen. Diese zu schaffende Vertrauenswürdigkeit geht in ihrem Verständnis über die Kontrollrolle hinaus.

Die NED unterstützen dabei das Management in der Geschäftsführung und beobachten und kontrollieren gleichzeitig das Managementverhalten. Dabei ist nicht so sehr die inhärente Spannung zwischen beiden Rollen relevant. Entscheidend für die Effektivität der Boards sei dagegen, inwieweit diese Verantwortlichkeit innerhalb des Boards im Hinblick auf Strategie und Erfolg geschaffen werden kann. Diese bezieht sich dabei sowohl auf die direkte Verantwortlichkeiten innerhalb des Boards als auch auf die gegenüber Investoren. Letztere spielt jedoch in der Argumentation eine geringere Rolle.

Dabei sind es wiederum die oben dargestellten Verhaltensbündel welche diese Verantwortlichkeit schaffen kann.

Dieses Konzept erlaube es, die dominante Agency-Theorie herauszufordern und für einen theoretischen Pluralismus einzutreten, so dass ein besseres Verständnis von Prozessen und Entwicklungen von Boards möglich ist. Damit fordern sie weitergehende qualitative Forschung über die wichtigen Corporate-Governance-Beziehungen innerhalb des Boards und zwischen Board und Investoren.

Der qualitative empirische Hintergrund der Aussagen von Roberts et al. konzentriert sich auf die spezifische Situation in Großbritannien. Aguilera[989] weist darauf hin, dass unterschiedliche internationale Systeme möglicherweise die Rahmenbedingungen und damit die Möglichkeiten, Rechenschaft und Verantwortlichkeit zu schaffen, beeinflussen. Sie erweitert demnach um einen Vergleich der unterschiedlichen Systeme und institutionellen Bedingungen und empfiehlt einen breiteren Blickwinkel auf Corporate Governance. So beeinflussen die

---

[987]   Vgl. Roberts et al. (2005). Der Aufsatz ist der erste Beitrag und der Schwerpunkt einer Sonderausgabe des British Journal of Management. Die weiteren Beiträge diese Ausgabe sind Kommentare zu diesem Aufsatz und ein Abschluss, der wiederum Antworten auf die Kommentare beinhaltet. Nach einer kurzen Zusammenfassung folgen hier eine Auswahl der Kommentare, ergänzt um die Repliken von McNulty et al. (2005).

[988]   Sie arbeiten wiederum mit dem Begriff der „Accountability".

[989]   Vgl. Aguilera (2005).

jeweilig unterschiedlichen Definitionen von Corporate Governance (Shareholder vs. Stakeholder) und Verständnisse der Rolle von Aufsichtsgremien jeweils, für welchen Zweck und gegenüber wem die Mitglieder verantwortlich seien.

Erst nach Beantwortung dieser Fragen sei eine Diskussion möglich, wie diese Rechenschaft begründet werden könne.[990] Dieser Argumentation entgegnen McNulty et al., dass im Zentrum jeglicher Ansätze die Gewährleistung langfristig orientierter Wertschöpfung stünde. Damit sei es – unabhängig vom jeweiligen Zweck der Verantwortlichkeit – von immenser Bedeutung, mehr über die Prozesse zu erfahren, die geeignet sind diese – unter unterschiedlichen institutionellen Bedingungen – erschaffen zu können.[991]

Hendry[992] unterstützt die theoretischen Argumentationen vom Roberts et al. und ihre Aufforderung, den engen Blickwinkel der Agency-Theorie und die klassische Polarisierung zwischen Kontrolle und Zusammenarbeit zu verlassen. Er schließt sich ihrem Appell an, weitere Forschung unter pluralistischen theoretischen Konzepten fortzuführen. Dennoch sieht er gleichzeitig die Möglichkeit, aus dem Zusammenspiel zwischen Theorie und realer Beobachtung, nach Lakatos eine Basis für Erweiterung der Agency-Theorie zu ziehen.

Ausgehend von dem Prämissen der Agency-Theorie, welche von der Maximierung des Eigeninteresses und opportunistischem Verhalten ausgeht und dabei alle notwendige Kompetenzen als gegeben ansieht, sieht er insbesondere letztere Annahme im Hinblick auf Manager als fragwürdig an.[993] Seine Argumentation ersetzt die Prämissen durch die Annahme von „honest incompetence", die sich aus Simons redlicher Anstrengung bei begrenzter Rationalität zusammensetzt.

Damit werden von den Erwartungen des Principals abweichende Verhaltensweisen des Agenten nicht mit der Verfolgung von Eigeninteressen erklärt. Ursächlich ist dagegen die Unmöglichkeit des Prinzipals, für jede mögliche Situation das gewünschte Ergebnis ex ante eindeutig zu definieren und damit die Unmöglichkeit des Agenten, die gewünschten Ergebnisse zu liefern.[994]

Ohne Insider-Wissen über die spezifischen involvierten Persönlichkeiten, sei es jedoch aus der Distanz nicht möglich, kompetentes Eigeninteresse und „honest incompetence" zu unterscheiden.[995]

---

[990] Vgl. Aguilera (2005), S. 40 f. So
[991] Vgl. McNulty et al. (2005), S. 103.
[992] Vgl. Hendry (2005).
[993] Vgl. Hendry (2005), S. 58. Er verweist auf Simon und die Theorie beschränkter Rationalität mit Verhaltensweisen, die nicht auf Optimierung sondern auf Zufriedenheit zielen. Diese würden von der Agency-Theorie aufgrund fehlender Modellierbarkeit ignoriert.
[994] Vgl. Hendry (2005), S. 58.
[995] McNulty et al. (2005, S. 102) begrüßen diesen Ansatz und betonen, dass er durch die Ergebnisse ihrer Interviews unterstützt werde. So werde opportunistisches Eigeninteresse als deutlich geringeres Problem als fehlende Gruppenorientierung und/oder Fähigkeiten eingestuft.

Die verhaltensorientierten Empfehlungen von Roberts et al. werden von Shen unterstützt.[996] Im Zentrum seines Beitrags steht jedoch, durch welche Anreize NED zu diesem Verhalten motiviert werden können. Ausgehend von Hinweisen auf eher passives Verhalten von NED argumentiert Shen, dass dieses möglicherweise nicht durch fehlendes Rollenverständnis, sondern durch fehlende Anreize begründet werden kann.

Dabei wird ein Agency-Blickwinkel eingenommen, der die NED als Agenten der Aktionäre versteht, sodass durch geeignete Anreizsysteme ihre Interessen an die ihrer Principals anzugleichen sind. Roberts et al. Argumentation mit dem Wunsch nach Respekt und Anerkennung durch die Executive Directors wird als wenig überzeugend gewertet, da im Vordergrund Respekt und Glaubwürdigkeit der Aktionäre stünde.[997] Gleichzeitig beinhalte sozialer Druck die Anforderung, Autonomie und Autorität des Managements zu erhalten, so dass NED eher entmutigt würden, sich für Governance-Reformen einzusetzen, und Unabhängigkeit im Denken erschwert werde.[998]

Es sind daher Anreizsysteme nötig, die zu Unabhängigkeit im Denken und ernsthaften Einsatz motivieren. Als Lösung schlägt Shen vor, NED durch Aktien der Unternehmen zu entlohnen. Gleichzeitig sollten sie aufgefordert werden, zusätzlich eigenes Vermögen in eine bedeutsame Anzahl von Aktien zu investieren. Diese Aktien – zumindest ein großer Anteil – sollten während der gesamten Amtszeit und zwei weitere Jahre gehalten werden müssen, sodass die langfristige Unternehmenswertentwicklung im Vordergrund steht. So wären NED gleichzeitig Eigentümer, mögliche Interessenskonflikte zu den Aktionären lösten sich auf.

In ihrem Kommentar zu Shen betonen McNulty et al., dass im britischen System Aktienbesitz und insbesondere Optionsbesitz durch NED nicht als wesentlich betrachtet werde.[999] So werden in ihren Interviews eher Hindernisse durch größere Haftung oder schwieriger Absicherung erwähnt.

---

[996] Vgl. Shen (2005). Auch er begrüßt eine starke Betonung der Funktion zur Zusammenarbeit und Unterstützung des CEO durch das Board, ohne dabei die Kontrollrolle aus den Augen zu verlieren. Die jeweilige Priorität der beiden Rollen werde dabei von der aktuellen Dauer der Amtszeit des CEO beeinflusst. So sollte bei etablierten CEOs, die sich dem Ende ihrer Amtszeit nähern die Kontrollrolle und bei neuen CEOs die Zusammenarbeit betont werden. Vgl. Shen (2005), S. 82.

[997] Vgl. Shen (2005), S. 83. Zudem wäre die Berufung in das Board schon Ausdruck der Anerkennung durch die Executives und damit wenig Anreiz, die Zeit, das Interesse und Engagement zu entwickeln, sich mit den notwendigen Informationen vertraut zu machen.

[998] So werde es von den Direktoren erwartet, sich für die gemeinsamen Interessen einzusetzen. Bei Teilnahme an kritischen Argumentationen oder Veränderungsvorschlägen ist mit sozialen Sanktionen der Gruppe zu rechnen. Vgl. Shen (2005), S. 84. Er bezieht sich auf empirische Studien von Westphal/Khanna (2003). Diese zeigen, dass soziale Sanktionen ausgeübt werden, wenn NED sich für die Trennung von CEO und Chairman, die Bildung unabhängiger Personalausschüsse, die Rücknahme von Poison Pills und die Entlassung des CEO einsetzen.

[999] Vgl. McNulty et al. (2005), S. 101 f. Der Higgs Report sieht es als nicht wünschenswert an, wenn NED einen großen Anteil ihres Privatvermögen in Unternehmensaktien halten, da dadurch die Unabhängigkeit gefährdet werde. Vgl. Higgs (2003), 12.26. Die unterschiedliche Sichtweise wird durch unterschiedliche Definitionen von Eigentum begründet. So betonen McNulty et al., dass die Aktionäre nicht Eigentümer des Unternehmens sind. Die Direktoren sind jedoch dem Unternehmen, nicht den Aktionären verpflichtet. Durch Aktienentlohnung käme es zudem eher zu einer Annäherung der Interessen von Direktoren und Fondsmanagern als zu Aktionären.

Unabhängig von den jeweilig vorgeschlagenen Elementen der Entlohnungssysteme wird die Interdependenz zu diesem Governance-Mechanismus deutlich. Gleichzeitig liegen sehr wenig wissenschaftliche Erkenntnisse vor, die sich mit der Motivation auseinandersetzen, ein Mandat als NED anzunehmen.[1000]

Pye/Pettigrew[1001] werten den Beitrag von Roberts et al. als wertvoll und sehen ihn als Ergänzung eigener Erkenntnisse zur Boardeffizienz. Ihre Kommentare beziehen sich daher weitgehend auf die Methode. Sie unterstützen die Forderung, eine stärkere theoretische Fundierung zu entwickeln. Dabei empfehlen sie jedoch, im Rahmen der Untersuchung von Prozessen mehr Gewicht auf unterschiedliche Rahmenbedingungen der Unternehmen, auf die Dynamik und unterschiedliche Interessengruppen zu legen, welche das Verhalten der NED beeinflussen.[1002]

Huse stellt in seiner Entgegnung auf Roberts et al. die Entwicklung eines Rahmengerüstes für zukünftige Erforschung der verhaltensorientierten Perspektive von Aufsichtsgremien und damit von Corporate Governance vor.[1003] Auch hier steht im Mittelpunkt, wie Rechenschaft und Verantwortlichkeit, welche mit Wertschöpfung verbunden wird, geschaffen werden kann. Er betont dabei, dass Rechenschaft entsteht, wenn bestehende Lücken zwischen Rollenerwartungen und der tatsächlichen Aufgabenerfüllung geschlossen werden kann.

Das Rahmengerüst gründet sich auf einen pluralistischen theoretischen Ansatz, berücksichtigt verschiedene Board-Rollen, das Verständnis von Entscheidungsprozessen und das Board als offenes soziales System in der Interaktion mit internen und externen Akteuren. Das Unternehmen wird als Zusammensetzung von Beziehungen und Ressourcen verstanden, deren Zielsetzung die Wertschöpfung ist.

Im Rahmen des Kontingenzansatzes werden neben den Akteuren, den Stakeholdern und den Boardmitgliedern Kontextfaktoren wie nationale Unterschiede und Unternehmensmerkmale wie die jeweilige Branche, Eigentümerstrukturen und Unternehmensgröße einbezogen. Der

---

[1000] Vgl. Gomez/Russel (2005). Als Anreize werden der Prestigegewinn, die Ausweitung des persönlichen Netzwerks und mögliche neue Erfahrungen diskutiert - als Hindernisse der intensive notwendige Einsatz bei relativ geringer Entlohnung und steigenden Haftungsrisiken. Agencytheoretische Argumentationen konzentrieren sich im Rahmen von Entlohnungssystemen auf das schon eingestellte Management und empfehlen Interessenausgleich durch Aktienbesitz. Ressourcentheoretische Aussagen begründen nur die Motivation von Unternehmen, unabhängige Direktoren einzuziehen. Ausgehend von Stewardship- und Motivationstheorie entwickeln Gomez/Russel die Thesen, NED werden zumindest ebenso motiviert sein, dem Unternehmen zu dienen, wie dazu, ihre eigenen Interessen zu verfolgen. Sie werden zudem motiviert durch ein Verantwortungsgefühl gegenüber dem Unternehmen und der gesamten Gesellschaft. Gleichzeitig wirken Bedürfnisse nach Erfolg, nach kognitiver Herausforderung, nach Macht und danach, sich einbringen zu können, förderlich.

[1001] Vgl. Pye/Pettigrew (2005).

[1002] McNulty/Roberts/Stiles weisen in ihrer Antwort darauf hin, dass die Studie als Vorbereitung für den Higgs Report entstand, und das Ziel hatten Erkenntnisse über das Rollenverständnis, das Verhalten und die Beziehungen von NED zu diesem Zeitpunkt zu gewinnen. Vgl. McNulty/Roberts/Stiles (2005), S. 104 ff.

[1003] Vgl. Huse (2005).

200

eingenommene evolutionäre Blickwinkel berücksichtigt Lernprozesse auf unterschiedlichen Ebenen, individuell und im Rahmen der Gruppe.

Externe Perspektiven auf Rechenschaft und Rollenerwartungen beinhalten die Kontrolle von Verhalten, Entscheidungen und Ergebnissen des Managements und haben damit externe, interne und strategische Blickwinkel. Die internen Perspektiven betonen Zusammenarbeit und strategische Beteiligung der Boardmitglieder sowie deren jeweiligen Beiträge über persönliche Qualifikationen – und damit die Servicerolle mit Beratung, Networking und Beteiligung an Strategieentwicklung.

Die Herstellung von Rechenschaft und Verantwortlichkeiten wird davon beeinflusst, wie die unterschiedlichen Perspektiven und Rollen ausbalanciert werden. Dafür ist notwendig, das tatsächliche Verhalten des Boards zu untersuchen – die Entscheidungskultur, formelle und informelle Strukturen und Nomen wie die Interaktion. Dabei ergänzt Huse die von Roberts et al. empfohlenen Verhaltensweisen um weitere vier Variablen: Offenheit und Generosität, Bereitschaft und Beteiligung, Kreativität sowie Bereitschaft und Fähigkeit zur Kritik,[1004] die den jeweiligen Rollen zugeordnet werden. Dabei werden zusätzliche Unternehmensmerkmale relevant.

Die jeweiligen Rollenerwartungen definieren somit die jeweilige Verantwortlichkeit, während das Schaffen der Verantwortlichkeit durch das ausbalancierte Entsprechen dieser Erwartungen im tatsächlichen Verhalten besteht.[1005]

Im Hinblick auf die angewendete Methode der Interviews, welche einen Überblick über subjektive Einschätzungen und Erfahrungen liefern, weist Huse auf häufig formulierte Kritik eines Mangels an Strenge bei der Bestimmung der Unsicherheit hin. Es sei daher notwendig, zukünftige Forschung um objektivere Elemente wie direkte Beobachtungen auszuweiten.

Auch O´Donnell/Regan weisen explizit darauf hin, dass die Interviewmethode nur Informationen liefern kann, die stellvertretend für reale Erkenntnisse über Prozesse und Abläufe der Arbeit bzw. der Entscheidungsprozesse von Boards stehen.[1006]

Dennoch nutzen sie diesen Ansatz, um zumindest vorläufige weitere Informationen über Boardprozesse zu erhalten. Im Zentrum der Argumentation steht dabei der kritische konstruktive Dialog – also die Kommunikation und die Interaktion – innerhalb der Gruppe. Dieser wird als entscheidender Einflussfaktor für die Effektivität des Boards und die Unternehmensperformance angesehen. Diese Hypothese wird jedoch nicht weiter untersucht.

[1004]   Vgl. Huse (2005), S. 73. Er bezieht damit eigene empirische Ergebnisse von 2004 ein, die aus einer Untersuchung von 490 norwegischen Unternehmen stammen.

[1005]   McNulty et al. (2005, S. 104) setzen dieser Argumentation entgegen, dass in ihren Interviews nicht der Eindruck vermittelt würde, zwischen mehreren Rollen wechseln zu müssen. Die eindeutige und diskrete Abgrenzung einzelner Rollen entspreche damit nicht der praktischen Realität.

[1006]   Vgl. O´Donnell/O´Regan (2006). Ihre Stichprobe enthält die Unternehmen des FTSE-500 Index vom 1. Mai 2004. Sie haben insgesamt 1274 Non-Executive-Directors angeschrieben. In die Analyse flossen 87 Fragebögen ein.

Dagegen stellen sie in Zentrum, Faktoren zu erkennen, welche die Qualität des kritischen Dialogs beeinflussen. Dabei werden neben der Führungsrolle des Chairman die Variablen der Auswahl geeigneter Mitglieder, der klaren Rollenabgrenzung und des Zugriffs auf Informationen herangezogen, wobei mögliche Interdependenzen berücksichtigt werden.[1007] Die unterstellten Zusammenhänge werden mit der Methode der kleinsten Quadrate (PLS) geprüft.

Im Ergebnis ergeben sich jeweils positive Verknüpfungen, von denen nur zwei nicht signifikant sind.[1008] Damit kann die abhängige Variable, die Qualität des kritischen Dialogs, zu 55,5 % erklärt werden.

Die Autoren stellen den explorativen Charakter ihrer Studie heraus. Dennoch zeigen sich wiederum deutliche Hinweise auf die Bedeutung von qualitativen Merkmalen der Prozesse, der Interaktion und der persönlichen Eigenschaften der Mitglieder.

Insbesondere der Beitrag von Roberts et al. und die dargestellten Kommentare zeigen die Vielfalt der qualitativen Diskussion und weisen auf die Notwendigkeit weiterer Forschung hin, die im Methodenansatz über die Erfassung subjektiver Einschätzung der Gremienmitglieder selbst hinausgeht.

Van den Berghe//Levrau haben ein weitergehendes Instrument entwickelt, um die Effizienz eines Boards im Hinblick auf Corporate Governance zu identifizieren.[1009] Dabei wird der Schwerpunkt nicht nur auf Verhaltensansätze, sondern explizit auch auf die Prozesse innerhalb des Boards gelegt. Sie ziehen dafür – neben Interviews – eine Analyse wissenschaftlicher Literatur und den externen Blickwinkel gängiger Ratingsysteme heran.[1010] Somit werden Beiträge zur Objektivierung von Selbsteinschätzungen berücksichtigt.

Aus der wissenschaftlichen Literatur ziehen sie einzig heran, dass zu große Boards weniger effizient sind und so Corporate Governance negativ beeinflussen.[1011]

Aus der Auswertung der unterschiedlichen Ratingsysteme ergeben sich mehrere Elemente, die nach Häufigkeit ihrer Verwendung in den Ratingsystemen drei Kategorien zugeordnet werden.

[1007]   Diese Variablen werden jeweils anhand der Einschätzung der NED mit Likert-Skalen gemessen. So wird im Hinblick auf den Chairman z.B. eine Bewertung des Führungsstil, der Diskussionsleitung und der Wertschätzung der Beiträge von NED erfragt. Im Hinblick auf die Mitgliedsauswahl steht die Transparenz dieses Prozesses und dessen Ausrichtung an notwendigen Erfahrungen und Qualifikationen im Vordergrund. Die Rollen werden auf der Definitionen von Macht, Einflussmöglichkeiten und Verantwortung der NED beschrieben. Bei der Informationsversorgung wird deren Relevanz und Verfügbarkeit erfragt. Vgl. O´Donnell/O´Regan (2006), S. 5 ff.

[1008]   Vgl. O´Donnell/O´Regan (2006)., S. 13 ff. Dabei handelt es sich um die Verbindung zwischen der Führungsqualität und der Auswahl von Mitgliedern sowie der zwischen Informationsqualität und Rollenabgrenzung.

[1009]   Vgl. Van den Berghe/Levrau (2004).

[1010]   Dabei ziehen sie Déminor, S&P, ISS, CLSA, DVFA, Brunswick Warburg; ICLG und ICRA heran. Vgl. Van den Berghe/Levrau (2004), S. 473 ff.

[1011]   Sie analysieren zusätzlich die Literatur zu den Merkmalen Unabhängigkeit und Führungsstruktur und finden wiederum keine eindeutigen Ergebnisse. Vgl. Van den Berghe/Levrau (2004), S. 462 f.

Die erste Kategorie, die bei fast allen Ratingsystemen benutzt wird, beinhaltet die Unabhängigkeit externer Direktoren, die Einrichtung von Ausschüssen – insbesondere eines Prüfungsausschusses – und die Entlohnungssysteme von Direktoren und Managern, welche Options- und/oder Aktienpläne enthalten. Weniger Gewicht hat die zweite Kategorie mit Größe (Maximalgröße), Führungsstruktur (personale Trennung von Chairman/CEO), Aufgabenverteilung zwischen Direktoren und Management und Häufigkeit der Sitzungen (Minimum-Anzahl). Die geringste Bedeutung hat die dritte Kategorie mit Zugriff auf Information, Altersbeschränkung, Boardevaluation und Aus- und Weiterbildung.

Diese Ergebnisse eines externen Blickwinkels werden ergänzt um Einschätzungen von aktiven Direktoren, die insbesondere fünf Elemente herausstellten.[1012]

Dabei wurde als wichtigstes Element die Qualität der Treffen (40,6%) angegeben. Kritisch seien hier neben der Informationsversorgung zum einen die Vorbereitung der einzelnen Direktoren und ihre Lernbereitschaft. Zum anderen sollte die Diskussion offen, neutral und objektiv erfolgen. Die einzelnen Mitglieder sind damit aufgefordert, nicht nur kritisch sondern auch konstruktiv zu sein, und mentale, aktive Präsenz zu zeigen. Der Chairman sollte führen und treibende Kraft sein, ohne dabei dominant zu wirken.

Die Zusammensetzung des Gremiums folgt auf zweiten Rangplatz (27,4%). Dabei werden die Dimensionen Vielfalt und Komplementarität hervorgehoben. Die Anzahl von Insider- und Outsider-Direktoren sollte ausbalanciert sein. Im Hinblick auf Erfahrung und Wissen der Direktoren wird ein Minimumswissen der Rechnungslegung, der Branche sowie der gesetzlichen Rahmenbedingungen gefordert. Internationalität werden sowohl Vor- als auch Nachteile zugeordnet. Es wird keine optimale Boardgröße formuliert, sondern wiederum davon gesprochen, zu große Gremien zu meiden.

Relativ geringes Gewicht hat die Rolle des Gremiums als Entscheidungsträger (18,9%). Hier wird die Relevanz der Teambildung, der Zusammenarbeit, des gegenseitigen Respekts und einer positiven Grundeinstellung erwähnt. Wichtig ist die richtige Chemie und gegenseitiges Vertrauen. Dabei sollten moralische Prinzipien und Wertvorstellung nicht diskutierbar sein und eine gemeinsame Kultur des Boards entwickelt werden. Das einzelne Mitglied sollte sich verantwortlich fühlen, gedanklich unabhängig sein und Sinn für Humor haben. Empfohlen werden zusätzliche informelle Treffen des Gremiums.

Bei der Zuordnung der Relevanz der unterschiedlichen Rollen werden die Strategie und die Kontrolle betont. Gleichzeitig sollte das Board zu einem gewissen Maß dem Entrepreneur-gedanken folgen und Mut zum Risiko aufweisen, dabei aber zur Prävention von Miss-management Regelwerke implementieren und deren Einhaltung überwachen.

[1012]   Diese resultieren aus Tiefeninterviews mit 80 belgischen Boardmitgliedern, welche aufgefordert wur den, aufzulisten, was ihrer Meinung nach ein effizientes Board auszeichnet. Vgl. v. d. Berhe/ Levrau (2004). S. 465.

Die konstruktiven Beziehungen zwischen Board/Management und Aktionären werden nur von einer Minderheit (4%) als wichtig eingestuft.

Auf der Grundlage dieser drei Komponenten entwickeln van den Berghe/Levrau ihr Evaluationsinstrument. Diese enthält acht unterschiedliche Elemente, deren Realisation durch den Chairman steuerbar ist:[1013]

- richtige Struktur: internationale und nationale Empfehlungen werden eingehalten, diese entsprechen jeweils dem Stand der Unternehmensentwicklung und der Unternehmensstrategie

- richtige Menschen: bei neuen Outsider-Mitgliedern ist sowohl sein Profil als auch die Integration in die Gruppe relevant, der Chairman bedarf weiterer Charakteristika, die Insider-Mitglieder sollten sorgfältig ausgewählt werden

- richtige Kultur: der formale Grad der Treffen und die offene und kritische Einstellung der Direktoren in der Diskussion, der Entscheidungsprozess und die Beziehungen innerhalb des Boards

- richtige Aufgabenstellung: beide Rollen des Boards müssen erfüllt werden, Verantwortlichkeiten können zwar delegiert werden, aber die praktische Verteilung der Verantwortlichen und deren Interaktion ist zu berücksichtigen

- richtige Information: die Qualität und Quantität der Informationsversorgung insbesondere der Outsider-Direktoren, verbunden mit deren Diskretion und Verlässlichkeit

- richtiger Prozess: das Format der Meetings dargestellt u.a. mit Häufigkeit und Dauer sowie der Anwesenheit der Mitglieder, die Existenz von Codes of Conduct, Satzungen oder anderen schriftlichen Darlegungen der Vorgehensweisen

- richtige Entlohnung: Entlohnungspolitik für Insider- und Outsider-Mitglieder ohne Betonung einer Orientierung an der Wertentwicklung, die Veröffentlichungspraxis der Entlohnung

- richtige Evaluation: diese enthält drei Bestandteile: die Zusammensetzung des Boards sowie die Leistung des Gesamtgremiums und der Einzelmitglieder

Mit diesem Instrument wurden nur die Boards gelisteter belgischer Unternehmen bewertet. Dabei wurde in zwei Schritten vorgegangen.

Zum ersten wurden für alle 131 Unternehmen die öffentlich verfügbaren Informationen wie Geschäftsberichtete etc. ausgewertet. Es wurde analysiert, ob und wie diese Unternehmen neun Basiskriterien, die aus den belgischen Corporate Governance-Empfehlungen stammen und als Mindeststandard angesehen werden, erfüllen. Daraus entstand ein Ranking, wobei 28

[1013]   Vgl. für die Aufstellung van den Berghe/Levrau (2004), S. 467 ff.

Unternehmen die Höchstpunktzahl erreichten. Gleichzeitig wurde die Veröffentlichungspolitik nach 17 Indikatoren beurteilt, daraus ergaben sich weitere 11 Unternehmen.

In den zweiten Schritt gingen dann davon 30 Unternehmen ein. Hier wurden jeweils mit zwei Direktoren – vorzugsweise dem CEO und Chairman[1014] – Tiefeninterviews mit halboffenen und offenen Fragen geführt. Eine Verschriftlichung dieser Interviews wurde von den Direktoren geprüft und vervollständigt.

An der Spitze liegen dabei die Kriterien bezüglich der richtigen Kultur und Aufgabenstellung. Die niedrigsten Werte bekamen die richtige Entlohnung und die richtige Evaluation. Drei Komponenten wiesen negative Werte aus, so dass Hinweise bestehen, dass Unternehmen nur eine Minderzahl der Kriterien erfüllt. Einige Boards erzielten jedoch auch Maximalwerte.[1015]

Relevant sind damit hier Eigenschaften der jeweiligen Mitglieder, des Gremiums und des jeweiligen Unternehmens wie Strategie bzw. Wachstum und Entwicklungsstand bzw. ökonomische Situation, die jeweils zueinander passen sollten.

Die Methodik von van den Berghe/Levrau wird von Leblanc/Gillies[1016] erweitert. Dabei verwenden sie mehrere methodische Ansätze, um grundlegende Hinweise auf die Charakteristika effizienter Boards zu bekommen.

Sie untersuchen insgesamt 39 nordamerikanische Unternehmen; davon sind 29 Privatunternehmen, vier werden staatlich geführt und sechs sind Non-Profit-Organisationen.[1017] In einem Zeitraum von fünf Jahren führten sie 194 persönliche Interviews mit Direktoren, die unterschiedliche Hintergründe ausweisen. Gleichzeitig war es ihnen möglich, bei 21 Unternehmen an Sitzungen des Boards oder von Ausschüssen teilzunehmen und diese zu beobachten. Bei acht dieser 21 Unternehmen konnte im Zeitverlauf an mehreren Sitzungen teilgenommen werden.

Ausgehend von der Betrachtung des Boards als wichtigsten Entscheidungsträger des Unternehmens, welches somit ursächlich für den wirtschaftlichen Erfolg im Sinne des Shareholder-Values und der Stakeholder-Interessen sei, begründen sie bis dato fehlende eindeutige Belege

---

[1014] Wenn dieser kein Outsider-Mitglied bzw. unabhängig ist, wurde ein anderer Outsider interviewt.
[1015] Vgl. van den Berghe/Levrau (2004), S. 469 und Tabelle 3 S. 477 f.
[1016] Vgl. Leblanc/Gillies (2005). Der Anhang 2 (S. 263 – 284) widmet sich der genauen Darstellung der empirischen Methoden der Datengewinnung und der Auswertung.
[1017] Vgl. Leblanc/Gillies (2005). S. 2. Die Unternehmen arbeiten in fast allen Sektoren, variieren in der Größe von klein bis sehr groß, die Eigentümerstrukturen variieren zwischen sehr konzentriert bis weit gestreut, die meisten Unternehmen sind an den Börsen von Toronto und/oder New York notiert. Es wird ausdrücklich darauf hingewiesen, dass es sich bei den Unternehmen und bei den interviewten Direkto--ren nicht um eine Zufallsstichprobe handelt und so aus ihren Einschätzungen keine generalisierenden Aussagen abgeleitet werden können. Die Analyse des Buches konzentriert sich jedoch auf die Rolle von Direktoren in Unternehmen mit breit gestreuter Eigentümerstruktur. Vgl. Leblanc/Gillies (2005), S. 48.

für diese Ursache-Wirkungs-Beziehung damit, dass keine Informationen über die tatsächliche Arbeitsweisen von Boards vorliegen.[1018]

Somit können auch die Charakteristika effektiver[1019] Boards nicht benannt werden. Die Effektivität von Boards ist dabei – nach ihrer These – eine Funktion der Kompetenzen und charakteristischen Verhaltensweisen der einzelnen Mitglieder und deren passende Zusammensetzung im Gesamtgremium.[1020] Dabei wird die Passung gleichzeitig von Unternehmensmerkmalen bestimmt.

Die Verantwortlichkeiten des Boards sind dabei gesetzlich geregelt und beinhalten international die fiduziarische Verpflichtung, ehrenhaft und im Interesse des Wohles der Unternehmung zu handeln, und die Sorgfaltspflicht. Die Wahl der Direktoren erfolgt durch die Aktionäre. Erstaunliches Ergebnis der Interviews ist, dass die Mehrheit einige ihrer Kollegen für inkompetent halten. Dennoch kommt es nicht zu Rücktritten oder Entlassungen, sodass im Endeffekt der Direktor nur gegenüber sich selbst verantwortlich sei.[1021] Gleichzeitig schreiben einige Direktoren vielen ihrer Kollegen, insbesondere Outsidern, zu geringe Kenntnisse über das jeweilige Unternehmen bzw. den verfolgten Geschäftsbereich zu und stufen das Board, in dem sie vertreten sind, als dysfunktional ein.[1022]

Als Gründe hierfür werden Mangel an Vertrauen zwischen Management und Board, an Einsatzbereitschaft einiger Mitglieder und im Management des Boards selbst herausgestellt. Dadurch erhalten Boardmitglieder zu wenige Informationen, um entscheidende Beiträge im Entscheidungsprozess liefern zu können. Ein Grund für diese Probleme kann nach den Autoren im Missverständnis zwischen CEO und Board über dessen Rolle liegen. Gleichzeitig gäbe es zu wenig Vorbereitung auf die Übernahme eines neuen Mandats und die Unternehmen vernachlässigten eine fördernde Ausbildung neuer und bestehender Direktoren.

International bestehende „Best Practice" Empfehlungen können nach Leblanc/Gillies keine Effektivität begründen, stellen jedoch essentielle - wenn auch nicht ausreichende - Rahmenbedingungen dar.

Aus ihren Beobachtungen und Interviews ergibt sich jedoch eine Gemeinsamkeit der als effektiv angesehenen funktionalen Boards. Diese Boards weisen die jeweiligen Verantwortlichkeiten und Pflichten in relativ präzisen Arbeitsbeschreibungen aus. Damit ist zum einen mit hoher Wahrscheinlichkeit gesichert, dass alle relevanten Fragen im Board diskutiert werden. Zum anderen ergibt sich eine Grundlage zur Evaluation. Eine direkte

---

[1018] Sie sprechen davon, dass möglicherweise diese Erkenntnisse über die Entscheidungsprozesse im Board die Antwort auf die Suche nach dem « missing link » zwischen Corporate Governance und Unternehmenserfolg sein kann. Vgl. Lebland/Gillies (2005), S. 29.

[1019] Sie definieren dabei „an effektive board *by definiton* is one that preserves and increases shaireholder value" (S. 136).

[1020] Vgl. Leblanc/Gillies (2005), S. 8.

[1021] Vgl. Leblanc/Gillies (2005), S. 52. Sie benutzen hier den Ausdruck „accountable", der bei McNulty et al. die Schlüsselrolle spielt.

[1022] Vgl. Leblanc/Gillies (2005), S. 67.

Evaluation einzelner Mitglieder über eine Verknüpfung mit dem Unternehmenserfolg lehnen sie ab.

Formale Evaluation ist dagegen sehr förderlich, erfolgt jedoch eher selten. Selbst wenn Unternehmen angeben, diese durchzuführen, gäbe es keine Informationen, wie diese ausgeführt werden – es könnten sich um reine, selbst ausgefüllten Check-Listen handeln. Der positive Effekt einer Evaluation für das Unternehmen liegt hier in vier Faktoren: sie ermöglicht einen tiefen Einblick in die geleistete Arbeit und den jeweiligen Beitrag, sie vertieft die Diskussion und sie setzt ein Signal, welches Glaubwürdigkeit und Anerkennung begründen kann. [1023] Für die Mitglieder selbst verringert sich eine mögliche Ineffizienz, die aus Unkenntnis der Erwartungen resultiert. [1024]

Als Orientierungshilfe stellen sie Arbeitsbeschreibungen für Direktoren, den Chairman, den CEO und eine Corporate-Governance- Direktor vor. Diese beinhalten jeweils eine Liste von Aufgaben, deren Erfüllung als „Best Practice" die notwendigen Rahmenbedingungen setzen. [1025]

Dabei werde bei den Direktoren das intensive Hinterfragen am häufigsten vernachlässigt.

Diese Arbeitsbeschreibungen verdeutlichen einen hohen Zeiteinsatz. Leblanc/Gillies weisen darauf hin, dass sich somit die Entwicklung einer Boardmitgliedschaft, besonders wenn mehrere wahrgenommen werden, zu einer Vollbeschäftigung verstärken wird. [1026]

Die beobachteten Boards unterteilen die Autoren in traditionelle und effektive Boards. Unterscheidungskriterium ist das jeweilige Messinstrument der Qualität: traditionelle Boards werden formal über die Befolgung bzw. Einhaltung von Regulierungselementen gemessen. Damit ist die Struktur und nicht die Funktion ausschlaggebend. Es gibt jedoch keine valide belegte Möglichkeit, diese Boards mit Unternehmenswerten zu verknüpfen. [1027]

[1023]   Vgl. Leblanc/Gillies (2005) S. 96 ff. In der Signalwirkung ähnelt die Argumentation der von McNulty et al. (2003). Nur benutzen Leblanc/Gillies hier nicht den Begriff „Accountability" sondern sprechen von „credibility".

[1024]   Vgl. Leblanc/Gillies (2005), S. 84 ff. Hier liegt eine Parallele zu Huse (2005), der über die Erfüllung der Rollenerwartungen «Accountability» definiert.

[1025]   Für die vollständigen Listen vgl. Vgl. Leblanc/Gillies (2005) für den Direktor S. 86 f, den Chairman, S. 88 ff., den Chair of a Committee S. 91 f., den CEO S. 93 f. und den CGO S. 95 f.

[1026]   Vgl. Leblanc/Gillies (2005), S. 67 ff

[1027]   Vgl. Leblanc/Gillies (2005) S. 107 ff. Sie diskutieren nochmals bekannte formale Merkmale. Im Hinblick auf Unabhängigkeit stellen auch sie diese nur als förderlich heraus, wenn sie als Einstellung „state of mind" existiert (S. 110). Eine Trennung von CEO und Chairman sehen sie als förderlich, da es sich um völlig unterschiedliche Aufgaben handele, dennoch gebe es kein Beleg für eine positive Auswirkung auf den Unternehmenswert. (S.116f.) Im Hinblick auf die Größe weisen sie darauf hin, dass diese in den letzten Jahren ständig verkleinert hätte. In den wiedergegebenen Zitaten werden Zahlen von unter 20 genannt. Jedoch gäbe es Hinweise darauf, dass die Entwicklung im Hinblick auf die Anzahl zu besetzender Ausschüsse und sinkender Zeitkapazitäten einzelner Direktoren übertrieben werde. Studien, welche über diese formalen Kriterien Corporate Governance messen und mit Unternehmenswerten verknüpfen, unterteilen sie in „semi-academic" wie McKinsey (2000) und (2002) oder Brown/Caylor (2004) und wissenschaftliche Studien wie Daily et al. (2003).

Die Qualität effektiver Boards werde jedoch über die Grade der Zielerreichung gemessen, und kann – ihrer These nach – mit dem Unternehmenswert positiv verknüpft werden.

Damit ergibt sich die Frage, welche Charakteristika ein effektives Board ausmachen. Diese beantworten sie durch ein theoretisches Modell. Dabei wird die Effektivität des Boards durch drei Faktoren bestimmt: die Mitglieder, die Struktur und den Entscheidungsprozess.[1028]

Die Entscheidungen werden dabei immer durch eine kleine Gruppe gefällt. Individuelle Verhaltensweisen der Direktoren sind dabei jeweils unterschiedlich. Während gut vorbereitete Mitglieder, die ihre Funktion im Sinne des Unternehmens respektieren, positive Beiträge zur Diskussion formulieren, halten andere sich aus unterschiedlichsten Gründen zurück. Diese Vielfalt gilt auch für die Handlungsweisen des Gesamtgremiums. Entscheidungen können damit Resultat einer gemeinschaftlichen Suche aufgrund möglicher Konsequenzen konkurrierender Handlungsalternativen sein, sie können jedoch auch bspw. aufgrund einer unterstellten Konsenssehnsucht oder fehlender Bereitschaft zur Opposition entstehen.

Neben der Quantität und Qualität der Information ist es damit – nach ihren Beobachtungen – insbesondere die Art und Weise der Interaktionen und des Zusammenpassens und Ausbalancieren der individuellen Persönlichkeiten, Kompetenzen und Verhaltensmuster, welche die Qualität der Entscheidungsprozesse bestimmt. Bei der Zusammensetzung sei eine Mischung zu favorisieren, die eine kreative Spannung im Gremium herstellt, so dass die richtige „Chemie" in der Gruppe herrscht. Notwendige Bedingungen für die Herausforderung, diese Stimmung herzustellen, sind dabei Respekt unter Direktoren und Management, offener Informationsaustausch, Vertrauen und ernsthafte Debatten. Außerdem vermuten Leblanc/Gillies, dass eine Mischung bestimmter unterschiedlicher Verhaltensmuster notwendig ist, um effektive Entscheidungsprozesse zu ermöglichen.[1029]

Im Hinblick auf die Struktur und Mitglieder wird auf Unabhängigkeit, eine passende Gremiengröße und eine starke Führung hingewiesen. Neben diesen eher formalen Ansprüchen sind jedoch zwei weitere Faktoren relevant: die Mitglieder müssen die notwendigen Kompetenzen, die für die spezifischen Entscheidungen des jeweiligen Unternehmens notwendig sind, ausweisen und sie müssen zusammenarbeiten können.

Um diesen Mix an Kompetenzen und Verhaltensweisen realisieren zu können, ist Voraussetzung ein vollständiges Erfassen der notwendigen Kompetenzen und Verhaltensmuster, die das jeweilige Board ausweisen soll, und ein Abgleich mit einer Erfassung der bestehenden Kompetenzen und Verhaltensweisen. Zudem erhält die Auswahl neuer Mitglieder sowie die Entlassung bestehender Mitglieder eine besondere Relevanz.[1030]

[1028] Vgl. Leblanc/Gillies (2005), S. 139.
[1029] Vgl. Leblanc/Gillies (2005), S. 140 ff.
[1030] Vgl. Leblanc/Gillies (2005), S. 145 ff. Damit befürworten sie ausdrücklich die Bildung von Personalausschüssen.

Die Effektivität des Boards besteht damit aus den Elementen der Struktur, die von der Unabhängigkeit der einzelnen Direktoren bestimmt wird, der Zusammensetzung der Mitglieder, welche sich aus den vertretenen Kompetenzen ergibt, sowie dem Boardprozess, der von den Verhaltensweisen der Mitglieder bestimmt wird.[1031]

Eine praktische Umsetzung diese theoretischen Schlussfolgerungen ist nur dann möglich, wenn es gelingt, Direktoren aufgrund unterschiedlicher Verhaltensmuster identifizieren und klassifizieren zu können. Diese Problemstellung steht im Zentrum ihrer empirischen Analyse.

Dabei stellen sie drei grundlegende Verhaltensmerkmale von Direktoren heraus, die nach jeweiliger Bedeutung diskutiert werden.[1032]

Als wichtigstes Merkmal ergibt sich der Grad der jeweiligen Überzeugungskraft, der nicht nur durch rhetorische Qualifikationen in der Debatte sondern insbesondere durch die Glaubwürdigkeit des jeweiligen Direktors bestimmt werde. Diese konnte nicht direkt beobachtet werden, jedoch konnten mit Glaubwürdigkeit verknüpfbare Elemente wie Erfahrungen, Wissen, die Amtszeit und externe Reputation als wichtig für die Überzeugungskraft identifiziert werden.

Es folgt die jeweilige Bekanntheit für die Neigung zum Konsens oder Dissens innerhalb der Gruppe. Je sicherer das jeweilige Verhalten eines Direktors innerhalb der Gruppe antizipiert werden konnte, umso geringer war der jeweilige Einfluss im Rahmen der Entscheidungen.

Als letztes diskutieren sie den Grad, nach dem der Direktor zu Alleingängen neigt, ohne mit den anderen zu diskutieren. Je weniger sich Direktoren aktiv an dem Entscheidungsprozess und der Diskussion beteiligten, umso deutlicher war ein Verlust an Einfluss zu erkennen.

Nach diesen drei Kriterien haben Leblanc/Gillies die beobachteten und befragten Direktoren in Skalen zwischen niedrig und hoch eingestuft. Dabei wurden alle möglichen Kombinationen beobachtet.

Aus diesen Kategorisierungen konnten zwei Gruppen von Direktoren gebildet werden: funktionale Direktoren, die durch ihr Verhalten positiv zum Entscheidungsprozess und zur richtigen Gruppenchemie beitragen, und dysfunktionale Direktoren, die dieses nicht tun.

Funktionale Direktoren weisen hohe Überzeugungskraft aus und arbeiten konstruktiv mit den anderen zusammen. Während sie auf den Skalen Konsens/Dissens und Individuell/Kollektiv fast alle Einordnungen bekamen, haben sie gemeinsam, mit ihren Kollegen in einem Prozess gegenseitigen Gebens und Nehmens zusammenzuarbeiten. Dysfunktionale Direktoren geben

---

[1031]   Vgl. Leblanc/Gillies (2005), S. 157. Diese theoretische Verknüpfung findet sich schon in Leblanc/Gillies (2003).
[1032]   Vgl. Leblanc/Gillies (2005), S. 162 f.

keine positiven Beiträge zum Entscheidungsprozess und weisen niedrige Werte bei der Überzeugungskraft aus.[1033]

Damit nutzen sie Einstufungen im Rahmen von „Dissens vs. Konsens" und „individuell vs.
kollektiv" um jeweils fünf Typen funktionaler und dysfunktionaler Direktoren abzubilden,
wobei dem Chairman zwei dieser Typen zugeordnet werden.[1034]

Im Rahmen der Bildung effektiver Boards sei es von grundlegender Bedeutung nur
funktionale Direktoren auszuwählen und alle funktionalen Typen in dem Board zu inte-
grieren.[1035]

Abbildung 11: Fünf funktionale Typen von Verhaltensmustern[1036]

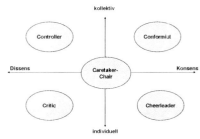

Abbildung 12: Fünf dysfunktionale Typen von Verhaltensmustern[1037]

[1033] Vgl. Leblanc/Gillies (2005), S. 163 ff. Diese Verhaltensweisen wurden im Rahmen der wiederholten
        Beobachtungen über den Zeitraum als stabil erkannt.
[1034] Sie betonen, dass niemand diesen Typen perfekt entsprach und es sich damit um idealtypische Be-
        schreibungen handelt. Vgl. Leblanc/Gillies (2005), S. 168.
[1035] Sie stellen heraus, dass bei der Bewertung ihrer Aussagen berücksichtigt werden muss, dass ihrer Beo-
        bachtungen nicht zu generalisieren sind und die Methode diskutiert werden kann. Zudem sind diese
        qualitativen Merkmale bei der Auswahl von Mitglieder schwer zu identifizieren sind. Dennoch er-
        scheint es als eingängig, dass – unterstellt das Unabhängigkeit und die notwendigen Kompetenzen vor-
        handen sind – funktionale Verhaltensmuster gewährleisten können, Effektivität positiv zu beeinflussen.
        Vgl. Leblanc/Gillies (2005), S. 169 f. und S .248.
[1036] Leblanc/Gillies (2005), S. 166. Die amerikanischen Bezeichnungen wurden beibehalten, um ihre Bild-
        haftigkeit zu bewahren.

210

Diese Einstufungen der funktionalen und dysfunktionalen Direktoren werden jeweils durch Beschreibungen beobachteten typischen Verhaltens und durch passende Zitate interviewter Direktoren ergänzt und so greifbarer gemacht. Zudem formulieren die Autoren geeignete Fragen, mit denen die Identifikation des jeweiligen Typus im Rahmen der Auswahl erleichtert werden soll.[1038]

Während es zunehmend Anforderungen aufgrund von Regulierung und der Kapitalmärkte sind, die die Auswahl geeigneter Mitglieder bestimme, betonen die Autoren, dass es zur Verbesserung der Effektivität eher förderlich sei, die richtige Mischung an Verhaltensmuster zu gewährleisten. Auch wenn es keine ausreichenden Belege für diese Hypothese gäbe, weisen sie der Gültigkeit doch eine hohe Wahrscheinlichkeit zu.[1039]

Die besondere Bedeutung der Führungsqualitäten des Chairman begründet eine separate Betrachtung.[1040] Dabei sind effektive Boards durch starke Führung gekennzeichnet, diese Chairman werden als „Conductor" und schwache als „Caretaker" bezeichnet.

Conductor sind jeweils funktionale Direktoren - insbesondere Change-Agents, Consensus-Builder oder Counsellors - Caretaker sind dysfunktionale Direktoren: insbesondere Controller, Critics, Conformists oder Cheerleader.[1041]

Als kritische Aufgaben identifizieren Leblanc/Gillies die Einstellung und die Beziehung zum CEO, in Unternehmenskrisen eine Unterstützung und keinen Rückzug zu gewährleisten, und den Umgang mit Direktoren, die ihre Aufgaben nicht erfüllen.[1042] Damit ist nicht eine personale Trennung von CEO und Chairman von Bedeutung, sondern die Auswahl des richtigen, funktionalen Chairman. Dieser Auswahl sollte daher die gleiche Aufmerksamkeit wie der Suche nach einem CEO gewidmet werden.

Zusammenfassend ergibt sich nach Leblanc/Gillies ein Modell, effektive Boards zu schaffen, welches drei Hauptkomponenten zusammenfasst: die notwendigen Kompetenzen (C)[1043], funktionale Verhaltensmuster (B) und die Strategie, welche das jeweilige Unternehmen verfolgt (S). Da sich die Strategien im Zeitablauf verändern, ist es zusätzlich notwendig, die

---

[1037] Leblanc/Gillies (2005), S. 167. Die amerikanischen Bezeichnungen wurden beibehalten, um ihre Bildhaftigkeit zu bewahren.

[1038] Vgl. Leblanc/Gillies (2005), S. 173 – 199.

[1039] Vgl. Leblanc/Gillies (2005), S. 199.

[1040] Damit bekommt auch der Auswahlprozess der geeigneten Persönlichkeit besondere Relevanz. Leblanc (2005) formuliert Empfehlungen, wie dieser über eine Beschreibung der Position und Aufgaben und einem gesonderten Assessment-Prozess begegnet werden kann.

[1041] Wiederum verdeutlichen Leblanc/Gillies (2005, S. 208ff.) ihre Einstufungen durch Beschreibungen besonders bemerkenswerte Beobachtungen und geben Fragenkataloge zur Identifikation des Typen.

[1042] Vgl. Leblanc/Gillies (2005), S. 205 ff.

[1043] Dabei sind einige Kompetenzen für alle Unternehmen notwendig. Diese können jedoch im notwendigen Grad je nach Branche variieren und sind durch die spezifischen Notwendigkeiten des jeweiligen Unternehmens zu ergänzen. Leblanc/Gillies listen branchenspezifische Anforderungen notwendiger Kompetenz als Orientierungshilfe auf, die als Matrix die Möglichkeit bieten, die Kompetenzen vorhandener Mitglieder einzuordnen, so dass Lücken offensichtlich werden. Vgl. Leblanc/Gillies (2005) S. 225 ff. Ähnliche Tabellen als Matrix-Analysen werden auch für die identifizierten Verhaltenstypen geliefert. S. 231 ff.

Zusammensetzung effektiver dieser Dynamik anzupassen. (R).[1044] Mit diesem Akronym CBSR fassen die Autoren das Ergebnis ihrer empirischen Analyse zusammen. Damit ist es die jeweils passende Mischung von Kompetenzen und Verhaltensweise, welche mit hoher Wahrscheinlichkeit effiziente Entscheidungsprozesse und damit effektive Boards mit positiven Auswirkungen für den Unternehmenswert gewährleisten. Dieser Fit wird dabei auch durch Unternehmensmerkmale wie die jeweilige (Wachstums)-Strategie und den Entwicklungsstand beeinflusst.

4.3.2.2.3   Fazit der Analyse qualitativer Merkmale

Im Zentrum der theoretischen und empirischen Analysen steht die Zielsetzung, Merkmale von Aufsichtsgremien und ihrer Mitglieder zu identifizieren, welche sich als förderlich für die Effizienz der Gremien und damit indirekt für den Unternehmenswert ergeben haben. Dabei wird deutlich, dass hierbei zusätzlich Unternehmensmerkmale eine Rolle spielen.

Die Aussagen zu qualitativen Merkmalen der einzelnen Mitglieder mit einer besonderen Relevanz des jeweiligen Chairman bzw. Vorsitzenden lassen sich aggregieren. Diese beziehen sich auf Kompetenzen, Eigenschaften und Verhaltensweisen.

Dabei wird bei den fachlichen Kompetenzen – neben generell förderlichen Kenntnissen über Finanzierung und den jeweiligen rechtlichen Rahmen – auf die jeweilige Besonderheit des Unternehmens verwiesen, welche die spezifischen Fachkompetenzen bestimmen.

Unter den Eigenschaften werden charakterliche Züge wie Integrität, Ernsthaftigkeit, Ehrenhaftigkeit, Loyalität und Vertrauen betont. Des Weiteren werden Charakteristika der persönlichen Denkweise herausgestellt. Diese zielen zum einen auf den Bereich der Unabhängigkeit, Neutralität, Objektivität und Offenheit. Zum anderen auf die als nicht widersprüchlich empfundene Balance zwischen Bereitschaft und Fähigkeit zur Kritik und eigener Beteiligung. In das Zentrum rückt zudem die Vertrauenswürdigkeit, welche erlangt wird, wenn diese charakterlichen Züge durch jeweils beschriebene Verhaltensweisen ergänzt werden.

Im Hinblick auf die Effizienz des Gesamtgremiums ergibt sich eine hohe Relevanz der herrschenden Atmosphäre und der Teamorientierung. Beide Elemente zu steuern, wird dem Aufgabenbereich des Chairman bzw. Vorsitzenden zugewiesen. Dieser kann zudem den reibungslosen Prozess durch vollständige und rechtzeitige Information oder durch strukturierte Tagesordnungen steuern.

Eine seiner Hauptaufgabe beinhaltet die Zusammensetzung des Gremiums als jeweils passenden Mix aus Kompetenzen und Verhaltensweisen, welche eine Evaluation der bestehenden und künftigen Mitglieder erfordert.

[1044]   Damit sind Personalausschüsse aufgerufen, bestehende und zukünftig wahrscheinliche Strategien in der Auswahl berücksichtigen. Vgl. Leblanc/Gillies (2005), S. 237 ff.

Folgende Tabelle fasst diese Aussagen zusammen und ergänzt um eine Einschätzung, ob und wie diese als förderlich identifizierten qualitativen Merkmale im Rahmen des angestrebten Empfehlungen eingesetzt werden können und generalisierbar und von außen erkennbar sind.

Qualitative Merkmale der Gremien	Differenzierung	Eignung für Empfehlung	
		Generalisierbar	Extern erkennbar
Kompetenzen der Mitglieder	Finanzkenntnisse	X	Lebenslauf der Mitglieder
	Rechtliche Kenntnisse	X	
	Erfahrung als Mitglied in vergleichbaren Unternehmen	X	
	Kenntnisse über das Unternehmen selbst	X	
	Kenntnisse über das Umfeld	X	Qualifikationsprofile des Unternehmens
Eigenschaften /Verhaltensweisen			
Rollenbalance	Engagiert und kritisch	X	Nur durch interne Elemente erfassbar
Kontrolle / Unterstützung	Motiviert und unabhängig	X	
	Beteiligt und unabhängig	X	
	Herausfordernd und unterstützend	X	
Teamorientierung	Kritisch und konstruktiv	X	Nur durch interne Elemente erfassbar
	Offen und interaktiv	X	
	Kommunikativ	X	
	Kooperativ	X	
Individuelle Beiträge	Überzeugungskraft	X	Nur durch interne Elemente erfassbar
	Nicht antizipierbar	X	
	Loyal	X	
	Engagiert/großzügig	X	
Chairman/Vorsitzender			
Atmosphäre / Chemie	Vertrauen	X	Nur durch interne Elemente erfassbar
	Respekt	X	
	Offenheit	X	
	Aufrichtigkeit	X	
Prozess	Rechtzeitige, vollständige Information	X	Sitzungsprotokolle
	Agenda	X	
	Führung	X	
Zusammensetzung	Kompetenzmix	X	Qualifikationsprofile
	Verhaltensmix	X	Anforderungsmatrix
	Heterogenität	X	Evaluation

Tabelle 12: Förderliche qualitative Merkmale von Aufsichtsgremien

Diese Aufzählung der identifizierten Kompetenzen, Eigenschaften und Verhaltensweisen erscheint plausibel und nachvollziehbar. Die eher geringe Anzahl der zu Grunde liegenden empirischen Studien lässt jedoch an Vollständigkeit der Merkmale zweifeln.

Im Hinblick auf die zu prüfenden Eigenschaften Generalisierbarkeit und externe Erkennbarkeit ergibt sich jedoch ein widersprüchliches Bild.

Die auf den ersten Blick positive Einschätzung der Generalisierbarkeit ist dabei differenziert zu betrachten. So sind es jeweils die spezifischen Unternehmensmerkmale, welche zum einen die notwendigen Fach-, Branchen- und Unternehmenskenntnisse beeinflussen, und zum anderen die förderliche Zusammensetzung (Fit) in Hinblick auf Kompetenzen, Verhalten und Heterogenität bestimmen. Erwähnt werden Einflüsse durch die Unternehmensstrategie[1045], die Branche, Eigentümerstruktur und Größe[1046] sowie der Entwicklungsstand.[1047]

Gleichzeitig bestätigen sich die in den empirischen Studien häufig getroffenen Aussagen. Die Erfassbarkeit der qualitativen Merkmale aus externem Blickwinkel ist im Rahmen der Eigenschaften und Verhaltensweisen unmöglich. Den Bereich der förderlichen Kompetenzen und die zusätzlichen Aufgaben des Vorsitzenden einschätzen zu können, stelle hohe Ansprüche an die Transparenz der Unternehmen.

Eine Veröffentlichung von Lebensläufen von Kandidaten, von Qualifikationsprofilen und Anforderungsmatrixen bei vorliegender Überzeugung von deren Vorteilhaftigkeit erscheint möglich. Der DCGK empfiehlt, bei der Auswahl zu gewährleisten, dass dem Aufsichtsrat jederzeit Mitglieder angehören, welche notwendigen Kompetenzen und Erfahrungen ausweisen. Der Erfüllungsgrad dieser Soll-Empfehlung ist nach Entsprechenserklärungen nicht kritisch. Es veröffentlichte jedoch kein DAX-Unternehmen im Jahre 2004 ein Qualifikationsprofil.

Gleichzeitig bestehen Zweifel im Hinblick auf die (Selbst)-Evaluation der Gremien. Der DCGK empfiehlt zwar eine Überprüfung der Boardeffizienz, detaillierte Aussagen, wie diese vollzogen wird, veröffentlicht jedoch nur eine Minderheit der Unternehmen. Ob und inwieweit sich welche Konsequenzen aus dieser Evaluation ergeben haben, ist aus der spärlich erfolgenden Berichterstattung kaum abzulesen.[1048]

Dennoch können die hohen Angaben der Erfüllung der jeweiligen Empfehlungen des DCGK als Indiz gewertet werden, dass diese Informationen zumindest innerhalb der Unternehmen vorliegen und damit von den verantwortlichen Organen bzw. den Aufsichtsräten beispielsweise bei Besetzung und Evaluation berücksichtigt werden.

[1045] Vgl. Westphal (2002), Tyson (2003), van den Berghe/Levrau (2004), Leblanc/Gillies (2005).
[1046] Vgl. Huse (2005), Eigentümerstrukturen und Branche sind dabei – wenn überhaupt - nur sehr langfristig von den Unternehmen zu beeinflussen. Die Unternehmensgröße findet sich auch bei Tyson (2003).
[1047] Vgl. van den Berghe/Levrau (2004); Leblanc/Gillies (2005) erwähnen Unternehmenskrisen.
[1048] Die Daten entstammen der Corporate Governance Quality Study 2005 und liegen der Autorin vor.

Neben diesen Zweifeln an den Möglichkeiten, diese qualitativen Merkmale im Rahmen einer externen Bewertung der Corporate Governance, bspw. durch ein Rating, einsetzen zu können, bleibt bis dato unbeantwortet, ob die Hypothesen der Förderlichkeit auf die Boardeffizienz und insbesondere auf den Unternehmenswert belegt werden können.

Denn alle Autoren der vorgestellten empirischen Studien überprüfen ihre Hypothesen nicht durch eine Untersuchung direkter Auswirkungen auf den Unternehmenswert als Maßstab für effiziente Aufsichtsratsarbeit.

Sie begründen diese Entscheidung damit, dass die Komplexität des Unternehmenswerts eine Messung erschwere und dieser gleichzeitig von einer Vielzahl von Faktoren bestimmt werde.[1049] Gleichzeitig könne die Qualität einer Corporate Governance nicht nur durch eine Bewertung des Boards erfolgen, zumal deren Wirkungsweise nicht unabhängig von anderen Governance-Mechanismen gesehen werden könne.[1050]

Jedoch erscheint es nicht unmöglich, die Verknüpfung zu untersuchen. So fordern Leblanc/Gillies ausdrücklich weitere Forschung, die mit Elementen der Objektivierung wie der Beobachtung, ihre eigenen Ergebnisse ergänzen, bestätigen oder erweitern können.[1051]

Die vorgestellten qualitativen Merkmale der Mitglieder von Aufsichtsgremien beeinflussen oder beinhalten direkt Elemente des Verhaltens. In ökonomischen Modellen werden im Hinblick auf die mögliche Steuerung von Verhalten Anreizsysteme diskutiert.

4.4 Anreizsysteme

4.4.1 Theoretische Argumentation

Neben der internen Kontrolle durch Aufsichtsgremien wird der Agency-Problematik zwischen Management und Stakeholdern durch die Gestaltung von Anreizsystemen begegnet, welche opportunistisches Verhalten verhindern sollen.[1052] Mit Hilfe von geeigneten Anreizen sollen gegensätzliche Interessen von Management und Stakeholdern angeglichen und mögliche Interessenskonflikte verringert werden.

Im Rahmen der finanzwirtschaftlichen Literatur wird als vertragliche Konfliktlösung die optimale Gestaltung von Entlohnungssystemen - „optimal contracting" - diskutiert, welche das Management durch geeignete Anreize zur Maximierung des langfristigen Unternehmenswertes veranlasst.[1053] Anreizsysteme sind so Mittel zur Reduktion von Agency-Kosten.

[1049] Vgl. Jürgens/Lippert (2005), S. 71.
[1050] Vgl. van den Berghe/Levrau (2004), S. 471.
[1051] Vgl. Leblanc/Gillies (2005), S. 257.
[1052] Vgl. Shleifer/Vishny (1997), vgl. Bebchuk/Fried (2003).
[1053] Vgl. Jensen et al. (2004), S. 15 f. Die Theorie geht von „arm´s length" – Verhandlungen aus, in denen diese optimalen Verträge ausgehandelt werden. Vgl. Bebchuk/Fried (2003).Im Zentrum der angloamerikanischen Literatur steht meistens der CEO bzw. dessen Entlohnung. Die Ausrichtung am maximalen langfristigen Unternehmenswert ist dabei konsistent mit den Anforderungen der Stakeholder-Theorie.

Probleme können sich dabei nur ergeben, wenn aufgrund von externen Restriktionen nicht genügend geeignete Anreize in die Verträge aufgenommen werden können. In dieser Situation kann eine Verstärkung der Anreize Agency-Kosten senken und Unternehmenswerte steigern.[1054]

Gegensätzlich wird argumentiert, dass gegenwärtige Entlohnungssysteme den in Abhängigkeit von den Merkmalen des Unternehmens und Charakteristika des Managers jeweils optimalen Anteil schon enthalten.[1055] Damit ergibt sich keine mögliche Verknüpfung zwischen einer Veränderung des Anreizniveaus und der Performance.

Schon vor eine Analyse der Einzelheiten bestehender Vertragsmodelle oder der theoretischen Modelle, welche diese jeweils unterstützen, ergeben sich somit Argumentationen, welche in Hinblick auf die verfolgte Zielsetzung Skepsis begründen.

Zum einen lassen die spezifischen Einflussfaktoren – die Höhe der jeweiligen Agency-Kosten des Unternehmens sowie persönlich Eigenschaften des Managers – Zweifel an der notwendigen möglichen generalisierbaren Verknüpfung von anreizorientierter Vergütung und Unternehmenswert und an der externen Erkennbarkeit aufkommen.

Zum anderen wird gleichzeitig betont, dass Anreize bzw. Anreizsysteme selbst Teile des Agency-Problems sein können.[1056] So spiegeln beispielsweise bestehende Entlohnungssysteme - Ergebnisse von Vertragsverhandlungen - auf Grund von Einflussmöglichkeiten des Managements eher deren Möglichkeiten des rent-seeking wieder, als dass sie die gewünschten Anreize setzen.[1057]

Die Entscheidung über die jeweiligen Merkmale der Entlohnung des Vorstands obliegt in Deutschland dem Aufsichtsrat als Gesamtgremium bzw. einem gebildeten Personalausschuss. Über die Vergütung des Aufsichtsrats entscheidet die Hauptversammlung.

In einem monistischen System wie den USA werden diese Entscheidungen im Board getroffen. Damit gestalten nicht die Aktionäre, sondern ihre gewählten fiduziarischen Agenten und das zu kontrollierende Management selbst über ihre eigene Entlohnung.

So ergibt sich ein weiterer Agency-Konflikt, dessen Regelung wiederum über Anreizsysteme oder Kontrollmechanismen erfolgen kann.[1058] Gleichzeitig besteht ein Agency-Konflikt

---

[1054]   Einen aktuellen Überblick auf mit Eigenkapital verknüpfte Anreizelemente der Entlohnung bieten Core et al. (2003).
         Vgl. Murphy (1999); Core et al. (2003).
[1055]   Vgl. Himmelberg et al. (1999). So sei bei Unternehmen, wo mehr (weniger) Monitoring notwendig sei, ein größerer (kleiner) Anteil der langfristigen Anreize optimal und auch real vorhanden.
[1056]   Vgl. Jensen et al. (2004).
[1057]   Vgl. Bebchuk/Fried (2003), S. 72.
[1058]   Entlohnungssysteme für Aufsichtsräte werden am Ende des Kapitels diskutiert. Für die Kontrollmechanismen im Hinblick auf Aufsichtsgremien vgl. Kapitel 4.3.

zwischen Aufsichtsgremium und Unternehmen, welches sie im Rahmen der Gehaltsverhandlungen vertreten und aus dessen Cashflow die Entlohnung gezahlt wird.[1059]

Allen diesen Konflikten kann im Rahmen der theoretischen Argumentation durch die geeignete Auswahl von Anreizen begegnet werden, die das jeweilige Verhalten steuern sollen. Bei der Beurteilung der Eignung diese Anreize sind daher Aussagen über das zu erwartende Verhalten und dessen Einflussfaktoren relevant.

4.4.1.1 Verhaltensmodelle

Um eine theoretische Basis für eine Identifikation der gewünschten Anreize legen zu können, werden idealtypische Modelle des menschlichen Verhaltens herangezogen. Damit bilden qualitative Merkmale der Individuen die Grundlage der Diskussion. Diese Modelle zielen darauf, in der Realität beobachtbares menschliches Verhalten möglichst adäquat abzubilden, um zukünftiges Verhalten antizipieren und somit steuern zu können.

Als Basis für weitere Aussagen dient im Folgenden das REMM-Modell von Jensen/Meckling (1994). Diese unterscheiden folgende fünf Modelle:[1060]

- *ökonomisches Modell*: der Mensch maximiert nur sein monetäres Einkommen und weist dabei eine kurzfristige Sichtweise aus.

- *soziologisches Modell*: der Mensch wird als „social victim" durch seine kulturelle Umgebung geprägt, ein eigener Antrieb des Verhaltens existiert nicht.

- *psychologisches Modell*: der Mensch weist voneinander unabhängige Bedürfnisse aus, deren Befriedigung einer klaren Hierarchie folgt. Dabei ist eine Substitution oder ein Trade-Off zwischen den Bedürfnissen nicht denkbar.

- *politisches Modell*: der Mensch strebt als perfekter Agent nicht seinen individuellen Wohlstand sondern das Wohl der Gesellschaft an. Er weist keine eigenen Präferenzen aus.

- *Ressourceful, Evaluative, Maximizing Modell (REMM)*: dieses entwickelte Modell setzt sich aus Einzelteilen der anderen zusammen, da diese das real beobachtbare Verhalten jeweils nur in Teilaspekten erklären können. Aus dem ökonomischen Modell übernimmt dieser Ansatz der rationalen Maximierung des Eigennutzes[1061], da-

---

[1059] Vgl. Jensen et al. (2004), S. 50.

[1060] Vgl. für folgende Darstellung der Modelle der Verhaltensweisen Jensen/Meckling (1994). Diese konzipieren in diesem Beitrag auf der Grundlage ihrer Kritik an den vier anderen Modellen das REMM-Modell, welches im Rahmen der ökonomischen Theorien dominiert.

[1061] Gerade dieses Element begründete deutliche Kritik. Brennan (1994) lehnt diese Prämisse ab. Er zeigt an Beispielen von amerikanischen Soldaten, dass diese sich gerade nicht rational verhalten und nicht ihr eigenes Wohl in den Vordergrund stellen. Damit kann das REMM nicht allgemeingültig das Verhalten beschreiben. Eine Steuerung über monetäre Anreize ist daher nicht möglich. Diese Argumentation ergänzt er mit einer normativen Aussage, die egoistisches Maximieren des Eigennutzes als nicht wünschenswert für das Wohl der Gesellschaft einstuft. Jensen (1994) stimmt Brennen insoweit zu, dass sich

bei werden jedoch auch nicht-monetäre Werte wie Reputation einbezogen. Die Implikationen von Altruismus des politischen Modells sind einbezogen, insoweit Menschen aufgrund eigener Präferenzen handeln und somit keinen perfekten Agenten sind. Die Bedürfnisse der Menschen nach materiellen oder immateriellen Gütern sind dabei unbegrenzt. Dabei werden alternative Handlungsmöglichkeiten ständig evaluiert und der Mensch ist im Gegensatz zum psychologischen Modell zum Tausch und zum Trade-Off bereit. Die Grenzen der Handlungsräume werden als veränderbar angesehen. Der Mensch ist sowohl kreativ als auch lernfähig und somit in der Lage, neue Handlungsalternativen zu entwickeln. Er ist kein Opfer seiner kulturellen Umgebung.

Dieses Menschenbild des methodologischen Individualismus wird in der Principal-Agent-Theorie durch die Annahmen begrenzter Rationalität und Opportunismus ergänzt.[1062]

4.4.1.2 Elemente von Entlohnungssystemen

Hauptaufgabe der zu verhandelnden Verträge ist der Ausgleich der Interessen von Arbeitgeber – dem Unternehmen – und Arbeitnehmer. In der Corporate-Governance-Diskussion wird dagegen auf mögliche Agency-Kosten hingewiesen, die sich aus der Trennung von Eigentum und Kontrolle ergeben, da die Eigentümer Entscheidungsbefugnisse an das leitende Management übertragen.

Das Unternehmen bzw. die Aktionäre als Eigentümer berücksichtigen bei der Komposition von Entlohnungssystemen auf mehrere Faktoren.

Zum einen sollen geeignete Manager zu möglichst niedrigen Kosten geworben und gehalten werden. Zum anderen sollen diese durch geeignete Anreize motiviert werden, Handlungen auszuführen, welche den langfristigen Unternehmenswert steigern, und Wert vernichtende Handlungen zu unterlassen.[1063]

Diese Zielsetzungen stehen denen des Managers diametral gegenüber. So lassen sich auf Basis des REMM-Modell für das Management drei Einzel-Komponenten des zu maximierenden individuellen Nutzens ableiten, welche zusätzlich interdependent sind. Diese beinhalten die Wünsche nach maximaler Handlungs- bzw. Entscheidungsfreiheit, nach maximaler Entlohnung und nach Minimierung des zu tragenden persönlichen Risikos.[1064]

Menschen nicht immer rational verhalten, dieses spricht aber nicht gegen die These des Eigennutzes, so dass Anreizsysteme sinnvoll bleiben. Er betont, dass das REMM-Modell gute Qualitäten im Hinblick auf die Antizipation menschlichen Verhaltens ausweist, aber dieses als Modell nicht vollständig abbilden kann. Anders als Brennan argumentieren Fehr et al. (2004). Sie berücksichtigen, dass Manager Fairness als Wert positiv werten können. Damit können jedoch Vertragsgestaltungen mit impliziten Anreizen, die reinen Eigennutz unterstellen, suboptimal werden. Sie favorisieren daher explizite Bonus-Verträge.

[1062] Vgl. Picot et al. (1999).
[1063] Vgl. Jensen et al. (2004), S. 19.
[1064] Vgl. Suter (2000), S. 62 ff.

In der Corporate-Governance-Diskussion und möglicher Verknüpfung zu steigenden Unternehmenswerten dienen Entlohnungssysteme neben zusätzlichen Kontrollmechanismen[1065] dazu, durch geeignete Anreize diese Interessen den Interessen der Stakeholder möglichst anzugleichen. Es dominieren theoretische Modelle auf Grundlage der Agency-Theorie. Somit stehen quantifizierbare und damit monetäre Anreizelemente und das damit verbundene Risiko im Vordergrund.[1066]

International enthalten Entlohnungssysteme für das geschäftsführende Management fixe Gehaltszahlungen und variable Elemente. Letztere sind zum einen kurzfristig wie Bonuszahlungen oder langfristig wie Aktien- oder Aktienoptionsprogramme ausgerichtet. Zudem können Pensionszusagen und mögliche Abfindungszahlungen und Nebenleistungen gewährleistet werden.[1067]

Bei der Komposition von für das Unternehmen optimalen Entlohnungssystemen[1068] ergeben sich folgende kritische Dimensionen.

Im Hinblick auf die Anwerbung geeigneter Manager betreffen diese den von ihnen erwarteten Nutzen aus den Leistungen des Unternehmens.

Die anzustrebende effiziente Zusammensetzung des Leistungspakets aus sicheren, risikobehafteten und nicht-monetären Elementen ergibt sich, wenn bei gegebenen Kosten für das Unternehmen der individuellen Nutzen das Managers maximiert bzw. bei gegebenem Nutzen des Managers die Kosten des Unternehmens bzw. der Kapitalgeber minimiert werden, so dass keine Ressourcenverschwendung entsteht.[1069]

In modelltheoretischen Verknüpfungen beider Parteien werden homogene monoton steigende Nutzenfunktionen unterstellt. Dabei können sich Kompositionen, welche insgesamt identischen Nutzen stiften, in der Gewichtung der Elemente aber unterscheiden, ex ante unterschiedliche Manager anziehen und ex post unterschiedliche Anreize setzen.[1070] Damit wird

---

[1065]   Hier können sämtliche internen und externen Kontrollmechanismen der Corporate Governance herangezogen werden - die interne Kontrolle durch Aufsichtsgremien, die disziplinierende Wirkung effizienter Märkte und gesetzlicher Regulierung.

[1066]   Im nicht monetären Bereich finden sich nutzenbringende Aspekte wie Büroausstattung etc, die als „consumption on the job" bezeichnet werden - vgl. Jensen/Meckling (1976) S. 312. und Wertkategorien wie Prestige oder Einfluss, die mit den jeweiligen Positionen verbunden sind. Diesen Aspekten werden negative und positive Auswirkungen auf den Unternehmenswert zugewiesen.

[1067]   Vgl. für USA Jensen et al. (2004), S. 19; für Deutschland Kramarsch (2004) S. 9 ff.

[1068]   Vertreter der Institutionenökonomik vertreten dagegen die Auffassung, Unternehmen richten sich bei der Strukturgestaltung häufig nach danach, wie andere, als gut eingestufte Unternehmen vorgehen, anstatt individuelle Ziele zu verfolgen. Zusätzlichen Einfluss hat die Notwendigkeit, Regulierungsanforderungen zu entsprechen. Vgl. Scott (1995).

[1069]   Core et al. (2003) definieren einen Vertrag dann als effizient, wenn er den erwarteten Wertzuwachs der Aktionäre nach Transaktions- und Entlohnungskosten maximiert.

[1070]   Vgl. Jensen et al. (2004), S. 20. Sie zeigen Beispiele von Verträgen mit hohem Gehalt und niedrigen Pensionszusagen und hohem Gehalt und niedrigen Bonus im Vergleich zu vice versa ausgestalteten Verträgen auf. Diese können zum einen unterschiedliche Typen anziehen – je nach geplanter Verweildauer im Unternehmen und individuellen Merkmalen wie Risikoaversität, Selbstvertrauen oder Optimismus. Gleichzeitig ergeben sich unterschiedliche Motivationsanreize zur Unternehmenswert steigernder Ausrichtung.

trotz der Restriktion der Homogenität deutlich, dass es keine allgemeingültige Komposition empfohlen werden kann.

Im Zentrum der Anreize im Rahmen der Corporate-Governance-Diskussion steht jedoch die Angleichung der Interessen von Management und Eigentümer durch die Verknüpfung der individuellen Leistung mit der Entlohnung, die das Verhalten der Manager steuern und so Agency-Kosten verringern soll.[1071]

Ausgehend von der unterstellten Zielsetzung der Eigentümer nach Optimierung des langfristigen Unternehmenswertes stehen im Folgenden die Entlohnungselemente im Vordergrund, welche dem Management Anreize setzen, diesen Vorgaben zu entsprechen.

Langfristige Elemente von Entlohnungssystemen

Aufgrund dieser Argumentationen stehen in Bezug auf Entlohnungssysteme somit variable Elemente im Vordergrund, welche das Management an den langfristigen Entwicklungen des Unternehmensergebnisses beteiligen und so die gewünschten positiven und negativen Motivationsanreize setzen können.[1072]

Dabei wird die angestrebte Motivation aus dem Blickwinkel der Erwartungstheorie nur gelingen, wenn die Vergütung selbst wertgeschätzt, als angemessen für erbrachte Leistungen verstanden und durch eigene Leistung erreicht werden kann.[1073] Die Angemessenheit ergibt sich dabei aus Vergleichen mit der vom Management einschätzbaren Input/Output-Relation anderer.[1074]

Neben diesen direkten Elemente der Entlohnungssysteme ergeben sich weitere Anreize zu nicht opportunistischem Handeln aus Veränderungen im Wert des bestehenden Portfolios des

---

[1071]   Vgl. Jensen et al. (2004) S. 19 f. Die Verknüpfung von Honorierung und Leistung legt dabei fest, welche Handlungen und Resultate erwartet oder bestraft werden und bestimmen so die Handlungen des Managers und sein individuellen Einsatz. Dabei unterscheiden die Autoren nicht zwischen Honorierung und Motivation. Andere differenzieren hier. So wird die Motivation zu einer Leistungssteigerung nicht nur von dem Honorar sondern auch von anderen Faktoren wie der empfundenen Verteilungs- und Verfahrensgerechtigkeit bestimmt. Vgl. Beblo et al. (2002).

[1072]   Neben dieser Orientierung am Ergebnis der Managertätigkeit existieren auch Entlohnungssysteme mit Anreizelementen, die sich am jeweiligen Einsatz – bspw. gemessen an der Arbeitszeit – orientieren. Vgl. Lazear (2000), S. 410. Diese sind jedoch kurzfristig ausgerichtet und zudem bei Vertretern des Topmanagements unüblich. Eine variable Vergütung, welche das Gehalt mit der Leistung verknüpft, erfolgt auch durch die Gestaltung der Bonusprogramme, die jedoch kurzfristig ausgerichtet sind. Deren nicht-lineare Verknüpfung zwischen Leistung und Barentlohnung wird häufig kritisiert, da sie Anreize zum opportunistischen Ausnutzen von Gestaltungsfreiheiten bietet. Vgl. Jensen et al. (2004), S. 70 ff. Hier steht jedoch die langfristige Ausrichtung auf Unternehmenswertmaximierung im Vordergrund. Im Folgenden werden diese variablen und langfristigen Teile des Entlohnungssystems im Hinblick auf die Anreize zu nicht opportunistischem Verhalten diskutiert. Andere Gründe wie die Nutzung dieser Instrumente als Ersatz für monetäre Elemente oder steuerliche Implikationen werden nicht berücksichtigt. Vgl. hierfür Core et al. (2003), S. 33 f.

[1073]   Vgl. Vroom (1964).
[1074]   Vgl. Adams (1963).

Managers aus Aktien und Aktienoptionen des Unternehmens[1075] und aus möglichen negativen Konsequenzen schlechter Unternehmensergebnisse auf den Wert des Managers am Markt.[1076] Dabei können diese Anreize können nicht unabhängig voneinander betrachtet werden.

Bei der Auswahlentscheidung der geeigneten Ergebnisgrößen, an welche die variablen Entlohnungselemente gekoppelt werden, haben zudem weitere Elemente Relevanz. So wird zum einen nur eine Ergebnisgröße, die der Manager durch seine Handlungen und Entscheidungen auch beeinflussen kann, die gewünschten Anreize geben können. Je stärker die Entwicklung der gewählten Ergebnisgröße von exogenen Faktoren beeinflusst werden kann, umso höher ist das vom Manager zu tragende Einkommensrisiko.

Zusätzlich ist diese Bemessungsgrundlage selbst von Bedeutung, da sie auch Zielgröße der Stakeholder sein sollte, so dass es zu einer höchstmöglichen Angleichung der Interessen kommen kann.

Neben Agency-Kosten aufgrund unterschiedlicher Priorisierung der Determinanten der Nutzenfunktionen ergeben sich zudem unterschiedliche Zeithorizonte, da der Manager sich an der Maximierung der Entlohnung, die ihm persönlich als Vergütung zufließt, ausrichtet. Der Stakeholder berücksichtigen jedoch die Maximierung des Unternehmenswerts und damit sämtliche zukünftige Cashflows.[1077]

Die beiden letzteren Argumentationen können die Dominanz der Forderung nach langfristigen variablen Vergütungselementen, die sich an Aktiennotierungen des Unternehmens ausrichten - wie Aktien, die einer Sperrfrist unterliegen, oder Aktienoptionen - begründen.[1078]

Zum einen werden so Manager selbst zu Anteilseignern, zum anderen ergeben sich die Aktienkurse aus den erwarteten gesamten zukünftigen Cashflows.

Dieser Bestimmungsfaktor der Aktienkurse wird jedoch auch herangezogen, um eine Entlohnung, die mit Bezug von Aktien verbunden ist, abzulehnen. Diese gibt danach Anreize, nicht die aktuellen sondern die erwarteten Gewinne - beispielsweise durch Kommunikation

---

[1075] Dieser Wert wird nicht nur von der Entwicklung des Börsenkurses der Aktien des Unternehmens selbst und der Restlaufzeit der Optionen bestimmt. Von Bedeutung ist zudem die Korrelation des Portfolios mit der Aktie des Unternehmens. Ein risikoaverser Manager mit einem nicht diversifizierten Portfolio - weist dem angebotenen Vertrag daher weniger Nutzen zu, als der Vertrag für das risikoneutrale Unternehmen an Wert ausweist, und fordert hierfür Kompensation. Dieses Argument wird abgeschwächt, wenn der Manager die Möglichkeit hat, sein Portfolio ständig anzupassen. Vgl. Core et al. (2003), S. 35ff. Damit besteht jedoch die Möglichkeit, dass mit dem Risiken auch die Anreize gehedged werden können. Um diesem zu begegnen, ist notwendig, alle Transaktionen des Managers zu kennen. Diese Informationen über die Höhe und Zusammensetzung des Portfolios eines Managers vor oder nach Vertragsschluss liegen jedoch in der Realität nicht vor. Vgl. Jensen et al. (2004), S. 66. Somit werden diese Argumentationen nicht weiter verfolgt.

[1076] Vgl. Jensen/Murphy (1990).

[1077] Vgl. Winter (2000), S .40 f.

[1078] Die Ausgestaltung und Bezeichnung der verschiedenen langfristigen Entlohnungselemente mit Anreizen ist in der Realität vielschichtig. So werden beispielsweise Phantomstocks oder Long Term Incentives etc. eingesetzt, die aber in ihrer Anreizwirkung mit den hier diskutierten Aktien und Optionsprogrammen vergleichbar sind.

von (zu) positiven Gewinn- oder Umsatzerwartungen oder durch aggressive Auslegung von Bewertungswahlrechten (Earnings Management) - zu erhöhen.[1079] Diese Anreize sind für Manager überbewerteter Unternehmen verstärkt.[1080]

Diese Möglichkeit kann von effizienter interner Kontrolle eingeschränkt werden. Gleichzeitig wird vorgeschlagen, dass die variable Entlohnung sich an realem Gewinnwachstum orientieren oder zumindest eine deutlich Verlängerung enthalten sollte.[1081] So werden auch Anreize unwahrscheinlicher, sich an kurzfristiger Börsenkurssteigerung auszurichten, um persönliche Gewinne aus Aktien oder Optionen realisieren zu können.[1082]

Kritiker weisen zudem darauf hin, dass Aktienkurssteigerungen nicht nur durch die Unternehmensergebnisse sondern durch eine Vielzahl weiterer Faktoren bestimmt werden.[1083] Sie sind Resultat einer gemeinschaftlichen Leistung der Mitarbeiter, können damit nicht individuellen Einzelpersonen zugerechnet werden und somit keine individuellen Anreize setzen.[1084]

Gleichzeitig wird das Management durch die Partizipation an den Kurssteigerungen belohnt, welche exogene Ursachen haben. Um diesen Windfall-Profits zu begegnen, werden häufig relative Leistungsmaßstäbe wie die Verknüpfung mit einem Vergleichswert eingesetzt. Dabei handelt es sich zum einen um kapitalmarktorientierte Vergleichswerte wie Aktienindizes und zum anderen um Werte aus dem Rechnungswesen wie der Gesamtkapitalrentabilität.

Bei Berücksichtigung des Vermögens des Managers, über dessen Anlage im Marktportfolio dieser frei entscheiden kann, besteht jedoch die Möglichkeit, durch Veränderung der eigenen

---

[1079]   Hall (2005) nennt diesen Effekt „Gaming" und sieht seine Ursache in dem immensen Druck, den Erwartungen der Kapitalmärkte zu entsprechen. Vgl. auch Fuller/Jensen (2002).

[1080]   Vgl. Jensen et al. (2004)

[1081]   Vgl. Martin (2003). Van Clieaf et al. (2005) argumentieren ähnlich – so seien Aktien- und Optionsprogramme und Long Term Incentive Plans mit Laufzeiten von ein bis drei Jahren zum einen als eher kurzfristig anzusehen. Zum anderen werde durch die Anbindung an Aktienkursentwicklung und den möglichen Windfall-Profits der Manager dafür belohnt, dass er den Wert schafft, den der Markt erwartet hat, unabhängig ob dieser dafür verantwortlich sei. Das Board sollte daher die Vergütung an langfristige Geschäfts- und Strategiepläne über 3 und 5 Jahre koppeln.

[1082]   Vgl. Winter (2000). Üblicherweise sind Aktien und Aktienoptionen mit Sperr- und Haltefristen verbunden, um den Horizont der Manager zu verlängern. Auch nach Ablauf verlängerter Fristen kann jedoch jederzeit verfügt werden, so dass eine tatsächliche Verlängerung des Horizonts nur bei Beginn von Aktien- oder Optionsprogrammen gegeben ist. Nach Ablauf der ersten Frist stehen bei jährlichem Bezug jeweils freie Aktien oder Optionen zur Verfügung. Hall (2005) empfiehlt daher eine deutliche Verlängerung der gesperrten Laufzeiten von Optionsprogrammen auf fünf Jahre und länger, die mit dem zusätzlichen, privat finanziertem Engagement der Manager in Aktien verbunden wird.

[1083]   So betonen Jensen et al. (2004, S .68 f.) dass die Verknüpfung mit Aktienkursen im Gegensatz zu Bonusprogrammen zwar Anreize geben, diese Aktienkurse zu erhöhen, aber keine direkten Hinweise darauf, wie dies möglich ist. Sie motivieren jedoch das Management, dieses herauszufinden.

[1084]   Auch wenn der Einfluss des Vorstands den Einfluss anderer Mitarbeiter deutlich übertreffen wird, ist der Vorstand als Gesamtorgan nach § 77 AktG. zur gemeinschaftlichen Führung und Verantwortung verpflichtet.

Privatinvestitionen die Auswirkungen der Veränderung eines kapitalmarktorientierten Vergleichswertes auszugleichen.[1085]

Dieser Argumentation der Teilnahme an Windfall-Profits scheint ein weiterer Kritikpunkt zu widersprechen. So verfügen Manager sowohl über Insiderinformationen als auch über Möglichkeiten bilanzieller Gestaltungsrechte. Damit bestehen Anreize, diese zur Maximierung seines eigenen Einkommens durch Beeinflussung von Marktbewertungen zu nutzen. So können positive Informationen bei Ablauf von Sperrfirsten oder Optionsfälligkeiten zur kurzfristigen Beeinflussung von Börsenkursen eingesetzt werden.[1086] Damit wird hier unterstellt, dass das Management Einfluss auf Aktienkurse nehmen kann.

Die hohe theoretische Anreizverträglichkeit der Aktien bzw. Optionen erhöht gleichwohl das Einkommensrisiko des Managers. Gleichzeitig sind Aktien und insbesondere Optionen inhärent volatil, und erhöhen das Einkommensrisiko.

Dieses Risiko ist nicht diversifizierbar.[1087] Im Gegensatz zu den Aktionären, welche nur das systematische Risiko tragen, trägt das Management mit seinen finanziellen Investitionen und dem investierten Humankapital damit auch unsystematisches Risiko.

So werden zum einen Handlungen bzw. Entscheidungen wahrscheinlich, welche das Unternehmensrisiko senken, aber nicht im Interesse des Aktionärs sind. Risikoaverse Manager werden zum anderen einen Ausgleich für das zu tragende Risiko und somit insgesamt höhere Entlohnung fordern.

Es ergeben sich daher Diskussionen über das angemessene Niveau des Anteils der Entlohnung, der an das Eigenkapital geknüpft ist.

Bei der Komposition der Entlohnungssysteme steht das Unternehmen vor einem Zielkonflikt zwischen angestrebter höchstmöglicher Motivation der Manager über variable Entlohnung und der Einstellung geeigneter Manager zu möglichst niedrigen Kosten.

Dieses Argument verändert die Blickwinkel auf die Forderung nach möglichst hohen variablen und damit risikoreichen Entlohnungselementen, welche die gesamten Entlohnungskosten erhöhen können.[1088] Eine Kompensation des Agency-Kosten reduzierenden Effekts aus der Angleichung der Interessen wird so möglich.

[1085] Vgl. Maug (2000). Ausgehend von nur sehr schwacher empirischer Evidenz für die Anwendung der relativen Vergleichswerte, liefert Maug so eine mögliche Lösung für dieses Abweichen von theoretisch förderlichen Vertragsmodellen. Von Bedeutung ist wiederum die Korrelation des Vermögens mit den Aktien des Unternehmens. Bei Einsatz von Vergleichswerten aus dem Rechnungswesen des Unternehmens kann diese Taktik nur angewendet werden, wenn hier Korrelationen mit handelbaren anderen Wertpapieren vorliegen. Da dieses unwahrscheinlich ist, erklärt sich nach Maug die geringe Verwendung von kapitalmarktorientierten relativen Leistungsmaßstäben in bestehenden Arbeitsverträgen.

[1086] Vgl. Winter (2000), S. 45 f., Jensen et al. (2004) sehen diese Möglichkeit in Verbindung mit einer myopischen Ausrichtung als hauptsächliche Ursache für die Skandale in den Jahren seit 2001.

[1087] Vgl. Fama (1980).

[1088] Vgl. Jensen et al. (2004), S. 21.

Reaktionen des Unternehmens wären beispielsweise zum einen, die erhöhten variablen Entlohnungselemente mit einer Reduktion der anderen Elemente wie Boni oder Festgehälter zu kompensieren. Zum anderen könnte der Manager verpflichtet werden, die Aktien oder Optionen aus persönlichen Mitteln zu kaufen. In der Realität finden sich diese Praktiken jedoch nicht. Die anreizorientierten Elemente – ob Aktien oder Optionen – werden stattdessen meist zusätzlich gewährt, so dass die beobachtbaren sehr hohen Gehaltniveaus erreicht werden.

Diese Vergabepraxis kann zudem den Anreizcharakter verwischen, da so dem Management kein Indiz für die Wertigkeit dieser Entlohnung vermittelt wird. [1089]

Die geeignete Höhe des Anteils anreizverträglicher Entlohnung wird nach Demsetz/Lehn zudem von der Größe des Unternehmens und den Möglichkeiten des Monitoring bestimmt. [1090]

Für größere Unternehmen ist es mit höheren Kosten verbunden, das Management durch einen festen Prozentsatz an Aktien zu entlohnen. Gleichzeitig benötigen sie höher qualifizierte Manager, die eine höhere Entlohnung erwarten. Diese sind annahmegemäß vermögender, so dass ihnen eine geringere absolute Risikoaversion unterstellt wird. CEO von größeren Unternehmen weisen daher höhere Anteile an Entlohnung aus, die an das Eigenkapital gekoppelt sind. [1091]

Bei Unternehmen, die mit größerer Unsicherheit konfrontiert sind, ergeben sich dagegen höhere Kosten des Monitoring, die durch Entlohnung durch Aktien oder Optionen vermindert werden können. Bei unterstellter Risikoaversion der Manager ergeben sich für diese Unternehmen mit höherem Risiko aus Principal-Agent-Perspektive jedoch Verträge mit niedrigeren Anreizen als effizient. Dieser Zusammenhang ändert jedoch seine Richtung, wenn von Risikoneutralität der Manager ausgegangen wird: so korrelieren Risiko und Anreize bei Unternehmen, die starker Unsicherheit ausgesetzt sind, positiv. [1092]

Wright argumentiert dagegen, dass die Prämisse der Risikoaversion beibehalten werden kann, wenn man unterschiedliche Grade der Aversion bei Managern und einen Wettbewerb um Manager berücksichtigt. [1093]

[1089] Vgl. Jensen et al. (2004), S. 58.

[1090] Vgl. Demsetz/Lehn (1985).

[1091] Vgl. Core et al. (2003), S. 32. Wenn dieses Aktienpaket im Portfolio des Managers jedoch ein zu großes Gewicht hat, werden wiederum Entscheidungen wahrscheinlicher, welche das Risiko des Unternehmens senken.

[1092] Vgl. Holmström/Milgrom (1987). Empirische Belege für diese theoretisch negative Verknüpfung zwischen Anreizen und Risiko sind gemischt. So können Pitts et al. (2003) die negative Verknüpfung für UK nachweisen. Prendergast (2002a) und (2002b) zitiert elf empirische Studien, von denen jeweils drei positive bzw. negative Verknüpfungen finden, fünf finden keinen statistischen Zusammenhang.

[1093] Vgl. Wright (2004). So streben Unternehmen danach, weniger risikoaverse Manager einzustellen, so dass die Entlohnungskosten sinken. Sie konkurrieren um diese Manager. Unternehmen, die hohen Risiken ausgesetzt sind, sind jedoch bereit einen höheren Lohn zu zahlen, so dass im Gleichgewicht die Manager mit geringer Risikoaversion bei den risikoreichen Unternehmen arbeiten. Obwohl in risikorei-

So streben Unternehmen danach, weniger risikoaverse Manager einzustellen, so dass die Entlohnungskosten sinken, und konkurrieren um diese Manager. Unternehmen mit höheren Risiken sind jedoch bereit, einen höheren Lohn zu zahlen, so dass im Gleichgewicht die Manager mit geringer Risikoaversion bei den risikoreichen Unternehmen arbeiten. Obwohl in risikoreichen Unternehmen die Anreize im Vergleich geringer sind, so können sich diese bei weniger risikoaversen Managern intensiver auswirken. Wenn der letzte Aspekt den ersten kompensieren kann, sind für risikoreiche Unternehmen Verträge effizient, die höhere Anreize bieten.

Core et al. betonen daher, dass es unangemessen ist, aufgrund nur eines Merkmal des Unternehmens eine geeigneten Höhe des Anteils an Anreizelementen festzulegen.[1094]

Neben der Höhe werden auch die unterschiedlichen Instrumente – Aktien oder Optionen – differenziert diskutiert.

So hat die Einscheidung zwischen Aktien mit Sperrfristen oder langfristigen Optionsprogrammen auch Einfluss auf das mit diesen anreizverträglichen Elementen der Entlohnung verbundene Risiko. Letztere ermöglichen es, das Management nur an Wertsteigerungen der Aktie partizipieren zu lassen. Eine Verschlechterung der Aktienbewertung hat damit keinen direkten Vermögensschaden.[1095] Gleichzeitig kann das Unternehmen bei gleichbleibenden Kosten

ihrem Management mehr Optionen als Aktien zuweisen. Eine Erhöhung der Aktienkurse bewirkt damit eine größere Einkommensverbesserung und damit höhere Anreize.[1096]

Gleichzeitig werden Optionsprogramme stärkere Anreize zu risikoreiche Investitionen zugeschrieben. Wenn dieses Risiko mit steigenden erwarteten Renditen verbunden ist, erhöht sich der Unternehmenswert. Damit steigt der Wert der Optionsprogramme. Es ergibt sich so lange eine klassische Win-Win-Situation, wie die Verpflichtungen des Unternehmens durch diese Anreize kompensiert werden. Damit ist es sowohl der Typ des Unternehmens, der die Volatilität der Aktienkursentwicklung beeinflusst, als auch der Typ so entlohnter Manager von Bedeutung[1097]

---

chen Unternehmen die Anreize geringer sind, so sind diese bei weniger risikoaversen Managern intensiver. Wenn der letzte Aspekt den ersten kompensieren kann, sind für risikoreiche Unternehmen Verträge effizient, die höhere Anreize bieten.

[1094] Vgl. Core et al. (2003), S. 32.
[1095] Vgl. für diese Argumentationen Winter (2000). Bei sinkenden Aktienkursen während der Laufzeit verlieren gehaltene Optionen zwar an Wert. Wertlos sind sie jedoch erst nach Verfall. Als Reaktion auf dauerhafte Baisse an den Börsen sind Unternehmen häufig zur Repricing übergegangen. Diese Praxis steht unter Kritik, da so Manager auch für schlechte Performance belohnt werden. Vgl. bspw. Gillan (2001a), (2001b).
[1096] Vgl. Hall (2005).
[1097] Vgl. Gillan (2001a) – diese Wahrscheinlichkeit ist in Zeiten stark steigender Aktienkurse höher. Da die Bewertungs- und Ausweispflichten dieser Kosten nicht die realen Kosten enthalten, könnten sie so von den Aktionären nicht ausreichend berücksichtigt werden. Vgl. Gillan (2001b)

Diese positive Korrelation von Risiko und Rendite ist jedoch nicht selbstverständlich. Durch den Charakter der Option, das Management nicht an unter den Ausgabepreis sinkenden Unternehmenswerten zu beteiligen, sind Anreize möglich, die zu hohe Risikobereitschaft begründen. Dem gegenüber geben bei Lambert et al. Optionsprogramme einem nicht diversifiziertem Manager Anreize, dass Unternehmensrisiko zu senken, wenn mit dieser niedrigeren Varianz kein Rückgang der erwarteten Renditen verbunden ist.[1098]

Neben diesen theoretischen Einschränkungen stehen Optionspläne unter weiterer deutlicher Kritik.

Diese richtet sich zum einen auf die konkrete Ausgestaltung der Programme. So beeinflusst die Festlegung des Ausübungspreises – ob „at the money" oder „out of the money" oder indexiert an Marktindizes – die Sensitivität, mit der Optionswerte auf Aktienkursveränderungen reagieren.[1099] Eine höhere Sensitivität fördert dabei Anreizverträglichkeit. Üblich sind jedoch At-the-money-Optionen, die jedoch die geringste Sensitivität ausweisen.[1100] Wenn diese zudem zusätzlich gewährt werden, sind Situationen denkbar, in denen das Management für Verhalten, welches zu Lasten der Aktionäre geht, belohnt wird. Die Gründe liegen darin, dass durch die so gewährten Optionen das Management die Eigenkapitalkosten abzüglich Dividende mit 0% bewertet und somit Anreize zur Verschwendung gesetzt werden.[1101]

Zum anderen sind die Fristen von Relevanz, nach denen Optionen ausgeübt werden können, da mit diesem Zeitpunkt die Anreize verschwinden. Um hierbei das Ausnutzen von Informationsvorsprüngen zu verhindern, wird vom Management gefordert, schon vor den Transaktionen seine Absichten offen zu legen.[1102]

In diesen theoretischen Aussagen wird somit je nach Eigenschaften des Managers wie Risikoeinstellung und Höhe des privaten Vermögens und nach Eigenschaften des Unternehmens differenziert.

Bei der Auswahl der geeigneten Kombinationen ergeben sich so Konsequenzen aus der jeweiligen Größe des Unternehmens und den jeweiligen Agency-Kosten. Letztere erhöhen die Notwendigkeit des Monitorings. Beide Elemente werden als Argumentationen für einen höheren Anteil von langfristigen, variablen Elementen herangezogen. Weitere Unternehmensmerkmale ergeben sich aus der jeweiligen Börsenbewertung wie die Markt- bzw. Überbewertung oder die Volatilität, wobei letztere mit den jeweiligen Wachstums- bzw. Investitionsmöglichkeiten verknüpft werden kann.

[1098]   Vgl. Lambert et al. (1991).
[1099]   Bei der Berücksichtigung zukünftiger Optionszuteilungen wird die Sensitivität auch von deren Zuteilungsmodus beeinflusst. Die Zuteilung gleicher Optionswerte ist dabei unabhängig von der Leistung des Managers – die Zuteilung gleicher Anzahl von Optionen verknüpft den Wert der Optionen mit der Aktienkursentwicklung.
[1100]   Vgl. Suter (2000), S. 89 f.
[1101]   Vgl. Jensen et al. (2004), S. 60f.
[1102]   Vgl. Fried (1998).

Widersprüchlich sind dagegen die Verknüpfungen von dem Grad der Unsicherheit des jeweiligen Unternehmens und der geeigneten Höhe dieses Anteils, da hier wiederum Managereigenschaften Einfluss nehmen.

Neben diesen Argumentationen bezüglich geeigneter Kombinationen von Entlohnungselementen ergeben sich Zweifel an der theoretisch formulierten Verknüpfung der so gestalteten individuellen Entlohnung mit der Performance des Unternehmens.

4.4.1.3 Entlohnungssysteme und Performance

Gleichzeitig begründet sich Kritik in der Entwicklung der absoluten Entlohnungshöhen für Manager, die insbesondere in den letzten Jahren deutlich gestiegen sind. Diese theoretischen Einwände, welche von einer Abkoppelung von Entlohnung und Unternehmensbewertung ausgehen, erfolgen sowohl aufgrund des Blickwinkels des Agency- als auch auf Grundlage des Stewardship-Ansatzes.

Agency Theorie

So ergeben sich Zweifel an der Rechtfertigung der hohen absoluten Entlohnung, die von der realen Leistung abgekoppelt zu sein scheint und somit nicht die unterstellten Anreize liefert.[1103] Diese Steigerungen ergeben sich hauptsächlich durch Optionsprogramme.[1104]

Dieser pessimistischen Argumentation widersprechen Core et al. Sie sehen dagegen starke Verknüpfungen von Leistung und Entlohnung und somit genügend Anreize, die sich dann ergeben, wenn nicht nur die jährliche Entlohnung sondern auch der bestehende Portfolioanteil in Unternehmensaktien des CEO berücksichtigt wird.[1105]

Sie berücksichtigen dabei zwei Arten von Anreizen: leistungsabhängiges variables Gehalt und die Anforderung, Aktien oder Optionen zu halten. Beide Methoden können dabei die gleichen Anreize setzen, so dass das gesamte Vermögen des Managers gleich bleibt, obwohl die

---

[1103] Vgl. Gillan (2001a); Bebchuk/Fried (2004). Auch der Markt für Manager, demnach der Wettbewerb um geeignete Kandidaten, oder die Unternehmensgröße können nach Hodgson (2004a) die absolute Höhe der Vergütung amerikanischer CEO nicht rechtfertigen. Dagegen weist Hall (2005) daraufhin, dass sich in eigenen Studien für Ende der 90er Jahre ergeben hätte, dass sich die Verknüpfung von Entlohnung der CEO und Performance seit 1980 verzehnfacht hätte.

[1104] In den USA ist die durchschnittliche jährliche Entlohnung von CEO der S&P Unternehmen von 850.000,-- (1970) auf über 14 Millionen (2000) gestiegen, im Jahre 2002 betrug sie 9,4 Millionen USD. Dabei stieg der Wert der gewährten Optionen nach Black-Scholes von gegen Null (1970) auf über 7 Mio. (2000) bzw. 4,4 Mio. (2002). Vgl. Jensen et al. (2004). Neben dem Anstieg der Optionsprogramme ist Grund für die starken Wertsteigerungen auch die Börsenentwicklungen – insbesondere der 90er Jahre. Dabei kann keine eindeutige Wirkungsweise festgestellt werden: so kann die Hausse an den Börsen hohe Entlohnung herbeigeführt haben – oder bessere Anreize haben zu steigenden Unternehmenswerten, der Hausse, geführt. So argumentiert Hermalin (2004), dass sich die steigenden Gehälter der CEO als Kompensation für gestiegene Risiken und Anforderungen und deutlicherer Kontrolle durch das Board auf dem Markt gebildet haben.

[1105] Vgl. Core et al. (2005), S. 1167.

beobachtbare Entlohnung variiert.[1106] Sie vergleichen zwei Modelle mit Boni bzw. Aktien-besitz. Dabei kann der Bonus, wenn schlechtere Ergebnissen als im Vergleichsmarkt erzielt wurden, auch negativ werden.[1107] Bei Aktienbesitz ist das ausgezahlte Gehalt fix, die Ver-mögenswertänderung ergibt sich aus den Kursschwankungen der Aktien.[1108]

Gründe für die beobachtbare Zunahme von Optionsprogrammen können Forderungen nach verstärkter Kopplung der Entlohnung von Managern an der Unternehmenswertentwicklung oder auch Konsequenzen aus veränderter steuerlicher oder zur Publizität verpflichtender Regulierung sein. Jensen et. al. sehen dagegen eine unkorrekte Wahrnehmung der Kosten von Optionsprogrammen als Hauptursache an. So würden Optionsprogramme als günstige Alter-native der Entlohnung betrachtet, ohne die Kosten und Wertentwicklung dieser Programme zu berücksichtigen.[1109] Gleichzeitig werde dadurch der Anreizcharakter der Elemente verwässert.

Negative Auswirkungen dieser Optionsprogramme, die in den Skandalen der letzten Jahre offensichtlich wurden, sind nach ihrer Argumentation durch die vorherrschende Über-bewertung des Eigenkapitals begründet.[1110]

Ein überbewertetes Unternehmen ist dabei nicht in der Lage, die Performance zu erbringen, deren Erwartung sich in den überhöhten Marktbewertungen widerspiegelt. Damit ergeben sich Anreize für das Management, zumindest den Anschein zu erwecken, diese Marktbewertung sei gerechtfertigt. Dabei werden beispielsweise die überbewerteten eigenen Aktien zum Über-nahme anderer Unternehmen genutzt, um den Wachstumsanforderungen zu entsprechen; es werden risikoreiche Investitionen getätigt oder durch Ausnutzung von Gestaltungs-spielräumen zukünftige Einzahlungen vorgezogen bzw. jetzige Auszahlungen verschoben.[1111]

[1106]   Vgl. Core et al. (2005), S. 1169 ff.

[1107]   Die Logik des Modells kann überzeugen. Anzuzweifeln ist die realistische Durchsetzbarkeit von Ent-lohnungsprogrammen, die mit negativen Boni arbeiten. So müsste der Manager bei einer schlechteren Performance von 50% in diesem Modell einen sein Gehalt übersteigenden negativen Bonus an das Un-ternehmen zahlen. Damit sind für ihn reale Liquiditätsabflüsse verbunden, während eine schlechtere Bewertung eines Aktienportfolios diese nur bei Realisierung der Verluste bedeutet.

[1108]   Dabei wird unterstellt, dass die Aktienposition nicht verändert wird. Dies entspricht nach Core et al. den empirischen Ergebnissen über hohe Aktienportfolios amerikanischer CEO. Außerdem würde eine frühe Ausübung der Option deren Zeitwert vernichten. Vgl. S. 1179 ff.

[1109]   Vgl. Jensen et al. (2004), S. 37 f. Die Kosten ergeben sich hier aus Opportunitätsgedanken und bestehen aus dem möglichen Preis, der bei freiem Verkauf der Option erzielbar wäre. Ähnlich argumentiert Hall (2005).

[1110]   Damit ergeben sich Agency-Kosten aus überbewertetem Eigenkapital. Vgl. Jensen et al. (2004) S. 44 ff. Ähnlich argumentieren Bolton et al. (2005), die Spekulation und die dadurch entstandene Blase an den Aktienmärkten für die hohe Entlohnung verantwortlich machen. Damit wird die Prämisse rationaler Kapitalmärkte verworfen. Spekulative Blasen entstehen in irrationalen Märkten durch hohe Erwar-tungsunterschiede bei den Investoren. In diesen Situationen seien Verträge optimal, die es dem CEO erlauben, sich an diesen kurzfristigen Aktienkurssteigerungen auszurichten – auch wenn so Anreize zur Manipulation gesetzt werden. Grund hierfür ist, dass der CEO Agent des jetzigen und nicht des zukünf-tigen Aktionärs sei.

[1111]   Sie vergleichen die Situation der Manager mit der von Drogensüchtigen: die Überbewertung hat mit steigender Reputation und steigender Entlohnung erst sehr positive Auswirkungen, die negativen Konsequenzen zeigen sich erst später „But as drug users learn, massive pain lies ahead" S. 45.

Dieses Problem kann ex post weder durch den Markt für Unternehmenskontrolle noch durch am Eigenkapital orientierte Vergütung gelöst werden. Damit wird ein effizientes Aufsichtsgremium wichtig. Ex ante könne eine konsequente Ausrichtung an langfristigen Unternehmenswertsteigerungen eine Überbewertung verhindern.

Hauptursachen der Agency-Problematik, die sich aus den vertraglich vereinbarten Entlohnungssystemen ergibt, liegen nach Jensen et al. in den Informationsvorsprüngen der Manager sowie in der fehlenden Sorgfalt[1112] und Erfahrung der Personalausschüsse in Vertragsverhandlungen. Ergebnis sind damit Verträge, die dem Eigennutz des Managements dienen.

Sie entwickeln daher 38 Empfehlungen, die eine effizientere Gestaltung von Optionsprogrammen und der Corporate Governance gewährleisten sollen. Diese zielen beispielsweise auf die Ausrichtung an langfristigen Unternehmenssteigerungen, auf die Berücksichtigung und Kommunikation der ökonomischen Kosten, die mit der Vergabe verbunden sind, und auf die Verbesserung des Verhandlungsprozesses der Verträge. Dabei soll das Management im Rahmen der anreizverträglichen Elemente verpflichtet werden, zusätzlich eigene Investitionen im Rahmen des Verzichts auf andere Gehaltselemente oder durch privates Vermögen zu leisten.[1113] Die Ausübungspreise von Optionen sollen an die Kapitalkosten abzüglich einer Dividende gekoppelt werden.[1114] Gleichzeitig betonen sie die Notwendigkeit verstärkter Kontrolle durch effizientere und vom Management unabhängigere Aufsichtsgremien.[1115]

Jensen et al. unterstellen damit kein Systemversagen, sondern schlagen Modifikationen der Vertragselemente zu Effizienzsteigerung vor. Damit bleiben optimale Verträge an sich denkbar. Diese Meinung wird unterstützt von Shleifer/Vishny[1116] und Zingales.[1117]

Sie argumentieren, dass Unternehmen zwar optimale Verträge aushandeln, durch hohe Transaktionskosten jedoch kontinuierliches, angebrachtes Nachverhandeln verhindert werden könne. Somit können Verträge kurzfristig nicht optimal sein.

Bebchuk/Fried sehen dagegen das amerikanische System der Entlohnung als gescheitert an und fordern systematische Reformen.[1118] Während Einigkeit darüber bestünde, dass die

---

[1112]   Diese liegt darin begründet, dass sie nicht über eigene Mittel sondern über die des Unternehmens entscheiden.
[1113]   Dieses kann dabei durch ein marktüblich konditioniertes Darlehen des Unternehmens geschehen. In diesem Aspekte kritisieren sie den Sarbanes-Oxley-Act.
[1114]   Diese belohnen zum einen stärker die Wertschöpfung, zum anderen setzen sie keine Anreize, Eigenkapital als kostenfrei zu betrachten. Gleichzeitig kann über die Annahme dieser Verträge eine Auswahl der Manager erfolgen, die davon überzeugt sind, zusätzliche Werte schaffen zu können. So ist auch eine Lösung der Repricing-Problematik möglich. S. 62 ff.
[1115]   Sie geben auch Hinweise auf optimale Gestaltung kurzfristiger Bonuspläne, die lineare Verbindungen zwischen Leistungsmaßstab und Barentlohnung ausweisen sollte.
[1116]   Vgl. Shleifer/Vishny (1997).
[1117]   Vgl. Zingales (1998).
[1118]   Vgl. Bebchuk/Fried (2004). Sie stellen sich damit gegen die Ansichten, die betonen, dass System sei durch Marktkräfte und loyale Aufsichtsgremien geschaffen und geprägt. Es gäbe lediglich einige wenige Auswüchse, diese würden aber durch die Boards bei Erkennen sofort korrigiert. Vgl. Beb-

aktuellen Entlohnungssysteme aufgrund einer erfolgten weitgehenden Abkoppelung von der jeweiligen Performance nicht dem Interesse der Shareholder dienen, liegt nach den Autoren Uneinigkeit über das Ausmaß und die Ursachen vor.[1119]

Ausgehend von ihrer theoretischen Diskussion von 2003 unterscheiden sie zwei theoretische Stränge: „optimal contract" und „managerial power".[1120] Dabei weisen sie den „optimal contract" – Ansatz zurück.[1121]

Ihre Argumentation gründet sich auf die Feststellung, dass Direktoren des Boards nicht in der Lage sind, marktgerechte Verträge auszuhandeln.[1122] Gründe dafür liegen im Einfluss der CEO auf die Auswahl und Mandatsdauer der Direktoren, welcher die Unabhängigkeit einschränkt, in der hohen Verflechtung der Boards und in dem Einbezug von nicht unabhängigen Entlohnungs-Consultants. Somit ergibt sich für das Aufsichtsgremium eine Vielzahl ökonomischer Anreize, sich nicht gegen das Management zu stellen bzw. ihre Vorschläge zu akzeptieren. Neben sozialen und psychologischen Faktoren - wie Gruppenzwang, Konfliktscheue oder persönliche Sympathien – halten Bebchuk/Fried zudem den Aktienbesitz der

---

chuk/Fried (2004) S. 2. Im Zentrum der Kritik steht dabei nicht die absolute Höhe der Entlohnung - sondern deren starke Abkopplung von der jeweiligen Performance. Empirische Belege für diese Abkoppelung in den USA liefern Van Clieaf et al. (2005). Während der größte der 2100 gehandelten Unternehmen im Betrachtungszeitraum von fünf Jahren bis 2003 keine Net Operating Profit After Tax erwirtschafteten, der über den Kapitalkosten lag, sind die CEO Entlohnungen aufgrund steigender Anzahl von Aktien- und Optionsprogrammen ohne langfristige Komponenten in dieser Zeit deutlich angestiegen. Dieser Schlussfolgerung widersprechen Core et al. (2005, S. 1167). Sie weisen daraufhin, dass – sobald man das bestehende Portfolio des Managements berücksichtigt – diese Verknüpfung sehr deutlich vorliegt.

[1119] Diese normative Ausrichtung stellt Gordon (2005) in Frage. Für ihn ist nicht allein die fehlendeBeziehung zwischen Entlohnung und Performance Ursache für die aktuelle Diskussion, sondern insbesondere auch die absolute Höhe. Grund hierfür sind die unterschiedlichen Welten, aus denen Entlohnungssysteme betrachtet werden: die der Maximierung des Shareholder-Values und die sozialer Implikationen der Verteilung von Reichtum und Macht.

[1120] Vgl. Bebchuk/Fried (2003).

[1121] Ausgehend von dieser Unterscheidung in „optimal contracting", nach der die Entlohnung geeignete Anreize setzen kann, und in „managerial power", nach dem Entlohnung Resultat des Rent-seeking des Managements sind, untersucht Mathiesen (2005) 8000 amerikanische Unternehmen und 22.000 Manager der Jahre von 2000 bis 2002. Dabei prüft er Auswirkungen der absoluten Entlohnung, inklusive kurzfristiger Elemente wie Boni,– aber ohne den Wert von Optionen und Pensionsplänen - auf ROA und Tobin´s Q. Als Ergebnis zeigt sich eine signifikante positive Korrelation mit dem ROA. Einschränkend ist hier zu sehen, dass kurzfristige Entlohnungselemente häufig an die ROA-Entwicklung gekoppelt sind. Damit ist durchaus wahrscheinlich, dass diese positive Korrelation Ergebnis dieser Koppelung ist und nicht als Beleg für die Gültigkeit eine optimalen Vertrags gewertet werden kann. In Bezug auf Tobin´s Q als Messinstrument der langfristigen Unternehmensbewertung ergibt sich jedoch eine signifikante negative Verknüpfung, welche die Argumentation des Machtmissbrauchs der Manager unterstützt. Generell ist hier jedoch die Entlohnung nur ein relativ unbedeutendes Element, um Veränderungen von Tobin´s Q zu erklären.

[1122] Diesem Argument widersprechen Core et al. (2005) ausdrücklich. Dabei streiten sie den Einfluss des Managements bzw. des CEO, der in der Gestaltung von Entlohnungssystemen deutlich wird, nicht ab. Sie sehen dieses jedoch nicht als Grund für die Schlussfolgerungen, dass diese Verträge dadurch per se nicht optimal im Sinne der Aktionäre und daher Reformen notwendig sind. Ihre theoretische Kritik richtet sich gegen die Ablehnung des theoretischen Modells des optimalen Vertrags. Gleichzeitig gebe es keinen Hinweis, dass in den USA im internationalen Vergleich suboptimale Verträge vorherrschen bzw. ausgenutzt werden (S. 1166).

Direktoren für zu klein, um mögliche negative ökonomische Konsequenzen, die sich aus einem Dissens mit dem CEO ergeben können, kompensieren zu können.[1123]

Sie räumen ein, dass Kräfte der Märkte für Unternehmenskontrolle oder für Manager restriktiv wirken, halten diese aber nicht für stark genug.[1124] Auch die 2003 eingeführten NY-SE (Rule 303A) und NASDAQ-Regulierungen (Rule 4350), welche die Zustimmung von Aktionären auf der Hauptversammlung zu Optionsplänen voraussetzen, führen nach Bebchuk/Fried selten zu einer Nichtzulassung.[1125]

Diese als schwach eingeschätzten Restriktionen werden ergänzt um mögliche soziale Kosten. Diese werden davon bestimmt, wie das soziale Umfeld die jeweilige Entlohnung einschätzt. Eine Bewertung als „unverschämt" könnte die Aktionäre dazu bewegen, ihre Unterstützung zu entziehen. Die „Outrage"-Kosten würden auch die Bereitschaft des Managements, das Entlohnungssystem vorzuschlagen, und des Boards, diesem zuzustimmen, beeinflussen.[1126]

Die Transparenz der Entlohnung und somit das mögliche Entstehen dieser „Outrage"-Kosten wird jedoch - beispielsweise durch die Einführung von nicht zu publizierenden Sondervergünstigungen nach der Pensionierung, zusätzlichen Beraterarrangements, verschobenen Gehaltsansprüche oder Kreditvereinbarungen - stark eingeschränkt.[1127] Gleichzeitig hat das Management seinen Einfluss genutzt, um mit liquiden Elementen wie Bonuszahlungen oder obigen Beispielen von Sondervergünstigungen die Entlohnung möglichst von der Performance abzukoppeln.[1128]

Bebchuk/Fried unterstützen daher die verstärkte Entlohnung mit anreizverträglichen Elementen wie Aktien oder Optionen[1129], dennoch seien die Optionspläne aktuell aufgrund des Einflusses des Management auf die Vertragsverhandlungen derartig gestaltet, dass auch

---

[1124]   Vgl. Bebchuk/Fried (2004), S. 18 ff. Im Hinblick auf die deutsche Situation ist die Abhängigkeit der Aufsichtsräte vom Vorstand theoretisch weniger relevant. Dennoch erfolgt die Wahl neuer Mitglieder des Aufsichtsrats nach § 124 AktG aufgrund von Vorschlägen des Aufsichtsrats selbst. Diese Vorschläge sowie auch eine Verlängerung der Mandate scheinen bei deutlichem Dissens zwischen Vorstand und Aufsichtsrat eher unwahrscheinlich.

[1125]   Gordon (2005) stellt dagegen fest, dass es zum einen als Ersatz für den Markt für Unternehmenskontrolle zu einem erhöhten Einfluss des Boards als internes Kontrollorgan gekommen sei und sich zum anderen die Fluktuation der CEO erhöht habe. Diese Entwicklungen könnten die Grundaussage von Bebchuk/Fried des erhöhten Einflusses des CEO einschränken.

[1126]   Selbst wenn diese erfolge, könne das Board durch die Anpassung anderer Entlohnungselemente reagieren. Vgl. Bebchuk/Fried (2004) S. 50 f.

[1127]   Vgl. Bebchuk/Fried (2004), S. 64 ff. Gordon (2005) weist diesbezüglich darauf hin, dass, wenn Auslöser dieser Outrage-Kosten nicht hauptsächlich eine fehlende Verknüpfung mit der Performance - sondern die absolute Höhe - sein kann, es nicht um Verschleierung vor Board und Aktionären sondern nur gegenüber der Öffentlichkeit geht.

[1128]   Sondervergünstigungen bei Verlassen des Unternehmens – auch bei Übernahmen -, Pensionsplänen und Krediten widmen Bebchuk/Fried in Part II jeweils einzelne Unterkapitel.

[1129]   Diese Taktiken werden dabei durch den Einsatz von Consultants gefördert. Dieser ist stark vom Management bzw. dem CEO abhängig, so dass ihre Gestaltungsvorschläge in dessen Sinne erfolgen. Die geforderte eindeutige Koppelung führt zu einer Ablehnung hoher Fixgehälter. Diese kann nach Gordon (2005) jedoch als Belohnung für früheren Einsatz und so als Anreiz für Engagement / Karriere innerhalb des Unternehmens gesehen werden.

[1129]   Damit wenden sie sich nicht von den grundlegenden Aussagen der Principal-Agent-Theorie ab, denen ihre Forderung nach verbesserter Verknüpfung von Entlohnung und Performance folgt.

sie eine Entlohnung trotz schlechter Performance ermöglichen.[1130] Daher sind Praktiken wie die Vergabe von At-the-money-Optionen, die nicht indiziert sind, oder ein Repricing, weit verbreitet.[1131]

Die mögliche förderliche disziplinierende Wirkung von „Outrage Costs" ist von der jeweiligen Transparenz des Entlohnungssystems bestimmt. Somit ergibt sich ein Anreiz für das Management, sowohl das Niveau als auch die Leistungssensitivität der Entlohnung zu verschleiern bzw. zu legitimieren. Damit begründet sich die Relevanz einer erhöhten Transparenz, welche in der Bewertung der Aktienkurse durch Marktteilnehmer berücksichtigt werden und zudem die öffentliche Meinung beeinflussen könne. Dabei sollte u.a. ein monetärer Wert für alle Elemente des Systems angegeben und deutlich gemacht werden, welcher Teil der Wertsteigerungen von anreizverträglichen Elementen wie Aktien oder Optionen aufgrund von generellen Marktentwicklungen entstanden ist.[1132]

Dennoch können diese Veränderungen nach Bebchuk/Fried die Grundproblematik nicht verändern. Es kann von Boards keine effektive Prüfung der Entscheidungen des CEO erwartet werden. Eine mögliche Antwort kann sich über eine höhere Unabhängigkeit der Direktoren vom Management ergeben.[1133] Wichtiger sind jedoch Reformen, die eine höhere Verantwortlichkeit des Boards vom Aktionär begründen, indem beispielsweise Übernahmehindernisse erschwert und der Nominierungsprozess verändert wird.[1134]

Insbesondere diese Ausweitung des Aktionärseinflusses lehnt Gordon ab.[1135] Seine Lösungsvorschläge zielen auf eine erhöhte Unabhängigkeit der Personalausschüsse und der Consultants und insbesondere auf eine höhere Transparenz. Während die amerikanischen

---

[1130]   Vgl. Bebchuk/Fried (2004), S: 137 ff. So werden die Optionen nicht indiziert, so dass auch Windfall-Profits möglich sind. Gründe hierfür liegen in unterschiedlichen Rechnungswesensvorschriften, welche die Vergabe von konventionellen at-the-Money-Optionen fördern. Zudem werde dem Management große Freiheit eingeräumt, die Positionen aufzulösen.

[1131]   Einzelnen Elementen der Gestaltung von Optionsplänen widmen Bebchuk/Fried Kapitel 11 – 14. Gordon (2005) stellt dagegen zur Diskussion, dass die geeignete Gestaltung von Optionsprogrammen mit höheren Kosten und höherer Unsicherheit verbunden ist, so sei es insbesondere wichtig, den richtigen Index zu finden. Gleichzeitig ergäben sich im Gegensatz zu konventionellen Programmen höhere Anreize, durch Ausnutzung von Gestaltungsmöglichkeiten kurzfristige Aktienkurssteigerungen herbeizuführen. Gründe für Repricing könnten zudem in den Bestrebungen liegen, gute Manager auch in schlechteren Zeiten an das Unternehmen zu binden.

[1132]   Eine genaue Darstellung der amerikanischen Disclosure-Vorschriften liefert Hodgson (2004b). Auch er fordert eine höhere Transparenz, diese sollte auch Vergünstigungen unter der jetzigen Grenze von 50.000,-- USD bzw. 10% des Gehalts enthalten. Gleichzeitig sollte nicht nur der zusammengefasste Geldwert aus Sicht des Empfängers unter „other annual" und „all other" zusammengefasst werden können, sondern die wirklichen Kosten dieser Elemente ausgewiesen werden. Im Rahmen von Pensionszusagen werden nach Hodgson potentielle Kosten vernachlässigt.

[1133]   Damit unterstützen sie die Anforderung von Sarbanes-Oxley, bleiben aber skeptisch, inwieweit so Unabhängigkeit gefördert werden kann. Sie begrüßen auch eine SEC-Proposal, es Aktionären zu erlauben, Kandidaten vorzuschlagen. Diese ginge jedoch dennoch nicht weit genug und werde deutlich vom Management abgelehnt. Vgl. Bebchuk/Fried (2004), S. 201 ff. Diese Praxis der Nominierung geeigneter Aufsichtsratskandidaten ist in Deutschland auch unüblich – so werden diese nach § 124 Akt.G. von Aufsichtsrat selbst vorgelegt.

[1134]   Sie verwenden wie McNulty et al. (2003) und Roberts et al. (2005) den Begriff „accountability".

[1135]   Vgl. Gordon (2005).

232

Vorschriften zur Veröffentlichung der Entlohnungssysteme im internationalen Vergleich weitgehend seien, sind die Ausweise dennoch unvollständig. Daher ist es nur schwer bzw. gar nicht möglich, die gesamte Vergütung zu ermitteln.[1136]

Er fordert daher auf, zwei Aspekte der Publizitätspflichten zu verändern: zum einen sollte der Ausweis klarer und vollständiger erfolgen und zum anderen sollte der Personalausschuss ein Statement abgeben, unterzeichnen und veröffentlichen, aus dem die verfolgte Philosophie des Unternehmen, der genaue Wert der gesamte individuellen Vergütung sowie eine Rechtfertigung der gezahlten Vergütung hervorgeht. Diese Transparenz erhöht zum einen die Verantwortlichkeit[1137] gegenüber den Aktionären – vertreten durch das Board – zum anderen durch die Rechenschaftselemente auch gegenüber der Öffentlichkeit.

Stewardship–Ansatz

Während die dargestellten theoretischen Argumentationen auf der Grundlage der Agency-Theory generell von der Möglichkeit der Angleichung der annahmegemäß unterschiedlichen Interessen ausgehen, bestreiten andere deren Aussage, durch die Verknüpfung von Vergütung und Performance relevante Anreize setzen zu müssen und zu können.

So geht der Stewardship-Ansatz von kooperativem Verhalten der Vertragspartner aus, die damit die Nutzenmaximierung des Gesamtsystems anstreben. Dieses Verhalten erfolgt dabei aufgrund intrinsischer Motivatoren.

Frey/Osterloh vertreten diesbezüglich die Ansicht, dass durch stärkere Verknüpfung von Leistung und finanzieller variabler Entlohnung diese intrinsischen Motivationsfaktoren verdrängt würden.[1138]

Psychologische Untersuchungen bestätigen diese Argumentation und können dokumentieren, dass explizite Anreize zu niedriger Motivation und damit langfristig zu sinkender Leistung

---

[1136]   Vgl. Gordon (2005), S. 20. Das liegt entweder an fehlenden Informationen wie Annahmen des Pensionsplanes, die nicht zu veröffentlichen sind, oder an der Platzierung der unterschiedlichen Elemente in verschiedenen Teilen des Geschäftsberichts.

[1137]   Auch Gordon (2005) verwendet den Begriff der „Accountability." Während Bebchuk/Fried die Verantwortlichkeit auf die Aktionäre beziehen, betont Gordon das Board, da dieses für die Qualität des Managements verantwortlich sei.

[1138]   Vgl. Frey/Osterloh (2004). Sie verwenden den Begriff von „crowding out" – Effekten. Monetäre Anreize bewirken dabei, dass Individuen ihre Aufmerksamkeit nicht mehr auf die Tätigkeit selbst, sondern auf die damit verknüpfte Belohnung bzw. Sanktion richten. Damit gehen intrinsische Faktoren, die aus der Beschäftigung selbst entstehen, verloren. Bénabou/Tirole (2005) nutzen ähnliche Argumentationen, um eine Theorie sozialen Verhaltens zu entwickeln. Diese berücksichtigt individuelle Heterogenität in Bezug auf Altruismus und Gier sowie soziale Reputation und Selbstachtung. Dabei liefern externe Motivatoren wie Belohnung oder Strafe nicht nur keine Begründungen für gute Taten, sie können die intrinsische Motivation sogar verringern. Sozialförderliche Handlungen werden danach begangen, weil Individuen auf die Meinung anderer achten, weil positive Signale über eigene Charakteristika wie Generösität gegeben werden sollen sowie aufgrund eines Bedürfnis nach Selbstachtung, welche durch Definition und Entsprechung des eigenen Selbstbildes erlangt werden kann.

führen.[1139] Diese Konzentration auf monetäre, extrinsische Motivationsfaktoren hätten zudem zu extrem hohen Gehaltsniveaus beim Management, die nicht von adäquaten Steigerungen in den Unternehmenswerten begleitet worden sein, und zu einer verstärkten Ungleichheit in der gesellschaftlichen Einkommensverteilung geführt. Gründe liegen in der Ausrichtung auf kurzfristige Gewinne und in Anreizen zu betrügerischem Verhalten.

Daher lehnen sie den Principal-Agent-Ansatz als gescheitert ab. Ausgehend von dem Unternehmen als Bündel von Ressourcenpools können zum einen gemeinschaftlich als Team – und nicht als Principal und Agent - erwirtschaftete Überschüsse nicht einem Akteur zugesprochen werden, sondern sind kollektive Güter. Deren Produktion basiert nicht nur auf extrinsischer sondern insbesondere auf intrinsischer Motivation. Dessen Ausmaß kann nach Max Webers Modell der Bürokratie durch geeignete Institutionen beeinflusst werden. Sie befürworten eine stärkere Ausrichtung an festen und nicht an variablen Gehältern.

Weiteres Element des Menschenmodells des REMM ist die Unterstellung von Geld als Hauptmotivator. Damit wird Nutzenmaximierung mit Vermögensmaximierung gleichgesetzt. Demgegenüber argumentiert McConvill, dass Geld nicht dem Nutzen entspricht, sondern nur Mittel zu einem Zweck, dem persönlichen Glück, ist.[1140] Auf der Grundlage vorliegender psychologischer Forschungsergebnisse können als zu verallgemeinernde Elemente individuellen Glücks ein hoher Freiheitsgrad, der die Verfolgung persönlicher Ziele erlaubt, ein Gefühl von Partizipation und Einfluss, enge persönliche Beziehungen, Gesundheit und die Aussicht auf Herausforderungen genannt werden. Geld wird – nach Decken der Grundbedürfnisse – dabei den Faktoren zugeordnet, die nur wenig und bei steigendem Einkommen zudem weiter abnehmend zu persönlichem Glück beitragen können.

Gleichzeitig gibt es eine Verschiebung der Arbeitsmotivation von monetären Elementen zu Arbeitszufriedenheit. Faktoren wie Aufstiegsmöglichkeiten und Berufung haben eine hohe Bedeutung. Ohne die Empfindung einer Berufung erscheint der lange Weg an die Spitze des Unternehmens, der mit hohen spezifischen Investitionen verbunden ist, nicht möglich. Auch bei der Auswahl externer Direktoren werde zunehmend auf Persönlichkeitselemente wie Bereitschaft, Integrität und Respekt geachtet.

Auf der Basis des Stewardship-Ansatzes und unterschiedlicher Motivationstheorien mit extrinsischen und intrinsischen Elementen wird verdeutlicht, dass Manager nicht prinzipiell durch Geld motiviert werden können. Intrinsische Belohnung können dabei beispielsweise das Gefühl von Bedeutung, von Entscheidungsmöglichkeiten, von Kompetenz und Fortschritt sein. Somit sei entscheidend zur Steigerung des Unternehmenswerts die wahren Motivatoren wie Anerkennung und Vertrauen zu erkennen, und damit das von Misstrauen geprägte Menschenbild der Agency-Theorie zu verlassen.

[1139]   Vgl. Deci/Ryan (1985).
[1140]   Vgl. McConvill (2005).

Somit wird zudem der Ansatz der Agency-Theorie relevant, der ein Menschenbild impliziert, das von Misstrauen gegenüber dem Management geprägt wird und opportunistisches Verhalten antizipiert.[1141] Die Annahme der Maximierung des Eigennutzes und die damit verbundenen Forderungen nach Monitoring, Kontrolle und geeigneten Anreizen wurzelt in der Berücksichtigung der Möglichkeiten, dass Individuen jede sich bietende Gelegenheit zur persönlichen Bereicherung nutzen, auch wenn damit Vertragspartner geschadet werden. Andere Verhaltensweisen werden ausgeblendet – die Misstrauensprämisse erlaubt demnach die Konzentration auf ein zu erwartendes Verhalten.

Gleichzeitig gilt jedoch auch Vertrauen als Mittel zur Reduktion von sozialer Komplexität,[1142] wobei unterstellt werde kann, dass das Verhältnis zwischen Stakeholdern und Management eine sehr hohe Komplexität und Unsicherheit ausweist.

Im Hinblick auf die negativen Erfahrungen mit Kontroll- und Sanktionsmechanismen und Anreizsystemen erscheint eine vermehrte Betrachtung von Vertrauen geeignet. Nach Luhmann beinhaltet Vertrauen zwei Dimensionen, die jeweils Erwartungshaltungen beinhalten. Diese betreffen zum einen eine konkrete Leistung und zum anderen eine intendierte kooperative Bereitschaft zur Zusammenarbeit.[1143] Letztere Erwartung ist jedoch im Rahmen der Principal-Agent-Theorie ausgeschlossen, während der Stewardship-Ansatz ausdrücklich mit Vertrauen argumentiert.[1144]

Beide Gegensätze – Kontrolle vs. vertrauensvolle Zusammenarbeit – können jedoch zu Entwicklungsspiralen mit negativen Auswirkungen führen.[1145]

4.4.1.4 Fazit

Die Analyse der theoretischen Argumentationen verdeutlicht mögliche Einschränkungen, die begründen, dass Anreizsysteme alleine nicht in Lage sind, Agency-Probleme zu lösen. Während zum einen eine Angleichung der Interessen erreicht werden kann, können sich aus Einfluss und Informationsvorsprüngen des Managements neue Agency-Kosten ergeben. Die unterstellte Nivellierung unterschiedlicher Zeithorizonte wird durch die Berücksichtigung von Erwartungen und deren Gestaltungsmöglichkeiten zumindest anzweifelbar. Die angestrebte Erhöhung der Risikofreude kann in eine Überhöhung führen und ist – bei unterstellter Risikoaversion – mit höherer Gesamtentlohnung verbunden. Diese müsste diese durch die Einsparung von Agency-Kosten kompensiert werden.

Aktuelle Verbesserungsvorschläge enthalten die Forderung nach erhöhter und verbesserter Transparenz und setzen damit auf die Wirkung weiterer Governance-Mechanismen wie bspw. dem Kapitalmarkt. Zudem wird auf eine effizientere Kontrolle durch unabhängigere

---

[1141] Donaldson (1995) formuliert seine Kritik daher deutlich als eine „Anti-Management" Theorie.
[1142] Vgl. Luhmann (2002).
[1143] Vgl. Luhmann (2002).
[1144] Vgl. Davis et al. (1997), S. 25.
[1145] Vgl. Sundaramurthy/Lewis (2003).

Aufsichtsgremien verwiesen. Auch Modifikationen der Gestaltung der Verträge werden vorgeschlagen, deren Wirkung jedoch meist nicht unumstritten ist.

Unabhängig davon stoßen diese theoretisch optimalen Konzepte der Verknüpfung individueller Leistung und Entlohnungselementen in der praktischen Umsetzung schnell an ihre Grenzen. Diese ist bspw. in der Komplexität der so zu gestaltenden individuellen Verträge begründet.[1146] Diese wird unter Berücksichtigung aktueller Vorschläge noch steigen.

Der zudem diskutierte Einbezug der Effekte des Gesamtvermögens, welche häufig als effizienterer Anreizmechanismus herausgestellt werden, impliziert zum einen, dass diese Vermögen vorhanden ist. Zum anderen wird die Bereitschaft des Managements, sich so an möglichen Verlusten zu beteiligen, vorausgesetzt. Diese Annahme kann angezweifelt werden. Diese Beteiligung an Verlusten würde zudem das zu tragende Risiko zusätzlich vergrößern, so dass mit weiteren Kompensationsforderungen zu rechnen sein wird.

Gleichzeitig unterstellen die theoretischen Modelle den Managern als Gruppe eine einheitliche Nutzenfunktion. Diese im Rahmen der Modellentwicklung notwendige Verallgemeinerung bleibt unrealistisch. Notwendig – aber in der Praxis kaum durchführbar – wäre es damit, jedem Manager ein individuelles Vertragskonstrukt anzubieten. Unter Berücksichtigung der Argumente der Gegner der Agency-Theorie müsste diese sowohl die jeweiligen geeigneten monetären als auch die nicht-monetären Nutzenelemente enthalten und mit dem individuellen Grad der Risikoaversion verbinden.

Folgende Abbildung fasst die theoretischen Argumentationen im Hinblick auf positive Wirkungen auf den Unternehmenswert und dargestellte Einschränkungen bzw. Gegenpositionen zusammen.

Anreizsysteme: Verknüpfung der Entlohnung mit langfristigem Unternehmenserfolg	
Theoretische Begründung positiver Corporate Governance Wirkung	• Angleichung der Interessen • Verhinderung von Interessenskonflikten • optimal contract: effiziente Verträge sind möglich • Angleichung der Zeithorizonte • Angleichung der Risikobereitschaft
Einschränkungen / Gegenpositionen	• Entlohnungssysteme als Element von Agency-Kosten: managerial power bewirkt Abkoppelung der Entlohnung • Keine homogenen Nutzenfunktionen • Nutzenmaximierung ist nicht äquivalent mit Vermögensmaximierung • Outcrowding intrinsischer Motivation • Misstrauensprämisse verhindert Komplexitätsreduktion durch Vertrauen

---

[1146]   Vgl. Witt (2002), S. 22.

	• Wachsender Einfluss intrinsischer Motivatoren
	• Erhöhtes Einkommensrisiko bewirkt höhere Gesamtent-lohnung
	• Anreize zu „Earning Management"
	• Windfall Profits
	• Keine korrekte Berücksichtigung der realen Kosten der Aktien-und Optionsprogramme
	• Wertschätzung des Managements ist geringer als reale Kosten für das Unternehmen
	• Charakteristika von Unternehmen und Management
	• Einfluss des Gesamtvermögens in der Realität nicht umsetzbar
	• Theoretisch notwendige Komplexität der Verträge nicht um-setzbar
Lösungsvorschläge	• Modifikation der Verträge (Indexierung/Laufzeiten etc.)
	• Wirkung outrage-cost: indirekte Wirkung öffentlicher Empö-rung
	• Erhöhte Transparenz
	• Verbesserte Unabhängigkeit
	• Erhöhter direkter Einfluss der Aktionäre

Tabelle 13: Anreizsysteme: Entlohnung und langfristiger Unternehmenserfolg

Dieses uneindeutige Ergebnis der theoretischen Analyse im Hinblick auf positive Aus-wirkungen des Einsatzes variabler, langfristiger am Unternehmenserfolg ausgerichteten Entlohnungselementen begründet den Einbezug empirischer Studien.

4.4.2 Empirische Ergebnisse

Die unterstellte förderlicher Wirkung von Anreizsystemen auf Agency-Kosten ergibt sich aus agencytheoretischem Blickwinkel, der somit Grundlage der empirischen Studien ist. Dabei werden Eigenschaften von Anreizsystemen wie ihre konkrete Ausgestaltung und die Motivation ihrer Implementierung und Unternehmenswerte miteinander verbunden.

Internationale Studien

So überprüft Bender durch persönliche Interviews mit 35 Direktoren aus 12 britischen Unter-nehmen theoretische Argumentationen, warum performanceorientierte Anreizsysteme ein-gesetzt werden.[1147] Im Ergebnis finden die agencytheoretischen Argumentationen der Motivation zu höherem Einsatz und der Vermeidung opportunistischen Handelns keine Bestätigung. Die Aussagen zu einer Motivation durch Geld sind gemischt. Das Geld wird

---

[1147]   Vgl. Bender (2004).

eher als Erfolgssignal nach außen eingestuft.[1148] Der direkte Einfluss auf die jeweiligen Bezugsgrößen wird eher angezweifelt, diese können jedoch intern vermitteln, welche Zielgrößen für das Untenehmen wichtig sind. Starken Einfluss auf die Motivation hat dagegen die wahrgenommene Angemessenheit innerhalb und außerhalb des Unternehmens, auch gegenüber den Aktionären. Bender argumentiert daher, dass die Unternehmen performanceorientierte Vergütungssysteme aufgrund der verbreiteten Praxis anderer Unternehmen einsetzen. Gründe für diese Usance sind dabei die Notwendigkeit, geeignete Direktoren anzuwerben und zu halten, sowie die Legitimation, die sich aus der Entsprechung von Best-Practice-Empfehlungen wie Kodices ergibt.

Diese Usance der performanceorientierten Vergütungssysteme ist jedoch relativ jung. Initiierende Wirkung im Hinblick auf die Implementierung von Entlohnungselementen, die durch die Koppelung an die Performance geeignete Anreize setzen, hatten Jensen/Murphy[1149], welche auf Grundlage statistischer Analyse von Daten über die Entlohnung amerikanischer CEO der Jahre 1974–88 im Vergleich zu der Periode von 1934-38 dokumentieren, dass die Höhe der jeweiligen Entlohnung nur sehr gering durch Veränderungen der Unternehmenswerte beeinflusst wird. So erhielten die CEO nur 3,25 $ zusätzlich bei einem Anstieg des Unternehmenswerts von 1.000,-- $. Sie verbanden damit die Forderung der stärkeren Berücksichtigung von langfristigen Anreizelementen.

Die in den USA seit den 80er Jahre verstärkte Einführung von Aktien- und/oder Optionsplänen hat nach Hall/Liebman jedoch zu einer stärkeren Verknüpfung von Unternehmenswert und Entlohnung geführt.[1150]

Dieser Sichtweise widersprechen Tosi et al.[1151], welche als Ergebnis einer Metaanalyse feststellen, dass nur 5% der CEO-Entlohnung durch Elemente der Unternehmensbewertung erklärt werden. Hodgson[1152] zeigt für die Entlohnung der CEO von amerikanischen Investmentbankern, dass diese keinen Bezug zu langfristig orientierten Kennzahlen der Unternehmenswertsteigerung ausweist.

In der dargestellten aktuellen Literatur nehmen beispielsweise sowohl Jensen et al.[1153] als auch Bebchuk/Fried[1154] diese fehlende Verknüpfung und ihre möglichen Ursachen als Anlass für ihre weiterführende Diskussion.

Damit sind die Ergebnisse, inwieweit die Entlohnung durch Unternehmenswerte erklärt wird, relativ eindeutig. Für eine hier relevante reziproke Verknüpfung finden sich erstaunlicher-

---

[1148] Die hohe Bedeutung dieses Faktors ist insbesondere für die deutsche Diskussion über die Veröffentlichung von Vorstandsgehältern interessant; nur mit Transparenz kann dieses Signal wirken.
[1149] Vgl. Jensen/Murphy (1990)
[1150] Vgl. Hall/Liebman (1998). Sie ziehen Daten von 1980-94 heran
[1151] Vgl. Tosi et al. (2000). Grundlage sind 137 Artikel und unveröffentlichte Manuskripte. Die Höhe der Entlohnung wird dagegen hauptsächlich durch die Unternehmensgröße bestimmt.
[1152] Vgl. Hodgson (2004), S. 4. Die einzige Ausnahme ist Merril Lynch.
[1153] Vgl. Jensen et al. (2004)
[1154] Vgl. Bebchuk/Fried (2003) und (2004).

weise wenig empirische Studien. In einer Übersicht über vorliegende Ergebnisse, welche jeweils unterschiedliche Governance-Mechanismen mit Performance verknüpfen, weisen Coles et al. nur drei Studien über die CEO-Entlohnung aus.[1155]

Für die Argumentation der Agency-Theorie, dass anreizbasierte Entlohnung durch sinkende Agency-Kosten mit steigenden Unternehmenswerten verknüpft werden kann, ergeben sich zudem kaum signifikante Belege.[1156]

So zeigen Dalton et al.[1157] im Rahmen einer Metaanalyse, dass sich, mit der Ausnahme der EPS - keine signifikanten Korrelationen zwischen dem Aktienbesitz des Managements und Unternehmenswerten finden. Für den CEO ergeben sich teilweise signifikante positive (Tobin´s Q) und negative (ROI) Verknüpfungen.

Core et. al. liefern einen Überblick über bestehende empirische Studien, welche Optionen und Aktienbesitz mit der Unternehmensbewertung verknüpfen. Als Ergebnis stellen sie heraus: „There is presently no theoretical or empirical consensus on how stock options and managerial ownership affect firm performance".[1158]

Kim/Maisondieu Laforge schließen aus einer aktuellen Analyse vorliegender Forschungsergebnisse „no research has been able to determine directly whether managerial contracts increase shareholder wealth or whether managerial contracts allow managers to expropriate wealth."[1159]

Eine Ursache für diese fehlende Verknüpfung kann darin liegen, dass das vorliegende Niveau des Aktienbesitzes des Managements der jeweils optimalen Höhe entspricht.[1160] Bei Existenz eines optimalen Niveaus können demnach nur Unternehmen, deren Management zu geringe Aktienpakete halten, durch Einführung von Aktienplänen, die zu Aktienbesitz verpflichten, ihren vorher im Vergleich eher zu niedrigen Unternehmenswert steigern.

Core/Larcker finden Belege für diese Hypothese. So weisen die von ihnen untersuchten Unternehmen im ersten Jahr und kumuliert in den ersten zwei Jahren nach Einführung eines

---

[1155]   Vgl. Coles et al. (2001). S. 31 f.
[1156]   Nach Murphy (1999) ergibt sich kein Hinweis darauf, ob das Management engagierter, besser und stärker im Interesse der Aktionäre arbeitet, S. 2555. Im Hinblick auf Optionspläne stellt Winter (2000) fest, dass keine eindeutige Beurteilung ihrer Eignung möglich ist, S. 75. Bassen (2002) stellt fest, dass institutionelle Investoren verschiedene Optionsprogramme unterschiedlich bewerten. Seine Analyse vorliegender Studien von Kapitalmarktreaktionen auf die Einführung derartiger Programme zeigt zwar kurzfristige Überrenditen – diese jedoch mit einer sehr hohen Varianz, S. 185.
[1157]   Vgl. Dalton et al. (2003).
[1158]   Core et al. (2003), S. 34.
[1159]   Kim/Maisondieu Laforge (2005).
[1160]   Während Morck et al. (1988) von generell zu niedrigen Niveaus ausgehen, gehen Demsetz/Lehn (1985) davon aus, dass bei optimalen Niveaus keine Beziehung zum Unternehmenswert vorliegt. Dieses jeweilige Optimum wird von der Unternehmensgröße bestimmt.

derartigen Planes einen signifikant höheren ROA aus.[1161] Eine eindeutige signifikante kurz-fristige Erhöhung der Aktienkurse ergibt sich jedoch nicht.[1162]

Auch Kim/Maisondieu Laforge nehmen Veränderungen von Verträgen als Anlass, eine mögliche positive Verknüpfung des Unternehmenswertes nachweisen zu können. Ursache für die Vertragsänderungen ist die Einführung des Omnibus Budget Reconciliation Act (OBRA) in den USA 1993. Dieser begrenzte die steuerliche Abzugsfähigkeit von Geldanteilen der Entlohnung auf eine Million USD pro Person. Höhere Abzugsfähigkeit besteht nur für Entlohnungselemente, die an Unternehmenswerte gekoppelt sind.

Sie untersuchen daher Aktienkursreaktionen und Veränderungen des operativen Ergebnisses[1163] auf neue Entlohnungsverträge, die aufgrund von OBRA verhandelt wurden. Dabei können mehrere Faktoren ursächlich für eine theoretische Verbindung mit der Unternehmensbewertung sein. Zum einen kann die stärker anreizorientierte Vergütung für eine Interessensangleichung und eine Umverteilung von Kontrollrechten sprechen und so Agency-Kosten senken. Gleichzeitig wird jedoch die Entscheidung über die Entlohnungssysteme dem Personalausschuss übertragen, der nach OBRA nur mit Outsider-Direktoren besetzt werden darf. Damit wird dem Management Entscheidungsmacht entzogen, so dass sie möglicher-weise dazu neigen, weniger zu investieren.

Ihre Stichprobe enthält 302 Beobachtungen von den S&P 500 Unternehmen zwischen 1994 und 2000.

Signifikante positive Auswirkungen auf Aktienkursbewertungen ergeben sich nicht generell, sondern nur für Unternehmen, deren CEO weniger als 900.000,-- USD geldliche Entlohnungen erhält. Die Erhöhungen ergaben sich mehrheitlich im Zeitraum des jeweiligen Board Meetings. Während die Unternehmen vor Vertragsänderungen im Hinblick auf ihr operatives Ergebnis unter Branchendurchschnitt lagen, verschwindet dieser Unterschied später. Damit ergibt sich für die Autoren, dass eine Erhöhung der Anreize bei weniger erfolg-reichen Unternehmen förderlich ist.

Auch hier ergeben sich somit Einschränkungen der positiven Wirkung, die einer Verallgemeinerung der Aussage entgegenstehen.

[1161] Vgl. Core/Larcker (2002).

[1162] Es ergibt sich keine Reaktion in den drei Tagen, die um die Ankündigung der Pläne liegen. Bei Berück-sichtigung von sechs Monaten ist eine signifikante Verbesserung nachweisbar, bei 12 oder 24 Monaten wiederum nicht. Eine mögliche Endogenität, die berücksichtigt, dass die Erhöhung des Aktienanteils aufgrund der durch verbesserte Information erwarteten Aktienerhöhung erfolgte, schließen sie aus, da die Pläne verpflichtend und nicht freiwillig sind. Core/Larcker (2002) empfehlen damit gelegentliches Nachverhalten mit dem Management, um das Entlohnungssystem der jeweiligen Situation anpassen zu können.

[1163] Gemessen als OM: Operativer Gewinn/Umsätze und EBIT/Vermögenswerte. Vgl. Kim/Maisondieu Laforge (2005), S. 9.

240

Die bis jetzt vorgestellten Studien konzentrieren sich zumeist auf den CEO bzw. das Topmanagement. Dagegen bezieht Frye[1164] alle am Eigenkapital orientierten Vergütungen von Mitarbeitern und Non-Executives mit ein. Dabei unterscheidet sie zusätzlich zwischen Vergütung, die Eigenkapitalbeteiligung aufgrund von Pensionsplänen beinhalten, und Vergütungen wie Aktien- und Optionspläne, die nicht an Pensionspläne geknüpft sind und somit kurzfristigere Anreize setzen. Es werden zwei Stichproben von 1994 und 1999 verglichen. Der Unternehmenswert wird mit Tobin´s Q und ROA gemessen. In beiden Stichproben sind Vergütungselemente, die nicht an Pensionspläne geknüpft sind, signifikant positiv mit Tobin´s Q verbunden. Im Hinblick auf den ROA ergibt sich dieses Ergebnis nur für 1994. Daraus leitet Frye ab, dass kurzfristige Anreize eine höhere Motivation bewirken.

Deutsche Studien

Für mögliche Verknüpfung der Entlohnung deutscher Vorstände mit dem Unternehmenswert liegen kaum empirische Untersuchungen vor.

Diese richten sich zudem meist nur auf die Korrelation von Performance und Vergütung, um unterstellter Abkoppelung oder Kritik an absoluter Höhe zu begegnen.

In einer Studie des Manager Magazin mit der Universität Halle-Wittenberg wird die Entlohnung deutscher und europäischer Manager mit der jeweiligen Leistung gemessen und der Eigenkapitalrendite und der Börsenperformance nach Kapitalkosten verknüpft. Dort zeigen sich deutliche Unterschiede zwischen der Entwicklung der Entlohnung und der Unternehmensleistungen. Dabei werden jedoch aufgrund fehlender Daten Aktien oder Optionen nicht berücksichtigt.[1165]

Hier ergänzt die Studie von Stern/O´Byrne, die damit die theoretischen Modifikationen, die sich aus dem Einbezug des Vermögens Führungskräften ergeben, berücksichtigen. Sie analysieren die Vergütungen von 890 CEO weltweit, um über den Zeitraum von 1994 – 2002 deren Korrelation mit der Leistung zu testen.[1166] Während sich für die jährlichen Auszahlungen an die Manager nur sehr geringe Korrelation (R^2) von 2% ergibt, zeigt sich unter Einbezug des Vermögens, welches die in der Vergangenheit jeweils bezogenen Aktien und/oder Optionen beinhaltet, eine hohe Korrelation (R^2 von 67%.

Langmann untersucht dagegen die hier relevante Wirkungsrichtung von Anreizsystemen auf den Unternehmenswert.[1167]

[1164]   Vgl. Frye (2004).
[1165]   Vgl. Papendick (2005).
[1166]   Vgl. Stern/O´Byrne (2005). Sie nutzen eine Datenbank von Standard & Poors und messen die Leistung am Aktiengewinn zuzüglich Dividendenausschüttung. In die Vergütung gehen alle bestehenden Bestandteile wie Optionspläne oder Aktienpläne ein.
[1167]   Vgl. Langmann (2005).

Dabei stehen Aktienoptionsprogramme im Zentrum. Wohl auch aufgrund der erschwerten Möglichkeit, Details über die konkrete Ausgestaltung der Programme zu erhalten, stellt Langmann auf die Reaktion des Kapitalmarkts auf die Einführung von Optionsprogrammen ab. Diese sollte positiv sein, wenn die Investoren auf die Angleichung der Interessen und damit die Anreizwirkung vertrauen.

Die Stichprobe enthält 31 der börsennotierten deutschen Unternehmen, die zwischen 1998 und 2002 ein reines Aktienoptionsprogramm verbunden mit einer bedingten Kapitalerhöhung eingeführt haben. Als ursächliche Zeitpunkte gelten die Veröffentlichung der Hauptversammlungseinladung im Bundesanzeiger, nach der die Information den Investoren bekannt ist, und die Hauptversammlung selbst, um mögliche bestehende Unsicherheiten zu vermeiden.

Die Reaktion des Kapitalmarktes auf das erste Ereignis weist dabei - entgegen der Erwartung - am Veröffentlichungstag eine leicht negative abnormale Rendite, an dem vorherigen und folgenden Tag leicht positive abnormale Renditen aus. Alle Effekte sind jedoch nicht statistisch signifikant. Langmann schlussfolgert dementsprechend, dass der Kapitalmarkt Optionsprogrammen nur eine geringe Bedeutung zumisst.

Dagegen kann Bassen nachweisen, dass institutionelle Investoren als eine bedeutende Gruppe am Kapitalmarkt Optionsprogrammen eine hohe Relevanz zuschreiben. Im Rahmen der Ausgestaltung sind längere Laufzeiten und Sperrfristen sowie die Koppelung an Performancehürden von Bedeutung.[1168] Seine Aussagen gründen sich dabei jedoch wiederum auf eine Befragung der institutionellen Investoren, somit können keine Schlüsse auf tatsächliche faktische Umsetzung der Aussagen getroffen werden.

Diese Ergebnisse bestätigt der Institutional Investor Survey 2005 Executive Compensation von Hewitt Associates.[1169] Die hier befragten 35 top-institutionellen Anleger in Deutschland geben zu 70% an, dass sich die Vergütung an der strategischen Ausrichtung – gemessen an Economic Value Added (75%), EPS (60%), Total Shareholder Return (50%) und EBIT (38%) – und zu 93% an Erfolgskriterien des Unternehmens orientieren sollte. Neben diesen kurzfristigen Kennzahlen wird u. a. der Stabilität und Nachhaltigkeit der Entwicklung der Ergebnisse hohe Bedeutung zugewiesen. Der Anteil langfristig ausgerichteter Anreize sollte nach der Mehrheit von 45% zwischen 20 und 40% liegen. 46% halten eine Beteiligung des Vorstands im Rahmen von Aktien oder Optionen für sehr bis außerordentlich wichtig. Dabei werden im Rahmen der Long-Term-Incentive-Programme Aktien den Optionsprogrammen vorgezogen. Bei deren Ausgestaltung wird Elementen, die mit Manipulationsmöglichkeiten verknüpft werden können, hohe Aufmerksamkeit geschenkt.

Die Investoren weisen hier anreizbasierten Entlohnungselementen eine hohe Bedeutung zu, ob und inwieweit sie daraufhin tatsächlich Anlageentscheidungen treffen, welche als Kapitalmarktreaktionen sichtbar wären, bleibt jedoch ungeklärt.

[1168] Vgl. Bassen (2002), S. 273 ff.
[1169] Vgl. Hewitt (2005).

Bassen et al. untersuchen vordergründig, ob und inwieweit sich eine positive Verknüpfung der Entsprechensgrade des DCGK zum Unternehmenswert ergibt.[1170]

Während sich für diesen unterstellten Zusammenhang zwischen so gemessener guter Corporate Governance und der Performance generell nur eine schwache Evidenz ergibt, zeigen sich aber Signifikanzen, wenn die Erfüllung der Vorstandskriterien mit dem Unternehmenswert verknüpft wird. Diese Kodexanforderungen – Empfehlungen und Anregen – bestehen zu größten Teil aus Entlohnungselementen.

Ihre Erfüllung ist nach Bassen et al. mit einer signifikant höheren Aktienrendite verbunden und wird von solchen Unternehmen vorgenommen wird, die eine höhere Gesamtkapitalrentabilität aufweisen.

Sie interpretieren ihre Ergebnisse als Hinweise darauf, dass der Kapitalmarkt die freiwillige Erfüllung effizienter Vorstandsregelungen der Unternehmen honoriert.[1171]

Folgende Gegenüberstellung fasst die Ergebnisse der herangezogenen empirischen Studien zusammen.

Studien	Kein eindeutiges Ergebnis	Positiver Einfluss
International		
Murphy (1999)	•	
Winter (2000)	•	
Core/Larcker (2002)		+ nur ROA
Core et al. (2003)	•	
Frye (2004)		+ bei nicht an Pensionspläne gebundenen
Kim/Maisondieu Laforge (2005)		+ bei wenig erfolgreichen Unternehmen
Deutschland		
Manager Magazin (2005)	•	
Langmann (2005)	•	
Stern/O`Byrne (2005)		+ bei Einbezug Vermögen
Bassen et al. (2006a)		+ (DCGK-Entsprechung)

Tabelle 14: Korrelationen zwischen Anreizsystemen und Unternehmenswert: empirische Ergebnisse

---

[1170] Vgl. Bassen et al. (2006a).

[1171] Dabei bleibt jedoch zu diskutieren, ob die Qualität der Corporate Governance von Unternehmen durch die Entsprechung des Kodex abgebildet werden kann. De facto wird somit eher der Erfolg einer Regulierungsmaßnahme abgebildet. Neben dieser Herausstellung, dass die Messung guter Corporate Governance durch die Entsprechung des DCGK diskutierbar sei, führen die Autoren weitere Einschränkungen an: so könne an der Gleichsetzung von Kodexanforderungen und den Erwartungen von Kapitalmarktteilnehmern gezweifelt werden. Gleichzeitig stünden diesen nicht nur öffentlich zugängliche Informationsquellen zur Verfügung, so dass eine Verbesserung von Informationsasymmetrien möglicherweise nicht unterstellt werden kann. Die Studie verfolgt zudem nur einen kurzfristigen Horizont.

Sowohl die Analyse der theoretischen Argumentation als auch die der empirischen Studien ermöglicht keine eindeutigen Aussagen über positive Wirkungen von Anreizsystemen, die langfristig mit steigenden Unternehmenswerten verknüpft sind.

Gleichzeitig sind die aufgestellten Hypothesen nicht zu verallgemeinern.

Zudem sind relevante Informationen, die zu einer externen Evaluation der Corporate Governance notwendig sind – wie beispielsweise alle Komponenten des jeweiligen Entlohnungssystems sowie die Vermögenssituation des Managers – nicht verfügbar. Zumindest letztere Informationen werden auch innerhalb des Unternehmens über das jeweilige bestehende Management bzw. neu auszuwählende externe Kandidaten kaum vorhanden sein.

Als zusätzliches Unternehmensmerkmal – ergänzend zu der jeweiligen Höhe der Agency-Kosten und der Unternehmensgröße sowie der Marktbewertung und deren Volatilität – ergibt sich bei Berücksichtigung empirischer Ergebnisse die wirtschaftliche Lage.

In den dargestellten Argumentationen und Untersuchungen ist das Managementgehalt – meist konzentriert auf den CEO – Untersuchungsgegenstand.

Im deutschen Two-Tier-System werden jedoch dem Aufsichtsrat Kontroll- und Beratungsfunktionen zugewiesen. Auch zwischen den Mitgliedern des Aufsichtsrats und den Aktionären bzw. dem Unternehmen sind Interessenskonflikte möglich, denen mit der Gestaltung geeigneter Anreizsysteme begegnet werden kann.

4.4.3 Anreizsysteme für Aufsichtsräte

Im Rahmen der deutschen Diskussion von Anreizsystemen wird deutlich zwischen Vorständen als Management und Aufsichtsräten als Kontrollorgan unterschieden.

Da der Aufgabenbereich der Aufsichtsräte neben der Überwachung auch die Beratung umfasst, wird in der Vergütungsdiskussion häufig von einem Spannungsfeld gesprochen.[1172]

Ursache dieser diskutierten Inkompatibilität der unterschiedlichen Rollen sind mögliche Einflüsse der notwendigen engen Zusammenarbeit mit dem Vorstand auf die geforderte Unabhängigkeit.

Im Rahmen der Agency-Theorie können Anreizsysteme mögliche gegensätzliche Interessen angleichen, so dass dementsprechend eine Bindung der Aufsichtsräte an Aktionärsinteressen anzustreben ist.

Damit ergibt sich eine Forderung nach erfolgsabhängiger, vom Unternehmenswert bestimmter Vergütung.[1173]

[1172] Vgl. Siegel (2003).
[1173] Im Hinblick auf die unterstellte Anreizwirkung können sich aufgrund der Heterogenität der Zusammensetzung deutscher Aufsichtsräte unterschiedliche Effekte ergeben. Im Rahmen der Arbeitnehmervertreter kann die Akzeptanz der Erhöhung des langfristigen Unternehmenswertes unterstellt werden. Der

Bei Einschätzung der Eignung dieser Anreizelemente ergeben sich die notwendigen Möglichkeiten des Aufsichtsrats, den Unternehmenswert zu beeinflussen, aus seinen ihm gesetzlich zugewiesenen Funktionen der Personalentscheidungen, der Organisation, Kontrolle und Beratung.[1174]

Somit sind sich jedoch zum einen wiederum oben dargestellte Einschränkungen wie Anreize, die Kennzahlen der jeweiligen Meßmethode zu manipulieren, zu berücksichtigen.[1175] Da zum anderen Einflussmöglichkeiten des Vorstandes auf die jeweiligen Bemessungsgrößen nicht abzustreiten sind und so die Unabhängigkeit der Aufsichtsräte zusätzlich gefährdet sein kann,[1176] erscheint eine Vergütung, welche sich deutlich von der jeweiligen Managemententlohnung unterscheidet, förderlich.[1177]

In der deutschsprachigen Literatur finden sich zur Aufsichtsratsvergütung im Rahmen der Anreizdiskussion und möglicher Förderung des Unternehmenswertes nur wenige theoretische Argumentationen.

Die zu differenzierenden Fragestellung, die sich aus der Doppelrolle von Beratung und Kontrolle ergeben, wird jedoch auch in angloamerikanischen Beiträgen insbesondere im Hinblick auf Outsider-Mitglieder oder NED diskutiert. Diese Argumentationen können dabei nur als Indikator gewertet und nicht vollständig übertragen werden.

Basis dieser theoretischen Analyse ist die heterogene Zusammensetzung des Boards. Im Rahmen eines kooperativen Ansatzes können in einer Gruppe, die sich aus eigennützigen Individuen zusammensetzt, Probleme aus Free-Riding, Informationsasymmetrien und Under-Investment in unternehmensspezifischen Investitionen entstehen.

Nach Alchian/Demsetz[1178] kann ersteres Problem durch die Ernennung eines Teammitglieds zum Principal mit Kontrollrechten und -verpflichtung sowie dem Recht auf Zuweisung des gemeinsamen Ergebnisses gelöst werden. Bei hohen Informationsasymmetrien und schwer aushandelbaren individuellen spezifischen Investitionen wie beispielsweise Unternehmens-

---

[1174]   Anreiz einer monetären Entlohnung wird jedoch durch die Teilabtretung an die Hans-Böckler-Stiftung zumindest eingeschränkt. Vgl. Klaus/Lemcke (2002) S. 28.
Siegel (2003) sieht dagegen relevante Probleme einer ursächlichen Beziehung zwischen Anstrengung und kapitalmarktorientierter Vergütung. Aufgrund von Gestaltungsfreiräumen ergeben die sich auch bei Bezugsgrößen des Jahresabschlusses. Er favorisiert daher eine inputorientierte Bezugsgröße, die sich an dem Zeitansatz orientiert. Die Empfehlungen des DCGK berücksichtigen diese Argumentation durch die Empfehlung der Berücksichtigung von Ausschussmitgliedschaften und Sprechermandaten. Vgl. DCGK 5.4.5. Auch Böcking (2004) favorisiert eine inputorientierte leistungsbezogene und erfolgsunabhängige Vergütung

[1175]   Vgl. Frey/Osterloh (2005), S. 7.

[1176]   Einschränkend ist zu berücksichtigen, dass es nach § 133 Abs. 1 AktG die Hauptversammlung ist, welche die Vergütung des Aufsichtsrats beschließt.

[1177]   Vgl. Rott/Strenger (2004), S. 234. Zusätzlichen Einfluss auf die Unabhängigkeit kann zudem die Mandatszahl des Aufsichtsrats sein – bei steigender Mandatszahl erscheint auf der einen Seite eine finanzielle Abhängigkeit von einem Vorstand unwahrscheinlicher, gleichzeitig kann eine hohe Mandatszahl als Signal von Abhängigkeit aufgefasst werden, da eher wenig konfrontationsorientierte Mitglieder Mandate erhalten. Vgl. Böcking (2004), S. 580.

[1178]   Vgl. Alchian/Demsetz (1972)

kenntnissen kann dieses Modell jedoch Unterinvestment nicht verhindern. [1179] Rajan/Zingales empfehlen daher, sowohl die Kontrolle der spezifischen Investitionen als auch des Ergebnisses der Teamproduktion einem neutralen Dritten ohne eigene spezifischen Investitionen zu übertragen. [1180]

Dieses kann das Board sein, welches treuhänderisch die Stakeholder-Interessen vertritt. [1181] Damit wird eine variable, an Unternehmenswerten ausgerichtete Entlohnung nicht in Frage gestellt.

Bei einer Übertragung auf Aufsichtsräte scheint die Prämisse der nicht vorhandenen eigenen spezifischen Investitionen jedoch unrealistisch: effiziente Kontrolle und Unterstützung erfordert zum einen unternehmensspezifisches Wissen und zum anderen das Einbringen der jeweiligen individuellen Ressourcen, welches wiederum Informationsasymmetrien hervorruft. Diese Investitionen können im Hinblick auf die strategische und die ressourcentheoretische Funktion mit steigenden Unternehmenswerten verknüpft werden. [1182] Damit scheint eine an Unternehmenswerte geknüpfte Entlohnung empfehlenswert.

Entscheidend für die Wirksamkeit jeder Anreizsysteme sind die Motivationsfaktoren.

Die Agency Theorie des methodologischen Individualismus berücksichtigt die Maximierung des Eigennutzes, welche mit Vermögensmaximierung gleichgesetzt wird. Nach Fama/Jensen [1183] werden Outsider-Direktoren jedoch durch den Markt für diese Direktoren motiviert, da dieser Anreize setze, sich eine Reputation als effizienter Kontrolleur zu erwerben. Diese Wirkung wird verstärkt, wenn die geldlichen Entlohnungen eher klein sind. Ähnlich argumentieren Hambrick/Jackson und berücksichtigen nicht monetäre Anreize wie Prestige und Netzwerkausweitung; eine Angleichung der Interessen kann dabei durch größere Aktienanteile erfolgen. [1184]

Aus Anlass der steigenden Nachfrage nach Non-Executive-Directors (NED) und verstärkter persönlicher Haftung betrachten Gomez/Russell [1185] die Motivationsfaktoren dieser NED, diese Aufgabe zu übernehmen. Sie untersuchen, was NED bewegt, das Management eines Unternehmens zu kontrollieren, von dem sie unabhängig sind, und ihre persönlichen Erfahrungen und Kenntnisse einzubringen, obwohl die Entlohnung im Vergleich zu Honorierung professioneller Beratung gering ist und die Haftungsrisiken steigen. Sie ziehen hierfür den Stewardship-Ansatz heran, welcher individuellen Zielen im Vergleich zu Organisations-

---

[1179] Vgl. Frey/Osterloh (2005), S. 8.
[1180] Vgl. Rajan/Zingales (1998).
[1181] Vgl. Blair/Stout (2001). Sie stellen dabei die Mediation der verschiedenen Interessengruppe in das Zentrum der Aufgaben des Boards.
[1182] Zur Diskussion dieser Verknüpfung und den Einschränkungen vgl. 4.3.
[1183] Vgl. Fama/Jensen (1983)
[1184] Vgl. Hambrick/Jackson (2000).
[1185] Vgl. Gomez/Russell (2005). Sie zeigen auf, dass weder der Principal Agent- noch der Ressourcenansatz auf diese Fragestellung eingeht, sondern nur die Interessensangleichung bzw. Anreize von schon bestehenden NED diskutieren.

zielen weniger Motivationswirkung unterstellt, und leiten folgende Hypothesen ab. So sei der NED mindestens so motiviert, den Unternehmenszielen zu dienen, wie seinen eigenen. Quelle dieser Motivation sei nach Motivationstheorien der sozialen Erkenntnistheorie ein persönliches Bedürfnis nach Interaktion mit der Umwelt, nach Anerkennung, nach Wissen, nach Anerkennung und nach Macht. Im Rahmen der Diskussion von Corporate Social Responsibility könne zusätzlich ein Verantwortungsgefühl gegenüber dem Unternehmen und der Gesellschaft als Motivationsfaktor wirken.[1186]

Gomez/Russel verknüpfen diese Aussagen nicht mit Gestaltungsempfehlungen für Anreizsysteme. Ihre Argumentationen können jedoch der Forderung nach Anreizsystemen, die monetäre, am Unternehmenswert ausgerichtete Elemente enthalten, entgegensetzt werden, da so möglicherweise diese intrinsischen Motivatoren verdrängt werden.[1187]

Empirische deskriptive Untersuchungen der Vergütung von Outsider-Direktoren und ihrer Determinanten zeigen jedoch, dass diese hauptsächlich der Agency-Theorie folgen, und darauf zielen, Interessen an Aktionärsinteressen anzugleichen. Die Vergütung enthält dabei mehrere Elemente wie feste jährliche geldliche Entlohnung, Sitzungshonorare und Honorare für Ausschussmitgliedschaften sowie Optionen, Aktien und Pensionspläne. Der jeweilige Einsatz der Elemente wird dabei von Charakteristika der Unternehmen bestimmt.[1188]

Ein neuerer Blick bestätigt den Einsatz geldlicher Motivatoren wie Kompensationszahlungen und insbesondere anreizorientierter Elemente wie Aktien.[1189] So bezogen 77% entweder direkt Aktien und/oder Optionen, so dass eine Verbindung mit dem Unternehmenswert geknüpft wird.

Ausgehend von den geschätzten Vermögensveränderungen bei einer Veränderung der Marktkapitalisierung, die sich hauptsächlich aus dem Entgelt, dem Aktienbesitz, dem Verlust des Mandats bei schlechter Performance und der Möglichkeit auf weitere Mandate bei guter Performance ergeben[1190], ermittelt Yermack die jeweilige Anreizwirkung der Vergütungselemente. Dabei ergeben sich die stärksten Anreize aufgrund Veränderungen von Aktien- oder Optionswerten. Es folgt die gestiegene Wahrscheinlichkeit, weitere Mandate wahrnehmen zu können.

Eine empirische Untersuchung, die anreizbasierte Vergütung von Outsider-Direktoren mit Unternehmenswerten verknüpft, liefern Bryan/Klein[1191]. Sie überprüfen zum einen den „optimal-contract"-Ansatz durch die Hypothesen, dass die Agency-Kosten verschiedener Unternehmen jeweils variieren, Boards systematisch die Entlohnungssysteme diesen

---

[1186] Vgl. Gomez/Russell (2005), S. 15 ff.
[1187] Vgl. Frey/Osterloh (2005).
[1188] Vgl. Bryan et al. (2000).
[1189] Vgl. Yermack (2004). Die Stichprobe enthält 766 Outside-Direktoren-Arrangements in Fortune 500 Unternehmen zwischen 1994 – 1996, die jeweils fünf Jahre beobachtet werden
[1190] Dabei werden die bestehenden bzw. zusätzlichen Mandate nicht im Hinblick auf Reputation sondern nur als Faktor der Vermögenssituation betrachtet.
[1191] Vgl. Bryan/Klein (2004).

individuellen Agency-Kosten anpassen und dass diese dann die geeigneten Anreize liefern. Die Argumentation der Irrelevanz der relativ geringen Entlohnung testen sie mit den Gegenhypothesen.

Aus einer Stichprobe von 6.976 Unternehmen der Jahre 1997–2002 analysieren sie mögliche Verbindungen der jeweiligen Entlohnungssysteme, der Agency-Kosten und der Investitionsentscheidungen. Dabei ergibt sich beispielsweise, dass Unternehmen mit besseren Investitionsmöglichkeiten Outsider-Direktoren eher mit Optionen entlohnen. Dies sehen sie als Beleg für die Berücksichtigung unterschiedlicher Agency-Kosten in den Verträgen an. Um zu prüfen, inwieweit hiermit das intendierte Investitionsverhalten in risikoreichere Investitionen erreicht wird, verknüpfen sie die Vergabe von Optionsprogrammen mit mehreren Kennzahlen des Unternehmenswertes. Dabei ergeben sich signifikante positive Beziehungen der Optionsprogramme mit zukünftigen Investitionsvolumina, Aufwendungen für Forschung und Entwicklung und der Streuung der Aktienrenditen zu zukünftigen ROA und Tobin's Q. Bei einer Konzentration auf Aktien mit Sperrfristen, die mit geringeren Anreizen zu risikoreicheren Investitionen verbunden werden, ergibt sich keine Verknüpfung mit zukünftigen Auf-wendungen für Forschung und Entwicklung und negative Verknüpfungen zu zukünftigen Investitionsvolumina und zur Volatilität. Sie sehen dies als Bestätigung der optimal contract-Theorie und weisen die Kritik an Optionsprogrammen zurück.

Vergleichbare Ergebnisse erzielt Boumosleh,[1192] der Auswirkungen von anreizorientierter Entlohnung, insbesondere von Optionen, für Outsider-Direktoren auf Investitions- und Kontrollentscheidungen des Boards untersucht.

Auf der Basis von Fremdkapitalkosten und Dividendenpolitik analysiert er Auswirkungen auf die Verlässlichkeit der Finanzinformationen,[1193] auf mögliches Over-Investment und auf den Einfluss des CEO. Seine Stichprobe enthält 7.765 Unternehmen in dem Zeitraum von 1993–2002. Es ergibt sich eine negative Verknüpfung zwischen dem Anteil an Aktienoptionen und Fremdkapitalzinsen, die als Beleg für zunehmende Transparenz und Verlässlichkeit der Finanzinformationen gewertet wird. Als Indikator für Anreize für intensivere Kontrolle und eine risikoreichere Investitionspolitik ergibt sich, dass Unternehmen mit Aktienoptionen und hohen positiven Cashflows bzw. hohen Ausgaben für Forschung und Entwicklung eine niedrigere Dividende zahlen. Nach Bousmosleh verbessern Optionsprogramme damit die Effizienz des Boards

Beide empirischen Untersuchungen unterstützen den Einsatz von anreizorientierten Elementen, insbesondere Aktienoptionen. Empirische Untersuchungen, die unterschiedliche Grade der Erfüllung intrinsischer Motivationsfaktoren mit Unternehmensbewertung liegen

---

[1192] Vgl. Boumosleh (2005).
[1193] Diese werden von Gläubigern herangezogen, um Vertragskonditionen festzulegen. Das Zinsniveau wird daher als Indikator für die Verlässlichkeit herangezogen.

nicht vor. Dies mag sowohl durch die relativ neue Argumentationsweise als auch in der Herausforderung der Erfassung und Messung dieser Faktoren begründet sein.

Eine Verallgemeinerung der Aussagen ist aufgrund dieser geringen Anzahl nicht möglich. Dennoch ergeben sich nützliche Hinweise im Hinblick auf die Diskussion geeigneter Entlohnung deutscher Aufsichtsräte.

In der Literatur zu findende Empfehlungen einer anreizorientierten Vergütung können in zwei Gruppen unterteilt werden. Während in der einen Gruppe variable kurzfristige und langfristige Elemente enthalten sind und über die jeweils geeignete Komposition diskutiert wird, lehnt die andere Argumentationsrichtung eine variable Vergütung ab. Inputorientierte Elemente sind unstrittig.

Nach Klaus/Lemcke[1194] sind feste Gehaltelemente, die insbesondere in Unternehmenskrisen Bedeutung haben, mit variablen wertorientierten Faktoren zu ergänzen. Sie empfehlen, einen Anteil von 30% an die Unternehmensbewertung mit der Unternehmensbewertung zu verknüpfen.

Im DCGK sind sowohl Soll-Empfehlungen als auch Sollte-Anregungen zur Aufsichtsratsvergütung enthalten.[1195] Diese soll dabei zum einen die Verantwortung und den Tätigkeitsumfang des Mitglieds – beispielsweise durch Berücksichtigung von Ausschussmitgliedschaften – und zum anderen die wirtschaftlichen Lage und den Erfolg des Unternehmens berücksichtigen.

Damit werden neben inputorientierten Vergütungselementen ausdrücklich auf den langfristigen Unternehmenserfolg bezogene Elemente angeregt.

Towers Perrin hat die vorliegenden Vergütungsbestandteile und Bemessungsgrundlagen deutscher Aufsichtsräte untersucht.[1196] Dabei berücksichtigen sie feste und variable Vergütungsbestandteile. Die Mehrzahl der Unternehmen zahlte 2003 eine variable Tantieme, die jedoch hauptsächlich an die Dividende und damit an eine kurzfristige Ergebnisgröße gekoppelt ist, deren Höhe zudem von dem Aufsichtsrat selbst vorgeschlagen wird. Nur eine geringe Anzahl von Unternehmen gewähren langfristige Vergütungselemente.[1197]

Auf dieser Grundlage entwickeln Towers Perrin Empfehlungen zur Komposition der Aufsichtsratsvergütung. Diese beinhaltet im Schwerpunkt (50%) eine feste Entlohnung. Die variablen Elemente sind zu 25% an kurzfristige Ergebnisgrößen und zu 25% an langfristige Größen wie den Aktienkurs zu koppeln.[1198] Dabei wird die langfristige Komponente nicht

---

[1194]   Vgl. Klaus/Lemcke (2002).
[1195]   Vgl. DCGK (Fassung 2. Juni 2005), Ziff. 5.4.7.
[1196]   Vgl. Towers Perrin (2002) und (2004b). Optionsprogramme finden sich nach einem abschlägigen BGH-Urteil von 2004, welches hierdurch die Unabhängigkeit verletzt sieht, nicht mehr.
[1197]   Das sind 2003 acht Dax, ein M-Dax und zwei TecDax Unternehmen. Vgl. Towers Perrin (2004b). Nach der Corporate Governance Quality Study 2004 berücksichtigten 30% der DAX-Unternehmen den langfristigen Unternehmenserfolg (Daten liegen der Verfasserin vor.)
[1198]   Variable langfristige Komponenten befürworten auch Kramarsch/Strenger (2005).

jährlich ausgezahlt, sondern über drei Jahre angesammelt und um die Entwicklung des Aktienkurses korrigiert.[1199]

Fallgatter lehnt dagegen eine variable Vergütung von Aufsichtsräten ab.[1200] Er begründet dies mit Teilen oben dargestellter Einschränkungen der theoretischen Wirkung von Anreizsystemen insgesamt: der Unterstellung von opportunistischem Handeln und der Betonung extrinsischer Motivation.[1201]

Die Forderung dieser Anreize auch für Aufsichtsräte beinhaltet nach Fallgatter mehrere Prämissen, deren Gültigkeit er bezweifelt. So werde unterstellt, dass bestehende aktienrechtliche Normen nicht ausreichend wirken. Gleichzeitig werde der Arbeitseinsatz des Aufsichtsrats maßgeblich von der Unternehmenssituation bestimmt. Dabei ist in Zeiten einer Unternehmenskrise ein besonders hoher Aufwand nötig – eine an den Unternehmenserfolg gekoppelte variable Vergütung kann hier jedoch keine Anreize setzen. Damit ist intrinsischer Motivation eine besondere Relevanz zuzuschreiben, der jedoch durch die Betonung variabler Vergütung nicht entsprochen wird.

Er kritisiert daher die Empfehlungen von Towers Perrin und entwickelt ein Modell, um die Anreizwirkung variabler Vergütung je nach Unternehmenssituation zu verdeutlichen. Dafür verbindet er den Unternehmenserfolg mit der Leistungsintensität, die durch Anstrengungskosten quantifiziert wird.[1202] Diese Anstrengungskosten variieren bei Aufsichtsräten im Vergleich zu Vorständen bei unterschiedlichen Erfolgssituationen deutlich und wachsen in Krisensituationen sprunghaft an. Bei einer Einführung variabler Vergütung, die positiv mit dem Unternehmenserfolg verbunden ist, ergeben sich danach in Krisensituationen keine Anreize zu Intensivierung der Leistung sondern zur Mandatsniederlegung. Im Rahmen von antizipativer Krisenvermeidung ergibt sich eine erhöhte Leistungsintensität, wenn Aufsichtsräte Spielräume opportunistisch nutzen und eine extrinsische Motivationsstruktur aufweisen.[1203]

Fallgatter richtet damit seine Kritik auf Prämissen des Principal-Agent-Ansatzes. Gleichzeitig verknüpft er jedoch den Unternehmenswert in unterschiedlichen Erfolgsituationen mit der Höhe eines variablen Gehalts. So leitet er ab, dass deren Anreize zur Steigerung der Leistungsintensität nicht geeignet sind. Eine mögliche Auswirkung über sinkende Interessenskonflikte bzw. Agency-Kosten berücksichtigt er nicht.

Damit sind die theoretischen Argumentationen über eine positive Verknüpfung von Anreizsystemen für Aufsichtsräte, welche mit langfristigen variablen Elementen, die an den Unter-

---

[1199] Vgl. Towers Perrin (2003), S. 30 ff.
[1200] Vgl. Fallgatter (2003) und (2004).
[1201] Vgl. Fallgatter (2003), S. 704 f.
[1202] Vgl. Fallgatter (2004). S. 456 ff.
[1203] Vgl. Fallgatter (2004), S. 460. Er diskutiert zusätzlich die Wirkung von variablen Elementen, die negativ mit dem Erfolg korrelieren, die weder eher befriedigende Ergebnisse aufweisen noch als durchsetzbar eingestuft werden.

nehmenswert geknüpft sind, wiederum nicht eindeutig. Empirische Untersuchungen, die explizit entweder die eine oder die andere Hypothese überprüfen, liegen bis dato nicht vor. Grundlage der Widersprüche bleiben unterschiedliche Verhaltensannahmen und Unternehmensmerkmale wie die wirtschaftliche Lage.

Auch hier ist daher eine Formulierung genereller Empfehlungen insbesondere auch durch die nicht gegebene externe Erfassbarkeit notwendiger Informationen über Entlohnungssysteme und Eigenschaften der Aufsichtsratsmitglieder oder Kandidaten nicht möglich. Während die Erfassbarkeit für die Unternehmen selbst zumindest erleichtert sind sollte, bleibt die nicht gegebene Generalisierbarkeit erhalten, so dass auch etwaige allgemeine Handlungsempfehlungen nicht die notwendige Fundierung erhalten.

Bei der Gestaltung von Anreizsystemen für Management und Aufsichtsräten sind Unternehmen in Deutschland wenig von Regularien gebunden.[1204] Diese Freiheit ist bei dem folgenden Governance-Mechanismus stark eingeschränkt, da eine Vielzahl von gesetzlichen Regelungen Unternehmen zur Transparenz verpflichten.

Da – neben dieser gesetzlichen Offenlegung – die freiwillige Kommunikation der Unternehmen eines der Eignungskriterien dieser Analyse, die externe Erfassbarkeit, fundamental beeinflusst, schließt die Diskussion der Verknüpfung von internen Governance-Mechanismen und steigenden Unternehmenswerten mit der Untersuchung der Wirkungsweise von Transparenz ab.

4.5 Transparenz

Das Management eines Unternehmens weist gegenüber Stakeholdern Informationsvorteile aus.Unstrittig ist, dass diese Informationsasymmetrien durch erhöhte Transparenz verringert werden können. Aus dem Blickwinkel der Principal-Agent-Theorie und der damit verbundenen Misstrauensprämisse des arglistigen opportunistischen Verhaltens des Managements[1205] kann eine verbesserte Information direkt die daraus resultierenden Agency-Kosten verringern.[1206] Zudem wird indirekt mit einer Verstärkung anderer Governance-Mechanismen durch verbesserte Transparenz argumentiert.[1207]

[1204] So regelt das Aktiengesetz in § 87 nur, dass der Aufsichtsrat bei der Gestaltung der Vorstandsentlohnung auf die Angemessenheit in Bezug auf die jeweiligen Aufgaben und die Lage der Gesellschaft zu achten habe. Die gleiche Angemessenheit formuliert § 113 für die Vergütung von Aufsichtsräten. Der DCGK enthält dagegen eine Vielzahl von Empfehlungen zur Entlohnungsgestaltung, die jedoch nicht gesetzlich bindend sind.

[1205] Vgl. Williamson (1985), S. 47.

[1206] Wiederum dominieren die theoretischen Argumentationen der Agency-Theorie. Auch bei anderen Theorieansätzen ergibt sich jedoch kein Widerspruch bezüglich des formulierten Wirkungszusammenhangs zwischen Transparenz und Performance, sodass hier auf detaillierte Darlegung verzichtet wird. So ergibt sich auf Grundlage der Argumentationen der Stewardship-Theorie auch ein positiver Zusammenhang zwischen Transparenz und Unternehmenswerten. Dieser wird mit der verstärkenden Wirkung zusätzlicher Transparenz auf Vertrauen begründet. Vertrauen als wichtiger Faktor menschlicher Beziehungen wird dabei als soziales Kapital generell als förderlich für die Performance gesellschaftlicher

Transparenz wird dabei als eigener Governance-Mechanismus verstanden, der – wie alle weiteren – andere Mechanismen beeinflussen kann; dabei aber zwischen intern und extern als Hybrid-Mechanismus eingeordnet. Diese Einordnung berücksichtigt, dass die eigene Transparenz, von gesetzlichen Vorschriften abstrahierend, direkt vom Unternehmen beeinflussbar, in der intendierten Wirkung jedoch auf die externe Umwelt gerichtet ist.

Im Rahmen dieser Argumentation wird – nach einer verkürzten Darstellung der indirekten Einflüsse – der Schwerpunkt auf direkte Verknüpfungen mit dem Unternehmenswert gelegt.[1208] Dabei wird der Einschätzung gefolgt, dass diese eher als Motivation herangezogen werden können, um Unternehmen zu einer erhöhten freiwilligen Transparenz zu bewegen, da eine zusätzliche Unsicherheit aufgrund der Berücksichtigung einer zweiten Ursache-Wirkung-Argumentation entfällt - insbesondere da diese zweite Argumentationsschleife die Wirkungsweise anderer Corporate-Governance-Mechanismen impliziert.

In der vorliegenden Literatur dominiert der Ansatz, sich auf die Transparenz von Finanzinformationen zu konzentrieren. Erst in aktuelleren Beiträgen wird die freiwillige Offenlegung von Corporate-Governance-Elementen herangezogen. Diese spielt im Rahmen dieser Argumentation jedoch eine wesentliche Rolle. Die Analyse der internen Governance-Mechanismen im Hinblick auf die externe Bewertbarkeit hat aufgezeigt, dass häufig deren Evaluation durch mangelnde Verfügbarkeit notwendiger Information vollständig unmöglich oder zumindest nur sehr vage möglich ist.

4.5.1 Transparenz als theoretischer Lösungsmechanismus

4.5.1.1 Transparenz und Unternehmenswert – indirekte Verknüpfung

Im Zentrum der Diskussion indirekter Wirkungskanäle, über die verbesserte Transparenz mit steigenden Unternehmenswerten verknüpft wird, steht eine disziplinierende Wirkung auf das Management, so dass diese opportunistisches Verhalten vermeiden und wertsteigernde Investitionsentscheidungen gefällt werden. Diese Disziplin wird über Governance-Mechanismen gefördert, deren Wirkungsweise wiederum durch verbesserte Transparenz erhöht wird. Zentrale Bedeutung nimmt dabei die Finanzberichterstattung ein, welche über verbesserte Informationseffizienz die Prognose zukünftiger Cashflows und damit die Unter-

---

Institutionen gesehen. Vgl. La Porta et al. (1996). Ressourcentheoretische Blickwinkel sehen vertrauensbasierte Beziehungen als mögliche alternative Lösung des Opportunismusproblems; Informationen können dabei Vertrauen kultivieren. Damit können zum einen Kontroll- und Bondingkosten reduziert werden. Vgl. Swift (2001), S. 23. Zum anderen ergeben sich stabilere und verbesserte Kooperationen zwischen den Stakeholdern, welche die Performance steigern können. Vgl. Holmer (1995), S. 399.

[1207] Für einen detaillierten Überblick, der sich auf finanzielle Berichterstattung und 'Corporate-Governance-Mechanismen konzentriert, vgl. Bushman/Smith (2001).

[1208] Für eine detaillierte Darstellung der Wirkungsweisen der dargestellten Governance-Mechanismen vgl. die jeweiligen Vorkapitel.

nehmensbewertung unterstützt, ex-post eine Bewertung des Managerverhaltens ermöglicht[1209] und im Rahmen von Anreizsystemen geeignete Vertragsabschlüsse erleichtert.[1210]

Im Rahmen der externen Governance-Mechanismen steht dabei die Verbesserung der Informationseffizienz der jeweiligen Märkte im Vordergrund. Im Hinblick auf Produktmärkte wird dabei beispielsweise auf den Zusammenhang zwischen Wettbewerbsintensität und dem Einsatz von Finanzinformationen in Entlohnungssystemen der Managements verwiesen.[1211]

Im Zentrum steht jedoch die Effizienz der Kapitalmärkte und des Marktes für Unternehmenskontrolle. Sinkende Informationsasymmetrien zwischen Unternehmen und Investoren verringern zum einen die Gefahr eines aus Preis- und Qualitätsunsicherheiten resultierenden Marktversagens, die so genannte Lemon-Problematik[1212], da am Markt entstehende Aktienkurse eher dem wirklichen Wert des Unternehmens entsprechen.[1213] Damit ist es für Investoren leichter, lohnenswerte Investitionsmöglichkeiten zu identifizieren, so dass Agency-Kosten verringert werden.

Zum anderen kann eine verbesserte Gleichstellung der Information von Mehrheits- und Minderheitsaktionären durch erhöhte öffentliche, jedem frei zugängliche Transparenz der Unternehmen die Gelegenheiten zu Insiderhandel und damit eine mögliche Schlechterstellung der Minderheitsaktionäre mindern.[1214] So wird einem weiteren Interessenskonflikt entgegengewirkt.

Neben der erhöhten Quantität von Informationen werden diese Wirkungen jedoch zusätzlich von inhaltlichen Anforderungen bestimmt. So sollten die bereitgestellten Informationen von den Investoren als relevant und als zuverlässig eingeschätzt werden.[1215] In diesem Zusammenhang gewinnen weitere Institutionen an Bedeutung, welche diese qualitativen Anforderungen beeinflussen bzw. fördern. Neben rechtlichen Publikationsvorschriften, der Qualität der Rechnungslegungsstandards und wirksamen Sanktionsmöglichkeiten werden unabhängige Prüfer herausgestellt.[1216]

Corporate-Governance-verbessernde Wirkungen des Marktes für Unternehmenskontrolle werden ex ante mit steigender Gefahr feindlicher Übernahmen, die durch sinkende Aktienkurse erhöht wird, begründet.[1217] Der Druck auf die Aktienkurse wird durch die Unzufriedenheit der Aktionäre erzeugt, die von Exit-Strategien Gebrauch machen. Wahrscheinliche Ursache dieser Unzufriedenheit ist das Abweichen erzielter Unternehmensergebnisse von

---

[1209]   Vgl. Gilson (2000), S. 5.
[1210]   Vgl. Bushman/Smith (2003), S. 69.
[1211]   Vgl. Bushman/Smith (2001), S. 287 f.
[1212]   Vgl. Akerlof (1970).
[1213]   Vgl. Healy/Palepu (2001), S. 407; vgl. Black (2001), S. 797 f.
[1214]   Vgl. Black (2001) S. 804 f.
[1215]   Vgl. Black (2001), S. 786 f.; vgl. Bushman/Smith (2003), S. 66.
[1216]   Vgl. Gilson (2000), S. 7 ff.
[1217]   Vgl. Jensen (1986). Die Argumentation bzgl. der förderlichen Wirkung von Übernahmen erfolgt durch
          aus kontrovers. Vgl. Kapitel 2.2.2.2.

vormals gebildeten Erwartungen der Aktionäre. Im Rahmen einer Übernahme können neue Eigentümer ex post das bestehende Management austauschen, um durch opportunistisches Verhalten verursachte Wertverluste auszugleichen. Dabei wird schon einer steigenden Wahrscheinlichkeit feindlicher Übernahmen eine disziplinierende Wirkung zugeschrieben.

Verbesserte Transparenz und damit verbundene verbesserte Kapitalmarktbewertung der Unternehmen senkt hier zum einen die Transaktionskosten der Informationssuche jeglicher Investoren und erleichtert so den Vergleich der Realität mit getroffenen Erwartungen.

Zum anderen wird verbesserte Transparenz mit erhöhter Sekundärmarktliquidität verbunden, welche das Ergreifen von Exit-Strategien erleichtert.[1218]

Im Hinblick auf interne Governance-Mechanismen wird insbesondere der Zusammenhang von finanzieller Berichterstattung und Anreizsystemen diskutiert. Dabei werden im Rahmen der variablen Entlohnung häufig interne oder externe Finanzkennzahlen als Benchmark genutzt. Transparenz kann dabei die Aussagekraft insbesondere der externen Benchmarks wie Aktienkurse erhöhen. Hauptargumente im Hinblick auf die förderliche Wirkung von Information zielen zum einen auf die Verbesserung der Formulierung möglichst optimaler Verträge und zum anderen auf die erhöhte Effizienz des Marktes für Manager, da eine Leistungsbeurteilung erleichtert wird.[1219]

Die Ausgestaltung dieser Verträge und deren Abschlüsse sind Aufgabe der Aufsichtsgremien. Doch verbesserte Informationen können die Wirkungsweise der Gremien nicht nur im Rahmen dieser Aufgabe fördern. So sind sowohl die Möglichkeiten des Monitoring, der Ressourcenunterstützung oder der Beratung von rechtzeitig vorhandenen und zuverlässigen Informationen bestimmt.[1220]

Diese indirekten Verknüpfungen von Transparenz und steigenden Unternehmenswerten implizieren damit die theoretisch förderliche Wirkung der jeweiligen Governance-Mechanismen. Wie bereits dargestellt, ist diese jedoch zum einen nicht generell unstrittig und zum anderen kaum eindeutig empirisch belegt.

4.5.1.2 Transparenz und Unternehmenswert – direkte Verknüpfung

Die in der Literatur diskutierte direkte förderliche Wirkung von Transparenz auf die Unternehmens-Performance kann drei Kanälen zugeordnet werden.

Neben dem dargestellten indirekten Governance-Kanal ergibt sich zum einen für die Unternehmen und für die Investoren eine erleichterte Identifikation guter Investitionsmöglichkeiten, welche direkt auf die Performance und indirekt über niedrigere Kapitalkosten wirkt. Letztere können sich zum anderen auch durch reduzierte Informationsasymmetrien

---

[1218]   Vgl. Bushman/Smith (2003), S. 68.
[1219]   Vgl. für Anreizsysteme Abschnitt 4.4. oder den detaillierten Überblick im Hinblick auf die Rolle von Finanzinformationen von Bushman/Smith (2001), S. 242 ff.
[1220]   Vgl. Abschnitt 4.3.

zwischen den unterschiedliche Investoren ergeben.[1221] Diese Wirkungsweise auf niedrige Kapitalkosten begründet Diamond mit sinkenden Tranksaktionskosten der Informationssuche der Investoren.[1222]

Damit wird über die Identifikation und Auswahl guter Investitionen die Performance direkt positiv beeinflusst. Verlässliche Informationen der Finanzberichterstattung, welche öffentlich zur Verfügung stehen, erleichtern es nicht nur dem Management sondern auch externen Investoren, unterschiedliche Investitionsmöglichkeiten zu vergleichen, da Irrtums-wahrscheinlichkeiten reduziert werden.

Investitionsentscheidungen erfolgen aufgrund der erwarteten zukünftigen Erträge. Diese sind einzuschätzen. Dieses Schätzrisiko verringert sich, wenn verlässliche Informationen über die Performance in der Vergangenheit vorliegen. Damit sinkt die geforderte Risikoprämie externer Kapitalgeber, wenn davon ausgegangen werden kann, dass Schätzrisiken nicht diversifizierbar sind.[1223] Diese Prämisse ist jedoch nicht unstrittig. Es besteht zwar Einigkeit über die Zuordnung des Schätzrisikos zu dem systematischen Risiko des Capital Asset Price Modells (CAPM), Clarkson et al. sehen dieses aber als international diversifizierbar an, so dass sich keine erhöhten Kapitalkosten ergäben.[1224]

Damit ergibt sich durch effizientere Kapitalallokation eine direkte Verknüpfung mit der Performance und über reduzierte Irrtumswahrscheinlichkeiten eine annahmegemäß niedrigere geforderte Risikoprämie der externen Kapitalgeber.[1225]

Die von externen Kapitalgebern geforderte Risikoprämie trägt mehreren Risikokomponenten Rechnung. Förderliche Wirkung der Transparenz betrifft diese geforderten Risikoprämien der Kapitalgeber, wobei im Vordergrund Eigenkapitalkosten stehen. Weitere Reduktionen der Risikoprämien werden - je nach Risikoart - dabei wie folgt begründet.

Neben der Irrtumswahrscheinlichkeit der Prognose zukünftiger Cashflows wird erhöhte Transparenz mit dem Liquiditätsrisiko verknüpft. Publizierte Informationen können dieses Risiko senken und so die Kapitalkosten beeinflussen. Hauptelemente des Liquiditätsrisikos stellen die Kosten von adverse selection, welche durch implizite Transaktionskosten des Wertpapierhandels, insbesondere dem Market Impact, ausgedrückt werden.[1226]

[1221] Vgl. Bushman/Smith (2001) und (2003).
[1222] Vgl. Diamond (1985).
[1223] Vgl. Botosan (1997), S. 324.
[1224] Vgl. Clarkson et al. (1996). Einfluss auf die Diversifizierbarkeit hat dabei die Bestimmung der je-weiligen Beta-Faktoren sowie die Anzahl der Wertpapiere, die wenig Informationen geben, am Markt--portfolio.
[1225] Vgl. Bushman/Smith (2001) und (2003).
[1226] Neben Timing- und Opportunitätskosten erfasst der Market-Impact die Liquiditätsrisiken. Er wird, bspw. von der Deutschen Börse AG, mit Hilfe der Geld-Brief-Spanne der Kursstellungen ausgewiesen.

Gleichzeitig wird mit Antizipationen des Verhaltens der Investoren bzw. Marktteilnehmer argumentiert. Diese erhöhen bei verbesserter Transparenz die gehaltenen Aktienpositionen, so dass sich wiederum die Handelsvolumina und damit die Liquidität des Marktes verbessern.[1227] Pünktliche und qualitativ hochwertige öffentliche Finanzberichterstattung reduziert zudem Informationsunterschiede zwischen Investoren. So vermutlich leichter zusätzlich angezogenes Kapital erhöht die Liquidität des Kapitalmarktes und senkt damit das Liquiditätsrisiko der Investoren.[1228]

Gegenargumentationen betonen dagegen, dass sich mit der Liquidität auch die Volatilität der Aktie erhöht und so ein möglicher positiver Effekt kompensiert werden kann. Der Grad der Kompensation kann zudem durch unterschiedliche Investoreninteressen verstärkt werden: zusätzliches Anziehen eher kurzfristiger, spekulativ orientierter Investoren erhöht die Volatilität stärker als das Anziehen von Investoren mit langfristigem Interesse.[1229]

Fremdkapitalkosten werden weniger diskutiert. Hier wird eine verbesserte Berichterstattung mit sinkendem Ausfallrisiko und damit sinkender Risikoprämie verknüpft, so sind nach Sengupta bessere Ratings der Publizität mit niedrigeren Kosten bei der Ausgabe von Bonds verbunden.[1230]

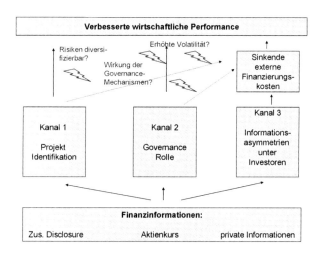

Abbildung 13: Transparenz und Performance[1231]

[1227]   Vgl. Botosan (1997), S. 325.
[1228]   Vgl. Brennan/Tamarowski (2000).
[1229]   Vgl. Botosan (1997), Botosan/Plumlee (2002).
[1230]   Vgl. Sengupta (1998).
[1231]   Zusammenfassende Abbildung in Anlehnung an Bushman/Smith (2003) mit eigenen Erweiterungen.

Die dargestellte Diskussion konzentriert sich auf die Finanzberichterstattung der Unternehmen. Deren Umfang ist zumeist umfassend regulativ determiniert.[1232] Im Rahmen der Beurteilung der Corporate Governance von Unternehmen werden jedoch – wie beispielsweise in der Diskussion des Mechanismus Aufsichtsgremien gezeigt – zusätzliche Elemente relevant, über die Unternehmen aus eigener Motivation öffentlich Auskünfte geben können. Damit werden Motivationsfaktoren relevant, die dazu anreizen, freiwillig weitere Informationen zur Verfügung zu stellen. Dabei kann vermutet werden, dass die dargestellten Argumentationen bezüglich der positiven Auswirkungen von Transparenz auf die Unternehmensperformance eine mögliche Motivation begründen können. Gleichwohl werden im Hinblick auf freiwillige Transparenz auch mögliche negative Auswirkungen relevant.

4.5.1.3 Freiwillige Transparenz

Auch die an Investoren gerichtete Finanzberichterstattung erfolgt zumeist über die gesetzlich vorgeschriebenen Kanäle hinaus durch freiwillige Kommunikation mit den Investoren. Genutzt werden dabei öffentliche Kanäle wie die Internetseiten, die allen interessierten Stakeholdern offenstehen, oder eher private Kanäle wie (Telefon)-Konferenzen oder Einzelgespräche. Diese Kanäle werden auch für die Information über Corporate Governance genutzt.[1233]

Die deutsche Berichterstattung über Corporate Governance ist regulativ durch das Aktiengesetz eingebunden. So schreibt § 161 AktG. vor, die jeweilige Entsprechung der Empfehlungen des DCGK öffentlich anzuzeigen.

Weitergehende Information über die jeweilige Corporate Governance des Unternehmens erfolgt somit theoretisch freiwillig, obwohl faktisch durch die hohe Aufmerksamkeit, welche nicht nur institutionelle Investoren der Corporate Governance widmen, von starkem externen Druck ausgegangen werden kann.

Von dieser reaktiven Verhaltensweise absehend, werden Motivationsfaktoren zur freiwilligen Transparenz in der theoretischen Diskussion mehreren unterschiedlichen Antriebskräften zugeordnet.[1234]

Dabei richtet sich die erste Hypothese auf die durch zusätzliche, freiwillige Information weiter sinkenden Asymmetrien zwischen Management und externen Investoren, welche insbesondere im Hinblick auf geplante zukünftige Kapitalmarktfinanzierungen relevant

---

[1232] Fragen der ökonomischen Rechtfertigung oder der Effizienz dieser Regulierung werden hier nicht erörtert. Für diese Aspekte vgl. Healy/Palepu (2001), S. 410 ff.
[1233] Vgl. Bassen (2002).
[1234] Vgl. für die ersten sechs Faktoren Healy/Palepu (2001), S. 420 ff. Diese liefern einen umfangreichen Überblick über bestehende theoretische und empirische Beiträge. Vgl. für die Ergänzungen Ho/Wong (2001); Eng/Mak (2003).

werden.[1235] Die so verbesserte Situation externer Investoren wird dabei unter zusätzlicher Berücksichtigung sinkender Informationsrisiken mit sinkenden Kapitalkosten verknüpft. Dabei sind zusätzlich entstehende Kosten der Informationsbereitstellung zu berücksichtigen. Diese Argumentation trifft damit nur auf Unternehmen zu, welche sich im Rahmen der Außenfinanzierung hauptsächlich des Kapitalmarktes bedienen.[1236]

Auch Easley/O'Hara untersuchen die Auswirkungen von Informationspolitik auf Kapitalkosten und differenzieren zwischen öffentlicher und privater Information.[1237] Dabei ergeben sich höhere Kapitalkosten für Unternehmen, die einen niedrigen Grad an öffentlichen und einen hohen Grad privater Informationen ausweisen. Dieser Kostenaufschlag liegt darin begründet, dass uninformierte Investoren nicht in der Lage sind, ihre Portfolios rational anzupassen. Für diese Einschränkung verlangen sie eine Prämie. Private Informationen sind somit eine neue Art systematischen Risikos.

Ein weiterer Ansatz trägt der Governance-Problematik mit der Kontrolle des Managements durch interne Aufsichtsgremien und durch den Kapitalmarkt Rechnung. Beide Kontrollinstanzen weisen dem Management die Verantwortung für die aktuelle Aktienkursentwicklung zu. Da schlechte Aktienkursentwicklung für das Management sowohl mit höherer Wahrscheinlichkeit des Arbeitsplatzverlustes als auch von feindlichen Übernahmen mit ähnlicher persönlicher Konsequenz verbunden ist, ergeben sich Anreize, durch freiwillige Informationen einer Unterbewertung entgegenzuwirken oder eine vorliegende schlechtere Performance zu erklären. Damit richtet sich die Hypothese nur auf das Management in unterbewerteten Unternehmen bzw. in Unternehmen mit vergleichbar negativer Performance.

Auch die dritte Hypothese bezieht einen Governance-Mechanismus ein. Damit begründet die Verknüpfung von variabler Entlohnung mit Aktienkursentwicklungen weitere Anreize zur freiwilligen Publikation. So werden zum einen Manager, welche Interesse an dem Verkauf gehaltener Aktienpositionen haben, geneigt sein, durch zusätzliche Informationen etwaige Restriktionen von Insider-Handel oder Unterbewertungen des Marktes zu vermeiden.[1238] Des Weiteren kann eine verbesserte Kapitalmarktbewertung aufgrund geringerer Informationsasymmetrien die Transaktionskosten bei Vertragsverhandlungen im Rahmen der Einstellung zukünftiger Manager senken.

[1235]   In einer empirischen Untersuchung zeigen Botosan/Harris (2000), dass Unternehmen, welche ihre Informationspolitik verändert und mehr freiwillig publiziert haben, vorher einen Rückgang der Liquidität und einen Anstieg an Informationsasymmetrien aufweisen.

[1236]   Es ist jedoch anzunehmen, dass freiwillige intensivere Information auch eine Kreditfinanzierung bei Banken vergünstigen kann, insoweit, dass diese Informationen das Rating des Unternehmens verbessern können.

[1237]   Vgl. Easley/O'Hara (2004).

[1238]   Ohne Restriktionen des Insider-Handels und der unterstellte Motivation des Verkaufs eigener Aktien ist wahrscheinlicher, dass eine Situation, in der das Management aufgrund eigener Informationen die Kapitalmarktbewertung als Unterbewertung einstuft, nicht zu einer Weitergabe dieser Informationen sondern zu Aktienkäufen des Managements führt.

Die Gefahr eines möglichen Gerichtsverfahrens aufgrund bestehender Haftung des Managements kann die Motivation zur freiwilligen Transparenz sowohl fördern als auch begrenzen. So können rechtliche Sanktionen bei unrichtiger oder verspäteter Information die Bereitschaft positiv beeinflussen. Gleichzeitig kann eventuelle Haftung die Motivation insbesondere im Hinblick auf zukünftige Entwicklungen mindern.

Eine weitere Argumentation unterstellt eine Motivation eines erfolgreichen Managements zur freiwilligen Transparenz. Diese zusätzlichen (Erfolgs-) Informationen an die Investoren können von diesen in ihrer Einschätzung zukünftiger Cashflows und Risiken berücksichtigt werden, so dass es zu einer verbesserten Marktbewertung kommt.

In Ergänzung zu diesen – mit Ausnahme der Haftungsargumentation – klar förderlichen Argumente wird gleichzeitig eine Grenze der Bereitschaft aufgezeigt. Diese berücksichtigt, dass mit der Weitergabe spezifischer Informationen auch negative Effekte verbunden sein können. Diese beziehen sich hauptsächlich auf mögliche Verschlechterungen der Wettbewerbssituation auf Produktmärkten und sind damit nachhaltig von der jeweiligen Konkurrenzsituation bestimmt.

Es werden zudem weitere Einflüsse anderer Governance-Mechanismen berücksichtigt. So kann auch die Struktur und Zusammensetzung der Aufsichtsgremien relevant sein. So förderten – im One-Tier-System - externe, unabhängige Direktoren die Kontrolle des Managements und unterstützen daher eine freiwillige Transparenz. Diese Hypothese wird auch für existierende Audit-Komitees herangezogen, die mehrheitlich aus diesen Direktoren bestehen, und zudem die Qualität der Information erhöhen können. Dagegen fördere die Existenz einer dominierenden Persönlichkeit, welche sowohl CEO als auch Chairman des Boards ist, die Interessen des Managements und wirke eher hinderlich.[1239]

Des Weiteren wird der jeweiligen Aktionärsstruktur ein Einfluss auf die Motivation zur freiwilligen Transparenz zugeschrieben. So tragen Unternehmen mit breit gestreuter Aktionärsstruktur höhere Agency-Kosten, so dass eine Reduktion der Asymmetrien durch zusätzliche Informationen wahrscheinlicher ist. Bei konzentrierter Struktur ergeben sich dagegen Konflikte zwischen Mehr- und Minderheitsaktionären. Insbesondere bei kontrollierenden Familien mit Mandaten im Aufsichtsgremium wird daher davon ausgegangen, dass diese eine erhöhte öffentliche Transparenz, welche ihre Informationsvorsprünge verringern würde, vermeiden.[1240] Eine ähnliche Argumentation verknüpft hohe Aktienanteile, die das Management hält, mit eher niedriger freiwilliger Transparenz.[1241]

Wiederum implizieren diese Argumentationen die theoretisch unterstellten Wirkungsweisen der Governance-Mechanismen. Gleichzeitig wird deutlich, dass sich diese Motivationsfaktoren sowohl zwischen Unternehmen als auch in Hinblick auf die jeweilige Erfolgs-

---

[1239] Vgl. Ho/Wong (2001), S. 143 ff.
[1240] Vgl. Ho/Wong (2001).
[1241] Vgl. Eng/Mak (2003).

situation unterscheiden und zudem nicht statisch sind. Bei der Vielzahl dieser Eigenschaften – bestehende oder geplante Außenfinanzierung, gute oder schlechte ökonomische Performance, gehaltene Aktien des Managements und Absichten, diese zu verkaufen, Aktionärsstruktur oder Zusammensetzung des Gremiums scheint jedoch die überwältigende Mehrheit börsennotierter Unternehmen abgedeckt zu werden.

Jedes dieser Unternehmensmerkmale ändert hier jedoch nicht die unterstellte positive Auswirkung auf den Unternehmenswert, sondern erklärt einen jeweils beobachtbaren Grad der freiwilligen Transparenz.

Ein weiteres Unterscheidungsmerkmal im Hinblick auf Motivationsfaktoren ergibt sich aus den Kommunikationskanälen. So kann zwischen freiwilliger öffentlicher und privater Information differenziert werden.[1242] Bei der Wahl der Zusammensetzung dieser Kanäle wird zwischen den Nutzenelementen aus öffentlicher Information wie Kapitalmarktliquidität und Kapitalkosten einerseits und dem Nutzen, die sich aus dem gezielten privaten Austausch von Informationen ergibt, abgewogen.

Letzterer kann sich beispielsweise durch gewahrte Kontrolle, Sicherung des Arbeitsplatzes und stabile Beziehungen zu institutionellen Investoren ergeben. So können beispielsweise auf diesem nicht öffentlichen Weg auch weiche, qualitative Informationen vermittelt werden, ohne dass eine Gefahr öffentlicher Rechtfertigung bei Fehldiagnosen besteht.

Bei der Definition der jeweils nutzenmaximierenden Zusammensetzung wird unterstellt, dass sich nach Erreichen eines hohen Niveaus öffentlicher freiwilliger Berichterstattung, welches die Erwartungen des Marktes erfüllt, kaum Anreize ergeben, diese Öffentlichkeit auszuweiten.

Dagegen können zusätzliche freiwillige Informationen insbesondere gegenüber institutionellen Investoren oder Finanzintermediären über private Kanäle weiterhin Nutzenzuwächse für das Unternehmen begründen.

Zusammenfassend ergibt sich, eine Steuerung der freiwilligen öffentlichen Transparenz des Unternehmens als rationale Reaktion auf Anreize und Druck des Marktes. Eine Steigerung dieser Transparenz erfolgt somit, solange die erwartete Reduktion der Agency-Kosten bzw. der Kapitalkosten die möglichen steigenden Kosten der verbesserten Information der anderen Märkte und der Öffentlichkeit kompensieren kann.

Damit ähneln die theoretischen Argumentationen den formulierten positiven Verknüpfungen externer marktlicher Governance-Mechanismen mit der Unternehmensbewertung.

Die dargestellte Trade-Off-Situation erfährt im Hinblick auf zusätzliche Information über unternehmenseigene Corporate Governance jedoch eine deutliche Entschärfung. So erhöht

---

[1242]   Vgl. Holland (1998). Dabei ist unklar, ob beide Kanäle substitutiv oder komplementär sind.

sich zum einen die Relevanz der positiven Wirkung sinkender Agency-Kosten.[1243] Gleichzeitig erscheinen schädliche Auswirkungen, welche eine Grenze der Bereitschaft zu Transparenz begründen können, nicht relevant.[1244] Eine verbesserte freiwillige Transparenz, insbesondere über unternehmenseigene Corporate Governance, kann den theoretischen Argumentationen folgend somit über beide Kommunikationskanäle, öffentlich und privat, mit positiven Auswirkungen auf die Unternehmensbewertung verknüpft werden.

Somit können die theoretischen Argumentationen der Förderlichkeit von verbesserter Transparenz von Corporate Governance überzeugen. Empirische Belege der Verknüpfung von Transparenz und Bewertung sind jedoch gemischt und betonen den Einfluss weiterer Faktoren.

4.5.2 Transparenz und Unternehmenswert – empirische Ergebnisse

4.5.2.1 Allgemeine Transparenz

Es existiert eine breite Literaturbasis, welche die Kommunikationspolitik von Unternehmen empirisch untersucht. Dabei besteht jedoch ein eindeutiger Schwerpunkt auf freiwillige öffentliche Transparenz. Neben Studien, welche anstreben, die beobachtbare Kommunikationspolitik der Unternehmen erklären zu können, finden sich Untersuchungen, welche die Reaktionen von Aktienkursen auf spezifische Veröffentlichungen untersuchen.[1245]

Im Folgenden werden aktuelle Studien vorgestellt, welche den jeweiligen Grad der freiwilligen Transparenz mit Kapitalkosten verknüpfen und so indirekt eine Auswirkung auf den Unternehmenswert implizieren, oder direkt die Marktbewertung heranziehen. Dabei dominiert eine Verknüpfung mit Eigenkapitalkosten. Die Ergebnisse der jeweiligen Studien werden herangezogen und analysiert, ob und inwieweit diese auf freiwillige erhöhte Transparenz bezüglich unternehmensspezifischer Corporate Governance übertragen werden können. Sehr neue Untersuchungen eignen sich zudem, um als direkter Indikator für die möglichen Verknüpfungen von (freiwilliger) Offenlegung von Corporate Governance und Unternehmenswerten herangezogen zu werden.

Eine Verknüpfung zu Fremdkapitalkosten liefert Sengupta.[1246] Dabei wirkt sich eine höhere Qualität der Transparenz, gemessen durch Ratings von Finanzanalysten,[1247] über niedrigere Ausfallrisiken durch sinkende effektive Fremdkapitalkosten positiv aus. Die Sensitivität dieser negativen Verknüpfung wird zusätzlich beeinflusst durch die jeweilige Marktunsicherheit,

---

1243	Vgl. Collett/Hrasky (2005):
1244	Vgl. Labelle (2002). Er begründet diese Einschätzung damit, dass diese Informationen für mögliche Konkurrenten nicht interessant seien.
1245	Holland (1998) gibt einen sehr detaillierten Überblick.
1246	Vgl. Sengupta (1998).
1247	Es handelt sich um die Evaluation des Reports of the Financial Analysts Federation Corporate Information Committee, welche jeweils jährlich ein Sample von 400–500 Unternehmen erfasst. Die Fremdkapitalkosten werden durch die Rendite neue emittierter Schuldtitel und durch die Kosten gemessen, die insgesamt bei der Emittierung neuer Schuldtitel entstehen.

welche durch die Volatilität der Aktien der einzelnen Unternehmen gemessen wird. Je höher diese Unsicherheit, umso höher wird die relative Bedeutung der Qualität der Transparenz. Damit steht eine Fremdfinanzierung am Kapitalmarkt im Vordergrund der Untersuchung. Im Hinblick auf die in Deutschland dominierende Kreditfinanzierung bei Banken wird jedoch auch die Einschätzung vertreten, dass eine verbesserte Corporate Governance zu verbesserten Ratings und damit zu niedrigeren Kreditzinsen führt.[1248] Um die jeweilige Corporate Governance einschätzen zu können, ist jedoch eine freiwillige Information durch die Unternehmen notwendig.

Bei der Verknüpfung von Transparenzgraden mit Eigenkapitalkosten ergeben sich meist zusätzliche Einflussfaktoren. Zudem unterscheiden sich vorliegende Studien in der angewandten Weise der Messung sowohl der Eigenkapitalkosten[1249] als auch der freiwilligen Transparenz.[1250]

Botosan untersucht dabei zum einen, ob es zwischen den Eigenkapitalkosten und dem Veröffentlichungsgrad eine negative Verknüpfung gibt, und zum anderen, inwieweit diese von dem Grad vorher bestehendem Interesse von Finanzanalysten beeinflusst wird.[1251] Die zweite Hypothese berücksichtigt dabei die Annahme, dass die positiven Auswirkungen zusätzlicher freiwilliger öffentlicher Transparenz durch vorliegendes hohes Interesse von Finanzanalysten verwässert werden könnten.

Sie unterstellt eine relativ stabile Kommunikationspolitik der Unternehmen und zieht daher nur eine Periode (das Jahr 1990) heran. Um mögliche Brancheneinflüssen ausschießen zu können, konzentriert sie sich auf eine Branche.[1252] Unterschiedliche Niveaus der Transparenz werden mit einem eigenen Disclosure-Index gemessen, dessen Basis der jährliche Geschäftsbericht ist. Dieser wird als eine der relevantesten Quellen der Unternehmensinformation angesehen. Die Eigenkapitalkosten werden mit einem bilanzorientierten Ansatz gemessen.[1253]

Es ergibt sich ein signifikant negativer Zusammenhang zwischen dem Grad der Transparenz und den Eigenkapitalkosten. Die Signifikanz schwindet jedoch bei Einsatz von Kontrollvariablen, dem Marktbeta und der Unternehmensgröße.

[1248] Vgl. Strenger (2002).
[1249] Botosan (1997) weist daraufhin, dass vorherige Ansätze die Eigenkapitalkosten meist über andere Variablen, welche positiv mit Eigenkapitalkosten verknüpft werden können, indirekt messen. Ursache sei die schwierige Messung der Eigenkapitalkosten, da bspw. der traditionelle Ansatz über CAPM-Modelle keine unterschiedlichen Informationsgrade berücksichtige und Renditeansätze häufig keine oder nur geringe Beziehungen zum jeweiligen Unternehmensrisiko, gemessen durch Beta, aufwiesen.
[1250] So finden sich zum einen die Einflüsse der öffentlichen Berichterstattung anhand von Geschäftsberichten, andere berücksichtigen auch Einflüsse der privaten Investor-Relations. Zudem kann zwischen der Verknüpfung der Quantität und/oder der Qualität freiwilliger Veröffentlichungen unterschieden werden.
[1251] Vgl. Botosan (1997).
[1252] Ihre Stichprobe enthält damit 122 börsennotierte amerikanische Unternehmen der Maschinenbranche.
[1253] Grundlage des Ansatzes ist die Definition des Marktpreises der Aktie als Funktion des aktuellen Buchwertes erhöht um die Summe der diskontierten erwarteten überdurchschnittlichen Gewinn. Vgl. Botosan (1997) S. 338 f.

Das Analysteninteresse als zusätzliche Einflussvariable[1254] bestätigt die unterstellte Wirkung. Bei Unternehmen, welche vorher nur relativ geringes Interesse der Finanzanalysten erregten, ergeben sich bei höherer Transparenz auch bei der Kontrolle mit Beta und Größe die unterstellte Wirkung auf die Eigenkapitalkosten. Bei Unternehmen, welche im Zentrum des Analysteninteresses stehen, ergeben sich keine Auswirkungen.

Eine mögliche Begründung dieses Ergebnisses kann in der Nutzung der Geschäftsberichte zur Messung der freiwilligen Transparenz liegen, die in diesem Falle unter Umständen keine relevante Rolle in den Kommunikationsbeziehungen spielen. So sind private freiwillige Informationskanäle vorhanden, eine verstärkte öffentliche freiwillige Publikation im Geschäftsbericht somit nicht mehr wirksam.[1255]

Diesen Ergebnissen folgend, sind förderliche Wirkungen von erhöhter freiwilliger Transparenz nicht für alle Unternehmen zu erwarten. Im Hinblick auf freiwillige Corporate Governance-Informationen, welche in Deutschland zumeist als Kapitel im Geschäftsbericht enthalten sind, können diese jedoch gerade für kleinere Unternehmen vorteilhaft sein. Im Hinblick auf die Übertragbarkeit der Ergebnisse von Botosan ist zudem das Alter der verwendeten Daten relevant. So haben sich sowohl die Regulierungen zu Transparenz als auch die Anforderungen externer Stakeholder, insbesondere der Kapitalmärkte, an freiwillige Transparenz seit 1990 stark verändert.

Diese Studie erweitern Botosan/Plumlee, indem sie drei Elemente der Disclosure differenziert mit Eigenkapitalkosten verknüpfen.[1256] Neben den jährlichen Geschäftsberichten erfassen sie Quartals- und weitere veröffentlichte Berichte sowie Aktivitäten der Investor Relations.[1257] Je nach Disclosure-Element variieren ihre Ergebnisse. So ergibt sich für die Geschäftsberichte die erwartete negative Verknüpfung zu den Eigenkapitalkosten. Im Gegensatz dazu ergibt sich für die aktuellere, zeitnahe Disclosure der Quartalsberichte jedoch ein positiver Effekt auf die Eigenkapitalkosten. Diese sind bei Unternehmen mit dem höchsten Level dieser Berichterstattung ca. 1,3 Prozentpunkte höher. Sie werden dieses Ergebnis als Beleg dafür, dass diese Art der Disclosure über verstärkte Volatilität die Risikoprämie der Investoren erhöht. Im Hinblick auf Investor-Relation-Aktivitäten finden sich keine Auswirkungen auf Eigenkapitalkosten.

[1254] Es wird mit der Anzahl von Reports in der 1991er Ausgabe des Nelson´s Directory of Investment Research oder vergleichbaren Medien gemessen.

[1255] Vgl. Botosan (1997), S. 344 ff.

[1256] Vgl. Botosan/Plumlee (2002). Dabei verwenden sie eine weitaus größere Stichprobe von 4.705 beobachteten Unternehmensjahren zwischen 1985/86 und 1995/96. Davon gehen 3.618 Beobachtungen in die Untersuchung ein; diese können Unternehmen zugeordnet werden, deren Entwicklung anhand vorhandener Datenlage der Value Line entspricht, welche zur Messung der erwarteten Eigenkapitalkosten herangezogen wird.

[1257] Die Einstufung erfolgt anhand des Reports der Association for Investment Management and Research (AIMR).

In dieser Studie erweitern Botosan/Plumlee zwar deutlich den Beobachtungszeitraum; dessen Endpunkt mit 1996 kann dennoch die Entwicklungen der letzten Jahre nicht mit berücksichtigen.

Deutlich wird, dass generell die Art der Veröffentlichung von Bedeutung sein kann. Im Hinblick auf die Veröffentlichung von Corporate-Governance-Informationen scheinen die Effekte, welche auf eine erhöhte Volatilität hinweisen, jedoch von geringerer Bedeutung zu sein. Zum einen sind diese meist Teil der jährlichen Geschäftsberichte, zum anderen wirken die unterstellten positiven Auswirkungen verbesserter Corporate Governance eher langfristig. Damit erscheint eine erhöhte Volatilität aufgrund kurzfristiger Investitionsanreize eher unwahrscheinlich.

Unterschiedliche Wirkungen freiwilliger öffentlicher und privater Informationen auf Eigenkapitalkosten untersuchen Botosan et al. in einer neueren Spezifizierung ihrer Ergebnisse.[1258] Beide Kanäle werden dabei nicht als unabhängig voneinander betrachtet. So kann – ihrer Argumentation folgend – der Grad freiwilliger öffentlicher Information Einfluss auf den privaten Informationsgrad haben. Eine zusätzliche öffentliche Information wird bspw. motivieren, weitere private Informationen zu erlangen. Diese Motivation wird dabei zudem von dem vorherigen Informationsgrad beeinflusst. Diese Vermutung wird dabei unterstützt, da beide Kanäle stark miteinander korrelieren und somit als komplementär angesehen werden.

Dabei ziehen sie nicht die Quantität, sondern über die Präzision eine qualitative Bewertung der Berichterstattung an Finanzanalysten heran.[1259]

Im Ergebnis zeigen sich unterschiedliche Effekte präziser öffentlicher und privater Information. Während die Eigenkapitalkosten bei erhöhter Präzision öffentlicher Informationen sinken, steigen sie bei Präzisierung der privaten Information. Dieser zweite Effekt kompensiert bei gleichzeitiger Betrachtung den ersten, so dass sich keine Auswirkung mehr ergibt. Aufgrund dieser Ergebnisse leiten Botosan et al. Empfehlungen ab, im Rahmen der Entscheidungen freiwilliger Informationen die Interdependenzen der beider Kanäle zu berücksichtigen.

Im Hinblick auf die zusätzliche Information über unternehmensinterne Corporate Governance stehen öffentliche Kanäle im Vordergrund. Es kann daher angenommen werden, dass verdeutlichte mögliche negative Effekte der Präzision der Transparenz über private Kanäle an Analysten weniger bedeutsam sein werden.

[1258] Vgl. Botosan et al. (2004). Sie geben zudem einen detaillierten Überblick über bestehende weitere empirische Studien. Die Eigenkapitalkosten ergeben sich hier als interner Zins, der sich aus der Verbindung des aktuellen Aktienkurses mit von Analysten prognostizierten zukünftigen Dividenden und Kurszielen ergibt.

[1259] Dabei berücksichtigen sie folgende Annahmen: (1) Analysten beobachten eine Signal an alle Analysten – also ein öffentliches, (2) gleichzeitig beobachten sie ein Signal, das individuell an Analysten gerichtet ist – ein privates. Beide Signale sind Grundlage ihrer Gewinnprognosen und die Präzision ist bei allen Signalen an Analysten gleich. Vgl. Botosan et al. (2004), S. 230 ff.

Positive Auswirkungen erhöhter Transparenz auf den Unternehmenswert können gleichwohl nicht nur indirekt über Kapitalkosten, sondern direkt über Aktienkursbewertungen oder Aktienrenditen argumentiert werden.

Im Hinblick auf Eigenkapitalerhöhungen durch Emission neuer Aktien und das beobachtbare Verhalten bezüglich freiwilliger Publizität in den sechs Monaten vor Bekanntgabe untersuchen Land/Lundholm dessen Auswirkungen auf die Kursentwicklung.[1260]

So erhöht sich die freiwillige Transparenz insbesondere auch im Rahmen sensitiver Unternehmensbereiche in diesen sechs Monaten deutlich, insbesondere bei Unternehmen, deren (Alt)aktionäre an der Platzierung partizipieren.

Bei der Verknüpfung mit Kurssteigerungen ist gleichwohl das vorherige Verhalten relevant. Bei Unternehmen, die ein konstantes hohes Niveau an freiwilliger Information ausweisen, ergeben sich Kurssteigerungen, die bei sich bei Bekanntgabe der Kapitalerhöhung nur geringfügig abschwächen. Bei Unternehmen, die in dieser Zeit jedoch eine deutlich veränderte, weil offenere Kommunikationspolitik aufweisen, ergeben sich zwar auch deutliche Kurssteigerungen, die jedoch bei Bekanntgabe deutlich kurzfristig zurückgenommen werden. Diese Reaktion sehen Land/Lundholm als Indiz, dass Investoren die veränderte freiwillige Transparenz nicht als risikosenkende Information sondern als Strategie verstehen, den Aktienkurs vor der geplanten Erhöhung positiv zu beeinflussen.

Der Erwartung bezüglich dieser einschränkenden Interpretationen der Investoren scheint bei Corporate-Governance-Informationen eher unwahrscheinlich. Diese sollten selten als besonders sensitiv für kurzfristige Aktienkursbewegungen einzustufen sein.[1261]

Zusammenfassend ergeben sich gemischte empirische Belege, welche höhere Transparenz mit sinkenden und steigenden Kapitalkosten verbinden. Als zusätzliche Unternehmensmerkmale werden die Volatilität und das bestehende Analysteninteresse diskutiert.

Im Hinblick auf Corporate Governance erscheinen die Ergebnisse erhöhter freiwilliger Transparenz jedoch eher ermutigend, da die herangeführten Argumentationen zur Begründung steigender Kapitalkosten abgeschwächt werden können.

Die Berücksichtigung der Inhalte dieser zusätzlichen Informationen in wissenschaftlichen empirischen Studien erfolgt jedoch selten und findet sich erst in neueren Untersuchungen.

4.5.2.2 Transparenz der Corporate Governance

In Kanada wird eine Berichterstattung über Corporate-Governance-Practice durch die Börse Torontos seit 1995 vorgeschrieben. Für die Jahre 1996/97 hat das Canadian Institute of Chartered Accountants (CICA) daraufhin diese Veröffentlichungen auf der Basis von

---

[1260]   Vgl. Land/Lundholm (2000).
[1261]   So finden Nowak et al. (2005) bspw. keine kurzfristige Reaktion der Kapitalmärkte auf die Veröffentlichungen von Entsprechenserklärungen.

Geschäftsberichten und anderen periodischen Publikationen erfasst. Dabei wird eine große Spannbreite der vorliegenden Qualitäten deutlich.

Diese Datenbank nutzt Labelle[1262], um zu untersuchen, ob die in den obigen Studien vertretenen Faktoren der Motivation zur freiwilligen Veröffentlichung auf Corporate-Governance-Elemente übertragbar sind, oder ob diese durch andere Einflüsse zu erklären sind. Er verknüpft daher die Disclosure Qualität der CICA mit der Performance – gemessen am ROE - und anderen Corporate-Governance-Variablen. Dabei ergeben sich jedoch keine konsistenten signifikanten Beziehungen.

Bei der Verknüpfung mit der Performance der Unternehmen stellt sich für Labelle die Hauptfrage, ob und inwieweit diese das Kommunikationsverhalten im Hinblick auf Corporate Governance erklärt. So können zum einen gute Unternehmensergebnisse zu verbesserter Transparenz motivieren. Zum anderen kann eine schlechte Unternehmenssituation das Management veranlassen, über zusätzliche Corporate-Governance-Information Eindrücken entgegenzuwirken, fehlende Corporate Governance wäre eine mögliche Ursache.[1263]

Es gelingt daher nicht, eindeutige Einflussfaktoren aufzuzeigen, welche Unternehmen zu einer erhöhten Transparenz veranlassen. Zudem wird der reziproke Zusammenhang - die unterstellten positiven Auswirkungen auf Kapitalkosten – nicht untersucht.

Ausgehend von diesem Motivationsfaktor, freiwillig zusätzliche Informationen über Corporate Governance des Unternehmens bereitzustellen, nämlich dem Vorhaben zukünftiger Außenfinanzierung am Kapitalmarkt, untersuchen Collett/Hrasky 29 australische Unternehmen.[1264] Dabei prüfen sie zuerst, inwieweit diese geplanten Finanzierungen mit erhöhter Transparenz verbunden sind.

Im Ergebnis zeigen sich keine signifikanten Auswirkungen, wenn zusätzliches Fremdkapital aufgenommen wurde. Bei Kapitalerhöhungen durch Aktienemissionen ergab sich dagegen ein signifikanter Einfluss, der das erfasste Publikationsverhalten erklären kann.

Es liegen daher keine eindeutigen Hinweise vor, welche Faktoren zu einer zusätzliche freiwilligen Transparenz führen. Gleichzeitig haben sich die regulatorischen Vorschriften über

---

[1262] Vgl. Labelle (2002).

[1263] Er untersucht zusätzlich die Hypothese, dass größere Unternehmen eine erhöhte Qualität der Bericht-erstattung ausweisen – diese kann unterstützt werden - und berücksichtigt weitere Corporate-Governance-Elemente wie Aktionärsstruktur, unabhängige Direktoren und die Trennung von Chairman und CEO. Vgl. Labelle (2002), S. 15 ff.

[1264] Vgl. Collett/Hrasky (2005). Sie referieren hierbei keine vorherigen empirischen Studien, sondern verweisen auf anekdotische Evidenz Die verwendeten Daten stammen dabei aus dem Jahr 1994, da es zu diesem Zeitpunkt in Australien noch keine regulatorische Vorschriften zur Veröffentlichung gab. Vorgeschrieben waren Veröffentlichungen über Boardmitglieder und Anzahl und Beteiligung an Boardmeetings. Die untersuchten 29 Unternehmen waren diejenigen, die freiwillig weitere Informationen in Geschäftsberichten bereitstellten. Die geringe Größe der Stichprobe lässt dabei Zweifel an der Repräsentativität und der Übertragbarkeit der Ergebnisse aufkommen.

Informationen zu unternehmenseigener Corporate Governance stark erhöht.[1265] Dennoch bleiben den Unternehmen relevante Entscheidungsspielräume über Quantität und Qualität der eigenen Offenlegung.

Als Antwort auf die Vertrauenskrise an den Finanzmärkten, ausgelöst durch spektakuläre Unternehmenskrisen wie Enron oder Worldcom, entstand 2002 eine Studie von Standard&Poors, welche die Transparenz und Disclosure der größten Unternehmen weltweit untersucht.[1266] Diese Datenbank, welche in einem Rating eine Evaluation der Transparenz zur Verfügung stellt, wurde von Standard&Poors selbst und weiteren Autoren genutzt.

Dabei wurden für das Rating ausdrücklich auch Governance-Informationen erfasst. So können die 98 Elemente des Ratings drei Kategorien zugeordnet werden: der Aktionärsstruktur und den Investorenrechten, Transparenz der finanziellen Unternehmenslage und Informationsbereitstellung sowie den Strukturen und Prozessen des Boards und des Managements.[1267]

Bei der Erfassung wird auf öffentlich zugänglich Informationen der Unternehmen zugegriffen, hauptsächlich auf Geschäftsberichte.[1268] Die so evaluierten Unternehmen wurden zudem im Hinblick auf Auswirkungen des Urteils auf die Performance untersucht. Für amerikanische Unternehmen ergab sich, dass Unternehmen mit einer als gut eingestuften Transparenz mit geringeren Marktrisiken verbunden werden können und höheren Market-to-Book-Ratios ausweisen. Dies kann als Hinweis auf niedrigere Kapitalkosten gewertet werden. Während jedoch die Finanzinformation häufig detailliert und vollständig ausgewiesen wird, zeigt sich für die anderen Governance-Items die niedrigste Transparenz.[1269] Damit sind die Aussagen, welche positive Auswirkungen auf Kapitalkosten und Unternehmenswerte beinhalten, hauptsächlich auf die Offenlegung der Finanzinformationen zurückzuführen.

Diese vorhandenen Daten von Standard&Poors über Transparenz und Disclosure der S&P 500 Unternehmen nutzen Cheng et al., um Transparenz über unterschiedliche Medien und über verschiedenen Corporate-Governance-Elemente mit Eigenkapitalkosten zu verknüpfen.[1270]

[1265] In Deutschland kann hier nicht nur auf die Entsprechenserklärung sondern auch auf die Gesetzgebung zur Offenlegung von Managergehältern hingewiesen werden.

[1266] Vgl. Patel/Dallas (2002).

[1267] Diese Kategorien entstammen dem Corporate-Governance-Rating von Standard&Poors.

[1268] Dabei werden zwei unterschiedliche Rankings erstellt. Einmal nur auf Basis der Geschäftsberichte und einmal unter Zuzug anderer vorgeschriebener Berichte wie 10-F- Berichte. Generell misst das Rating jedoch nur die Quantität und nicht die Qualität der gegebenen Informationen, die zudem nicht freiwillig sondern aufgrund der Regulierungen erfolgt.

[1269] Die am wenigsten angegebenen Informationen amerikanischer Unternehmen in den Geschäftsberichten sind danach ein Verweis auf eine Corporate-Governance-Kodex oder andere Best-Practice, ein eigener Corporate-Governance-Kodex, die drei größten Aktionäre, die Entlohnungssysteme der einzelnen Direktoren, Antrittsdaten der Direktoren des Boards und die Namen der Direktoren im Personalausschuss. Vgl. Patel/Dallas (2002), S. 10.

[1270] Vgl. Cheng et al. (2003). In ihre Stichprobe gehen 400 der S&P 500 Unternehmen ein. Die Eigenkapitalkosten werden mit diskontierten Dividenden und Modellen des erwarteten Wachstums gemessen. Sie verknüpfen die Transparenz und Disclosure Ranking mit diesen Eigenkapitalkosten und verwenden das Beta und die Unternehmensgröße als Kontrollvariablen.

Damit wird wiederum auf die Quantität der Informationen abgestellt, die aufgrund der vorgeschriebenen Veröffentlichungen bereitgestellt werden.

Dabei erhalten sie gegensätzlich Ergebnisse. So steigen die Eigenkapitalkosten signifikant mit dem Grad der Disclosure, wobei Informationen aus den Geschäftsberichten den relativ größten Einfluss haben. Diese Resultate werden begründet über die Unterschiede der Rankings, welche sich durch Governance-Elemente insbesondere über Board und Managementprozesse ergeben.

Deutlich wird, dass die Kommunikationspolitik hohen Einfluss auf die jeweiligen Kapitalkosten hat, wobei insbesondere der Kanal des Geschäftsberichts von Bedeutung ist. Bei der differenzierten Untersuchung unterschiedlicher Elemente der Transparenz ergeben sich signifikante Ergebnisse nur für die Kategorie des Boards bzw. Managements, die jedoch nur von wenigen angegeben werden.[1271] Cheng et al. vermuten daher, dass diese Informationen eher mit erhöhter Volatilität oder reduzierter Liquidität und damit mit steigenden Kapitalkosten verbunden werden können.

Beide Studien verbinden grundsätzlich Transparenz und Disclosure mit Kapitalkosten und gehen zusätzlich auf Corporate-Governance-Elemente ein. Dagegen betrachten Chen et al. Transparenz als eigenen Corporate-Governance-Mechanimus, dessen Wirkungsweise sie mit anderen Corporate-Governance-Mechanismen vergleichen.[1272]

Auch sie nutzen das Standard&Poors Transparenz und Disclosure Rating, dessen Wirkungsweise auf Eigenkapitalkosten sie mit den Einflüssen eines Corporate-Governance-Ratings vergleichen. Hierfür nutzen sie das Rating von CLSA und differenzieren hier nach Disclosure-Elementen und den übrigen Corporate-Governance-Kategorien.[1273] Dabei stellen sie auf asiatische Unternehmen in Emerging Markets ab.

Im Umfeld von Emerging Markets zeigen ihre Ergebnisse, dass der Standard&Poors Disclosure Index keinen Einfluss auf die Kapitalkosten hat. Dagegen haben höhere Ratings der Disclosure-Elemente des CLSA signifikant sinkende Kapitalkosten zur Folge, gleiches gilt für die anderen Governance-Elemente. Sie entwickeln daher die Empfehlung, dass in einem derartigen Umfeld mit eher geringem rechtlichen Investorenschutz und schwach entwickelter Corporate Governance die Kapitalkosten eher durch eine Verbesserung der Corporate Governance generell als durch eine offenere Kommunikationspolitik erreicht werden kann.

Die unterschiedlichen Ansätze der Verknüpfung der Quantität der Berichterstattung, erfasst über die Standard&Poors Datenbank, liefern daher keine eindeutigen Hinweise auf die Wirkungsrichtung einer verbesserten Transparenz auf die Kapitalkosten. Dies kann in der

---

[1271] Diese Kategorie wird über 35 Fragen erfasst. Im der Kategorie Board und Management, die sich nur auf Geschäftsberichte stützt, erreichen die US-Unternehmen nur 31 von 90 möglichen Punkten.

[1272] Vgl. Chen et al. (2003).

[1273] Das CLSA-Rating deckt eine weitere Bandbreite von Unternehmen als Standard&Poors ab, die sich auf große Unternehmen konzentrieren. Die Eigenkapitalkosten messen Chen et al. mit dem CAPM-Modell.

Natur des Ratings begründet sein, welches nur öffentlich verfügbare Informationen berücksichtigt.

Zudem wird erst bei Chen et al. das Hauptaugenmerk auf Corporate Governance gelegt. Da sich diese Studie ausdrücklich auf Emerging Markets bezieht, scheint jedoch eine Übertragbarkeit auf Unternehmen in entwickelten Volkswirtschaften wie Deutschland zumindest schwierig.

Zusammenfassend ergibt sich somit, dass dem Grad der Quantität und Qualität ein hoher Einfluss auf die Kapitalkosten zugeschrieben werden kann, aber eine Isolierung der Wirkungsrichtung bis dato nicht möglich ist.

Basis der angewendeten Standard&Poors Datenbank sind Informationen, die aufgrund von Regulierungen bereitgestellt werden. Dabei werden große internationale Unternehmen herangezogen.

Für Deutschland speziell liegt keine Untersuchung vor, welche explizit das Offenlegungsverhalten von Corporate Governance mit Unternehmensbewertungen verknüpft. Es können jedoch Ergebnisse herangezogen werden, welche dieses Offenlegungsverhalten nutzen, um die Qualität der Corporate Governance deutscher Unternehmen einzustufen.

Dabei wird zumeist auf die Entsprechenserklärungen zurückgegriffen, die über die Umsetzung bzw. Befolgungen der Empfehlungen des DCGK informiert. So ziehen Zimmermann et al. diese Erklärungen von 61 börsennotierten deutschen Unternehmen der Jahre 2002 und 2003 heran und können somit auch mögliche Veränderungen innerhalb der Corporate Governance bzw. der öffentlichen Deklaration analysieren.[1274] Den Grad der jeweiligen Entsprechung verknüpfen sie mit der Unternehmensbewertung. Im Ergebnis zeigen sie auf, dass Unternehmen mit so gemessener guter Corporate Governance eine um 10% höhere Aktienrendite erzielen. Bei dem Einbezug dieser Ergebnisse in die Argumentation der Wirkung von Transparenz ist jedoch darauf hinzuweisen, dass sich diese aufgrund der gesetzlichen Verpflichtung nicht verändert.

Auch Nowak et al.[1275] nutzen die Entsprechenserklärungen, ziehen aber weitaus mehr Unternehmen in einer Ereignisstudie heran. Dabei wird ein Kapitalmarkt orientierter Blickwinkel eingenommen und geprüft, ob die erstmalige Veröffentlichung der Entsprechenserklärung – eine erhöhte Transparenz - Einfluss auf die kurzfristige Kursentwicklung dieser Gesellschaften hat. Auf die Transparenzveränderung an sich stellen Nowak et al. jedoch nicht ab, sondern nutzen Entsprechensgrade als Indikator für die Qualität der Corporate Governance. Bei der Begründung des Zusammenhangs mit der erwarteten positiven Beeinflussung der Aktienkurse wird jedoch damit argumentiert, dass die Corporate-Governance-Informationen die Risikoeinschätzung der Anleger beeinflussen. Die Ergebnisse können jedoch keine Reak-

---

[1274] Vgl. Zimmermann et al. (2004).
[1275] Vgl. Nowak et al. (2005). Ihre Untersuchung umfasst 317 deutsche Unternehmen.

tion der Kursentwicklung nachweisen.[1276] Dabei ist nicht zu trennen, ob und inwieweit auf die zusätzliche Information per se oder auf deren Inhalt, sprich den Entsprechensgrad, (nicht) reagiert wird. So implizieren die Autoren in ihrer Argumentation, dass die Informationen der Entsprechenserklärung für den Kapitalmarkt neu waren.

Auch diese Ergebnisse können nur indirekt als Indikator für die Wirkung der Offenlegung von Corporate Governance interpretiert werden, zudem die Abgabe der Entsprechenserklärungen vorgeschrieben ist. Tiefer geht hingegen die Analyse von Bassen et al., welche nicht nur die Entsprechenserklärungen sondern alle öffentlich verfügbaren Informationen der deutschen H-DAX Unternehmen des Jahres 2003 zu Corporate Governance heranziehen.[1277] Damit wird die freiwillige Offenlegung von Corporate Governance berücksichtigt, welche über die jeweilige angezeigte Entsprechung der Kodex-Empfehlungen hinausgeht, und auch Anregungen des Kodex erfasst. Doch auch hier wird der jeweilige Entsprechensgrad, gemessen an der Quantität der Informationen, als Messinstrument für die Qualität von Corporate Governance genutzt.

Differenziert nach Indizes werden die Entsprechensgrade mit den Erfolgsmaßen Aktien-rendite, Tobin's Q, und Gesamtkapitalrentabilität verknüpft. Zusätzlich wird nach den Einzel-kategorien des Kodex wie Vorstand oder Transparenz differenziert.

Im Ergebnis ergibt sich auch hier, dass die Berichterstattung über die Corporate Governance kaum Einfluss auf Unternehmenswerte hat; eine positive Verknüpfung ergibt sich nur bei Informationen über die Vorstandskriterien. Dies kann als Indiz gewertet werden, dass es nicht die Quantität der freiwilligen Information ist, sondern dass deren Qualität bzw. Inhalt von Bedeutung ist.

Folgende Tabelle fasst die empirischen Studien zusammen.

Studien	Ergebnis	Einschränkungen zusätzliche Faktoren
Transparenz generell		
Sengupta (1998)	(+) Sinkende FK-Kosten •	Volatilität
Botosan (1997)	(+) Sinkende EK-Kosten•	Vorheriges Analysteninteresse
Botosan/Plumlee (2002)	Positive und negative Effekte auf EK-Kosten	Kommunikationskanäle: Geschäfts- (+) Quartalsbericht (-)
Botosan et al. (2004)	Positive und negative Effekte auf EK-Kosten •	Kommunikationskanäle: öffentlich (+) oder private (-)
Land/Lundholm (2000)	Steigende Aktienkurse	Konstanz des Kommunikationsverhaltens

---

[1276] Aufgrund dieser Ergebnisse zweifeln sie an den marktlichen Sanktionsmechanismen, auf deren Wir-kung im Rahmen der Selbstregulierung des Kodex vertraut wird. Nowak et al. (2006) berück-sichtigen auch langfristige Auswirkungen, das Ergebnis ändert sich jedoch nicht.

[1277] Vgl. Bassen et al. (2006a).

Offenlegung Corporate Governance		
Labelle (2002)	Keine Wirkung	Wirkungsrichtung Performance auf Offenlegung
Collett/Hrasky (2005)	Erhöhte EK-Finanzierung•	Wirkungsrichtung Performance auf Offenlegung
Patel/Dallas (2002)	(+) Geringeres Risiko Höhere Price/Book-Ration	S&P-Disclosure Rating, Großunternehmen
Cheng et al. (2003)	(-)Steigende EK-Kosten	S&P-Disclosure Rating, Großunternehmen
Chen et al (2003)	Keine Wirkung S&P Sinkende Kapitalkosten CLSA-Rating	S&P Disclosure Rating CLSA CG-Rating Emerging Market
Zimmermann et al (2004)	(+) Aktienrendite	DCGK-Entsprechenserklärung indirekt
Nowak et al. (2005)	Keine	DCGK-Entsprechenserklärung indirekt
Bassen et al. (2006a)	Keine	DCGK-Erfüllung indirekt

Tabelle 15: Korrelationen zwischen (freiwilliger) Transparenz und Unternehmenswert: empirische Ergebnisse

Damit wird deutlich, dass die unterstellten theoretischen positiven Einflüsse einer verbesserten Offenlegung von Corporate Governance bis dato empirisch keine Unterstützung erfahren haben. Es liegen zudem nur sehr wenige Studien vor, die sich zumeist indirekt mit dieser Fragestellung befassen, so dass weiterer Forschungsbedarf offensichtlich wird. Dennoch ergibt auch keine Widerlegung der Hypothesen, so dass im Rahmen dieser Analyse eine erhöhte Transparenz als positiv gewertet wird.

Im Hinblick auf die zu prüfende Generalisierbarkeit ergeben sich aus der theoretischen Argumentation und den empirischem Studien mehrere Unternehmenscharakteristika, welche – mit Ausnahme des vorliegenden Interesses von Finanzanalysten – jedoch die Motivation zu freiwilliger Transparenz nur fördern können. Sie berücksichtigen das jeweilige Kommunikationsverhalten, sind somit von den Unternehmen beeinflussbar. Diese Charakteristika sind jedoch so vielfältig, dass von einer sehr hohen Abdeckung deutscher börsennotierter Unternehmen ausgegangen werden kann. Damit ist ein hoher Grad an Generalisierbarkeit im Hinblick auf Unternehmensmerkmale erreicht.

Damit kann als Ergebnis der Analyse des Hybrid-Mechanismus Transparenz formuliert werden, dass positive Auswirkungen auf den Unternehmenswert – insbesondere bei einer Konzentration auf Corporate-Governance-Informationen – sehr wahrscheinlich sind. Damit liegen – zumindest hier – wissenschaftliche Erkenntnisse vor, die eine Empfehlung an alle Unternehmen zu erhöhter Transparenz erlauben.

4.6 Fazit der Analyse interner Corporate-Governance-Mechanismen

Ziel der vorgenommenen Metaanalyse theoretischer und empirischer Literatur war die Identifikation derjenigen internen Governance-Mechanismen, die als förderlich für die Unternehmenswerte eingestuft werden können.

Diese wären zum einen sinnvolle Kriterien einer wissenschaftlich fundierten externen Evaluation bspw. durch ein Rating der Corporate Governance.

Zum anderen können sie Grundlage für die Formulierung von Handlungsempfehlungen für Unternehmen sein, welche die eigene Corporate Governance verbessern möchten.

Für beide Zielsetzungen ist eine möglichst eindeutige theoretische Verknüpfung des jeweiligen Mechanismus und steigenden Unternehmenswerten und deren empirische Evidenz nötig. Im Hinblick für ein externes Ratings ist zusätzlich die externe Erkennbarkeit des jeweiligen Mechanismus und – bei einer angestrebten möglichst großen Zielgruppe für beide Zielsetzungen – die Generalisierbarkeit der Argumentation von Bedeutung. Letztere würde es zudem ermöglichen, möglichst allgemeingültige Handlungsempfehlungen zu formulieren.

Folgende Abbildung fasst die Ergebnisse der Analyse der Corporate-Governance-Mechanismen zusammen:

Kriterien/ Mechanismen		theoretische Verknüpfung	Empirische Evidenz	Generalisierbarkeit	Externe Erkenn- und Messbarkeit
Eigentümerstruktur	Mehrheitsaktionäre	unter Einschränkung zusätzlicher Faktoren	nein	Eingeschränkt	ja
	institutionelle Investoren	unter Einschränkung zusätzlicher Faktoren	nein	Eingeschränkt	ja
Kapitalstruktur		nein		nein	ja
effiziente Aufsichtsgremien	Gremiengröße	individuelle Maximalgröße	nein	nein	ja
	Zusammensetzung	nein	nein	nein	nein
	Struktur	ja	in Verbindung mit qualitativen Merkmalen	ja	teilweise
	Aktivität:				
	Sitzungen	nein	nein	nein	ja
	Mandatszahl	nein	nein	nein	ja

	Amtszeit	nein	nein	ja	ja
	Qualitative Merkmale	ja	keine Untersuchungen	ja	nein
Anreizsysteme	Vorstand	nein	nein	nein	teilweise
	Aufsichtsrat	nein	keine Untersuchungen	nein	teilweise
Transparenz	Finanz-Kommunikation und Corporate Governance	unter Einschränkung	nein	ja	ja

Abbildung 14: Ergebnis der Analyse interner Corporate-Governance-Mechanismen [1278]

Theoretische Verknüpfung und empirische Evidenz

Die Ergebnisse der Analyse der theoretischen Argumentation und vorliegender empirischer Belege für die Verknüpfung reiner Insider-Mechanismen können die Erwartung nicht erfüllen, eindeutige Fundierungen für identifizierbare Elemente einer guten Corporate Governance formulieren zu können.

Zum einen liegen einschränkende Aussagen, deren Kompensationsauswirkungen auf sich reduzierende Agency-Kosten nicht einschätzbar sind, oder sogar widersprüchliche theoretische Argumentationen vor. Zum anderen findet sich in vorliegender Empirie keine eindeutige Evidenz.

In Hinblick auf die Diskussion der Aktionärsstruktur ergibt sich zwar für das Engagement institutioneller Investoren ein positiveres Bild, doch wurde die Relevanz der jeweiligen Anlagestrategie deutlich. Diese dem jeweiligen Investor eindeutig extern zuordnen zu können, bleibt zumindest zweifelhaft. Selbst wenn Anlageziele und Strategien veröffentlicht sind, so bleibt Skepsis bezüglich derer realen Umsetzung.

Eine eindeutige theoretische Verknüpfung der analysierten Mechanismen mit eingeschränkter empirischer Bestätigung zeigt sich nur bei der Struktur der Aufsichtsgremien – der Ausschussbildung. Diese Einschränkung beinhaltet die zusätzliche Berücksichtigung qualitativer Merkmale wie spezifische Qualifikationen oder Unabhängigkeit.

Diesen qualitativen Merkmalen der einzelnen Gremienmitglieder und des Gesamtorgans – wie die Komplementarität der Qualifikationen oder die Kennzeichnung als funktionierendes

---

[1278] In dieser Tabelle werden verkürzt die Analyseergebnisse des Kapitals 4 dargestellt. Auf Basis der Literaturanalyse werden somit die jeweiligen Ergebnisse der Prüfung der Eindeutigkeit der theoretischen positiven Verknüpfung des jeweiligen Governance-Mechanismus mit dem Unternehmenswert (Spalte 3) und der vorliegenden empirischen Ergebnisse bzgl. dieser Verknüpfung (Spalte 4) aufgezeigt. Im Hinblick auf die Eignung für die Ableitung von Handlungsempfehlungen wurde jeweils geprüft, ob diese Ergebnisse für alle hier berücksichtigten Unternehmen herangezogen werden können (Spalte 5) und ob externe Stakeholder jeweils Zugriff auf die jeweils relevanten Informationen haben (Spalte 6), deren Umsetzung somit erkennen und bewerten können.

soziales System wird theoretisch eindeutig förderliche Wirkung auf den Unternehmenswert zugeschrieben. Hierfür liegen aber bis dato keine empirischen Erkenntnisse vor, welche die Hypothesen unterstützen können. Trotz der Vielzahl von bestehenden empirischen Untersuchungen zu den anderen Mechanismen bleibt das Gesamtbild enttäuschend.

Die konstatierte häufig fehlende wissenschaftliche Fundierung der bestehenden Ratingsysteme der Corporate Governance wird somit erklärbar.

Für zukünftige Forschung ergeben sich daraus eine Vielzahl von Herausforderungen - sowohl im Rahmen der theoretischen Modellbildung als auch im Rahmen empirischer Untersuchungen, um diese Widersprüchlichkeiten und ihre möglichen Ursachen in den Vordergrund zu stellen. Insbesondere die eher gemischten empirischen Ergebnisse lassen dabei Zweifel an der üblichen Herangehensweise aufkommen. So scheint weder eine ständige Vergrößerung der untersuchten Stichproben noch die Verfeinerung statistischer quantitative Untersuchungsmethoden zielführend zu sein.

Wie insbesondere im Hinblick auf qualitative Merkmale der Aufsichtsgremien verdeutlicht wird, ist es jedoch möglich, dass zusätzliche qualitative Forschungsmethoden, die über die Erfassung von Selbsteinschätzungen hinausgehen, förderlich sein können.

Zudem entsteht der Eindruck, dass sich möglicherweise eine kritische Revision der gängigen Paradigma durch eine stärkere multitheoretische, interdisziplinäre Blickweise anbietet.

Gleichzeitig fehlen für neuere, meist aufgrund dieser fehlenden Unterstützung aufgestellte Hypothesen bis dato empirische Überprüfungen. So liegt weder eine Verknüpfung qualitativer Elemente von Aufsichtsgremien mit Unternehmenswerten noch für deren anreizorientierter Entlohnung vor. Zumindest erstere erscheint aus externem Blickwinkel auch kaum realisierbar.

Generalisierbarkeit und Erkennbarkeit

Weitere Elemente, die in Rahmen der Analyse untersucht wurden, waren identifizierte Eignungsmerkmale für ein breit anwendbares, externes Rating: möglichst hohe Generalisierbarkeit und externe Messbarkeit.

Es zeigten sich deutliche Hinweise, dass zusätzliche Merkmale der Unternehmen und/oder der betroffenen Individuen von Relevanz sind, so dass der einem Rating implizit zugrundeliegende Gedanke, einer Definition von allgemein gültigen Standards erschwert wird.

Zudem entstehen unter Berücksichtigung bestehender Publikationsvorschriften und fehlender empirisch unterstützter Erkenntnisse über Motivationsfaktoren der freiwilligen Transparenz über unternehmensinterne Corporate Governance Zweifel an der Erkennbarkeit und Messbarkeit.

Während diese Kriterien der Generalisierbarkeit weder von den Unternehmen noch von den Stakeholdern beeinflusst werden können, sind die Möglichkeiten bezüglich einer externen Messbarkeit entweder für die Unternehmen direkt oder für Stakeholder durch Voice-Strategien gegeben. Die Transparenz wird bestimmt durch die Kommunikationspolitik der Unternehmen.

Eine Förderlichkeit einer erhöhten Transparenz ergibt sich insbesondere, wenn hier die unternehmensspezifischen Charakteristika der eigenen Corporate Governance herausgestellt werden und so die Transparenz eines Commitments erhöht wird. Damit würde diese weit über ein „Box-Ticking" der Entsprechung von jeweiligen Kodizes oder Best-Practice-Empfehlungen wie beispielsweise dem DCGK im Rahmen eines Corporate-Governance-Berichts hinausgehen. So könnten nicht nur die Gründe möglicher Abweichungen im Hinblick auf die Unternehmenspezifika erläutert werden, sondern auch deren spezifische Interpretation und Umsetzung. Als Beispiele drängen sich aufgrund der theoretischen Analyse qualitativer Merkmale von Aufsichtsgremien u. a. eine transparente Darstellung der gewünschten und bestehenden Qualifikationen und Eigenschaften der Mandatsträger bzw. Vorschläge sowie der Ablauf, die Ergebnisse und Konsequenzen von Evaluationen auf.

Damit spielt der Hybrid-Mechanismus Transparenz in der Argumentation eine Sonderrolle. Sie kann aufgrund der theoretischen zumindest für die große Mehrheit der Unternehmen als förderlich eingestuft werden. Mögliche einschränkende Argumente wie Wettbewerbsschädigung verlieren im Hinblick auf Informationen über Corporate Governance an Gewicht.

Es ergibt jedoch wiederum das Dilemma, das die Bereitschaft zu dieser freiwilligen Kommunikation nur erwartet werden kann, wenn mit dieser Transparenz förderliche Auswirkungen im Hinblick auf den Unternehmenswert verbunden werden können, und hierfür bis dato keine eindeutige Evidenz vorliegt.

Dennoch ergab sich auch keine Falsifizierung der Hypothese einer positiven Korrelation von guter Corporate Governance und Unternehmenswerten. Es erscheint damit möglich, diese Verknüpfung nachweisen zu können, insbesondere mit einem durch verbesserte Transparenz ermöglichten umfassenderen Bild der jeweiligen Corporate Governance der Unternehmen. Zudem würde diese Bild die Informationsasymmetrien zu Gunsten der Stakeholder verringern und somit in die jeweilige Entscheidungsfindung einfließen.

Bei der Verfolgung der zweiten Zielsetzung, Handlungsempfehlungen für Unternehmen zu formulieren, können die Kritikpunkte an fehlender Transparenz relativiert werden.

Zudem empfiehlt sich ein differenzierter Blick auf die jeweiligen Unternehmensmerkmale, welche bei der Analyse der einzelnen Corporate-Governance-Mechanismen als relevant identifiziert wurden. Bei sich häufenden, wiederkehrenden Merkmalen wäre es möglich, zumindest für eine jeweilige Gruppe bzw. Unternehmenstypen aus der wissenschaftlichen

Analyse abgeleitete Empfehlungen für die Implementierung und Gestaltung der eigenen Corporate Governance zu geben.

5 Entwicklung einer Typologie der Corporate Governance

5.1 Forschungsstand

Die detaillierte Analyse der von Unternehmen direkt beeinflussbaren internen Governance-Mechanismen liefert keine eindeutigen Antworten, welche dieser Mechanismen Unternehmen generell empfohlen werden können. Argumentative Verknüpfungen mit positiven Auswirkungen auf den Unternehmenswert erfahren theoretische Einschränken, die sich aufgrund weiterer Merkmale der Unternehmen ergeben.

Damit sind diese kaum generalisierbar, lassen empirische Evidenz vermissen oder sind für externe Stakeholder nicht erkennbar.

Aktuell vorliegende Studien, welche nicht Einzelmechanismen sondern Corporate-Governance-Systeme von Unternehmen bewerten, können ebenfalls keine eindeutigen Verknüpfungen von jeweils als gut eingestufter Corporate Governance – weder indirekt mit dem Verhalten des Managements noch direkt mit der Performance von Unternehmen nachweisen.[1279]

Dennoch besteht begründete Zurückhaltung, aus diesen Ergebnissen, grundlegende Rückschlüsse bspw. auf eine Negation des unterstellten positiven Zusammenhangs zu ziehen.[1280] Die wissenschaftlichen Reaktionen können dagegen hauptsächlich methodischen Argumentationen zugeordnet werden.[1281]

So werden im Hinblick auf die Performance mögliche Auswirkungen des Einsatzes unterschiedlicher Messgrößen herangezogen. Gleichzeitig wird herausgestellt, dass die Wirkung von Corporate Governance auf die Unternehmenswerte nicht isoliert betrachtet werden kann.

Zudem wird die jeweilige Messmethodik von Corporate Governance und einzelner Mechanismen diskutiert. Hier wird methodisch der häufig angewandte Ansatz, Corporate Governance durch Entsprechensgrade unterschiedlicher Regulierungsinstrumente wie Kodizes zu messen, als reines „Box-Ticking" kritisiert. So könne weder die tatsächliche Umsetzung noch das Verhalten des Managements erfasst werden.[1282] Diese Argumentationen

---

[1279] Vgl. bspw. Larcker et al. (2004), (2005), Van den Berghe/Levrau (2003). Vgl. den Überblick unter Kapitel 2.3.2.

[1280] So auch Leblanc/Gillies (2003), S. 7.

[1281] Vgl. Larcker et al. (2004), (2005), S. 1ff. Sie geben explizit sieben Gründe an, nur einer beinhaltet ein inhaltliches Kriterium, nämlich die Möglichkeit, dass sich die jeweils untersuchten Unternehmen substantiell unterscheiden.

[1282] Vgl. bspw. van den Berghe/Levrau (2003), S. 72.; vgl. Bassen et al. (2006b).

finden sich hauptsächlich in kritischen Betrachtungen privater oder wissenschaftlicher Rating-systemen der Corporate Governance.[1283]

Als Reaktion auf methodische Kritikpunkte untersuchen Larcker et al. mögliche Beziehungen von Corporate-Governance-Elementen und unterschiedlich gemessenem Verhalten des Managements sowie der Performance unter Einsatz einer Vielzahl verschiedener statistischer Methoden.[1284] Dennoch ergeben sich für die Hauptzahl der mit einer Komponenten-Analyse abgeleiteten Corporate-Governance-Elemente nur geringe Signifikanzen – sowohl im Hinblick auf die Erklärungen der Varianzen der unterschiedlichen abhängigen Variablen des Verhaltens als auch in Bezug auf die Performance.[1285] Aus diesen Ergebnissen leiten sie ab, dass die üblichen Indikatoren, welche für die Erfassung der Corporate Governance genutzt werden, nur sehr geringe Eignung ausweisen, um Management-Verhalten und Performance zu erklären.

Unter Berücksichtigung dieser Ergebnisse und im Hinblick auf die überwältigende Vielfalt relevanter Studien, welche unterschiedlichste statistische Methoden anwenden,[1286] erscheint eine Erweiterung dieser Versuche hier nicht als zielführend. Im Zentrum steht daher weiterhin eine inhaltliche Argumentation.

Ausgehend von uneindeutigen wissenschaftlichen Ergebnissen haben sich inhaltlich aktuell zwei Forschungsrichtungen ergeben. Zum einen wird - ausgehend von der Ansicht, dass die individuellen Corporate-Governance-Systeme der Unternehmen an nationale und unternehmensspezifische Spezifika angepasst werden müssen – begonnen, sich mit diesen Merkmalen und deren möglichen Einflüssen auseinander zu setzen.[1287]

Zum anderen werden Einzelelemente der Corporate Governance in den Vordergrund gestellt und untersucht, welche dieser Mechanismen als Werttreiber identifiziert werden können.[1288]

Auch Analysen von Ratingsystemen als Evaluation von Corporate Governance zeigen auf, dass es Zweifel an einem allgemeingültigen Ansatz gibt und jeweils bestehende Unterschiede

---

[1283] Vgl. Larcker et al. (2004); vgl. Bassen et al. (2006b).
[1284] Vgl. Larcker et al. (2004), (2005).
[1285] Ihre Stichprobe umfasst 2126 amerikanische Unternehmen in den Jahren 2002 und 2003. Sie leiten aus 38 individuellen Corporate-Governance-Indikatoren 13 Hauptfaktoren ab, welche die individuellen Corporate Governance charakterisieren. Diese beinhalten hauptsächlich interne Mechanismen wie strukturelle Merkmale des Boards (Anzahl der Treffen, Anzahl Outsider-Direktoren, Anzahl der Mandate usw.), Aktienbesitz des Managements und institutioneller Investoren, so genannten Aktivisten, Verschuldungsgrad, und bestehende Anti-Takeover- Maßnahmen. Es fehlen jedoch Entlohnungssysteme. Die Ableitung der jeweils schlechten bzw. guten Corporate Governance, welche dann als unabhängige Variable in die Regression eingeht, erfolgt nach Mechanismus individuell. Jedoch werden die in Kapitel 4 dargestellten jeweils möglichen Einschränkungen nicht berücksichtigt.
[1286] Vgl. bspw. Bassen et al. (2006a).
[1287] Vgl. für die Berücksichtigung unterschiedlicher nationaler Finanzsysteme und Aktionärsstrukturen bzw. Rechtssysteme Hofstetter (2005) und Dallas (2005); für Unternehmensmerkmale van den Berghe/Levrau (2003); Dallas/Patel (2004), Doidge et al. (2004).
[1288] Vgl. bspw. Brown/Caylor (2005) und (2006a), Bebchuk et al. (2004); Bassen et al. (2006b)

278

zu berücksichtigen sind. Die Ursachen der zu berücksichtigen Merkmale können dabei unterschiedlichen Ebenen zugeordnet werden.[1289]

So werden zum einen auf Länderebene internationale Unterschiede in bestehenden Corporate-Governance-Systemen, Finanzsystemen und wirtschaftlicher Entwicklung herangezogen.[1290]

So unterscheidet Hofstetter internationale Corporate-Governance-Systeme im Hinblick auf die jeweils vorherrschende Aktionärsstruktur: der Berle/Means zugrunde liegende weit verstreute Aktienbesitz im Gegensatz zu konzentriertem Aktienbesitz, wie er u.a. in europäischen Ländern und auch in Deutschland typisch ist.[1291]

Er geht von dem mit der Existenz von Mehrheitsaktionären verbundenen privaten Nutzen und den unterstellten Kosten der Kontrolle aus möglicher Schlechterstellung von Minderheitsaktionären aus. Auf dieser Grundlage untersucht er, ob und inwieweit in internationalen Länderregulierungen enthaltene Empfehlungen, welche auf hauptsächlich der Berle/Means-Argumentation gründen, übertragbar sind. Die berücksichtigten Empfehlungen beinhalten Elemente der Transparenz, der geforderten Unabhängigkeit von Boardmitgliedern – generell und im Hinblick auf die Besetzung von Ausschüssen –, von Wirtschaftsprüfern und von bestehenden Regulierungen des Insiderhandels.

Aus den Ergebnissen seiner Analyse ergibt sich, dass es notwendig sei, diese Empfehlungen bei bestehender konzentrierter Aktionärsstruktur anzupassen. Das regulative Umfeld sei demnach so variabel zu gestalten, dass Unternehmen mit beiden Aktionärsstrukturen berücksichtigt werden und so nebeneinander bestehen könnten.

Diese Argumentation bestätigt Dallas.[1292] Er zieht internationale makroökonomische Unterschiede wie u.a. die Eigentümerstruktur, die Entwicklung von Finanzmärkten und des Rechtssystems heran und stellt heraus, dass die amerikanischen Elemente von Best Practice nicht auf andere Systeme mit konzentrierter Aktionärsstruktur oder starker Bankenorientierung übertragbar sind.

Diese Argumentation erscheint im Hinblick auf die Erklärung jeweils unterschiedlicher Ergebnisse der verschiedenen Ratingsysteme schlüssig. Sie richtet sich auf die inhaltliche Gestaltung und Implementierung bestehender bzw. zukünftiger Regulierung.

[1289] So gehen Van den Berghe/Levrau (2003) S. 80 bei der Suche nach einem passenden Ansatz der Evaluation von unternehmensspezifischer Corporate Governance im Rahmen von Ratingsystemen von einer dreistufigen Hierarchie der Kriterien aus. Diese berücksichtigen topdown internationale Kodizes, nationale Kodizes und an der Basis unternehmensspezifische Kriterien.

[1290] Vgl. Dallas (2005) bezogen auf Unterschiede zwischen markt- und bankenorientierten Finanzsysteme; vgl. Doidge et al. (2004) bezogen auf Ländermerkmale wie Aktionärsstrukturen, Niveau der ökonomischen und finanzmarktlichen Entwicklung; vgl. Hofstetter (2005) bezogen auf Aktionärsstrukturen, vgl. van den Berghe/Levrau (2003) bezogen auf deutlich signifikantere Ergebnisse einer positiven Verknüpfung von Corporate Governance und Performance in Emerging Countries. Für die theoretischen Begründungen für die Existenz unterschiedlicher Systeme vgl. die Argumentationen bezüglich Pfadab-hängigkeit unter 2.1.3.

[1291] Vgl. Hofstetter (2005).

[1292] Vgl. Dallas (2005).

Zielsetzung dieser Arbeit ist jedoch u.a., Handlungsempfehlungen für Unternehmen in Bezug auf ihre Corporate Governance abzugeben. Somit ist zu prüfen, inwieweit diese Erkenntnisse, die sich aus der Berücksichtigung des jeweiligen nationalen Umfeldes ergeben, entscheidungsrelevante Elemente beeinflussen.

Die Diskussion bezüglich unterschiedlicher Corporate-Governance-Systeme, Finanzsysteme oder des jeweiligen ökonomischen Entwicklungsstandards eines Landes können Entscheidungen des Unternehmens hauptsächlich im Hinblick auf die Standortwahl betreffen. Diese Entscheidungen sind jedoch zumeist getroffen und können nur langwierig und kostenintensiv revidiert werden. Somit werden diese Argumentationen im Folgenden nicht vertieft.[1293]

Damit rückt die mikroökonomische Ebene in den Vordergrund. Dabei werden jeweils unterschiedliche Unternehmenscharakteristika als Ursache für unterschiedliche Corporate-Governance-Systeme herangezogen.

Jedoch muss im Rahmen der empirischen Ergebnisse, welche Corporate Governance durch unterschiedliche Entsprechensgrade messen, meist offenbleiben, inwieweit es sich um eine erklärte oder tatsächliche Umsetzung handelt – bestehende Systeme also faktisch differieren.

Gleichzeitig bleibt unklar, ob diese unterschiedlichen Entsprechensgrade durch Unternehmensmerkmale beeinflusst werden.

Empirische Studien zeigen somit zwar deskriptiv auf, dass jeweils unterschiedliche Corporate-Governance-Systeme in den Unternehmen implementiert sind, es fehlt jedoch eine detaillierte Analyse der Ursachen dieser individuellen Systeme.

Eine mögliche Interpretation dieser Unterschiede als marktliche Lösungen und somit als rationale Reaktionen der jeweiligen Unternehmen auf die endogene und exogene Gegebenheiten erscheint zwar plausibel; dieser Argumentation folgend, verwundert jedoch die fehlende Evidenz für positive Auswirkungen auf die Unternehmensperformance.[1294] Möglicherweise handelt es sich daher um unterschiedliche Reaktionen oder Implementierungsstrategien auf sich ändernde oder sich verstärkende Regulierungsmaßnahmen.

Die Berücksichtigung von Unternehmensmerkmalen im Hinblick auf die diskutierte Verknüpfung guter Corporate Governance mit Unternehmensbewertungen erfolgt in der Literatur im Rahmen der kritischen Diskussion der Eignung und Aussagekraft von Corporate-Governance-Ratings.

So fordern van den Berghe/Levrau, als Basisebene für die Entwicklung eines geeigneten Ansatzes für Ratingsysteme mikroökonomische Merkmale der Unternehmen zu berück-

---

[1293] Vgl. für eine detaillierte Analyse und die Entwicklung eines spieltheoretischen Modells im Hinblick auf unterschiedliche Corporate-Governance-Systeme und Standortwahl Witt (2003).
[1294] Vgl. van den Berghe/Levrau (2003), S. 72, Dallas/Patel (2004), S. 9. Eindeutigere Ergebnisse werden nur für Unternehmen in Krisensituationen oder Emerging Markets aufgezeigt.

sichtigen.[1295] Dabei nennen sie exemplarisch Stationen des Lebenszyklus oder die Aktionärs-struktur.[1296] Eine begründete Ableitung dieser Beispiele erfolgt jedoch nicht, sondern sie weisen explizit daraufhin, dass für die Ableitung einer relevanten Typologie weitere Forschung notwendig sei. Bis dato bleibe gute Corporate Governance relativ.[1297]

Ähnlich argumentieren Dalles/Patel und weisen die Existenz eines standardisierten Corporate-Governance-Ansatzes für alle Länder und Unternehmensumfelder zurück.[1298] Damit berück-sichtigen sie neben makroökomischen Elementen, die sich in der Regulierung im Rahmen eines Topdown-Ansatzes ausdrücken, mikroökonomische Elemente, welche die individuellen Lösungen widerspiegeln. Diese ergäben sich als marktliche Lösungen.

Während die Regulierung jeweils somit nur die Basis geben könne, sind es nach Dallas/Pattel grundlegend die Personen, welche diese Rahmenbedingungen im Kontext der Unternehmens-architektur gestalten. Auch hier erfolgt jedoch nur eine Enumeration einzelner interner Mechanismen wie die Zusammensetzung von Boards oder die Gestaltung von Anreiz-systemen, ohne diese mit jeweiligen Unternehmensmerkmalen zu verknüpfen.

Während diese beiden Argumentationen mikroökonomische Elemente ergänzend zu makro-ökonomischen Unterschieden betrachten, untersuchen Doidge et al. diese getrennt.[1299] Dabei steht im Zentrum ihrer Analyse jedoch wiederum ein möglicher Zusammenhang von makro-ökonomischen Merkmalen – dem Rechtsschutz von Minderheitsaktionären sowie dem Niveau der Entwicklung von Wirtschaft und Finanzmärkten – auf mögliche Anreize für Unter-nehmen, ihre Corporate Governance und Transparenz zu verbessern.

Die Anreize ergeben sich dabei aus unterschiedlichen Kosten/Nutzen-Verhältnissen für eine konstant gesetzte Unternehmenssituation. Auf deren Grundlage wird ein Modell entwickelt. Dieses geht von einem Entrepreneur mit Bedarf an externer Finanzierung aus, der vor der Entscheidung steht, über die Verbesserung seiner Corporate Governance Agency-Kosten und damit Finanzierungskosten senken zu können. Die abgeleiteten Hypothesen werden an-schließend in einer empirischen Untersuchung überprüft. Die Qualität der Corporate Governance und der Transparenz wird dabei über externe Ratingsysteme gemessen.[1300]

[1295] Vgl. van den Berghe/Levrau (2003).
[1296] Damit wird die Aktionärsstruktur hier der mikroökonomischen Ebene zugeordnet, im Gegensatz zu Hofstetter (2005). Beide Argumentationen weisen Plausibilitäten auf; so können nationale Systeme über die überdurchschnittlich vertretenen Aktionärsstrukturen gekennzeichnet werden. Gleichzeitig sind in den üblicherweise so charakterisierten Ländern, wie bspw. Deutschland, durchaus insbesondere große Unternehmen vertreten, deren Aktien weit verstreut über eine Vielzahl von Aktionären gehalten wer-den.
[1297] Vgl. van den Berghe/Levrau (2003), S. 82.
[1298] Vgl. Dallas/Patel (2004).
[1299] Vgl. Doidge et al. (2004).
[1300] Die Corporate Governance und Transparenz wird jeweils über CLSA – bzw. S&P-Ratings gemessen, deren Gültigkeit somit nicht angezweifelt wird. Die Nutzung dieser Ranking beinflusst auch die Stich-probe. So werden zum einen 376 Unternehmen aus den CLSA-Ratings des Jahres 2001 herangezogen, welches sich auf Emerging Countries konzentriert. Diese werden ergänzt durch 711 Unternehmen aus 39 Ländern des S&P-Ratings.

Im Rahmen der hier verfolgten Zielsetzung ist folgendes Ergebnis dieser Analyse interessant: während sich die Varianzen der Corporate-Governance-Ratings von Unternehmen aus weniger entwickelten Länden hauptsächlich aus Ländermerkmalen erklären lassen, sind es bei Unternehmen aus entwickelten Ländern mikroökonomische Unternehmensmerkmale.

Untersuchte Merkmale sind Investitions- bzw. Wachstumsmöglichkeiten, Größe, Eigentümerstruktur und Liquidität als Indikator für den Bedarf an externer Finanzierung.[1301] Im Ergebnis zeigt sich, dass sich die Corporate Governance von Unternehmen aus entwickelten Ländern mit Investitionsmöglichkeiten und hohem Bedarf an externer Finanzierung sowie generell größeren Unternehmen deutlicher verbessert. Bei konzentrierter Aktionärsstruktur und verbesserter Liquidität stellen sie weniger Anstrengungen fest, Corporate Governance zu verbessern.

Diese Ergebnisse verdeutlichen, dass zunehmend von standardisierten Bewertungen von Corporate Governance Abstand genommen wird. Unterschiedliche Ratingsysteme und wissenschaftliche Studien geben somit Hinweise auf bestehende Unterschiede der jeweiligen öffentlich deklarierten Corporate Governance von Unternehmen – auch in Deutschland. Diese als Qualitätsgrade ansehen zu können, erscheint jedoch zunehmend fraglich.

Wie dargestellt erscheint es als plausibel, diese als jeweils optimale Unternehmensentscheidungen zu betrachten, die als rationale Reaktion auf externe und interne Gegebenheiten erfolgen. Dennoch fehlt bis dato zum einen ein Ansatz, diese internen Gegebenheiten mit jeweils förderlichen, von den Unternehmen gestaltbaren Corporate-Governance-Mechanismen zu verknüpfen. Zum anderen mangelt es der meist beispielhaft wiedergegebenen Auswahl der jeweils herangezogenen Merkmale an einer theoretischen Begründung, da sie sich zumeist aus den angewandten statistischen Methoden ergibt.

5.2 Typologien als Forschungsansatz

Die detaillierte Analyse bezüglich der Eignung interner Corporate-Governance-Mechanismen in Kapitel 4 zeigt, dass häufig theoretische Einschränkungen in Unternehmensmerkmalen wurzeln sowie empirische Evidenzen mit Merkmalen schwanken. Die Aussagen sind damit mit fehlender Generalisierbarkeit zu verbinden.

Diese Einschränkungen bzw. Einflüsse von Unternehmenscharakteristika sollen im Folgenden die Grundlage bilden, die theoretische Argumentationsbasis für die Entwicklung einer Unternehmenstypologie zu legen. Damit werden Muster von Unternehmensmerkmalen als Basis für eine Typologie identifiziert, welche es ermöglicht, zumindest für einen relevanten Teil der Unternehmen Handlungsempfehlungen zu formulieren.

[1301] Vgl. Doidge et al (2004), S. 22 f.

Durch die Entwicklung von Typologien ordnet sich dieser Forschungsansatz im Rahmen des strategischen Managements einer integrativen Perspektive zwischen Objektivismus und Subjektivismus zu.[1302]

Zwischen den Gegensätzen einer objektiven, tatsächlichen und realen sowie der Annahme einer nur individuell gültigen, da subjektiv produzierten Umwelt wird damit eine Zwischenposition eingenommen.

So wird davon ausgegangen, dass die Unternehmen bei der Wahl ihrer Corporate Governance mit einer objektiven Realität konfrontiert sind, wobei jedoch berücksichtigt wird, dass diese zum einen von den Unternehmen und zum anderen von ihrer Umwelt subjektiv wahrgenommen wird. Gleichzeitig öffnen sich insbesondere im Rahmen von internen Governance-Mechanismen Gestaltungsräume. Es ergibt sich somit eine „gefilterte Realität"[1303]. Damit wird weder die Ableitung einer allgemein gültige Ursache-Wirkungsbeziehung angestrebt, noch werden rein beispielhafte Einzelanalysen zur ex-post Betrachtung herangezogen.

Auf der Grundlage dieser gefilterten Realität steht dagegen im Vordergrund, etwaige erkennbare, häufig vorkommende Gemeinsamkeiten und/oder Verhaltensmuster der Unternehmen, welche mit höherer Wahrscheinlichkeit als förderlich einzustufen sind, zu identifizieren.[1304] Sich so ergebende Typologien können als Denkmodelle genutzt werden, um die Komplexität des Handlungsspielraumes zu reduzieren. Gleichzeitig bieten sie Orientierungen im Rahmen der zu treffenden Entscheidungen.[1305]

Diese zu erkennenden Muster werden dabei nicht als streng deterministisch verstanden. Sie werden zum einen durch unterschiedliche Situationen, externer Umwelten, beeinflusst. Zum anderen erfolgt die Typenbildung aufgrund eigener Erfahrung, interne Umwelten, und häufig unbewusst. Sie können genutzt werden, um – je nach Situation – eine geeignetes Verhalten auszuwählen.

[1302]   Subjektivismus und Objektivismus bilden die gegensätzlichen Forschungsansätze nach Burrell/Morgan (1979). Sie unterscheiden sich jeweils nach den unterstellten Prämissen der Ontologie, der Epistemologie, des Menschenbilds und den verwendeten Forschungsmethoden. Der subjektive Ansatz sieht die Realität als Projektion menschlicher Vorstellung. Der Mensch ist ein bewusstes Wesen. Von Interesse sind daher die Prozesse, durch welche Menschen die Beziehung zum Umwelt konkretisieren. Im Objektivismus ist dagegen die Realität als konkrete Struktur gegeben, auf die der Mensch reagiert. Im Interesse steht daher, Kenntnisse über die Umwelt und ihre Gesetzmäßigkeiten zu erlangen. Vgl. Burrell/Morgan (1979); Morgan/Smircich (1980). Eine Integration beider Elemente in verfolgte Forschungsansätze wird von Scherer (1995) abgelehnt, andere halten diese nicht nur für möglich, sondern auch für sinnvoll. Vgl. bspw. Mintzberg (1990).

[1303]   Göbel (1997), S. 12.

[1304]   Nach Freedman (1992) sind derartige regelmäßigen Muster oder typische Verhaltensweisen zu erwarten. Diese zu erkennen, kann dabei im Hinblick auf die eigenen Entscheidungen hilfreich sein.

[1305]   Diese Reduktion von Komplexität durch Typologien erfolgt nicht nur in der Wissenschaft sondern kann im Rahmen des Alltagslebens beobachtet werden. So beeinflussen gebildete Typen nicht nur die Handlungen und Entscheidungen von Menschen. Sie werden als notwendige Strategie angesehen, sich mit der Umwelt auseinanderzusetzen, da es nicht möglich sei, alle Situationen als einzigartig zu betrachten. Vgl. Kluge (1999), S. 13.

Damit wird systemorientierten Kontingenz-Ansätzen gefolgt. Nach der Kontingenztheorie ergibt sich der Erfolg einer Organisation aus dem Fit zwischen dem jeweiligen Kontext und Strukturen und Prozessen. Bei der Begriffsbildung des Fits können nach Drazin/Van de Ven drei Herangehensweisen unterschieden werden. Die Systemorientierung beinhaltet dabei die interne Konsistenz einer Vielzahl von Möglichkeiten und Merkmalen, welche den Erfolg beeinflusst. [1306]

Durch die Entwicklung von Typologien kann zwar die einzige klare, eindeutige und standardisierbare Empfehlung nicht entwickelt werden, jedoch können Muster förderlicher Verhaltensweisen, welche Governance-Mechanismen je nach Unternehmenstyp jeweils zu favorisieren sind, zumindest Orientierung und damit eine Reduktion von Komplexität liefern. Die Zielsetzung der Typenbildung geht über eine reine strukturgebende Ordnung der heterogenen Gruppe von Unternehmen hinaus.

Die jeweiligen Merkmale werden aufgrund einer Analyse der theoretischen und empirischen Literatur identifiziert. Damit wird implizit ein Sinnzusammenhang hinter den aufgezeigten Korrelationen zwischen den einzelnen Corporate-Governance-Mechanismen und den Unternehmen mit den jeweiligen Merkmalen unterstellt. Im Vordergrund steht damit eine heuristische Funktion der Typenbildung, welche inhaltliche Sinnzusammenhänge verdeutlicht und so eine Basis für weitere empirische und theoretische Forschung legt. [1307]

Bei der Bildung von Typologien werden aus einzelnen Objekten eines untersuchten Bereiches diejenigen zu Gruppen zusammengefasst, welche sich hinsichtlich einer oder mehrerer Merkmalsausprägungen deutlich ähneln. [1308] Diese einzelnen Objekte, Typen, [1309] sind sich damit zum einen untereinander möglichst gleich und können zum anderen von anderen deutlich unterschieden werden. [1310] Damit werden sowohl Gemeinsamkeiten als auch Unterschiede der einzelnen Objekte eines Untersuchungsbereichs berücksichtigt, die sich jedoch auf Merkmale beziehen, die alle Objekte ausweisen.

Die Orientierung an Ähnlichkeitsgraden begründet hierbei die Abgrenzung zu einer Klassifikation oder Kategorisierung. So erfordert eine Typologie keine scharfen Klassengrenzen, sondern kann fließende Übergänge berücksichtigen. [1311]

In Rahmen der Entwicklung erklärender Typologien [1312] werden auf Grundlage bestehender theoretischer Hypothesen Merkmalsräume untersucht. Jeder Raum ergibt einen Typus, der die Eigenschaften des theoretischen Konzeptes strukturieren kann. Die Merkmalsräume beziehen

---

[1306]   Vgl. Drazin/Van den Ven (1985), S. 515.
[1307]   Zu unterschiedlichen Zielsetzungen der Typenbildung vgl. ausführlich Kluge (1999), S. 43 ff.
[1308]   Für einen ausführlichen Überblick zu theoretischen Typologien vgl. Elman (2005).
[1309]   Das Wort Typus hat seinen Ursprung im griechischem „típos" und beschreibt Grundformen oder Muster.
[1310]   Diese Eigenschaften werden im Rahmen der empirischen Sozialforschung als interne Homogenität und als externe Heterogenität beschrieben.
[1311]   Vgl. Kluge (1999), S. 31.
[1312]   Für eine Übersicht von Arten von Typologien Kluge (1999), S. 51 ff.

sich auf die Auswirkungen von Corporate-Governance-Mechanismen auf Unternehmenswerte als unabhängige Variable. Die Reaktionen dieser unabhängigen Variablen können dabei zusätzlich mit den jeweiligen Unternehmensmerkmalen als Unterscheidungskriterien der Typen verbunden werden.[1313]

Für zukünftige wissenschaftliche Forschung können sich aus dieser Typologie zum einen Hinweise auf die relevanteren Elemente der komplexen Kausalbeziehungen zwischen Corporate-Governance-Mechanismen und Unternehmenswerten ergeben. Zum anderen wäre erklärbar, warum Analysen von Zusammenhängen zwischen unterschiedlichen Corporate-Governance-Systemen als jeweilige Ausgangspunkte ähnlich Ergebnisse für Auswirkungen auf Unternehmenswerte aufzeigen.[1314]

Für Unternehmen – zumindest für die erkannten Typen - und Stakeholder ergeben sich dagegen praxisrelevante Empfehlungen für die Gestaltung und Verbesserung der Corporate-Governance-Systeme.

5.3 Unternehmenstypologie der Corporate Governance

5.3.1 Unternehmensmerkmale als Determinanten der Wirkung interner Corporate-Governance-Mechanismen

5.3.1.1 Relevante Corporate-Governance-Mechanismen

Die in Kapitel 4 durchgeführte Analyse der Literatur über eine mögliche Verknüpfung von internen Corporate-Governance-Mechanismen mit Auswirkungen auf die Unternehmensperformance verdeutlicht, dass diese Verbindung häufig durch spezifische Unternehmensmerkmale beeinflusst werden kann.

Bei der weitergehenden Argumentation mit der Zielsetzung der Typenbildung werden diejenigen internen Corporate-Governance-Mechanismen, die durch das Unternehmen direkt beeinflusst werden und im Rahmen der Corporate-Governance-Problematik als exogen gewertet werden können, herangezogen.

Da die jeweilige Eigentümerstruktur als endogene und somit als ursächliche Determinante einer bestehenden Corporate-Governance-Problematik anzusehen ist, wird dieser Mechanismus in der Analyse ausgespart.[1315]

[1313] Vgl. zu der Methode der erklärenden Typologie Elman (2005), S. 296 f.

[1314] Vgl. Elman (2005), S. 298.

[1315] Gleichzeitig hat die Analyse unter 4.1 aufgezeigt, dass als spezifische Unternehmensmerkmale nur (negativer) Unternehmenserfolg und der jeweilige Streubesitz von Relevanz sind. Letzterer wird als Indikator für die exogene Kapitalmarktsituation genutzt. Zudem ist anzunehmen, dass auch bei hohem Streubesitz die jeweilige Aktionärsstruktur, somit Mehrheitsaktionäre, nur indirekt und langfristig durch das Unternehmen beeinflusst werden kann.

Bei der Analyse unter Punkt 4.5, die sich dem Hybrid-Mechanismus Transparenz widmet, hat sich zudem ergeben, dass diesem eine Sonderstellung zuzuweisen ist.

Gleichwohl spezifische Unternehmensmerkmale hier zwar die förderlichen Auswirkungen auf den Unternehmenswert beeinflussen, lässt sich jedoch nur eine Richtung des Einflusses feststellen. So begründen theoretische Argumentationen und empirische Studien förderliche Auswirkungen der Transparenz. Mögliche Einschränkungen dieser Verknüpfung verlieren an Relevanz, wenn die Transparenz der Corporate Governance betrachtet wird. Unterschiede ergeben sich jeweils nur im Hinblick auf den Ausprägungsgrad der förderlichen Wirkung. Somit ergibt sich eine fundierte Basis für die Formulierung einer Handlungsempfehlung, welche eine verstärkte Transparenz der unternehmenseigenen Corporate Governance unterstützt. Für die Entwicklung der Typologie werden die verbleibenden Mechanismen Kapitalstruktur, Aufsichtsgremien sowie die Gestaltung der Anreizsysteme herangezogen.

5.3.1.2 Unternehmensmerkmale

Im Ergebnis der detaillierten Analyse dieser einzelnen Mechanismen in Kapitel 4 haben sich die beiden folgenden Unternehmensmerkmale herauskristallisiert, die im Hinblick auf die Wirkungsweise mehrerer Corporate-Governance-Mechanismen[1316] relevant und mit den jeweiligen Agency-Kosten der Unternehmen verbunden werden.

1.   Investitionsmöglichkeiten (in Verbindung mit Liquiditätslage)

2.   ökonomische Situation

Dabei kann das Merkmal der bestehenden Investitionsmöglichkeiten durch weitere Indikatoren detaillierter beschrieben werden. Diese beziehen sich auf die jeweilige durch positive NPV verdeutlichte Vorteilhaftigkeit, auf ihre Komplexität und auf die jeweiligen durch freie Cashflows bestimmten Selbstfinanzierungskapazitäten.

Diese drei Unterkategorien können herangezogen werden, um die jeweiligen Unternehmenstypen zu bilden.

Bei der Beurteilung der Vorteilhaftigkeit bestehender Investitionsmöglichkeiten können diese nach ihrem NPV strukturiert werden.

Bei vorliegenden positiven NPV ergeben sich zusätzliche Konsequenzen aus den Merkmalen der Komplexität der jeweiligen Investitionsentscheidung. Neben expliziter Nennung des Begriffs der Komplexität finden sich in der analysierten Literatur neben der Unternehmensgröße weitere Indikatoren, nämlich die jeweilige Abhängigkeit von und/oder die Unsicherheit

---

[1316]   Das jeweils vorhandene soziale Kapital der Aufsichtsgremien konnte im Rahmen der Argumentation über qualitative Merkmale dieser Gremien als bedeutsam eingestuft werden. Im Zentrum der Diskussion steht dabei nicht nur das jeweils vorhandene Kapital, sondern dessen Komplementarität zu dem jeweils benötigten. Letzteres wird dabei durch die individuellen Besonderheiten des Unternehmens bestimmt, allgemeingültige Anforderungen in Ergänzung zu notwendigen betriebswirtschaftlichen Qualifikationen können daher nicht formuliert werden.

der Umwelt, für Komplexität. Damit wird der Begriff der Komplexität sehr weit gefasst. Allgemein verdeutlicht eine hohe Komplexität eine große Anzahl und Heterogenität der für Teile eines Unternehmens – hier Investitionsentscheidungen – bzw. für das gesamte Unternehmen bedeutsamen Einflussfaktoren.[1317]

Entscheidungsprozesse, die komplexe Investitionsprojekte beinhalten, begründen damit einen hohen Informationsbedarf. Dabei bestehende Defizite, die sich zwischen den erforderlichen Informationen und dem vorliegenden Informationsstand ergeben, werden durch Unsicherheit vergrößert.[1318] Zudem verdeutlichen zur Verfügung stehenden freien Cashflows bestehende Selbstfinanzierungsmöglichkeiten.

Damit ergeben sich drei Unterkategorien der Investitionsmöglichkeiten. So wird zum einen differenziert, ob und in welchem Maße vorteilhafte Investitionsmöglichkeiten offen stehen und inwieweit diese durch niedrige bzw. hohe Komplexität gekennzeichnet sind. Zum anderen können die freien Cashflows als Indikator des Selbstfinanzierungspotentials niedrig oder hoch sein.

Aus den unterschiedlichen Ausprägungsarten werden folgende Unternehmenstypen gebildet: Wenn sich die offen stehenden Investitionsmöglichkeiten zum einen durch hohe NPV und zum anderen durch hohe Komplexität auszeichnen, zur Finanzierung aber nur geringe Cashflows zur Verfügung stehen, wird im Folgenden von einem Wachstumsunternehmen gesprochen. Reziprok zeichnet sich ein etabliertes Unternehmen durch weniger vorteilhafte und komplexe Investitionsmöglichkeiten und hohe freie Cashflows aus.

Merkmale	niedrig	hoch
Vorteilhaftigkeit der Investitionen - NPV		
Komplexität der Investitionen		
Selbstfinanzierung –		
Freie Cashflows		
Unternehmenstypen	**Wachstumsunternehmen**	**Etabliertes Unternehmen**

Abbildung 15: Investitionsmerkmale und Unternehmenstypen[1319]

Das zweite Unternehmensmerkmal berücksichtigt die jeweilige ökonomische Situation des Unternehmens, den Unternehmenserfolg. Dieser kann die unterschiedlichsten Ausprägungen aufweisen. Im Rahmen der Analyse der Literatur empfiehlt es sich, nur die Extreme des erfolgreiche Unternehmen und des Krisenunternehmen heranzuziehen.

[1317] Vgl. Schulz (1994), S. 130. f.
[1318] Vgl. Galbraith (1977). S. 36.
[1319] Die grauen Schattierungen zeigen die Ausprägungsarten, welche Wachstumsunternehmen zugeordnet werden.

Gleichzeitig ist der Unternehmenserfolg jedoch ursächlich mit dem dritten Merkmal der Investitionsmöglichkeiten verknüpft, der Möglichkeit der Selbstfinanzierung bzw. dem Vorhandensein freier Cashflows.

Damit ermöglicht es eine zusätzliche Differenzierung nach diesem weiteren Merkmal, dem Unternehmenserfolg, die beiden Unternehmenstypen differenzierter zu betrachten. Durch Integration des Merkmals Unternehmenserfolgs ergeben sich damit vier Unternehmenstypen, für welche sich aufgrund der erfolgten Analyse spezifische Handlungsempfehlungen für die zu untersuchenden Corporate-Governance-Mechanismen formulieren lassen.

	Wachstumsunternehmen		Etabliertes Unternehmen	
	erfolgreich	Krise	erfolgreich	Krise
Verschuldungsgrad				
Aufsichtsgremien				
Anreizsysteme				

Abbildung 16: Unternehmenstypen und Analysekategorien

5.3.1.3 Unternehmenstypen

Wachstumsunternehmen

Konstitutive Eigenschaften von Wachstumsunternehmen in dieser Argumentation sind das Vorhandensein von vorteilhaften Investitionsmöglichkeiten, die sich durch eine hohe Komplexität auszeichnen.

Die Finanzierung dieser Investitionsmöglichkeiten ist dabei jedoch nur durch Einbezug externer Kapitalgeber möglich. Eine weitere Einschränkung der jeweiligen Finanzierungsmöglichkeiten - sowohl auf die Cashflow-Verfügbarkeit als auch auf die Zugriffsmöglichkeit auf externes Kapital – ergibt sich durch die jeweilige ökonomische Situation.

Unstrittig ist, dass die Realisierung von Investitionen mit positiven Kapitalwerten mit steigenden Unternehmenswerten verbunden werden kann und somit den Interessen der Stakeholder entspricht.

Die Entscheidung über die Umsetzung von Investitionsmöglichkeiten obliegt dem Management, dementsprechend ist davon auszugehen, dass diese hierbei ihren eigenen Zielvorstellungen folgen. Die damit verbundenen Gefahren eines Over- oder Underinvestment bzw. einer Asset-Substitution herrschen jedoch nur vor, wenn dem Unternehmen Investitionsmöglichkeiten offen stehen.

Gleichzeitig zeichnen sich die Investitionsmöglichkeiten durch hohe Komplexität aus. Die sich daraus ergebende Notwendigkeit von spezifischem Wissen vergrößert bestehende Informationsasymmetrien.

Da das Management bei der Finanzierung gewählter Investitionen auf externe Kapitalgeber angewiesen ist, kann jedoch davon ausgegangen werden, dass deren Informationswünschen entsprochen wird, so dass sich Asymmetrien verringern können. In wirtschaftlicher Krisensituation ist zum einen davon auszugehen, dass sich diese Informationsbedürfnisse erhöhen und diese durch wachsende Abhängigkeit des Managements zum anderen leichter durchzusetzen sind.

Etablierte Unternehmen

Im Rahmen des Unterscheidungsmerkmales Investitionsmöglichkeiten sind etablierte Unternehmen dadurch gekennzeichnet, dass vorhandene Investitionsmöglichkeiten im Vergleich niedrigere Kapitalwerte ausweisen. Dafür sind sie eher nicht als komplex zu bezeichnen, weisen demnach ein geringeres Risiko aus.

Zur Finanzierung dieser Investitionsmöglichkeiten stehen etablierten Unternehmen in ökonomisch erfolgreichen Situationen durch freie Cashflows die Möglichkeiten der Selbstfinanzierung offen. In Unternehmenskrisen ergibt sich jedoch eher die Notwendigkeit, auf externe Kapitalgeber zurückzugreifen.

Durch die niedrigere Komplexität der Investitionen ergeben sich geringere Informationsasymmetrien zwischen Management und Stakeholdern. Diese werden wiederum über die aufgrund unterschiedlicher ökonomischer Situationen einsetzbaren Finanzierungsmöglichkeiten beeinflusst.

Im Rahmen der Selbstfinanzierung entfallen Informations- und Mitspracherechte externer Kapitalgeber, so dass ihnen Kontrollmöglichkeiten entzogen werden. In Krisensituationen ergeben sich diese jedoch nicht nur aufgrund der generellen Rechte, sondern auch durch eine erhöhte Abhängigkeit des Managements.

Diese Grundargumentation kann die konstatierten Einflüsse beider Unternehmensmerkmale begründen, im Hinblick auf einzelne Governance-Mechanismen ergeben sich gleichwohl weitere Implikationen.

5.3.2 Empfehlungen der Gestaltung interner Corporate-Governance-Mechanismen

5.3.2.1 Kapitalstruktur

Die theoretische Argumentation bezüglich einer optimalen Kapitalstruktur im Hinblick auf die Beeinflussung von Agency-Kosten bzw. Performance weist einem höheren Verschuldungsgrad sowohl positive als auch negative Einflüsse zu.

So können höhere Verschuldungsgrade Agency-Kosten senken, da die durch die Zinszahlungen freien Cashflows reduziert werden können und somit dem Management nicht zu Verfügung stehen. Damit sinkt die Gefahr von Over-Investment und Verschwendung.[1320] Dieser positive Effekt impliziert jedoch zwei Voraussetzungen. Zum einen müssen dem Unternehmen Investitionsmöglichkeiten offen stehen, deren Realisierung nicht dem Unternehmenswert sondern dem persönlichen Nutzenzuwachs des Managements (Over-Investment) dient. Zum anderen müssen ausreichend positive Cashflows und damit die Möglichkeit zu Selbst-finanzierung gegeben sein. Diese Argumentationskette bezieht sich dementsprechend darauf, dass die Möglichkeiten zu opportunistischem Verhalten gegeben sind und durch die Ver-ringerung der freien Cashflows eingeschränkt werden.

Damit können diese Wirkungsmechanismen eines hohen Verschuldungsgrads von etablierten Unternehmen genutzt werden, denen aufgrund einer positiven ökonomischen Lage ausreichend freie Cashflows zur Verfügung stehen.

Sollten diese Möglichkeit der Selbstfinanzierung nicht gegeben sein, ergibt sich eine gegenläufige Wirkung einer höheren Verschuldung: so werden möglicherweise Investitionen mit positiven Kapitalwerten unterlassen (Under-Investment), da externe Finanzierung nicht gewollt oder möglich ist.[1321]

Wachstumsunternehmen sind auf den Zugriff auf externes Kapital angewiesen, so dass die Gefahr von möglichem Under-Investment eine höhere Bedeutung ausweist. Gleichzeitig beeinflusst die ökonomische Lage der Unternehmen die Bereitschaft externer Kapitalgeber, weitere Finanzmittel zur Verfügung zu stellen.

Es ist davon auszugehen, dass in Krisensituationen die Möglichkeiten für Wachstumsunternehmen, neues Kapital einzuwerben, eher gering sind, so dass Under-Investment wahrscheinlich ist. Damit empfiehlt sich für diesen Unternehmenstyp ein niedriger Verschuldungsgrad.

[1320] Vgl. Jensen (1986); Stulz (1990).
[1321] Vgl. Myers (1977).

Weitere negative Auswirkungen von höheren Verschuldungsgraden zielen auf die sich ergebenden Anreize zu risikoreichen Investitionen (Asset-Substitution)[1322] und damit steigenden Agency-Kosten des Fremdkapitals.

Auch diese Gefahr ist jedoch nur gegeben, wenn dem Unternehmen derartige Investitionsmöglichkeiten offen stehen – es sich demnach um Wachstumsunternehmen handelt. Die Anreize zu Asset-Substitution und damit steigenden Agency-Kosten ergeben sich insbesondere in Krisensituationen.[1323]

Auch diese Argumentation stützt die Empfehlung eines geringen Verschuldungsgrads für Wachstumsunternehmen – insbesondere in Krisen.

Ein weiterer Argumentationsstrang stellt die bestehenden Informationsasymmetrien in den Vordergrund. Dabei wird mit der Signalwirkung argumentiert, welche einem höheren Verschuldungsgrad und der damit verbundenen erkennbaren Verpflichtung zu zukünftiger Zahlung zugeschrieben wird.

Da erfolgreiche etablierte Unternehmen die Selbstfinanzierung nutzen werden und somit diese Informationsasymmetrien nicht entstehen[1324], hat diese Diskussion für sie keine Relevanz.

Ein Wachstumsunternehmen kann jedoch einen höheren Verschuldungsgrad als positives Signal für externe Investoren nutzen.[1325]

Zudem ergibt sich – insbesondere gegenüber Finanzinstitutionen als Gläubigern - die Möglichkeit des Aufbaus einer Reputation der Zuverlässigkeit.[1326]

Damit wird jedoch implizit unterstellt, dass die gegenwärtige wirtschaftliche Situation des Unternehmens einen Zugriff auf externes Kapital bzw. Fremdkapital erlaubt und die Erfüllung der zukünftigen Verpflichtung als sehr wahrscheinlich einzustufen ist. In akuten wirtschaftlichen Krisensituationen erscheint dies nicht gewährleistet.

Je nach Unternehmenstyp und nach berücksichtigter Konsequenz der Agency-Problematik ergeben sich somit unterschiedliche Empfehlungen bezüglich der Höhe des Verschuldungsgrades.

So ist Over-Investment bei erfolgreichen etablierten Unternehmen eine hohe Relevanz zuzuweisen, welcher durch einen hohen Verschuldungsgrad begegnet werden kann.

Ebenso eindeutig ist die Empfehlung eines niedrigen Verschuldungsgrads für Wachstumsunternehmen in Krisensituationen, da hier von der Gefahr von Asset-Substitution auszugehen ist und die Signalwirkungen von Verschuldungsgraden nicht ausgenutzt werden können.

[1322]   Vgl. Jensen/Meckling (1976).
[1323]   Vgl. Jensen/Meckling (1976).
[1324]   Diese Einschätzung erfolgt aufgrund des Pecking Order-Ansatzes. Vgl. hierfür Myers (1984).
[1325]   Vgl. Ross (1977), Leland/Pyle (1977).
[1326]   Vgl. Diamond (1989), Harris/Raviv (1990).

Bei den beiden anderen Typen – etablierte Unternehmen in einer Krise und erfolgreiche Wachstumsunternehmen – ergeben sich Argumente für hohe und für niedrige Verschuldungs- grade, so dass von einer Kompensation der Wirkungen ausgegangen werden kann. Damit kann dem Corporate-Governance-Mechanismus Kapitalstruktur und der damit intendierten Senkung von Agency-Kosten hier nur geringe Bedeutung zugewiesen werden.

5.3.2.2 Aufsichtsgremien

Die konstitutiven Merkmale der hier untersuchten Typen sind nur in der Analyse formaler Charakteristika von Aufsichtsgremien zu finden.

Die Diskussion von qualitativen Merkmalen von Aufsichtsräten und ihren Mitgliedern hat trotz der hohen Vielfalt und Komplexität keine Hinweise auf Auswirkungen von Investitionsmöglichkeiten oder Unternehmenserfolg ausgewiesen. Hier stehen jeweils die Charakteristika der Mitglieder bzw. des Gremiums im Vordergrund. Als förderlich können dabei diejenigen gekennzeichnet werden, die den Notwendigkeiten des jeweiligen Unter- nehmen und der jeweiligen Situation entsprechen. Dieser „Fit" kann sich dabei zwar je nach Unternehmenstyp unterscheiden, wird jedoch durch eine Vielzahl weiterer Faktoren bestimmt.[1327]

5.3.2.2.1 Zusammensetzung

Wie in Kapitel 4 ausführlich dargestellt, variieren die theoretischen Argumentationen über die Förderlichkeit von (mehrheitlicher) Besetzung mit Insider- bzw. Outsider-Mitgliedern von Aufsichtsgremien je nach vertretenem theoretischem Ansatz. Dabei werden diese Eigen- schaften als Indikator für Unabhängigkeit herangezogen.

Im Rahmen der Agency-Theorie ergeben sich positive Argumente sowohl für die Förderlich- keit einer mehrheitlichen Besetzung mit Outsidern als auch eine derartige mit Insidern; zum einen aufgrund von höherer Kontrollmotivation bei hoher Unabhängigkeit bzw. aufgrund geringerer Informationsasymmetrien durch gegebene Nähe.

Letztere Argumentation ist insbesondere für Wachstumsunternehmen relevant, da sich die zu treffenden (Investitions-)entscheidungen durch hohe Komplexität auszeichnen und spezifisches Fachwissen erforderlich scheint. In diesen Fällen wird eine Besetzung durch Insider-Mitglieder eher favorisiert. Hutchinson, der zeigt, dass bei amerikanischen Unter- nehmen diese (Mehrheits)-Besetzung anzutreffen ist, weist jedoch auf durch fehlende Unabhängigkeit steigende Agency-Kosten hin.[1328]

Auch auf Grundlage ressourcentheoretischer Analysen wird für Wachstumsunternehmen, deren Investitionsentscheidungen durch hohe Unsicherheit der Umwelt und hohe Abhängig-

---

[1327] Vgl. Abschnitt 4.3.3.2.
[1328] Vgl. Hutchinson (2002).

keit des Unternehmens von externen Faktoren gekennzeichnet sind, die Besetzung mit Outsider-Mitgliedern favorisiert. Diese ermöglicht und vereinfacht den Zugriff auf externe Ressourcen.[1329]

Damit ergeben sich Hinweise auf die Förderlichkeit eines ausgewogenen Verhältnisses zwischen Insider- und Outsider-Mitgliedern.

Die Bedeutung einer verstärkten Unabhängigkeit erhöht sich jedoch, wenn die Gefahr von Over-Investment besteht.[1330]

Bei etablierten Unternehmen, welche eher Investitionsmöglichkeiten mit niedrigen oder sogar negativen Kapitalwerten ausweisen, die jedoch den privaten Nutzen des Managements fördern, ist somit dagegen die mehrheitliche Besetzung mit als unabhängiger eingestuften Outsider-Mitglieder vorzuziehen.[1331]

Im Rahmen der dargestellten Theorieansätze, welche den verschiedenen Rollen – Kontrolle, Beratung und externe Ressourcen – unterschiedliche Prioritäten zuweisen, wird eine unterschiedliche Erfolgssituation nicht thematisiert.

Bei der Analyse der Einflüsse des jeweiligen ökonomischen Erfolgs der Unternehmen auf die argumentierten Wirkungszusammenhänge der mehrheitlichen Besetzung mit unabhängigen Mitgliedern ergibt sich zudem die Problemstellung, dass häufig auf eine mögliche Endogenität hingewiesen wird. So wirke sich nicht die Besetzung auf den Unternehmenserfolg aus, sondern die jeweilige Lage, insbesondere eine schlechte Unternehmensbewertung, beeinflusse die Neigung, externe Mitglieder in die Aufsichtsgremien zu berufen.[1332] Gleichzeitig fehlen empirische Evidenzen, welche eine valide Beziehung zwischen der Besetzungspolitik und dem Unternehmenserfolg belegen können.[1333]

Plausibel erscheint jedoch, dass in erfolgreichen Situationen die Möglichkeiten des Managements etablierter Unternehmen zu opportunistischem Verhalten größer sind und somit eine effektive Kontrolle durch unabhängige Mitglieder von erhöhter Relevanz ist.

Für Wachstumsunternehmen erhöht sich in Krisensituationen sowohl die Bedeutung der verbesserten Informationslage von Insidern als auch die des Zugriffs auf externe Ressourcen durch Outsider.

Im Hinblick auf das deutsche Two-Tier-System, in dem alle Mitglieder als Outsider angesehen werden, sind diese Argumentationen auf eine engere Definition von Unabhängigkeit und auf notwendige Qualifikationen zu beziehen. Diese beinhaltet als „Independence in mind" die Fähigkeit und Bereitschaft zu objektiver und von eigenen Interessen unbeeinflusster Kontrolle

---

[1329]   Vgl. Hillmann et al. (2000).
[1330]   Vgl. Raheja (2003).
[1331]   Vgl. 4.3.2.1.2.
[1332]   Vgl. Hermalin/Weisbach (1998); Bhagat/Black (2001).
[1333]   Vgl. Kapitel 4.3.2.1.2.

und zur Verfügungstellung eigener Qualifikationen oder Zugriffsmöglichkeiten auf externe Ressource.

Somit scheint bei erfolgreichen Wachstumsunternehmen, die komplexe Investitions-möglichkeiten realisieren können, die Eigenschaft der fachlichen Qualifikation und der Kenntnisse der Branche sowie des Unternehmens wichtiger als eine strenge Unabhängigkeit zu sein. Dennoch können die förderlichen Auswirkungen der durch diese verbesserte Kontrolle nicht vernachlässigt werden.

Bei etablierten Unternehmen mit der Gefahr von Over-Investment scheint dagegen die Kontrollrolle und damit eine strenge Unabhängigkeit an Priorität zu gewinnen.

In Krisensituationen steigen sowohl bei Wachstums- als auch bei etablierten Unternehmen die Abhängigkeiten von der Umwelt, so dass der Zugriffsmöglichkeiten auf externe Ressourcen wichtiger werden.

Die Einschätzung der individuellen Unabhängigkeit und Qualifikationen der Aufsichtsrats-mitglieder ist durch das Unternehmen selbst ausführbar. Jedoch ist eine valide Einschätzung wohl erst im Rahmen von längerer Erfahrung möglich.

Für externe Stakeholder und für das Unternehmen werden damit in bestehenden Regulierungen oder Best-Practice-Empfehlungen Indikatoren herangezogen, welche auf mögliche Interessenkonflikte hinweisen und somit die Nähe des Mitglieds zu dem Unternehmen berücksichtigen.

Um auch Externen eine verbesserte Möglichkeit der Einschätzung der Aufsichtsratsmitglieder zu geben, ist jedoch eine erhöhte Transparenz nötig. Diese sollte sich nicht nur auf die aktuellen Mitglieder beziehen, sondern auch bei Neubesetzungen über Anforderungs- und Qualifikationsprofile die notwenigen Informationen liefern.[1334]

Zusammenfassend ergeben sich wiederum unterschiedliche Empfehlungen für die Besetzung mit Insider- oder Outsider-Mitgliedern. Eine eindeutige Empfehlung einer mehrheitlichen Besetzung – hier mit eher unabhängigen Mitgliedern - ergibt sich jedoch nur für erfolgreiche etablierte Unternehmen. Diese resultiert aus der hohen Bedeutung einer unabhängigen Kont-rolle aufgrund größerer Möglichkeiten zu opportunistischen Verhalten. Für alle anderen Unternehmenstypen ergeben sich für beide Gruppen von Mitgliedern positive Effekte, so dass hier jeweils eine Besetzung zu empfehlen ist, die genügend Insider- und Outsidermitglieder ausweist.

[1334] Vgl. Kapitel 4.3.2.2.

5.3.2.2.2 Struktur

Im Zentrum der Diskussion über die Förderlichkeit von Ausschussbildung steht die implizite Effizienzförderung, welche der Vorbereitung und ggf. auch Übertragung von Entscheidungen in Ausschüsse zugeschrieben wird.[1335] Dabei sind qualitative Charakteristika der jeweiligen Ausschussmitglieder wie Unabhängigkeit, Qualifikation und Informationslage von entscheidender Bedeutung.

Hauptaugenmerk wird dem Prüfungsausschuss gewidmet, dessen Funktionen im Rahmen der Prüfung und Kontrolle der finanziellen Performance, des internen Controllings und der Qualität der Berichterstattung liegen.

Insbesondere der letzte Aspekt, welcher eine Verbindung zu der als förderlich für mögliche Steigerungen des Unternehmenswert eingestuften Transparenz schafft, begründet dabei zusätzliche Einflüsse für Unternehmen mit Investitionsmöglichkeiten. Diese variieren jedoch je nach Investitionsmerkmalen wie Komplexität und Unsicherheit.

Bei Wachstumsunternehmen, welche insbesondere in immaterielle Vermögenswerte investieren, kann den klassischen Elementen der Finanzberichterstattung eine geringere Bedeutung zu gesprochen werden.[1336] Da zudem die Einrichtung eines Prüfungsausschusses und die Besetzung mit qualifizierten externen Mitgliedern mit zusätzlichen Kosten verbunden sind, scheint ein Nutzen/Kosten-Vergleich diesen Prüfungsausschuss als weniger bedeutsam einstufen.

Diese Argumentation erfährt jedoch eine Einschränkung, da die Unternehmen auf externe Finanzierung angewiesen sind. Externe Kapitalgeber werden nicht auf Quantität sondern auch auf Qualität zur Verfügung gestellter Informationen achten.

Insbesondere Wachstumsunternehmen in frühen Phasen des Unternehmenslebenszyklus weisen negative Cashflows und hohen Kapitalbedarf aus. Damit sind die Interessen externer Investoren an qualitativ hochwertiger und vollständiger Information zu berücksichtigen.

In dieser Untergruppe von Wachstumsunternehmen wirkt sich zudem die Unternehmensgröße aus. In diesen Entwicklungsphasen weist das Aufsichtsgremium eine eher geringe Anzahl von Mitgliedern aus, so dass eine Ausschussbildung an sich weder möglich scheint noch notwendig sein sollte.[1337]

Bei etablierten Unternehmen, welche in erfolgreichen Situationen auf Selbstfinanzierung zurückgreifen können, kann sich die Bedeutung einer durch Prüfungsausschüsse unterstellten verbesserten Qualität der externen Berichterstattung relativieren. Damit wird das Ergebnis

---

[1335] Vgl. 4.3.2.1.3.
[1336] Vgl. 4.3.2.1.3, vgl. Lev/Zarowin (2003).
[1337] Auch der DCGK sieht davon ab, eine Einrichtung von Ausschüssen bei Aufsichtsräten mit nur geringer Mitgliederzahl (drei bis sechs Mitglieder)zu empfehlen. Vgl. Ringleb et al. (2003), S. 187, RN 680.

eines Kosten/Nutzen-Vergleichs der Einrichtung eher negativ ausfallen. Diese einschränkende Argumentation entfällt in Krisensituationen.

Der DCGK empfiehlt in Ziffer 5.3 die Einrichtung von Prüfungsausschüssen für deutsche Unternehmen, deren Aufsichtsräte mehr als sechs Mitglieder aufweisen. Eine Nicht-entsprechung dieser Empfehlung ist eher selten. Dadurch bleibt nur die Auswahl der jeweiligen Mitglieder, welche beeinflussbar ist. Hier bekommt die Unabhängigkeit der Mitglieder und ihre Qualifikationen eine entscheidende Bedeutung.

5.3.2.2.3 Aktivität

Aktivität und Engagement des Aufsichtsgremiums bzw. der einzelnen Mitgliedern wird durch unterschiedliche Indikatoren wie Anzahl der Sitzungen, Zahl der jeweils in anderen Unter-nehmen gehaltenen Mandate und Länge der Amtszeit von Mitgliedern gemessen.[1338]

Einflüsse von vorhandenen Investitionsmöglichkeiten finden sich in der bestehenden Literatur jedoch nur im Hinblick auf die Mandatszahl. Dagegen finden sich Implikationen der jeweiligen ökonomischen Situation bei allen Indikatoren.

Die Argumentation über Auswirkungen zusätzlicher Mandate von Aufsichtsratsmitgliedern berücksichtigt dabei sowohl die Kontroll- als auch die ressourcentheoretische Rolle und be-trachtet sowohl Sender- als auch Empfängerunternehmen.

So sind zusätzliche Mandate eigener Aufsichtsmitglieder bei Wachstumsunternehmen mit einer Vielzahl von Investitionsmöglichkeiten eher als negativ zu sehen, da dem implizierten Verlust an Kontrollkapazität eine höhere Priorität zugeschrieben wird. Gleichzeitig können die Komplexität der Investitionen und die Unsicherheit der Umwelt jedoch begründen, dass eine höhere Mandatszahl der eigenen Gremienmitgliedern über Ausweitung der Netzwerke als förderlich identifiziert ist.

Der Widerspruch dieser Empfehlungen relativiert sich nicht bei Berücksichtigung der wirt-schaftlichen Lage. In Krisensituationen erhöht sich zum einen die Bedeutung externer Ressourcen, so dass hier zusätzliche Mandate positiv gewertet werden können. Zum anderen steigen die Anreize zur Asset-Substition, so dass eine intensivere Kontrolle förderlich wird. Diese Möglichkeit des einzelnen Mitglieds kann jedoch durch geringere Kapazität aufgrund weiterer Mandate eingeschränkt werden.

Bei etablierten Unternehmen dominiert in der Diskussion die ressourcentheoretische Argumentation.

Ein zusätzliches Mandat der eigenen Aufsichtsratmitglieder ist für ein Sender-Unternehmen positiv zu sehen. Dieses kann dann sowohl im Hinblick auf zusätzliche Erfahrungen als auch auf zusätzliche Netzwerkanbindung den Unternehmenswert fördern. Diese Argumentation

---

[1338] Vgl. 4.3.2.1.4.

wird durch die jeweilige ökonomische Situation in ihrer Grundaussage nicht verändert. Sie erfährt in Krisensituationen nur erhöhte Bedeutung.

Gleichzeitig wird in der Diskussion über hohe bzw. niedrige Mandatszahlen bei anderen Unternehmen herausgestellt, dass diese die Motivation der Aufsichtsratsmitglieder beeinflussen können. So hat der jeweilige (gute) Unternehmenserfolg der Unternehmen (positiven) Einfluss auf die Reputation eines Mitglieds und damit auf seine Motivation.[1339] Ähnlich werden der Gewinn des Zugriffs auf zusätzliche Ressourcen oder höhere Unabhängigkeit als förderlich diskutiert.[1340]

Diese Argumentationen beziehen sich auf Empfängerunternehmen, welche durch das Gewinnen eines (unabhängigen) Mitglieds mit hohem Reputationskapital und/oder guter Netzwerkanbindung positive Auswirkungen erwarten können. Damit folgt die Argumentation der Sichtweise bezüglich der allgemeinen Besetzung mit Outsidern.[1341]

Im Rahmen bestehender Regulierungen oder Best-Practice-Empfehlungen stehen üblicherweise Senderunternehmen im Vordergrund und damit die Einschätzung zusätzlicher Mandate der eigenen Aufsichtsratsmitglieder. Dabei werden üblicherweise konkrete Obergrenzen formuliert, die ressourcentheoretische Argumentationen ausblenden und für die es, wie gezeigt, keine wissenschaftliche Fundierung gibt.

Zudem beeinflusst die jeweilige Unternehmenssituation sowohl Art als auch Umfang der Arbeit von Aufsichtsgremien selbst.

So ist davon auszugehen, dass in ökonomisch kritischen Situationen die Anforderungen an die Gremien beider Unternehmensgruppen wachsen[1342], so dass eine höhere Aktivität empfehlenswert wird.

Jensen nimmt daher explizit derartige Gegebenheiten aus seiner Kritik an den Empfehlungen häufiger Sitzungen aus; diese sei ex post im Krisenfall sogar geboten.[1343] Dass dieses Anzeichen erhöhter Aktivität nicht nur eine Reaktion auf die schlechtere Unternehmensbewertung ist, sondern deren Verbesserung auch unterstützen kann, zeigt Vafeas.[1344]

Ein weiterer Indikator für die Aktivität von Aufsichtsgremien ist die jeweilige Dauer der Amtszeit der Mitglieder. Eine lange Amtszeit - insbesondere des CEO - wird dabei als Resultat von positiven Unternehmenserfolgen angesehen. Somit wird dieser Indikator für Aktivität durch den Erfolg beeinflusst. Diese Argumentation über Reputationsgesichtspunkte

---

[1339]   Vgl. Ferris et al. (2003).
[1340]   Vgl. Perry/Peyer (2004).
[1341]   Vgl. Perry/Peyer (2004).
[1342]   Vgl. Fallgatter (2003) und (2004), der so gegen variable Anreizsysteme argumentiert. Rein rechtlich ergeben sich die Überwachungspflichten des Aufsichtsrats aus § 111 Abs. 1 AktG. Nach herrschender Meinung weiten sich diese aus, wenn sich die wirtschaftliche Situation des Unternehmens verschlechtert bzw. eine derartige Entwicklung droht oder Indizien vorliegen, die ein nicht korrektes Vorstandsverhalten andeuten. Vgl. von Hehn/Hartung (2006).
[1343]   Vgl. Jensen (1993),
[1344]   Vgl. Vafeas (1999).

kann auch auf Aufsichtsratsmitglieder übertragen werden. Sie bietet aber keine Grundlage für die Formulierung von Empfehlungen über Amtszeitdauer, sondern kann deren jeweilige Ausprägung erklären.

Gleichzeitig kann die lange Amtszeit jedoch auch einen steigenden Einfluss des CEO und sinkenden Einfluss des Aufsichtsgremiums begründen, so dass steigende Agency-Kosten erwartet werden.[1345]

Diese Argumentation kann bei Wachstumsunternehmen, die häufig erst kürzere Lebensdauern ausweisen, vernachlässigt werden. Sie begründet jedoch die Möglichkeit, für erfolgreiche etablierte Unternehmen die Empfehlung von kürzeren Amtszeiten zu geben.

Gleichwohl erscheinen diese Aspekte im deutschen dualistischen System mit der Betrachtung von Aufsichtsratsmandaten an Bedeutung zu verlieren; womöglich kann ihr nur im Hinblick auf die Weiterbeschäftigung eines Vorstandes Relevanz zugeschrieben werden.

Dennoch ist die Argumentation, welche lange Amtszeiten mit einer erhöhten Nähe zu dem Unternehmen oder schwindender Unabhängigkeit verbinden[1346], übertragbar - ähnelt aber der generellen Argumentation bezüglich der Zusammensetzung und damit der Auswahl von Aufsichtsratsmitgliedern.

Somit ergibt sich wiederum ein Trade-Off zwischen Unabhängigkeit und Nähe, wobei erste Eigenschaft in positiven Erfolgssituationen und letztere in negativen Erfolgssituationen höhere Relevanz erfährt.

5.3.2.3 Anreizsysteme

Die theoretischen Argumentationen bezüglich der Möglichkeit optimale Verträge mit dem Management auszuhandeln, sind vielschichtig, komplex und widersprüchlich. Dies trifft auch auf theoretische Aussagen und empirische Belege über mögliche Auswirkungen langfristiger, am Unternehmenswert orientierter Elemente auf den Unternehmenswert zu.[1347]

Im Rahmen der Agency-Theorie werden zum einen - dem Ansatz des optimal-contracting folgend - Gestaltungsempfehlungen formuliert. Zum anderen wird die Möglichkeit der Formulierung dieser effizienten Verträge angezweifelt und auf die Stärkung anderer interner oder externer Governance-Mechanismen verwiesen.

Nach Aussage der Stewardship-Theorie sind diese Elemente unnötig, da die Interessenkonflikte, die ausgeglichen werden sollen, nicht existent seien.

Neben diesen unterschiedlichen theoretischen Ansätzen wird eine Vielzahl von Einschränkungen formuliert, welche die Vertragsgestaltung beeinflussen bzw. deren Optimierung ver-

---

[1345] Vgl. Hermalin/Weisbach (1998) und (2003).
[1346] Vgl. Vafeas (2003).
[1347] Vgl. Kapitel 4.4.1.

hindern können. Dabei sind hauptsächlich persönliche Charakteristika des jeweiligen Managers und eher weniger Unternehmensmerkmale relevant.

Im Rahmen der Vertragsgestaltung sollen die Anforderungen des Unternehmens, den Manager zu möglichst niedrigen Kosten zu werben bzw. zu halten und gleichzeitig Anreize zu setzen, opportunistisches Verhalten zu vermeiden, mit denen des Managers nach möglichst hoher und sicherer Entlohnung angeglichen werden.

Langfristige variable Elemente, die an Unternehmenswertsteigerungen gekoppelt sind, wie bspw. Aktien- und Optionsprogramme, können dabei als geeignete Instrumente angesehen werden, die gewünschten Anreize zu setzen.[1348] Gleichzeitig wird jedoch auch das Einkommensrisiko des Managers maßgeblich durch diese erhöht, so dass mit Kompensationsforderungen zu rechnen ist.

Bei Wachstumsunternehmen mit Investitionsmöglichkeiten, die sich durch hohes Risiko auszeichnen, wird jedoch dem Anreizeffekt, der Agency-Kosten senken kann, eine höhere Relevanz zugeschrieben.[1349]

Dieses kann zum einen durch die bei erfolgreicher Umsetzung der Investitionen zu erwartenden absolut höheren Beteiligung des Managements an den Unternehmenswertsteigerungen begründet werden.

Gleichzeitig wird die Argumentation bezüglich der absoluten Entlohnungshöhe relativiert. Wichtiger erscheint, dass die erhöhte Performance-Elastizität der Entlohnungshöhe die Risikobereitschaft des Managements erhöhen kann, so dass die Realisierung derartiger Investitionsmöglichkeiten und damit Unternehmenswertsteigerungen wahrscheinlicher werden.

Damit eignen sich hier Verträge, welche diese langfristigen Anreizelemente enthalten - insbesondere Optionsprogramme, deren Wert überproportional von Aktienkurssteigerungen und von der vergleichsweise höheren Volatilität der Aktien von Wachstumsunternehmen positiv beeinflusst wird, und die einen Vermögensschaden des Managements verhindern.[1350]

Bei zusätzlicher Berücksichtigung der Unternehmensgröße zeigen empirische Studien, welche Anreizsysteme und deren Zusammensetzung unterschiedlicher Unternehmen untersuchen, dass eine Koppelung der Entlohnung an langfristige, an der Entwicklung des Wertes des Eigenkapitals ausgerichtete Faktoren eher von größeren Unternehmen vorgenommen wird.

[1348]   Vgl. für eine detaillierte Diskussion, welche die Einschränkungen und Widersprüche zu üblichen Vertragsgestaltungen aufzeigt, 4.4.1. Diese gelten für alle Vertragsgestaltungen – unabhängig von den hier analysierten Typen.
[1349]   Vgl. Wright (2004).
[1350]   Vgl. Gillan (2001a). Vgl. für die Entlohnung von Outsider-Direktoren Bryan/Klein (2004) und Boulosleh (2005), deren Argumentation auf die Anreize für Aufsichtsräte übertragen werden könnte. Jedoch sind Optionspläne für deutsche Aufsichtsräte seit dem BGH-Urteil nicht mehr vertreten.

Damit ergibt sich, dass sich für noch relativ kleine Wachstumsunternehmen empfehlenswerte Gestaltungsmöglichkeiten öffnen.[1351]

Die theoretische Argumentation berücksichtigt dabei nicht das Unternehmensmerkmal des jeweiligen ökonomischen Erfolgs.

In der generalisierenden empirischen Literatur, welche von der Hypothese ausgehen, durch derartige langfristige Elemente Interessen angleichen und Agency-Kosten senken zu können, finden sich kaum valide Signifikanzen. Diese ergeben sich jedoch, wenn zwischen erfolgreichen und weniger erfolgreichen Unternehmen differenziert wird.

So kann ein verstärkter Einsatz dieser Instrumente bei letzteren dazu führen, dass sich ein vorher unterdurchschnittliches operatives Ergebnis nivelliert.[1352]

Ursachen für dieses Ergebnis können zum einen eine höhere marginale Auswirkung sinkender Agency-Kosten auf das Ergebnis sein. Zum anderen wurden die CEO dieser Unternehmen vorher vergleichsweise niedrig entlohnt. Damit könnte der Anreiz, ein höheres Einkommen über verbesserte Marktbewertung erzielen zu können, über höheren Grenznutzen dieses zusätzlichen Einkommens verstärkt werden.

In der Diskussion über die geeignete Entlohnung von Aufsichtsräten wird verdeutlicht, dass in Zeiten ökonomischer Misserfolge – insbesondere in Unternehmenskrisen – etwaige variable Entlohnungselemente, die mit Unternehmenswerten verknüpft sind, nicht in der Lage sind, geeignete Anreize zu setzen.[1353] Dagegen würden sie eher dazu reizen, das jeweilige Mandat niederzulegen.

5.3.2.4 Zusammenfassung

Während das Ergebnis der Metaanalyse in Kapitel 4 unter dem Anspruch der Formulierungen generalisierbarer Handlungsempfehlungen nicht befriedigen kann, zeigt sich, dass es wissenschaftliche Erkenntnisse gibt, welche es ermöglichen, für die abgeleiteten Unternehmenstypen, Wachstumsunternehmen und etablierte Unternehmen in unterschiedlichen Situationen ökonomischen Erfolges, Handlungsempfehlungen zu formulieren.

Diese fasst folgende Abbildung zusammen.

Dabei wird jedoch darauf hingewiesen, dass hier jeweils singuläre Ursache-Wirkungs-Zusammenhänge Grundlage der Analyse sind; so werden jeweils einzelne unabhängige Variable und ihre Auswirkungen auf Unternehmenswerten herangezogen.

[1351] Es ist jedoch darauf hinzuweisen, dass die empirischen Belege keine verifizierten Aussagen über die Ursachen der aufgezeigten unterschiedlichen Entlohnungspraxis kleinerer bzw. größerer Unternehmen treffen.
[1352] Vgl. Kim/Maisondieu Laforge (2005).
[1353] Vgl. Fallgatter (2003) und (2004).

Bei Berücksichtigung der Tatsache, dass die Performance von einer Vielzahl weiterer interner und externer Faktoren beeinflusst wird, können diese empfohlenen Kombinationsmöglichkeiten somit nicht als deterministisch verstanden werden. Sie können jedoch sowohl den Unternehmen als auch interessierten Externen Orientierungshilfe bieten.

	Wachstumsunternehmen		Etabliertes Unternehmen	
	erfolgreich	Krise	erfolgreich	Krise
Kapitalstruktur Verschuldungsgrad	Kompensation	Niedrig	Hoch	Kompensation
Zusammensetzung Aufsichtsrat	In- und Outsider	In- und Outsider	Outsider	In- und Outsider
Struktur Aufsichtsrat Prüfungsausschuss	Kompensation	Ja	Kompensation	Ja
Aktivität Aufsichtsrat Mandatszahl	Kompensation	Kompensation	hoch	hoch
Aktivität Aufsichtsrat Sitzungszahl	-	hoch	-	hoch
Aktivität Aufsichtsrat Amtsdauer	-	-	kurz	lang
Anreizsysteme Aktien/Optionen	Management Aufsichtsrat	Management	Aufsichtsrat	Management

Abbildung 17: Unternehmenstypen und Corporate-Governance-Empfehlungen

5.3.3 Einbezug des DCGK

Im deutschen Corporate-Governance-System werden durch den DCGK börsennotierten Gesellschaften Standards verantwortungsvoller Unternehmensführung zusammengefasst. Deren Entsprechung wird dabei nicht nur diesen Gesellschaften empfohlen.[1354]

Dennoch werden in der wissenschaftlichen Literatur Zweifel geäußert. Diese beziehen sich sowohl auf die damit implizierte Annahme, dass ein hoher Entsprechungsgrad des DCGK als Indikator für gute Corporate Governance angesehen werden kann[1355], als auch auf die Relevanz, welche Kapitalmarktteilnehmer dieser Entsprechung zu weisen.[1356]

Eine mögliche Ursache kann in fehlenden eindeutigen theoretischen Argumentationen und empirischen Befunden für Elemente des DCGK vermutet werden.[1357] Die Ergebnisse dieser Analyse können diesen Mangel jedoch zumindest für die aufgezeigten Unternehmenstypen und einige Corporate-Governance-Mechanismen ausgleichen.

[1354] Vgl. DCGK, Präambel.
[1355] Vgl. Bassen et al. (2006).
[1356] Vgl. Nowak et al. (2005).
[1357] Vgl. Nowak el al. (2005).

Um diese Handlungsempfehlungen für Unternehmen im Hinblick auf ihre praktische Umsetzung konkretisieren zu können, werden sie demnach mit entsprechenden Elementen des DCGK verbunden[1358].

Diese Verknüpfung konzentriert sich auf die Empfehlungen und Anregungen des DCGK, bei deren Entsprechung sich den Unternehmen Entscheidungsspielräume öffnen. Diese ermöglichen es, unternehmensspezifische Belange der unterschiedlichen Typen zu berücksichtigen. Weitere Ziffern des Kodex geben gesetzliche Bestimmungen wieder, zu deren Einhaltung die Unternehmen verpflichtet sind.

Einschränkungen dieser Zuordnung ergeben sich aus dem Inhalt der Elemente des DCGK und dem Ergebnis der Analyse.

So finden sich im DCGK weder Bezüge auf den Verschuldungsgrad noch auf eine empfohlene Sitzungsanzahl der Aufsichtsrats, so dass diese Mechanismen nicht berücksichtigt werden können.

Zudem steht im Zentrum der wissenschaftlichen Diskussion über die Förderlichkeit von Ausschussbildung der Prüfungsausschuss. Damit werden die Kodex-Ziffern, die sich allgemein auf die Ausschussbildung beziehen, hier zwar aus Vollständigkeitsgründen aufgenommen, es können jedoch aus der Literaturanalyse keine spezifischen Umsetzungsempfehlungen formuliert werden.

Gleichzeitig ergab die Analyse der Transparenz - insbesondere für die offene Kommunikation der eigenen Corporate Governance - keine widersprüchliche Argumentation. Damit ergeben sich keine Hinweise auf eine Einschränkung der Kodex-Elemente, welche jeweils möglichst hohe und fristgemäße Transparenz beinhalten.

Mechanismus	Kodex		Umsetzungs-Empfehlung
	Ziffer	Inhalt	nach Typus
Zusammensetzung Aufsichtsrat	5.4.1	Bei Vorschlägen zur Wahl von Aufsichtsratsmitgliedern soll darauf geachtet werden, ... Dabei sollen die internationale Tätigkeit des Unternehmens, potenzielle Interessenkonflikte ... berücksichtigt werden.	Unabhängigkeit bei allen Typen von Bedeutung, erhöhte Relevanz bei erfolgreichen etablierten Unternehmen
	5.4.2	Um eine unabhängige Beratung und Überwachung des Vorstands durch den Aufsichtsrat zu ermöglichen, soll dem Aufsichtsrat eine nach seiner Einschätzung ausreichende Anzahl unabhängiger Mitglieder	Unabhängigkeit bei allen Typen von Bedeutung, erhöhte Relevanz bei erfolgreichen etablierten Unternehmen. Informationsvorsprünge

---

[1358]   Basis dieser Aufstellung ist der DCGK in der Version vom 12.06.2006.

		angehören….Dem Aufsichtsrat sollen nicht mehr als zwei ehemalige Mitglieder des Vorstands angehören. Aufsichtsratsmitglieder sollen keine Organfunktion oder Beratungsaufgaben bei wesentlichen Wettbewerbern des Unternehmens ausüben.	von Insider-Mitgliedern und Netzwerkanbindungen von Outsider-Mitgliedern bei Wachstumsunternehmen und in ökonomischen Krisen von Bedeutung.
	5.4.4	Der Wechsel des bisherigen Vorstandsvorsitzenden oder eines Vorstandsmitglieds in den Aufsichtsratsvorsitz oder den Vorsitz eines Aufsichtsratsausschusses soll nicht die Regel sein. Eine entsprechende Absicht soll der Hauptversammlung besonders begründet werden.	Informationsvorsprünge von Insider-Mitgliedern insbesondere bei Wachstumsunternehmen relevant.
	5.5.2	Jedes Aufsichtsratsmitglied soll Interessenskonflikte, insbesondere solche, die auf Grund einer Beratung oder Organfunktion bei Kunden, Lieferanten, Kreditgebern oder sonstigen Geschäftspartnern entstehen können, dem Aufsichtsrat gegenüber offen legen.	Unabhängigkeit bei allen Typen von Bedeutung, erhöhte Relevanz bei erfolgreichen etablierten Unternehmen
	5.5.3 Satz 2	Wesentliche und nicht nur vorübergehende Interessenskonflikte in der Person eines Aufsichtsratsmitglieds sollen zur Beendigung des Mandats führen.	Unabhängigkeit bei allen Typen von Bedeutung, erhöhte Relevanz bei erfolgreichen etablierten Unternehmen
Struktur Aufsichtrat	5.1.2	Der Aufsichtsrat kann die Vorbereitung der Bestellung von Vorstandsmitgliedern einem Ausschuss übertragen…	Effizienzförderung von Ausschussbildung in größeren Aufsichtsräten
	5.3.1	Der Aufsichtsrat soll abhängig von den spezifischen Gegebenheiten des Unternehmens und der Anzahl seiner Mitglieder fachlich qualifizierte Ausschüsse bilden.	Effizienzförderung von Ausschussbildung in größeren Aufsichtsräten
	5.3.3	Der Aufsichtsrat kann weitere Sachthemen zur Behandlung in einen oder mehrer Ausschüsse verweisen.	Effizienzförderung von Ausschussbildung in größeren Aufsichtsräten

	5.3.4	Der Aufsichtsrat kann vorsehen, dass Ausschüsse die Sitzungen des Aufsichtsrats vorbereiten und darüber hinaus auch anstelle des Aufsichtsrats entscheiden.	Effizienzförderung von Ausschussbildung in größeren Aufsichtsräten
Struktur Aufsichtsrat und Prüfungsausschuss	5.2. Abs. 2	Der Aufsichtsratsvorsitzende soll zugleich Vorsitzender der Ausschüsse sein, die die Vorstandsverträge behandeln und die Aufsichtsratssitzungen vorbereiten. Den Vorsitz im Prüfungsausschuss sollte er nicht innehaben.	Effizienzförderung von Ausschussbildung in größeren Aufsichtsräten, Unabhängigkeit des Prüfungsausschuss gnerell von Relevanz
Struktur Aufsichtsrat Prüfungsausschuss	5.3.2	Der Aufsichtsrat soll einen Prüfungsausschuss einrichten, der sich insbesondere mit Fragen der Rechnungslegung... befasst. Der Vorsitzende des Prüfungsausschuss ... sollte kein ehemaliges Vorstandsmitglied der Gesellschaft sein.	Prüfungsausschuss in ökonomischen Krisensituationen von besonderer Bedeutung. Unabhängigkeit generell von Relevanz
Aktivität Aufsichtsrat Mandatszahl	5.4.5	Jedes Aufsichtsratsmitglied achtet darauf, dass ihm für die Wahrnehmung seiner Mandate genügend Zeit zur Verfügung steht. Wer dem Vorsand einer börsennotierten Gesellschaft angehört, soll insgesamt nicht mehr als fünf Aufsichtsratsmandate in konzernexternen börsennotierten Gesellschaften wahrnehmen.	Für Wachstumsunternehmen positive und negative negativen Effekte zu hoher Mandatszahl, in etablierten Unternehmen hohe Mandatszahl erforderlich
Aktivität Aufsichtsrat Amtsdauer	5.4.1.	Dabei sollen die internationale Tätigkeit des Unternehmens, potenzielle Interessenkonflikte und eine festzulegende Altersgrenze für Aufsichtsratsmitglieder berücksichtigt werden.	Amtsdauer nur bei etablierten Unternehmen relevant. Bei Erfolg ist eine lange Amtsdauer zu empfehlen.
Anreizsysteme Aktienoptionen	4.2.3. Abs. 2	Die monetäre Vergütungsteile sollen fixe und variable Bestandteile umfassen. Die variablen Vergütungsteile sollten einmalige sowie jährlich wiederkehrende, an den geschäftlichen Erfolg gebundene Komponenten und auch Komponenten mit langfristiger	Empfehlenswert bei Wachstumsunternehmen und krisenbedrohten etablierten Unternehmen

		Anreizwirkung und Risikocharakter enthalten.	
	4.2.3. Abs. 3	Aktienoptionen und vergleichbare Gestaltungen sollen auf anspruchsvolle, relevante Vergleichsparameter bezogen sein. Eine nachträgliche Änderung der Erfolgsziele oder der Vergleichsparameter soll ausgeschlossen sein. Für außerordentliche, nicht vorhergesehene Entwicklungen soll der Aufsichtsrat eine Begrenzungsmöglichkeit (Cap) vereinbaren.	Empfehlenswert bei Wachstumsunternehmen und krisenbedrohten etablierten Unternehmen
	5.4.7	Die Vergütung der Aufsichtsratsmitglieder…Dabei sollen der Vorsitz und der stellvertretende Vorsitz im Aufsichtsrat sowie Vorsitz und die Mitgliedschaft in den Ausschüssen berücksichtigt werden. Die Mitglieder des Aufsichtsrats sollen neben einer festen eine erfolgsorientierte Vergütung erhalten. Die erfolgsorientierte Vergütung sollte auch auf den langfristigen Unternehmenserfolg bezogene Bestandteile enthalten.	Empfehlenswert bei erfolgreichen Wachstums- und etablierten Unternehmen

Tabelle 16: Handlungsempfehlungen und DCGK

Damit ergeben sich im Schwerpunkt Kodex-Ziffern, die sich dem Aufsichtsrat widmen.

Hierbei dominieren Elemente, die sich der Unabhängigkeit und damit der Kontrollrolle der jeweiligen Mitglieder widmen und Indikatoren für deren Messung in den Vordergrund stellen. Diese Bedeutung der Unabhängigkeit findet sich auch in der Analyse. Diese kann jedoch keine generelle Priorisierung begründen, sondern weist diese nur für etablierte erfolgreiche Unternehmen aus.

Die Einrichtung eines Prüfungsausschuss wird durch die Empfehlung des DCGK zumindest für größere Unternehmen mit Gremien mit mehr als fünf Mitgliedern betont. Deren Förderlichkeit wird unterstützt.

Der Aktivität und damit den Kapazitäten des Gremiums und der Mitglieder wird nur von zwei Ziffern des Kodex Rechnung getragen. Dabei wird auf die Mandatszahl von Mitgliedern abgestellt, die mit einer empfohlenen Höchstgrenze von fünf Mandaten begrenzt wird. Das Ergebnis der Analyse zeigt jedoch, dass sich bei Wachstumsunternehmen sowohl positive wie negativen Effekte einer höheren Mandatszahl ergeben. Diese gründen in einem Verlust an Kontroll- und einem Gewinn an Ressourcenkapazität. Bei Berücksichtigung der ökonomischen Situation werden beide Effekte in wirtschaftlichen Krisen verstärkt.

Bei etablierten Unternehmen dominieren ressourcentheoretische Sichtweisen, die wiederum insbesondere bei krisenbedrohten Unternehmen eine positive Wirkung höherer Mandatszahlen postulieren.

Die Dauer der Amtszeit wird nur indirekt über eine Altersgrenze der Mitglieder einbezogen. Dieses Kriterium ist nur für etablierte Unternehmen relevant, hierbei ist eine längere Amtszeit in erfolgreichen Unternehmen eher als förderlich zu sehen.

Die drei Ziffern des Kodex, die sich mit der Gestaltung der Anreizsysteme befassen, betreffen die Vorstands- und die Aufsichtsratsvergütung. Während die Empfehlungen bezüglich des Einbezugs von Aktien- oder Optionsprogrammen bzw. vergleichbarer langfristiger variabler Elemente mit Risikocharakter durch die Aanalyse schwerpunktmäßig unterstützt werden, erfahren die Empfehlungen von erfolgsorientierter langfristiger Aufsichtsratsvergütung nur für erfolgreiche Unternehmen eine Unterstützung.

Während der Kodex explizit darauf verweist, dass eine Anpassung in der Entsprechung nach branchen- oder unternehmensspezifischen Merkmalen möglich ist und sein soll[1359], zeigt sich damit ein zusätzliches Kriterium – der Unternehmenserfolg.

Damit wird eine hauptsächlich auf Kontinuität bzw. Konstanz ausgerichtete Politik der eigenen Corporate Governance in Frage gestellt. Diese sollte sich dagegen zum einem – insbesondere bei Wachstumsunternehmen – an die Unternehmensentwicklung und zum anderen an die jeweilige ökonomisch Lage anpassen.

Corporate Governance als Teil einer wertorientierten Unternehmensführung sollte damit weit über eine jährliche Untersuchung der Compliance eines möglicherweise aktualisierten DCGK hinausgehen. Eine kontinuierliche Beschäftigung und Anpassung der eigenen Instrumente, deren positive Auswirkungen auf Agency-Kosten und damit auf die Performance hier unterstrichen werden konnte, ist damit ausdrücklich als sinnvolles Element der Unternehmensführung zu verstehen.

[1359]   Vgl. DCGK, Präambel.

6   Zusammenfassung und Ausblick

Zusammenfassung

Corporate Governance wird als Rahmenbedingung effizienter Unternehmensführung und Unternehmenskontrolle verstanden und beinhaltet somit alle Stufen von Entscheidungsprozessen. Elemente der Corporate Governance sind gesetzliche Rahmenbedingungen, bilaterale Verträge von Stakeholdern und relevante Entscheidungsaspekte des Unternehmens bzw. des Managements selbst.

Hauptaufgabe dieser Institutionen ist es, bestehende Interessenskonflikte, die sich aus der Trennung von Eigentum, Leitung und Kontrolle ergeben, über gesetzliche Regelungen von Verantwortlichkeiten oder ökonomisch durch verbesserte Informationen und/oder Anreize auszugleichen. Zielsetzung ist, die Effizienz der Entscheidungsprozesse zu erhöhen, um so Agency-Kosten zu mindern und die Wertschöpfung zu steigern.

Nach dieser Generalthese wird guter Corporate Governance ein förderlicher Einfluss auf den Unternehmenswert zugeschrieben. Langfristige und nachhaltige Unternehmenswertsteigerung und damit gute Corporate Governance kann dabei – unabhängig von vertretenem theoretischem Blickwinkel – als Ziel des Unternehmens selbst und der Stakeholder verstanden werden.

Diese Generalthese steht im Zentrum dieser Arbeit. Bis dato liegt keine konsistente empirische Evidenz dieser These vor. Eine Ursache dieser fehlenden Verifizierung liegt darin, dass keine eindeutige Antwort auf die Frage vorliegt, was „gute" Corporate Governance auszeichnet.

Schon die Vielzahl unterschiedlicher Definitionsansätze von Corporate Governance und die Heterogenität der (Verhaltens-)Prämissen jeweiliger theoretischer Erklärungsmodelle zeigt, dass keine Einigkeit darüber besteht, was eine gute Corporate Governance, welche die zugeschriebenen Funktionen der Minimierung von Agency-Kosten und der Unternehmenswertsteigerung bestmöglich erfüllt, auszeichnet. So unterscheiden sich internationale Corporate-Governance-Systeme und Best-Practice-Vorgaben deutlich. Obwohl teilweise eine Konvergenz dieser Systeme postuliert wird, bleiben zukünftige Entwicklungen jedoch unbestimmt.

Zielsetzung dieser Arbeit war somit, diejenigen Corporate-Governance-Mechanismen zu identifizieren, welche als Elemente „guter" Corporate Governance eingestuft werden können. Ihre Effizienz ergibt sich dabei aus einer *konsistenten theoretischen und empirisch unterstützten jeweiligen möglichen Verknüpfung mit der Verringerung von Agency-Kosten bzw. mit der Steigerung von Unternehmenswerten.*

Die Kenntnis dieser Mechanismen verbessert sowohl die Entscheidungsprozesse der Unternehmen als auch die der externen Stakeholder. Damit rücken die internen Elemente von Corporate Governance in den Vordergrund, welche durch die Beteiligten direkt oder indirekt beeinflussbar sind.

Beiden Gruppen stellt sich zum einen im Rahmen marktwertorientierter Unternehmensführung die Herausforderung, die jeweilige Corporate Governance zu verbessern. Dieses impliziert, die aktuelle Corporate Governance zu bewerten, um durch den Vergleich mit einer Benchmark Verbesserungspotentiale entdecken und ausschöpfen zu können.

Gleichwohl ergeben sich die Problemstellungen der Erfassung und Bewertung des Status Quo und der Formulierung der Benchmark. Als Lösung können als effizient identifizierte Elemente guter Corporate Governance in beiden Evaluationsschritten genutzt werden.

Dabei kann diese Bewertung durch das Management selbst und durch externe Evaluatoren im Rahmen eines Ratings erfolgen.

Insbesondere für externe Stakeholder sollten die Effizienzbelege möglichst *generalisierbar für alle Unternehmen* postuliert werden können. Gleichzeitig ist die unterschiedliche Informationsverteilung beider Zielgruppen zu berücksichtigen. So sollten für ein externes Rating der Status Quo und jeweilige Veränderungen des Mechanismus jeweils *von Außen erkennbar sein*.

Anhand dieser vier Kriterien wurde in Kapitel 4 eine detaillierte Analyse theoretischer Argumentationen und vorliegender empirischer Untersuchungen über die Wirkungsweise und Effizienz interner Corporate-Governance-Mechanismen vorgenommen.

Der Analyse vorangestellt wurde der Mechanismus der *Eigentümerstruktur*, da diese als von beiden Zielgruppen nur indirekt und langfristig beeinflussbar eingestuft wird. Gestaltbar und damit von zentraler Relevanz sind jedoch die jeweiligen *Kapitalstrukturen*, die *Aufsichtsgremien* und *Anreizsysteme*. Deren intendierte Wirkung zielt jeweils direkt auf die Verbesserung der Effizienz von Entscheidungsprozessen innerhalb des Unternehmens durch geringere Agency-Kosten. Die *Transparenz* des Unternehmens – über gesetzliche Vorschriften hinaus – ist hingegen gestaltbar, zielt in der Wirkungsrichtung jedoch auf das Umfeld des Unternehmens. Sie wird daher zwar Hybridmechanismus verstanden - gleichwohl in die Analyse einbezogen.

Zusammengefasst ergibt sich für die jeweiligen Mechanismen folgendes Ergebnis.

Im Rahmen der *Eigentümerstruktur* können förderliche Wirkungsweisen einer Konzentration abgeleitet werden, deren Intensität eher unabhängig von Unternehmensspezifika ist, aber von der Heterogenität der möglichen Mehrheitsaktionäre beeinflusst wird. So erscheint insbesondere ein Engagement institutioneller Investoren förderlich. Diese Argumentationen können durch empirische Untersuchungen jedoch nicht unterstützt werden. So ergeben sich keine eindeutigen Aussagen zu förderlicher Wirkung von Mehrheitsaktionären, auch wenn unterschiedliche Investoren herangezogen werden. Für externe Stakeholder ist die Eigentümerstruktur unproblematisch erkennbar, Es bestehen jedoch Zweifel daran, die als relevant eingestuften jeweils verfolgten Interessen und Anlagehorizonte der unterschiedlichen Investoren extern bestimmen zu können.

Im Fokus der Diskussion über jeweils optimale *Kapitalstrukturen* steht deren Auswirkung auf den Unternehmenswert, die im Rahmen der Trade-Off-Theorie oder der Pecking-Order-Theorie durch unterschiedliche Kapitalkosten von Eigen- oder Fremdkapital begründet werden. Dagegen richtet sich die theoretische Analyse der Governance-Diskussion auf die Wirkung der Kapitalstruktur auf Agency-Kosten, welche aus Investitionsentscheidungen des Managements, dem Over- oder Unterinvestment oder der Asset-Substitution, entstehen können.

Im Ergebnis ergibt sich eine Verknüpfung von Kapitalstrukturen und Unternehmenswert, die zum einen nicht streng monoton ist und zum anderen von Unternehmenscharakteristika beeinflusst ist. Diese Merkmale ergeben sich aus den jeweiligen Investitionsmöglichkeiten und deren Finanzierung aus vorhandenen freien Cashflows. Damit ist zudem die ökonomische Situation der Unternehmen von Bedeutung. Somit lassen sich keine Empfehlungen über die Höhe von Verschuldungsgraden generalisiert für alle Unternehmen ableiten. Externe Stakeholder können die jeweilige Kapitalstruktur unproblematisch erfassen.

Aufsichtsgremien werden als institutionalisiertes internes Kontrollgremium verstanden. Der Sinn ihrer Existenz als fiduziarische Vertretung von Stakeholder-Interessen wird nicht in Frage gestellt. Damit ergibt sich als Bewertungskriterium nicht das Vorhandensein sondern der Grad der Effizienz, mit der Aufsichtsgremien ihren Aufgaben nachkommen. Dieser ist mit positiven Auswirkungen auf den Unternehmenswert zu verknüpfen. Insbesondere im Rahmen dieser Argumentationen wird die Komplexität von Corporate Governance deutlich. So werden Auswirkungen sowohl über die effiziente Erfüllung der agencytheoretischen Kontrollrollen, der Kooperationen im Rahmen des Stewardship-Ansatzes als auch der ressourcentheoretischen Argumentationen formuliert. Damit besteht keine Einigkeit über eine dominierende Rolle des Aufsichtsgremiums.

Die Effizienz der jeweiligen Arbeit der Aufsichtsgremien wird in der Literatur indirekt gemessen, indem formale und qualitative Merkmale von Aufsichtsgremien herangezogen werden, denen effizienzsteigernde Effekte zugeschrieben werden. Daher strukturiert sich die Analyse von Aufsichtsgremien anhand dieser Merkmale.

Im Hinblick auf die formalen Charakteristika sind dieses die Größe des Gremiums, die Zusammensetzung unter der Berücksichtigung von Unabhängigkeit und Nähe der jeweiligen Mitglieder, die Struktur durch Ausschussbildung und Indikatoren über die Aktivität des Gesamtgremiums und einzelner Mitglieder.

Es ergeben sich unterschiedliche Aussagen bezüglich einer optimalen Größe; Einigkeit besteht gleichwohl, dass zu große Gremien hinderlich sind.

Bei der Zusammensetzung entstehen Komplexitäten über unterschiedliches Verständnis bzw. Definition von Unabhängigkeit und von der dominierenden Rolle des Gremiums. So wird im Rahmen der Agency-Theorie schwerpunktmäßig der Kontrolle und damit der Unabhängigkeit eine hohe Relevanz zugeschrieben. Diesen Aussagen widersprechen andere theoretische Herangehensweisen. Zudem ergeben sich Unternehmensmerkmale, welche eine empfehlenswerte Zusammensetzung beeinflussen. Diese betreffen die jeweiligen Investitionsentscheidungen und das vorhandene Boardkapital. Dieses Boardkapital fasst als Oberbegriff den Pool von im jeweiligen Aufsichtsgremium vorhandenen Fähigkeiten, Wissen, Informationen, Erfahrungen, Beziehungen, Routinen und Prozessen zusammen, welche das jeweilige Board nutzen kann, um Wert zu schaffen. Empirische Studien entsprechen diesem widersprüchlichen Bild und können keine eindeutige Aussage über die Förderlichkeit einer mehrheitlichen Besetzung des Gremiums mit Insider- oder Outsider-Direktoren geben. Es wird gleichwohl deutlich, dass neben der Unabhängigkeit weiteren qualitativen Eigenschaften der Mitglieder Bedeutung zuzuweisen ist.

Im Hinblick auf die Struktur von Aufsichtsgremien, der Einrichtung von Ausschüssen, sind die Argumentationen der allgemeinen Förderlichkeit eindeutig; der Blickwinkel richtet sich daher wiederum auf deren Besetzung - insbesondere von Prüfungsausschüssen – mit unabhängigen Mitgliedern. Damit erhalten diejenigen Einschränkungen Bedeutung, die unter der Zusammensetzung hervorgehoben wurden. Zudem erfahren zusätzliche Kompetenzen der Ausschussmitglieder eine besondere Relevanz.

Das Engagement des Gesamtgremiums und der Mitglieder wird wiederum über formale Indikatoren wie Anzahl der Sitzungen und Mandate und die Dauer der Amtszeit erfasst. Die Analyse der theoretischen und empirischen Argumentationen liefert kein eindeutiges Bild der jeweiligen Wirkungsweise; verdeutlicht jedoch wiederum zusätzliche Einflüsse aufgrund qualitativer Merkmale der einzelnen Mitglieder und des Gremiums.

Im Hinblick auf diese formalen Kriterien lassen sich keine eindeutigen fundierten Aussagen über ihre Förderlichkeit treffen.

Da diese – wohl aufgrund ihrer externen Erkennbarkeit - im Rahmen von bestehenden externen Ratingsystemen und Regulierungen als Proxy für die Effizienzsteigerung der Aufsichtsgremien genutzt werden, ergeben als erste Ergebnisse der Analyse, dass deren Aussagen bzw. Auswirkungen nicht ohne Skepsis betrachtet werden sollten. Zudem werden unterschiedliche Ratingergebnisse der Unternehmen erklärbar, aber damit steigt auch die Unsicherheit der Unternehmen im Hinblick auf die Bewertung und mögliche Verbesserung ihrer Corporate Governance.

Im Hinblick auf die Implementierung und tatsächliche Umsetzung zukünftiger Regulierungen, welche sich wiederum dieser formalen Kriterien als Effizienzmerkmale bedienen, ergeben sich begründete Zweifel aufgrund fehlender Effektivität.

Ansätze, welche die Effizienzsteigerung der Arbeit von Aufsichtsgremien mit qualitativen Merkmalen der Gremien, der Mitglieder und der Prozesse verknüpfen, sind relativ neu. Sie beziehen sich hauptsächlich auf das international stärker vertretene One-Tier-System - sind jedoch übertragbar.

Bei der Vielzahl von qualitativen Merkmalen ergeben sich kaum Schnittmengen, sondern es findet sich eine Anzahl von Empfehlungen, die aus praktischem Hintergrund oder aus wissenschaftlicher Sichtweise formuliert werden. Insbesondere letztere erweitern den theoretischen Rahmen der Governance-Diskussion um system- und kontingenztheoretische Argumentationen und berücksichtigen zunehmend ressourcentheoretische Sichtweisen.

So werden notwendige Kompetenzen, Eigenschaften und Verhaltensweisen der Mitglieder und der Führung des Gremiums herausgestellt, welche ein komplementäres Gesamtgremium bilden. Welche hierbei förderlich sind, kann jedoch nicht generell formuliert werden und ist abhängig von spezifischen Merkmalen des Unternehmens und des vorhandenen Boardkapitals. Bei den Kompetenzen der Mitglieder kann zwar eine generelle förderliche Wirkung von Finanzierungswissen und Wissen über rechtliche Rahmenbedingungen aufgezeigt werden, welche jeweiligen spezifischen Fachkompetenzen als notwendig und förderlich einzustufen sind, ist jedoch aufgrund der Unternehmenmerkmale unterschiedlich. Bei charakterlichen Eigenschaften und Verhaltensweisen der Mitglieder und der Führung des Gremiums ergeben sich Züge wie Integrität oder Ernsthaftigkeit und Kritikfähigkeit und –bereitschaft. Diese beeinflussen die Atmosphäre und die Prozesse innerhalb des Gremiums, die zudem in der Verantwortung der jeweiligen Führung stehen.

Während die erfasste Aufzählung von Kompetenzen, Eigenschaften und Verhaltensweisen plausibel erscheint, kann jedoch nicht von einer Vollständigkeit ausgegangen werden. Deutlich wird gleichwohl die entscheidende Bedeutung von individuellen Merkmalen und Charakteristika der Unternehmen. Gleichzeitig sind diese qualitativen Elemente jedoch schwer mess- und operationalisierbar. So werden bis dato hauptsächlich Befragungen eingesetzt und somit nur eine Selbsteinschätzung erfasst. Erste aktuelle Studien erweitern jedoch um qualitative Methoden der Beobachtung. Da die theoretischen Argumentationen bezüglich der Förderlichkeit überzeugen können, ergibt sich weiterer Forschungsbedarf, um diejenigen qualitativen Merkmale erkennen zu können, welche die Effizienz der Gremien nachhaltig fördern.

Auch die Analyse von *Anreizsystemen* als ökonomische Instrumente zur Steuerung von Verhaltensweisen verdeutlicht widersprüchliche theoretische Argumentationen über die Möglichkeit der Gestaltung förderlicher Entlohnungsprogramme. Die Argumentationen konzentrieren sich auf langfristige variable Elemente, die an die Entwicklungen des Unternehmenswertes gekoppelt sind. Dabei werden die damit verbundenen unterschiedlichen Anreize durch die erreichbare Höhe des monetären Einkommens und den jeweils damit verbundenen Risikotransfer kontrovers diskutiert, da diese Verträge gleichzeitig als Element von Agency-Konflikten eingestuft werden können.

Während zum einen die Einschätzung – auch aufgrund der Kritik an den realisierten absoluten Einkommenshöhen von Managern – vorherrscht, es sei nicht möglich, durch geeignete Vertragsmodalitäten die gewollten Anreize zu setzen, konzentrieren sich andere auf Empfehlungen, wie derartige Verträge zu gestalten sind. Gleichzeitig wird durch Forderungen nach erhöhter Transparenz auf die Funktionsweise externer Governance-Mechanismen vertraut. Empirische Ergebnisse von Untersuchungen der Wirkung dieser Entlohnungselemente auf Unternehmenswerte zeigen kein eindeutiges Bild. So ergibt sich insbesondere aufgrund der wirtschaftlichen Situation des Unternehmens ein zusätzlicher Einfluss. Dieses widersprüchliche Bild findet seine Entsprechung in den Argumentationen und Ergebnissen bezüglich der geeigneten Entlohnung von deutschen Aufsichtsräten. Durch fortschreitende Regulierung erhöht sich die Transparenz und externe Erkennbarkeit der jeweiligen Anreizsysteme, es bleiben jedoch Zweifel an Generalisierbarkeit.

Im Gegensatz zu den Ergebnissen der Analyse interner Mechanismen zeigt sich im Hinblick auf die Förderlichkeit freiwilliger zusätzlicher *Transparenz* ein eindeutigeres Bild. Zwar ergeben sich in den theoretischen Argumentationen auch Einschränkungen wie bspw. aufgrund der Weitergabe sensibler Informationen an Wettbewerber, diese können jedoch im Hinblick auf transparenteren Umgang mit der eigenen Corporate Governance relativiert werden.

Es verbleiben Einflüsse auf die mögliche Verknüpfung mit dem Unternehmenswert, welche sich schwerpunktmäßig aus den Investitionsmöglichkeiten der Unternehmen und den gewählten Kommunikationskanälen ergeben. Diese ändern jedoch nicht die positive Richtung des Einflusses erhöhter Transparenz, sondern beeinflussen die Intensität der argumentierten Wirkung. Empirische Studien können diese Wirkung nur teilweise bestätigen, begründen ihre Abweichungen mit weiteren Unternehmensmerkmalen wie Volatilität oder dem Grad des vorher bestehenden Analysteninteresses.

Ziel der detaillierten Analyse war die Identifikation derjenigen internen Governance-Mechanismen, welche als effizient eingestuft werden können.

Diese könnten dabei von externen Stakeholdern im Rahmen der Beurteilung der jeweiligen Governance der Unternehmen in Entscheidungsprozessen herangezogen und bei der Entwicklung neuer Empfehlungen berücksichtigt werden. Dazu ist wünschenswert, dass die Förderlichkeit für eine möglichst hohe Anzahl von Unternehmen formuliert werden kann und dass die jeweilige Gestaltung des Mechanismus extern erkennbar ist. Den Unternehmen könnten diese als Orientierung im Rahmen der Gestaltung und Verbesserung der eigenen Corporate Governance nützen.

Das Ergebnis zeigt für die Mehrzahl der analysierten Mechanismen keine eindeutige theoretische Formulierung und widersprüchliche empirische Evidenzen. Positive Einflüsse ohne einschränkende Faktoren werden einzig für eine konzentrierte Eigentümerstruktur in Abhängigkeit von Investorentyp, der Einrichtung von Ausschüssen und den qualitativen Merkmalen von Aufsichtsgremien zugeschrieben. Für letztere Argumentationen liegen jedoch keine empirischen Evidenzen vor.

Eine Vielzahl der jeweiligen Einschränkungen berücksichtigt spezifische Merkmale der Unternehmen bzw. der betroffenen Individuen. Damit ergeben sich Zweifel an der Generalisierbarkeit und an der externen Erkennbarkeit. Gleichwohl erfahren Argumentationen Unterstützung, welche fordern, durch eine erhöhte Transparenz die externe Einschätzung dieser qualitativen Merkmale zu erleichtern.

Damit ergibt sich keine wissenschaftlich fundierte Basis für eine Formulierung fundierter Empfehlungen für externe Evaluatoren. Die Transparenzmängel verlieren jedoch die Bedeutung, wenn die Unternehmen selbst die eigenen Corporate Governance bewerten und gestalten. Es verbleiben jedoch die Einflüsse auf die Förderlichkeit, welche sich aufgrund von Unternehmensmerkmale ergeben. Im Rahmen der Analyse der Wirkungsweisen der Governance-Mechanismen konnte jedoch gezeigt werden, dass einige dieser Merkmale mehrfach berücksichtigt werden. Die Häufung ermöglichte es, aus diesen Merkmalen eine Typologie von Unternehmen zu entwickeln.

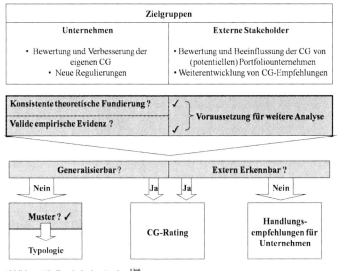

Abbildung 18: Ergebnis der Analyse[1360]

1360   Eigene Darstellung.

Als konstituierende Merkmale der beiden berücksichtigten Typen – Wachstumsunternehmen und etablierte Unternehmen – ergeben sich Investitionsmöglichkeiten und der Einfluss der jeweiligen wirtschaftlichen Lage. Dabei sind Wachstumsunternehmen durch vorhandene positive Investitionsmöglichkeiten, die sich durch hohe Komplexität auszeichnen und nur durch externe Finanzierung realisierbar sind, gekennzeichnet. Die Investitionsmöglichkeiten von etablierten Unternehmen sind dagegen von geringerer Komplexität und niedrigerem Risiko und weisen niedrigere Kapitalwerte aus. Bei der Finanzierung sind etablierte Unternehmen nur in ökonomischen Krisen auf externe Kapitalgeber als Berater und/oder Finanzquelle angewiesen.

Im Ergebnis können für diese Unternehmenstypen erstmalig wissenschaftlich fundierte Handlungsempfehlungen gegeben werden, wie und mit welchen Mechanismen die jeweilige Corporate Governance beurteilt und verbessert werden kann. Damit ergibt sich nicht nur für die Unternehmen eine wichtige Reduktion der Komplexität, die das Gebiet der Corporate Governance auszeichnet. Wenn die Implementierung und Umsetzung dieser Empfehlungen zudem für externe Stakeholder transparent und nachvollziehbar dargestellt wird, können diese auch die externe Bewertung der Corporate Governance positiv beeinflussen.

Im Rahmen der Berücksichtigung beider Unternehmenstypen in unterschiedlichen Erfolgssituationen ergeben sich für erfolgreiche *Wachstumsunternehmen* die Governance-Mechanismen einer gleichmäßigen Besetzung des Aufsichtsrates mit Insidern und Outsidern sowie die langfristige variable Entlohnung von Management und Aufsichtsräten. In Krisen empfehlen sich für Wachstumsunternehmen zudem niedrige Verschuldungsgrade, die Einrichtung von Prüfungsausschüssen, hohe Sitzungsanzahl der Aufsichtsräte und derartige Anreizsysteme nur für das Management.

Für *etablierte Unternehmen* ändert sich das Bild. In Zeiten ökonomischen Erfolgs ist ein hoher Verschuldungsgrad, die Besetzung mit Outsidern, eine hohe Mandatszahl und eine niedrige Amtsdauer der eigenen Aufsichtsräte, die zudem mit langfristigen, an den Unternehmenswert gekoppelten Anreizsystemen entlohnt werden, positiv. In Krisenzeiten entfällt die positive Wirkung eines Verschuldungsgrads, werden Insider-Mitglieder in Gremien relevant, empfiehlt sich ein Prüfungsausschuss, eine hohe Anzahl von Sitzungen des Gremiums und eine lange Amtsdauer der Einzelmitglieder.

Langfristige, an den Unternehmenswert gekoppelte Elemente von Entlohnungssystemen sollten nur dem Management gewährt werden.

Durch den Einbezug derjenigen Empfehlungen und Anregungen des DCGK, welche sich auf diese Governance-Mechanismen beziehen, konnten diese Handlungsempfehlungen konkretisiert werden. Damit erfährt der DCGK zumindest teilweise eine wissenschaftliche Bestätigung. Diese lässt die tatsächliche Umsetzung der betreffenden Ziffern als wahrscheinlicher erscheinen, da sie nicht nur im Rahmen von Compliance sondern als wichtiges Element wertorientierter Unternehmensführung identifiziert worden sind.

Ausblick

Die Ergebnisse dieser Arbeit ergänzen die aktuell aufkommende Diskussion, welche die Möglichkeiten eine generelle Bewertung von Corporate Governance in Frage stellt. Skepsis an der Aussagekraft von Corporate-Governance-Ratings und der Wirksamkeit von Regulierungen im Hinblick auf die Verbesserung der Corporate Governance erfährt eine Bestätigung, da deren generalisierender Ansatz zu bezweifeln ist. So sind bei der Verbesserung der Corporate Governance von Unternehmen dessen unterschiedliche Besonderheiten von hoher Relevanz.

Gleichzeitig zeigt sich weiterer Forschungsbedarf.

So ergaben sich die besonderen Unternehmensmerkmale, welche als Basis der Typologie genutzt werden konnten, zwar aus der Analyse wissenschaftlicher Forschungsergebnisse. Dabei stand jedoch jeweils nicht im Vordergrund der Studien, diese Merkmale zu identifizieren. Im Hinblick auf zukünftige Forschung ergeben sich daher die Herausforderungen, mögliche Merkmale von Unternehmen, für die sich förderliche Wirkungsweisen nachweisen lassen, nicht nur als Erklärung für ansonsten nicht eindeutige Forschungsergebnisse heranzuziehen, sondern diese Charakteristika in den Vordergrund zu stellen. So könnten die theoretisch abgeleiteten Handlungsempfehlungen dieser Typologie verifiziert und möglicherweise weitere Unternehmenstypen identifiziert werden. Es wäre so möglich, einer größeren Anzahl von Unternehmen Orientierung bei der Gestaltung von Corporate Governance zu geben.

Bei der Entwicklung weiterer Ratingsysteme könnte zudem durch Konzentration auf diejenigen Elemente, welche im Rahmen von Typen als werttreibend identifiziert werden können, deren Komplexität verringert werden. Damit erscheint es möglich, eine verbesserte Akzeptanz dieser Systeme zu gewährleisten und der großen Zielgruppe der Investoren eine Berücksichtigung von Corporate Governance in ihren Entscheidungen zu erleichtern. Diese Argumentation begründet auch Bedarf an zusätzlichen Forschungserkenntnissen über die Auswirkung von zusätzlicher freiwilliger Transparenz der Unternehmen – insbesondere des offenen Umgangs mit der eigenen Corporate Governance.

Gleichzeitig ergeben sich Hinweise darauf, nicht nur die Inhalte der Forschung zu modifizieren, sondern auch mit weiteren Methoden detailliertere Erkenntnisse über qualitative Merkmale effizienter Aufsichtsgremien zu gewinnen. So ergibt sich die Herausforderung, diejenigen Kompetenzen, Fähigkeiten und Eigenschaften von Aufsichtsräten bzw. Boardmitgliedern zu erkennen, die als förderlich für die Effizienz der Gremien eingestuft werden können. Dieses würde - neben den Vorteilen für externe Evaluatoren, Regulierungsinstitutionen und Unternehmen - auch die jeweiligen Gremien und Mitglieder selbst nachhaltig im Rahmen von Selbstevaluationen und der ständigen Verbesserung ihrer Effizienz unterstützen.

Literaturverzeichnis

Achleitner, A.-K., Bassen, A. (2001), Konzeptionelle Einführung in die Investor Relations am Neuen Markt, in: Achleitner, A.-K., Bassen, A. (Hrsg.) Investor Relations am Neuen Markt, Stuttgart, 2001, S. 3 - 20

Achleitner, A.-K., Bassen, A., Pietsch, L. (2001), Empirische Studien zu Investor Relations in Deutschland, in: Achleitner, A.-K., Bassen, A. (Hrsg.) Investor Relations am Neuen Markt, Stuttgart, 2001, S. 23 - 59

Achleitner, A.-K., Bassen, A. (2002), Entwicklungsstand des Shareholder Value-Ansatzes in Deutschland, in: Siegwart, H., Mahari, J.: Corporate Governance, Shareholder Value & Finance, Meilensteine im Management, Band IX, Mainz, 2002, S. 611 – 635

Achleitner, A.-K., Wichels, D. (2002), Stock-Options-Pläne als Vergütungsbestandteil wertorientierter Entlohnungssysteme, in: Achleitner, A.-K., Wollmert, P. (Hrsg.) Stock Options, Stuttgart, 2002, S. 1 – 24

Adams, J. S. (1965), Towards an Understanding of Inequity, in: Journal of Abnormal and Social Psychology, Vol. 67, 1965, S. 422 – 436

Admati, A. P., Pfleiderer, P., Zechner, J. (1994), Large Shareholder Activism, Risk Sharing and Financial Market Equilibrium, in: Journal of Political Economy, Vol. 102, 1994, S. 1097 – 1130

Aggarwal, R., Williamson, R. (2006), Firm Performance and Mechanisms to Control Agency Problems between Managers and Shareholders, in: Journal of Financial and Quantitative Analysis, Vol. 31, 2006, S. 377 – 397

Aghion, P., Bolton, P., Tirole, J. (2000), Exit Options in Corporate Finance – Liquidity versus Incentives, Harvard University, Cambridge (MA), 2000

Aghion, P., Bolton, P., Tirole, J. (2004), Exit Options in Corporate Finance – Liquidity versus Incentives, in: Review of Finance, Vol. 8, 2004, S. 327 - 353

Agrarwal, R., Elston, J. A. (2000), Bank-Firm Relationships, Financing and Firm Performance in Germany, Working Paper, 2000

Aguilera, R. V. (2005), Corporate Governance and Director Accountability. An Institutional Comparative Perspective, in: British Journal of Management, Vol. 16, 2003, S. 39 – 53

Albach, H. (1980), Vertrauen in der ökonomischen Theorie, in: Zeitschrift für die gesamte Staatswissenschaft, Jg. 136, S 2 – 11

Alchian, A. A., Demsetz, H. (1972), Production, Information Costs, and Economic Organization, in: American Economic Review, 62. Jg., 1972, S. 777 – 795

Allen, F., Gale, D. (2000), Comparing Financial Systems, Massachusetts, 2000

Almazan, A., Hartzell, J., Starks, L. (2003), Active Institutional Shareholders and Executive Compensation, University of Texas at Austin, Working Paper, 2003

Amir, E., Lev. B., Sougiannis, T. (1999), What value analysts? Working Paper, Tel Aviv University, New York University, University of Illinois at Urana-Champaign, 1999

Akerlof, G. (1970), The Market for Lemons: Quality Uncertainty and the Market Mechanism, in: Quarterly Journal of Economics, Vol. 84, S. 488 – 500

Anderson, R. C., Mansi, S. A., Reeb, D. M. (2004), Board Characteristics, Accounting Report Integrity and the Cost of Debt, in: Journal of Accounting and Economics, Vol. 36, Issue 3, 2004, S. 315 – 342

Arbeitskreis AKEIÜ der Schmalenbach-Gesellschaft für Betriebswirtschaft e. V. (2006), Best Practice des Aufsichtsrats der AG – Empfehlungen zur Verbesserung der Effektivität und Effizienz der Aufsichtsratstätigkeit, in: Der Betrieb, Heft 31, 59. Jg., S. 1625 – 1636

Arcot, S., Bruno, V. (2006a), One Size Does not Fit All, after All: Evidence form Corporate Governance, Working Paper, 2006

Arcot, S., Bruno, V. (2006b), In Letter but not in Spirit: An Analysis of Corporate Governance in the UK, Working Paper, 2006

Arrow, K. J. (1953), The Role of Securities in the Optimal Allocation of Risk-Bearing, reprinted 1964 in: Review of Economic Studies, Vol. 31, S. 91 – 96

Arrow, K. J. (1969), The Organization of Economic Activity: Issues Pertinent to the Choice of Market versus Non-Market Allocation, in: Joint Economic Committee, 91st Congress, The Analysis and Evaluation of Public Expenditures: The PBB-System, 1st Session, Bd. 1, Washington, 1969

Ashbaugh, H., Collins, D. W., LaFond, R. (2004), Corporate Governance and the Cost of Equity Capital, Working Paper, 2004

Bamberg, G., Spremann, K. (1988), (Hrsg.), Agency Theory, Information and Incentives, Berlin, 1988

Barca, F., Becht, M. (2001), (Hrsg.), The Control of Corporate Europe, Oxford, 2001

Barclay, M. J., Holderness, C. G. (1991), Negotiated Block Trades and Corporate Control, in: Journal of Finance, Vol. 46, 1991, S. 861 – 878

Bassen, A. (2002), Institutionelle Investoren und Corporate Governance – Analyse der Einflussnahme unter besonderer Berücksichtigung börsennotierter Wachstumsunternehmen, Wiesbaden, 2002

Bassen, A. (2005), The Implementation of Good Corporate Governance by Institutional Investors: The Scorecard for German Corporate Governance, in: International Journal of Disclosure and Governance, Vol. 2, No. 3, 2005, S. 244 - 263

Bassen, A., Böcking, H.-J., Loistl, O., Strenger, C., (2001), Evaluierung der Corporate Governance-Praxis deutscher Unternehmen, in: A.-K. Achleitner, G. F. Thoma (Hrsg.): Handbuch Corporate Finance, 2. Auflage, 2001, S. 1 – 24

Bassen, A., Kleinschmidt, M., Zöllner, C. (2004), Corporate Governance Quality Study 2004, in: Finanz Betrieb, 6. Jg., 2004, S. 527 – 533

Bassen, A., Zöllner, C. (2005), Entwicklungstendenzen deutscher Corporate Governance, in: Kirchhoff, K. R., Piwinger, M. (Hrsg.) Die Praxis der Investor Relations, 3. Auflage, Wiesbaden, 2005, S. 101 – 119

Bassen, A., Kleinschmidt, M., Prigge, S., Zöllner, C. (2006a), Deutscher Corporate Governance Kodex und Unternehmenserfolg, in: DBW, 66. Jg., 04/2005, S. 375 – 401

Bassen, A., Klein, R., Zöllner, C. (2006b), Ratingsysteme der Corporate Governance – eine kritische Bestandsanalyse, in: ZfO, 2/2006, S. 81 – 87

Bassen, A., Prigge. S., Zöllner, C. (2006c): Compensation Matters: A Single-Provision Analysis of the German Corporate Governance Code, forthcoming.

Bassen, A., Pupke, D., Zöllner, C. (2006d), Corporate Governance Rating auf Basis der DVFA Scorecard, in: Finanz Betrieb, 8. Jg. Sept. 2006, S. 551 - 567

Bauer, R., Günster, N., Otten, R. (2004) Empirical Evidence of Corporate Governance in Europe – the effect on stock returns, firm value and performance, in: Journal of Asset Management, Vol. 5, No. 2, 2004, S. 91 – 104

Baums, T. (1990), Höchststimmrechte, in: Die Aktiengesellschaft, Nr. 35, 1990, S. 221 – 242

Baums, T. (2001), (Hrsg.), Bericht der Regierungskommission Corporate Governance: Unternehmensführung, Unternehmenskontrolle, Modernisierung des Aktienrechts, 2001

Baums, T. (2002): Wünsche an den Gesetzgeber für eine zukünftige Corporate Governance, in: Cromme, G. (Hrsg.): Corporate Governance Report 2002, Vorträge und Diskussionen der ersten Konferenz Deutscher Corporate Governance Kodex, Stuttgart, 2002, S. 33 – 41

Baums, T., Scott, K. E. (2003), Taking Shareholder Protection Seriously? Corporate Governance in the United States and Germany, Johann Wolfgang Goethe-Universität, Institut für Bankrecht, Arbeitspapier Nr. 119, Frankfurt am Main, 2003

Baysinger, B. D., Zardkoohi, A. (1986), Technology, Residual Claims and Corporate Control, in: Journal of Law, Economics and Organization, Vol. 1, 1986, S. 339 – 344

Baysinger, B., Hoskisson, R. E. (1990), The Composition of Boards of Directors and Strategic Control: Effects on Corporate Strategy, in: Academy of Management Review, Vol. 15, No. 4m 1990, S. 72 – 87

Bebchuk, L. A., Fried, J. M. (2003), Executive Compensation as an Agency Problem, in: Journal of Economic Perspectives, Vol. 17, No. 3, 2003, S. 71 – 92

Bebchuk, L. A., Roe, M. J. (2004), A Theory of Path Dependence in Corporate Ownership and Governance, in: Gordon, J. N., Roe, M. J. (Hrsg.) Convergence and Persistence in Corporate Governance, Cambridge, 2004, S. 69 – 113, eine frühere Version in: Standford Law Review 52, (1999), S. 127 – 170

Bebchuk, L. A., Fried, J. (2004), Pay Without Performance – The Unfulfilled Promise of Executive Compensation, Harvard University Press, Cambridge (MA), 2004

Bebchuk, L., A. Cohen, A. Ferrell. (2004): What matters in Corporate Governance? Discussion Paper No. 491. Harvard Law School, Cambridge M.A

Beblo, M., Wolf, E., Zwick, T. (2002), Erfolgsabhängige Vergütung: Ein sicherer Weg zur Steigerung der Leistung von Top-Managern? ZEW Discussion Paper No. 02-72, 2002

Becht, M (2003), Reciprocity in Takeovers, ECGI Working Paper 14/2003

Becht, M., Boehmer, E. (2001), Ownership and Voting Power in Germany, in: Barca, F. / Becht, M. (Hrsg.) The Control of Corporate Europe, Oxford, 2001, S. 128 – 153

Becht, M., Boehmer, E. (2003) Voting Control in German Corporations, in: International Review of Law and Economics, Vol. 23, 2003, S. 1 – 29

Becht, M., Bolton, P., Roell, A. (2002), Corporate Governance and Control, ECGI Finance Working Paper 02/2002

Becker, W. (2004), Merger & Arbitrage, Börsenzeitung Nr. 147, 03.08.2004, S. 1

Becker, W. (2005), Neue Investoren mischen deutsche Unternehmen auf, in Börsenzeitung online, 09.08.2004, http://www.boerseneitung.com/online/redaktion/aktuell/druck_st.php?arktikelID_126 (09.08.2005)

Beckett, M. (1998), Foreword, in DTI (Hrsg.) Modern Company Law for a Competitive Environment, 1998

Bédard, J., Chtourou, S. M., Courteau, L. (2004), The Effect of Audit Committee Independence, Competence and activity on aggressive Earnings Management, in: Auditing: A Journal of Practice and Theory, Vol. 33, No. 2, 2004, S. 13 – 36

Beelitz , F. F. (2002), Shareholder Value und Kapitalmarktorientierung im bundesdeutschen Umfeld im Umbruch, in: Siegwart, H., Mahari, J.(Hrsg.): Corporate Governance, Shareholder Value & Finance, Meilensteine im Management, Band IX, Mainz, 2002, S. 575 – 587

Beiner, S. (2005), Corporate Governance, Produktmarktwettbewerb und Unternehmensbewertung, Bamberg, 2005

Beiner, S., Drobetz, W., Schmid, F. Zimmermann, H. (2004), Is Board Size an Independent Corporate Governance Mechanism? In: KYKLOS, Vol. 57, 2004, S. 327 – 356

Beiner, S. Drobetz, W., Schmid, M.;.Zimmermann,H. (2006), An Integrated Framework of Corporate Governance and Firm Valuation, in. European Financial Management, Vol. 12, 2006, S. 249-283

Bénabou, R., Tirole, J. (2005), Incentives and Prosocial Behavior, NBER Working Paper No. 11535, 2005

Bender, R. (2004), Why do Companies Use Performance-Related Pay for Their Executive Directors? In: Corporate Governance, Vol. 12, No. 4, 2004, S. 521 – 533

Berger, A. N., Bonacorssi di Patti, E., (2003), Capital Structure and Firm Performance – a new Approach to Testing Agency-theory and an Application to the Banking Industry, 2003, FEDS Working Paper No. 2002-54

Berglöf, E. (1997), A Note on the Typology of Financial Systems, in: Hopt, K. J., Wymeersch, E. (Hrsg.) Comparative Corporate Governance, Berlin, 1997, S. 151 – 164

Berglöf, E., Holmström, B., Högfeldt, P., Meyersson Milgrom, E., Söderström, H. T. (2003), Corporate Governance and Structural Changes and Challenges to European Corporate Ownership and Control, SNS Economic Policy Group Report

Berle, A., Means, G. (1932), The Modern Corporation and Private Property, New York, 1932

Berndt, M. (2000), Global Differences in Corporate Governance Systems – Theory and Implications for Reforms, Harvard, John M. Olin Centre for Law, Economics and Business, Discussion Paper No. 303, 2000

Bernhardt, W., Witt, P. (2003), Die Beurteilung der Aufsichtsräte und ihrer Arbeit, in: Hommelhoff, P., Hopt, J. J., v. Werder, A. (Hrsg.) Handbuch Corporate Governance. Leitung und Überwachung börsennotierter Unternehmen in der Rechts- und Wirtschaftspraxis, Stuttgart, 2003, S. 323 – 334

Berthold, N., Fehn, R. (1995), Neuere Entwicklung in der Arbeitsmarkttheorie, in: WiST, Heft 3, 1995, S. 110 – 117

Bethel, J. E., Liebeskind, J. P., Opler, T. (1998), Block Share Purchases and Corporate Performance, in: Journal of Finance, Vol. 53, No. 2, 1998, S. 605 – 634

Bhagat, S., Black, B. (1996), Do independent directors matter? Working Paper 111, Columbia University Center for Law and Economic Studies, 1996

Bhagat, S. Black, B. (2001), The Non-Correlation Between Board Independence and Long Term Firm Performance, in: Journal of Corporation Law, Vol, 27, 2001, S. 231 – 274

Bhagat, S., Bolton, B. (2006), Board Ownership and Corporate Governance Indices, Working Paper, 2006

Bhojraj, S., Sengupta, P (2003), Effect of Corporate Governance on Bond Ratings and Yields, the Role of Institutional Investors and Outside Directors, in: Journal of Business, 2003, Vol. 73, No. 3, S. 455 - 476

Bhyde, A. (1994), Efficient Markets, Deficient Governance: US Securities Regulations Protect Investors and Enhance Market Liquidity. But do They Alienate Managers and Shareholders, in: Harvard Business Review, Vol. 72, No. 6, 1994, S. 128 – 140

Bird, A., Buchanan, R., Rogers, P. (2004), The seven habits of an effective board, in: European Business Journal, Vol. 16, No. 3, 2004, S. 128 – 132

Birds, K., Boyle, A. J., Ferran, E., Villiers, C. (2000), Boyle and Birds Company Law, 4th edn., Bristol, 2000

Black, B. S. (1990), Shareholder Passivity Re-examined, in: Michigan Law Review, Vol. 89, S. 520

Black, B. S. (1992), Agents watching Agents: The Promise of Institutional Investors Voice, in: UCLA Law Review, Vol. 39, 1992, S. 811 – 893

Black, B. S. (1997), Institutional Investors and Corporate Governance: The Case for Institutional Voice, in: Chew, D. H. (Hrsg.): Studies in International Corporate Finance and Governance Systems, New York, 1997, S. 160 – 173

Black, B. S. (2001), The Legal and Institutional Precondition for Strong Securities Markes, in: UCLA Law Review, Vol. 48, 2001, S. 781 – 858

Black, B. S., Kim, W., Jang, H., Park, K, S. (2005a), Does Corporate Governance Predicts Firm's Market Values? Time Series Evidence from Korea, ECGI Finance Working Paper, No. 103/2005

Black, B. S., Love, I., Rachinsky. A. (2005b), Corporate Governance and Firm's Market Values: Time Series Evidence from Russia, Working Paper, Austin, 2005

Black, B. S., Jang, H., Kim, W. (2006), Does Corporate Governance Predict Firms´ Market Values? Evidence from Korea, in: Journal of Law, Economics & Organization, Vol. 22, 2006, S. 366 – 413

Blair, M. M. (1995), Ownership and Control, rethinking Corporate Governance for the twenty-first century, Washington, 1995

Blair, M. M. (2004), Reforming Corporate Governance – What History Can Teach Us, Georgetown University Law Center, Working Paper No. 485663

Blair, M. M., Stout, L. A. (2001), Corporate Accountability – Director Accountability and the Mediating Role of the Corporate Board, in: Washington University Law Quarterly, Vol. 79, 2001, S. 403 – 449

Blake, A. (1999), Dynamic Directors: Aligning Board Structure for Business Success, Basingstoke, MacMillan Press Ltd. UK, 1999

Blake, D., Timmermann, A. (2002), Performance Benchmarks for Institutional Investors: Measuring, Monitoring and Modifying Investment Behavior, The Pensions Institute, Discussion Paper OI-0106, 2002

Blue Ribbon Committee (BRC), (1999), Report and Recommendations of the Blue Ribbon Committee on improving the effictiveness of corporate audit committees, New York Stock Exchange and National Association of Securities Dealers, 1999

Bodmer, H. C. (2002), Corporate Governance bei Jungunternehmen und KMU und die Bedeutung des Controlling als Basis externer Aufsicht, in: Siegwart, H., Mahary, J. (Hrsg.): Corporate Governance, Shareholder-Value & Finance, Meilensteine im Management, Band 9, Basel 2002, S. 719 – 732

Böcking, H.-J. (2004), Prüfungsausschuss und Aufsichtsratsvergütung – Elemente einer verantwortungsvollen Corporate Governance, in: Lange, T. A., Löw, E. (Hrsg.) Rechnungslegung, Steuerung und Aufsicht von Banken: Kapitalmarktorientierung und Internationalisierung, Festschrift zum 60. Geburtstag von Jürgen Krumnow, Wiesbaden, 2004, S. 563 - 588

Boehmer, E. (1999), Corporate Governance in Germany: Institutional Background and Empirical Results, Working Paper, http://www.jura.uni-frankfurt.de/ifawz1 /baums/files/paper78.pdf (29.12.2004)

Boehmer, E. (2000), Business Groups, Bank Control and large Shareholders: an Analysis of German Takeovers, in: Journal of Financial Intermediation, Vol. 9, 2000, S. 17 – 48

Bolton, P., von Thadden, E.-L. (1998), Liquidity and Control: A Dynamic Theory of Corporate Ownership Structure, in: Journal of Institutional and Theoretical Economics, Vol. 154, 1998, S. 177   211

Bolton, P., Scheinkman, J. Xiong, W. (2005), Pay for Short-Term Performance: Executive Compensation in Speculative Markets, ECGI Finance Working Paper No. 79/2005

Booz Allen Hamilton (2005): Höchste Fluktuation weltweit: Knapp jeder fünfte deutsche CEO räumte 2004 seinen Posten, http://www.boozallen.de/presse/-pressemitteilungen/archiv/archiv-detail/4005496 (21.11.2006)

Borokhovich, K., Brunarski, K., Harman, Y. S., Parrino, R. (2004), Variation in the Monitoring Incentives of Outside Blockholders, University of Texas at Austin, Working Paper, http://www.mccombs.utexas.edu/faculty/robert.parrino/BBP.pdf (21.12.2004)

Botosan, C. A. (1997), Disclosure Level and the Cost of Equity Capital, in: The Accounting Review, Vol. 72, No. 3, 1997, S. 323 – 349

Botosan, C. A., Harris, M. S, (2000), Motivations for a Change in Disclosure Frequency and Its Consequences: An Examination of Voluntary Quarterly Segment Disclosures, in: Journal of Accounting Research, Vol. 38, No. 2, 2000, S: 329 - 353

Botosan, C. A., Plumlee, M. (2002), A Re-Examination of Disclosure Level and the Expected Cost of Equity Capital, in: Journal of Accounting Research, Vol. 40, No. 1, 2002, S. 21 – 40

Botosan,C. A., Plumlee. M., Xie, Y. (2004), The Role of Private Information Precision in Determining the Cost of Equity Capital, Review of Accounting Studies, Vol. 9, No. 2/3, 2004, S. 233 – 259

Bott, C. (2002), Aktionärsstruktur, Kontrolle und Erfolg von Unternehmen, Wiesbaden 2002

Boumolsleh, A. (2005), Director Compensation and Board Effectiveness, University of Alabama, Working Paper Series, präsentiert FMA Annual Meeting, Chicago, Oktober 2005

Bóren, Ó., Ódegaard, B. A., (2003), Governance and Performance Revisited, ECGI Finance Working Paper No. 28, 2003

Bradley, N. (2004), Corporate Governance Scoring and the Link between Corporate Governance and Performance Indications: in search of the Holy Grail, in: Corporate Governance, Vol. 12, No. 1, 2004, S. 8 – 10

Brennan, M .J. (1994), Incentives, Rationality and Society, in: Journal of Applied Corporate Finance, Vol. 7, No. 2. 1994, S. 30 – 39, neu abgedruckt in: Chew, D. H., Gillan, S. L. (Hrsg.), Corporate Governance at the Crossroads – A book of Readings, New York, 2005

Brennan, M., Tamaroski, C. (2000), Investor Relations, Liquidity and Stock Prices, in: Journal of Applied Corporate Finance, Vol. 12, No. 4, 2000, S. 26 – 37

Brenner, S., Schwalbach, J. (2003), Management Quality, Firm Size, and Managerial Compensation. A Comparison between Germany and the UK, in: Schmalenbach Business Review, Vol. 55, 2003, S. 280 - 293

Breuer, R.-E., Geiger, H. Döring, C. (2003), Podiumsdiskussion zur „Zukunft der Hauptversammlung in Deutschland", in: Cromme, G. (Hrsg.) Corporate Governance Report 2003, Stuttgart, 2003, S. 77 – 93

Brickley, J., Lease, R., Smith, C. (1988), Ownership Structure and Voting on Anti – Takeover Amendments, in: Journal of Financial Economics, Vol. 20, 1988, S. 267 – 292

Bromily, P., Cummings, L. L. (1992), Transaction costs in organizations with trust, Working Paper No. 28, Strategic Management Research Center, University of Minnesota, 1992

Brown, L. D., Caylor, M. L. (2004), Corporate Governance Study: The Correlation between Corporate Governance and Company Performance, Research Study commissioned by ISS Institutional Shareholder Services, 2004

Brown, L. D., Caylor, M. L. (2005), Corporate Governance and Firm Valuation, Paper, Georgia State University, 2005

Brown, L. D., Caylor; M. L. (2006a), Corporate Governance and Firm Operating Performance, Paper, Georgia State University, 2006

Brown, L. D., Caylor; M. L. (2006b), Corporate Governance and Firm Valuation, Journal of Accounting and Public Policy, Vol. 25, 2006, S. 409 – 434

Bruhns, H.-G. (1999), Harmonisierung des externen und internen Rechnungswesens auf Basis internationaler Bilanzierungsvorschriften, in: Küting, K., Langenbucher, G. (Hrsg.) Interne Rechnungslegung: Harmonisierung der externen und internen Rechnungslegung, Stuttgart, 1999, S. 585 - 603

Bryan, S., Hwang, L-S., Klein, A., Lilien, S. (2000), Compensation of Outside Directors: An Empirical Analysis of Economic Determinants, Working Paper Series, 2000

Bryan, S., Klein, A. (2004), Non-Management Director Options, Board Characteristics, and Future Firm Investments and Performance, New York University, Law and Economics Research Paper Series, Working Paper No. 04-009, 2004

Budäus, D., Srocke, I. (2003), Public-Corporate-Governance-Kodex – ein Ansatz zur Verbesserung des Steuerungs- und Kontrollsystems im öffentlichen Sektor, in: Blümle, E. B., Pernsteiner, H., Purtschert, R., Andessner, R. (Hrsg.): Festschrift für Reinbert Schauer: Öffentliche Verwaltung und Non-Profit-Organisationen, Wien 2003, S. 79 – 102

Burkart, M., Panunzi, F. (2006), Takeovers, ECGI Finance Working Paper, No. 118/2006

Burrell, G., Morgan, G. (1979), Sociological paradigms and organizational analysis, London, 1979

Bushee, B. (1998), The Influence of Institutional Investors on Myopic R&D Investment Behavior, In: The Accounting Review, Vol. 73, No. 3, 1998, S. 305 – 333

Bushman, R. M., Smith, A. J. (2001), Financial Accounting information and corporate governance, in: Journal of Accounting and Economics, Vol. 32, 2001, S. 237-333

Bushman, R. M., Smith, A. J. (2003), Transparency, Financial Accounting Information and Corporate Governance, in: FRBNY Economic Policy Review, April 2003, S. 65 – 87

BVI Bundesverband deutscher Investment-Gesellschaften e. V. (2004a), Corporate Governance und Investmentfonds, Jahrbuchartikel 2004, S. 73 – 79

BVI (2004b), Investment 2004, Daten, Fakten, Entwicklungen, http://www.bvi.de/downloads/jb_2004_v2.pdf, (20.12.2004)

Cable, J. (1985), Capital market information and industrial performance: The role of West German Banks, in. Economic Journal, Vol. 95, 1965, S. 118 – 132

Carleton, W. T., Nelson, J. M., Weisbach, M. S. (1998), The Influence of Institutions on Corporate Governance Through Private Negotiations. Evidence from TIAA-CREF', Journal of Finance, 53, 1335 - 1362

Cascio, W. F. (2004), Board governance: A social systems perspective, in: Academy of Management Executive, Vol. 18, No. 1, 2004, S. 97 – 100

Certo, T., Daily, C., Dalton, D. (2001), Signaling firm value through board structure – an investigation of initial public offerings, in: Entrepreneurship Theory and Practice, Vol. 26, No. 2, 2001, S. 33 – 50

Chan, K. C., Li, J. (2005), Evidence on Audit Committee and Firm Value: A Cross-secional Analysis, Working Paper, Western Kentucky University/Loyola College in Maryland, 2005

Chandler, A. D. (1997), The Visible Hand, Cambridge (MA), 1997

Charkham, J. P. (1994), Keeping Good Company. A Study of Corporate Governance in Five Countries, Oxford, 1994

Chen, K. C. W., Chen, Z., Wei, K. C. K. (2003), Disclosure, Corporate Governance, and the Cost of Equity Capital: Evidence from Asia's Emerging Markets, Working Paper, Hong Kong University of Science and Technology, 2003

Cheng, C. S. A., Collins, D., Huang, H. H. (2003), Disclosure and the Implied Cost of Equity Capital: The Case of the S&P Transparency and Disclosure Rankings, Working Paper, C. T. Bauer College of Business, University of Houston, 2003

Chirinko, R. S., Elston, J. A. (2003), Finance, Control, and Profitability: The Influence of German Banks, Working Paper, Emory University, CESifo, University of Florida, 2003

Chin, T., Vos, E., Casey, Q. (2004), Levels of Ownership Structure, Board Composition and Board Size seem unimportant in New Zealand, in: Corporate Ownership & Control, Vol. 2, No. 1, 2004, S. 119 – 127

Clarke, T. (1998), Research on Corporate Governance, in: Corporate Governance, Vol. 6, No. 1, 1998, S. 57 -66

Clarke, T. (2004a), Cycles of Crisis and Regulation: the enduring agency and stewardship problems of corporate governance, in: Corporate Governance, Vol. 12, No. 2, 2004, S. 153 – 161

Clarke, T. (2004b), (Hrsg.) Theories of Corporate Governance, New York, 2004

Clarkson, P., Guedes, J., Thompson, R. (1996), On the Diversification, Observability and Measurement of Estimation Risk, in: Journal of Financial and Quantitative Analysis, Vol. 31, No. 1, 1996, S. 69 – 83

Coase, R. H. (1937), The Nature of the Firm, in: Economica, 4, S. 386 – 405

Coase, R. H. (1960), The Problems of Social Costs, in: Journal of Law and Economics, Vol. 3, 1960, S. 1 – 40

Coase, R. H. (1998), The New Institutional Economics, in: American Economic Review, Vol. 88, 1998, S. 72 – 74

Coenenberg, A. G., Mattner, G. R., Schultze, W. (2003), Wertorientierte Steuerung: Anforderungen, Konzepte, Anwendungsprobleme; in Rathgeber, A., Tebroke, H.-J., Wallmeider, M. (Hrsg.) Finanzwirtschaft, Kapitalmarkt und Banken, Festschrift für Professor Dr. Manfred Steiner zum 60. Geburtstag, Stuttgart, 2003, S. 1 – 24

Coffee, J. C. Jr. (1991), Liquidity versus Control: The Institutional Investor as Corporate Monitor, in: Columbia Law Review, Vol. 91, No. 6, 1991, S. 1277 – 1368

Coffee, J. C. Jr. (1996), Organhaftung im amerikanischen Recht, in: Feddersen, D., Hommelhoff, P., Schneider, U. H. (Hrsg.):Corporate Governance, Optimierung der Unternehmensführung und der Unternehmenskontrolle im deutschen und amerikanischen Aktienrecht, Köln, 1996, S. 165 – 208

Coles, J. W., McWilliams, V. B., Sen, N. (2001), An examination of the relationship of governance mechanisms to performance, in: Journal of Management, Vol. 27, 2001, S. 23 – 50

Coles, J. W., Daniel, N. D., Naveen, L. (2004), Boards: Does one size fit all? Working Paper, Georgia State University, Atlanta, 2004

Collett, P., Hrasky, S. (2005), Voluntary Disclosure of Corporate Governance Practices by Listed Australian Companies, in: Corporate Governance, Vol. 13, No. 2, 2005, S. 188 - 196

Conger, J., Finegold, D., Lawler, E. (1998), Appraising Boardroom performance, in: Harvard Business Review, Vol. 76, 1998, S. 136 – 148

Conyon, M. J., Peck, S. I. (1998), Board Size and Corporate Performance: evidence from European Countries, in: The European Journal of Finance, Vol. 4, 1998, S: 291 – 304

Conyon, M. J., Schwalbach, J. (2000), European Differences in Executive Pay and Corporate Governance, in: ZfB Ergänzungsheft 1/2000: Corporate Governance, S. 97 – 114

Copeland, T. E., Weston, J. F., Shastri, K. (2005), Financial Theory and Corporate Policy, Boston, 2005

Core, J. E., Larcker, D. F. (2002), Performance consequences of mandatory increases in executive stock ownership, in: Journal of Financial Economics, Vol. 46, 2002, S. 317 - 340

Core, J. E., Guay, W. R., Larcker, D. F. (2003), Executive Equity Compensation and Incentives: A Survey, in: FRBNY Economic Policy Review, April 2003, S. 27 – 50

Core, J. E., Guay, W. R., Thomas, R. S. (2005), Is U.S. CEO compensation inefficient pay without performance? In: Michigan Law Review, Vol. 103, 2005, S. 1142 – 1184

Core, J. E., Guay, W. R., Rusticus, T. O. (2006), Does Weak Governance Cause Weak Stock Returns? An Examination of Firm Operating Performance and Investors´ Expectations, in: Journal of Finance, Vol. 61, S. 655 – 687

Cosh, A., Hughes, A. (1997), Executive remuneration, executive dismissal and institutional shareholdings, in: Journal of Industrial Organization, Vol. 15, 1997, S. 469 – 492

Cotter, J., Silvester, M. (2003), Board and Monitoring Committee Independence, in: Abacus, Vol. 39, No. 2, 2003, S. 211 – 233

Credit Lyonnais Securities Asia, Emerging Markets, (CLSA) (2003), Corporate Governance in Emerging Markets – Saints & Sinners- who's got religion? http://www.worldbank.org/wbi/banking/finsecpolicy/domestic2003/pdf/CreditLyonnai s_Gill.pdf (10.2.2004)

Cremers, K. J. M., Nair, V. B. (2005), Governance Mechanisms and Equity Prices, in: Journal of Finance, Vol. 60, 2005, S. 2859 – 2894

Cromme, G. (2002), Rede anlässlich der Pressekonferenz nach Übergabe des Deutschen Corporate Governance Kodex an die Bundesjustizministerin am 26.02.2002 in Berlin, http://www.corporate-governance-code.de/ger/news/rede-cromme-20020226.html (11.02.2004)

Cromme, G.(2003): Entwicklung der Corporate Governance in Deutschland, in: Cromme, G. (Hrsg.) Corporate Governance Report 2003, Vorträge und Diskussionen der 2. Konferenz Deutscher Corporate Governance Kodex, Stuttgart, 2003, S. 19 - 35

Cuervo, A., (2002), Corporate Governance Mechanisms: a plea for less code of good governance and more market control, in: Corporate Governance, Vol. 10, Nr. 2, S. 84 – 93

Dahya, J., McConnell, J. J., Travlos, N. G. (2002), The Cadbury Committee, Corporate Performance, and Top Management Turnover, in. Journal of Finance, Vol. 57, 2002, S. 461 – 483

Daily, C. M., Johnson, J. L., Ellstrand, A. E., Dalton, D. R. (1996), Institutional Investor Activism: Follow the leaders? Working Paper, Purdue and Indiana University, 1996

Daily, C. M., Johnson, J. L., Ellstrand, A. E., (1996), Boards of Directors: A Review and Research Agenda, in: Journal of Management, Vol. 22, No. 3, 1996, S. 409 – 438

Daily, C. M., Dalton, D. R. (1997), CEO and Board Chair Roles held jointly or separately: much ado about nothing? In: Academy of Management Executive, Vol. 11, No. 3, 1997, S. 11 – 20

Daily, C. M., Dalton, D. R., Canella, A. A. (2003), Corporate Governance: Decades of Dialogue and Data, in: Academy of Management Review, Vol. 28, No. 3, 2003, S. 371 – 382

Daily, C, M., Dalton, D. R. (2003), Dollars and Sense: the Path to Board Independence, in: Journal of Business Strategy, Vol. 24, No. 3, 2003, S. 41 – 44

Dallas, G. (2005), Ensuring companies walk the walk, in. Global Agenda Magazin, URL: http://www.globalagendamagazine.com/2005/georgedallas.asp (20.02.2006)

Dallas, G., Patel, S. (2004), Corporate Governance as a Risk Factor, in: Dallas, G. (Hrsg.) Governance and Risk – an analytical handbook for investors, managers, directors and stakeholders, New York, 2004, S. 2 – 19

Dalton, D. R., Daily, C. M., Ellstrand, A. E., Johnson, J. L. (1998), Meta-analytic Reviews of board composition, leadership structure and financial performance, in: Strategic Management Journal, Vol. 19, 1998, S. 269 – 290

Dalton, D. R., Daily, C. M., Certo, S. T., Roengpitya, R. (2003), Meta-Analysis of Financial Performance and Equity: Fusion or Confusion, in: Academy of Management Journal, Vol. 46, No. 1, 2003, S. 13 - 26

Dalton, C. M., Dalton, D. R. (2005), Boards of Directors: Utilizing Empirical Evidence in Developing Practical Prescriptions, in: British Journal of Management, Vol. 16, 2005, S. 91 – 97

Davidson, W. N., Pilger, T., Szakmary, A. (2004), The Importance of Board Composition and Committee Structure: The Case of Poison Pills, in: Corporate Ownership & Control, Vol. 1, No. 3, 2004, S. 81 – 95

Daves, A. (1999), A Strategic Approach to Corporate Governance, London, 1999

Davis, J. H., Schoorman, F. D., Donaldson, L. (1997), Toward a Stewardship Theory of Management, Academy of Management Review, 1997, Reprinted in Clarke, T. (Hrsg.) Theories of Corporate Governance, London, 2004, S. 118 – 134

De Andres, P., Azofra, V., Lopez, F. (2005), Corporate Boards in OECD Countries: size, composition, functioning and effectiveness, in: Corporate Governance, Vol. 13, No. 2, 2005, S. 197 – 210

Deci, E., Ryan, R. (1985), Intrinsic Motivation and Self-Determination in Human Behaviour, New York, 1985

DeFond, M. L., Hann, R. N., Hu, X. (2004), Does the Market Value Financial Expertise on Audit Committees of Boards of Directors? Working Paper, Leventhal School of Accounting, University of Southern California, 2004

De Jong, A. (2002), The Disciplining Role of Leverage in Dutch Firms, in: European Finance Review, Band 6, No. 1, 2002, S. 31 – 62

De Jong, A., Dejong, D. V., Mertens, G., Wasley, C. C. (2005), The role of self-regulation in corporate governance: evidence and implications from the Netherlands, in: Journal of Corporate Finance, Vol. 11, 2005, S. 473 – 503

Dedman, E. (2000), An Investigation into the Determinants of UK-Board Structure before and after Cadbury, in: Corporate Governance, Vol. 8, 2000, S. 133 – 153

Del Guercio, D., Hawkins, J. (1999), The Motivation and Impact of Pension Fund Activism, in: Journal of Financial Economics, 52. Jg., 1999, S. 293 – 340

Demsetz, H., Lehn, K. (1985), The structure of corporate ownership: causes and consequences, in: Journal of Political Economy, Vol. 93, 1985, S. 1155 – 1177

Denis, D. K. (2001), Twenty-five years of Corporate Governance Research and counting, in: Review of Financial Economics, Vol. 10. 2001, S. 191 -212

Deutsches Aktieninstitut (2004), Stellungnahme zu dem Referentenentwurf eines Gesetzes zur Unternehmensintegrität und Modernisierung des Aktienrechts (UMAG), 31.03.2004

Deutsche Bundesbank (1998), Strukturveränderungen am deutschen Kapitalmarkt im Vorfeld der europäischen Währungsunion, Monatsbericht April, 1998

Deutsche Bundesbank (2002), Rechnungslegungsstandards für Kreditinstitute im Wandel, Monatsbericht Juni 2002

Deutsche Bundesbank (2003a), Gesamtwirtschaftliche Aspekte der Aktienkursentwicklung, Monatsbericht März 2003

Deutsche Bundesbank (2003b), Monatsbericht 11/2003, Finanzmärkte in Deutschland, S. 26- 35

Deutsche Bundesbank (2004), Die deutsche Zahlungsbilanz für das Jahr 2003, Monatsbericht März 2004

Deutsche Bundesregierung (2004), Gesetzesentwurf der Bundesregierung: Entwurf eines Gesetzes zur Unternehmensintegrität und Modernisierung des Aktienrechts, 29.1.2004

Deutsche Schutzvereinigung für Wertpapierbesitz e. V. (2004), Stellungnahme zu dem Referentenentwurf eines Gesetzes zur Unternehmensintegrität und Modernisierung des Aktienrechts (UMAG)

Deutsche Telekom AG (2003), Geschäftsbericht 2002

Deutsche Telekom AG (2004), Geschäftsbericht 2003

Diamond, D. W. (1984), Financial Intermediation and Delegated Monitoring, in: Review of Economic Studies, Vol. 51, 1984, S. 393 – 414

Diamond, D. W. (1985), Optimal Release of Information by firms, in: Journal of Finance, Vol. 40, 1985, S. 1071 – 1094

Diamond, D. W. (1989), Reputation Acquisitions in Debt Markets, in: Journal of Political Economy, Vol., 97, No. 41, S. 828 – 862

Diethelm, V. (2006), Heuschrecken alarmieren Aktionäre, in FTD online, http://www.ftd.de/boersen_maerkte/geltanlage/100990.html (02.08.2006)

Döring, C. (2004), Transparenz der Vorstandsbezüge immer noch dürftig, in: Börsenzeitung, Ne. 141, 24.07.2004, S. 8

Doidge, C., Karolyi, G. A., Stulz, R. M. (2004), Why do Countries matter so much for Corporate Governance?, University of Toronto, The Ohio State University, NBER, August (2004), URL: http://w4.stern.nyu.edu/finance/docs/pdfs/Seminars/043w-stulz.pdf (12.02.2006)

Donaldson, L., Davis, J. H. (1994), Boards and Company Performance – Research challenges the conventional wisdom, in: Corporate Governance, Vol. 2, S. 151 – 160

Donaldson, L. (1995), American Anti-Management Theories of Organization: A Critique of Paradigm Proliferation, Cambridge, 1995

Drazin, R., Van den Ven, A. H. (1985), Alternative forms of fit in contingency theory, in: Administrative Science Quarterly, Vol. 30, Issue 4, 1985, S. 514 – 539

Drobetz, W., Schillhofer, A., Zimmermann, H. (2004), Ein Corporate Governance Rating für deutsche Publikumsgesellschaften, in: ZfB, 74. Jg., Heft 1, 2004, S. 5 – 25

DSW (Deutsche Schutzvereinigung für Wertpapierbesitz) (2004), The Importance of Corporate Governance for Funds in Germany, A Survey by DSW and Feri Trust, 2004

DSW (Deutsche Schutzvereinigung für Wertpapierbesitz) (2006), DSW-Studie zur Vorstandsvergütung, Oktober 2006

Dufey, G., Hommel, U. (1997), Der Shareholder Value-Ansatz: US-amerikanischer Kulturimport oder Diktat des globalen Markes?, in: Engelhard, J. (Hrsg.): Interkulturelles Management, Wiesbaden, S. 183 – 211

Dufey, G., Hommel. U., Riemer-Hommel, P. (1998), Corporate Governance: European vs. U.S. Perspectives in a Global Capital Market, in: Scholz, C., Zentes. J. (Hrsg.) Strategisches Euro-Management, Vol. II, Stuttgart, 1998, S. 45 – 64

Dulevicz, V., Herbert, P. (2004), Does the Composition and Practice of Boards of Directors Bear Any Relationship to the Performance of their Companies? In: Corporate Governance, Vol. 12, No. 3, 2004, S. 263 – 280

Durnev, A., Han Kim, E. (2005), To Steal or not to Steal: Firm Attributes, Legal Environment, and Valuation, in: Journal of Finance, Vol. 60, 2005, S. 1461 – 1493

Dyck, A., Zingales, L. (2004), Private Benefits of Control: An International Comparison, in: The Journal of Finance, Vol. LIX, Nr. 2, 2004, S. 537 – 600

Easley, D., O´Hara, M. (2004), Information and the Cost of Capital, in: Journal of Finance, Vol. LIX, No. 4, 2004, S. 1553 – 1582

Eberhardt, S. (1998), Wertorientierte Unternehmensführung: der modifizierte Stakeholder-Value-Ansatz, Wiesbaden, 1998

Eckert, S. (2006), Hedge-Fonds als Vorstands-Schreck, in: Financial Times Deutschland, 03.11.2006, http://www.ftd.de/karriere_management/128009.html (03.11.2006)

Eisenberg, T., Sundgren, S., Wells, M. T. (1998), Larger Board Size and decreasing firm value in small firms, in: Journal of Financial Economics, Vol. 48, 1998, S. 35 – 54

Eisenhardt, K. (1985), Control: Organisational and economic approaches, in: Management Sciences, Vol. 31, 1985, S. 134 – 149

Elman, C. (2005), Explanatory Typologies in Qualitative Studies of International Politics, in: International Organization, Vol. 59, No. 2, 2005, S. 293 – 326

Elsas, R., Krahnen, J. P. (2003), Universal Banks and Relationships with Firms, Working Paper No. 2003/20, Center for Financial Studies, Johann Wolfgang Goethe Universität, Frankfurt, 2003

Elston, J. A. (1998), Investment, liquidity constraints and bank relationships: Evidence from German manufacturing firms, in. Black, S. W., Moersch, M. (Hrsg.): Competition and convergence in Financial Markets, Amsterdam, 1998

Elston, J. A. (2003), Bank Influence, Firm Performance and Survival: Empirical Evidence from Germany 1970 – 1986, Working Paper, University of Central Florida, 2003

Eng, L. L., Mak, Y. T. (2003), Corporate Governance and voluntary disclosure, in: Journal of Accounting and Public Policy, Vol. 22, 2003, S. 325 – 345

English, P. C., Smythe, T. I, McNeil, C. R. (2000), The role of return reversal in the "CalPERS Effect", Texas Tech University, Working Paper, 2000

English, P. C., Lie, E., Maxwell, W. F. (2003), Does Institutional Activism work? Working Paper, Version 21.4.2003, http://eller.arizona.edu/~maxwell/pdf-files/Inst_Activism.pdf (04.01.2005)

English, P. C., Smythe, T. I, McNeil, C. R. (2004), The "CalPERS Effect" revisited, in: Journal of Corporate Finance, Vol. 10. 2004, S. 157 - 174

Erlei, M., Leschke, M., Sauerland, D. (1999), Neue Institutionenökonomik, Stuttgart, 1999

Erlei, M, Jost, P.-J. (2001), Theoretische Grundlagen des Transaktionskostenansatzes, in: Jost, P.-J. (Hrsg.): Der Transaktionskostenansatz in der Betriebswirtschaftslehre, Stuttgart, 2001, S. 35 – 75

Europäische Union (2004), Richtlinie des Europäischen Parlaments und des Rates betreffend Übernahmeangeboten, 2002/0240 COD, Brüssel, 16.03.2004

EU-Kommission (2001), Vorschlag für eine Verordnung des Europäischen Parlaments und Council Regulation on the Application of international Accounting standards. A5-0070/2001, 28.2.2002

EU-Kommission (2004), Empfehlungen der Kommission zu den Aufgaben der nicht geschäftsführenden Direktoren/Aufsichtsratsmitglieder sowie zu den Ausschüssen des Verwaltungs-/Aufsichtsrats, 2004

EU-Kommission (2005), Empfehlung der Kommission vom 15.02.2005 zu den Aufgaben von nicht geschäftsführenden Direktoren / Aufsichtsratmitgliedern / börsennotierter Gesellschaften so wie zu den Ausschüssen des Verwaltungs-/Aufsichtsrats (2005)

Evers, H. (1995), Entgeltpolitik für Führungskräfte, in: Kieser, A., Reber, G., Wunderer, R. (Hrsg.) Handwörterbuch der Führung, Stuttgart, 1995, S. 297 – 306

Faccio, M., Lang, L. H. P., Young, L. (2001), Debt and Expropriation, Working Paper, EFMA 2001 Lugano Meeting

Fallgatter, M. J. (2003), Variable Vergütung von Mitgliedern des Aufsichtsrates: Resultiert eine verbesserte Unternehmensüberwachung? In: DBW, 63. Jg. No. 6, 2003, S. 703 – 713

Fallgatter, M. J. (2004), Die Empfehlungen zur Aufsichtsratsvergütung des Deutschen Aktieninstitutes und von Towers Perrin – Eine Analyse von Anreizwirkungen, in: BFuP, No. 5, 2004, S. 452 – 462

Fama, E. F. (1978), The effect of a Firm's Investments and Financing Decisions on the Welfare of It's Security Holders, in: American Economic Review, Vol. 68, 1978, S. 272 – 284

Fama, E. F. (1980), Agency Problems and the Theory of the Firm, in: Journal of Political Economy, Vol. 88, S. 288 – 307

Fama, E. F. (1985), What´s Different about Banks? In: Journal of Monetary Economics, Vol. 15, No. 1, 1985, S. 29 – 39

Fama, E. F. (1991), Efficient Capital Markets: II, in: Journal of Finance, Vol. 46, S. 1575 – 1617

Fama, E. F., Jensen, M. C. (1983), Separation of Ownership and Control, in Journal of Economics, Vol. XXVI, 1983, S. 301 – 325

Fauver, L., Fuerst, M. E. (2004), Does Good Corporate Governance include Employee Representation? Evidence from German Corporate Boards, EFA 2004 Maastricht Meeting Paper No. 1171, 2004

Fehr, E., Klein, A., Schmidt, K. M. (2004), Contracts, Fairness and Incentives, CESifo Working Paper No. 1215, Juni 2004

Fernández-Rodríguez, E., Gómez-Ansón, S., Cuervo-García, A. (2004), The Stock Market Reaction to Introduction of Best Practice Codes be Spanish Firms, in: Corporate Governance, Vol. 12, No. 1, 2004, S. 29 – 66

Ferris, S. P., Jagannathan, M., Pritchard, A. C. (2003), Too Busy to Mind the Business? Monitoring by Directors with Multiple Board Appointments, in: Journal of Finance, Vol. LVIII, 2003, S. 1087 – 1111

Fich, E. M., Shivdasani, A. (2004), Are Busy Boards Effective Monitors? ECGI Working Paper 55/2004

Fisher, I. (1930), The Theory of Interest, Philadelphia, 1930

Fockenbrock, D., Mortsiefer, H. (2004), Vorstände brauchen ethische Grundsätze – Interview mit Justizministerin Brigitte Zypries, Der Tagespiegel, 02.08.2004

Franks, J., Mayer, C. (1996), Hostile Takeovers and the Correction of Managerial Failure, in: Journal of Financial Economics, Vol. 40 (1), 1996, S. 163 – 181

Franks, J., Mayer, C. (1998), Bank Control, Takeovers and Corporate Governance in Germany, in: Journal of Banking and Finance, Vol. 22, No.10/11, 1998, S. 1385 – 1403

Freedman, D. H. (1992), Is management still a science? In: Harvard Business Review, Vol. 70, Issue 6, Nov.-Dec., 1992. S. 26 – 38

Freeman, R. E. (1984), Strategic Management, Boston 1984

Freeman, R. E., Evan, W. M. (1990), Corporate Governance: A Stakeholder Interpretation, in: Journal of Behavioral Economics, Vol. 19, Issue 4, 1990, S. 337 – 360

Frey, B., Osterloh, M. (2005), Yes, Managers should be paid like bureaucrats, in: Journal of Management Inquiry, Vol. 14, No. 1, 2005, S. 96 - 111

Freye, M. B. (2004), Equity-Based Compensation for Employees: Firm Performance and Determinants, in: Journal of Financial Research, Vol. 27, No. 1, 2004, S. 31 – 54

Fried, J. M. (1998), Reducing the Profitability of Corporate Insider Trading Through Pretrading Disclosure, in: Southern California Law Review, Vol. 71, 1998, S. 309 – 392

FTSE (2005), FTSE ISS Corporate Governance Rating and Index Series – Measuring the Impact of Corporate Governance on Portfolios, 2005

Fuller, J., Jensen, M. (2002), Just Say No to Wall Street: Putting a Stop on Earnings Game, in: Journal of Applied Corporate Finance, Winter 2002, S. 41 – 46

Furubotn, E. G., Pejovich, S. (1972), Property Rights and Economic Theory: A Survey of Recent Literature, in: Journal of Economic Literature, Vol. 10, S. 1137 – 1162

Gabrielsson, J., Huse, M. (2004), Context, Behaviour and Evolution, in: International Studies of Management and Organisation, Vol. 34, No. 2, 2004, S. 11 – 36

Galbraith, J. R. (1977), Organization Design, Reading (Massachusetts, 1977

Gay, K. (2002), Board Theories and Governance Practices: Agents, Stewards and the Evolving Relationship with Stakeholders, in: Journal of General Management, Vol. 27, 2002, S. 36 – 61

Gendron, Y., Bédard, J., Gosselin, M. (2004), Getting Inside the Black Box: A Field Study of Practices in "Effective Audit Committees, in: Auditing: A Journal of Practice and Theory, Vol. 23, No. 1, March 2004, S. 153 -171

Gerke, W., Bank, M., Stelger, M. (2000), The Changing Role of Institutional Investors – a German Perspective, http://www.econ-pol.unisi.it/scdbanc/CONFERENZA/FILE_PDF/10-Gerke.pdf. (20.12.2004)

Gerum, E. (2004), Kann Corporate Governance Gerechtigkeit schaffen?, in: Schreyögg, G., Conrad, P. (Hrsg.), Managementforschung 14 (2004), S. 1 – 45

Gerum, E., Wagner, H. (1998), Economics of Labour Co-Determination in View of Corporate Governance, in: Hopt, K. J., Kanda, H., Roe, M., Wymeersch, E., Prigge, S. (Hrsg.) Comparative Corporate Governance – The State of The Art and Emerging Research, Oxford, 1998, S. 341 – 386

Gillan, S. L. (2001a), Has Pay for Performance gone awry? Views from a Corporate Governance Forum, TIAA-CREF Institute Research Dialogue, No. 68, 2001, neu abgedruckt in Chew, D. H., Gillan, S. L. (Hrsg.) Corporate Governance at the Crossroads – a book of readings, New York, 2005, S. 209 – 218

Gillan, S. L. (2001b), Option-based Compensation: Panacea or Pandora's Box?, presented at TIAA-CREF Institute Corporate Governance Forum 2001, neu abgedruckt in Chew, D. H., Gillan, S. L. (Hrsg.) Corporate Governance at the Crossroads – a book of readings, New York, 2005, S. 232 – 245

Gillan, S. L., Starks, L. T. (2000), Corporate Governance proposals and shareholder activism: the role of the institutional investor, in: Journal of financial Economics, Vol. 57, 2000, S. 275 - 305

Gillan, S. L., Starks, L. T. (2003), Corporate Governance, Corporate Ownership, and the Role of Institutional Investors: A Global Perspective, in: Journal of Applied Corporate Finance, Vol. 13, No. 2, 2003, S. 4 – 22

Gilson, R. J. (2000), Transparency, Corporate Governance and Capital Markets, Working Paper, OECD Latin American Corporate Governance Roundtable, Sao Paulo, Brasilien, April 2000

Gilson, R. J., Gordon, J. N. (2003), Controlling Controlling Shareholders, Columbia Law and Economics Working Paper No. 228, 2003

Gilson, S. (1990), Bankruptcy, boards, banks and blockholders: Evidence on changes in corporate ownership and control when firms default, in: Journal of Financial Economics, Vol. 27, 1990, S. 355 – 387

Governance Metrics International Inc. (2003): Global Performance Analysis (2003), www.gmiratings.com (13.02.2004)

Göbel, E. (1997), Forschung im strategischem Management, Darstellung, Kritik, Empfehlungen, in: Kötzle, A. (Hrsg.) Strategisches Management – Theoretische Ansätze, Instrumente und Anwendungskonzepte im Dienstleistungsunternehmen, Stuttgart, 1997, S. 2 – 25

Göbel, E., (2002), Neue Institutionenökonomik, Stuttgart, 2002

Goldon, B. R., Zajac, E. J. (2001), When will Boards influence Strategy? Inclination x Power=Strategy Chance, in: Strategic Management Journal, Vol. 22, 2001, S: 1087 – 1111

Gomez, P.-Y., Russel, D. (2005), Boards of Directors in an Era of Corporate Scandal: An Examination of the Question of Motivation of Non-Executive Directors, Working Paper, EM LYON, French Corporate Governance Institute, präsentiert: Euram Conference, München, Mai 2005

Gompers, P. A., Ishii, J. L., Metrick, A., (2001), Corporate Governance and Equity Prices, Working Paper Series NBER, Working Paper 8449, Cambridge, MA, 2001

Gompers, P. A., Ishii, J. L., Metrick, A., (2003), Corporate Governance and Equity Prices, in: Quarterly Journal of Economics, Vol. 118, 2003, S. 107 – 155

Gordon, J. (2002), The Macroeconomic Benefits of Good Corporate Governance, http://www.imf.org/external/country/IND/rr/2002/pdf/011602.pdf (20.11.2006)

Gordon, J. N. (2003), An American Perspective on the New German Anti-Takeover Law, Harvard Law School John M. Olin Center für Law, Economics and Business, Discussion Paper No. 407, 2003

Gordon, J. N. (2005), Executive Compensation: If there's a problem, what's the remedy? The Case for "Compensation Disclosure and Analysis" ECGI Law Working Paper No. 35, 2005

Gordon, J. N., Roe, M. J. (2004) (Hrsg.), Convergence and Persistence in Corporate Governance, Cambridge, 2004

Gorton, G., Schmid, F. A (2000), Universal banking and performance of German Firms, in: Journal of Financial Economics, Vol, 58, 2000, S. 29 – 80

Grant, J., Kirchmaier, T. (2004), Corporate Ownership and Performance in Europe, Centre for Economic Performance, London School of Economics and Political Science, CEP Working Paper No 631, April 2004

Grass, D. (2004), Die Deutschen misstrauen der Aktie, in: Financial Times Deutschland, 29.06.2004, http://www.ftd.de/bm/ga/1090650101418, (29.07.2004)

Grass, D. (2006), Deutsche Aufsichtsräte verdienen mehr, in Financial Times Deutschland, 21.11.2006, http://ftd.de/karriere_management/koepfe/122665.html (21.11.2006)

Größl, I. (2003), Problem of Evaluation Small Firm's Quality as a Reason for Unfavourable Loan Conditions, Schriftenreihe der Hamburger Universität für Wirtschaft und Politik, Discussion Paper, 2003

Grossmann, S.-J., Hart, O. (1980a), Disclosure Laws and Takeover Bids, in: Journal of Finance, Vol. 35 (2), 1980, S. 323 – 334

Grossmann, S. J., Hart, O. (1980b), Takeover bids, the free rider problem, and the theory of the corporation, in: Bell Journal of Economics, Vol. 11, 1980, S. 42 – 69

Grossmann, S. J., Hart, O. (1986), The Costs and Benefits of Ownership: A Theory of Vertical and Lateral Integration, Journal of Political Economy, Vol. 94, 1986, S. 691 – 719

Grothe, P. (2006), Unternehmensüberwachung durch den Aufsichtsrat – ein Beitrag zur Corporate Governance Diskussion in Deutschland, Frankfurt am Main, 2006

Gugler, K. (2001), (Hrsg.), Corporate Governance and Economic Performance, Oxford, 2001

Gugler, K., Müller, D. C., Yurtoglu, B. B. (2003), The Impact of Corporate Governance on Investments Returns in Developed and Developing Countries, in: The Economic Journal, Vol. 113, 2003, S. 511 – 539

Gutiérrez, M., Tribó, J. A. (2004), Private Benefits Extractions in Closely- held corporations: The Case for Multiple Large Shareholders, ECGI Finance Working Paper No. 53, 2004

Hackethal, A. (2000), Banken, Unternehmensfinanzierung und Finanzsysteme, Frankfurt am Main, 2000

Häcker, M. (2003), Preiseinfluss institutioneller Investoren am deutschen Aktienmarkt, Europäische Hochschulschriften, Reihe V Volks- und Betriebswirtschaft, Bd. 2986, Frankfurt, 2003

Hall, B. J., Liebman, J. (1998), Are Ceo´s really paid like Bureaucrats, in: The Quarterly Journal of Economics, Vol. 113, No. 3, 1998, S. 653 – 690

Hall, B. J. (2005), Six Challenges in Designing Equity-Based Pay, in: Chew, D. H., Gillan, S. L. (Hrsg.) Corporate Governance at the Crossroads – a book of readings, New York, 2005, S. 268 – 280

Hambrick, D. C., Jackson, E. M. (2000), Outside Directors with a Stake: The Linchpin in Corporate Governance, in: California Management Review, Vol. 42, No. 4, 2000, S. 108 – 127

Hansmann, H., Kraakman, R. (2004), The end of history for corporate law, in: Gordon, J. N., Roe, M. J. (Hrsg.) Convergence and Persistence in Corporate Governance, Cambridge, 2004, S. 33 – 68

Hans Böckler Stiftung (2003a), Grundsätze ordnungsgemäßer Aufsichtsratstätigkeit, 2. Auflage, 2003, http://www.boeckler.de/cps/rde/xchg/SID-3D0AB75D-C1131853/hbs/hs.xsl/show_product_hbs.html?productfile=HBS-002616.xml (29.3.2005)

Hans Böckler Stiftung (2003b), Die Effizienzprüfung des Aufsichtsrats. Ein Leitfaden zur Evaluation, 2003, http://www.boeckler.de/pdf/p_ah_araete_16.pdf, (29.3.2005)

Hans Böckler Stiftung (2004), Zur aktuellen Kritik der Mitbestimmung im Aufsichtsrat, 2004, http://www.boeckler.de/pdf/mitbestimmung_2004.pdf (31.07.2004)

Harris, M., Raviv, A. (1990), Capital Structure and the Informational Role of Debt, in: Journal of Finance, Vol. XLV, No. 2, 1990, S. 321 - 349

Harris, M., Raviv, A. (1991), The Theory of Capital Structure, in: Journal of Finance, Vol. XLVI, No. 1, 1991. S. 297 – 355

Hart, O. (1983), The market mechanism as incentive scheme, in: Bell Journal of Economics, Vol. 144, 1983, S. 366 – 382

Hart, O. (1995): Corporate Governance: Some Theory and Implications, in: Economic Journal, Vol. 105, 1995, S. 678 - 689

Hart, O. (1997), Firms, contracts and financial structure, Oxford, 1997

Hart, O., Moore, J. (1988), Incomplete Contracts and Renegotiations, in: Econometrica, Vol. 56, 1988, S. 755 – 786

Hart, O. Moore, J. (1996), Debt and Seniority: An Analysis of the Role of Hard Claims in Constraining Management, in: The American Economic Review, Vol. 85, 1996, S. 567 – 585

Harvey, C. R., Lins, K. V., Roper, A. H. (2004), The effect of capital structure when expected agency costs are extreme, in: Journal of Financial Economics, Vol. 74, 2004, S. 3 – 30

Hawley, James P., Williams, Andrew. T. (1996), Corporate Governance in the United States: The rise of fiduciary capitalism – A review of the literature. The first prize of Lens 1996 Corporate Governance Paper Competition, http://www.lens-library.com/info/competition.html (15.10.2004)

Healy, P. M., Palepu, K. G. (2001), Information Asymmetry, Corporate Disclosure, and the capital markets: A review of the empirical disclosure literature, in: Journal of Accounting and Economics, Vol. 31, 2001, S. 405 – 440

Heidrick & Struggles (2005), Corporate Governance in Europe: what's the outlook? Heidrick & Struggles International Inc. 2005

Heiner, M. (1994), Erfahrungen aus der Evaluationsberatung. Konsequenzen für ein Fortbildungs- und Qualifizierungskonzept, in: Heiner, M. (Hrsg.): Selbstevaluation als Qualifizierung in der sozialen Arbeit, Freiburg, 1994, S. 56 – 77

Hendry, J. (2005), Beyond Self-Interest: Agency Theory and the Board in a Satisfying World, in: British Journal of Management, Vol. 16, 2005, S. 55 – 63

Hermalin, B. E. (1992), The effects of competition on executive behaviour, in: RAND Journal of Economics, Vol. 23 (3), 1992, S. 350 - 365

Hermalin, B. E., Weisbach. M. S (1988), The determants of board composition, Rand Journal of Economics, Vol. 19, 1988, S. 589 – 606

Hermalin, B. E., Weisbach, M. S. (1998), Endogenously Chosen Boards of Directors and Their Monitoring of the CEO, in: American Economic Review, Vol. 88, No. 1, 1998, S. 96 - 118

Hermalin, B. E., Weisbach, M. S. (2003), Boards of Directors as an Endogenously Determined Institution: A Survey of the Economic Literature, in: Federal Reserve Bank of New York Economic Policy Review, 2003, S. 7 – 26

Hermalin, B. E. (2004), Trends in Corporate Governance, NBER Working Paper, 2004, forthcoming in Journal of Finance, http://www.nber.org/confer/2004/si2004/cg/hermalin.pdf (1.8.2005)

Herzberg, F., Mausner, B., Snydermann B. B. (1959), The Motivation to Work, New York, 1959

Hertig, G. (2005), On-Going Board Reforms: One-Size-Fits-All and Regulatory Capture, ECGI Working Paper, No. 25, 2005

Hewitt Associates GmbH (2005), Institutional Investor Survey 2005: Executive Compensation, Wiesbaden, 2005

Higgs, D. (2003), Review of the role and effectiveness of non-executive directors, The Department of Trade and Industry, London

Hill, C. W. L. (1990), Cooperation, opportunism, an the invisible hand: Implications for transaction cost theory, in: Academy of Management Review, Vol. 15, 1990. S. 500 – 513

Hillmann, A. J., Canella, A. A., Paetzold, R. L. (2000), The Resource Dependence Role of Corporate Directors: Strategic Adaptation of Board Composition in Response to Environmental Change, in: Journal of Management Studies, Vol. 37, No. 2, 2000. S. 235 – 255

Hillmann, A. J., Keim, G. D., Luce, R. A. (2001), Board Composition and Stakeholder Performance: Do Stakeholder Directors make a difference? In: Business & Society, Vol. 40, No. 3, 2001, S. 295 – 314

Hillmann, A. J., Dalziel, T. (2003), Boards of Directors and Firm Performance: Integrating Agency- and Resource Dependence Perspectives, in: Academy of Management Review, Vol. 28, No. 3, 2003, S. 383 – 396

Himmelberg, C. P., Hubbard, R. G., Palia, D. (1999), Understanding the determinants of managerial ownership and the link between ownership and performance, in: Journal of Financial Economics, Vol. 53, 1999, S. 353 – 384

Hirschman, A. O. (1970), Exit, Voice and Loyality – Responses to Decline in Firms, Organizations and States, Cambridge, Massachusetts

Hirshleifer, D., Thakor, A. V. (1989), Managerial reputation, project choice and debt, Working Paper No. 14-89, Anderson Graduate School of Management at UCLA, 1989

Hirshleifer, D., Thakor, A. V. (1994), Managerial performance, boards of directors and takeover bidding, in: Journal of Corporate Finance, Vol. 1, 1994, S. 63 – 90

Ho, S. S. M., Wong, K. S. (2001), A Study of the relationship between corporate governance structures and the extent of voluntary disclosure, in: Journal of International Accounting, Auditing and Taxation, Vol. 10, 2001, S. 139 – 156

Hodgson, P. (2004a), The Wall Street Example: Bringing excessive executive compensation into line, in: Ivey Business Journal, May/June 2004, S. 1 – 7

Hodgson, P. (2004b), Poor Disclosure and Elitism: the Problems with Executive benefits, in: Ivey Business Journal, September/October 2004, S. 1 – 8

Hofstetter, K. (2005), One Size Does Not Fit All: Corporate Governance for "Controlled Companies", Harvard Law School, Juni 2005, http://www.hertig.ethz.ch/LE_2005-06_files/Papers/Hofstetter_Corporate_Governance_2005.pdf (10.01.2006)

Holderness, C. G. (2003), A Survey of Blockholders and Corporate Control, in: Economic Policy Review, April 2003, S. 51 - 63

Holland, J. (1998), Private Voluntary Disclosure, Financial Intermediation and Market Efficiency, in: Journal of Business Finance & Accounting, Vol. 25, No. (1) & (2), 1998, S. 29 – 68

Holmer, L. T. (1995), Trust: the connecting link between organizational theory and philosophical ethics, in: Journal of Management Review, Vol. 20, No. 2, 1995, S. 379 – 401

Holmström, B., Milgrom, P. (1987), Aggregation and Linearity in the Provision of Intertemporal Incentives, in: Econometrica, Vol. 55, 1987, S. 303 – 328

Holmström, B., Tirole, J. (1993), Market Liquidity and Performance Monitoring, in: Journal of Political Economy, Vol. 101, 1993, S. 678 – 709

Holmström, B., Kaplan, S. (2001), Corporate Governance and Merger Activity in the United States: Making Sense of the 1980s and 1990s, in: Journal of Economic Perspective, Vol. 15 (2), 2001, S. 121 – 144

Holmström, B., Kaplan, S. (2003), State of U.S. Corporate Governance: What's right and What's wrong? ECGI, Finance Working Paper 23/2003

Hopt, K. J, Wymeersch, E. (1997), (Hrsg.) Comparative Corporate Governance – Essays and Materials, New York, 1997

Hosmer, L. T. (1995), Trust: The Connecting Link between organisational Theory and Philosophical Ethics, in: Academy of Management Review, Vol. 20, No. 2, 1995, S. 379 – 403

Houston, J. F., James, C. M. (2001), Do Relationships have Limits? Banking Relationships, Financial Constraints and Investment, in: Journal of Business, Vol. 74, No. 3, 2001, S. 347 – 374

Hovakimian, A., Opler, T., Titman, S. (2001), The Debt-Equity Choice, in: Journal of Financial and Quantitative Analysis, Vol. 36, No.1, 2001, S. 1 – 24

Hummler, K., (2002), Shareholder Value und Nachhaltigkeit, in: Siegwart, H./Mahari, J. (Hrsg.): Corporate Governance, Shareholder Value & Finance, Meilensteine im Management, Band 9, Basel, 2002, S. 85 – 100

Hung, H. (1998), A typology of the theories of the roles of governing boards, in: Corporate Governance, Vol. 6, No. 2, 1998, S. 101 – 111

Huson, M., Parrino, R., Starks, L. (2001), Internal Monitoring and CEO-Turnover: A Long-Term Perspective, Journal of Finance, Vol. 56, No. 6, 2001, S. 2265 – 2297

Huse, M. (2005), Accountability and Creating Accountability: a Framework für Exploring Behavioural Perspectives of Corporate Governance, in: British Journal of Management, Vol. 16, 2005, S. 65 – 79

Hutchinson, M. (2002), An Analysis of the Association between Firm´s Investment Opportunities, Board Composition, and Firm Performance, in: Asia-Pacific Journal of Accounting and Economics, Vol. 9, No. 1, 2002, S. 17 – 38

Huther, J. (1997), An Empirical Test of the Effect of Board Size on Firm Efficiency, in: Economics Letters, Vol. 54, 1997, S. 259 – 264

Ingley, C. B., van der Walt, N. T. (2001), The Strategic Board: the changing role of directors in developing and maintaining corporate capability, in: Corporate Governance, Vol. 9, No. 3, 2001, S. 174 - 185

Ingley, C. B., van der Walt, N. T. (2004), Corporate Governance, Institutional Investors and Conflicts of Interest, in: Corporate Governance, Vol. 12, No. 4, 2004, S. 534 - 551

Institutional Shareholder Service (ISS) (2005), Better Governance Results in Higher Profits and Lower Risk, 2005

Januszewski, S. I., Köke, J., Winter, J. K. (2002), Product market competition, corporate governance and firm performance: An empirical analysis for Germany, in: Research in Economics, Vol. 56, 2002, S. 299 - 332

Jensen, M. C. (1986) Agency cost of free cash flow, corporate finance, and takeovers, in: American Economic Review, Vol. 6, No. 2, S. 323 – 329

Jensen, M. C. (1989), Active Investors, LBO´s and the privatization of bankruptcy, in: Journal of Applied Corporate Finance, Vol. 2, 1989, S. 35 – 44

Jensen, M. C. (1993), The Modern Industrial Revolution, Exit, and the Failure of Internal Control Systems, in: Journal of Finance, Vol. 48, 1993, S. 831 – 880

Jensen, M. C. (1994), Self-Interest, Altruism, Incentives and Agency Theory, in: Journal of Applied Corporate Finance, Vol. 7, No. 2, 1994, S. 40 - 45, neu abgedruckt in: Chew, D. H., Gillan, S. L. (Hrsg.), Corporate Governance at the Crossroads – A book of Readings, New York, 2005

Jensen, M. C., Meckling, W. H. (1976), Theory of the Firm Managerial Behaviour, Agency-Costs and Ownership Structure, in: Journal of Financial Economics, Vol. 3, 1976, S. 305 – 360

Jensen, M. C., Meckling, W. H. (1994), The Nature of Man, in: Journal of Applied Corporate Finance, 1994, S. 4 -19, http://www.hbs.edu/units/om/natur.pdf (04.09.2004), neu abgedruckt in: Chew, D. H., Gillan, S. L. (Hrsg.), Corporate Governance at the Crossroads – A book of Readings, New York, 2005

Jensen, M. C., Ruback, R. (1983), The market for corporate control: the scientific evidence, in: Journal of Financial Economics, Vol. 11 (1-4), 1983, S. 5 – 50

Jensen, M. C., Murphy, K. J. (1990), CEO incentives – it's not how much you pay but how, in: Harvard Business Review, May – June 1990, No. 3, 1190, S. 138 – 153

Jensen, M. C., Chow, D. H. (1995), US Corporate Governance, Lessons from the 1980's, auch veröffentlicht in Jensen, M. C., A Theory of the Firm: Governance, Residual Claims and Organizational Forms, Harvard, 2000

Jensen, M. C., Murphy, K. J., Wruck, E. G. (2004), Remuneration: Where we've been, how we got there, what are problems and how to fix them, ECGI, Finance Working Paper No. 44/2004

Jost, P., J. (2001), Der Transaktionskostenansatz im Unternehmenskontext, in: Jost, P., J. (Hrsg.) Der Transaktionskostenansatz in der Betriebswirtschaftslehre, Stuttgart, 2001, S. 9 – 34

John, K., Senbet, L. W. (1998), Corporate Governance and Board Effectiveness, in: Journal of Banking and Finance, Vol. 22, 1998, S. 371 – 403

Johnson, J. L., Daily, C. M., Ellstrand, A. E. (1996), Board of Directors: A Review and Research Agenda, in: Journal of Management, Vol. 22, No. 3, S. 409 – 438

Ju, N., Parrino, R., Poteshman, A. M., Weisbach, M. S. (2002), Horses and Rabbits? Optimal Dynamic Capital Structure from Shareholder and Manager Perspectives, NBER Working Paper Series, Working Paper 9327, NBER, Cambridge (MA), 2002

Jürgens, U., Lippert, I. (2005), Kommunikation und Wissen im Aufsichtsrat: Voraussetzungen und Kriterien guter Aufsichtsratsarbeit aus der Perspektive leitender Angestellter, WZB-Discussion Paper SPIII 2005 – 301, 2005

Kaas, K. P. (1995), Marketing und Neue Institutionenökonomik, in Kaas, K. P. (Hrsg.): „Kontrakte, Geschäftsbeziehungen, Netzwerke – Marketing und Neue Institutionen-ökonomik", ZfbF, Sonderheft 35, Düsseldorf/Frankfurt/M., 1995, Seite 1 – 17

Kang, J.-K., Stulz, R. M. (1997), Is bank-centered Corporate Governance worth it? A cross-sectional analysis of the performance of Japanese firms during the asset price deflation, Working Paper, 1997

Kao, L., Chen, A, (2004), The Effects of Board Characteristics on Earnings Management, in: Corporate Ownership & Control, Vol. 1, No. 3, 2004, S. 96 – 107

Karpoff, J. M., Malatesta, P. H., Walkling, R. A. (1996), Corporate Governance and Shareholder initiatives: Empirical Evidence, in: Journal of Financial Economics, Vol. 42, 1996, S. 365 - 395

Karpoff, J. M. (2001), The Impact of Shareholder Activism on Target Companies: A Survey of Empirical Findings, University of Washington, Working Paper, 2001

Katz, R. (1982), Project Communication and Performance: An Investigation into the Effects of Group Longevity, in: Administrative Science Quarterly, Vol. 27, 1982, S. 81 – 104

Keasey, K, Thompson, S., Wright, M. (1997), (Hrsg.) Corporate governance: economic and financial issues, Oxford, 1997

Keasey, K, Thompson, S., Wright, M. (1997), Introduction: The Corporate Governance Problem – Competing Diagnoses and Solutions, in. Keasey, K., Thompson, S., Wright, M. (Hrsg.) Corporate governance: economic and financial issues, Oxford, 1997, S. 1 - 17

Keasey, K, Thompson, S., Wright, M. (2005), Introduction, in: Keasey, K, Thompson, S., Wright, M. (Hrsg.): Corporate Governance: Accounatiblity, Enterprise and International Comparison, Chichester, 2005, S. 1 – 20

Keenan, J., Aggestam, M. (2001), Corporate Governance and Intellectual Capital: some conceptualisations, in: Corporate Governance, Vol. 9, No. 4, 2001, S. 259 – 275

Kelly, G., Kelly, D., Gamble, A. (1997), Stakeholder Capitalism, in: Kelly, G., Kelly, D., Gamble, A. (Hrsg.) Stakeholder Capitalism, London, 1997

Kiel, G. C., Nicholson, G. J. (2005), Evaluating Boards and Directors, in: Corporate Governance, Vol. 13, No. 5. 2005, S. 613 – 631

Kim, Y. H., Maisondieu Laforge, O. (2005), Financial Contracts for CEOs : Expropriation or Effective Corporate Governance, Working Paper, FMA Annual Meeting Chicago October 2005

Klapper, L. F., Love, I. (2004), Corporate Governance, Investor Protection, and Performance in Emerging Markets, in: Journal of Corporate Finance, Vol. 10, 2004, S. 703 – 728

Klaus, H. K., Lemcke, P. (2002), Wertorientierte Vergütung als Anreizinstrument für Aufsichtsräte, in: Personal – Zeitschrift für Human Resource Management, 54. Jg. 2002, S. 26 – 31

Klein, A, (1998), Firm Performance and board committee structure, IN: Journal of Law and Accounting, Vol. 41, 1998, S. 137 – 165

Klein, A. (2000), Causes and Consequences of Variations in Audit Committee Composition, Working Paper #CLB-00-002, New York University Center for Law and Business, 2000

Klein, A. (2002), Audit Committee, Board of Director Characteristics and Earnings Management, in: Journal of Accounting and Economics, Vol. 33, 2002, S. 375 – 401

Kluge, S. (1999), Empirisch begründete Typenbildung. Zur Konstruktion von Typen und Typologien in der qualitativen Sozialforschung, Opladen 1999

Köhler, A. G. (2005), Audit Committees in Germany – Theoretical Reasoning and Empirical Evidence, in: Schmalenbach Business Review, Vol. 57, July 2005, S. 229 - 252

Köke, J. (2001), Corporate Governance in Germany – an Empirical Investigation, ZEW Economic Studies 17, Heidelberg, 2002

Kramarsch, M. H. (2004), Aktienbasierte Managementvergütung, Stuttgart, 2004

Kramarsch, M. H., Strenger, C. (2005), Aufsichtsratsvergütungen sinnvoll strukturieren, in: Frankfurter Allgemeine Zeitung vom 27.06.2005, S. 20

Kremer, T. (2005), Aufsichtsrat III (Rn. 932 – 1130), in: Ringleb, H.-M., Kremer, T., Lutter, M., v. Werder, A. : Kommentar zum Deutschen Corporate Governance Kodex – Kodex Kommentar, 2. Auflage, München, 2005

Kübler, F. (1999), Gesellschaftsrecht, 5. Auflage, Heidelberg, 1999

Kula, V. (2005), The Impact of the Roles, Structure and Process of Boards on Firm Performance: evidence from Turkey, in: Corporate Governance, Vol., 13, No. 2, 2005, S. 265 – 276

Kumar, J. (2004), Debt vs. Equity: Role of Corporate Governance, Working Paper, Xavier Institute of Management, Bhubaneswar, 2004

Labelle, R. (2002), The Statement of Corporate Governance Practices (SCGP) A Voluntary Disclosure and Corporate Governance Perspective, Working Paper, HEC Montreal, 2002

Lambert, R., Larcker, D., Verrechia, R. (1991), Portfolio Considerations in Valuing Executive Compensation, in: Journal of Accounting Research, Vol. 29, 1991, S. 129 – 149

Land, M. H., Lundholm, R. J. (2000), Voluntary Disclosure and Equity Offerings: Reducing Information Asymmetry or Hyping the Stock? In: Contemporary Accounting Research, Vol. 17, No. 4, Winter 2000, S. 623 – 662

Lang, M. H., Lins, K. V., Miller, D. P. (2003), ADRs, Analysts and Accuracy: Does Cross Listing in the US improve a Firm's Information Environment and Increase Market Value?, in: Journal of Accounting Research, Vol. 41, No. 2, 2003, S. 317 – 345

Langmann, C. (2005), Investitionsentscheidungen unabhängig von Aktienoptions-programmen, in: Börsenzeitung, Nr. 148, 4.8.2005, S. 19

La Porta, R., Lopez-die-Silanes, F., Shleifer, A., Vishny, R. W. (1996), Trust in large organizations, NBER Working Paper No. W5864, 1996

La Porta, R., Lopez-di-Silanes, F., Shleifer, A. (1999), Corporate Ownership around the world, in: Journal of Finance, Vol. 54, 1999, S. 471 – 517

La Porta, R., Lopez-di-Silanes, F., Shleifer, A., Vishny, R. (2000), Agency Problems and Dividend Policies around the World, in: Journal of Finance, Vol. LV., No. 1, 2000, S. 1 – 33

La Porta, R., Lopez-di-Silanes, F., Shleifer, A., Vishny, R. (2002), Investor Protection and Corporate Valuation, in: Journal of Finance, Vol. LVII, No. 3, 2002, S. 1147 – 1170

La Porta, R., Lopez-di-Silanes, F., Zamarippa, G. (2003), Related Lending, in: Journal of Political Economy, Vol. 106, 2003, S. 231 – 268

Larcker, D. F., Richardson, S. A., Tuna, I. (2004), Does Corporate Governance Really Matter? The Wharton School, University of Pennsylvania, Juni 2004, URL: http://knowledge.wharton.upenn.ecu/papers/1281.pdf (12.08.2005)

Larcker, D. F., Richardson, S. A., Tuna, I. (2005), How important is Corporate Governance? The Wharton School, University of Pennsylvania, Mai 2005

Laux, V. (2005), Board Independence and CEO Turnover, Working Paper, Fourth Accounting Research Workshop, 17. – 18.06.2005, University of Bern

Lawler, E., Conger, J., Finegold, D. (2001), Corporate Boards: New strategies for adding value at the top, San Francisco, 2001

Lawler, E. E., Porter, L. W. (1968), Managerial Attitudes and Performance, Homewood, III, 1968

Lawrence, P. R., Lorsch, J. W. (1967), Organization and Environment: Managing Differentiation and Integration, Harvard University, Boston, 1967

Lazear, E. P. (2000), The Power of Incentives, in: American Economic Review, Vol. 90, 2000. S. 410 – 414

Learmount, S. (2002), Theorising Corporate Governance: New Organisational Alternatives, ESCR Centre for Business Research, Working Paper No. 237, University of Cambridge, 2002

Leblanc, R., Gillies, J. (2003), The Coming Revolution in Corporate Governance, in: IVEY Business Journal, September/October 2003, S. 1 – 11

Leblanc, R., Gillies, J. (2005), Inside the Boardroom – how boards really work and the coming revolution in corporate governance, Ontario, 2005

Leblanc, R. (2004); What's wrong with Corporate Governance.- A note, in: Corporate Governance, Vol. 12, No. 4, 2004, S. 436 – 441

Leblanc, R. (2005), Assessing Board Leadership, in: Corporate Governance, Vol. 13, No. 5, 2005, S. 654 – 666

Lehmann, E., Weigand, J. (2000), Does the governed corporation perform better? Governance structures and corporate performance in Germany, in: European Finance Review, Vol. 4, 2000, S. 157 – 195

Lehn, K., Patro, S., Zhao, M. (2006), Governance indices and Valuation Multiples: Which Causes Which? Working Paper, 2006

Leland, H., Pyle, D. (1977), Information asymmetries, financial structure, and financial intermediation, in: Journal of Finance, Vol. 32, 1977, S. 371-388

Lentfer, T. (2005), Einflüsse der internationalen Corporate Governance-Diskussion auf die Überwachung der Geschäftsführung, Wiesbaden, 2005

Letzy, S., Sun, X., Kirkbride, J. (2004), Shareholding Versus Stakeholding: a critical view of corporate governance, in. Corporate Governance: International Review, Vol. 12, 2004, S. 242 - 262

Lev, B., Zarowin, P. (2003), The boundaries of financial reporting and how to extend them, in: Hand, J. R. M., Lev, B. (Hrsg.) Intangible Asses: Values, Measures and Risks, Oxford, 2003, S. 487 – 510

Lipton, M., Lorsh, J. W (1992), A modest proposal for improved corporate governance, in: Business Lawyer, Vol. 48, 1992, S. 59 – 77

Loderer, C., Peyer, U. (2002), Board Overlap, Seat Accumulation and Share Prices, in: European Financial Management, Vol. 8, No. 2, 2002, S. 165 – 192

Lombardo, D., Pagano, M. (2002), Law and Equity Markets: A Simple Model, in: McCahery, J. A., Moerland, P., Raaijmakers, T., Renneboog, L. (Hrsg.), Corporate Governance Regimes, Convergence and Diversity, Oxford, 2002, S. 343 - 362

Luhmann, N. (2002): Vertrauen. Ein Mechanismus zur Reduktion sozialer Komplexität, 4. Auflage, Stuttgart, 2002

Maassen, G. F., van den Bosch, F. A. J. (1999), On the Supposed Independence of Two-tier Boards: formal structure and reality in the Netherlands, in: Corporate Governance, Vol.7, No. 1, 1999, S. 31 – 37

Mace, M. L. (1971), Directors: Myth and Reality, Cambridge, MA, 1971

Macneil, I. R. (1974), The Many Futures of Contracts, in: Southern California Law Review, 1974, S. 691 – 816

Maher, M., Andersson, T. (2000), Corporate Governance: Effects on Firm Performance and Economic Growth, OECD, Working Paper, 2000

Maier, A., Preuß, O. (2004), Deutsche Bank startet Rückzug bei Daimler, in: Financial Times Deutschland, 02.08.2004, URL: http://www.ftd.de/ub/fi/1091258299510.html (02.08.2004)

Majumdar, S. K., Chhibber, P. (1999), Capital structure and performance: Evidence from a transition economy on an aspect of corporate governance, in: Public Choice, Vol. 98, No. 3-4 1999, S. 287 – 305

Mak, Y. T., Roush, M. L. (2000), Factors affecting the Characteristics of Board of Directors: An Empirical Study of New Zealand Initial Public Offering Firms, in: Journal of Business Research, Vol. 47, 2000, S. 437 – 449

Maleki, A., Schwalbach, J. (2004), Enron – The Role of the Board in the Collapse of Enron Corporation, Diskussionspapier, Institut für Management, Humboldt-Universität zu Berlin, 2004

Malik, F. (2002), Die neue Corporate Governance, 3. und erweiterte Auflage, Frankfurt, 2002

Manjón-Antolín, M. C. (2004), Does the Proxy for Shareholder's Control Make a Difference in Firm-Performance Regressions? Evidence from a Blockholder System of Corporate Governance, Avda Univesitat Reus, Working Paper, 2004

Mann, A. (2003), Corporate Governance Systeme – Funktion und Entwicklung am Beispiel von Deutschland und Großbritannien, Berlin, 2003

Manne, H. G. (1965), Mergers and the Market for Corporate Control, in: Journal of Political Economy, 73. Jg., 1965, S. 110 – 120

Markowitz, H. (1959), Portfolio Selection: Efficient Diversification of Investments, New York, 1959

Martin, R. L. (2003), Taking Stock – If you want managers to act in their shareholders´ best interest, take away their company stock, in: Harvard Business Review, Vol. 81, No. 1. 2003, S. 19

Martínez, J. C., Giné, J. A. T. (2004), Banks as Blockholders, Working Paper, Universidad de Salamanca, Universidad Carlos III Madrid, EFMA Conference 2004

Martynova, M. (2005), Takeover Waves: Triggers, Performance and Motives, ECGI Finance Working Paper No. 97/2005

Maslow, A. H. (1954), Motivation and Personality, New York, 1954

Mathiesen, H. (2005), Executive Compensation in the US – Efficient Incentives of Managerial Rent-Seeking? Dissertation, Copenhagen Business School, 2005, 1. Kapitel und Zusammenfassung, http://www.encycogov.com/PremiumContent /2_ExeComp_2005/2_SummaryWP_2005_may.pdf

Maug, E. (1998), Large Shareholders as Monitors: Is there a Trade-off between Liquidity and Control? In: Journal of Finance, Vol. 53, No. 1, 1998, S. 65 – 98

Maug, E. (2000), The Relative Performance Puzzle, in: Schmalenbach Business Review, Vol. 52, 2000, S. 3 – 24

McConvill, J. (2005), Executive Compensation in Contemporary Corporate Governance: Why Pay for Performance is a Flawed Methodology, Working Paper Series, 2005

McKinsey&Company (Hrsg.), (2000), Investor Opinion Survey, o. O., 2000

McKinsey&Company (Hrsg.), (2002), Global Investor Opinion Survey, in Zusammenarbeit mit Global Corporate Governance Forum, o. O., July 2002

McNulty, T., Roberts, J., Stiles, P. (2003), Creating Accountability within the Board: The Work of the Effective Non-Executive Director, Department of Trade and Industry/HMSO, London, 2003

McNulty, T., Roberts, J., Stiles, P. (2005), Undertaking Governance Reforms and Research: Further Reflections on the Higgs Review, in: British Journal of Management, Vol. 16, 2005, S. 99 – 107

Meckling, W. H. (1976), Value and the Choice of the Model of the Individual in the Model of the Social Sciences, in: Schweizerische Zeitschrift für Volkswirtschaft und Statistik Revue Suisse d´économie Politique et de Statistique, 112/4, 1976, S. 545 – 560

Meitner, M. (2003), Ein Jahr „Deutscher Corporate Governance Kodex" aus der Sicht von Finanzanalysten und Investoren, in: Finanz Betrieb, 5. Jg., Nr. 11, 2003, S. 763 - 767

Mehran, H. (1995), Executive Compensation Structure, Ownership, and Firm Performance, in: Journal of Financial Economics, Vol. 38, No. 2, 1995, S. 163 – 184

Middelmann, U., (2004), Corporate Governance – Wertmanagement und Controlling, in: DBW, 64. Jg., No.1 2004, S. 101 – 116

Mikkelson, W., Ruback, R. S. (1985), An Empirical Analysis of the Interfirm Equity Investment Process, in: Journal of Financial Economics, Vol. 14, 1985, S. 523 – 553

Mintzberg, H. (1990), Strategy formation: Schools of though, in: Fredrickson, J. W. (Hrsg.): Perspectives on strategic management, New York, 1990, S. 105 - 235

Mizruchi, M. S., Stearns, L. B. (1988), A Longitudinal Study of the Formation of Interlocking Directorates, in: Administrative Science Quarterly, Vol. 33, 1988, S. 194 – 210

Modigliani, F., Miller, M. H. (1958), The Cost of Capital, Corporation Finance and the Theory of Investment, in: American Economic Review, Vol. 48, 1958, S. 261 – 297

Monks, R. A. G. (2002), Creating Value through Corporate Governance, in: Corporate Governance, Vol. 10, 2002, S. 116 – 123

Monks, R. A. G., Minow, N. (1991), Power and Accountability, Dunmore, 1991

Monks, R. A. G., Minow, N. (2004), Corporate Governance, 3rd Edition, Malden, USA, 2003

Morck, R., Shleifer, A. Vishny, R. (1988), Management Ownership and market valuation, am empirical analyis, in: Journal of Financial Economics, Vol. 20, 1988, S. 293 – 315

Morgan, G., Smircich, L. (1980), The Case of Qualitative Research, in: Academy of Management Review, Vol. 5, Nr. 4, 1980, S. 491 – 500

Mülbert, P. O. (1998), Bank Equity Holdings in Non-Financial Firms and Corporate Governance: The Case of German Universal Banks, in: Hopt. K. J. et al: (Hrsg.) Comparative Corporate Governance, Oxford, 1998, S. 445 – 497

Mueller, H., Panunzi, F. (2004), Tender Offers and Leverage, in: Quarterly Journal of Economics, Vol. 119 (4), 2004, S. 1217 – 1248

Müller, F. (2005), Corporate Governance in der Presse, Bamberg, 2005

Murphy, K. J. (1998), Executive Compensation, University of Southern California – Marschall School of Business, Working Paper Series

Muth, M. M., Donaldson, L. (1998), Stewardship Theory and Board Structure: a contingency approach, in: Corporate Governance, Vol. 6, No. 1, 1998, S. 5 – 28

Myers, S. C., Majluf, N. S. (1984), Corporate financing and investment decisions when firms have information that investors do not have, in: Journal of Financial Economics, Vol. 13, 1984, S. 187 – 221

Myers, S. C. (1977), The Determents of Corporate Borrowing, in: Journal of Finance, Vol. 32, 1977, S. 147 – 175

Myers, S. C. (1984), The Capital Structure Puzzle, in: Journal of Finance, Vol. 39, 1984, S. 575 – 592

Myers, S. C. (2001), Capital Structure, in: Journal of Economic Perspectives, Vol. 15. No. 2, 2001, S. 81 – 102

Nicholson, G. J., Kiel, G. C. (2004), A Framework for Diagnosing Board Effectiveness, in: Corporate Governance, Vol. 12, No. 4, 2004, S. 442 – 460

Nesbitt, S. L. (1994), Long-term rewards for shareholder activism: A Study of the "CalPERS" Effect, in: Journal of Applied Corporate Finance, Vol. 6, 1994, S. 75 – 80

Noe, T. H. (2002), Investor activism and financial market structure, in: Review of Financial Studies, Vol. 15, 2002, S. 289 – 319

Noe, T. H., Rebello, M. M. (1996), The design of corporate boards: composition, compensation, factions and turnover, Working Paper, Georgia State University, Atlanta

Nowak, E., Rott, R., Mahr, T. G. (2005), Wer den Kodex nicht einhält, den bestraft der Kapitalmarkt? Eine empirische Analyse der Selbstregulierung und Kapitalmarkt-relevanz des Deutschen Corporate Governance Kodex, in: Zeitschrift für Unter-nehmens- und Gesellschaftsrecht (ZGR); 34. Jg. Heft 2, 2005, S. 252 – 279

Nowak, E., Rott, R., Mahr, T. G. (2006), The (Ir)relevance of Disclosure of Compliance with Corporate Governance Codes – Evidence from the German Stock Market, Swiss Finance Institute Research Paper Series, No. 06-11

NYSE (2002), NYSE improves measures to strengthen corporate accountability, 2002, http://www.nyse.com/content/articles/1043269646468.html (18.07.2004)

NYSE (2003), Final Corporate Governance Rules, Ergänzung zum NYSE Listed Company Manual, Sec. 303A, New York, 2003, www.nyse.com/pdfs/finalcorpgovrules.pdf (18.07.2004)

O´Donnell, D., O´Regan, Philig (2006), Exploring Critical Dialogue in the Boardroom: Getting Inside the Empirical Black Box of Board Dynamics, Working Paper, 2006

OECD (1996), OECD Principles of Corporate Governance, Paris, 1999

OECD (2004a), OECD Principles of Corporate Governance, Draft revised text, Paris, 01/2004

OECD (2004b), Corporate Governance: A Survey of OECD countries, Paris, 2004

Östberg, P. (2003), Disclosure, Initiative and Regulation, Working Paper, Stockholm School of Economics, 2003

Ondrack, D. A. (1995), Entgeltsysteme als Motivationsinstrumente, in: Kieser, A., Reber, G., Wunderer, R. (Hrsg.) Handwörterbuch der Führung, 2. Auflage, Stuttgart, 1995, S. 307 -327

Opler, T. C., Sobokin, J. (1997), Does coordinated institutional activism work? An analysis of the activities of the council of institutional investors, Ohio State University, Working Paper, 1997

Oser, P., Orth, C., Wader, D. (2005), Qualitätscheck im Aufsichtstat – Nutzen einer Effizienzprüfung, in: Der Aufsichtsrat, Nr. 07-08, 2005, S. 7 – 9

O´Sullivan, M. (2000), Contest for Corporate Control: Corporate Governance and Economic Performance in the United States and Germany, Oxford, 2000

o. V. (2002), Siegeszug der Indexfonds, 22.02.2002, FAZ.NET,
http://www.faz.net/s/Rub76BA6348017C42E2AED144FD3C852D2F/Doc~E4443570
9D77941508A3ECB84F5AA7245~ATpl~Ecommon~Scontent.html (27.12.2004)

o. V. (2005a), Allianz setzt sich für Dividendenbonus ein – Hauptversammlung soll
attraktiver werden, Börsenzeitung online, 20.10.2005, http://boersen-
zeitung.com/online/redaktion/aktuell/pt202012.htm (20.10.2005)

o. V. (2005b), Wer abstimmt, soll auch mehr kassieren, manager-magazin, online,
07.09.2005, http://www.manager-magazin.de/geld/artikel/0,2828,372558,00.htm
(07.09.2005)

o. V. (2006a), SEC winkt Publizitätsverschärfung durch, Manager-Gehälter in den USA
werden nach einstimmigem Votum der Kommission transparenter, in: Börsenzeitung,
Nr. 12. 18.01.2006, S. 7

o. V. (2006b), Deutsche kehren Aktien den Rücken, in. Börsen-Zeitung online, 10.08.2006,
http://www.boersen-zeitung.com/online/redaktion/aktuell/pt152201.htm (10.08.2006)

Padgett, C., Shabbir, A. (2005), The UK Code of Corporate Governance: Link between
Compliance and Firm Performance, ICMA Centre Finance Discussion Paper
No. DP2005-17. 2005

Pagano, M., Röell, A. (1998), The Choice of Stock-ownership-Structure: Agency Costs,
Monitoring and the Decision to Go Public, in: Quarterly Journal of Economics,
Vol. 113, 1998, S. 187 – 225

Papendick, U. (2005), Vorstandsgehälter – das schnelle Geld, in: manager magazin, 7/2005,
S. 58 – 67

Parrino, R., Sias, R. W., Starks, L. T. (2003), Voting With Their Feet: Institutional
Investors and CEO Turnover, in: Journal of Financial Economics, Vol. 68, No. 1,
2003, S. 3 – 46

Parthiban, D., Kochhar, R. (1996), Barriers to Effective Corporate Governance by
Institutional Investors: Implications for Theory and Practice, in: European
Management Journal, Vol. 14, Nr. 5, 1996, S. 457 – 466

Patel, S. A., Dallas, G. (2002), Transparency and Disclosure: Overview of Methodology and
Study Results – United States, Standard & Poors, 2002

Peltzer, M. (2004), Die Nebenwirkungen der verschärften Organhaftung, in: Börsenzeitung,
Nr. 25, 06.02.2004, S. 8.

Perridon, L., Steiner, M. (1997), Finanzwirtschaft der Unternehmung, 9. Auflage,
München, 1997

Perry, T., Peyer, U. (2004), Board seat accumulation by executives: a shareholder´s
perspective, Working Paper, Arizona State University, INSEAD; 2004, forthcoming in
Journal of Finance

Pfeffer, J. (1972), Size and Composition of Corporate Boards of Directors, in: Administrative
Science Quarterly, Vol. 21, 1972, S. 218 - 228

Pfeffer, J., Salancik, G. R. (1978), The External Control of Organizations: A Resource Dependence Perspective, New York, 1978

Pfitzer, N., Höreth, U. (2005), Aufsichtsrat, in: Pfitzer, N., Oser, P., Orth, C. (Hrsg.): Deutscher Corporate Governance Kodes. Ein Handbuch für Entscheidungsträger, Stuttgart, 2005

Picot, A., Neuburger, R. (1995), Agency Theorie und Führung, in: Kieser, A., Reber, G., Wunderer, R. (Hrsg.) Handwörterbuch der Führung, 2. Auflage, Stuttgart, 1995, S. 14 – 22

Picot, A., Dietl, H., Franck, E. (1999), Organisation – eine ökonomische Perspektive, Stuttgart, 1999

Picot, A., Reichwald, R., Wigand, R. T. (2003), Die grenzenlose Unternehmung, Information, Organisation und Management, Wiesbaden, 2003

Picot, A., Schuller, S. (2001), Corporate Governance, in: Jost, P.-J. (Hrsg.) Der Transaktionskostenansatz in der Betriebswirtschaft, Stuttgart, 2001, S. 79 – 105

Pitts, M., Sadler, G.V., Conyon, M. J. (2003), Corporate Boards and Incentives: Empirical Evidence From the UK in 1935, in: Corporate Ownership & Control, Vol. 1. No. 1, 2003, S. 129 -138

Porter, M. (1992), Capital Disadvantage: America's Failing Capital Investment System, in: Harvard Business Review, Vol. 70, Nr. 5, S. 65 – 82

Porter, M. (1997), Capital Choices: Changing the Way America Invests in Industry, in: Chew, D. H. (Hrsg.) Studies in International Corporate Finance and Governance Systems, New York, 1997, S. 5 – 17

Porter, M. (2004), Competitive Strategy – Techniques for Analyzing Industries and Competitors, New York, 2004

Postma, T, J. B. M,, van Ees, H., Sterken, E. (2003), Board Composition and Firm Performance in The Netherlands, in: Eastern Economic Journal, Vol. 29, S. 41 – 58

Potthoff, E., Trescher, K., Theisen, M. R. (2003), Das Aufsichtsratsmitglied – ein Handbuch der Aufgaben, Rechte und Pflichten, Stuttgart, 2003

Pound, J. (1985), The Promise of the Governed Corporation, in: Harvard Business Review, Vol. 73, 1985, S. 89 – 98

Prendergast, C. (2002a), The Tenuous Trade-Off of Risk and Incentives, in. Journal of Political Economy, Vol. 110, 2002, S. 1071 – 1102

Prendergast, C. (2002b), Incentives and Uncertainty, in: Journal of Labor Economics, Vol. 20, 2002, S. 115 – 137

Prevost, A. L., Rao, R. P. (2000), Of what value are shareholder proposals sponsored by a public pension funds?, in: Journal of Business, Vol. 73, 2000, S. 177 – 204

Prowse, S. D. (1990), Institutional Investment Patterns and Corporate Financial Behaviour in the United States and Japan, in: Journal of Financial Economics, Vol. 27, No. 1, 1990, S. 43 – 66

Prowse, S. D. (1991), Comments on the Changing Role of Institutional Investors in the Financial and Governance Markets, in: Sametz, A. W., Bicksler, J. L. (Hrsg.) Institutional Investing: Challenges and Responsibilities of the 21st Century, Homewood, 1991, S. 65 – 82

Pye, A. (2004), The Importance of Context and Time for Understanding Board Behaviour, Some Lessons from Social Capital Research, in: International Studies of Management and Organisation, Vol. 34, No. 2, 2004, S. 63 – 89

Pye, A., Pettigrew, A. (2005), Studying Board Context, Process and Dynamics: Some Challenge for the Future, in: British Journal of Management, Vol. 16, 2005, S. 27 – 38

Raheja, C. G. (2003), The Interaction of Insiders and Outsiders in Monitoring: A Theory of Corporate Boards, Working Paper, Vanderbilt University Owen Graduate School of Management, 2003

Rajan, R. G., Zingales, L. (1998), Power in a Theory of the Firm, in: Quarterly Journal of Economics, Vol. 113, 1998, S. 387 – 432

Rajan, R. G., Diamond, D. W. (2000), Banks, Short Time Debt and Financial Crisis: Theory, Policy Implications and Applications, Discussion Paper, University of Chicago, 2000, http://gsbwww.uchicago.edu/fac/finance/papers/croch.pdf (18.12.2004)

Rajan, R. G., Zingales L. (2000), Governance of the New Enterprise, in: Vives, X. (Hrsg.): Corporate Governance, Theoretical and Empirical Perspectives, Cambridge, S. 201 – 226, 2000

Rappaport, A. (1981), Selecting Strategies that Create Shareholder Value, in: HBR, S. 139 – 149

Rappaport, A. (1986), Creating Shareholder Value. The New Standards for Business Performance, New York, 1986

Remer, A., Snethlage, T. (2003), Der Stakeholder-Ansatz als notwendige Ergänzung des Shareholder Value-Denkens, in: Rathgeber, A., Tebroke, H.-J., Wallmeier, M. (Hrsg.) Finanzwirtschaft, Kapitalmarkt und Banken, Festschrift für Professor Dr. Manfred Steiner zum 60. Geburtstag, Stuttgart, 2003, S. 25 - 46

Rhoades, D. L., Rechner, P. L., Sundaramurthy, C. (2000), Board Composition and Financial Performance: A Meta-Analysis of the Influence of Outside Directors, in: Journal of Management Issues, Vol. 12, No. 1, 2000, S. 76 – 92

Richter, R. (2004), Zur neuen Institutionenökonomik der Unternehmung, in: Döring, U. (Hrsg.) Spezialisierung und Internationalisierung, München, 2004, S. 9 – 28

Richter, R., Furubotn, E. G. (1996), Neue Institutionenökonomik: eine Einführung und kritische Würdigung, Tübingen, 1996

Ringleb, H.-M., Kremer, T., Lutter, M., von Werder, A. (2003), Kommentar zum Deutschen Corporate Governance Kodex, München, 2003

Rippberger, T. (1998), Ökonomik des Vertrauens. Analyse eines Organisationsprinzips, Tübingen, 1998

Roberts, J., McNulty, T., Stiles, P. (2005), Beyond Agency Conception of the Work of the Non-Executive Director: Creating Accountability in the Boardroom, in: British Journal of Management, Vol. 16, 2005, S. 6 – 26

Roe, M. J. (1990), Political and legal restraints on ownership and control of public companies, in: Journal of Financial Economics, No. 27, 1990, S. 7 – 41

Roe, M. J., (1994), Strong Managers Weak Owners - the Political Roots of American Corporate Finance, Princeton, 1994

Rogerson, W. P. (1985), Repeated Moral Hazard, in: Econometrica, 53. Jg., S. 69 – 76

Romano, R. (2001), The Need for Competition in International Securities Regulation, Yale Law School, Research Paper No. 258, 2001

Romano, R. (2004), The Sarbanes-Oxley Act and the Making of Quack Corporate Governance, ECGI Finance Working Paper No. 52/2004

Ross, S. (1977), The determination of financial structure: the incentive signalling approach, Bell Journal of Economics, Vol. 8, 1977, S. 23 – 40

Roth, G. H., Wörke, U. (2004), Die Unabhängigkeit des Aufsichtsrats – Recht und Wirklichkeit, in: Zeitschrift für Unternehmens- und Gesellschaftsrecht, Vol. 33, Heft 5, S. 565 – 630

Rott, R., Strenger, C. (2004), Wiedergewinnung von Vertrauen in die Arbeit des Aufsichtsrats – die Herausforderung für Aufsichtsräte und Regulatoren, in: Freidank, C.-C. (Hrsg.) Reform der Rechnungslegung und Corporate Governance in Deutschland und Europa, Tagungsband der 3. Hamburger Revisionstagung, Wiesbaden, 2004, S. 223 – 240

Ruhwedel, F. (2003), Eigentümerstruktur und Unternehmenserfolg, Frankfurt am Main, 2003

Ryan, H. E., Wiggins, R. A. (2005), Board-of –Director Monitoring, CEO Tenure, and Board Independence, Working Paper, E, J. Ourso College of Business Administration, Louisiana State University; Bentley College, Waltham, January 12, 2005

Salancik, G. (1977), Commitment and Control of Organizational Behaviour and Belief, in: Staw, B. M., Salancik, G. (Hrsg.): New Directions in Organizational Behaviour, Chicago, 1977, S. 1 – 54

Safieddine, A., Titman, S. (1999), Leverage and Corporate Performance: Evidence from unsuccessful Takeovers, in: Journal of Finance, Vol. 54, No. 2, 1999, S. 547 – 572

Safieddine, A., Song, W-L., Szewczyk, S. (2001), Does Coordinated Institutional Investor Activism Reverse the Fortunes of Underperforming Firms? Michigan State University and Drexel University, Working Paper, 2001, spätere Version: Journal of Financial and Quantitative Analyses, Vol. 38, No. 2, 2003 S. 317 – 337

Schade, C., Schott, E. (1993), Kontraktgüter im Marketing", in Marketing - Zeitschrift für Forschung und Praxis, 15. Jg., 1/1993, S. 15 – 25

Scharfstein, D. (1988), Product Market Competition and Managerial Slack, RAND Journal of Economics, Vol. 19, 1988, S. 147 – 155

Scherer, A. G. (1995), Pluralismus im Strategischem Management, Wiesbaden, 1995

Scherer, M, (2002), Aktienoptionen in Wachstumsunternehmen, in: Achleitner, A.-K., Wollmert, P. (Hrsg.) Stock Options, Stuttgart, 2002, S. 59 – 66

Schmid, F. A. (1997), Vorstandsbezüge, Aufsichtsratsvergütung und Aktionärsstruktur, in: ZfB, 67. Jg., 1997, S. 67 – 83

Schmidt, D. (2003), Private Equity-, stock and mixed asset portfolios: a bootstrap approach to determine performance characteristics, diversification benefits and optimal portfolio allocations, Working Paper No. 2004/12, Centre for Financial Studies, J. W. Goethe-Universität Frankfurt, http://www.ifk-cfs.de/papers/04_12.pdf (06.01.2005)

Schmidt, K. (1997), Managerial Incentives and Product Market Competition, in: Review of Economic Studies, Vol. 64, 1997, S. 191 – 214

Schmidt, R. H. (2004), Corporate Governance in Germany. An Economic Perspective, in: Krahnen, J. P., Schmidt, R. H. (Hrsg.) The German Financial System, Oxford, 2004, S. 386 – 424

Schmidt, R. H., Prigge, S. (2003), The new German Takeover Act: An economic perspective, Part 1 und 2, in: International Journal of Disclosure and Governance, Vol. 1, No. 1 und 2, S. 90 – 100/ 1 - 11

Schmidt, R. H., Spindler, G. (2004), Path dependence and complementarity in corporate governance, in: Gordon, J. N.; Roe, M. J. (Hrsg.): Convergence and Persistence in Corporate Governance, Cambridge, 2004, S. 114 – 127

Schmidt, R. H., Hackethal, A., Tyrell, M. (1999), Disintermediation and the Role of Banks in Europe: an International Comparison, in: Journal of Financial Intermediation, Vol. 8, 1999, S. 36 -67

Schoppe, S. G. et al. (1995), Moderne Theorie der Unternehmung, München, 1995

Schoppen, W. (2005), Zehn Faktoren erfolgreicher Unternehmensaufsicht, in. Frankfurter Allgemeine Zeitung, 13.06.2005, S. 13

Schredelseker, K. (2002), Shareholder Value: Was sonst? in: Siegwart, H., Mahari, J. (Hrsg.) Corporate Governance, Shareholder Value & Finance, MIM Vol. IX, München, 2002, S. 43 – 63

Schulz, S. (1994), Komplexität in Unternehmen. Eine Herausforderung an das Unternehmen, in: Controlling, 5. Jg., 1994 , S. 130 – 137

Schuster, S. (2005), Hedge Fonds – eine Branche mit Perspektive, Oktober 2005, Deutsche Bank AG, Grundsatz Kapitalmarkt, Frankfurt, 2005

Schwalbach, J. (2004), Effizienz des Aufsichtsrats, Working Paper 2004-01 des Instituts für Management, Humboldt-Universität zu Berlin, Wirtschaftswissenschaftliche Fakultät, 2004

Scott, W. R. (1995), Institutions and Organizations, London, 1995

SEC (U.S. Securities and Exchange Commission), Release No. 33-8128, Acceleration of Periodic Reports Filling Dates and Disclosure Concerning Website Access to Report, http://www.sec.gov/rules/final/33-8128.htm (26.07.2004)

SEC (U.S. Securities and Exchange Commission) (2003), Final Rule: Standards Relating to Listed Company Audit Committees, 2003

Sengupta, P. (1998), Corporate Disclosure Quality and the Cost of Debt, in: The Accounting Review, Vol. 73, No. 4, 1998, S. 459 – 474

Seger, F. (1997), Banken, Erfolg und Finanzierung, Wiesbaden, 1997

Seibel, K., Zschäpitz, H. (2004), Aktionäre fallen oft in Duldungsstarre, in: Die Welt, 27.07.2004

Sesselmeier, W. (1997), Arbeitsmarkttheorien: ein Überblick, Heidelberg, 1997

Sharpe, W. F. (1964), Capital Asset Prices, A Theory of Market Equilibrium Under Conditions of Risk, in: Journal of Finance, Vol. 19, 1964, S. 425 – 442

Shen, W. (2005), Improve Board Effectiveness: the Need for Incentives, in: British Journal of Management, Vol. 16, 2005, S. 81 – 89

Shleifer, A., Vishny, R. (1986), Large Shareholders and Corporate Control, in: The Journal of Political Economy, Vol. 94, Nr. 3, Part 1, 1986, S. 461 – 488

Shleifer, A., Vishny, R. (1997a), A Survey of Corporate Governance, in: Journal of Finance, Vol. 52, 1997, S. 737 – 781

Shleifer, A., Vishny, R. (1997b), The Takeover Wave of the 1980s, in: Chew, D. H. (Hrsg.) Studies in International Corporate Finance and Governance Systems, New York, 1997, S. 98 – 105

Shleifer, A., Summers, L. H. (1988), Breach of Trust in Hostile Takeovers, in: Auerbach, A. J. (Hrsg.) Corporate Takeovers: Causes and Consequences, Chicago, 1988, S. 33 – 56

Shivdasani, A. (2004), Best Practice in Corporate Governance: What two Decades of Research Reveals, in: Journal of Applied Corporate Finance, Vol. 16, No. 2 – 3, 2004, S. 29 – 41

Shivdasani, A., Yermack, D. (1999), CEO involvement in the selection of new board members: an empirical analysis, in: Journal of Finance, Vol. 54, No. 5, 1999, S. 1829 – 1853

Siegel, T. (2003), Kriterien der Vergütung des Aufsichtsrats, in: v. Werder, A., Wiedmann, H. (Hrsg.) Internationalisierung der Rechnungslegung und Corporate Governance, Festschrift für Prof. Dr. Klaus Pohle, Stuttgart, 2003, S. 405 - 418

Simon, H. A. (1957), Models of Man – Social and Rational, New York, 1957

Smith, A. (1776), The Wealth of Nations, erste Auflage, Glasgow (Modern Library New York, 1937)

Smith, M. P. (1996), Shareholder Activism be institutional investors: Evidence from CalPERS, in: Journal of Finance, Vol. 51, 1996, S. 227 – 252

Sonnenfeld, J. A. (2002), What Makes Great Boards Great, in: Harvard Business Review, Vol. 80, No. 9, 2002, S. 106 – 113

Sonnenfeld, J. A. (2004), Good Governance and the misleading myths of bad metrics, in: Academy of Management Review, Vol. 18, No. 1. 2004, S .108 – 113

Spira, L. F. (1999), Ceremonies of Governance: Perspectives on the role of the audit committee, in: Journal of Management and Governance, Vol. 3, 1999, S. 231 – 260

Spremann, K. (1987), Agent und Principal, in: Bamberg, G., Spremann, K. (Hrsg.) Agency Theory, Information and Incentives, Berlin, 1987, S. 3 - 37

Spremann, K. (1990), Asymmetrische Informationen, in: ZfB, 60. Jg., S. 561 – 586

Statistisches Bundesamt Deutschland, Steuerpflichtige und deren Lieferungen und Leistungen in ausgewählten Wirtschaftsbereichen, http://www.destatis.de/ basis/d/fist/fist011.php, 28.07.2004.

Stein, J. (1988), Takeover Threats and Managerial Myopia, in: Journal of Political Economy, Vol. 96 (1), 1988, S. 61 – 80

Strätling, R. (2003), General Meetings: a dispensable tool for corporate governance of listed companies?, in Corporate Governance, Vol. 11, Nr. 1, 2003, S. 74 – 82

Strenger, C. (2002), Corporate Governance – Bedeutung für die Fremdfinanzierung und Kreditinstitute, Festrede, Pfandbrief-Forum des Verbandes deutscher Hypotheken-banken, 24. Oktober 2002

Strenger, C., (2004), The Corporate Governance Scorecard: a tool for the Implementation of Corporate Governance, in Corporate Governance, Vol. 12, 1/2004, S. 11 – 15

Strickland, D., Wiles, K. W., Zenner, M. (1996), A requiem for the USA: Is small shareholder monitoring effective?, in: Journal of Financial Economics, Vol. 40, 1996, S. 319 – 338

Strieder, T. (2004), Erläuterung zum Deutschen Corporate Governance Kodex, in: Finanz Betrieb, 6. Jg., 1/2004, S. 13 – 27

Stieglitz, J. E., Weiss, A. (1981), Credit Rationing in Markets with Imperfect Information, in: American Economic Review, No. 71, 1981, S. 393 – 410

Stulz, R. M. (1988), Managerial Control of Voting Rights: Financing Policies and the Market for Corporate Control, in: Journal of Financial Economics, Vol. 20, 1988, S. 25 – 54

Stulz, R. M. (1990), Managerial discretion and optimal financing policies, in: Journal of Financial Economics, Vol. 26, 1990, S. 3 – 27

Sunadaramurthy, C., Lewis, M, (2003), Control and Collaboration: Paradoxes of Governance, in: Academy of Management Review, Vol. 28, No. 3, 2003, S. 397 – 415

Suter, R. (1999), Corporate Governance & Management Compensation – Wertsteigerung durch Lösung des Manager-Investoren-Konflikts, Zürich, 2000

Swift, T. (2001), Trust, reputation and corporate accountability to stakeholders, in: Business Ethics: A European Review, Vol. 10, No. 1, 2001, S. 16 – 26

The Corporate Library (2006), The Corporate Library's 2006 CEO Pay Survey, September, 2006

Theisen, M. R. (2003), Herausforderung Corporate Governance, in: Die Betriebswirtschaft, 63. Jg. 2003, S. 441 – 464

Theisen, M. R. (2005), Effizienz und Effektivität im Aufsichtsrat, in: Der Aufsichtsrat, Nr. 07 – 08, 2005, S. 16

Thomson, S. (2004), Blockholder Ownership, Dividends and Firm Value in Continental Europe, Working Paper, Copenhagen Business School, 2004

Tirole, J. (2001), Corporate Governance, in: Econometrica, Vol. 69, Issue 1, 2001, S. 1 – 48

Tosi, H. L., Werner, S., Katz, J. P., Gomez-Mejia, L. (2000), How Much Does Performance Matter? A Meta-Analysis of CEO Pay Studies, in: Journal of Management, Vol. 26, No. 3, 2000, S. 301 – 339

Towers Perrin (2002), Studie Aufsichtsratsvergütung 2002

Towers Perrin (2003), in Zusammenarbeit mit dem DAI, Corporate Governance 2003. Eine Bilanz der Management-Kultur, 2003

Towers Perrin (2004a), Worldwide Total Remuneration 2003-2004, 2004

Towers Perrin (2004b), Studie Aufsichtsratsvergütung 2004

Turley, S., Zaman, M. (2004), The Corporate Governance Effects of Audit Committees, in: Journal of Management and Governance, Vol. 8, 2004, S. 305 – 332

Turnbull, S. (1997), Corporate Governance: It's Scope, Concerns and Theories, in: Corporate Governance, Vol. 10, 1997, S. 261 – 277

Turnbull, S. (2000), Corporate Governance: Theories, Challenges and Paradigms, in: Governance, Revue Internationale, Vol. I, 2000

Tyson, L. (2003), The Tyson Report on the Recruitment and Development of Non-Executive Directors, A report commissioned by the Department of Trade & Industry following the publication of the Higgs Review of the Role and Effectiveness of Non-Executive Directors in January 2003

Vafeas, N. (1999), Board Meeting Frequency and Firm Performance, in: Journal of Financial Economics, Vol. 53, 1999, S. 113 – 142

Vafeas, N. (2003), Length of Board Tenure and Outside Director Independence, in: Journal of Business, Finance & Accounting, Vol. 30, No. 7, 2003, S. 1043 – 1064

Valcárcel, S. (2002), Theorie der Unternehmung und Corporate Governance, Wiesbaden, 2002

Van den Berghe, L. A. A., Levrau, A. (2003), Measuring the Quality of Corporate Governance: In Search of a Tailormade Approach? In: Journal of General Management, Vol. 28, No. 3, Spring 2003, S. 71 – 86

Van den Berghe, L. A. A., Levrau, A. (2004), Evaluating Boards of Directors: what constitutes a good corporate Board? In: Corporate Governance, Vol. 12, No. 4. 2004, S. 461 – 478

Van Clieaf, M., Langford Kelly, J. (2005), The New DNA of Corporate Governance: Strategic Pay for Future Value, in: Corporate Governance Advisor, Vol. 13, No. 5, 2005, S. 1 - 11

Vance, S. C. (1983), Corporate Leadership: Boards, Directors and Strategy, New York, 1983

Vassiliadis, M. (2004), Aufsichtsrat: Kompetenz als Durchsetzungsfaktor, in:
Die Mitbestimmung, 9/2004, S. 26 – 28

Von Hehn, P. A., Hartung, W. (2006), Unabhängige interne Untersuchungen im
Unternehmen als Instrument guter Corporate Governance – auch in Europa?, in:
Der Betrieb, 59. Jg., Heft 36, 2006, S. 1909 – 1914

Von Rosen, R. (1998), Hauptversammlung und neue Medien: ein Instrument der Investor
Relations, in: Betriebsberater, Heft 50, 1998, „die erste Seite"

Von Rosen, R. (2001), Die Aktie als Motor der Unternehmensfinanzierung, in: Wirtz, B. W.,
Salzer, E. (Hrsg.): IPO-Management, Strukturen und Erfolgsfaktoren, Wiesbaden,
2001, S. 15 – 37

Von Rosen, R. (2002), Die Internetabstimmung – neue Chance für deutsche Hauptversammlungen, in: Handelsblatt, 21.03.2002, abrufbar: http://www.dai.de/
internet/dai/dai-2-0.nsf/0/0B19C76FA9847917C1256B87004362EF?openDocument
(10.11.2004)

Von Werder, A. (2003a), Ökonomische Grundfragen der Corporate Governance, in:
Hommelhoff, P., Hopt, K. J., v. Werder, A. (Hrsg.) Handbuch Corporate Governance,
Stuttgart, 2003, S. 3 – 27

Von Werder, A. (2003b) Deutscher Corporate Governance Kodex, Zusammenwirken von
Vorstand und Aufsichtsrat, in: Ringleb, H.-M., Kremer, T., Lutter, M., von Werder, A.
(2003), Kommentar zum Deutschen Corporate Governance Kodex, München, 2003,
S. 80 – 87

Von Werder, A., Talaulicar, T (2003), Der Deutsche Corporate Governance Kodex:
Konzeption und Konsequenzprognosen, zfbf, Sonderheft 50/03, S. 15 - 26

Von Werder, A., Grundei, J. (2003), Evaluation der Corporate Governance, in:
Hommelhoff, P., Hopt, J. J., v. Werder, A. (Hrsg.): Handbuch Corporate Governance,
Köln, 2003, S. 675 – 695

Von Werder, A., Talaulicar, T., Kolat, G. L. (2004), Kodex Report 2004 – Die Akzeptanz
der Empfehlungen und Anregungen des Deutschen Corporate Governance Kodex, in:
Der Betrieb, Heft 25, 57. Jg., 2004, S. 1377 - 1382

Von Werder, A. (2004), Modernisierung der Mitbestimmung, in: DBW, 64, 2004,
S. 229 – 243

Vroom, V. H. (1964), Work and Motivation, New York, 1964

Waering, R. (2005), Cases in Corporate Governance, London

Wagner, J. A., Stimpert, J. L., Fubara, E. I. (1998), Board Composition and Organizational Performance: Two Studies of Insider/Outsider Effects, in: Journal of Management Studies, Vol. 35, No. 5, 1998, S. 655 – 677

Wagster, J. D., Prevost, A., (1996), Wealth Effects of the CalPERS "hit list" to SEC Changes in the proxy rules, Working Paper, Wayne State University, 1996

Wahal, S. (1996), Pension Funds Activism and firm performance, in: Journal of Financial and Quantitative Analysis, Vol. 31, 1996, S. 1 – 23

Wahal, S., McConnell, C. (2000), Do Institutional Investors Exacerbate Managerial Myopia? In: Journal of Corporate Finance, Vol. 6, No. 3, 2000, S. 307 - 329

Wan, D., Ong, D. H. (2005), Board Structure, Process and Performance: evidence from public-listed companies in Singapore, in: Corporate Governance, Vol. 13, No. 2, 2005, S. 277 – 290

Weill, L. (2003), Leverage and Corporate Performance: A Frontier Efficiency Analysis on European Countries, EFMA Working Paper, Helsinki Meeting, 2003

Weisbach, M. (1988), Outside Directors and CEO-Turnover, in: Journal of Financial Economics, Vol. 15, 1984, S. 431 - 460

Westphal, J. D. (1999), Collaboration in the Board Room: Behavioural and Performance Consequences of CEO – Board social ties, in: Academy of Management Journal, Vol. 42, 1999, S. 7 – 25

Westphal, J. D. (2002), Second Thoughts on Board Independence, in: Corporate Board, Vol. 23, No. 136, 2002, S. 6 – 11

Westphal, J. D., Khanna, P. (2003), Keeping Directors in Line: Social Distancing as Control Mechanism in the Corporate Elite, in: Administrative Science Quarterly, Vol. 48, 2003, S. 361 - 398

Williamson, O. E. (1984), Corporate Governance, in: Yale Law Journal, Vol. 93, S. 1197 – 1229

Williamson, O. E (1985), The Economic Institutions of Capitalism: Firms, Markets, Relational Contracting, New York, 1985

Williamson, O. E. (1990), Die ökonomische Institutionen des Kapitalismus. Unternehmen, Märkte, Kooperationen, Tübingen, 1990

Windt, C. (2004), US-Dollar zwischen zyklischer Stärke und struktureller Schwäche, in: Landesbank Hessen-Thüringen (Hrsg.): Märkte und Trends, Finanzmarktmonitor, 2. Quartal 2004, S. 1 – 3

Winter, S. (2000), Optionspläne als Instrument wertorientierter Managementvergütung, Europäische Hochschulschriften Band 2554, Frankfurt am Main, 2000

Witt, P. (2003), Corporate Governance-Systeme im Wettbewerb, Wiesbaden, 2003

Xie, B., Davidson, W. N., DaDalt, P. (2003), Earnings management and corporate governance: the role of the board and the audit committee, in: Journal of Corporate Finance, Vol. 9, 2003, S. 295 – 316

Yafeh, Y., Yosha, O. (2003), Large Shareholders and Banks: Who monitors and how? in: Economic Journal, Vol. 113, 2003, S. 128 – 146

Yermack, D. (1996), Higher market valuation for companies with a small board of directors, in: Journal of Law and Economics, Vol. 40, S. 185 – 211

Yermack, D. (2004), Remuneration, Retention, and Reputation Incentives for Outside Directors, in: Journal of Finance, Vol. 59, 2004, S. 2281 – 2309

Zimmermann, R. (2004), Compliance – Grundlage der Corporate Governance, in: Wieland, J. (Hrsg.), Handbuch Wertemanagement, 2004, S. 200 - 221

Zimmermann, J., Goncharov, I., Werner J.R. (2004): Does Compliance with the German Corporate Governance Code have an Impact on Stock Valuation? An Empirical Analysis, Working Paper, Universität Bremen, 2004

Zingales, L. (1998), Corporate Governance, in: New Palgrave Dictionary of Economics and the Law, 1998

Zöllner, C. (2005), Institutionelle Investoren als Promotoren von Corporate Governance, in: Governance von Profit- und Non Profit-Organisationen in gesellschaftlicher Verantwortung, hrsg. Budäus, D., Wiesbaden, 2005, S. 241 - 265

Zwiebel, J. (1996), Dynamic Capital Structure under Managerial Entrenchment, in: The American Economic Review, Vol. 86, 1996, S. 1197 – 1215

Gesetze

Aktiengesetz (AktG)

Cadbury Code

Deutscher Corporate Governance Kodex (DCGK)

Finanzmarktförderungsgesetz (4. FFG)

Financial Service Modernization Act

Gesetz für das Kreditwesen (KWG)

Gesetz zur Kontrolle und Transparenz im Unternehmensbereich (KonTraG)

Gesetz zur Unternehmensintegrität und Modernisierung des Anfechtungsrechts (UMAG)

GmbH-Gesetz (GmbHG)

Grundgesetz (GG)

Handelsgesetzbuch (HGB)

Mitbestimmungsgesetz (MitbestG)

Vorstandsvergütungsoffenlegungsgesetz (VorstOG)

Wertpapierhandelsgesetz (WpHG)

Wertpapiererwerbs- und Übernahmegesetz (WpÜG)

Sarbanes-Oyley-Act

Webseiten

http://www.boozallen.de/presse/pressemitteilungen/archiv/archiv-detail/4005496

http://www.deutscheboerse.com

http://www.corporate-governance-kodex.de

http://www.deminor.com

http://ecgi.org

http://www.guardian.co.uk/worldcom/story/0,,1438365,00.html

http://www.issproxy.com

http://www.kodex-fuer-familienunternehmen.de

http://www.moravecglobal.com/findings/056.asp

http://www.nyse.com

http://www.nytimes.com/business/businessspecial3/index.html?adxnnl=1&adxnnlx=1162821
       246-UkLftEz6BaU1lNaFd+NEhQ

http:// www.sec.gov